정인보의 글쓰기와 민족문화 기획

여희정 지음

학자원

책머리에

정인보가 왕성하게 활동을 하던 시기는 100여 년 전이다. 주지하듯이 한 세기 남짓 전, 서구 제국주의가 세상을 휩쓸며 동아시아로 그 손길이 뻗쳐 올 때 한반도는 각국의 전쟁터가 되고 말았고, 재빠르게 제국주의 국가로 변모를 했던 일본에 의해 1910년 국권을 빼앗겼다. 당시 18세 청년이었던 정인보는 세상이 무너지는 경험을 했다. 나라가 망했을 뿐만 아니라 이제까지 지속되어 왔던 사회·문화적 가치들이 빠르게 무너져가는 것을 목도해야만 했다. 나라가 망하던 해, 정인보는 강화학파의 계승자였던 이건방을 찾아가 사제의 관계를 맺었다. 자명하던 것들이 무너져 내리고 새로운 질서 재편을 향한 사회의 각 목소리들이 충돌하던 시기에, 그 요동치는 물결 속에서 정인보는 자신의 중심을 잃지 않기 위해 돛대를 세우는 일부터 시작했던 것이다. 그리고는 평생 두루마기를 입고서 옛 문헌을 탐구하고 글을 쓰며 그 시대를 온몸으로 맞섰다. 한문글쓰기와 국문글쓰기를 병행하며 남긴 글들에는 그러한 그의 삶의 궤적이 온전히 담겨 있다.

이 책은 근대전환기, 식민치하에서 시대의 흐름과 요구에 대해 치열하게 묻고 응했던 한 지식인의 활동과 의식을 글쓰기를 통해 살펴본 것이다. 정인보가 살던 시기는 이미 한문이 공식적인 문어文語의 지위를 잃고 학문의 중심이었던 한학도 근대 학문의 체계가 재편되는 과정에서 주변부로 전락한 때였다. 민족의 정체성이라는 물음, 언문일치를 구현한 문어의 확립이라는 문제는 분명 근대에 접어들어 지식인들이 마주해야 했던 과제였다. 이런 상황에서 한자 폐지를 둘러싼 논쟁, 한문학과 국문학의 관계에 대한 논쟁이 활발히 일어나는 가운데 한문으로 글을 쓰는 것은 시대착오적인 행위인 것으로 인식되는 분위기도 형성되었다. 그러나 정인보는 한문문언문을 시대적 유효성을 잃어버린 죽은 글쓰기로 간주하지 않고 도道를 이어갈 수 있는 것으로 여겼다. 물론 이러한 가치관을 지니고 험난한 세상을 피해 은둔하는 자세로 전통학문을 고수한 이들도 있었다. 하지만 정인보는 단지 전통학문의 계승자로 머물려고 하지는 않았다. 그는 전통학문의 해체와 재구성을 통해 근대의 국학과 민족문화를 건설하고자 했던 인물이다. 그의 비판의 날은 전통학문과 신학문을 모두 향해 있었고, 그의 삶의 여정은 일제에 의해 규정되고 재편되어 가기 시작했던 우리의 학문과 역사 구도에 대해 대항해 가는 과정이기도 했다. 한문글쓰기를 지속하면서도 신문, 잡지 등 근대에 대두되기 시작한 언론매체를 통해 국문글쓰기를 적극적으로 시도했던 것도 이 때문이다.

근대 한국학은 20세기 초에 자국학을 새롭게 수립하고자 했던 이들에 의해 태동했고 정인보는 그러한 건설자 중의 한 명이다. 21세기인 오늘날에도 당시의 학문적 재편과 관점은 부지불식간에 지대하게 영향을 미치고 있음을 본다. 가령 이순신이 민족의 영웅으로 널리 추모되고 정약용이 조선시대의 대학자이자 민족의 사표로 추앙받게 된 것 등이 그러하다. 정인보는 이들을 역사 속에서 불러내어 사회적 관심을 촉발시키는 데 크게 일조하였다. 이를 통해 민족의식을 고취하고 민족문화의 방향을 제시하고자 하였다.

그러나 민족 담론 및 민족주의에 대한 회의와 비판적인 시각이 대두함에 따라 정인보와 같은 국학자들이 치열하게 묻고 응했던 문제가 이제는 낡고 심지어 무용한 것으로 여겨지기도 한다. 정인보가 평생을 치열하게 매달린 문제는 민족의 주체적인 정체성을 형성하기 위해 과거 역사와 문헌을 탐색하며 민족정신의 고유한 정수를 찾고, 이를 바탕으로 민족문화를 창달하고자 한 것이었다. 이러한 시도들을 어떻게 바라볼 것인가? 이 시기 민족주의자들의 실천에 대해 제국이라는 폭압적 타자에 저항했던 것이라는 시대적 의의를 부여할 수 있을지언정 오늘날의 시대에는 더 이상 유의미하지 않거나 오히려 극복해야 할 문제로 보는 시각도 존재한다. 20세기를 거치며 우리가 확인할 수 있었던 것은 민족주의가 제국에 대항하는 이념으로서 기능했던가 하면 전체주의, 쇼비니즘 등의 극단주의로도 쉽게 연계되는 모습을 보였기 때문이다. 국수國粹, 조선의 얼, 국혼國魂 등의 개념이 폐쇄적 · 배타적인 국수주의, 국가주의와 얼마나 다른가 하는 회의적인 물음도 제기되었다.

민족과 전통을 근대 시기에 만들어진 상상의 구성물로 보는 관점에 따르면 정인보는 근대 언론매체를 통해 위로부터의 민족문화를 기획하였던 엘리트 지식인이라고 해야 할 것이다. 물론 오늘날 자명하다고 여겨지는 민족 정체성과 전통의 내용 가운데는 실상 정인보와 같은 국학자들의 노력에 의해 그 당시에 비로소 형성된 것이 있는 것도 사실이다. 그런 점에서 베네딕트 앤더슨, 에릭 홉스봄과 같이 민족을 근대의 발명물로 보는 시각은 오늘날 우리들의 의식과 문화 가운데 공고하게 지속된 것으로 간주되는 것에 대해 의문을 가지게 만들면서 실상을 바로 보게 하는 면이 있다.

그렇다 하더라도 앤서니 스미스가 주장한 바와 같이 민족의 정체성과 전통이 어떠한 근거 없이 무에서 가공되는 것은 아니지 않은가. 과거의 인물, 역사, 기억, 문화 등에서 시대의 의제에 부합하다고 여겨지는 것들이 선택되고 재해석되며 구성된 것이라고 본다. 더욱이 정치·문화적으로 근대 이전부터 오래도록 집합적인 정체성을 유지해왔던 우리의 경우, 근대주의적 민족론으로는 설명되지 않는 면이 분명히 존재한다. 민족의 존재가 근대에만 국한되지 않음을 주장하며 세계 역사에서 존재해 왔던 종족과 국가들의 정치·문화 형태를 방대하게 검토한 아자 가트는 한국을 사신의 주제에 맞는 고전적 사례로 제시하기도 하였다.(아자 가트, 알렉산더 야콥슨 지음, 유나영 옮김, 『민족』, 교유서가, 2020, 154쪽.)

한편 근대 한국학이 태동되는 과정에서 다루어졌던 주제나 범주의 상당수가 식민제국에 의해 제기되었다는 사실에 대해서도 다시 한번 생각해 볼 필요가 있다. 이 시기 국학자들이 논한 민족 담론 및 민족주의적 가치가 단지 제국에 대한 저항의 의미를 지니는 것만은 아니고, 식민제국의 기획에 포섭되기도 했다. 나아가 저항이든 포섭이든 식민제국의 기획틀에서 이루어진 것이 아니냐는 시각으로 바라볼 수도 있다. 이렇게 본다면 결국 넓게 볼 때, 저항으로서의 민족 담론이든 그렇지 않든 근대 식민제국에 의해 인위적으로 형성된 가공물에 불과한 것이 아닐까 하는 회의적인 생각으로까지 연결될 여지가 있다. 그러나 자기의식은 타자와의 조우를 통해 이루어지는 것이리라. 아자 가트는 식민당국이 한 영토에 거주하는 집단을 자신의 관점에서 범주화함으로써 종족을 만들어냈다고 보는 시각에 대해 비판을 가하며 그들로 하여금 자기 종족을 의식하게 만들었다는 견해를 피력한 바 있다.(위의 책, 37쪽.) 근대 세계질서와 제국이라는 새로운 타자와 조우했을 때, 기존과는 다른 방식으로 자신이 규정되고 그 과정에서 자기를 다시 의식할 수밖에 없게 되는 것이다. 민족의 경계나 정체성이 고정된 것이 아니고 거듭 재형성되는 것이라고 본다면, 그것이 식민제국에 의해 촉발된 것인가가 문제가 되는 것은 아니다. 수동적으로 규정되느냐, 적극적으로 대응하며 자기를 구성해 나갔느냐, 어떻게 구성해 나갔느냐가 사실 더 주요하게 보아야 할 문제이다.

민족은 원초적이고 영속적인 그 무엇은 아니지만, 허상으로만 치부할 것도 아니다. 개인뿐만 아니라 집단의 정체성과 관련해서도 자自/타他의 경계와 관계에 대한 인식과 설정은 거듭 재구성되는 것이다. 물론 정치·문화적으로 한 범위로 묶인 집단이라고 하더라도 내적으로 동질적이지 않다. 그럼에도 그 시대에 주되게 나타나는 특징이 있으며, 오랜 시간을 하나의 사회 집단으로 유지해 온 나라들의 경우 역사적으로 그 사회가 보여주는 패턴이나 특징이 나타난다고 할 수 있다. 지금 이 순간도 자/타의 경계와 내부에서 끊임없이 차이가 생성되면서 우리 시대의 사회·문화적 정체성을 만들어가고 있다고 할 수 있을 것이다. 의식하든 의식하지 않든. 다만 기존의 가치 체계가 무너지고 과거의 지식과 인식 체계로 새로운 현실에 대응할 수 없을 때, 정체성의 문제는 크게 대두된다고 할 것이다. 그것을 어느 정도로 자각하느냐, 어떤 방향으로 만들어 나가고자 하느냐는 각 주체에 따라 다른 것이다. 그리고 일정 정도 시간이 흐르면 어떤 내용은 공식적인 합의가 이뤄진 것 마냥 자명한 것으로 그 집단의 사람들 사이에서 여겨지는 것이 있다. 그런 것이 공통의 기억, 인식, 정서로 작용하는 게 될 것이다. 여기에 어떠한 미래 전망을 공유하는가가 한 사회의 정체성을 형성할 것이다.

과거를 들여다본다는 것은 언제나 현재의 관점에 의한 해석이 수반되기 마련이다. 정인보의 글을 탐구하면서 난감했던 것은 당시의 맥락과 저자의 의도를 파악하기 어려웠던 것에 앞서 그가 치열하게 고민한 민족 정체성이라는 물음, 민족문화의 수립이라는 문제 설정을 어떻게 바라보아야 할 것인가였다. 저항 민족주의로서의 의의를 부여하는 관점으로는 그 시대의 실상을 제대로 보고, 오늘날의 시대적 의미를 찾아내기가 어려웠다. 근대주의적 민족론의 입장에서 가공의 구성물을 기획한 것으로 보는 관점으로 다른 통찰을 얻을 수는 있었으나, 동의할 수 없는 면도 많았다. 정인보의 글에 대한 연구 방향 및 방법을 쉽사리 찾지 못하고 많은 시간을 헤맨 것도 이에 기인한다. 이 책은 이에 대한 명확한 관점과 방법론을 수립하여 착수한 연구의 결과물은 아니다. 오히려 오늘날의 지배적인 관점에 의해 섣부르게 재단하는 것을 피하고자, 정인보가 남긴 글과 문필활동을 찬찬히 검토하면서 당시의 시대적 의미를 찾고 오늘날의 시사점을 얻는 데까지 나아가고자 했다. 글의 구성이 다소 소재의 지리한 나열식으로 이루어진 것은 이 때문이다.

또한 과거를 들여다볼 때, 지금을 기준으로 삼아 재단하는 것은 유의하고자 했다. 역사를 단선적인 발전론적 시각에서 바라보며 지금을 기준으로 삼아 시대를 선취했다든가 시대적 한계를 보였다든가 하는 식의 평가 말이다. 이는 근대 한문학을 어떻게 바라볼 것인가 하는 것과도 관련된 문제이다. 정인보의 한문글쓰기와 국문글쓰기는 모두 당시 시대의 문제에 치열하게 대응하는 과정에서 이루어진 것이다. 오늘날 결과적으로 볼 때, 한문문언문은 근대의 대다수 사람들은 물론 지식인들에게도 근대적 글쓰기 방식으로 선택을 받지 못했고 역사 속으로 사라져갔다. 그러나 누구보다도 민족의 독자적이고 주체적인 정체성과 문화 형성을 위해 고심했던 정인보는 국문글쓰기와 동시에 한문문언문을 고수하고자 했다. 그러한 실상을 근대적 관점이라는 선입견 없이 일단 보는 게 필요하다고 생각했다. 그랬을 때 근대의 시선으로 배제해 버렸던 근대 한문학의 실상을 보게 되고 의미를 조금이나마 찾을 수 있지 않을까 하는 것이다.

그러나 이런저런 문제의식을 가지고 헤맨 시간은 길었던 데 반해 그러한 문제의식을 깊이 있게 파헤치며 결과물을 얻는 데까지 이르지는 못했다. 부끄러운 결과물이었음에도 불구하고 박사학위논문을 다시 다듬고 책을 내야겠다고 결심을 하게 된 것은 개인적으로는 공부의 한 마디를 짓고 다른 단계로 나아가고 싶다는 생각에서였다. 비록 학위논문의 내용과 구성을 거의 그대로 가져왔지만, 한문글뿐만 아니라 국한문체의 글도 현대어로 번역하여 인용문으로 제시하고 책으로 출판하면 정인보의 글을 보다 쉽게 접할 수 있는 기회를 제공할 수 있지 않을까 하는 나름의 의의를 부여해 본다.

부족한 글이지만 공부를 하며 이 한 권의 책이 나오기까지 오랜 과정을 거쳤고 많은 사람들의 도움이 있었다. 정인보의 문집을 번역한 사람들의 노고와 이 시기에 관한 수많은 선행 연구가 없었다면 정인보의 글을 연구하기란 무척 어려웠을 것이다. 앞선 연구자들에게 깊은 감사를 드릴 따름이다. 특히 정양완 선생이 24년간 번역한 『담원문록』이 없었다면 그 글을 번역하고 이해하는 데 얼마나 많은 시간을 더 쏟으며 헤맸을 것인가. 혼자서는 아무리 시간을 들였어도 의미를 이해하지 못했을 것 같은 구절을 만날 때마다 안도의 숨을 쉬며 감사한 마음이 들었다. 또한 교편을 잡고 있으면서 시간을 쪼개어 공부를 이어갈 수 있었던 것은 대학원 과정을 통해 배운 교수님들의 가르침이 기본 바탕이 되었기 때문이다. 수료 후 학위논문 작업이 지지부진할 때도 방학에 찾아가 뵙고 공부에 대한 격려와 조언을 받을 수 있었다. 여러모로 부족함에도 불구하고 늘 아낌없는 믿음과 지지를 보내주셨기에 자신감과 동력이 떨어질 때마다 계속 밀고 나갈 힘을 얻을 수 있었다. 지도교수이신 조융희 선생님을 비롯하여 신익철 선생님, 김건곤 선생님, 임치균 선생님께 진심으로 감사를 드린다. 학위논문 심사위원을 기꺼이 맡아주시고 산만한 초고를 꼼꼼히 검토하며 조언을 해 주신 김진균 선생님께도 감사의 말씀을 전한다. 아울러 지금의 나의 곁을 지켜주신 든든한 가족과 지인들에게도 감사의 마음을 전하고 싶다.

일러두기

* 정인보 저술 자료는 『薝園 鄭寅普全集』 1~6권(연세대학교 출판부, 1983)을 기본으로 삼았다.

* 『薝園 鄭寅普全集』 제1 · 2권에 해당하는 국한문체 글의 경우, 신문 · 잡지에 수록된 원문과 대조하여 교감하고, 인용문을 제시할 때는 가독성을 고려하여 원문에 한자로 표기된 단어는 한자음을 병기하고 띄어쓰기를 적용하였다. 원문을 보다 쉽게 이해할 수 있도록 필요에 따라 한자어 및 구문을 현대 국어의 형태로 풀이하여 제시한 경우 해당 원문은 주석으로 제시하였다.

* 『薝園 鄭寅普全集』 제3 · 4권에 해당하는 『朝鮮史硏究』의 경우, 《동아일보》에 연재한 「오천년간五千年間 조선朝鮮의 얼」(1935년 1월 1일~1936년 8월 28일, 총 440회)과 대조하여 원문을 교감하고, 인용문을 제시할 때는 제1 · 2권의 국한문체 글과 동일한 방식을 취하였다. 인용문을 현대어로 풀이하여 제시할 때 문성재 역주본 『조선사연구』 상 · 하(우리역사연구재단, 2012, 2013)도 참고하였다.

* 저자의 국한문체 글을 현대어로 풀이하여 제시한 경우, 독자들의 편의를 고려하여 어려운 한자어는 알기 쉬운 우리말로 옮기고 구문

이 어색하여 문맥 파악이 어려운 문장은 오늘날의 문장 형태로 고쳤다. 문장이 매우 긴 경우, 가독성을 위해 문장을 적절히 나누고 접속어, 어미 등을 바꾸기도 하였다.

* 저자의 국한문체 글을 제시할 때, 가급적 저자가 쓴 단어를 그대로 살려 쓰되 독자의 이해를 돕기 위해 뜻을 풀이한 경우나 보충 설명은 [ ] 표시 부분에 제시하였다. 역으로 현대어로 풀이한 뒤 [ ] 속에 저자가 쓴 단어를 제시하기도 하였다. 원문에서 저자가 뜻풀이나 보충 내용을 덧붙인 경우는 ( ) 표시 부분에 제시하여 구분하였다.

* 『薝園 鄭寅普全集』 제5·6권에 해당하는 『薝園文錄』의 한문 원문의 경우, 『薝園文錄』 上·中·下(정양완 옮김, 태학사, 2006)를 참고하여 번역문을 일부 수정 보완하여 제시하고, 해당 원문은 주석으로 제시하였다.

* 각주에서 출처를 밝힐 때, 『薝園 鄭寅普全集』 1~6권(연세대학교 출판부, 1983)은 『전집』으로, 『薝園文錄』 上·中·下(정양완 옮김, 태학사, 2006)는 『담원문록』으로 제시하였다.

* '색인'은 인명, 저술명 위주로 작성하였다.

차례

제1장

머리말

1. 연구 목적과 연구사 검토

정인보鄭寅普(1893~1950)는 근대 한학漢學의 대가大家로서 한문 글쓰기를 지속적으로 수행하면서도 국학자이자 문필가로서 국문 글쓰기도 병행했던 인물이다. 문·사·철을 아울렀던 전통적인 선비들처럼 정인보는 다양한 영역에 걸쳐 문필활동을 수행하며 중요한 업적을 남겼다. 그런 만큼 그에 대한 평도 근대 한학의 대가, 조선 최후의 양명학자, 근대 시조 작가, 민족사학자, 조선학운동의 대표 주자 등으로 다양하다. 이러한 다양한 면모를 글쓰기를 중심으로 종합적으로 고찰하는 것이 이 책의 목적이다.

근대 시기에 글쓰기 차원에서 일어난 변화는 거시적으로 보자면 한문 문언문이 쇠퇴하고 근대적 국문체가 확립되는 방향으로 진행되었다. 그러나 이러한 변화의 과정이 단선적인 양상으로 이루어진 것은 아니다. 한문과 국문, 한문학과 조선문학, 전통학문과 신학문에 대한 논쟁들이 활발히 일어났고, 변화의 시기에 대응하는 주체들의 인식과 태도에 따라 다기한 양상을 보였다.

그중에서 정인보는 한문과 국문으로 이중언어 글쓰기를 수행한 경우에 해당한다. 어려서부터 한학을 익혀 한문 글쓰기에 능숙하면서도 근대의 언론공간에 뛰어들어 국문 글쓰기를 적극적으로 수행했던 지식인들은 이와 같은 이중언어 글쓰기의 양상을 부분적으로라도 보여준다. 그들 가운데에서도 정인보는 한문 글쓰기와 국문 글쓰기를 비슷한 비중으로 병행했다는 점에서 독특한 위치를 차지한다. 이는 변영만의 경우도 마찬가지인데, 둘 다 대표적인 근대 한문 문장가로 일컬어지기도 했다. 그러나 근대 한문 문장가라는 것은 일면일 뿐이다. 이중의 문자로 글쓰기를 수행했다는 점을 감안할 때, 두 가지 글쓰기를 함께 고찰했을 때 문필활동의 전모와 의미가 제대로 밝혀지리라고 본다.

정인보에 대한 연구는 문학, 역사, 철학 등 다방면에서 이루어져 왔고, 연구 성과도 비교적 많이 축적되어 있는 편이다. 생애[1]에 관해서도 어느 정도 밝혀진 상태이고, 양명학 · 강화학,[2] 실학,[3] 조선학

1) 민영규, 「爲堂 鄭寅普선생의 行狀에 나타난 몇 가지 문제」, 『동방학지』 13, 연세대학교 국학연구원, 1972 ; 조동걸, 「연보를 통해 본 정인보와 백남운」, 『한국독립운동사연구』 5, 독립기념관, 1991 ; 황원구, 「정인보」, 『한국사시민강좌』 19, 일조각, 1996 ; 심경호, 「정인보, 고뇌 속에 행동한 민족주의 지성」, 『한국사 시민강좌』 43, 일조각, 2008 ; 김영, 「위당 정인보론」, 『민족문학사연구』 38, 민족문학사학회, 2008 ; 정양완, 「담원 정인보 선생 연보」, 『애산학보』 39, 애산학회, 2013 ; 윤덕영, 「위당 정인보의 교유 관계와 교유의 배경－백낙준 · 백남운 · 송진우와의 관계를 중심으로」, 『동방학지』 173, 연세대학교 국학연구원, 2016.

2) 이상호, 「鄭寅普의 陽明哲學硏究－實心論을 中心으로」, 계명대 석사학위논문, 1999 ; 심경호, 「江華學과 담원 鄭寅普」, 『語文硏究』 28권 3호, 2000 ; 이황직, 「위당 정인보의 유교 개혁주의 사상」, 『韓國思想史學』 20, 2003 ; 이상호, 「정인보 實心論의 양명좌파적 특징」, 『陽明學』 15, 2005 ; 송석준, 「한말 양명학의 전개와 연구 현황」, 『陽明學』 13, 2005 ; 최재목, 「鄭寅普 『陽明學演論』에 나타난

(국학),[4] 역사[5] 방면에서 활발한 연구가 진행되어 왔다. 문학 분야에

王龍溪 이해-'근대한국양명학' 領有 양상에 대한 한 시론」, 『陽明學』 16, 2006 ; 최재목, 「鄭寅普의 陽明學 이해-『陽明學演論』에 나타난 黃宗羲 및 『明儒學案』이해를 중심으로」, 『陽明學』 17, 2006 ; 이상호, 「일제강점기 정인보 실심론의 주체성과 창조적 정신」, 『哲學研究』 100, 2006 ; 천병돈, 「강화학파의 형성과 사상적 계보」, 『인천학연구』 7, 2007 ; 이상호, 「韓國 近代 陽明學의 哲學的 特徵-朴殷植과 鄭寅普를 中心으로」, 『陽明學』 20, 2008 ; 심경호, 「위당 정인보와 강화학파」, 『열상고전연구』 27, 2008 ; 한정길, 「정인보의 양명학관에 대한 연구」, 『동방학지』 141, 2008 ; 최재목, 「정인보 '양명학' 형성의 지형도-'세계'와의 '호흡', 그 중층성과 관련하여」, 『동방학지』 143, 2008 ; 신현승, 「鄭寅普의 朝鮮陽明學派 研究에 관한 一考察」, 『인문과학연구』 23, 2009 ; 권상우, 「일제강점기 "민족성과 儒學의 관계성" 담론을 통한 "한국적 儒學"(얼유학 試論-다카하시 도루·신채호·정인보의 담론을 중심으로」, 『퇴계학과 유교문화』 48, 2011 ; 송석준, 「한국 양명학의 역사적 성과와 발전 방향」, 『陽明學』 30, 2011 ; 김윤경, 「薝園 鄭寅普의 주체적 實心論」, 『유교사상문화연구』 48, 2012 ; 심경호, 「위당 정인보의 양명학적 사유와 학문방법」, 『애산학보』 39, 애산학회, 2013 ; 홍원식, 「鄭寅普와 『陽明學演論』」, 『선비문화』 23권, 2013 ; 송석준, 「정인보의 양명학」, 『陽明學』 36, 2013 ; 이우진·최재목, 「이능화의 한국 양명학 연구-정인보와 다카하시 도오루(高橋亨)와의 비교를 중심으로」, 『양명학』 42, 한국양명학회, 2015 ; 한정길, 「위당 정인보의 양명학 연구와 다산 이해」, 『다산과 현대』 8, 연세대학교 강진다산실학연구원, 2015.

3) 박홍식, 「일제강점기 정인보, 안재홍, 최익한의 茶山 연구」, 『다산학』 17, 2010 ; 김진균, 「실학 연구의 맥락과 정인보의 '依獨求實'」, 『民族文化論叢』 50, 2012 ; 이상호, 「정인보 실학의 개념과 그 특징」, 『애산학보』 39, 애산학보, 2013 ; 김치완, 「鄭寅普의 茶山-實學 이해에 대한 비판적 검토」, 『역사와실학』 50, 2013 ; 정덕기, 「위당 정인보의 實學 인식과 학문주체론-「양명학연론」을 중심으로」, 『동방학지』 167, 2014 ; 한정길, 「조선양명학의 실심실학과 조선 후기 실학-위당 정인보의 양명학관에 대한 비판적 성찰을 중심으로」, 『한국실학연구』 28, 2014.

4) 남궁효, 「정인보의 '조선학' 이론 체계에 관한 일연구」, 연세대 석사학위논문, 1993 ; 조동걸, 「1930·40년대의 국학과 민족주의」, 『人文科學研究』 1, 1995 ; 채관식, 「1930年代 '朝鮮學'의 深化와 傳統의 再發見」, 연세대 석사학위논문, 2006 ; 정출헌, 「국학파의 '조선학' 논리구성과 그 변모양상」, 『열상고전연구』 27, 2008 ; 배연숙, 「위당 정인보의 조선학 성립배경에 관한 연구」, 『哲學論叢』 59, 2010 ; 이황직, 「위당 조선학의 개념과 의미에 관한 연구」, 『현상과 인식』 34권 4호, 2010 ; 김인식,

서는 다음과 같은 연구가 이루어져 왔다.

정인보는 395수[6]라는 상당량의 시조를 남겼으며, 육당 최남선, 가람 이병기, 노상 이은상 등과 함께 1920년대 시조부흥운동을 일으켰던 대표적인 시조 시인으로 손꼽히는 인물이다. 이에 문학 방면에서는 그의 시조가 가장 일찍부터 주목을 받았고 이에 대한 연구가 활발하게 이루어져 왔다. 물론 그의 시조에 대해서는 문학적 가치가 없다는 혹평도 있었다. 김태준은 시조 창작을 비롯한 정인보의 모든 문학적 행위를 시대착오적인 것이라고 부정적으로 평가하고,[7] 원용문은 정인보를 시 정신이 없는 고시조 작가일 뿐이라고 혹평하기도 했다.[8] 그러나 대체로 정인보의 시조를 우리 문학사의 소중한 자산으

「1920년대와 1930년대 초 '조선학' 개념의 형성 과정－최남선 · 정인보 · 문일평 · 김태준 · 신남철의 예」, 『숭실사학』 33, 2014 ; 안장리, 「淵民 선생의 詩文과 國學散藁－『薝園國學散藁』와 『淵民國學散藁』 비교」, 『淵民學志』 21, 2014 ; 이윤석, 「식민지시기 다섯 명의 조선학 연구자」, 『淵民學志』 22, 2014 ; 윤덕영, 「위당 정인보의 조선학 인식과 지향」, 『韓國思想史學』 50, 2015.

5) 김정배, 「日帝下의 韓國古代史 硏究家」, 『현상과 인식』 4권 1호, 1980 ; 최지연, 「정인보의 고대사인식」, 숙명여대 석사학위논문, 1988 ; 박성수, 「위당 정인보의 단군문화론」, 『東洋學』 18, 1988 ; 이완재, 「1930년대 民族主義史學의 發展－爲堂과 灝岩을 중심으로」, 『동아시아 문화연구』 21, 1992 ; 최지연, 「鄭寅普의 古代史 認識」, 『淑明韓國史論』 1, 1993 ; 이완재, 「정인보의 한국사 인식」, 『韓國思想史學』 4권 5호, 1993 ; 이상호, 「정인보의 얼사관」, 『동양철학』 12, 2000 ; 최영성, 「日帝時期 反植民史學의 展開－申采浩 · 鄭寅普 · 文一平 · 安在鴻 · 白南雲을 중심으로」, 『韓國思想과 文化』 9, 2000 ; 김기승, 「식민지시대 민족주의 사학자들의 역사인식」, 『내일을 여는 역사』 25, 2006 ; 이만열, 「위당 정인보의 한국고대사 인식」, 『동방학지』 141, 2008 ; 조성산, 「鄭寅普가 구성한 조선후기 문화사」, 『역사와 담론』 56, 2010.

6) 『薝園 鄭寅普全集』 1권(1983, 연세대학교 출판부) 수록 작품 ; 이동영, 「鄭寅普의 生涯와 文學業績」(『陶南學報』 제17집, 陶南學會, 1998년)에서는 367수라 함. 필자는 108편 395수로 파악함.

7) 김태준, 「鄭寅普論」, 《조선중앙일보》, 1936년 5월 15~19일자.

로 평가하며 다양한 연구를 시도해 왔다.

홍효민은 정인보의 시조는 정철 송강의 시조 세계를 계승하여 우리나라 시조 문학의 원류와 본류를 다 가지고 있으므로 시조 문학에 뜻을 두는 사람은 정철과 정인보의 작품부터 섭렵해야 한다고 정인보 시조의 문학사적 의의를 강조했다.[9] 김인환은 『담원시조집』의 작품 25편을 대상으로 신비평과 심상 이론에 따라 정인보 시조의 시어가 갖는 특성을 구명하였고,[10] 김석회는 정인보 시조의 율격과 내용을 체계적으로 분석하고 현대 시조에서 새로운 영역을 열었다고 호평하였다.[11] 오동춘은 이러한 선행 연구를 바탕으로 정인보 시조의 특성과 현대적 의의를 가장 심층적이고 종합적으로 분석하였는바, 역사주의와 형식주의 비평방법으로 정인보 시조의 서사적 구조와 주제를 분석하고 정인보 시조의 현대 감각적 특성과 작품의 새로운 가치를 밝히고자 하였다.[12] 이외에도 이동영,[13] 김학성,[14] 송정란,[15] 이민규[16]

---

8) 원용문, 「정인보 시조에 대하여」, 『배달말』 8, 경상대 배달학회, 1985, 205쪽 ; 오동춘, 「위당시조 연구」, 한양대 박사학위논문, 1989. 3~4쪽.

9) 홍효민, 『현대문학』 60, 1959.12., 247쪽 ; 오동춘, 위의 논문, 3~4쪽.

10) 김인환, 「담원시조론」, 『국문학자료 논문집』 3, 대제학, 1986, 134쪽 ; 오동춘, 위의 논문, 3~4쪽.

11) 김석회, 「담원시조론」, 『국어교육』 51 · 52호, 한국국어교육 연구회, 1985, 89쪽 ; 오동춘, 위의 논문, 3~4쪽.

12) 오동춘, 위의 논문, 1989.

13) 이동영, 「정인보의 生涯와 文學業績」, 『陶南學報』 17, 陶南學會, 1998.

14) 김학성, 「담원 鄭寅普 시조의 정서 세계와 그 정체성」, 『泮矯語文硏究』 13, 반교어문학회, 2001.

15) 송정란, 「전통 계승과 담원 시조-정인보론」, 『한국 시조시학의 탐색』, 문학아카데미, 2003.

16) 이민규, 「정인보의 문학관과 위당 시조의 의미」, 『인문과학』 118, 연세대학교 인문학연구원, 2020.

등에 의해 정인보의 시조에 대한 연구는 계속 이루어져 왔다.

정인보의 시조 문학에 대해서는 다각도로 연구가 이루어진 데 반해, 다른 갈래의 작품에 대해서는 그동안 연구 성과가 소략한 편이었다. 특히 정인보가 당시 한학의 대가로 손꼽혔고 다수의 한문학 작품을 남겼음에도 그의 한문학 작품은 오랫동안 연구자의 관심 밖에 머물러 있었다. 이는 근대에 창작된 한문학을 시대착오적이거나 퇴영적인 것으로 보는 시각이 우세했던 데서 비롯된다고 할 것이다.

하지만 근대 한문학에 대한 연구의 필요성이 꾸준히 제기되고 일부 연구가 진전됨에 따라 정인보의 한문학에 대해서도 2000년대 중반에 들어서 연구 성과가 나오기 시작했다. 우선 장르별, 개별 작품별로 일부 연구가 진행되었다.

안장리는 정인보의 한문 산문 중에서 『당릉군유사징唐陵君遺事徵』의 글쓰기의 목적, 특징, 의의를 고찰하였다. 그리고 '유사징遺事徵'은 소외된 인물의 사적을 다루되 신빙성이 의심되는 '유사遺事'의 단점과 대상에 대한 자료를 충실하게 제시하되 해석과 평가가 결여된 '징徵'의 단점을 극복하고, 인문학적 비판정신을 바탕으로 자료의 한계를 뛰어넘어 역사적 진실을 드러내고자 한 새로운 글쓰기의 시도라고 평가하였다.[17] 이는 정인보의 한문 산문의 일면을 당대 글쓰기의 상황에 비추어 밝힘으로써 그 시대적 의미를 명확히 구명한 의의가 있다.

유권석은 『담원문록』에 수록되어 있는 네 편의 인물전人物傳을 대상으로 서사 구조, 기술적記述的 특징, 작품 전체를 관통하는 비극적

17) 안장리, 「인문학적 사유를 바탕으로 한 장르변형 글쓰기－鄭寅普의 「唐陵君遺事徵」－」, 『동방학지』 130, 연세대학교 국학연구원, 2005.

성향을 고찰하였다. 이를 통해 전통적인 전傳 양식을 따르면서도 고답적인 기술 태도를 탈피한 점, 인물들이 고대에서부터 산견散見되는 비극적 인물형에 부합되는 점, 충과 효를 바탕으로 한 근대 시기 인물전에 나타난 투철한 민족정신을 확인해 볼 수 있는 점이 특징이라고 하였다. 그리고 이러한 그의 전傳문학을 통해 근대 시기 전傳문학의 한 단면을 통찰해 볼 수 있다는 면에서 문학사적 의미가 크다고 보았다.18)

김영봉은 정인보의 온전한 면모를 밝히기 위해서는 학자적 면모뿐만 아니라 문인으로서의 면모도 살필 필요가 있고 이를 위해서는 한문 작품에 대한 연구가 비중 있게 다루어져야 한다고 문제제기를 하였다. 그러한 연구의 일환으로 정인보의 묘도문자墓道文字에 대해 고찰하였고, 그의 작품이 개성이 드러나는 형식이 많은 점, 주로 동시대 인물들을 대상으로 그 시대 의식을 밝히는 가운데 자신의 시대 의식을 투영했다는 점에서 문학사적 의의가 있다고 평가하였다.19)

김학성은 정인보의 시가 문학 활동은 시조와 한시의 양대 산맥으로 이루어져 있는데, 그동안의 연구가 시조에만 치중되었던 점에 문제를 제기하고 문학 활동의 양상과 한시의 특징을 고찰하였다. 문학 활동으로는 시문학 동인과의 교류와 한시 번역물의 게재 활동을 주목할 만한 것으로 보았으며, 정인보의 한시는 당대 또는 역사 속에서 잘 알려지지 않은 인물의 가치를 드러내는 인물시가 주를 이룬다고 그 특징을 밝혔다. 그리고 이러한 인물시는 고은의 연작시 『만인보』

18) 유권석, 「『담원문록』 소재 인물전 연구」, 『溫知論叢』 16, 온지학회, 2007.

19) 김영봉, 「爲堂 鄭寅普의 墓道文字에 나타난 시대의식」, 『동방학지』 141, 연세대학교 국학연구원, 2008.

에 앞서 인물시의 전범이 될 수 있다는 점에서 의의를 부여하였고, 시조와 한시 창작을 비교해 볼 때 한시에서 다정다감한 목소리가 더 살뜰하게 들린다고 평가하였다.[20]

한편으로는 한문학 대가로서 수행했던 한시 선시選詩 활동, 고서 간행과 관련한 글쓰기에 주목한 연구도 이루어졌다. 한영규는 1924년 하반기에 운영되었던 한시란인 동아일보 '금고시총란'을 대상으로 고선자考選者를 비정하고, 선시選詩 의식을 밝혔다. 한시는 20세기 전반기에 근대 매체의 제도 속에 배치되어 융흥의 양상을 보이며, 풍교, 예술, 취미의 세 가지의 지향을 보였던 바, 1924년 금고시총란의 주관자 정인보는 그 선시選詩의 경향이 풍교風教의 측면으로 경사되어 있었다는 것이다.[21] 이 연구는 근대 한시의 존재 양상을 밝히고 그중의 한 측면인 정인보의 특징과 지향을 구명한 점에서 그 의의가 있다.

그 외 당시 간행된 고서 및 한문학 서적에 대해 정인보가 쓴 서문을 대상으로 근대 한문학자로서 보여준 시선의 양상과 의미에 대해 고찰한 김진균의 연구도 있다.[22]

이상에서 본 바와 같이 문학 영역에 대한 연구도 점차 다양하고 세분화되는 방향으로 이루어져 왔다. 하지만 철학, 역사 방면에서의 연구에 비하면 상대적으로 미진한 면이 있다. 이는 그의 한문학에 대한 연구가 도외시된 채 초기에 시조에만 연구가 치중된 데 기인한

---

20) 김학성, 「위당 정인보의 시가문학－한시문학을 중심으로」, 『애산학보』 39, 애산학회, 2013.

21) 한영규, 「爲堂 鄭寅普의 選詩 의식－동아일보 '今古詩叢'란을 중심으로」, 『한문학보』 22, 우리한문학회, 2010.

22) 김진균, 「『육서심원(六書尋源)』에 대한 근대한문학계의 평가와 그 의미」, 『民族文化論叢』 47, 영남대학교 민족문화연구소, 2011.

바가 크다. 최근에는 그의 한문 작품에 대한 연구의 필요성이 제기됨에 따라 일부 연구가 이루어졌으나, 아직도 정인보 한문학의 전모가 확실히 밝혀지지는 않았다. 특히 정인보가 근대 한학의 대가로 불렸던 것에 비추어 봤을 때 그의 문학관과 문필활동의 전모를 살펴보기 위해서는 그의 한문학 작품 전반을 아우르는 연구가 필요하다고 본다.

또한 국문 글쓰기와 한문 글쓰기를 병행하며 문필활동을 했다는 점에서 두 글쓰기가 어떠한 관계를 이루고 있는지도 연구할 필요가 있다고 본다. 더욱이 근대 초기는 정인보처럼 근대적 국문 글쓰기와 전통적인 한문 문언문 쓰기를 병행했던 지식인들이 다수 존재했다. 이처럼 이중문자로 글쓰기를 병행한 경우, 그 상호 관계를 살펴볼 때 각 글쓰기의 의미가 분명해질 것이다.[23)]

2. 연구 대상과 연구 방법

정인보의 저술은 크게 신문 · 잡지에 발표한 글과 자필원본自筆原本(전8권)인 한문문집 『담원문록薝園文錄』으로 구분해 볼 수 있다.

이 중 처음 단행본으로 출간된 것은 1935년 1월 1일부터 1936년 8월 28일까지 총 440회에 걸쳐 《동아일보》에 연재한 「오천년간五千年

---

23) 이와 관련하여 필자는 「일제 식민지 시기 전통지식인의 이중 언어 글쓰기－국학자 정인보의 한글 글쓰기와 한문 글쓰기의 관계를 중심으로－」(『정신문화연구』 38-3, 한국학중앙연구원, 2015)에서 대략적으로 고찰한 바 있다. 정인보에 관한 연구를 이중언어의 글쓰기 관점에서 새롭게 접근할 것을 제기했다는 점에서는 의의가 있으나, 분량이 소략하여 정인보 글쓰기의 전모를 밝히는 데는 한계가 있었다고 본다. 이에 이 책은 이 문제의식을 심화 발전시킨 것이다.

間 조선朝鮮의 얼」이다. 이 글은 1946년에 서울신문사에서 『조선사연구(상 · 하)』로 묶여 출간되었다. 하지만 국한문체로 쓰여진 「오천년간 조선의 얼」은 현대인이 읽기에는 어려운 점이 많아 2000년에는 서원 출판사에서 박성수의 편역본 『정인보의 조선사연구』가, 2012년과 2013년에는 우리역사연구재단에서 문성재 역주본 『조선사연구(상 · 하)』가 각각 출간되기도 하였다.

두 번째 단행본으로 나온 것은 1948년에 을유문화사乙酉文化社에서 출간된 『담원시조집』이다. 여기에는 정인보의 대표작인 「자모사慈母思」 40수를 비롯하여 다수의 시조가 수록되었다. 이후 『담원시조집』은 1955년에 진문사進文社에서, 1974년 을유문화사에서도 출간되었다. 2000년에는 태학사에서 '우리시대 현대시조 100인선' 중의 한 명으로 정인보를 꼽아 『정인보 시조집－자모사慈母思』를 출간하기도 하였다. '자모사慈母思'를 표제로 내걸었지만, 「자모사」를 포함하여 『담원시조집』에 수록된 시조 대부분을 수록한 것이다.

신문 · 잡지에 발표한 국학 관련 글을 한데 볼 수 있게 된 것은 1955년 문교사文教社에서 『담원국학산고薝園國學散藁』가 출간되면서부터이다. 한문으로 쓴 「정무론正誣論」, 「광개토경평안호태왕릉비문석략廣開土境平安好太王陵碑文釋略」 2편을 제외하고는 모두 신문 · 잡지에 발표한 국문으로 쓴 글들이다. 백낙준의 서문에 따르면 정인보가 한학계의 태두일 뿐만 아니라 국학을 진흥시키기 위해 평생 노력했던 인물임을 알리고자 여기저기에 산견하는 그의 글을 모아 출간하게 된 것이라고 한다. 책의 구성은 제1편 '조선고서해제', 제2편 '국학인물론', 제3편 '고사변정古史辨正', 제4편 '양명학연론陽明學演論', 제5편 '비문碑文 · 추념문追念文 · 외산고外散藁'로 이루어져 있다.

1967년에는 한문 문집『담원문록薝園文錄』 영인본이 연세대학교 출판부에서 처음 간행되었다. 이때 자필 원본에 없던「당릉군유사징唐陵君遺事徵」(강신항 교수 발견)이 팔권 끝에 등재되었다.

이제까지의 글들을 한데 엮고 자료를 추가 발굴하여 정인보의 글을 총망라한 것이 1983년 연세대학교 출판부에서 출간한『담원薝園 정인보전집鄭寅普全集』(전6권)이다. 1~4권까지는 한글로 쓴 글(한시 몇 편 제외)이고, 5·6권은 한문으로 쓴 글이다. 1권과 2권은 각각『담원시조』와『국학산고』를 포함하여 다른 글들을 추가한 것으로,[24] 1권에는 시조, 답사기, 문학론, 한글 서간문 등이, 2권에는 조선고서해제, 국학인물론, 양명학연론, 비문·추념문, 논설·수필, 한문 문집에 미포함된 한시 일부 등이 수록되어 있다. 3·4권은『조선사연구』이며, 5·6권은 한문 문집인『담원문록薝園文錄』이다. 다만 여기에는 1967년『담원문록』 영인본을 출간할 때 덧붙였던「당릉군유사징」이 빠져 있다.

2006년에는 태학사에서 정양완 선생이 번역한『담원문록薝園文錄』 번역본이 상·중·하 3권으로 출간되었다. 이때『담원 정인보전집』에 빠진「당릉군유사징」 영인본이 번역문과 함께 부록에 수록되었으며, 상권 맨 앞에는 자필 원본『담원문록』에는 없는 세 편의 서신도 함께 실렸다. 두 편은 정인보가 족형에게 보낸 서신이고, 한 편은 윤기중尹器重이 정인보에게 보낸 서신이다. 또한 상권에는 화보도 수록되어 있다.

---

24)『薝園 鄭寅普全集』 2권에『國學散藁』가 그대로 다 수록된 것은 아니다.『國學散藁』의 '제3편 古史辨精'이 삭제되었는데 중복수록을 피하고자 함이었던 것으로 보인다.「正誣論」·「廣開土境平安好太王陵碑文釋略」은 제5·6권인『薝園文錄』에 포함된 글이며,「蛇陵傳說辨正」·「掛陵考」는 제1권에 수록된「東都雜誌」의 일부이다.

다만 이 번역본에는 『담원문록』의 원문이 수록되어 있지 않다. 이에 담원기념사업회薝園記念事業會에서 원문 영인본인 『담원문록薝園文錄』 1권을 2006년에 곧이어 출간하였다. 여기에는 『담원 정인보전집』의 5·6권에서 빠진 「당릉군유사징」이 맨 끝에 수록되어 있다.

이상과 같은 자료 검토를 통해 이 글의 연구 자료는 『담원 정인보전집』(전6권)[25]을 기본으로 하고, 번역본 『담원문록』(상·중·하)[26]을 주요 참고 자료로 삼고자 한다.

한편 『담원 정인보전집』에 수록되지 않은 글들도 있어 이를 포함하여 연구 대상으로 삼고자 한다. 현재까지 파악된 글들의 목록을 제시하면 다음과 같다.

제목	연도	수록지	갈래	문자
과산자窠山子의 '취정사鷲亭寺'에 대한 시평	1924.12.01	동아일보 〈고금시총〉	한시평	한문
항해沆瀣의 「곡김대산시랑哭金臺山侍郞」에 대한 시평	1924.12.02	동아일보 〈고금시총〉	한시평	한문
목란시木蘭詩	1930년 3월	『시문학』 제1호	한시 번역	한글, 한문
가신님	1927.01.01 1935.01.01	『동광』 제9호 『삼천리』 제7권 제1호	시조	한글
도향애사稻香哀詞	1927.08.01	『현대평론』 제1권 제7호	시조	한글
가을	1933.09.05	동아일보	시조	한글
개결무구介潔無垢의 박은식선생朴殷植先生	1925년 8월	『개벽開闢』	인물평	한글

25) 鄭寅普, 『薝園 鄭寅普全集』 1~6권, 연세대학교 출판부, 1983.(이하 '『전집』'으로 표기함)

26) 정인보 지음, 정양완 옮김, 『薝園文錄』 上·中·下, 태학사, 2006.(『전집』 5·6권에 해당하는 『薝園文錄』의 번역은 이 책의 번역문을 주로 따르되 일부 수정하기도 하였다. 이하 『薝園文錄』 번역본은 '『담원문록』'으로 표기함)

곡백암박부자哭白巖朴夫子	1925.11.05	동아일보	인물평	한글
충무공평생忠武公平生에 대對한 본전本傳과 소설小說	1931.06.25	동아일보	인물평	한글
문장강화文章講話 (상편上篇)	1924년 2월	『폐허이후廢墟以後』 1호, 부록	논문	한글
근세조선학술변천近世朝鮮學術變遷에 대하야	1931년 2~3월	『청년』 제11권 제2호~제3호	논문	한글
『난사쌍수첩蘭史雙壽帖』 서문	1921년	『난사쌍수첩蘭史雙壽帖』 (유익렬劉益烈 편編)	서발류	한문
『혜산유고선蕙山遺稿選』 서문	1925년 (1948년 간행)	『혜산유고선蕙山遺稿選』 (백규수白奎洙 편저編著)	서발류	한문
『백팔번뇌百八煩惱』 발문跋文	1926년	『육당최남선전집』 5	서발류	한문
창강선생실기서 滄江先生實記序	1934년으로 추정	『김택영전집』(육陸)	서발류	한문
『동시화東詩話』 (하겸진河謙鎭) 서문序文	1942년	『회봉집晦峯集』 하 533쪽, 서序; 『동시화東詩話』 서序	서발류	한문
『소파시문선고小波詩文選稿』 서문	1942년	『소파시문선고小波詩文選稿』 (송명회宋明會)	서발류	한문
『광릉가고廣陵家稿』 서문	1942년	『광릉가고廣陵家稿』 (이복래李福來)	서발류	한문
『만송유고晩松遺稿』 서문	1949년 (1968년 간행)	『만송유고晩松遺稿』 (유병헌劉秉憲)	서발류	한문
『뇌산유고雷山遺稿』 서문	1950년 (1966년 간행)	『뇌산유고雷山遺稿』 (허신許信)	서발류	한문
『운재유고雲齋遺稿』 서문	미상	『운재유고雲齋遺稿』 (정기우鄭基雨)	서발류	한문
외손홍석화백일지희오수外孫洪錫和百日志喜五首	1943년	연보(정양완)에 언급	미상	미상
관수재기觀水齋記	1944년	연보(정양완)에 언급	미상	미상
강동희姜東曦에게 보낸 간찰	미상	『병세한묵竝世翰墨』 (강동희姜東曦)	서신류	한문
이현규李玄圭에게 보낸 간찰	미상	김문옥 후손 소장	서신류	한문
『담원졸서시편薝園拙書詩篇』 수록 한시 3편	1943년	『담원졸서시편薝園拙書詩篇』 (총 4편 중 「금미김공상희琴糜金公相喜 추사계제야秋史季弟也」는 『담원문록』에 수록되어 있음)	한시	한문

이상과 같은 자료를 대상으로 표기체에 따라 한문글과 국문글로 크게 구분하여 정인보의 글쓰기에 대해 고찰하고자 한다. 여기서 말하는 국문글은 국한문체와 순국문체(순한글체)로 쓴 것을 다 포괄한 것이다.

근대 전환기의 텍스트를 대상으로 언어 상황을 고찰한 연구에서는 한문체, 국한문체,[27] 국문체(순한글체)로 크게 구분해 온 것이 일반적이다. 한문체가 국한문, 국문체와 대별되는 것만큼이나 국한문체와 국문체도 대립적인 양상을 보이기도 했기 때문이다. 이와 관련하여 문어에서 한문/한자의 요소를 어떻게, 얼마만큼 반영할 것인가에 대한 인식 및 이념의 차이에 따라 국한문체와 국문체가 갈리고, 매체의 성격, 독자층, 텍스트 양식, 필자에 따라 신문 · 단행본 등에서 그 문체를 달리 선택하는 양상이 조명된 바 있다.[28] 이러한 논의에서 밝힌 바와 같이 근대 초기에 한문체를 벗어나 언문일치를 구현하는 문체로 나아가는 과정에서 국문체와 국한문체가 경합하며 대립하고 상호 참조하는 경향이 있었던 것은 사실이다. 하지만 국한문체와 국눈체가 서로를 부정하지 않고 당시 표기체계상에서 공조체계를 이루고 있었던 면도 분명히 존재한다.[29]

---

27) 여기서 국한문체라는 용어는 국문의 요소와 한문의 요소가 섞여 있는 문장을 통칭하는 것으로, 논자에 따라 국한문체, 국한문혼용체 등으로 일컫고 있는데 이 글에서는 국한문체라고 부르기로 한다.

28) 이에 대해서는 다음과 같은 연구 논문이 있다.
강현조, 「근대 초기 매체의 문체 선택 및 분화 양상 연구－신문과 단행본 서적을 중심으로－」, 『서강인문논총』 42, 서강대학교 인문과학연구소, 2015.
김흥수, 「근대 전환기 문체의 텍스트 유형별 양상－일반 산문과 언해 · 번역문의 경우－」, 『어문학논총』 제36집, 국민대학교 어문학연구소, 2017.

29) 임형택, 「근대계몽기 국한문체의 발전과 한문의 위상」, 『민족문학사연구』 14권 1호, 민족문학사학회, 26쪽 참조.

한편 일반적으로 일컫는 국한문체의 범주에는 표기상 한글과 한자가 섞여 있는 경우가 모두 포함되는데, 국문 요소와 한문 요소가 어떤 방식으로 어느 정도로 활용되는지에 따라 국한문체는 매우 다양한 형태를 보인다. 표기체를 비롯하여 국어 규범에 관한 표준이 정립되지 않았던 상태에서 각 주체들이 새로운 문체를 시도하고 있었기에 이 시기에 각종 텍스트에 구현된 국한문체는 매우 복잡한 양상을 보인 것이다. 국한문체에 관한 주요 논의 주제 중의 하나가 유형 구분인 것도 여기에 기인한다. 지금까지 여러 연구자들에 의해 국한문체의 세부 유형이 다양한 방식으로 제기되었는데,[30] 국한문체에 대

---

30) 심재기는 국한문혼용체를 중간문체로 설정하고 한문체와 국문체의 유사성 정도에 따라 1, 2, 3단계의 중간문체를 제시하였다.(심재기, 「만해 한용운의 문체추이 –중간문체의 설정과 그 구분과 관련하여」, 『관악어문연구』 제3권, 서울대학교 국어국문학과, 1978) 민현식은 개화기 국한문체는 『서유견문』식의 국한문체와 중세 구결문의 모습을 닮은 구결문식 국한문체가 있다고 간단히 언급하였다.(민현식, 「개화기 국어 문체 연구」, 『국어국문학』 111, 1994)

홍종선은 국한문혼용체를 한문구체, 한문어체, 한자어체로 구분하였는데, 한문구체는 한문 문장에 한글로 토를 단 정도의 문체, 한문어체는 우리말 통사 구조를 가지지만 우리말 단어가 아닌 한문어가 섞인 문체, 한자어체는 우리말 통사 구조와 단어를 쓰지만 한자를 섞어 표현한 문체를 의미한다.(홍종선, 「개화기 시대 문장의 문체 연구」, 『국어국문학』 117, 국어국문학회, 1996)

임상석은 문장 단위의 통사구조를 통해 크게 세 가지로 유형화하였다. 1유형은 한문 문장체로 한문이 문장의 형태로 나타나는 한주국종(漢主國從)의 양상을, 2유형은 한문 구절체로 한문 문장이 구절 단위로 분리되어 국주한종(國主漢從)을 시도하는 양상을, 3유형은 한문 단어체로 한문이 주로 단어로 쓰여서 국주한종(國主漢從)이 진전된 양상을 보인다.(임상석, 『20세기 국한문체의 형성 과정』, 지식산업사, 2008, 33쪽)

한영균은 1876~1910년 시기의 국한혼용문 텍스트를 대상으로 여섯 가지 유형으로 구분하였다. ① 한문 구문법을 기반으로 하되 국어 문법의 간섭 결과가 섞인 경우, ② 국어 구문법이 기본이지만 구문적·어휘적으로 한문 문법의 간섭 결과가 개재되는 경우, ③ 구문적으로는 한문 문법의 간섭이 해소되지만 어휘적으로는 남아 있는 경우, ④ ③과 유사하지만 漢文句 용언이 쓰이지 않고, 고유어 혹은

한 이해와 논의를 심화했다는 점에서 매우 유의미한 작업이었으나 객관적인 기준에 의거하여 유형을 분류하는 것은 여전히 쉽지 않은 문제로 남아 있다. 더욱이 한영균의 지적처럼 국한문체의 유형을 분류하는 데는 난점이 많다. 유형을 분류해도 각 유형의 경계를 넘나드는 텍스트가 있고 동일한 텍스트 안에도 여러 유형이 뒤섞여 나타나는 경우가 적지 않기 때문이다.[31)]

국한문체는 시기에 따라 다른 성격과 양상을 보인다는 점도 특징이다. 임형택은 1900년대를 전후로 하는 계몽주의 시기의 국한문체와 1920년대 이후의 신문학의 국한문체는 판연히 다르다고 하였다. 전단계의 국한문체가 한문에 토를 단 정도라고 할 만큼 한문체에 종속된 형태라면 신문학 시기의 국한문체는 국문체를 기본으로 하고 단어의 차원에서 한자를 삽입시킨 방식이었다는 것이다.[32)] 홍종선 또한 개화기에 나타난 한문구나 한문어를 주로 사용한 국한문 혼용 표현들은 한문이 아닌 우리말의 글을 쓰려는 과정에서 목표와 관습의 괴리에서 비롯된 것으로 한시적으로 사용된 기형적인 형태이고,

---

한글 표기 한자어가 사용되는 경우, ⑤ ④와 유사하지만 한국의 훈독법을 보여주는 두 가지 이상의 표기 방식이 함께 쓰인 경우, ⑥ 독자적 방식에 의한 국한혼용문을 보여주지만 유형을 이룬다고 할 정도로 많지 않은 경우가 그것이다.(한영균, 「近代啓蒙期 國漢混用文의 類型 · 文體 特性 · 使用 樣相」, 『口訣研究』 30, 구결학회, 2013)

김홍수는 근대전환기의 표기체 및 문체를 구결문체, 국한문체(구절, 단어 층위), 국한자체, 순국문체로 대별하였는데(「근대 전환기 문체의 텍스트 유형별 양상－일반 산문과 언해 · 번역문의 경우－」, 『어문학논총』 36, 국민대학교 어문학연구소, 2017), 여기서 '구결문체, 국한문체, 국한자체'가 넓게 국한문체의 범주에 포함되는 성격의 것이라고 할 수 있다.

31) 한영균, 「近代啓蒙期 國漢混用文의 類型 · 文體 特性 · 使用 樣相」, 『口訣研究』 30, 구결학회, 2013, 221~222쪽.

32) 임형택, 앞의 논문, 177~178쪽.

그러한 한계를 극복하는 과정을 겪으며 한자어체 국한혼용 형태로 바뀌었다고 하였다.[33] 김홍수는 1920년대의 국한문 혼용체는 국한자체에 접근한 형태의 문체라고 하였는데, 명칭만 다를 뿐 1920년대 이후의 국한문체에 관한 인식은 앞에 거론한 논자들과 마찬가지이다. 요컨대 1920년대 이후의 국한문체는 한자를 섞어 쓰되 근대적 언문일치에 상당히 근접한 문체라는 것이다.

정인보가 신문 · 잡지를 통해 근대적 글쓰기를 시작한 시기는 1920년대였다. 시조와 기념 노랫말, 편지와 비문 일부 등 순한글로 쓴 것도 있지만,[34] 대부분의 글은 한글과 한자를 섞어 쓴 이른바 국한문체에 해당한다. 이 글들에는 국문법에 어색한 만연체의 문장, 현대적 한자어 수준을 넘어선 한문 고어 사용, 전근대적 국문 표기 방식 등이 나타나 현대적 번역을 거치지 않고서는 쉽게 이해되지 않는 부분들이 있다. 그러나 이런 요소들이 그의 글을 전반적으로 지배하는 것은 아니다. 근대적 국문이 자연스럽게 구사되는 정도나 한문 요소가 개입되는 정도는 텍스트의 성격, 양식에 따라서, 때로는 한 텍스트 내에서도 다르게 나타난다. 이는 표준화된 국문 규범이 없었던 상황에서 정인보가 과거의 글쓰기 형식을 참조하면서 신문 · 매체를 통한 글쓰기를 시도해 왔기 때문이라고 할 수 있다. 그가 참조한 과거의 글쓰기 형식에는 그가 이미 익숙한 한문 글쓰기는 물론 근대 이전의 옛 국문 글쓰기도 포함된다.[35] 요컨대 그의 국한문체는 순국문체와

33) 홍종선, 「근대 전환기 개화 지식인의 '국문/언문'에 대한 인식과 구어체 글의 형성」, 『우리어문연구』 54, 우리어문학회, 2016, 602~603쪽.

34) 시조의 경우, 노랫말은 한글로 표기하되 한자어는 괄호로 한자를 병기하고, 주석이나 서문은 한자를 섞어 썼다.

35) 예컨대 어떤 텍스트, 어떤 부분에서는 주격 조사 'ㅣ'를 사용하다가도 다른 곳에

구별되는 성격의 것이라기보다는 근대적 언문일치를 지향하는 국문적 글쓰기에 넓게 포괄되는 성격의 것이라고 할 수 있다.

정인보의 글쓰기에서 보다 주목되는 점은 이러한 국문 글쓰기를 한문 글쓰기와 더불어 병행했다는 사실이다. 시는 물론 산문 영역에서 한문체와 국문체를 자유롭게 넘나들며 이 두 글쓰기를 비슷한 비중으로 수행한 이로는 정인보와 변영만 정도를 꼽을 수 있을 정도로 특징적인 면모를 보인다고 할 수 있다.[36] 그러므로 그의 글쓰기의 성격과 특징에 대한 전모를 파악하기 위해서는 한문과 국문의 두 글쓰기가 그의 문필활동에서 어떻게 분할되어 수행되는지, 각각의 성격은 어떠하며, 어떠한 관계를 맺고 있는지를 고찰할 필요가 있다.

이러한 관점에 입각하여 정인보의 글을 한문과 국문으로 대별하고 하위 문종文種에 따라 분류해 보면 다음과 같다.

한문글의 경우, 『담원문록』에 수록된 한시는 107편이고, 산문이 150편이다. 한시는 고체시가 65편, 근체시가 42편으로 고체시를 더 많이 지은 편이다. 산문의 경우 문체별로 보면 비지류 81편, 서발류 19편, 서신류 11편, 애제류 10편, 잡기류 10편, 전장류 8편, 논변류 5편, 서사류 4편이 있다. 『담원문록』에 수록되지 않은 한문 산문 12편 중에서는 서발류가 10편, 서신류가 2편 있다.

국문글로는 우선 시조 108편 395수가 있고, 나머지는 다 산문이다.

서는 주격 조사 '이/가'를 현대적 국문 어법에 맞게 자연스럽게 사용하고 있는 것을 볼 수 있다. 이는 정인보가 근대 이전의 옛 국문 글쓰기를 참조했음을 보여주는 단적인 사례이다.

36) 임형택의 「근대계몽기 국한문체의 발전과 한문의 위상」(『민족문학사연구』 제14권 제1호, 민족문학사학회, 1999)에서 이러한 사실이 변영만 글쓰기의 특이한 점으로 주목된 바 있다.

국문 산문 중 답사기가 총 3편(각각 30회, 43회, 14회에 걸쳐 신문에 연재) 있는데, 한 편은 논변류 성격의 글이고 두 편은 기행문이다. 국문 산문에서 상당한 분량을 차지하는 것은 학술적인 글로, 문학·철학·역사 영역을 다 아우르고 있다. 조선문학의 원류, 중국문학의 원류를 각각 고찰한 문학론이 두 편 있고, 66회에 걸쳐 연재한 사상 관련 저술인 「양명학연론」이 있으며, 440회에 걸쳐 연재한 역사 관련 저술인 「오천년간 조선의 얼」이 있다. 이 밖에도 국학 관련한 학술적인 글에 '조선고서해제' 연재물 18편과 3명에 관한 국학인물론이 있다. 또한 연설·논설문 26편, 한글로 쓴 비문碑文 8편, 추념문追念文이 6편, 한글 서간문 5편 등이 있다.

이와 같이 정인보의 저술은 국문글과 한문글의 비중이 거의 비슷함을 볼 수 있다. 글의 성격도 문·사·철의 어느 한 영역에 국한되지 않는다. 그러나 시기, 상황, 독자, 글의 목적 등에 따라 문자와 장르 선택이 달라지는 걸 볼 수 있다.

우선 뚜렷한 차이를 보이는 것은 시기에 따라 문자 선택의 비중이 달라지는 점이다. 국문 글쓰기와 한문 글쓰기의 양상을 중심으로 살펴볼 때, 정인보의 글은 1920년대 전반기, 1920년대 중후반~1930년대 중후반, 1930년대 말기~해방 직전, 해방 이후의 네 시기로 구분하여 고찰할 수 있다.

1920년대 전반기까지는 정인보가 공식적인 사회활동을 하지 않던 시기이고, 이때의 저술로는 한문 문언문 몇 편만이 존재할 뿐이다. 정인보가 국문으로 쓴 글을 발표하기 시작한 것은 본격적으로 사회활동을 시작한 시기와 맞물린다. 정인보는 1923년에 연희전문학교 전임교수가 되고 1924년 동아일보 객원논설위원이 되었다. 이때부터

1937년에 교수직을 사임하기까지 정인보는 강의 · 강연활동과 언론 활동을 적극적으로 수행하는데, 그가 국문으로 글을 쓴 것은 이 시기에 집중된다. 물론 이때에도 한문 문언문의 창작은 지속적으로 수행하였다. 하지만 민족정신을 고취하고 조선학(국학)을 진흥시키기 위한 사회적 활동에 노력을 기울이던 시기였기에 다수의 독자를 대상으로 하는 언론매체를 통해 국문으로 쓴 글을 발표하는 데 보다 주력하였다. 그러나 일제의 압박과 검열이 심해지는 1930년대 후반기가 되면서부터 정인보는 병을 앓게 된 것을 계기로 교수직도 사임하고 언론 활동도 중단한다. 이때부터 해방 직전까지는 주로 한문 문언문을 창작하였다. 해방을 맞이하게 되면서 다시 그는 국문 글쓰기와 한문 글쓰기를 병행하는 방식으로 돌아갔다.

이처럼 정인보는 국문 글쓰기와 한문 글쓰기를 병행하는 가운데에도 시대적 상황과 주력 활동에 따라 두 종류의 글쓰기의 비중이 달라지는 것을 볼 수 있다.

이러한 점을 고려하되 이 책에서는 국문 글쓰기와 한문 글쓰기의 병행 양상을 문체 또는 양식을 중심으로 고찰하고자 한다. 문체에 대한 모색과 새로운 양식에 대한 탐구는 시대의 변화에 따른 문화적 구도나 현실에 대한 가치관의 형성과 밀접한 연관을 가지기 때문이다.[37] 한문 문언문 중에도 다양한 문체가 있는데, 특정 문체의 선택과 비중은 개인의 선호에 따라 달리 나타날 뿐만 아니라 시대적 필요성 또는 유효성 정도에도 좌우된다. 예컨대 비지문, 서발문 등은 여전히 한문 문언문으로 쓰는 경우가 많았는데, 작자의 인식과 취향에

37) 임상석, 『식민지 한자권과 한국의 문자 교체－국한문 독본과 총독부 조선어급 한문독본 비교연구』, 소명출판, 2018, 68쪽.

따라 글쓰기에서 차지하는 비중은 다르게 나타난다. 근대에 새롭게 등장하거나 주요하게 부상한 장르에 대해서도 마찬가지이다. 근대 소설, 근대 자유시, 현대 시조 등 이른바 근대 문학적 관점에 따른 갈래만 하더라도 작자의 역량, 선호도, 가치관에 따라 다르게 선택되는 것이다. 이에 문체 및 장르별 탐구를 통해 정인보의 문文과 민족 문화에 대한 인식과 지향을 보다 용이하게 총체적으로 파악할 수 있으리라고 본다.

이러한 문제의식 하에 이 책의 전개는 다음과 같이 이루어질 것이다. 2장에서는 우선 정인보의 학문 연원 및 사상 형성의 배경을 살필 것이다. 이를 통해 정인보의 글쓰기의 성격과 특징을 이해하는 데 많은 시사점을 얻을 수 있으리라고 본다. 아울러 당대의 언어 상황과 정인보의 언어문자관에 대해 살펴볼 것이다. 이는 정인보가 이중 문자로 글쓰기를 수행하게 된 배경을 이해하는 데 도움이 되리라고 본다. 3장과 4장은 각각 한문 글쓰기와 국문 글쓰기로 나누어 구체적인 양상을 고찰하고자 한다. 정인보의 글쓰기에서 한문과 국문 글쓰기가 어떠한 양상으로 분할되고 있는지를 파악하는 데 이러한 방법이 용이하다고 보기 때문이다. 각 장에서는 장르와 주제를 중심으로 세부 범주를 설정하여 글쓰기 양상의 특징과 의미를 파악할 것이다. 마지막으로 5장에서는 정인보 글쓰기의 시대적 의의에 대해 고찰해 보고자 한다. 이를 위해 정인보와 마찬가지로 한문학이 기반인 전통지식인으로서 근대적 국문 글쓰기로 나아갔던 이들을 비교 대상으로 삼아 정인보 글쓰기의 특징과 의의를 보다 분명하게 밝혀 보고자 한다.

제2장

학문 사상의 배경과 언어문자관

1. 학문 연원과 사상 형성의 배경

정인보의 학문 연원과 사상 형성의 배경에 관해서는 여러 논자들에 의해 연구되어 왔다. 조선의 전통학문을 계승한 것으로는 양명학 또는 강화학,[1] 조선 소론계 학문,[2] 당대에 영향을 받았던 인물로는 이건방, 박은식, 신채호,[3] 중국의 신학문과 국학자 장병린章炳麟(호:

---

1) 이남옥은 조선학운동의 이론적 배경이 되었던 정인보의 학문 연원을 하곡학으로 대표되는 전통 학문과 중국 장병린에게 영향받은 신학문의 두 측면으로 나누어 살폈다.(이남옥, 「정인보의 학문 연원과 조선학 인식」, 『儒學研究』 38, 충남대학교 유학연구소, 2017)

2) 조성산은 정인보의 한국문화사 연구의 기본틀이 소론계 국학연구, 일본 양명학·국학, 장병린·양계초 등에 영향 받으면서 마련되었다고 보면서, 정인보 학문 배경의 중요한 한 축인 소론계 학문의 영향관계에 대해 고찰하였다.(조성산, 「鄭寅普가 구성한 조선후기 문화사」, 『역사와 담론』 56, 호서사학회, 2010)

3) 이황직은 정인보의 학문 형성의 배경으로 이건방으로부터 이어받은 강화학과 박은식, 홍명희, 안재홍, 백낙준 등 근대 학문을 배운 지식인과의 교유를 들었다. (이황직, 「위당 정인보의 유교 개혁주의 사상」, 『한국사상사학』 20, 한국사상사학회, 2003, 292~293쪽) 배연숙 또한 정인보의 학문적 배경으로 민족자존사상을

태염太炎) 등이 주로 주목되었다. 이 책에서는 이러한 연구성과들을 바탕으로 정인보의 학문연원을 크게 가학家學과 조선 양명학, 당대 지식인과의 교류, 청대 학술과 중국 국학의 수용이라는 세 측면으로 나누어 살펴보고자 한다.

1) 가학家學과 조선 양명학의 계승

정인보는 동래 정씨東萊鄭氏로 조선 시대 다수의 재상과 문형을 배출한 명문가 집안 출신이다. 증조부 정원용鄭元容(1783~1873)은 헌종 때 영의정까지 역임하였고, 조부인 정기년鄭基年은 부평 부사를, 생부인 정은조鄭誾朝(1856~1926)는 호조 참판을 지냈다. 그의 가문은 조선 후기 소론少論 학자 관료계로 분류될 수 있다.[4] 생모 또한 달성 서씨達城徐氏로 소론 명문가의 후손이다. 정인보의 주요 학문적 배경의 하나가 바로 조선 후기 소론계의 학풍이다.

정인보는 소론 명문가 동래 정씨의 후손으로 가학家學에 대한 자부심이 높았을 뿐만 아니라, 다른 사람의 학문 연원을 고찰할 때도 가학을 매우 중시하였다. 예컨대 김정희金正喜(1786~1856)의 학문이 청淸나라의 옹방강翁方綱(1733~1818)·완원阮元(1764~1849)으로부터 나왔다고 보는 견해에 대해서도 정인보는 김정희의 학문이 일찍이

강조한 이건방과 강화학, 유교개혁사상을 강조한 박은식, 민족주의 역사학자 신채호를 꼽았다.(배연숙, 「정인보의 인문학적 사유에 의한 민족주체사상 연구」, 부산대학교 박사학위논문, 2012, 29~41쪽) 두 연구자 모두 정인보의 학문 사상 연원을 전통과 근대의 두 가지 측면에서 파악하고, 전통의 측면은 이건방으로부터 계승한 강화학을, 근대의 측면은 당대 지식인과의 교유를 주목하였다고 할 수 있다.

4) 이남옥, 앞의 논문, 217쪽.

가정 사우師友로부터 형성된 것이지, 옹방강·완원을 기다린 뒤에야 얻은 것이 아니라며 비판하였다.[5] 김정희가 가학에 학문의 뿌리를 굳건히 둔 상태에서 타 학문을 주체적으로 수용하며 자신의 학문을 완성한 것임을 강조한 것이다. 특히 조선 후기의 중요한 실학자로 정동유鄭東愈(1744~1808)를 소개하며 그 학문 연원이 가학과 사승師承 관계에 있음을 강조한 글에서는 같은 동래 정씨로서 가졌던 자기 가문의 학풍에 대한 인식과 자부심을 엿볼 수 있다.

> 처음 우리 집안은 대대로 서울의 호현방好賢坊에서 살았다. 선조인 익헌공翼憲公[정태화鄭太和, 1602~1673]의 맏아들은 참의군參議君[정재대鄭載岱]이니, 이로부터 아들, 손자, 증손으로 전하여 선생의 아버지에 이르도록 구대九代 종가宗家가 살았다. 연달은 공경公卿의 뒤인 덕분에 비록 선생[정동유鄭東愈]은 음사蔭仕로 벼슬이 높지는 못했으나, 견문이 조야朝野에 걸쳤다. 집안에는 나라에서 하사한 서적이나, 비첩秘牒, 희귀한 문적文籍이 많았고, 전장典章·제도制度·주군州郡의 이해利害·국내외의 전고典故라든가 외교·사신접대 등(의 문서가)이 모두 부본副本이 있어서 어려서부터 널리 배우고 종리綜理할 수 있었다.[6]

이 글에서 보듯이 대대로 공경公卿을 배출한 가문으로서 국내외의 많은 문헌을 소장하고 접할 수 있었기에 나라의 전고典故에 밝고 박학樸學을 추구할 수 있었다는 점이 정인보가 인식한 동래 정씨 가문

---

5) 정인보, 「金秋史全集序」, 『담원문록』 상, 26~2610쪽; 『전집』 5, 110~111쪽.

6) 始吾家世居漢城之好賢坊. 先翼憲長子曰參議君, 自是傳子孫曾, 爲先生考, 九世之宗席. 累公之後, 雖以先生蔭仕未貴, 而見聞包括朝野. 家多賜書·秘牒·稀籍, 典章·制度·州郡利害, 中外之故, 交鄰接遠, 咸有貳謄, 自少得博綜.(정인보, 「書畫永編後」, 『담원문록』 중, 260쪽; 『전집』 6, 6쪽)

의 특장이다. 조성산은 정동유의 『주영편晝永編』과 더불어 정윤용鄭允容의 『자류주석字類註釋』, 정원용鄭元容의 『수향편袖香編』과 같은 저술들이 국고國故 연구와 문헌학에 밝았던 동래 정씨의 가학 특징을 잘 보여준다고 하였다.[7] 또한 소론계 지식인들은 고대사古代史에 관심을 가지고 부국강병과 군신지의君臣之義를 강조하였던 바 근대 민족주의를 나아갈 수 있는 단서들을 상당 부분 가지고 있었다고 하였다.[8] 정인보가 한학자로서 근대 시기 조선학 연구를 선도할 수 있었던 배경에는 조선의 문헌에 대한 폭넓은 접촉과 해박한 지식, 자국의 고대사에 관심이 있었던 소론 학풍의 전통이 영향을 미쳤다고 할 수 있다.

소론계 지식인들의 또 다른 주요한 특징은 성운학·문자학에 강세를 보였다는 점이다. 김동준에 따르면 조선 후기 지식인들은 계파별로 언어·문자에 접근하는 방식에 차이를 보이는데, 소론계가 성운학·문자학에 강했다면 남인계열은 어휘 사용 문제에 집중하고 경화의 노론계열은 인식론적·예술적 감수성을 수반하는 매체로서의 언어에 깊은 관심을 보였다.[9] 정인보는 청대 고증학에 관심을 가지고 단옥재段玉裁(1735~1815)·주준성朱駿聲(1788~1858)·장병린章炳麟(1868~1936) 등의 음운문자학을 탐구하였고, 이로부터 조선학 연구와

---

7) 조성산, 앞의 논문(2010), 474~475쪽.

8) 물론 소론의 국학 연구와 정인보의 민족주의적 국학 연구는 분명한 차이가 있다는 점도 지적하였다. 군주와의 관계가 중심인 전근대 사회와 근대 국민가에서의 국가와 국민의 관계는 다르다는 면에서 그러하다. 하지만 군주를 국가와 민족으로, 신하를 국민으로 변환시킬 때 전통적인 君臣之義 관념이 국민국가의 忠 도덕으로 용이하게 변환될 수 있다고 보았다.(조성산, 위의 논문, 476쪽)

9) 김동준, 「소론계 학자들의 자국어문 연구활동과 양상」, 『민족문학사연구』 35, 민족문학사연구소, 2007, 10~16쪽.

글쓰기에 대한 많은 시사점을 얻었다. 정인보가 그러한 중국의 학문을 적극적으로 수용한 배경에는 성운학 · 문자학을 깊이 연구했던 소론계의 학풍이 작용했다고 할 수 있다.

소론계 지식인들이 음운문자학에 대한 지식을 바탕으로 훈민정음에 대한 학적 관심을 발전시켰다는 점도 주요한 특징이다. 훈민정음에 대한 관심을 보인 이들 가운데에서도 훈민정음의 가치를 매우 강하게 주장했던 이들이 신경준申景濬(1712~1781),[10] 정동유, 유희柳僖(1773~1837)이다.[11] 신경준은 "정음은 우리나라뿐만 아니라 천하의 성음대전聲音大典으로 삼을 수 있다"[12]라고 했고, 정동유 또한 "훈민정음은 천하의 대문헌이니 어찌 다만 조선이라는 한 지역의 언어를 전사傳寫하는 재료일 뿐이겠는가?"[13]라고 하였으며, 유희는 정동유의 관점을 계승하여 훈민정음 연구를 더 심화시켰다. 정인보가 이들을 주목하며 신경준－정동유－유희로 훈민정음 연구의 계보를 삼은 것은 바로 이 때문이라고 할 수 있다.[14] 정인보는 조선에 대해 연구

10) 신경준은 소북계 지식인으로 분류되곤 하지만, 풍산 홍씨 소론가를 대표하며 정계에서 활동했던 홍양호가 그의 유일한 지기이자 후원자였고, 둘 사이에 학문적 연대감도 강했다고 한다.(김동준, 앞의 논문, 24쪽)

11) 김동준, 앞의 논문, 27~31쪽.

12) "正音不止惠我一方, 而可以爲天下聲音大典也."(申景濬, 「韻解序」, 『旅菴遺稿』 권3 ; 김동준, 앞의 논문, 27쪽)

13) "訓民正音, 卽天下之大文獻, 豈直爲朝鮮一區言語傳寫之資而已哉!"(鄭東愈, 『晝永編』 下 ; 김동준, 앞의 논문, 31쪽)

14) 정인보는 「조선고서해제」에서 이들을 각각 다루며 신경준을 훈민정음 연구의 中興祖로 삼고, 정동유를 近古正音學을 濬導한 학자, 유희를 정동유의 학문을 이어 訓民正音의 奧義를 探索한 학자로 소개하였다.(「朝鮮古書解題(四)－『晝永編』(玄同 鄭東愈 著)」, 《동아일보》, 1931년 1월 26일자 ; 「朝鮮古書解題(八)－『文通』(西陂 柳僖 著)」, 《동아일보》, 1931년 2월 23일자 ; 「朝鮮古書解題(十五)－『訓民正音韻解』(旅菴 申景濬 著)」, 《동아일보》, 1931년 4월 13일자)

한 학문을 중심으로 조선의 학술사를 재구성하며 조선학의 근거를 마련하고자 했다. 정인보가 훈민정음 연구사에도 관심을 가지며 이 같은 훈민정음 계보를 제시할 수 있었던 데에는 소론계 학문에 탄탄한 기반을 두고 있었던 것이 영향을 미쳤던 것으로 보인다.

소론계 문인들의 문학관과 창작 방식도 정인보와 친연성을 보이는 부분이 있다. 소론계 문인들은 시에서 진실된 정情의 발로發露를 중시하여 시조, 민요 등 국문 시가의 가치를 긍정하며 옹호하는 시론을 펼치고 그것들을 한역화漢譯化한 악부시樂府詩 창작에 적극적이었다.[15] 특히 서명응徐命膺(1716~1787)이 근체시近體詩보다도 고시古詩를, 고시 중에서도 악부의 가치를 존숭하였다는 점,[16] 오광운吳光運(1689~1745)이 '시사일치詩史一致'의 관념을 보이며 '여항의 누구나 시인'이고 '여항의 풍요風謠 모두가 역사'라는 견해를 피력했고 그의 의식과 악부 창작이 이광사李匡師(1705~1777), 이영익李令翊(1740~?)에게로 계승되어 왔다는 점[17] 등이 주목할 만하다. 정인보 역시 진정眞情을 중시한 시론을 펼쳤고, 근체시보다 고시를 더 선호했으며, 시문詩文과 사史가 밀접한 연관성을 가지는 관점을 보이고 있기 때문이다.

정인보의 학문과 사상에서 가장 근간이 되는 것은 양명학이다. 정인보가 가장 중요한 스승으로 섬겼던 이가 이건방李建芳(1861~1939)이다.[18] 이건방은 하곡霞谷 정제두鄭齊斗(1649~1736)로부터 이어진

---

15) 김영주, 「朝鮮後期 少論界 文人의 文學論 硏究」, 경북대 박사학위논문, 2005, 234~259쪽.

16) 김영주, 위의 논문, 246쪽.

17) 김영주, 위의 논문, 250~251쪽.

18) 『양명학연론』의 후기에서 정인보는 양명학의 大義를 李建芳으로 받았다고 밝혔다.(정인보, 「陽明學演論」, 『전집』 2, 242쪽)

조선의 강화양명학파의 학맥을 이은 인물로, 정인보는 나라가 망하던 해(1910) 그의 나이 18세에 이건방을 찾아가 사제 간의 인연을 맺었다. 당시 이건창李建昌(1852~1898)은 이미 저세상 사람이었고, 이건승李建昇(1858~1924)은 국망 후 망명길에 올랐기에 강화양명학을 후진後進에게 전수할 사람으로 국내에 남아 있는 인물은 이건방뿐이었다.[19] 이건방이 정인보에게 쓴 시를 보면 "내 평생에 오직 자네뿐이니, 이 세상에 또 누가 알아주리오.(一生惟汝在, 四海更誰知)"[20]라고 읊고 있어 정인보를 자신의 학문을 이은 유일한 제자로 여겼음을 알 수 있다. 이처럼 정인보는 이건방을 통해 조선의 강화양명학을 이은 최후의 인물이 될 수 있었던 것이다.

하곡 정제두 학맥의 계승과 관련된 또 다른 스승이 정인표鄭寅杓(1855~1935)이다. 정인표는 정인보와 같은 가문 사람으로, 정인보의 글을 보면 어린 시절 그에게 학문을 배웠다는 내용이 나온다.[21] 정양완도 정인표를 이건승, 이건방과 더불어 정인보의 주요한 스승으로 꼽은 바 있다.[22] 이남옥에 따르면 하곡학은 양명학을 기본으로 주자

19) 1910년 한일합방이 되자, 그해 9월 이건방의 재종형인 이건승은 홍문원, 정원하와 더불어 서간도 망명길에 올랐다. 이들은 국망 소식을 듣고 자결을 시도했으나 뜻대로 되지 못하자 망명을 결심한 것이었다. 민영규에 따르면 이건방이 이 결행에 함께 하지 못했던 것은 강화학 2백 년의 마지막 전등을 어린 위당에게 전등해야 할 막중한 사명을 띠고 있었기 때문이라고 한다.(민영규, 『江華學 최후의 광경』, 又半, 1994, 91~92쪽)

20) 李建芳, 「書寄鄭景施寅普」, 『蘭谷存稿』, 青丘文化社, 1971, 30쪽.

21) "千字를 겨우 떼자 / 公(鄭寅杓)에게 가라고 아버지는 명하고, / 책을 끼게 하고는 / 당신이 데리고 가시었다. …… 빙그레 웃으며 맞아 읽기를 가르치고는 / 내가 슬기롭고 남다르다 기뻐하며 / 꼼꼼히도 따지고 분석하니 / 아직 그 지극한 뜻이 생각난다.(甫訖千文, 父命就公, 教之挾冊, 引以自從, …… 莞延授讀, 嘉余慧異, 剖析周詳, 尙想至意)"(鄭寅普, 「祭學山族兄文」 『담원문록』 하, 302~303쪽.; 『전집』 6, 388쪽)

학을 포용하는 방식이 특징인데, 이후 정후일鄭厚一, 심육沈錥(1685~1753), 이광명李匡明의 세 계열로 나뉘어 전승되며 다소 상이한 성격을 보인다. 정인표는 정호程顥(1032~1085)를 존숭하고 주자학을 포용하는 면이 강한 심육의 계열을, 이건승·이건방은 양명학을 존숭하는 측면이 강한 이광명의 계열을 이은 인물이다. 이남옥은 정인보가 정인표, 이건승, 이건방으로부터 이 두 계열의 학맥을 모두 전수받았기에 정제두의 학문을 종합할 수 있었다고 보았다. 다만 정인보가 하곡학을 양명학의 대종大宗으로 부각시킨 것은 일제강점기에 주자학을 비판하고 그것을 대체할 수 있는 학문으로 양명학을 선택했기 때문이라고 하였다.[23]

이러한 견해에 비추어 보자면 하곡학의 성격이 양명학으로만 국한되지 않는 복합성을 지님을 알 수 있다.[24] 그러나 정인보의 학문 사상과 관련하여 하곡학의 본질보다 더 중요한 사실은 정인보가 양명학을 자기 학문의 뿌리이자 과거 학문의 병폐를 극복하고 주체적인 태도로 근대에 대응할 수 있는 대안으로 여기고 있다는 점이다.

그런데 정인보가 근대에 양명학을 언론매체를 통해 제시하였던 데에는 보다 중층적인 학술적 배경이 작용했다는 점도 주목할 필요가 있다. 최재목은 정인보의 근대 양명학의 형성 배경을 폭넓게 살펴볼 필요성을 제기하며, 강화학(이건방), 중국의 국학과 양명학, 일본양명학의 경향, 박은식의 양명학적 연구 성과와 방법이라는 네 가지 요인

22) 정양완, 「아버지 薝園의 세 스승 : 學山, 耕齋, 蘭谷」, 『양명학』 13, 한국양명학회, 2002.

23) 이남옥, 「霞谷學의 특성과 계승 양상」, 한국학중앙연구원 한국학대학원 박사학위논문, 2016, 206~207쪽.

24) 강화학에 대해서도 마찬가지의 견해가 있다.

들을 제시하였다.[25)]

우선 주시한 점은 정인보가 1933년에 동아일보에 『양명학연론陽明學演論』을 연재하기 이전에, 최남선崔南善(1890~1957)으로부터 시작하여 박은식朴殷植(1859~1925), 김원극金源隙, 장지연張志淵(1864~1921), 현상윤玄相允(1893~미상), 설태희薛泰熙 등의 양명학 관련 논고가 순차적으로 발표되었다는 사실이다. 그리고 이러한 연구들이 일본의 근대양명학과 그 영향을 입은 양계초梁啓超(1873~1929) 등의 중국양명학의 영향을 직간접적으로 받아 산출된 것이며, 정인보의 양명학 저술은 그 이전에 한국 내에서 이루어진 양명학 논의들을 어느 정도 바탕으로 해서 이루어졌다는 것이다.[26)] 그 주요한 근거의 하나가 정인보가 『양명학연론』의 후기에서 언급한 박은식에 관한 부분이다. "구원九原에 영격永隔한 박겸곡朴謙谷(은식殷植) 선생께 이 글을 질정質正하지 못함을 한恨함을 부기附記한다."[27)]라는 언급으로 보아 박은식이 지은 『왕양명선생실기王陽明先生實記』를 숙지하고 있었음을 알 수 있었다는 것이다.[28)]

일본과 관련해서는 최남선과 박은식 등의 선행 저술이 일본의 근대양명학의 영향을 많이 받은 점, '양명학'이라는 용어 자체가 일본

25) 최재목의 다음과 같은 연구들이 이러한 문제의식하에 진행된 것들이다.
최재목, 「鄭寅普 『陽明學演論』에 나타난 王龍溪 이해-'근대한국양명학' 領有 양상에 대한 한 시론」, 『陽明學』 16, 한국양명학회, 2006.
최재목, 「鄭寅普의 陽明學 이해-『陽明學演論』에 나타난 黃宗羲 및 『明儒學案』 이해를 중심으로」, 『陽明學』 17, 한국양명학회, 2006.
최재목, 「정인보 '양명학' 형성의 지형도-'세계'와의 '호흡', 그 중층성과 관련하여」, 『동방학지』 143, 연세대학교 국학연구원, 2008.

26) 최재목, 위의 논문(2006ㄱ), 52~59쪽.

27) 정인보, 「陽明學演論」, 『전집』 2, 242쪽.

28) 최재목, 앞의 논문(2008), 7쪽.

메이지기의 조어라는 점,[29] 일본의 근대양명학파가 국학파와 내적 연관성을 가지고 민족주의적 성격을 지닌 점[30] 등을 주목하여 정인보도 일본 근대양명학의 간접적인 영향권 안에 있었다고 보았다. 그러나 '양명학'이 이미 근대 지식인들 사이에서 학술 용어로 통용되고 있던 상황이고, 선행 연구자의 특징이 곧바로 정인보 학술의 특징으로 연결되는 것은 아니라는 점을 감안하면 정인보와 일본 근대양명학의 영향 관계를 선불리 말하기는 어렵다고 본다.

중국과 관련해서는 황종희黃宗羲(1610~1695),[31] 양계초 등의 영향을 거론하였다. 다만 양계초의 경우, 단지 박은식의 저술에 양계초의 글이 인용된 것만으로 그 영향 관계를 추정하고 있어[32] 근거가 다소 빈약하다고 본다. 양계초의 글이 근대 초기 조선 지식인들 사이에서 많이 전파되었기에 그의 글을 쉽게 접할 수는 있었겠으나, 그것을 곧 영향받은 것으로 간주하기에는 무리가 있다고 보기 때문이다. 하지만 이와 같이 동아시아 지평으로 시야를 넓혀 학술적 배경과 상호 영향 관계를 살펴보는 연구는 계속 시도될 필요가 있다.

2) 당대 지식인들과의 교류

정인보는 분명 가학家學과 사승師承 관계를 중시하고 자신이 전수

---

29) '양명학' 용어와 일본 학술과의 관련성에 대해서는 최재목의 앞의 논문(2006ㄱ) 5~6쪽에서 자세히 다루고 있다.

30) 최재목, 앞의 논문(2006ㄴ), 104쪽.

31) 황종희의 영향을 받았다는 단적인 근거로 정인보가 『양명학연론』에서 양명학파의 계통을 나눈 방식이 황종희의 『명유학안』에 기초하고 있다는 점을 들었다.(최재목, 앞의 논문(2006ㄴ), 106쪽; 최재목, 앞의 논문(2008), 46~47쪽)

32) 최재목, 앞의 논문(2008), 48쪽.

받은 학맥을 이어가겠다는 소명 의식이 있었다. 하지만 단순히 전통 학문의 계승자에 머물기를 원하지 않았다. 그가 무엇보다 고심한 것은 당대의 사회가 필요로 하는 학문 사상을 모색하는 것이었다. 이는 가학과 강화양명학을 근본 토대로 하여 당대 지식인들과의 교류 과정 속에서 형성된 것이라고 할 수 있다.

첫 번째로 꼽을 수 있는 인물군이 박은식, 신채호申采浩(1880~1936) 등이다. 정인보가 이들을 만난 인연은 1913년(21세) 상해 시절로 거슬러 올라간다. 당시 중국 상해에서는 신규식申圭植(1879~1922), 박은식, 신채호 등이 주축이 되어 동제사同濟社를 결성하여 독립운동을 전개하고 있었다.[33] 1911년부터 중국을 여러 차례 왕래하며 앞으로의 길을 모색하고 있던 정인보도 1913년에 이 동제사에 참여하게 되었다.[34] 이때 문일평文一平(1888~1939), 홍명희洪命憙(1888~1968), 변영만卞榮晩(1889~1954) 등도 함께 동제사에 소속되어 있었다. 다만 정인보는 아내의 상사喪事를 당하여 동제사에 참여한 지 6개월도 되지 않아 귀국길에 올라야 했다.[35] 비록 짧은 기간이었지만 동제사 활동은 국내외에서 독립운동을 전개하던 이들과 연결되는 중요한 계기가 되었던 것으로 보인다. 이때 함께 했던 인물 가운데 정인보의 사상과

---

33) 同濟社에 관해서는 김희곤의 「同濟社 結成과 活動」(『한국사연구』 48, 한국사연구회, 1985)에서 자세히 다루고 있다.

34) 정양완, 「담원 정인보 선생 연보」, 『애산학보』 39, 애산학회, 2013, 11~13쪽 참조.

35) 정인보는 1913년 4월 21일에 同濟社 신입회원 환영회를 받았고, 아내의 상사 소식을 들은 뒤 10월 1일에 상해를 떠나 귀국길에 올랐다.(정양완, 위의 논문, 13~14쪽) 이때 상해에 머물던 申圭植이 정인보를 전송하였다. 정인보는 이 일을 회상하며 시조 「十二哀 4」에서 "박히고 박힌 설움 금강석도 뚫을랐다. / 황포강 여월적이 어제런듯 33년 / 넋 응당 오셨으련만 바라아득 하고녀."라고 읊고 그 註에 "내가 上海를 떠날 때 황포강 부두에서 나를 보냈다"라고 말한 바 있다.(정인보, 『전집』 1, 64쪽 ; 정양완, 위의 논문, 14쪽)

저술활동에 많은 영향을 끼친 대표적 인물이 바로 박은식과 신채호이다. 정인보는 1930년대에 양명학, 사학 관련 저술을 신문에 연재하였는데, 그보다 앞서 이 분야에서 주요한 저술을 남긴 이가 박은식, 신채호이다. 정인보는 그들을 무척 존경했고 그들의 학술적 업적 또한 높이 샀던 점에서 자신이 양명학, 사학 방면의 글을 저술하기에 앞서 그들의 글을 탐독했음은 물론이다.

박은식의 경우, 앞에서도 언급한 바 있듯이 정인보에게 가장 영향을 끼친 것은 양명학 방면에서이다. 박은식은 『한국통사韓國痛史』, 『대동민족사大東民族史』 등을 쓴 민족사학자이자 언론인이자 독립운동가이다. 그러나 정인보가 박은식의 업적에서 무엇보다 높이 평가하고 있는 것은 근대에 양명학을 천양함으로써 과거 학문의 폐단을 극복하고 새로운 학문을 모색할 수 있는 길을 연 점이다.

> 선생의 학문을 앎이 비교적 깊고 선생과 묻고 되새김을 함께 함이 비교적 오랜 우리로서 선생의 숨은 선善을 드러낼 의무가 있으니, 그것은 선생이 조선의 유학을 왕양명으로써 일신一新하려고 했던 고심苦心과 노력을 널리 전해야 한다는 것이다. 선생이 참된 정성을 기울여 문필활동을 한 결과인 왕서절편王書節編, 「왕양명실기王陽明實記」 등은 실로 조선근대유학사에 일대 유성流星으로 길이 그 빛이 머물 것이다. 또 물질 본위의 서양 문물을 받아들이려면 먼저 심학心學의 그릇을 준비함이 요긴한 일이라고 하여 오랫동안 청년 학생을 상대로 양명학 중심의 심학 강연회를 개설하였던 것 같은 일은 진실로 선생이 아니면 볼 수 없었을 일대 탁견이자 장쾌한 일이라 할 것이다.[36]

36) "夫子의學問을알미 比較的깁고 夫子와 問旋을한가지함이 比較的오랜우리로서 夫子의숨은善을들어낼義務가잇는것은그가朝鮮의儒學을 王陽明으로써 一新하려하든 苦心과 努力을 宣傳함일지니 그 赤誠鉛槧의結果인 王書節編, 王

정인보는 박은식의 양명학 천양에 대해 유교개혁과 서양문명에 대한 대응이라는 점에서 그 의의를 부여하였다. 이는 곧 정인보가 모색한 길이기도 하였다. 한편으로는 과거의 조선 유학과 유학 지식인들이 노정했던 병폐를 극복할 방법이, 다른 한편으로는 물질 위주의 서양문물이 유입되는 상황에 휩쓸려 가지 않고 중심을 잡는 방법이 필요했다. 이 두 과제를 해결할 사상이 양명학이라고 여겼고, 그 길을 앞서 연 이가 바로 박은식이라고 평가했던 것이다.

박은식과 정인보가 조선 유학에 대해 비판적이면서도 유교 자체를 부정하기보다는 양명학을 통해 일신一新하는 길을 모색했다면, 신채호는 이들과 달리 유교 자체에 대해 부정적이었다. 타교他敎를 격렬하게 배척하는 유교의 특성으로 인하여 유교가 이 땅에 유입된 이후로 화랑의 낭가사상郎家思想과 같은 고유사상이나 불교가 다 압박받고 사대주의적 성향을 띠게 되었다는 것이다.[37] 이처럼 유교에 대한 입장이 상이했으나, 정인보는 신채호를 존숭했고 그로부터도 많은 영향을 받았던 것으로 보인다. 변영로의 회상에 따르면 홍명희, 정인보와 함께 할 때면 밤늦도록 신채호의 인물됨, 성품, 행적 등에 대해 말했다고 한다.[38]

陽明實記等은실로 朝鮮近代儒學史上의 一大流星으로 길히그光芒은멈을을것이며 또物質本位의西洋文物을바다드리자면 몬저心學의그릇을準備함이要務라하야 오랜동안靑年學生을對手로王學中心의 心學講席을開設하엿든것가틈은 진실로夫子에게아니면볼수업는一大卓見又壯擧라할것이다."(정인보, 「哭白庵朴夫子」, 《동아일보》, 1925년 11월 5일자 사설. 압수기사)

37) 신채호, 「朝鮮史研究草」, 『丹齋申采浩全集』 中, 106~107쪽; 권상우, 「일제강점기 '민족성과 儒學의 관계성' 담론을 통한 '한국적 儒學'(얼儒學) 試論－다카하시 도루,신채호,정인보의 담론을 중심으로－」, 『퇴계학과 유교문화』 48, 경북대학교 퇴계연구소, 2011, 296쪽 참조.

38) 변영로, 「國粹主義의 恒星인 丹齊 申采浩 先生」, 『개벽』 62, 1925.8.

정인보가 신채호에 대해 높이 평가한 것은 단연 사학史學 방면이다. 일반적으로 정인보의 사학은 박은식 · 신채호의 사론史論을 계승하여 정신사관의 성격을 지니는 것으로 평가받고 있다.[39] 역사에서 박은식이 '국혼國魂', 신채호가 '아我', 정인보가 '얼'을 강조하였다는 점에서 정인보도 박은식, 신채호의 정신사관을 계승한 것으로 보는 것이다. 그러나 정인보가 사학의 거벽巨擘으로 꼽은 이는 신채호였다. 더욱이 1925년에 국내에 소개된 신채호의 「조선사연구초朝鮮史研究草」[40]를 보며 많은 감화를 받았던 것으로 보인다. 그동안 정인보는 『조선고적도보朝鮮古蹟圖譜』[41] 등 일제가 내놓는 우리 역사에 대한 연구 결과물들을 보며 분노가 치밀면서도 "언제든지 깡그리 부셔버리리라"고 벼르고만 있었지 마땅한 대응을 하지 못하고 있었다. 그러던 중에 신채호의 글을 보며 그의 역사적 안목과 식견에 대해 감탄을 했던 것이다.[42]

정인보는 신채호에 대한 인물론을 쓰면서 신채호 사학의 특징을

---

39) 조동걸은 민족사학의 유형을 유심론사학, 문화사학, 경제사학, 실증사학으로 구분하고, 박은식, 신채호, 정인보를 유심론사학으로 묶은 바 있다.(조동걸, 「年譜를 통해 본 鄭寅普와 白南雲」, 『한국독립운동사연구』 5, 독립기념관 한국독립운동사연구소, 1991, 405쪽)

40) 신채호의 「朝鮮史研究草」는 《동아일보》에 1925년 1월 3일부터 16일까지 총 10회에 걸쳐 연재되었다.

41) 정인보는 『조선고적도보』의 제1권을 펼치고 몇 장을 넘기기도 전에 분노가 치밀었다고 한다.(정인보, 「(朝鮮史研究)附言」, 『전집』 4, 270쪽) 『朝鮮古蹟圖譜』는 일제가 고적조사위원회를 만들어 조선에 대한 고적사업을 진행한 결과물을 책으로 제작하여 소개한 것으로, 1915년부터 1935년까지 총 15권을 발행하였다. 정인보가 언급한 『조선고적도보』 제1권에서는 낙랑군 및 대방군 시대, 고구려 시대를 다루고 있다.(이순자, 「일제강점기 고적조사사업 연구」, 숙명여대 박사학위논문, 2007, 221쪽 참조)

42) 정인보, 위의 글, 270쪽.

다음과 같이 세 가지로 제시하였다. 첫째, 역사적 사실을 고증하는 탁월한 능력으로, 남들이 보기에 범상한 자료에서도 뚜렷한 역사적 사실이나 확증을 발견할 때가 많다는 점이다. 둘째, 복잡한 자료 기록들의 핵심처를 파악하여 정리해내는 점이고, 셋째, 성쇠변천하는 역사 속에서 간과했던 일을 예리한 안목으로 들추어 약동함을 보이는 점이다.[43] 이러한 내용은 사학 연구자로서 신채호가 갖춘 탁월한 능력에 대한 평가에 가까운 것이지만, 이를 통해 신채호의 역사 연구 방식을 엿볼 수 있다. 이는 곧 정인보가 역사 연구할 때 추구하고자 한 방식이었다고도 볼 수 있다.

정인보의 조선학 연구 및 저술 활동에 영향을 미친 이로 석전石顚 박한영朴漢永(1870~1948)을 빼놓을 수 없다. 박한영은 근대불교계의 3대 강백講伯으로 평가받는 인물로, 1926년부터 서울 안암동에 위치한 개운사開運寺 대원암大圓庵 강원講院의 강주講主를 역임하며 후학을 양성하였고, 1930년대에는 중앙불교전문학교中央佛敎專門學校와 개운사 강원에서 서정주 · 신석정 · 조지훈 등 여러 시인들을 배출하기도 하였던 교육가이다. 1910년대 초에는 일제의 불교 정책을 추종하는 세력에 맞서 한용운 등과 함께 임제운동을 전개한 불교개혁가이기도 하다.[44]

그의 활동과 교유 범위는 불교계에 그치지 않고, 1910~30년대에 두각을 나타내었던 다수의 국학자, 문인들에게까지 미쳤다. 최남선, 이광수, 정인보, 변영만, 이기영 등이 그 대표적 인물이다. 특히 1920

43) 정인보, 「丹齋와 史學」, 『전집』 2, 98~99쪽.

44) 김종진, 「박한영과 국학자의 네트워크와 그 의의」, 『온지논총』 57, 온지학회, 231쪽.

~30년대 국학자들은 국토 답사를 통한 기행문을 다수 남겼는데, 이들의 답사에 공통적으로 관여하고 있는 인물이 바로 박한영이다. 이광수의 『금강산유기金剛山遊記』(1923년), 최남선의 『풍악기유楓嶽記遊』(1924년)·『심춘순례尋春巡禮』(1925년)·『백두산근참기白頭山覲參記』(1926년), 정인보의 『관동해산록關東海山錄』(1933년)·『남유기신南遊寄信』(1934년) 등이 모두 박한영과 함께 한 답사 과정에서 나온 기행문들이다. 박한영 또한 이들과의 답사 과정에서 다수의 한시를 창작하였으며, 이는 『석전시초石顚詩抄』에 여행 순서대로 수록되어 있다.[45)]

정인보가 박한영을 언제부터 알게 되었는지는 정확히 알 수 없지만, 정인보가 1939년(47세)에 쓴 「석전상인소전石顚上人小傳」에서 "상인上人과 사귄 지는 오래"[46)]되었다고 한 것으로 보아 그와의 교유는 젊었을 때부터 있었던 것으로 보인다. 1928년(36세)에 이미 박한영의 부탁을 받고 쓴 「경운상인회랍수첩서擎雲上人回臘壽帖序」가 보이는데, 이 글에서 정인보는 "동시대 스님으로 석전을 가장 존경"[47)]한다고 하였다.[48)] 또한 자신이 불교경전을 좋아는 하되 깊지 못하여 박한영의 경지가 어느 정도인지는 알지 못하지만, 박한영의 시는 조예가 현묘하여 고인과 계합된다고 매우 높이 평가하였다.[49)]

---

45) 김종진, 위의 논문, 248~249쪽.

46) 정인보, 「石顚上人小傳」, 『담원문록』 상, 278쪽; 『전집』 5, 121쪽.

47) "余於兵世沙門, 最敬石顚."(정인보, 「擎雲上人回臘壽帖序」, 『담원문록』 상, 256쪽; 『전집』 5, 106쪽)

48) 비슷한 시기인 1929년에 변영만도 석전 박한영과 관련한 글을 쓰며 "지금 세상의 산문에서 그와 짝할 이를 찾아보기 어렵다."라고 말한 바 있다.(변영만, 「石公壽帖序」, 『변영만 전집』 상, 160쪽) 이를 통해 석전 박한영이 당대 한학의 대가로 불리던 이들에게 매우 존경받는 인물이었음을 다시 한번 확인할 수 있다.

49) 정인보, 「石顚上人小傳」, 『담원문록』 상, 279쪽; 『전집』 5, 122~123쪽.

정인보가 박한영으로부터 받은 영향이 뚜렷이 드러나는 부분은 앞서 언급한 국토 답사에서이다. 박한영은 정인보가 그에 대해 "운종雲蹤이 아니 미친 곳이 없어서 어디를 가든지 그야말로 활지도闊地圖"[50]라고 말할 만큼 수많은 답사를 통해 조선의 산하와 유적에 대한 해박한 지식을 가지고 있었다. 정인보는 이러한 박한영으로부터 답사의 여정은 물론 유적의 특징, 유적에 얽힌 일화 등에 대해 많은 도움을 받을 수 있었다.[51]

정인보는 양명학을 사상의 기반으로 삼고 있었으나 불교경전을 좋아한다고 했던 말에서 보듯이 불교에 대해서도 개방적인 태도로 관심을 가지고 있었다. 불학佛學에 조예가 깊었던 신채호의 권고를 받아 마명馬鳴의 『대승기신론大乘起信論』을 읽었다고 말한 바도 있다.[52] 1934년에 발표한 「조선불교의 정신문제」라는 글에서는 조선불교의 우수성을 말하며 조선불교를 조선의 위대한 문화 유산이라고 격찬하기도 하였다.[53] 조선불교에 대한 호의적인 인식을 가지고 있었기에 박한영과의 교유 과정에서 불교와의 사상적 교섭이 자연스럽게 이루어졌을 가능성도 있다. 정인보가 학문 사상의 측면에서 박한

---

50) 정인보, 「남유기신」 제43신, 『전집』 1, 212쪽.

51) 금강산 기행문인 「관동해산록」에서 마하연 마애불을 사람들이 묘길상상이라고 부르는 것이 오류임을 입증하는 부분에서 그 한 사례를 볼 수 있다. 정인보는 묘길상은 문수보살에 대한 譯語이고 마애불의 형상은 미륵보살상이므로 불일치하다는 것을 지적하며, 와전이 일어난 경위를 추정하였다. 이는 정인보가 불교 용어와 불상의 형상 등에 대해 매우 구체적으로 알고 있음을 보여주는 부분으로, 답사에 함께 했던 박한영 스님으로부터 불교 유적에 대한 도움을 받았음을 짐작하게 한다. 이에 대한 자세한 고찰은 제4장-2-2)를 참고하기 바람.

52) 정인보, 「殘憶의 數片」, 『전집』 2, 103쪽.

53) 정인보, 「조선불교의 정신문제」, 『전집』 2, 315~317쪽; 《동아일보》, 1934년 10월 29일자.

영과 어떤 영향 관계에 있었는지 직접적으로 드러나는 바는 없으나, 김윤경에 따르면 박한영, 이건방, 정인보가 유교를 비판하고 학문·종교를 판단·평가하는 진가眞假의 논리, 민중 감통感通과 복리福利를 추구하는 논리를 사상적으로 공유하고 있음을 볼 수 있다고 한다. 이에 김윤경은 이들을 각각 불교와 양명학이라는 전통 사상에 충실하면서도 학문적 배타성 없이 공감과 교섭을 실현한 인물들로 평가하였다.[54]

하지만 정인보의 불교에 대한 인식은 박한영이 보기에는 한계가 있었던 것으로 보인다. 정인보의 「조선불교의 정신문제」에 대해 박한영은 정인보가 제시한 조선불교의 정신은 한마디로 오해라며 비판하는 글을 냈기 때문이다.[55] 정인보는 "중국의 불교는 깊은 뜻을 밝히는 것을 위주로 하여 속세의 법을 도외시하였으나 조선의 불교는 어려움을 구제하는 것[구난救難]을 위주로 하여 민익民益을 자임"[56]했다고 하며, 중국불교와 다른 조선불교의 차별성과 우수성을 '구난救難'과 '민익民益' 추구에서 찾았다. 하지만 박한영은 이러한 논리는 불교를 끌어다가 유교로 들어가는 것이며 현대의 민족주의 또는 군민주의로 불교를 간파하여 종합한 아전인수에 가까운 것이라며 비판하였다. 그리고 불교의 내적 진리 즉 정신을 제대로 보아서 법을 아는 자의 근심을 지워주기를 바란다고 당부하였다. 박한영이 보기에 '구

54) 김윤경, 「근대기 현실인식 및 개혁에 관한 불교와 하곡학의 교섭－박한영, 이건방, 정인보를 중심으로－」, 『인문학연구』 54, 조선대학교 인문학연구원, 2017, 74~75쪽.

55) 박한영, 「조선불교의 정신문제」, 중앙불교전문학교 교우회, 1935.01 ; 김윤경, 위의 논문, 70~71쪽 참조.

56) "漢土의 佛敎는 闡奧로써 主하여 世法을 外視하였으나 朝鮮의 佛敎는 救難으로써 主하여 民益을 自任"(정인보, 「조선불교의 정신문제」, 『전집』 2, 315쪽.)

난'과 '민익' 추구는 조선불교에서 결과적으로 드러나는 것이지 그 자체가 불교의 본질적인 목적은 아니었다. 이에 정인보의 불교 인식이 불교의 본질을 왜곡하고 나아가 조선불교의 수준을 격하시키는 것을 우려하여 비판하는 글을 썼던 것이다.[57)]

그러나 이러한 비판이 상대의 논리를 깨기 위한 대응이 아니라 애정 어린 조언과 당부임을 유념할 필요가 있다. 이후 1939년에 정인보는 「석전상인소전石顚上人小傳」을 쓰면서 "불교경전을 좋아는 하되 깊지 못하"다고 자인한 바 있다. 이로 보면 아마도 정인보는 박한영의 조언과 당부의 취지를 수긍했을 것이다. 불교의 본질, 정신에 대해 깊이 있게 이해하고 있는 것은 아니라는 것을 스스로도 알고 있었기 때문이다. 여기에서 중요한 것은 사상적 이해나 깊이의 차이가 아니라 그러한 차이에도 불구하고 종교·사상에 대한 자유로운 대화와 소통이 이루어지고 있다는 사실 자체이다.

정인보는 1920년대부터 언론 활동을 하며 여러 인물들과 교유를 하게 되었다. 동아일보, 시대일보, 조선일보 등이 그가 직간접적으로 관여한 민족지들인데, 가장 오랫동안 긴밀한 관계를 유지했던 곳이 동아일보이다. 동아일보와 관련한 주요 교유 인물이 동아일보 사장을 역임했던 김성수金性洙(1891~1955), 송진우宋鎭禹(1890~1945)이다. 특히 송진우는 정인보의 저술 활동과 관련하여 보다 더 주목되는 인물이다.

정인보가 객원 논설위원으로 동아일보에 참여하기 시작한 것은 1924년 5월부터이다. 당시는 이승훈李昇薰(1864~1930)이 동아일보의 사장으로, 홍명희가 주필 겸 편집국장으로 취임하던 때였다. 정인보

---

57) 김윤경, 앞의 논문, 71~73쪽 참조.

가 동아일보에 참여하게 된 것은 오래전부터 지기 사이였던 홍명희와의 인연이 있었기 때문으로 보인다.[58] 그런데 1925년 4월에 홍명희가 시대일보의 사장으로 취임되어 동아일보를 사임하게 되고, 홍명희의 뒤를 이어 송진우가 동아일보의 주필이 되었다.[59] 정인보가 송진우를 알게 된 것은 이때부터라고 할 수 있다. 하지만 그때까지만 해도 둘은 덤덤한 사이였다고 한다. 이들이 가까워지게 된 것은 1926년부터였다. 병인대상丙寅大喪(1926년 순종의 죽음)을 계기로 민족운동을 계획하고 있던 송진우가 이를 위해 정인보에게 특별한 부탁을 하게 됨으로써 둘이 가까워지게 되고 이후로 고락을 같이하게 되었다는 것이다.[60]

정인보는 송진우를 "우리나라에서 가장 훌륭한 정치가"[61]로 꼽으며 송진우의 인물됨과 식견을 높이 평가하였다. 윤덕영에 따르면 1930년대 정인보가 동아일보에 발표한 「양명학연론」이나 일련의 논설들은 신간회 해소 후 송진우가 주도했던 동아일보의 사상 혁신 및 민족운동 기획과 밀접하게 관련되어 있다. 사상가나 학자가 아니었던 송진우는 사상적 이념적 기반을 마련해 줄 사람이 필요했기에 당

58) 윤덕영, 「위당 정인보의 교유 관계와 교유의 배경－백낙준 · 백남운 · 송진우와의 관계를 중심으로」, 『동방학지』 173, 연세대학교 국학연구원, 2016, 56쪽.

59) 김학준, 『古下 宋鎭禹 評傳』, 동아일보사, 1990, 188쪽.

60) "普가 처음에는 군과 덤덤하였다. 군이 범태평양회의에 하와이로 갈 때 한 번 서울역에서 작별한 적이 있었다. 丙寅大喪에 군이 비밀스러운 계획을 지녀 친구 아무개를 통해 普에게 미치니, 일은 성취되지 않았으나 뜻만은 고락을 같이하기로 하였다. 이로부터 사귐은 차츰 은밀해졌다."(정인보, 「古下宋君墓碑」, 『담원문록』 하, 117쪽 ; 윤덕영, 앞의 논문(2016), 55쪽)

61) "아버지가 우리나라에서 가장 훌륭한 정치가로 높이는 분은 고하 송진우선생이었다."(정양완, 「나의 아버지 나의 스승 담원 정인보 선생」, 『스승』, 2008, 108쪽 ; 윤덕영, 앞의 논문(2016), 60쪽)

대 양명학 대가이자 최고의 조선학 연구자였던 정인보를 적극 후원했고, 정인보는 송진우의 기획 취지에 공감하고 그의 후원하에 저술 활동에 매진하며 민족사상을 모색할 수 있었다는 것이다.[62]

이외에도 정인보가 교유한 당대 지식인들은 매우 다양하다. 그중 연희전문학교 인맥과 관련하여 주목되는 인물들이 있다. 백낙준·백남운이 그들로, 이들은 서구의 근대학문을 수학한 지식인들이었다. 백남운의 경우 사회주의 이념을 지닌 사회경제학자이기도 했다. 이들과 정인보는 학문 기반, 학문 방법, 이념적 지향이 서로 달랐음에도 친밀한 교유를 나누며 국학교육이나 조선학운동 방면에서 상호 협력하며 행동을 같이 하는 경우가 많았다. 모두 조선의 역사와 문화에 대해 애정을 가지고 학문과 사상을 주체적인 자세로 연구하고자 했다는 점에서 서로 공감되는 바가 있었기 때문으로 보인다. 정인보가 조선의 역사와 문화에 대한 해박한 지식과 문헌 해독력을 갖추고 있었기에 백낙준·백남운은 조선에 관해 연구하며 정인보로부터 많은 도움을 받을 수 있었다. 정인보 또한 그들의 강의를 들어보거나 그들로부터 비평을 받곤 하였다.[63] 정인보가 백낙준·백남운으로부터 어떠한 학문적 영향을 받았는지는 구체적으로 나타난 바는 없지만, 정인보가 전통 학문을 바탕으로 근대적 학술 글쓰기를 모색할 수 있었던 데에는 대학에 기반을 둔 학문적 교유가 이루어졌던 배경도

---

62) 윤덕영, 「위당 정인보의 조선학 인식과 지향」, 『한국사상사학』 50, 2015, 442~453쪽; 윤덕영, 앞의 논문(2016), 62~64쪽.

63) 이에 대해서는 윤덕영의 「위당 정인보의 교유 관계와 교유의 배경－백낙준·백남운·송진우와의 교유 관계를 중심으로－」(『동방학지』 173, 연세대학교 국학연구원, 2016)에서 자세히 고찰하고 있다. 이상 백낙준·백남운과의 교유 내용은 이 논문을 참고한 것이다.

영향을 미쳤다고 할 수 있다.

3) 청대 학술과 중국 '국학'의 수용

정인보의 학문적 배경에서 주목되어 왔던 또 다른 부분이 중국·일본 학술과의 관련성이다. 앞서 언급했듯이 최재목은 '양명학연론'이라는 용어의 사용, 정인보가 참조했던 박은식의 양명학 저술이 일본양명학의 영향을 받은 것이라는 점을 들어 일본 학술의 간접적인 영향을 거론했다. 중국 학술과 관련하여 주목한 이는 황종희, 양계초였다. 그러나 이는『양명학연론』을 중심으로 파악한 것이라는 점에서 연구 범위가 제한적이며, 일본양명학, 양계초의 양명학 저술의 영향과 관련해서도 구체적으로 입증하는 데에는 한계가 있었다.

정인보의 학술이 일본 학술과 어떠한 관련성을 맺고 있는가를 밝히기는 쉽지 않은 문제이다. 그가 일본 학술과 관련하여 직접적으로 언급한 것이 거의 없기 때문이다.[64] 다만 근대전환기 동아시아의 학문 구도에서 일본이 중국과 한국에 미친 영향이 컸다는 점에서 일본양명학, 국학 등이 정인보의 학문이 형성되는 데 간접적으로 영향을 미칠 수밖에 없는 것이 시대적 상황이었다고 할 수 있겠다.

중국 학술과의 관련성과 관련해서는 여러 측면에서 연구가 이루어진 바 있다. 명말청초 지식인이나 중국 양명학파에 관한 정인보의 인

64) 그의 글에서 직접적으로 나타나는 부분을 중심으로 볼 때, 그가 조선총독부 주관하에 이루어지는 일본학자들의 조선 연구 결과를 주시하고 있었고, 그것에 대해 글로써 저항적 대응을 하고자 했다는 점만은 분명하다. 조선총독부에서 발간한『朝鮮古蹟圖譜』, 小倉進平의 이두·향가 연구 성과, 광개토대왕비문에 대한 해석, 낙랑 지역 유물 출토와 한사군에 대한 해석, 단군신화에 대한 시각 등에 대해 반박하는 성격의 글들이 그것이다.

식[65], 장병린의 학문을 접하게 된 경로,[66] 장병린과 정인보의 학문·사상 비교[67] 등이 그것이다. 이를 통해 정인보가 양명학의 실천정신과 절의라는 두 코드로 명말청초의 양명학 지식인들을 이해하고 있다는 점[68], 황종희의 학설을 참고하여 중국 양명학파의 계통을 이해하고 있으며 양명학 좌파도 긍정적·적극적으로 인식하고 있다는 점[69] 등이 밝혀졌다. 또한 정인보에게 장병린의 학문이 전해진 것은 문일평을 통해서일 것이라고 추정하는 견해도 있었다.[70] 한편 정인보와 장병린을 비교하며 정인보가 장병린으로부터 사상적 영향을 받았다고 보기는 어렵다는 견해도 제기되었다. 두 사람의 주체론이 주장하는 명제의 취지는 비슷하지만 사상적 기반과 주체의 함의가 다르고[71], 민족주의의 성격도 상이하기 때문이라는 것이다.[72]

그러나 아직까지 정인보와 중국 학술과의 관련성에 대해서는 밝혀

---

65) 신현승, 「鄭寅普의 눈에 비친 中國 明末淸初期의 知識人」, 『동서철학연구』 48, 2008 ; 최재목, 「鄭寅普 『陽明學演論』에 나타난 王龍溪 이해－'근대한국양명학' 領有 양상에 대한 한 시론」, 『陽明學』 16, 한국양명학회, 2006 ; 최재목, 「鄭寅普의 陽明學 이해－『陽明學演論』에 나타난 黃宗羲 및 『明儒學案』 이해를 중심으로」, 『陽明學』 17, 한국양명학회, 2006.

66) 이남옥, 「정인보의 학문 연원과 조선학 인식」, 『儒學硏究』 38, 충남대학교 유학연구소, 2017.

67) 김윤경, 「정인보(鄭寅普)와 장병린(章炳麟)의 주체론 비교－'저는 저로서 함'과 '의자불의타(依自不依他)'의 비교를 중심으로－」, 『인문학연구』 52, 조선대학교 인문학연구원, 2016 ; 김윤경, 「근대 동아시아 지평에서 본 정인보 조선학의 사상적 토대」, 『양명학』 52, 한국양명학회, 2019.

68) 신현승, 앞의 논문(2016), 388쪽.

69) 최재목, 앞의 논문(2006ㄴ), 114~115쪽.

70) 이남옥, 앞의 논문(2017), 221~227쪽.

71) 김윤경, 앞의 논문(2016), 98~100쪽.

72) 김윤경, 앞의 논문(2019), 283쪽.

지지 못한 바가 많다. 특히 정인보의 학문적 배경과 관련하여 주목해야 할 것이 청대 고증학인데도 그동안 간과되어 온 면이 있다. 중국 국학의 수용 측면에서는 장병린과의 관련성에 대해 더 고찰해야 할 부분이 많다. 이에 청대 학술과 장병린이라는 두 테마를 중심으로 정인보의 학문적 배경을 살펴보도록 하겠다.

우선 정인보가 조선 후기 문사들의 학문적 특징을 말할 때 청나라 문사들에 빗대는 경우가 여러 차례 보인다는 사실에 주목하고자 한다.

① 유희柳僖의 경우

학문하는 법도가 또한 섬세하고 치밀하여 널리 읽고 기억함을 바탕으로 하는 것은 혜사기惠士奇 부자父子와 같고 형명形名을 모음은 대진戴震에 가깝다.73)

② 이덕무李德懋의 경우

그(이덕무)의 저서는 크고 넓어 「영처고嬰處稿」……「뇌뢰낙락서磊磊落落書」 등이 문체가 깊고 우아한 것은 차치하고서라도 그 고증이 정밀하고 엄격하며 견해가 깊이 꿰뚫음은 청나라로 말하면 대진戴震의 한 부류이라…74)

③ 이면백李勉伯의 경우

대연岱淵[이면백]의 문장은 그때 조선학계의 신기풍新氣風을 따라 청

73) "治學하는 法度ㅣ 또한 纖密하여 그 博記를 資함은 惠士奇 父子와 같고 形名을 綜함은 戴震에 가까웁다."(정인보, 「조선고서해제-「文通」(西陂 柳僖 著)」, 『전집』 2, 14쪽)

74) "그(李德懋)의 著書 浩博하여 「嬰處稿」……「磊磊落落書」 等이 文筆의 淵雅는 且置하고라도 그 考證의 精嚴과 見解의 深透함이 清朝로 말하면 戴震의 一流이라…"(정인보, 「조선고서해제-武藝圖譜通志」(正祖御定)」, 『전집』 2, 45쪽)

나라의 왕염손王念孫, 대진戴震, 왕중汪中 등에 가까우나 용감하고 뛰어난 기운이 있어 순연한 박학자樸學者의 저술과는 다르다.[75]

④ 이가환李家煥의 경우

학문이 넓고 기억력이 뛰어남이 동류에서도 매우 출중하여 명말청초明末淸初로 말하면 염약거閻若璩·만사동萬斯同과 방불하며 더욱이 가학家學이 성대하게 일어나는 때에 나서 광대하고 재주와 지혜가 뛰어나 당세當世를 습복慴伏시켰다.[76]

⑤ 이송李淞의 경우

이제 인보寅普가 전후로 본 서림西林[이송李淞]의 시문詩文은 비록 이것뿐이지만, 세상에 감식안이 있다면 마땅히 농암農巖[김창협金昌協] 이후 너덧 대가大家 중에 서림이 끼일 것을 알리니, 그 조심성 있는 주제의식主題意識이며 글을 몰아치지 않고 써내려 가는 필치라든가, 야단스런 겉치레를 일삼지 않으면서도 문채文彩가 절등絶等한 점에 이르러서는 또한 비길 바가 없을 것이다. 아마도 청淸나라 선비에게 비긴다면 왕중汪中이나 손이양孫詒讓과 비슷하다 할 것이다.[77]

---

75) "岱淵의 文章은 그때 朝鮮學界의 新氣風을 따라 淸朝 王念孫, 戴震, 汪中 諸人과 가까우나 雄特한 기운이 있어 純然한 樸學者의 著述과는 다르다."(정인보, 「조선고서해제－「愍書」(岱淵 李勉伯 著)」, 『전집』 2, 3쪽)

76) "博學强記함이 絶倫出類하여 明末 淸初로 말하면 閻若璩·萬斯同과 髣髴하며 더욱이 家學이 鬱興한 때에 나서 宏肆 俊傑함이 當世를 慴伏하였다."(정인보, 「茶山의 自撰誌銘」, 『전집』 2, 96쪽)

77) 今寅普前後所見西林詩文, 雖止於此, 世有知者, 當知農巖以後四五名家, 西林位置其間. 至其義法之謹, 而運以不迫, 不事鎔爗, 而章彩逈倫, 則又寡與爲比. 擬諸淸儒汪中·孫詒讓似之.(정인보, 「『담헌서』에 부록된 서림이 지은 담헌묘표 뒤에 쓰다(書湛軒書附錄西林所作湛軒墓表後)」, 『담원문록』 중, 265쪽; 『전집』 6, 11~12쪽)

이상의 글에서 언급된 청나라 문사들은 만사동萬斯同(1638~1702)을 제외하고는 모두 고염무顧炎武(1613~1682)로부터 이어진 청대 고증학파에 속하는 인물들이다. 거론된 인물들에 대해 이해하기 위해 청대 고증학의 흐름을 인물 중심으로 대략 개괄해 보도록 하겠다.

청대 고증학은 고염무가 선창한 뒤, 이어서 염약거閻若璩(1635~1704), 호위胡渭(1633~1714)의 노력으로 규모를 얻고, 건륭乾隆 · 가경嘉慶(1736~1820)에 오파吳派와 환파皖派로 나뉘어 번창하였다.[78] 오파의 창시자는 혜동惠棟(1697~1758)으로, 오학吳學은 조부 혜주척惠周惕와 부친 혜사기惠士奇(1671~1741)로부터 이어진 학문이 혜동에 이르러 확립된 것이다.[79] 혜동의 뒤를 이어 강번江藩(1761~1831), 왕명성王鳴盛(1720~1797), 전대흔錢大昕(1728~1804), 조익趙翼(1727~1814) 등이 이 학파로 분류된다.[80] 환파의 창시자는 대진戴震(1723~1777)으로, 제자 왕염손王念孫(1744~1832)과 단옥재段玉裁(1735~1815)가 가장 두드러진 성과를 낳았다. 왕중汪中(1744~1794), 초순焦循(1763~1820), 완원阮元(1754~1849) 등도 대진으로부터 많은 영향을 받았는데, 훗날 왕염손 · 왕인지王引之(1766~1834) 부자父子와 왕중, 초순, 완원 등은 박학博學에 능한 양주학파揚州學派로도 불렸다.[81]

혜동의 오파가 한유漢儒를 본받고자 한 데 비해서 대진의 환파는 가법家法에 구속되지 않고 실사구시實事求是로써 도道를 밝히고자

---

78) 유명종, 『淸代哲學史』, 이문출판사, 1989, 384~385쪽 참조.

79) 유명종, 위의 책, 339~340쪽.

80) 梁啓超(저)/전인영(역), 『중국 근대의 지식인』, 혜안, 2005, 30쪽.
참고로 양계초는 이 책에서 汪中을 吳派에 속한 것으로 서술하였으나, 汪中이 江永 · 戴震의 학풍을 추종한 것으로 보기도 하여 여기에서는 제외하였다.(유명종, 위의 책, 410쪽 참조)

81) 유명종, 위의 책, 384~385쪽 참조.

한 점을 특징으로 꼽는다.[82] 대진의 추종자들은 혜동이 진리를 밝히는 문제에 초점을 두기보다는 한학을 온전히 보존하는 데 급급했다고 비판하며 학술적 목적은 입증할 수 있는 진리이지 한학의 보존이 아니라고 주장했다. 이에 그들은 한학의 고증방법을 음운의 변화에 관한 연구, 어원 연구, 문헌 비평, 수학, 천문학 등에 엄격하고 정확하게 적용시켰고 다양한 분야의 성과를 낳았다.[83]

이와는 상이한 흐름이 황종희로부터 만사동, 소정채邵廷采(1648~1711), 전조망全祖望(1704~1755), 소진함邵晋涵(1743~1796), 장학성章學誠(1738~1801)으로 이어지는 절동학파浙東學派이다.[84] 흔히 이들을 절동사학파浙東史學派라고 일컫는 것은 이들의 학문이 사학史學을 중심으로 했기 때문이다. 고염무가 "경학經學이 바로 이학理學이다"라고 주장하고 경학 연구에서 고증을 중시하며 청조 고증학을 열었다면,[85] 장학성이 『문사통의文史通義』에서 "육경六經은 모두 역사이다(六經皆史)"라고 주장한 명제는 절동학파의 주요 특징을 잘 보여준다.[86] 고염무로부터 이어지는 고거考據 위주의 학문을 절서학파浙西學派라고도 하는 것은[87] 장학성이 자신의 학파인 절동학술과 대비하여 고염무의 학문을 절서 학문으로 지칭했기 때문으로 보인다.[88]

82) 유명종, 위의 책, 346쪽.

83) 벤자민 엘먼(저)/양위웅(역), 『성리학에서 고증학으로』, 예문서원, 2004, 188쪽.

84) 유명종, 앞의 책, 321쪽.

85) 濮之珍(저)/김현철 외(역), 『중국언어학사』, 신아사, 1997, 432~433쪽.

86) 유명종, 앞의 책, 323쪽.

87) 정재정이 엮은 『동아시아의 역사』(동북아역사재단, 2011)에서는 청대의 학문을 고염무를 개조로 하는 절서학파와 황종희를 개조로 하는 절동학파로 나누어 서술하고 있다.

88) 장학성의 「浙東學術」에 다음과 같이 서술되어 있다.

한편 청대 학술은 만청晩淸 시기로 가면서 제자학諸子學 연구가 점점 활발해지는 경향을 띠게 된다. 청조 초기에는 동한東漢의 허신許愼(30~124)·정현鄭玄(127~200)의 학설을 중시하다가 "원전原典으로 돌아가자(廻向原典)"는 요구에 따라 서한西漢 금문경今文經을 포함하고 나아가 제자학까지 고증 자료의 범위로 확대한 것이다.[89] 유월兪樾(1822~1906)과 손이양孫詒讓(1846~1908)은 제자학 연구에서 대표적으로 큰 업적을 남긴 인물이다.[90]

다시 조선 후기 문사들에 대한 정인보의 평으로 돌아가면, 정인보가 견주고 있는 청대 문사들의 범위는 고증학의 창시자 고염무를 이은 염약거로부터 환파의 창시자 대진 및 그 계보를 이은 왕염손, 왕중과 오파에 해당하는 혜사기·혜동 부자를 모두 아우르고 있으며, 만청晩淸 시기의 손이양에게까지 이르고 있음을 볼 수 있다. 또한 절동학파에 속하는 만사동이라는 인물도 언급하였다. 앞서 살펴본 장학성의 절동浙東·절서浙西의 구분에 따라 보자면 절동학은 물론 절서학까지 모두 아우르고 있는 것이다.[91] 물론 이러한 언급을 통해서 정

"요즘 사람들은 정림 고염무를 청나라 이후 유학자 가운데 으뜸이라고 떠받든다. 그래서 자연스럽게 浙西의 학문이 옳다고 생각한다. 고염무와 동시대에 절동 출신의 이주 황종희가 있다는 것을 모른다. 황종희는 비록 고염무와 쌍벽을 이루는 정도로 보이지만 위로는 왕양명과 유종주를 으뜸으로 받들고 뒤로는 만사대와 만사동의 길을 터 주었다. 고염무와 비교하자면 근원이 더 오래되었고 흐름이 더 지속된 것이다. 고염무는 주희를 으뜸으로 받들지만 황종희는 육구연을 으뜸으로 받든다. …… 절동은 전문가의 학을 소중하게 생각하고 절서는 박식하고 우아함을 높인다. 그들은 각자 자신의 전통에 따라 익힌다."(章學誠(저)/임형석(역), 『문사통의교주』 3, 소명출판, 2011, 98~100쪽)

89) 王汎森, 『章太炎的思想－兼論對儒學傳統的衝擊』, 臺北市 : 時報文化, 1985, 26~27쪽 참조.

90) 유명종, 앞의 책, 441쪽.

91) 민영규는 內需洞(需昌洞) 시절의 정인보 居室에는 黃宗羲·章學誠, 章炳麟의

인보가 청대 학술을 위와 같은 학파 구분에 따라 인식했는지, 각 인물에 대해 얼마나 깊이 있게 이해했는지 알 수는 없지만, 정인보가 그들을 끌어와 다른 사람의 학문과 문장의 특징을 규정할 만큼 청대 학술에 대한 폭넓은 지식을 가지고 있었다는 사실은 충분히 알 수 있다.

정인보는 고증을 중시한 청대 학문을 '박학樸學'이라고 즐겨 불렀는데, 그가 박학에 대해 깊은 관심을 보인 것은 박학이 '조선학계의 신기풍新氣風'과 관련이 있기 때문이다.

> 선생[정약용] 당시의 학풍學風이 얼마쯤 변전變轉되어 허론虛論을 버리고 실제實際로 향하는 기운이 보이었음은 전에 말한 바이나 이것도 실상은 여러 사람들이었던 것은 아니다. 전체로 말하면 변함없이 옛 모습 그대로인데 '구시求是'의 길을 찾으려는 한 부류가 때로 주자학에 대한 불만을 가져서 훈고 고증으로써 옛 경전의 면목을 탐색하여 보았나니 청나라 건가乾嘉의 풍기風氣와도 호응됨이 있으려니와 이 또한 성리설性理說의 번다하고 어지러움에 염증厭證이 생긴 까닭이다. 그러나 선생은 성리설의 이러이러함을 부당하다고 하는 동시에 훈고 고증만으로 경전 연구를 자임하는 것도 배척하지 아니하였는가. 대개 선생의 정신의 한 면은 민국民國에 보탬이 있음과 없음을 취사取捨하는 데 있으므로 우선 백성이 일용하는 실제에 비추어 징험함으로써 득실을 판단하였다. 그러니 선생의 경학經學은 민중적 경학이니 어떠한 특수한 문호에 높게 의지하던 학문이 아니요. 경학이면서 정법政法이니 이로써 민국民

文集들이 언제나 가지런하게 선생의 정리되어 있었다며 浙東學派 一色이라고 불러도 좋을 이들 학문에 대한 向念이 두터웠던 것을 기억한다고 말한 바 있다. (민영규, 「爲堂 鄭寅普선생의 行狀에 나타난 몇 가지 문제-實學原始」, 『江華學 최후의 광경-西餘文存其一』, 又半, 1994, 66~67쪽) 이러한 회상 기록은 정인보의 글에 나타난 것만으로는 알기 어려운 정인보의 학문이 실제 지향한 바가 어디에 있었는지를 시사해 주는 말이다. 그러나 정인보의 학문적 배경은 '절동학파 일색'이라는 범위를 훨씬 넘어선다고 할 수 있다.

> 國의 실익實益을 도울 만큼 실지로 궁구하고 실지로 터득[實究實解]하려는 공부이다.92)

앞서 이면백의 저술에 대한 해제에서 말한 '조선학계의 신기풍'은 이 글에서 좀더 구체적으로 서술되고 있다. 그것은 한마디로 "허론虛論을 버리고 실제實際로 향하는 기운"이며, 구체적으로는 "주자학에 대한 불만"을 가지고 "훈고 고증으로써 옛 경전의 면목을 탐색"하는 학풍이다. 정인보는 이것이 건가乾嘉 학풍93)과 호응이 있었다고 한다. 이 '호응'이라는 단어는 정인보가 건가 학문을 어떠한 태도로 수용하고 있는지, 나아가 외부에서 유입된 학문에 대해 어떠한 태도를 보이고 있는지를 잘 보여주는 말이다. 외부에서 조선으로 건가의 학술이 유입됨으로써 조선 학술에 변화가 일어나기 시작한 것이 아니라, 조선 내부에서 변화를 모색하는 주체들의 움직임과 호응되는 면이 있었기에 건가의 학술이 받아들여지고 새로운 학풍이 일어났다는

92) "先生當時의 學風이 얼마쯤 變轉되어 虛論을 버리고 實際로 向하는 機運이 보이었음은 前에 말한 바이나 이것도 실상은 多人이 아니라 全體로 말하면 依然히 舊樣인데 "求是"의 道經을 찾으려는 一輩가 或 朱學에 對한 不滿을 가져서 訓詁 考徵으로써 古經의 面目을 按索하여 보았나니 淸朝 乾嘉의 風氣와도 互應됨이 있으려니와 이 또한 性理說의 支離紛紜함에서 厭證이 생긴 까닭이다. 그러나 先生은 性理說의 云云함을 不當타 하는 同時에 訓詁 考徵만으로 治經을 自任하는 것도 排斥하지 아니하였는가. 대개 先生의 一段精神은 民國에 有補와 無補를 取捨하는 데 있으므로 우선 百姓日用의 實에 照驗하여 이로써 得失을 決하였나니 先生의 經學은 民衆的 經學이라 어떠한 特殊門戶의 高據하던 學問이 아니요 經學이면서 政法이라 이로써 民國의 實益을 資할 만큼 實究 實解하려는 工夫이다."(정인보, 「唯一한 政法家 丁茶山先生 叙論」, 『전집』 2, 80~81쪽)

93) 건가(乾嘉) 학풍 : 건륭(乾隆, 1736~1795) · 가경(嘉慶, 1796~1820) 년대를 줄여서 건가 시대라 하고, 건가 학풍은 청대의 특색인 고증학 혹은 한학(漢學, 淸代經學)을 전성하여 완성시킨 것이다.(유명종, 앞의 책, 339쪽)

관점이다.

또한 정인보는 정약용이 성리설에 대한 공론空論도 거부했지만 훈고 고증만 일삼는 경학 연구도 배척하며 민익民益을 돕는 학문, 경학이 곧 정법인 학문을 추구했다고 하였다. 이는 정약용의 학문적 특징에 대한 정인보의 견해임과 동시에 정인보 자신이 추구하는 방향과 합치되는 것이기도 했다.

정인보가 박학樸學을 폭넓게 섭렵할 수 있었던 데에는 앞서 언급한 바 있듯이 나라의 전고典故에 밝고 박학을 추구한 가학家學의 전통[94]을 기반으로 하고 있었기 때문이기도 하다. 또한 자신이 처한 시대적 현실에 대응하는 방법으로도 필요하다고 여겼기 때문으로 보인다. 학문적 전통에 기반하여 시대에 필요한 자국의 학문을 수립하는 것이 그것이다. 이 면에서 정인보에게 많은 시사점을 던져주었던 이가 장병린이라고 생각된다.

정인보의 제자였던 민영규는 훗날 정인보에게서 장병린의 학문에서 오는 기풍을 강하게 느꼈다고 술회하였다. 그러나 그도 정인보와 장병린이 어느 정도로 서로 교차될 수 있었는지에 대해서는 남아 있는 기록이 없어 구체적으로 알기는 어렵다고 하였다. 다만 그의 서재에 황종희 · 장학성 · 장병린의 문집들이 머리맡에 가지런히 정리되어 있음을 기억하고 있다고만 하였다.[95]

장병린은 분명 정인보가 동시대의 중국 지식인 가운데 가장 높이 평가하는 인물이었다. 정인보는 인격적인 면에서 강유위康有爲(1858~1927)를 "명예나 돈을 생각하는" 사람이라고 평한 데 반해 장병린을

94) 정인보, 「書畫永編後」, 『담원문록』 중, 260쪽 ; 『전집』 6, 6쪽.

95) 민영규, 앞의 책, 491~492쪽.

깨끗하고 티 없이 맑은[개결무구介潔無垢] 사람이라고 평했다.[96] 이에 존경하는 선배인 박은식에 대해 강유위 제자라고 부르는 사람들을 비판하고 박은식을 장병린에 빗대었다.

또한 장병린은 중국 한문자 학계의 으뜸이었다. 권병훈權丙勳(1864~1941)이 오랜 기간에 걸쳐 집필한 『육서심원六書尋源』을 출간할 때, 정인보는 권병훈의 책을 장병린의 『문시文始』와 견주며 한문자 학계의 쌍벽을 이룬다고 하고, 환경과 노력적인 면을 고려하면 장병린을 훨씬 능가한다고 하였다.[97] 이는 언어문자학 방면에서 정인보가 장병린의 학문적 성과를 높게 평가하고 준거로 삼고 있음을 보여주는 방증이기도 하다. 장병린은 고문古文 문장가로서도 수준 높은 내용과 탁월한 솜씨를 보여주는 사람이기도 하였다. 이에 정인보는 고문을 전공하는 제자에게 장병린의 글을 읽고 그와 같은 경지에 이를 것을 권하기도 하였다.[98]

이외에도 정인보의 글에서 장병린의 『문시文始』, 『구서訄書』 등을 참조하여 어떤 대상이나 역사적 사실을 고증하는 글쓰기를 하는 모습을 볼 수가 있다. 대표적인 것이 정인보의 글 곳곳에서 여러 차례 반복적으로 인용되는 '이夷'에 대한 장병린의 설명이다. 물론 이러한 내용들만으로 장병린과의 영향 관계나 학문의 관련성을 논하기는 어렵다. 그렇다고 하더라도 적어도 고증적 글쓰기에서 장병린의 저서가 주요하게 참조되고 있음은 볼 수 있다.

이러한 편린들에서도 잠깐씩 드러나듯이 무엇보다도 정인보가 장

96) 정인보, 「介潔無垢의 朴殷植 先生」, 『開闢』 62, 1925.8.

97) 정인보, 「六書尋源」, 『전집』 2, 372쪽.

98) 정인보, 「윤사건 석오에게 답하다(答尹士建錫五)」(1)·(2), 『담원문록』 하, 392~397쪽; 『전집』 6, 447~452쪽.

병린으로부터 많은 시사점을 얻은 영역은 국고國故에 대한 인식과 연구방법론이라고 본다. 중국의 근대 사상가이자 문학가였던 호적胡適(1891~1962)에 따르면 '국고國故'란 국가의 과거 문화를 가리키는 말로, 중국에서 '국고國故'라는 용어는 장병린의 『국고논형國故論衡』이라는 저서가 나오면서 성립된 것이라고 한다. 그 이전에는 '국수國粹'라는 말을 주로 썼는데, 호적은 '국수國粹'보다는 '국고國故'가 훨씬 적절한 단어라고 하였다.[99] 정인보는 이 '국고國故'라는 말을 꽤 빈번하게 사용하고 있다.

한편 오굉일吳宏一은 장병린이 쓰는 용어가 국수國粹에서 국고國故, 국학國學으로 변화되어 가고, 다루는 영역도 넓어진다고 한 바 있다.[100] 정인보의 경우, 국고國故와 조선학朝鮮學이라는 용어를 함께 쓰고 있으며, 조선학朝鮮學[101]의 한 범주로 국고國故를 설정한 경우도 있다.[102] 이를 종합하면, 정인보의 글에서 국고國故 용어는 넓게는 호적이 말한 국가의 과거 문화를 의미하고 좁게는 국가의 과거 문헌을 가리키는 것으로 보인다.

국고에 대한 인식과 관련하여 정인보와 장병린 간의 유사점이 단적으로 나타나는 부분이 있다. 장병린은 『국학개론國學槪論』의 첫

99) 홍석표, 『중국 근대학문의 형성과 학술문화담론』, 북코리아, 2012, 196쪽.

100) 吳宏一, 「中華國學之優良傳統及其時代意義－論淸末民初之國學熱」, 『國學新視野』(2013.12).

101) 정인보는 '國學' 대신 '朝鮮學'이라는 용어를 썼다. 그러나 해방 후에 대학을 창설하며 참여할 때 '國學大學'이라고 명명한 것으로 보아 식민 치하에서 '國學'이라는 말을 쓰는 게 어려웠기 때문임을 알 수 있다.

102) "朝鮮學을 高揭하여 國故·政法·歷史·地理·外交·天文 曆算·兵械 등 一切 朝鮮을 중심으로 한 실용적 고찰을 大始하여……"(정인보, 「唯一한 政法家 茶山先生·叙論」, 『전집』 2, 70쪽)

장에서 국학의 본체本體에 대해 서술하였는데, 그 첫머리로 시작하는 말이 "경사經史는 신화神話가 아니다"라는 것이다.

> 고대 서적에는 신화 내용을 수록하기도 했다. 『산해경山海經』과 『회남자淮南子』에는 신기한 내용의 신화들이 수록되었다. 그러나 이런 종류의 신화에 대해 왕충王充이 저술한 『논형論衡』에서 이미 그 허구성이 비판되거나 혹은 폭로되면서 그 존재 공간이 점차 사라지게 되었다. 그리고 경사經史에는 이런 종류의 신화 내용들이 수록되지 않았다.……
> 『우공禹貢』은 대우大禹의 치수治水를 기술했는데 (우공은) 8년에 걸쳐서 치수 사업을 완성했다고 한다. 일본의 어떤 학자는 "후대의 사람도 소규모 운하를 개척하는 데 수십 년이나 수백 년이 걸리는데 그렇게 큰 강의 치수를 어떻게 그렇게 빨리 완성할 수가 있었을까?"라고 하면서 우공의 치수 사실을 의심했다.……
> 후대 사람들은 고서古書 내용에 작게라도 의심이 생기면 전체를 위서僞書라고 보는데, 이는 확실히 잘못된 관점이라 할 수 있다.[103]

장병린은 장학성이 제시했던 "육경개사六經皆史"의 관점을 견지하고 발전시켜 경학 연구에서 육경을 고사古史로 삼아야 함을 강조하고,[104] 경학 연구의 목적은 고대 역사의 실제를 명백히 밝히기 위함이라고 주장했다.[105] 경사經史는 신화가 아니라는 말은 경經도 역사의 한 기록이라는 관점을 내포하는 구절이다. 그런데 경經이 사史라는 차원을 넘어 경사經史는 신화가 아니라는 말로 단정지으며 시작

103) 장타이옌(저)/조영래(역), 『중국학개론』, 지식을만드는지식, 2011, 9~13쪽.

104) 章太炎, 「與某論朴學報書」, 『國粹學報』, 丙午(1906년) 第7号 ; 姜義華, 『章太炎思想硏究』, 中國人民大學出版社, 2009, 321쪽 참조.

105) 章太炎, 「與簡竹居書」, 『國粹學報』, 辛亥(1911년) 第7号 ; 姜義華, 위의 책, 321쪽 참조.

한 것은 우공禹貢에 관한 사례에서 보듯이 일본학자의 연구를 의식한 대응이기도 했다는 것을 알 수 있다.

정인보는 『조선사연구』의 첫머리를 다음과 같은 말로 시작한다.

> 조선의 시조는 단군이시니 단군은 신神이 아니요 인人이시라.[106]

그리고는 이 이야기가 또 신기하고 괴기한 말이 아님을 말한다.

> '천제天帝의 자子'라는 칭호稱號는 곧 조선의 최고 원수最高元首를 표시함이니 실상 신괴神怪[신이하고 괴이함]한 말이 아니다.[107]

이러한 문장들은 장병린이 국학 범주에 신화를 포함시키는 관점과 유사한 성격을 드러낸다. 고대의 신화 같은 인물들의 이야기를 역사로 끌어들여 국학 연구의 대상으로 삼은 점, 그러한 방법으로 일본학자들에 대응한 점 등에서 그러하다.

장병린이 국학 연구 방법의 하나로 소학小學(언어문자학)에 정통해야 함을 강조했던 점도 주목할 만한 사항이다. 이는 장병린의 학문연원의 한 축이 건가학통乾嘉學統이라는 점과도 관련이 있다. 장병린은 23세부터 완원阮元이 세웠던 고경정사詁經精舍에서 유월兪樾을 스승으로 모시고 8년간 수학했다. 고경정사는 건가학파의 대본영大本營이었으며 유월은 고염무·대진·왕염손·왕인지 등을 이은 박학대사樸學大師였다. 게다가 부친이 고경정사의 감원監院이었기에 고경정사에 들어가기 전부터 이미 건가고증학乾嘉考證學의 저술들을 폭넓

---

106) 정인보, 『조선사연구』 상(『전집』 3), 32쪽.

107) 정인보, 『조선사연구』 상(『전집』 3), 118쪽.

게 섭렵한 상태였다. 그렇기에 그는 24세에 이미 고문가古文家를 자임했다고 한다. 이후 그는 제자학諸子學, 서학西學, 불학佛學 등으로 학문적 관심을 넓혀 갔고, 그 과정에서 박학樸學의 병폐를 비판하며 박학을 벗어났다고 선언하기도 하였다. 하지만 그는 박학의 가치 또한 누구보다 잘 알고 있었다.108) 다음과 같이 그가 손이양孫詒讓에게 준 편지에서 한 말이 이를 잘 보여준다.

> 오직 구문舊文을 굳건히 지킬 수 있어야 시론時論에 미혹되지 않을 수 있으니, 훈고詁訓와 성운聲均으로써 민덕民德을 옹호하기를 기약합니다.109)

경학을 위한 경학 연구, 고증을 위한 고증이 아니라 민익民益에 도움이 되는 학문을 지향해야 한다는 것에서 나아가 박학樸學이 구문舊文을 지키고 시론時論에 현혹되지 않는 무기가 될 수 있다고 여겼던 것이다. 정인보 또한 음운문자학, 문헌학에 강세를 보였던 소론 학통의 기반 위에서 건가의 학술을 두루 섭렵했으며, 국고國故를 탐구하고 시론時論에 대응할 수 있는 한 방법으로 고증적 글쓰기를 수행해 나갔다. 정인보와 장병린이 주요 사상적 기반 등에서 비록 상이한 점이 있지만, 정인보는 이 방면에서 장병린의 학문에 적극 호응하며 조선학 연구의 방향을 수립하는 데 참조를 얻었다고 할 것이다.

108) 王汎森, 앞의 책, 23~25쪽 참조.

109) 王汎森, 위의 책, 25쪽 참조.

2. 언어상황과 언어문자관

1) 이중언어 글쓰기 상황의 변화

근대 초기에 한문 글쓰기와 국문 글쓰기를 병행했던 정인보의 문필활동 양상과 그 의미를 고찰하려면 우선 그 시대의 언어 인식과 구조의 변화된 상황을 살펴볼 필요가 있다.

오늘날 '한글'을 '국문'으로 부르는 것은 당연하게 여겨지는 일이지만, '국문'이라는 말이 등장하여 법적·사전적으로 인준된 것은 갑오경장 이후이다.[110] 그 이전에 한자는 '진서眞書', 한글은 '언문諺文'으로 불리었으며, '진서'는 진리를 담는 문자라는 의미를, '언문'은 일상의 속된 말을 표현하는 문자라는 의미를 내포하는 말이었다.

근대 이전의 조선의 서기書記 체제는 크게 이 두 문자가 위계 구조를 이루며 공존하는 형태였다. 한문이 공식적인 영역에서 상층계급이 소통할 때 사용하는 문자였다년, 한글은 주로 비공식적인 영역에서 하층계급이 사용하는 문자였다. 이러한 언어구조는 다이글로시아(diglossia)의 한 양상을 보여주는 것이라 할 수 있다. 다이글로시아란 퍼거슨(Ferguson)에 의해 처음 주창된 개념으로, 한 사회에 공식 언어와 비공식 언어가 기능적으로 구별화되어 공존하는 것을 말한다. 성문화된 상위 언어는 공식 교육을 통해 획득되고 높은 수준의 기록 문

---

110) 이에 대해서는 황호덕의 연구가 참고할 만하다. 그는 이 시기 발행된 사전과 저술 등을 검토하여 1880년에 『한불자전』 속에는 '국어' 혹은 '국문'의 개념은 표제어로조차 정립되지 않았다가, 갑오경장 이후에 '국문'이라는 개념이 법적·사전적으로 인준되고, 1897년 이후에 나온 『한영자전』에 이르러 비로소 '국문=The National Character−Ünmun'이라는 정의가 등장함을 밝혔다. (황호덕, 『근대 네이션과 그 표상들』, 소명출판, 2005, 37쪽)

학과 공식적인 구어에서 사용되는 반면, 하위 언어는 일상적인 대화에서 사용된다는 것이다.[111] 다이글로시아는 한 사회 또는 한 개인이 두 개의 언어를 사용한다는 점에서는 '바이링구얼리즘(bilingualism)'과 공통적이지만, 한 사회에서 두 언어가 위계적이고 기능적으로 상보적인 관계를 이루고 있다는 면에서 그것과 구별되는 개념이다. 엄밀히 말하면, 조선의 경우 상위 언어와 하위 언어가 구분되는 것은 말이 아니라 문자라는 점에서 '다이그라피아(digraphia)'라고 할 수 있다. 하지만 문자를 언어의 하위 개념으로 본다면 '다이글로시아'의 양상에 속하는 것으로 간주할 수 있다.

현재 학계에서 '다이글로시아'는 논자에 따라 '이중언어二重言語' 또는 '양층언어兩層言語' 등으로 번역하여 달리 쓰고 있다. 예컨대 안대회 · 이종묵은 전자의 경우를, 이익섭 · 정소연은 후자의 경우에 해당한다.[112] '이중언어'라고 하는 경우는 한 사회 내에서 두 가지 언어가 통용되고 있다는 점을 포괄적으로 나타낸 것이고, '양층언어'라고 한 경우는 '바이링구얼리즘(bilingualism)'과 구별되는 '다이글로시아(diglossia)'의 특징을 보다 분명히 나타내기 위한 것으로 보인다. 이 책에서는 일단 특정 번역어를 따르기보다는 '다이글로시아'라는 용어를 쓰도록 하겠다. 다만 근대 시기에 정인보와 같이 한문문언문과 한

111) Jadranka Gvozdanović, "Understanding the Essence of Diglossia", *Divide Languages? Diglossia, Translation and the Rise of Modernity in Japan, China, and the Slavic Word*, edited by Judit Árokay · Jadranka Gvozdanović · Darja Miyajima, Switzerland: Springer International Publishing, 2014, pp.3~4.

112) 안대회, 「조선 후기 이중언어 텍스트와 그에 관한 논의들」, 『大東漢文學』 제24집, 대동한문학회, 2006 ; 이종묵, 「조선시대 여성과 아동의 한시 향유와 이중언어체계(diglossia)」, 『진단학보』 제104집, 진단학회, 2007 ; 이익섭, 『사회언어학』, 민음사, 1994, 255쪽 ; 정소연, 『조선 전 · 중기 시가의 양층언어문학사』, 새문사, 2014.

글글쓰기를 병용한 경우는 '이중언어'를 사용한 것으로 보고자 한다. 전근대적 다이글로시아가 해체되는 시기에는 두 문자 언어의 관계가 상위 언어와 하위 언어라는 위계 구조를 이루고 있다고 보기 어렵기 때문이다. 이에 좀더 포괄적인 의미를 담을 수 있는 '이중언어'라는 용어를 쓰고자 한다.[113]

다시 논의로 돌아가면, 근대 초기에 한국에서 일어난 변화를 언어 구조의 면에서 보자면 전근대적 다이글로시아[114]의 해체 과정이라고 할 수 있다. 언어에서 나타나는 근대성의 특징이 고전어(classical language)의 위상 하락과 속어(vulgar lanaguage)의 발달이라고 할 때,[115]

---

113) 이상훈 · 백채원, 「문자관」, 『근대 한국어 시기의 언어관 · 문자관 연구』, 소명출판, 2014, 31쪽.

114) 참고로, 'diglossia'에 대한 중국과 일본의 번역 용어를 검토하면 다음과 같다. 중국에서 'diglossia'는 '雙言', '雙言現象', '雙体式' 등 여러 가지 형태로 번역되는데, 대체로 'diglossia'를 '雙言'으로 'bilingualism'은 '雙語'로 구별지어 번역하고 있는 것을 볼 수 있다.(陳璐, 「"雙言現象"初探」, 『棗莊師範專科學校學報』 Vol.19 No.6(2002.12), 上海外國語大學研究生院 ; 景體渭, 「中國社會的雙語現象淺析」, 『吉林師範大學學報』 No.1(2003.02), 吉林師範大學英語語言研究所 ; 藍翠豔, 「辨析 "雙言"和"雙語"的異同」, 『西安建築科技大學學報』 Vol.30 No.6(2011.12), 青海民族大學) 일본에서는 'bilingualism'과 'diglossia' 등을 포괄하여 '二重言語'라는 말이 대체로 많이 쓰이고 있는 것으로 보인다. 일반적으로 '二重言語'는 'bilingualism'을 의미할 때가 많지만, 이와 구별하여 diglossia를 '雙言', '兩層言語' 등으로 달리 번역한 용례는 잘 보이지 않는 것이다. 대신 '二重言語'라는 말을 포괄적으로 쓰면서 세부적으로 분화된 의미를 부여하여 구별하여 쓰고 있다. 그러한 용례를 잘 보여주는 이가 石川九楊이다. 그는 『「二重言語國家 · 日本」の歷史』에서 일본의 언어 역사를 고찰하며 일본을 '二層 → 二併 → 二元'의 형태로 전개되었던 이중언어 국가라고 규정한다. 弥生(やよい)시대부터 平安(へいあん) 시대 초기까지는 상층은 漢(漢語)이고, 하층은 倭語를 사용하였던 二層의 구조를 보였고, 그 다음에 상층부를 중심으로 하여 한어와 和語가 표리 관계를 이루며 붙어 있는 二併의 구조가 일어났으며, 중국의 宋 문화가 유입되면서 한어에 상응하여 화어의 근본이 태고에 있었다는 의식이 생겨나 二元의 언어 구조를 이루었다는 것이다.(石川九楊, 『二重言語國家 · 日本の歷史』, 東京: 青灯社, 2005, 77~80쪽)

한문의 지위가 하락하고 한글이 공식적으로 국문의 지위를 획득한 것은 그러한 특징을 잘 보여주는 것이다. 갑오경장을 기점으로 이제 '한글'은 '국문'으로 부상하고, '진서'는 중국에서 들어온 말이라는 의미를 지닌 '한문'으로 불리며 타자화되기 시작했다. 이는 곧 전근대적 다이글로시아의 붕괴를 의미하는 것이다.

그러나 이것이 곧 전근대적 다이글로시아의 해소를 의미하는 것은 아니다. 일본 사회의 경우 다이글로시아의 해소에 100년 이상이 걸렸다고 보는 견해도 있듯이[116] 그 해체 과정은 시간이 걸리는 일이다. 이 과정에서 상위 언어와 하위 언어 간의 분명했던 경계가 사라짐에 따라 언어 간의 넘나듦과 혼용이 다양한 양상으로 나타나기도 한다. 그중의 하나가 이중언어 사용자의 새로운 등장이라고 본다. 어려서부터 한학을 익힌 유자儒者들 가운데 근대의 언론장에 적극적으로 뛰어든 이들이 대표적이다.

물론 조선 시대에도 이중언어 텍스트를 생산하던 이들이 있었다. 한시와 시조·가사를 아울러 창작하고,[117] 한시 및 한문소설을 언문(한글)으로 번역하거나, 언문으로 연행록 및 통신사행록을 지은 이들이 이에 해당한다.[118] 그러나 이들의 문자생활은 전근대적 다이글로

---

115) Yeounsuk Lee, "Homogenization or Hierachization?: A Problem of Written Language in the Public Sphere of Modern Japan", *op. cit.*, 2014, p.144.

116) *Ibid.*, pp.148~149.

117) 한시와 시조를 동시에 쓴 작가를 중심으로 조선시대의 다이글로시아에 대해서 연구한 논저로 다음과 같은 것들이 있다. 정소연, 『조선 전·중기 시가의 양층언어문학사』, 새문사, 2014 ; 정소연, 『조선 중·후기 시가의 양층언어문학사』, 새문사, 2014.

118) 조선 후기 한글 연행록의 양상에 대해서는 다음의 논문이 참고할 만하다. 조양원, 「燕行錄 飜譯 樣相 硏究」, 한국학중앙연구원 한국학대학원 박사학위논문, 2016.

시아의 구조에서 이루어진 것이다. 비록 조선 후기에는 공문서를 언문으로 작성한 경우도 나타나고[119] 언문으로 쓴 문학작품이 양적으로 팽창하는 등 새로운 변화가 일어났으나,[120] 한문과 언문의 다이글로시아 관계가 깨진 것은 아니다. 이중언어 텍스트를 생산했던 사대부들의 한문과 언문에 대한 인식 또한 마찬가지이다.

근대 초기 한글과 한문의 이중 사용자는 한문과 한글의 달라진 위상을 배경으로 등장한 이들이다. 이들은 대체로 양반 사대부가의 후손으로 한학에 학문연원을 두고 있어 한문 글쓰기에 익숙하면서도 위기에 처한 민족의 현실을 타개하고자 근대의 언론매체를 통해 적극적으로 한글 글쓰기를 시도한 인물들이다. 애국계몽기, 식민지시기 언론활동을 활발히 전개한 박은식, 장지연, 신채호, 변영만, 홍명희, 정인보 등은 모두 여기에 해당하는 인물들이다.

물론 한 사회에서 여러 언어가 통용된다고 해서 많은 사람들이 이중어 또는 다중어 사용자인 것은 아니다. 한문과 언문이 다이글로시아의 관계에 있던 전근대 시기나 다이글로시아의 해체가 일어난 근대 시기나 대다수의 사람들은 한 가지 문자 언어에 기반한 글쓰기에 익숙했다. 다만 근대 시기에는 신문 · 잡지, 교과서(독본류)의 출현에 따라 지식인들이 이전보다 더 이중언어를 사용하게 되는 상황이 주어졌다.[121] 국문체(또는 국한문체)의 기사를 주로 수록한 신문에 한시

---

119) 이영경, 「다중 문자 사용의 양상」, 이현희 외, 『근대 한국어 시기의 언어관 · 문자관 연구』, 소명출판, 2014, 308~320쪽.

120) 이영경, 위의 책, 320~329쪽.

121) Elisabeth Kaske는 근대 초기 중국의 다이글로시아 해체 과정을 고찰하면서 백화뉴스와 교과서의 출현에 따라 고전어와 속어(백화어)를 이중으로 사용하는 지식인들이 많아졌다고 말한 바 있다.(Elisabeth Kaske, "Diglossia and Its Discontent: The Linguistics of National Crisis in Early Twentieth-Century China", *op. cit.*, 2014,

나 한문 산문이 함께 실리는 것 또한 이중언어 사용자의 존재와 그 수요를 방증하는 것이다.

이 같은 이중언어 사용자의 존재는 전근대적 다이글로시아가 해체됨에 따라 한글의 위상이 부상했다고 하더라도 한문문언문을 쓰던 지식인들이 곧바로 한글 글쓰기로 이동한 것이 아님을 나타낸다. 한자를 타자화하는 인식이 강하고 한글이 국문임을 강하게 의식한 인물의 경우에도 그러하다. 또한 사회의 다이글로시아 구조가 완전히 해소된 것은 아니기에 아직 한문문언문의 권위가 많이 남아 있거나, 언어 간의 경계가 허물어져 넘나듦이 자유롭거나, 한글 글쓰기로 무게 중심이 이동한 경우들이 혼재되어 있었다.

한문문언문만을 그대로 고수한 전통지식인이나 근대적 국문 글쓰기 모색에 집중한 신지식인들을 논외로 하고, 이중언어 사용자를 중심으로만 보아도 한문과 국문에 대한 인식이 저마다 상이함을 볼 수 있다. 게다가 전통적 장르나 문체에 대한 개인의 선호도와 의미 부여의 차이에 따라 주력하는 문체나 서술 방식 등의 면에서 글쓰기의 양상이 달라지는 것을 볼 수 있다. 이는 그만큼 근대적 글쓰기가 형성되는 과정에서 복수의 실험과 경로들이 존재함을 의미하는 것이기도 하다. 비록 어떠한 시도는 궁극에는 역사의 뒤안길로 사라지게 되었다 하더라도 말이다. 한문과 한글의 위상이 교체되던 시기에 이중언어 사용자의 글쓰기 양상을 살펴보는 것은 당시의 혼재된 실상을 그대로 조명해 본다는 의미가 있을 것이다.

---

pp.45~46) 이는 한국에서도 마찬가지이다.

2) 민족주체성 확립과 언어 문자에 대한 인식[122)]

근대전환기에 한글과 한문 간의 위상 변화가 일어났던 것은 민족주의가 흥기했던 시대 상황과 밀접한 관련이 있다. 민족의 정체성 인식과 확립이 주요한 과제로 대두되는 가운데 민족의 정체성을 이루는 중요한 요소로 언어가 주목되었고, 국문의 확립, 언문일치의 구현 등이 구체적인 과제로 제시되었다. 이러한 배경에서 한글의 가치, 한자 제한 및 폐지, 한문학과 국문학의 관계 등에 관한 담론이 다양한 양상으로 펼쳐졌다. 그렇다면 정인보는 이에 대해 어떻게 인식하고 있었을까?

(1) 한글에 대한 인식-겨레의 소리를 표기한 진정한 문자

정인보는 전통 한학을 수학했고 한문 글쓰기에 익숙하였지만, 한글에 대한 자부심이 높고 한글의 가치를 매우 중시했다. 이에 조선시대에 훈민정음을 연구한 이들과 그들의 저술을 소개하는 일에도 노력을 기울였다. 또한 근대 들어 한글 연구에 주력한 이들에 대해 관심을 가지고 그들을 응원하였다. 1932년에 『영인본 훈민정음』(박승빈 소장본)이 간행되었을 때 정인보가 서문을 쓴 것은 그 한 사례이다. 이 서문은 한글에 대한 정인보의 인식이 매우 잘 드러나 있다는 점에서 주목할 만한 글이다.

서문을 보기에 앞서 박승빈 소장본에 대해 잠시 살펴보도록 하겠

122) 정인보의 언어문자관에 대해서는 필자의 「일제강점기 전통 지식인의 이중 언어 글쓰기-국학자 정인보의 한글 글쓰기와 한문 글쓰기의 관계를 중심으로」(『정신문화연구』 제38권 제3호, 한국학중앙연구원, 2015)에서 일부 다룬 바 있다. 이 절은 이 내용을 수정·보완한 것이다.

다. 박승빈 소장본 『훈민정음』은 서강대 소장본과 더불어 현전하는 가장 오래된 『훈민정음』 언해본으로 알려져 있다.[123] 이 책은 1920년대에 세상에 처음 소개되었고 조선어학연구회에 의해 1932년 8월에 영인본으로 간행되었다. 조선어학연구회는 1931년에 창립된 단체로 이 연구회를 주도적으로 이끌던 인물이 박승빈이다. 『훈민정음』 간행 후 박승빈은 이에 대해 강연을 하기도 했다.[124] 이 책이 세상에 소개된 이후 '훈민정음'의 원본에 대한 논란이 활발히 일어났고 1940년에 한문본 『훈민정음』이 발견된 후에야 진정한 원본은 언해본이 아니라 한문본임이 밝혀졌다.[125] 당시 조선어학연구회는 철자법 등에서 조선어학회와 대립을 보였던 단체이기도 했다. 그러나 정인보가 이 책에 대한 서문을 썼다고 해서 조선어학연구회와 함께 하는 입장이었다고 보기는 어렵다. 조선어학연구회 측에서는 정인보가 저명한 한학자이자 조선학 연구자였기에 서문을 부탁한 것이고, 조선시대의 훈민정음 연구자와 그 저술에 관심이 많았던 정인보로서는 『훈민정음』 간행의 의의가 크다고 여겼기에 기꺼이 서문을 썼던 것으로 볼 수 있다. 이 서문에서 정인보는 자신의 언어관, 한글관을 다음과 같이 피력하였다.

> 대체로 사람이란 나면서부터 마음에 앎이 있어, 사물에 접하여 느끼어 움직이게 되는데, 그 바야흐로 움직일 때에는 속에서 물결치고 메아리쳐서 이어 소리가 되어 밖으로 나오게 되니, 언어란 이것일 따름이다.

---

123) 정우영, 「『訓民正音諺解』의 異本과 原本 再構에 관한 硏究」, 『불교어문논집』 5, 한국불교어문학회, 2000, 26쪽.

124) 三ツ井 崇, 『朝鮮植民地支配と言語』, 明石書店, 2010, 284쪽.

125) 정우영, 위의 논문, 41쪽.

> 그러므로 사람에게 있어서 언어란 뒤섞여 얼크러지고 어수선하게 변하여 마침내는 이루 다 셀 수 없을 정도에 이르지만, 그 근원을 따져볼 것 같으면 모양을 명명하여 일을 가리키고, 실정을 보여서 그 형세를 표현함이 모두 마음의 앎이 느끼는 데에 근원한다. 마치 거문고의 시울이 뜻을 표현할 때 산의 높음과 물의 넓음을 나타냄과 같아서 속마음을 통하여 뜻을 전달하게 되니, 풍속이 다르면 소리가 나타내는 바가 구별이 없을 수 없겠지만, 그 구역 안에서 같은 끼리는 소리가 발하면 서로가 알게 된다. 이래서 지구상의 인류는 말로써 겨레가 되므로 같은 성음을 빌릴 수가 없음이 이와 같다. 그러므로 문자를 만들 때는 성음을 바탕으로 하게 된다. 심지어 중국의 육서六書 같은 것도 여러 가지 사물에 치달아 가지만, 흐름을 따라 근원을 찾자면 다 소리가 도맡는 것이다. 이렇지 않고서는 문자와 언어가 갈려, 그 느낀 바를 담아서 영원히 통하게 할 방법이 없을 것이다. 28자란 소리에 맞아 널리 쓰이어, 그 참[眞]을 곡진하게 다하는 것이다. 대개 스스로를 비워 기다리고, 고요함으로써 대응하는 것이니, 오직 소리에 따라 글자를 만들어 나아가는 것이 또한 『역易』에서 이른바 "갖은 방법으로 성취토록 하여 빠침이 없다."한 것이나 거의 같을 것이다.[126)]

이 글에서 정인보는 민족과 언어를 결부시키며 음성언어를 중시하는 언어관을 보이고 있다. 그에 따르면 언어는 인간이 사물과 접할 때 마음에서 느끼고 움직이는 바가 소리가 되어 입 밖으로 나오는 것

126) 夫人生而有心識, 感於物而動, 方其動也, 波響於衷, 而聲續於外, 言語是已. 故言語之於人, 其錯綜繁變, 至不可更僕數, 原其命形而指事, 示情而表勢, 皆本於心識之感, 如琴絃之象志山巍水洋, 由衷而達, 雖風異俗殊, 聲之所形不能以無別, 而其區而類者聲發而胥喩. 由是, 寰球人羣, 言以族同, 聲音之不可假如此. 故文字之作, 必祖於聲音. 至如震朝六書馳騦多物, 而循流窮源皆管於聲, 不如是, 則文字與言語判渙, 無以函其所感, 而通之久遠. 二十八字者用以汎適於聲, 而曲極其眞也. 蓋其虛以俟之, 靜以應之, 惟其聲而字以之生, 亦庶幾易所謂曲成而不遺矣. (정인보, 「影印 訓民正音序」, 『담원문록』 상, 235~238쪽)

이다. 그 소리를 나타내는 방식은 풍속에 따라 달라지기에 소리로써 같은 끼리임을 알게 되고 같은 말을 사용하는 사람들이 한 겨레를 이루게 되는 것이라고 하였다. 그런 점에서 음성언어는 자민족과 타민족을 구별 짓는 요소이자, 다른 민족으로부터 빌릴 수 없는 민족 고유의 것이라고 본 것이다.

나아가 정인보는 문자는 성음을 바탕으로 만들어진다고 보았다. 심지어 중국의 육서六書도 그 근원은 소리에 있다고 보았다. 육서란 한자의 형성 원리를 가리키는 것으로, 상형象形·회의會意·형성形聲·지사指事·가차假借·전주轉注가 이에 해당한다. 이는 정인보의 표현대로 말하자면 "여러 가지 사물에 치달아" 가는 방식을 보이는 것이다. 즉 사물의 형태나 의미를 나타내는 방식을 기본으로 한다는 말이다. 하지만 정인보는 이러한 문자 또한 그 형성되는 흐름의 근원을 찾아가면 소리가 중심이라고 보았다.127) 이는 정인보가 음성과

127) 한자 형성의 근본 원리가 '소리'에 있다고 본 것은 정인보가 청대 고증학을 깊이 연구하였던 사실과 관련이 있어 보인다. 예컨대 정인보가 「十字廣詁」에서 '十字'의 字義를 분석할 때 段玉裁의 『說文解字注』와 朱駿聲의 『說文通訓定聲』을 적극적으로 참조하고 있는 것을 볼 수 있다.(『전집』 2, 346~348쪽) 주준성의 『설문통훈정성』은 『설문해자』의 540부수를 채택하지 않고 古韻 18部에 따라 글자를 다시 배열한 책으로, 청대 고증학에서 소리와 음운을 매우 중시하여 발달되었던 古音學 분야의 절정을 보여주는 것이다. (청대 고증학의 음운중심적 학풍에 대해서는 『중국언어학사』(濮之珍(저)/김현철 외(역), 신아사, 1997)의 '제5장 청대의 언어연구'를 참고 바람) 정인보는 일제강점기 언어문자학 방면에서 연구 성과를 내었던 권병훈의 『六書尋源』에 대해서도 서문을 쓴 바 있다. 『육서심원』은 『설문해자』를 토대로 하면서도 六書에 기초한 독자적인 원리와 방법으로 한자의 자형과 의미, 음운을 분석한 책이다. 정인보는 『육서심원』의 구성 원리를 밝히고, 이 책을 중화민국 초기의 국학자로서 『설문해자』 연구의 대가였던 장태염의 언어문자학 저술인 『文始』와 쌍벽을 이루는 것으로 평가하였다.(정인보, 「『六書尋源』(權丙勳氏의)」, 『전집』 2, 372쪽) 이러한 글들을 통해 정인보가 문자와 음성언어와의 관계성, 음운학에 대해 일가견을 갖추고 있었음을 볼 수 있다.

문자가 긴밀한 관계를 이룬다고 여겼고, 음성언어와 문자언어의 관계에 대해서도 음성언어를 더 근본적인 것으로 보았음을 의미한다. 이에 따라 소리를 담아내어 실상을 곡진하게 드러내는 문자가 참된 것이라는 논리로 이어지고, 한글은 우리 민족의 음성언어를 바탕으로 만들어진 참된 문자라는 결론이 도출되는 것이다. 또한 한자는 중국 민족의 음성언어를 바탕으로 하고 있는 문자가 되므로 타자화된다.

(2) 한문에 대한 인식-타자화와 국문 범주로의 재배치

그렇다고 한문을 언어생활에서 버리고 한문학 유산을 우리 역사에서 배제시킬 수는 없는 문제였다. 근대 이전에 한자는 지식인들이 자신의 사상과 감정을 표현하는 문자로 오랫동안 사용해 왔기에 우리의 언어생활과 문화에 깊이 침투되어 있었기 때문이다.

이에 한글이 국문으로 부상하고 한자가 타자화되기 시작하자, 한자·한문에 대한 논쟁이 활발하게 일어났다. 과거 문화 유산의 정리와 관련하여 한문과 우리 문학의 관계를 어떻게 볼 것인가라는 문제, 어문 정책과 관련하여 한자를 제한하거나 한자를 폐지해야 하는가 하는 문제 등이 주요 쟁점이었다.

정인보는 전통 학문을 계승하면서 전통적인 선비의 정체성을 지니고 있었지만, 한자·한문에 대한 생각이 근대 이전의 선비와 같지는 않았다. 그는 국학(조선학)을 연구하면서 민족주체적인 관점에서 역사를 재평가하였고, 언어문자에 대해서도 마찬가지의 인식을 보였다. 『조선사연구』의 한 부분을 보자.

> 『수서隋書』「동이전」 '신라'조에 이른바 "풍속 · 형정刑政[제도] · 의복은 대략 고구려 · 백제와 같다."라고 한 것이 비록 훨씬 나중의 일을 기술記述한 것이지만, 자기네의 고유한 것은 어디까지나 변하지 아니하는 그들로서 시조가 같은 두 나라와 서로 동일함이 초기부터 이미 그러하였을 것은 말할 것도 없다. 또한 진한고족辰韓古族이니만큼 선대先代로부터 한민족漢民族과 접촉이 잦아서 그들의 언어, 문자를 익히 알고 있었을 것이다. 그럼에도 배한심排漢心이 강한 그네들은 한인漢人의 언어문자를 손으로 베끼고 입으로 전하는 것을 아울러 꾸짖어 그만하도록 증오한 것이다. 이런 식으로 얼마를 지나다 보니 받은 영향도 남지 아니하였던 반면 자기네의 고유한 것에 대하여는 죽어라 하고 대대로 전하였던 것이니 옛 우리말이 그대로 내려와 백제면 백제에 대하여 피차 거칠 것 없이 소통이 되어 살붙이의 귀함을 증명할 만하였던 것이다. 『양서梁書』「신라新羅」에 "그 절하는 것이나 행동거지가 고구려와 흡사한데 문자가 없고 나무를 새겨 신표로 삼으며 말은 백제를 통해서 소통이 가능하였다."한 것도 그 남은 자취이다.[128]

정인보는 중국의 고문헌에서 신라의 풍속 · 제도 · 의복이 고구려 · 백제와 대략 같았다는 내용을 확인하고 이를 바탕으로 신라가 진한辰韓의 유구한 민족[古族]으로서 자신들의 고유한 것을 잘 지켜왔다

---

128) "隋書 東夷新羅에 이른바 "風俗刑政衣服, 略與高麗百濟同"이라고 한 것이 비록 훨씬 以後의 記述이지마는 자기네의 固有한 것은 어디까지나 變하지 아니하는 그들로서 同祖의 二國과 相同함이 初代에 已然하였을 것이 無論이요 辰韓古族이니만큼 先代로 말하면 漢民族과 接觸이 잦아서 言語, 文字의 慣知함이 있었으련마는 排漢心이 强한 그네들은 漢人의 언어문자는 手寫와 口傳을 아울러 呵止하도록 憎惡하던 것이라. 이리하여 얼마를 지나매 影響도 남지 아니하였으되 自己네의 固有한 것에 對하여는 죽어라 하고 世傳하였던지라 古言이 그대로 내려오매 百濟면 百濟에 對하여 彼此 거칠 것 없는 通話가 살붙이의 貴함을 證할 만하던 것이니 梁書 新羅에 "其拜及行이 與高麗相類하고 無文字하여 刻木爲信하며 語言은 待百濟以後에 通焉이라." 한 것도 그 餘跡이다."(정인보, 『조선사연구』 상, 『전집』 3, 267쪽)

고 보았다. 그가 특히 주목한 점은 신라에 옛 고유어[古言]가 그대로 전해져 내려왔다는 사실이다. 진한辰韓의 후손으로서 신라는 선대先代에서부터 이미 한족漢族과의 접촉이 빈번하여 언어문자면에서 그들의 영향을 많이 받을 수 상황이었는데도 고유의 것을 잘 지켰다는 것이다. 정인보는 그 이유가 그들이 한족漢族의 것을 싫어하며 자기 고유의 것을 대대로 후대에 전하였기 때문이라고 보았다. 그가 고대사를 긍정적으로 평가한 것은 고유 문화가 존속되고 있었다는 사실 때문이었는데, 그 원동력이 바로 그들의 주체적인 태도에 있었음을 강조하려는 의도가 드러나는 부분이라고 할 수 있다.

그런데 그에 따르면 김부식의 『삼국사기』에서부터 이러한 태도에 변화가 나타나기 시작한다.

> 중화주의에 심혈을 기울였던 구유배拘儒輩[식견이 좁고 융통성 없는 유자들]는 조선의 옛 고유한 풍속이 그 본래 모습으로 남아 있는 것을 나쁘게 여겨 『삼국사기三國史記』부터 혁거세赫居世를 중국의 외가쪽 후손이라 하며 남의 이름을 빌어 위세를 더하고자 하고 옛 우리말은 동쪽 오랑캐 말이라 하며 참고하여 고증하는 것을 수치스럽게 여겼다.[129]

신라의 시조인 박혁거세를 중국의 혈통과 연관지음으로써 자부심을 가지려 한다거나 예로부터 이어져 온 고유어에 대해 부끄러워하는 태도가 나타난다는 것이다. 정인보는 김부식과 같이 사대주의적 사고방식을 가진 이들을 '구유배拘儒輩'라고 표현하며 부정적으로 평하였다. '구유배'란 글자 그대로 풀면 견해가 편협하여 꽉 막힌 유자儒者라는 뜻이다. 이 말에는 유교를 숭상하였던 고려와 조선의 사대

129) 정인보, 위의 책, 42쪽.

부들이 주체적인 태도로 유교를 받아들이지 못하고 사대주의적 사고에 빠져 중국을 추종하기만 하였던 태도를 비판하는 의미가 내포되어 있다. 정인보는 그러한 구유배들의 비주체적인 태도로 인해 결국 민족의 고유성을 잃어버리게 되었다고 보았다.

이처럼 정인보가 역사를 평가할 때 중요한 잣대로 삼은 것은 주체성과 고유성이었다. 이러한 관점에서 우리 역사의 가장 큰 폐해이자 극복해야 할 문제는 정치제도 · 학문 · 언어 등의 방면에서 나타나는 비주체적 · 사대주의적 태도라고 보았다. 이에 따라 조선시대는 사대주의적 태도로 인해 주체성과 고유성을 잃었다고 판단하고, 고대는 민족의 고유성과 정체성을 간직하고 있다고 여겨 고대사에 더 많은 관심을 보였다. 조선시대 중에서 조선 후기에 관심을 보였던 것은 이 시기에 성리학의 권위와 존명주의가 흔들리기 시작하고 주체적인 태도로 자기 나라의 역사와 문화를 돌아보는 학풍이 일어났다고 보았기 때문이다.

이러한 역사 인식 속에서 중국으로부터 유입된 한자어로 인해 고유어가 사라져 간 역사를 안타깝게 여겼다. 또한 한문만을 진서眞書로 여기며 훈민정음을 경시했던 경향에 대해서도 비판적이었다. 그렇기에 정인보는 한자 중심으로 치달았던 역사 속에서 옛 고유어가 남아 있는 자취를 추적하거나, 그다지 주목받지 못했던 조선시대의 훈민정음에 관한 연구의 역사를 밝히고 훈민정음 연구자의 계보를 수립하는 데 노력을 기울였다.

그러나 정인보는 한자로 쓰여진 유산을 민족문화 유산에서 배제하지 않았다. 한자를 완전히 타자화하지도 않았다. 비록 고유어와 한글이 민족의 정체성을 오롯하게 담지하는 것이라고 여겼지만, 오랜 역사 동안 우리 민족이 한자로 언어생활을 영위해왔기에 우리만의 한자 문화가 있었다고 보았다.

> 전인前人의 저술이 이두吏讀나 정음正音을 쓴 이외는 대개 중국의 문자로써 그대로 구사한 것이므로 순수한 조선문朝鮮文의 영역이 말 못되게 협소한 듯하나 조선의 향내가 없이 오직 중국의 기운과 향내를 함유한 작품은 애초에 말할 것이 아니요, 어떠한 말[馬]을 탔던지 동서남북에 내 맘대로 달렸다 할 것 같으면 구태여 과거에 검정말인지 누렁말인지[130] 물어 무엇하리오? 이를 알아 누구나 (조선문의) 범위를 좁게 만들지 아니할 것이라. …… 더욱이 고려 이후로는 전래하는 저술이 아직도 많고 훈민정음을 반포한 뒤로는 일면으로 가사歌詞의 채록采錄, 불교경전의 번역, 한시의 언해 등 관官에서 생산한 여러 종류의 글들이 있고 일면으로는 민간의 시가와 간간이 나오는 소설이 성행하여 초기이나마 정음문학正音文學의 광휘光輝를 내었다. 한자로 적힌 것으로도 미덕과 과실이 상호적으로 드러나 있는 대로 이제까지 이르기에 간행하고 필사한 시문이 다섯 수레를 넘을 정도로 많다. 그러나 많은 구슬이 꿰어지지 못하면 마침내 보존되지 못하는 것과 같이 이러한 것들도 신중하게 가려 모으고 꿰는 일을 거치지 않고서는 길이 (후세에) 드리우지 못할 것이니, 있거니 많거니 하고 그대로 있을 수 없는 바이라.[131]

---

130) 검정말인지 누렁말인지 : 원문의 '여황(驪黃)'에서 '驪'는 검은 색깔의 말을, '黃'은 누런 색깔의 말을 말한다. 춘추 시대에 준마를 잘 알아보던 백락(伯樂)과 구방고(九方皐)에 관한 고사에서 유래한 말이다. 구방고가 백락의 추천을 받고 진 목공(秦穆公)을 위하여 천리마를 찾아낸 다음, 색깔이 노란 암말이라고 하였는데, 정작 목공이 가서 보니 색깔이 까만 수컷이었으므로 백락을 책망하자, 백락은 구방고는 말의 본질적인 능력만을 볼 뿐 바깥에 드러난 모양이나 색깔은 보지 않기 때문에 그런 것이라고 말했다는 고사가 있다. 여기에서는 내적인 본질이 중요하지 외적인 형식은 중요하지 않다는 의미로 쓰인 것이다.

131) "前人의 述作이 吏讀나 正音을 쓴 以外는 대개 漢土의 文字로써 그대로 驅使한 것이므로 純粹한 朝鮮文의 領域이 말못되게 狹小한 듯하나 朝鮮의 芬香이

이 글에서 보듯이 정인보는 한자와 한글이라는 문자 자체만으로 과거 조선문학의 정체성을 판가름하는 잣대를 삼지 않았다. 정인보는 문자를 물건을 싣는 '말[馬]'에 비유하며 사상과 감정을 실어나르는 수단으로 보았다. 그렇기에 문자 자체보다도 더 중요한 것은 그 글이 '조선의 향내[芬香]'를 함유하고 있느냐의 여부라고 하였다. 그가 말한 '조선의 향내'란 사상과 감정이라는 단지 내용적인 면뿐만 아니라 음률, 어조 등의 형식적인 면도 아우르는 것이라고 할 수 있다. 즉 조선인의 사상과 감정을 담고 조선인의 음률, 어조가 느껴지는 글을 가리킨다고 볼 수 있다. 정인보는 이러한 조선의 향내를 함유하고 있다면 그 글이 한문학이든 한글 문학이든 상관이 없다고 보았던 것이다. 나아가 정인보는 신라 시대의 글은 한문으로 썼어도 국풍國風이 고스란히 드러나 한자 그대로 신라의 문자[羅文]라고 할 수 있다고도 하였다.[132] 정인보가 조선문학에서 논외의 대상으로 삼은 것은 결국 중

없이 오직 漢土의 氣臭를 含有한 作品은 애초에 말할 것이 아니요, 어떠한 말(馬)을 탔던지 東西南北에 내 맘대로 馳騁하였다 할 것 같으면 구태여 過去의 驪黃을 물어 무엇하리오? 이를 알아 누구나 範圍를 局促케 하지 아니할 것이라. ……더우기 高麗以後로는 傳來하는 述作이 아직도 많고 正音 頒布한 뒤는 一面으로 歌詞의 采錄, 釋典의 飜譯, 漢詩의 移解 等 여러 種類ㅣ 官書도 있고 一面으로는 民間의 吟詠과 間出하는 小說과ㅣ 盛行하여 初期이나마 正音文學의 光輝를 내었고 漢字로 적힌 것으로도 瑕瑜의 互見이 있는 대로 이제까지 이르기에 刊寫한 詩文이 五車에 지나게 되었으나 허여진 구슬이 꿰이지 못하매 마침내 保存되지 못함과 같이 이도 愼擇 綜貫함을 지나지 않고는 길이 드리우지 못할 것이니, 있거니 많거니 하고 그대로 있을 수 없는 바이라."(정인보, 「朝鮮文學源流草本」, 『전집』 1, 261쪽)

132) "漢土의 文化ㅣ 더디 이르니만큼 草昧의 開創으로서 國風이 내대로 成長하여 漢化ㅣ 들어온뒤에도 朝家의 崇奉은 何如하였던지 舊型이 원체 두터운지라 漢文을 써도 自性이 그대로 드러나 六朝綺麗의 調를 西京古樸의 質로써 運行함이 漢字 그대로 羅文이라 할 수 있다."(정인보, 위의 책, 296쪽)

국의 것을 그저 모방한 한문학 작품이었다.

한문학과 조선문학의 관계를 어떻게 설정할 것인가의 문제는 1920~30년대에 문학 연구자들 간의 뜨거운 쟁점 가운데 하나였다. 조윤제는 이에 대한 다양한 입장을 소극론자, 적극론자, 절충론자의 세 가지로 구분한 바 있다.[133] 소극론자는 한문학이 비록 조선인들에 의해 창작되었다고 하더라도 조선 문자로 쓰여진 것이 아니므로 조선 문학에 포함할 수 없다고 보았다. 적극론자는 과거의 한문학과 조선문학은 밀접한 관계에 있으므로 한문학은 곧 조선문학에 포함된다고 보았다. 조윤제는 이 두 입장을 비판하며 절충론을 제시했다. 적극론자에 대해서는 한문학과 조선문학은 엄격히 구별할 필요가 있는데 이러한 구별 없이 한문학을 곧바로 조선문학에 포함시킨 점을 비판했다. 소극론자에 대해서는 한문으로 쓰여졌다는 이유만으로 조선인의 사상과 감정을 잘 담은 한문학 작품까지 배제하고 있다는 점을 비판하였다. 그리고는 한문학을 배제하지 않으면서도 조선문학과 구별되는 방식을 취하였다. 적서 관계를 도입하여 우리말을 우리 문자로 표기한 작품은 조선문학의 적자이고, 한자를 빌려서 한문법에 맞게 쓴 작품은 서자라고 둘의 관계를 설정한 것이다.

이러한 구분에 비추어 보자면 한문학을 조선문학에 포함시키면서도 중국의 글을 모방하기만 하고 조선적 특징을 담고 있지 못한 작품을 조선문학에서 배제한 정인보의 관점은 절충론의 입장과 비슷하다고 할 것이다.

---

133) 조윤제, 「조선문학과 한문과의 관계」 (1)~(13), 《동아일보》, 1929년 2월 10~23일자.

(3) 고유문자에 대한 관심

국학이나 국문학이 성립되는 과정에서 언어문자는 중요한 관심 대상이었고, 특히 한자와 한글의 관계에 대한 재정립은 주요 쟁점 사항이었다. 그런데 정인보는 옛 고유 문자에 대해서도 관심이 높았다. 이것은 한자나 한글을 쓰기 이전에 사용했다고 추정하는 고대 시기의 문자이다. 그는 이 문자의 존재를 추적하기 위해 여러 문헌들을 고찰하며 단서를 찾고자 했다.

> 무릇 저술과 기록 관련하여 가장 첫째가는 문제는 문자이다. 『유기留記』니 『서기書記』니 하는 책을 무슨 문자로 썼으며, 율령律令을 어떻게 반포하였으며, 역서曆書부터 적은 바 어떤 문자이었던가? 문화의 정도가 처음부터 허술하지 아니하였음을 미루어 보아 이에 걸맞은 문자가 일찍이 창제되었을 것은 결코 의심 없는 바이다. 그런데 앞서 서술한 바와 같이 (이 땅의) 문헌들에 닥친 시련이 남과 견줄 수 없을 정도로 혹심酷甚하여 아득히 먼 옛날 심오한 글[玄文]의 내력을 탐색할 길이 아직껏 아득함은 학문을 계승하는 선비라면 누구나 함께 탄식하는 바이다. 그러나 우리 고유 문자의 존재 여부에 대해서는 반드시 있었으며, 있어도 또 반드시 역사가 길었을 것 등에 관해 의심이 없을수록 이에 대해 거슬러 탐구함이 더한층 중요해지는 바이다.
>
> 중국 사적에 대강 기록된 것을 보면, (1) 『양서梁書』 「제이전諸夷傳」 '신라조新羅條'에 "문자가 없어서 나무를 새겨 신표로 삼는다(無文字, 刻木爲信)"라고 한 구절이 있다. 이러한 예로 볼 때 신라를 제외하고 고구려와 백제 두 나라에는 이러한 언급이 없으니 두 나라에 문자文字가 없지 않았음을 보인 것으로 미루어 알 수 있다. 그러나 이 이른바 '문자가 없다(無文字)'는 말은 곧 한자를 가리켜 한 말이지 우리에게 고유 문자가 없었음을 말한 것이 아니다. 오히려 "나무를 새겨 신표로 삼는다(刻木爲信)"는 말이 고유문자가 있었다는 단서를 어렴풋하게나마 비춘 것이다.[134]

그가 우선 주목한 것은 옛 문헌에서 제목이 언급되는 고대 시대의 저술들이다. 고구려 초기에 100권으로 편찬되었다고 하는 『유기留記』, 백제 근초고왕 때 박사 고흥高興이 편찬했다고 하는 역사책 『서기書記』 등이다. 이 책은 『삼국사기』에 제목만 언급될 뿐 실물로는 전하지 않는다. 하지만 고대에 이미 방대한 분량의 역사서를 편찬했다는 사실은 우리가 오래전부터 발달된 문명 국가를 이루었음을 보여주는 증표이고 민족적 자부심을 가질 만한 것이었다. 그런데 정인보는 이러한 사실을 통해 단지 문화가 발달되었음을 확인하는 정도에 그치지 않고, 그 문화 수준에 짝할 만한 문자를 일찍이 창조했을 것으로 추정하였다. 그러한 가능성을 뒷받침하는 사례로 중국 문헌인 『양서』 '신라조'에 보이는 "문자가 없어서 나무를 새겨 신표로 삼는다(無文字, 刻木爲信)"는 구절에 주목하였다. 여기서 '무문자無文字'는 문자가 없다는 것이 아니라 곧 한자가 없었다는 것을 의미하고, '각목위신刻木爲信'은 한자가 아닌 고유문자를 사용해 왔던 일단을 드러내는 것이라

---

134) "무릇 述作과 記籍에 對하여 가장 첫째인 問題는 文字인즉, 留記니 書記니 하는 冊을 무슨文字로 썼으며, 律令을 어떻게 頒布하였으며, 曆書부터 적은 바 어떤 文字이었던가? 文化의 程度가 진작부터 鹵莽치 아니하였음을 미루어 보아 이에 伴할 만한 文字ㅣ 早創하였을 것은 決코 의심 없는 바인데 前述한 바와 같이 文獻의 厄會 남에 없이 酷甚하여 邃古玄文의 緖를 按索할 길이 아직껏 아득함은 承學의 士ㅣ 누구나 同歎하는 것이나 그 有無에 對하여서는 반드시 있을 것, 있어도 또 반드시 統緖가 길었을 것 等이 의심 없을수록 이에 對한 溯究가 더한층 加重한 바다.
 漢土史籍의 泛記함을 보건대, (1) 梁書 諸夷傳 新羅條에 "無文字, 刻木爲信"이라 한 것이 있으니 그 書例에 依하면 新羅以外 麗濟二國에는 이 말이 없는 것이 文字가 없지 아니함을 보인 것으로 미루어 알 수 있으나, 그러나 이 이른바 無文字는 곧 漢字를 가리킨 것이요 이쪽의 固有文字가 없음을 말한 것이 아니니 차라리 "刻木爲信"이라는 것이 固有文字의 一端을 어렴풋하게나마 비춘 것이다."(정인보, 『조선사연구』 하, 『전집』 4, 231쪽)

고 보았다.

그러나 '시용문자始用文字'라는 문자가 어떠한 문자인가 하는 것은 자못 의심되는 바이다. 국초國初에 처음 문자를 썼다 하고 또 그 문자로 거질巨帙의 사적史籍까지 만들었다 하니 순연純然히 중국의 문자로 썼을 것 같으면 문사文詞의 수준을 짐작하여 알 만하다. 그런데 동명왕東明王 때에 송양松讓을 '다물후多勿侯'라고 하였으니 '다물多勿'은 고구려어로 복토復土, 즉 땅 무른다는 말이다. '다多'는 '따'를 된소리로 말하지 않은 것이요 '물勿'은 '무르'를 합하여 말한 것일지니 '복토후復土侯'를 반드시 '다물후多物侯'라고 하는 것만으로도 곧 어문이 일치되던 것을 인증引證할 수 있다. 이뿐 아니라 여러 가지로 보아 영양왕嬰陽王 때 이문진李文眞의 『신집新集』은 한자로 쓰였을 가능성이 많은데 백 권인 옛 『유기留記』가 또 한자일 것 같으면 아무리 다듬어 정리했다 하더라도 백 권에서 다섯 권을 남겼다 하는 것은 정황이 자못 의심을 할 만한 여지도 있다. 그러니 국어의 음을 그대로 적은 어떤 문자가 있어 간책簡冊이 방대하다가 한자를 끌어 들여 (서책의 분량이) 아주 크게 감소하기에 이른 게 아닌가 하는 가능성까지도 있다.[135]

---

135) "그러나 "始用文字"라는 文字ㅣ 어떠한 文字임은 자못 의심되는 바이니, 國初에 처음 文字를 썼다 하고 또 그 文字로 巨帙의 史籍까지 생기게 되었다 함이 純然히 漢土文字이었을 것 같으면 文詞의 程度를 想知할 만하거늘 東明時에 松讓을 封하여 多勿侯라 하였으니 多勿은 麗語의 復土, 卽 땅 무른다는 말이라, 多는 따의 硬音 붙이지 아니한 것이요 勿은 "무르"의 合한 것일지니 復土侯를 반드시 多物侯라고 하는 것만으로도 곧 語文의 一致되던 것을 引證할 수 있다. 이뿐 아니라 여러 가지로 보아 嬰陽王時 李文眞의 新集은 漢字일 편이 많은데 百卷古留記가 또 漢字일 것 같으면 아무리 刪修라 하더라도 百에서 五를 남겼다 함이 情事ㅣ 자못 置疑할 餘地도 있나니 國語 그대로를 音述한 어떤 文字ㅣ 있어 簡冊이 繁富하다가 漢字로써 攝入하매 暴減에 이른 게나 아닌가 하는 設想까지도 있다."(정인보, 「朝鮮文學源流草本」, 『전집』 1, 268쪽)

더욱이 고대 시기에 사용된 고유문자는 우리말의 음을 그대로 표기한 것이어서 어문일치를 이루었을 것으로 추정하였다. 고구려 동명왕이 송양松讓에게 준 관직인 '다물후多勿侯'의 어원을 추적하여 어문일치의 가능성을 보여주는 한 사례로 제시하였다. 현전하는 고대 시대의 문헌이 매우 부족한 까닭에 정인보는 고대사 연구를 할 때 이와 같이 관직명 · 지명 · 인명 등에 대한 어원을 추적하는 방법을 주요하게 활용하였다. 그럼에도 자료가 불충분하여 어문일치를 이룬 고유문자의 존재에 대해서는 단지 가능성을 제기하는 정도에 그칠 수밖에 없었다. 다만 이를 통해 분명하게 알 수 있는 것은 정인보가 언문일치와 민족의 고유 문자에 대해 관심이 많았고, 고대 시기로 거슬러 올라가 문자 사용의 자취를 찾으며 자주적인 문명국가임을 입증하는 데 노력을 기울였다는 사실이다.[136)]

136) 이처럼 고대 시기의 고유 문자에 대한 관심은 비단 정인보만 보여준 것이 아니다. 최현배도 단군성조 이래로 고려 말에 이르는 기간 동안 글자의 창제가 있었느냐의 여부에 대해 관심을 가지고 있었고, 권덕규의 고증을 들어 훈민정음 이전에도 단군성조로부터 고려까지 내려온 글자가 있었다고 보았다. 그리고 빈번한 전쟁과 한학열로 인하여 오늘날 그 字形을 보지 못하게 된 데 대하여 한탄했다. (김동환, 「대종교의 민족운동」, 『종교계의 민족운동』, 한국독립운동사편찬위원회 독립기념관 한국독립운동사연구소, 109쪽 참조)

제3장

전통적 한문 글쓰기를 통한 추고追古와 성금醒今

정인보는 한글의 민족적 가치와 국문 글쓰기의 시대적 의의를 누구보다도 깊이 인식했기에 국문 글쓰기를 통해 자신의 사상과 감정을 표현하는 데 노력을 기울였다. 하지만 명문 양반 출신으로서 어려서부터 한학을 익혔기에 그에게 훨씬 익숙한 것은 한문 글쓰기였다. 물론 근대 초기의 계몽지식인들이 대개 한자 · 한문을 타자화시켰듯이 정인보 역시 그러한 인식을 일정 정도 공유했다. 그러나 앞서 보았듯이 그는 과거의 한문학 유산을 민족문화에서 배제하지 않았다. 그뿐만 아니라 근대에도 여전히 지속적으로 한문 글쓰기를 이어가며 시대성을 담은 글을 쓰고자 하였다. 그렇다면 당시 정인보에게 한문 글쓰기의 의미가 무엇이었는지 그 양상과 의미에 대해 살펴보도록 하겠다.

1. 고문론古文論 및 한시론漢詩論을 통한 시대적 대응

1) 고문古文 문장론文章論의 특징[1)]

정인보는 도道가 쇠퇴해가는 세상 풍조 속에도 고문古文 한 가지만은 이어가고 있다고 벗에게 토로한 바 있다.[2)] 이는 정인보가 자신의 고문 창작 행위를 어떻게 인식하였는지를 단적으로 보여주는 말이다. 그는 고문을 지속적으로 추구해야 할 가치 있는 것으로 여겼고, 그에게 고문이 어떠해야 하는가라는 질문은 여전히 시대적으로 유효한 것이었다. 특히 정인보가 전통적인 문사들과 주고받은 서신류書信類의 글에는 고문에 관한 그의 인식과 고민이 잘 드러나 있다. 이러한 글들은 그의 문학관(포괄적으로 문론文論)뿐만 아니라, 국문과 한문의 위치가 교체되던 시기에 한문 글쓰기의 존재 양상과 의미에 대해서도 살필 수 있는 좋은 자료라고 생각된다. 이에 서신류를 중심으로 그의 문장론을 고찰하도록 하겠다.

(1) 달진達眞의 도문관道文觀

시와 산문을 포괄하여 정인보의 문文에 대한 관점을 한마디로 잘 보여주는 말은 '달진達眞'이다. 즉 진眞을 다하는 것이 문文의 요체라는 의미이다.

---

1) 이에 대해서는 필자의 「鄭寅普의 古文 文章論」(『동방학지』 178, 연세대학교 국학연구원, 2017)에서 다룬 바가 있다. 이 절은 이 내용을 수정보완한 것이다.

2) 道衰, 流俗喜相繩美久矣. 普亦不敢自遠於俗. 徒以古文一事不絶. (정인보, 「答金文鈺書」, 『담원문록』 하, 388쪽; 『전집』 6, 443쪽)

> 문장이란 것은 오직 참[眞]을 기약할 뿐입니다. 공자도 '글이란 통하면 그만이다.' 하였습니다. '통한다'고 하면 반드시 통하게 하려는 것[내용]이 있어야 합니다. 만약에 그것이 거짓되다면, 그러고도 오히려 통하기를 바라겠습니까? 그런즉 이 한마디로 문장은 본래 은연중에 도道와 서로 표리됨을 알 만하니, 그 사邪를 막아야 성誠이 남게 된다는 점에서는 똑같습니다. 그러므로 고금 문단의 여러분을 뵙건대, 그 우뚝한 명가名家들은 반드시 그 충심衷心에서 나온 참을 통하게 하기에 힘썼으니, 그렇지 않다면 겉으로 아무리 거드름스럽고 교만해 보이더라도 마침내는 산만하고 썩은 내만 날 뿐입니다.[3]

유가儒家의 일반적인 문文 관념은 '글이란 (뜻이) 통하면 그만이다(辭達而已矣)'[4]라는 공자의 '사달辭達'론을 바탕으로 하고 있다. 이는 글[辭]의 본질이 뜻을 드러내는 데 있는 것이지 꾸미는 데 있는 것은 아니라고 보는 내용 중심의 문文 관념이다. 정인보는 이러한 '사달'론을 계승하면서 글에서 담아야 하는 내용이 무엇인지를 보다 분명히 하기 위해 '달기진達其眞'이라고 하였다. '글이란 통하면 그만이다'라는 구절의 의미를 글이란 마음속[衷]에서 나오는 참[眞]을 다하면 그만이라는 내용으로 좀더 구체화한 것이다. 여기에는 거짓[僞]을 담은 문장은 언급할 가치가 없고, 참[眞]을 담아내야 비로소 문장이라고 할 수 있다는 생각이 전제되어 있다. 물론 정인보가 말하는 진위眞僞가 내용의 사실성 여부를 논하는 차원의 것은 아니다. '진眞'의 의미를

---

3) 竊惟文章之事, 惟期於眞. 孔子曰: '辭達而已矣.'云. 達則所達之必有. 其物使其物而僞也, 尙可蘄其達乎? 然則卽此一言, 而知文章固隱然與道相表裏, 其邪閑而誠存一也, 故觀近古文苑諸公, 其卓然名家者, 必其務出於衷, 以達其眞, 不然, 則雖外爲矜憍, 終於散漫腐殠而已.(정인보, 「復黃石田文書」, 『담원문록』 상, 222쪽; 『전집』 5, 79쪽)

4) 『論語』 衛靈公篇.

범박하게 말하면 감정과 생각의 진실성이라고 할 수 있다. 하지만 정인보가 말하는 '진眞'의 함의는 그보다 좀더 깊은 차원을 포괄한다. 이는 마음속[衷]에서 나와 참[眞]을 다한 문장은 도道와 표리를 이룬다고 말하는 부분에서 잘 드러난다. 즉 진眞을 도道와 연결되는 차원의 수준으로까지 보고 있는 것이다.

주지하듯이 유가儒家 문학관에서 도道와 문文의 관계는 중요한 문제이고, 문文의 본질과 위상은 도道의 관계를 통해 규정되어 왔다. 문文에 대한 정인보의 관점도 기본적으로는 유가儒家의 인식틀을 기반으로 하고 있다. 하지만 정인보는 도본문말道本文末의 관점에 따라 시문詩文을 여기餘技로 보며 폄하하거나 도道와 문文을 별개로 보는 시각에 대해서는 비판적이었다.

> 매천[황현]처럼 아름다운 절개가 있는 이는 어쩌다 나오는 것이니, 그까짓 글 따위는 매천을 높이는 게 아닌 듯싶습니다. 그러나 시를 시로 치는 것은 속인들의 일일 뿐입니다. 매천은 그렇지가 않아 구구하게 시를 시로 치지는 않았지만, 시란 그 사람을 닮는 법이라, 고문古文도 역시 그러하였습니다만, 이 문집은 대개 어느 하나치고 아름다운 절개가 맑게 빛나지 않는 것이 없거니와, 바로 마침내 순국한 것 또한 미처 읊조리지 않은 시가 소리와 문자를 떠나 의義에 엉긴 것이니, 어찌 가히 하찮게 여기겠습니까? 시원치 않은 선비들은 도道와 문文이 둘이라는 설에만 익숙하고, 더군다나 고인이 시란 하찮은 재주라고 하는 말만 듣고서 경솔하게 우습게 여깁니다. 그래서 매천에 대해서도 혹 도학의 글이 아니라 하여 우습게 여기고 하찮게 여겨, 충을 이루고 효를 이루면 도가 바로 이에 있음을 알지 못하니 고루하기도 합니다그려.[5)]

---

5) 梅泉旣姱節間世, 詞章之末, 若不足以重梅泉. 然詩以爲詩, 俗人事耳. 梅泉不然, 不區區以詩爲詩, 而詩肖其人, 古文亦然, 是集也蓋無一而非姱節之所晶

이 글에서 보는 바와 같이 매천 황현黃炫(1855~1910)의 시를 두고 그저 시일 뿐이지 도학의 글은 아니라며 하찮게 보는 유자들이 있었던 것으로 보인다. 정인보는 이들에 대해 식견이 좁고 고루한 선비[곡사구유曲士拘儒]라며 강하게 비판하였다. 그리고는 자신의 삶에서 진정으로 충이나 효를 이룬 사람의 말이라면 그대로가 곧 도를 담고 있는 것이라면서, 도道와 문文은 별개가 아니라 표리를 이루는 관계임을 강조하였다. 바로 이러한 관점에서 문文의 가치를 적극적으로 긍정하는 논리가 마련되는 것이다. 또한 저마다의 진眞을 표현함이 곧 도道라는 문장관에 따라 문文의 다양한 개성을 긍정하는 길로 나아가게 된다.

> 다만 참은 하나지만, 그 사람의 품류·환경이 가지가지로 다름에 따라 서로 달라지게 마련입니다. 이를테면 백이伯夷와 이윤伊尹은 똑같은 성인聖人이지만, 백이의 청렴결백과 이윤의 임성방종任性放縱[타고난 성품대로 거리낌 없이 행동함]은 같지가 않으니, 이것 아니고는 그 참모습을 표현할 방법이 없습니다.[6]

이 글에서 정인보는 진眞은 하나이지만, 진眞이 나타나는 양태는 사람의 품류·환경에 따라 다양하다고 보았다. 진眞이 하나라는 말

焭, 而正終殉國, 亦其未發之詩離聲墨, 而凝於義者也, 豈可少哉? 曲士拘儒習聞道與文二之說, 又見古人謂詩爲小技, 率意輕藐, 卽於梅泉, 而或乃以爲非道學之言, 而薄之, 不知成忠成孝道卽在是, 固哉.(정인보, 「復黃石田文書」, 『담원문록』 상, 225쪽; 『전집』 5, 82~83쪽)

6) 顧眞一也, 而隨其人之品類遭遇萬殊, 而胥以別焉. 如伯夷伊尹俱聖, 而淸與任不同, 非此則無以見其眞也.(정인보, 위의 글, 『담원문록』 상, 223쪽; 『전집』 5, 79~80쪽)

은 곧 도道가 하나라는 말과 같은 의미이며, 도道는 개별자를 통해 드러나기에 저마다의 품류·환경에 따라 그 양태는 다양할 수밖에 없다는 것이다. 이러한 사유 방식에 따라 결국 문文의 다양한 개성을 긍정할 수 있게 되는 것이다.

> 대개 천지간의 삼라만상은 한이 없지만, 분변하여 아는 것은 내 한 마음을 통해서입니다. …… 삼라만상이 자기 앞에 나타내는 모습은 역시 그 마음의 느낀 바를 따라, 이 사람에게는 보이지 않아도 저 사람에게는 드러나고, 저 사람에게는 대수롭지 않아도 이 사람에게는 절박합니다. 시 짓는 사람이 듣고 본 바를 따라 겉치레로 모방하지 않는다면, 초목산천의 드러나고 숨음이 저마다 그 품류에 따라 다르며, 시대성·풍속·정교政敎와 민생의 넉넉함과 쪼들림, 험난함과 편안한 모습이 모두가 그 사이에 뒤섞이고 비치므로 곡진하게 그 뜻한 바를 나타내는 것입니다.[7)]

정인보는 세상이 다양한 모습으로 한없이 펼쳐져 있는데 사람이 그것을 느끼며 알 수 있는 것은 결국 마음을 통해서라고 보았다. 그렇기에 세상을 접하는 주체의 기질에 따라 인식하는 바가 다르며, 마음에 절실하게 느끼는 것에 따라 보이는 바도 다르다는 것이다. 이렇게 저마다 다르게 느끼고 인식함에 따라 다양한 양태로 드러난 것 그 자체가 진眞이다. 이와 반대로 자신의 진실된 느낌에서 나오지 않는 것, 겉치레로 모방하는 것 등이 가假이다. 따라서 글에서 중요한 것

7) 夫兩間之森羅無窮, 而辨識由吾之一心, …… 其森羅之形於前者, 亦隨其中之所感, 而或此隱而彼顯, 或彼漫而此切. 爲詩者率其耳目之所取, 而不參以塗澤象倣, 則草木山川吐納, 各於其類, 而時世之故風俗政敎與民生紓蹙險夷之狀, 皆錯落湊映於其際, 以曲見其所志.(정인보, 위의 글, 『담원문록』 상, 224~225쪽 ; 『전집』 5, 82쪽.)

은 말하는 대상이 무엇인지 어떠한 풍격을 보이는지 등이 아니라, 느낀 바가 얼마나 깊고 절실한지 그것을 얼마나 진실되게 드러내는지가 된다. 정인보는 만일 자신의 마음에서 절실하게 느낀 바를 진실되게 표현한 글이라면 그 자체가 진眞이면서 도道를 드러낸 것이라고 보았다. 그렇기에 도道와 문文은 별개가 될 수 없으며 표리表裏를 이룬다고 하였다. 이는 도道와 문文을 하나로 보는 도문일치道文一致를 계승한 관점을 보여준다고 할 수 있다. 하지만 도道와 문文이 일치해야 한다는 당위명제가 아니라는 점을 유의할 필요가 있다. 당위명제로서 제시되는 도문일치 관점에 따르면 문文을 도道에 종속적인 것으로 보게 되지만, 정인보는 문文이 도道를 벗어나지 않으면서도 문文의 다양한 개성과 가치를 긍정하는 관점을 보여주고 있는 것이다. 이러한 정인보의 관점에 따르면 결국 문文의 수준을 결정하는 것은 자득自得의 깊이, 진정성이다. 서림西林 이송李淞의 글에 대한 정인보의 평가에서 그 한 사례를 볼 수 있다.

> 아! 이 글이야말로 이른바 고문古文의 전아함을 능히 다한 글이니, 연암[박지원]이 지은 묘지墓誌와 견줄 만하다. 연암이 호탕豪宕 표일飄逸로 기이함을 보여 준다면, 서림은 순실醇實하고 깊고 아름다워 향기가 절로 고원高遠하다. 나는 비록 누가 못 미치고 누가 더 낫다고 감히 논평할 수는 없으나, 만약에 담헌[홍대용]을 이해하기로는 생각건대 서림이 어쩌면 혹 더 깊을 것 같으며, 그리고 서림의 글은 넉넉히 곡진하게 자기만이 안 바를 알린즉, 어찌 연암에게 단지 맞서서 버틸 뿐이겠는가?[8]

---

8) 嗟乎! 此文乃所謂古文之能盡雅者, 方之燕巖所爲誌. 燕巖以宕逸見奇, 而西林醇實淵懿, 芬芳自遠. 吾雖不敢遽論其誰不及而誰過, 然若以知湛軒, 則意西林或加深焉, 而西林之文, 又足以曲折以赴其所獨知, 則其於燕巖, 豈但頡頏之而已哉.(정인보, 「書湛軒書坿錄西林所作湛軒墓表後」, 『담원문록』 중, 264쪽;

홍대용의 묘지명으로 널리 알려져 있는 것은 박지원의 글이다. 그런데 정인보는 홍대용의 묘표 뒤에 덧붙여져 있는 서림 이송의 글이 박지원의 글에 견줄 만한 것이라며 높게 평가하였다. 이송은 생전이나 후대에서나 그 명성과 영향이 박지원에 비할 바가 못 되는 인물이었다.[9] 그럼에도 정인보는 서림 이송을 연암 박지원과 견줄 만하며 농암 김창협 이후의 너덧 대가大家 중에 포함시킬 만하다며 극찬하였다.[10] 그 이유는 이송의 글에 나타난 독지獨知의 깊이에 있었다. 다시 말해 그가 보여준 자득의 깊이, 진정성을 높이 평가한 것이다.

(2) 일주어의一主於意와 층변심입層變深入의 창작론

가. '일주어의一主於意'론論

문文의 본질은 진眞을 다할 따름이라고 한 정인보의 문론文論은 구체적인 창작 과정에서는 의意를 중시하는 것으로 전개된다. 다음 글에 의意를 중시한 정인보의 생각이 잘 드러난다.

> 당신의 글은 겉으로는 당송인唐宋人의 허울을 썼으나 모양은 이미 다르니, 실로 전편을 다 읽도록 서론·결론의 소재를 알 수가 없소. 비록 세속의 더러움이 섞이지는 않아 얼핏 보아 순하고 우아하기는 하지만, 그 '의意[주제]'가 일관되지 않음에야 어쩌겠소? …… 이제 그대를 위해 불상不祥을 물리치고 길사吉事를 취하는 길은 화려한 꾸밈을 좋아하는

『전집』 6, 10~11쪽)

9) 西林既不屑當世名, 而流俗知文者鮮, 至於今無人能擧其名.(정인보, 위의 글, 『담원문록』 중, 265쪽;『전집』 6, 11쪽)

10) 今寅普前後所見西林詩文, 雖止於此, 世有知者, 當知農巖以後四五名家, 西林位置其間.(정인보, 위의 글, 『담원문록』 중, 265쪽;『전집』 6, 11~12쪽)

> 취미를 완전히 씻어버리는 것이 제일이니, 틀[법칙]을 깎아 끊어버리고 한결같이 '의意'를 위주로 해야 하오. 족히 펴 나아갈 만한 '의'가 없다면 그만이지만, '의'가 좀 깊어서 자기 나름대로 창작하자면, 반드시 갖추어 말해야만 가히 ('의'를) 밝힐 수 있을 것이요. 이런 부류들도 모두 마땅히 '의'에 기준을 두어 그 '의'가 좇아가는 바를 도와 통창하게 해야만 하니, 말의 두서없음은 걱정할 것이 없소. 사물은 '의'가 능히 나타내는 것이니 글자의 부적절 같은 것은 걱정할 것이 못되오. 그 '뜻'을 정성스럽게 하도록 오로지 힘쓸 것이지, 문사로 낄 것은 아니고 말고요. …… 진실로 한결같이 '의'를 위주하고, 그에 기준하여 헤아린다면 글의 왕성함을 대개 누가 능히 뒤흔들겠소?"[11)]

이 글은 정인보가 지인 박승도朴勝燾로부터 그의 문고文藁를 받아 보고 쓴 답장의 일부이다. 정인보의 평에 비춰 보면 박승도는 당송唐宋 고문古文을 지향했던 것으로 보인다. 하지만 정인보가 보기에 박승도의 글은 단지 당송 고문을 본뜨려고만 한 데다가 말하고자 하는 바도 분명하지 않아 당송 고문과 비슷하지도 않았다. 특히 박승도의 글에서 정인보가 문제 삼은 것은 의意가 분명하지 않은 점이었다. 의意는 글의 처음과 끝을 일관되게 꿰는 핵심 내용, 즉 글 전체를 관통하는 주제 의식인데, 이것이 글에서 분명하게 드러나지 않았던 것이다. 정인보는 그 문제가 고문 공부와 창작 방법에서 비롯된 것으로

11) 足下之文皮傅唐宋人, 形貌已違, 苟以竟篇茫然不知端委之所在, 雖流俗之猥汚不襍, 視之若馴雅, 然無如其恉意不貫何也? …… 今爲足下攘擇莫若蕩滌華辭之好, 刮絶繩棨, 一以意爲主. 意無足發抒則已矣, 意稍深, 或創之自己, 則須備言之, 可明. 如此類皆宜準度於意, 相其意之所從以暢, 無以患於言之不序也. 物其意之所得以顯, 而無憂乎字之不宜也. 務醇其意之誠, 而不以詞間焉. …… 苟一主於意, 而準度之, 文之王也, 夫孰得以挑撓之乎? (정인보, 「與朴勝燾書」, 『담원문록』 상, 178~179쪽; 『전집』 5, 41~43쪽)

판단하고 박승도에게 방식을 전환할 것을 조언했다. 화려한 수사[華辭]나 법칙[繩矩] 등은 고려하지 말고 뜻을 정성스럽게 하는 데 힘을 쓰고 일관되게 의意를 위주로 하여 창작하라는 것이다.

이를 통해 정인보가 수사나 법칙 등의 형식적인 면보다는 의意 중심의 내용적인 면을 강조하는 문학관을 지니고 있었음을 볼 수 있다. 그런데 정인보의 문학론에서 의意가 차지하는 비중은 단지 내용의 상대적 우위성(또는 중요성)을 말하는 정도를 넘어 절대적이라고 할 만큼 매우 높은 편이다. '글자의 부적절성[字之不宜]', '말의 두서 없음[言之不序]' 등을 고려하지 말고 한결같이 '의意'만을 좇아갈 것을 강조하고 있기 때문이다. 즉 수사修辭나 체제는 의意에 비해 부차적인 것이라고 말하는 차원이 아니라, 의意를 밀고 가는 힘에 따라 수사나 체제는 저절로 따라오는 것이라고 말할 정도로 의意를 강조하고 있는 것이다. 따라서 정인보의 창작론은 그의 표현대로 '일주어의一主於意'라는 한마디 문구로 총괄할 수 있다. 한결같이 의意를 위주로 창작한다는 의미이다. 그리고 의意를 정성스럽게 하고 일관되게 밀고 가는 노력을 한마디로 말하자면 '성의誠意'라고 할 수 있다.[12)]

---

12) 정인보가 말하는 '意'의 함의는 양명학적 사유를 기반하고 있는 것으로 보인다. 이와 관련하여 주목할 만한 것이 "사물은 '意'가 능히 나타내는 것(物其意之所得以顯)"이라는 구절이다. 주지하듯이 주자학과 양명학은 '격물'에 대한 해석을 달리하는 것에서부터 차이가 발생했다. 주자가 '格物'을 사물에 나아가[至] 理를 구하는 것으로 해석했다면, 왕양명은 이러한 주자의 해석을 부정하고 '物'을 '意'의 所在인 '일[事]'로, '格'을 '바로잡다[正]'는 의미로 파악함으로써 '格物'을 '意의 소재를 바로잡는 것'이라고 해석했던 것이다. 이와 같이 '의향(지향)' 개념을 통해 '物'을 재정의함으로써 격물 공부의 방향을 바깥의 사물로부터 주체의 '의향 행위' 자체로 돌리고 理를 '마음으로 돌이켜 구하도록'[反求諸心] 전환시키게 된 것이다.(陳來(저)/전병욱(역), 『양명철학』, 예문서원, 2003. 227~230쪽 참조) 이에 비추어 보면 정인보가 '物'을 '其意之所得以顯'이라고 말한 구절은 양명학의 物 관

다음의 편지에서도 글의 법도나 체제 등의 형식을 고려하기보다는 의意가 중요함을 강조하는 것을 볼 수 있다.

> 대개 글이란 글자를 쌓은 것인데, 이 잇달아 엮은 것이 무엇이 그리 귀하겠소? 그것을 빌어 뜻을 드러내어 멀리 퍼지고 훗날에 드리우게 됨으로 해서가 아니겠소? 그러므로 글을 지으려면 반드시 드러내고 싶은 뜻이 있어야 하오. 말 못하게 분통스럽거나 불끈 성이 나서 스스로 풀 길 없는 것이 먼저 있은 뒤에라야 글이 비로소 드러내는 뜻의 소용이 되는 것이오. 이래야 주장하는 뜻이 분명해지고, 꼼꼼한 생각이 엉기며, 정성과 실질實質[主題]이 확고해져 조리가 서는 것이오. 말 타기에 비기건대, 가고자 하는 사람의 뜻에 따라 굽게도 곧게도, 지름길로도 에돌아도 가는 것인데 그 글이 만약 굽거나 곧거나 질러가거나 에돌아가거나 간에 다만 고분고분 그저 따라갈 뿐이라면, 가고자 하는 곳이 앞으로 어디인지 나는 모르겠소. 어떻게 이 건성 어마법馭馬法을 가지고 아름다운 경치를 볼 수 있단 말이오?[13]

이 글은 정인보가 성환혁成煥赫(1908~1966)의 글에 대해 평가하고 문장 쓰는 법에 대해 논한 편지이다. 성환혁은 당시 고문古文을 열심히 연마하던 전통지식인으로서 정인보가 존경했던 선배 문사인 회봉

념에 기반하여 나온 것임을 알 수 있다. 한편 정인보가 강조하는 '誠意' 또한 양명학에서 핵심 사유와 상통한다. 이처럼 정인보의 문학관에서 양명학적 사유가 체화된 자취들을 볼 수 있는 부분들이 곳곳에 있다. 그러므로 양명학과 정인보의 문학관과의 관계는 앞으로 더 깊이 고찰해 보아야 할 과제라고 생각된다.

13) 夫文者字之積也, 是累累者何貴之有? 非爲其藉以達意, 以行遠垂後哉? 故爲文必有所欲達之意. 悱然勃然愊億而不自釋者, 在於其先而後, 文始爲達之之用. 於是乎, 職志明, 而精思湊, 誠物立, 而條理擧. 譬之於乘, 所欲赴者, 其意其行之曲直徑迂, 其文若徒規規於曲直徑迂之間, 則吾不知其所赴者將何處也. 惡用是磬控, 而觀美之爲? (鄭寅普, 「與成士瞻煥赫論文書」, 『담원문록』 중, 368쪽; 『전집』 6, 79~80쪽)

晦峰 하겸진河謙鎭(1870~1946)이 그를 문인門人으로 받아들이고 싶어 할 정도로 기대를 받았던 인물이었던 것으로 보인다.[14] 그러나 정인보가 보기에 성환혁은 고문의 법도에 맞게 쓰고자 애쓴 점이 오히려 문제였다. 성환혁의 글은 치닫는 맛이 부족한 것이 흠이라고 여겼는데, 이는 성환혁이 고문의 법도를 지키느라 글짓기를 너무 조심스럽게 여긴 데서 비롯된 것으로 보았다.[15] 이에 고문 창작에서 중요한 것은 법도를 지키는 것이 아니라 의意임을 역설했다.

정인보는 성환혁에게 의意과 법도의 관계에 대해 어마馭馬의 비유를 들어 설명하였다. 글을 쓰는 행위를 말을 타고 길을 가는 행위에 비유한 것으로, 이 비유에서 글은 말[馬], 작자는 말 모는 이, 법法은 길에 대응된다. 이에 따르면 말을 타고 정해진 길을 가는 것은 고문가의 법도에 따라 글을 쓰는 것을 나타내고, 자신의 뜻대로 말을 몰아가는 것은 특정한 법도를 따르지 않고 자신이 뜻하는 바에 따라 방법을 달리하며 글을 쓰는 것을 의미한다. 전자의 경우 글쓰기의 법도가 특정한 방식으로 고정되기 쉽다면, 후자의 경우 창작 주체의 의도에 따라 다양한 법도가 가능하게 되고 표현방식이 유연하게 된다. 그러나 정인보가 성환혁에게 조언한 핵심이 다양한 법의 긍정 자체에 있는 것은 아니다. 법도를 따르는 데 급급해 하다 보니 정작 무엇을 말하고자 하는지의 문제를 놓친 것은 아닌가, 정해진 법도를 따라가기만 한다면 자신만이 보고 느낀 미美를 과연 얻을 수 있을 것인가라는 물음을 던지고자 한 것이다.

---

14) 士瞻足下. 往普過晉, 信宿晦峰先生山齋. 晦峰爲言: "足下年少, 力治古文, 欲邀致, 未果以爲恨."(정인보, 위의 글, 『담원문록』 중, 365쪽; 『전집』 6, 76쪽)

15) 顧足下之爲文, 太拘謹, 少馳騁.(정인보, 위의 글, 『담원문록』 중, 365쪽; 『전집』 6, 76쪽)

이에 정인보는 성환혁에게 고문을 짓겠다는 의식을 버릴 것, 대신 의意를 중심으로 하여 과감하게 밀고 나갈 것을 권고했다. 의意만을 일관되게 밀고 나가는 과정에서 글의 기세氣勢가 자유자재로 흘러서 혹여나 방자해지고 격해지더라도 자신의 뜻을 드러낼 수만 있다면 문제될 게 없다고 하였다.[16] 나아가 반복反復, 완곡緩曲, 전환轉換 등의 수사는 뜻을 드러낼 방법을 살피는 데 따라 결정되는 것이고 법도나 체제는 의意가 드러난 자취일 뿐이라며 창작 과정에서 궁극적으로 중심이 되는 것은 작자의 의意임을 강조하였다.[17]

나. '층변심입層變深入'론

정인보는 글을 지을 때 오로지 의意를 다하는 데만 집중할 것을 강조했지만, 의意의 표현 방법에 대한 논의를 전혀 펼치지 않은 것은 아니다. 성환혁, 박승도와 같이 고문의 법도를 충실하게 따르는 데 골몰하는 경향을 보이는 사람들에게는 법도나 체제 등을 생각하지 말고 오로지 자신의 의意를 분명하게 하여 그것을 밀고 나가도록 노력할 것을 권고했다. 그러나 윤석오尹錫五(1912~1980)에게 준 편지에서는 창작 방법, 공부 방법 등에 대해 좀더 구체적으로 들어가 깊이 있게 논의하고 있는 모습을 볼 수 있다. 윤석오는 정인보가 가장 아

16) 普故欲足下無以文爲文, 而必其欲達之意不釋於中, 然後乃文之, 無曰: "吾何以能古文也?" 必曰: "吾何以能達此意也?" 此意之期於達也, 宜縱才力所至, 雖恣肆酣放淋漓激蕩, 而不知止, 固未有意無憾, 而累於文者.(정인보, 위의 글, 『담원문록』 중, 368~369쪽; 『전집』 6, 80쪽)

17) 獨其意之淺深邇遠相萬, 而有反覆而後足焉, 有不俟反覆而足焉, 有紆餘婉折以輔其意, 而又有紆餘婉折以害於其意焉, 謹審其意之所由以達, 而吾文之事定矣. 法度云, 體製云, 亦只就其達之之跡, 而加之名耳.(정인보, 위의 글, 『담원문록』 중, 368~369쪽; 『전집』 6, 80쪽)

낀 한학漢學 제자로서 자득한 깊은 조예가 있다고[18] 정인보로부터 높은 평가를 받았던 인물이다. 정인보가 보기에 윤석오의 고문 수준은 앞서 언급한 인물들과는 이미 다른 차원에 있었기에 그에게 말하는 고문에 관한 논의의 층위가 달라진 것이다. 정인보는 여러 차례 윤석오와 편지를 주고 받으며 문文에 대한 깊이 있는 논의를 펼쳤다. 정인보는 윤석오에게 보낸 편지에서 창작 방법과 관련하여 다음과 같은 내용을 여러 차례 반복해서 강조하였다.

> ① 글짓기란, 마치 밤 먹는 것과도 같으니 밤송이[율방栗房]를 바르면 또 겉껍질이 있고, 겉껍질을 벗기면 또 속껍질이 있는 법이니 어찌 허겁지겁 입에 넣을 것인가?[19]

> ② 장 씨章氏(장태염)는 솜씨가 뛰어난 사람으로 논의의 전개 · 수합 등의 변화가 아주 볼 만한데, 만약 「구분진화론俱分進化論」 중의 일장一章을 쪼개면 살가죽 속의 결이 층층이 달려나가는 것 같으니, 한가할 때 수십 번 읽으면 좋을 것이오. 그 심오하고 뛰어나게 기이함을 허겁지겁 본뜨려 하지 마오. 문장이란 도도하게 나가야 하니 반드시 기이할 필요는 없소. 천둥치고 용이 달릴 때는 미인이며 산호가 필요치 않소.[20]

> ③ 묘지문의 좋은 곳은 또한 어긋매겨 서술함에 있으니, 윤씨의 집안

18) 賢文力邇來驟長, 知於其間有深造自得.(정인보, 「答尹士建錫五」(二), 『담원문록』 하, 395쪽.; 『전집』 6, 450쪽)

19) 爲文如食栗, 房坼而又有殼, 殼去而又有內皮, 何可草草納口? (정인보, 「答尹士建錫五」(三), 『담원문록』 하, 399쪽; 『전집』 6, 454쪽)

20) 章氏儘高手, 大好論議開闔, 如「俱分進化論」中一章劈, 肌中理層層趯進, 暇時讀過十數番, 亦好. 其奧衍瑰奇者, 則不欲汲汲效之也. 文章當浩浩, 不必奇也. 當雷動龍行, 不必美人珊珊.(정인보, 「答尹士建錫五」(一), 『담원문록』 하, 394쪽; 『전집』 6, 449~450쪽)

에서의 품행상에 사단事端이 번다한데 이리저리 구비지게 하여, 흐름이 마침내는 유인孺人의 신상에 모이게 하였으니, 나로 하여금 망령되게 자칭케 한다면, 파도가 만변하되 마침내는 바다로 간다고나 말할 수 있으리라.21)

정인보는 글짓기를 비유를 통해 말하곤 하였는데 ①에서는 밤을 먹는 것에 비유하였다. 밤껍질을 한 겹 벗기면 또 한 겹이 있어 여러 겹을 벗겨야 속살이 드러나듯이 글 또한 여러 층層을 이루면서 점점 내밀한 곳으로 들어가야 한다는 것이다. 정인보는 또 다른 글에서 "심충深衷은 직서直抒하는 앞에 드러나지" 않고, "문장의 경계境界라는 것은 천혜天慧의 바탕과 구해究解의 힘으로 좇아 여러 층層으로 열리는"22) 것이라고 말한 바 있는데, 이는 밤껍질 비유가 의미하는 바와 상통한다고 할 수 있다. 정인보는 마음 깊이 스스로 터득한 바를 중시했는데 그러한 내용은 단선적인 서술을 통해 나타낼 수 없으며 층층이 깊이 파고 들어가는 방식에 의해 드러낼 수 있다고 보았던 것이다.

②에서는 그러한 글쓰기를 보여주는 사례로 장태염章太炎의 글을 제시하고 있는 것을 볼 수 있다. 정인보는 고문 창작을 연마하고 있는 윤석오에게 장태염의 글을 수십 차례 읽으며 살펴볼 것을 권하였다. 정인보가 장태염의 글에서 특히 주목한 점은 바로 논의의 전개 · 수합 면에서 층층이 달려나가며[층층간진層層趕進] 변화를 보이는 전개 방식이다.

---

21) 誌文好處又在錯叙, 尹氏家行上, 事端繁多, 而屈折之, 流終匯着孺人身上, 使吾妄自稱許, 則可曰波濤萬變, 而終歸於海也.(정인보, 「答尹士建錫五」(一), 『담원문록』 하, 393~394쪽; 『전집』 6, 449쪽)

22) 정인보, 「百八煩惱」批評에 對하여」, 『전집』 2, 333쪽.

③에서는 정인보가 비지문碑誌文에서 인물에 대해 서술할 때 어긋매기는 서술 방식[착서錯叙]과 이리저리 구비지는 전개[굴절屈折]를 강조하는 것을 볼 수 있다. 정인보는 '착서錯叙'와 '굴절屈折'을 통해 인물의 모습이 드러나는 것을 마치 파도가 만변萬變하여 바다로 귀결되는 것에 비유하였다. 이러한 비유를 통해 알 수 있듯이 이 글에서 강조하는 '착서'와 '굴절'의 방식은 층변심입層變深入과 일맥상통하는 것이라고 할 수 있다.[23]

그렇다면 층층간진層層趕進의 논의 전개 방식을 보여주었다며 정인보가 높게 평가한 장태염의 「구분진화론俱分進化論」이 실제 어떻게 쓰여졌는지 한 단락을 살펴보도록 하겠다.

> 저들은 진화가 진화가 되는 까닭은 한 방향으로 직진하는 데서 말미암는 것이 아니라 반드시 쌍방향으로 병진하는 데서 말미암는 것임을 깨닫지 못하고 오로지 한 방향만을 거론하였으니 단지 지식 면에서 진화를 말한 것만 옳을 뿐이다. 도덕으로 말하자면 선善도 진화하고 악惡도 진화하며, 삶으로 말하자면 즐거움도 진화하고 고통도 진화한다. 쌍방이 병진하는 것은 마치 그림자가 형체를 따르고 망량罔兩이 그림자를 좇는 것과 같지 다른 게 아니다. 지식이 높아갈수록 비록 하나는 취하고 하나는 버리고자 하지만 그럴 수는 없는 것이다. 옛날의 선악은 작

23) '層變深入'은 정인보가 산문뿐만 아니라 시에서도 중시했던 전개 원리이다. 정인보는 우리나라 歌曲의 특출한 名人으로 송강 정철을 꼽았고, 그의 가사와 시조의 妙絶의 하나가 層法의 多變에 있다고 하였다. 「속미인곡」에서 두 여인이 서로 말을 주고받는 방식으로 전개되는 부분을 그 대표적인 사례로 제시하였다. "뎨 가ᄂᆞᆫ 뎌 각시 본 듯도 ᄒᆞᆫ뎌이고/天上白玉京을 엇디ᄒᆞ야 離別ᄒᆞ고/ᄒᆡ 다 뎌 져믄 날의 눌을 보라 가시ᄂᆞᆫ고", "어와 네여이고 이 내 ᄉᆞ셜 드러 보오…… 설워풀뎌 혜니 造物의 타시로다", "글란 ᄉᆡᆼ각 마오", "ᄆᆡ친 일이 이셔이라"라고 두 여인이 말을 주고받는 식의 전개에서 層法의 多變을 통한 妙絶을 볼 수 있다는 것이다.(정인보, 「鄭松江과 國文學」, 『전집』 2, 58~59쪽)

> 으나 오늘날의 선악은 크며, 옛날의 고락苦樂은 작으나 지금의 고락은 크다. 그러한즉 선을 추구하고 즐거움을 추구함을 목적으로 삼는다면 과연 진화를 가장 행복으로 여기겠는가? 아니면 진화를 가장 불행으로 여기겠는가? 진화의 실질은 그르다고 할 수 없으나 진화의 용用은 취할 바가 없으니, 스스로 나의 논의를 '구분진화론俱分進化論'이라고 표방하겠다.[24)]

19세기 말~20세기 초기 동아시아에서 성행했던 담론이 사회진화론이다. 이에 대해 비판하며 독창적인 생각을 펼친 글이 장태염의 「구분진화론」이다. 위에서 제시한 부분을 통해 그 일단을 보면, 먼저 장태염이 진화는 일방이 아니라 쌍방인데 '저들(사회진화론을 주장했던 서구의 사상가들)'은 그 사실을 깨닫지 못했다며 사회진화론의 문제점을 총괄적으로 제시하며 글을 시작하는 것을 알 수 있다. 그리고는 지식적인 면에서 본다면 사회진화론자들의 주장처럼 진화하는 것이 옳다며 진화론을 일면 긍정한다. 하지만 지식적인 면과 다른 도덕과 삶의 측면이 있음을 말하며 이러한 측면에서 볼 때 선악과 고락은 쌍방으로 진화한다고 하였다. 바로 이것이 서구의 사회진화론자들이 깨닫지 못했다고 말했던 쌍방 병진의 구체적인 내용이다. 나아가 비유를 통해 쌍방 병진에 대해 보충 설명하며 그 내용에 대한 이해를

24) 彼不悟進化之所以爲進化者, 非由一方直進, 而必由雙方竝進, 專擧一方, 惟言知識進化可爾. 若以道德言, 則善亦進化, 惡亦進化, 若以生計言, 則樂亦進化, 苦亦進化. 雙方竝進, 如影之隨形, 如罔兩之逐影, 非有他也. 知識愈高, 雖欲擧一廢一而不可得. 曩時之善惡爲小, 而今之善惡爲大, 曩時之苦樂爲小, 而今之苦樂爲大. 然則求善 · 求樂爲目的者, 果以進化爲最幸耶? 其抑以進化爲最不幸耶? 進化之實不可非, 而進化之用無所取, 自標吾論曰「俱分進化論」.(章太炎, 「俱分進化論」, 『章太炎全集』(四), 上海人民出版社, 1985, 386~387쪽)

도왔다. 그 다음에는 지식과 선악·고락의 관계에 대해 말하였다. 지식이 발달할수록 인간은 선악·고락 중에서 하나를 취하고 하나를 버리려고 하는데 그럴 수 없다는 내용이다. 여기에서 다시 한 걸음 더 들어가 고금의 선악과 고락을 비교하고는 진화의 행·불행 여부를 물으며 진화에 대해 깊이 사고해 보도록 하였다. 이러한 논리 전개 방식으로 사회진화론에서 말하는 일방一方의 진화는 취할 바가 없고 쌍방의 진화가 타당함을 입증하고 자신이 주장하는 쌍방의 진화를 '구분진화론'이라고 명명하여 제시하였다.

이러한 논리 전개 과정을 간략히 정리하면, '서구진화론의 문제점에 대한 총괄적 제시 → 서구진화론의 긍정적인 일면 제시 → 서구진화론의 허점 비판 → 쌍방 병진이라는 새로운 관점의 제시 → 비유를 통한 쌍방 병진의 내용 보충 설명 → 지식과 선악·고락의 관계에 대한 고찰을 통한 논의의 심화 → 서구진화론에 대한 평가 → 명명을 통한 새로운 진화론 표방'이라고 할 수 있다. 이후의 단락에서는 구체적인 사례를 들어 선악·고락이 동시에 병진함을 증명하고, 나아가 불교 유식학의 아뢰야식을 통해 그렇게 되는 원리를 탐색하며, 다시 구체적인 사례를 들어 그 내용을 보충 설명하는 식으로 논의를 전개하였다.

이상에서와 같이 장태염이 '진화'라는 한 주제에 대해 다층적으로 살피고 깊이 있게 논의를 전개하며 독창적인 견해를 제시하고 있는 것을 볼 수 있다. 이는 서구진화론의 자장에서 벗어나기 힘들었던 당시 동아시아 지식계에 대한 깊이 있는 한 대응이었다고 할 만하다. 바로 이와 같은 것이 정인보가 의론을 펼치는 글에서 추구했던 바였고, 정인보는 이러한 장태염의 글을 층변심입層變深入의 구체적인 좋은 본보기로 제시하였던 것이다.

(3) 치빙馳騁의 기상론氣象論

앞서 본 바와 같이 정인보가 글의 창작 과정에서 가장 중시한 것은 의意이다. 글은 마음 속 깊이 터득한 바가 있어서 말하지 않으려야 않을 수 없는 의意가 있을 때 쓰는 것이며, 법도나 체제 등에 얽매이지 않고 자신의 의意를 한결같이 밀어붙일 것을 강조하였다. 그런데 정인보가 그 의意에 앞서 우선 함양해야 한다고 본 것이 '기氣'이다.

> 글이 비록 의意를 위주로 한다 하더라도, 의意 또한 따라가는 바가 있소. 그러므로 지식이 고루한 자는 의意가 좀스럽고, 기氣가 떨치지 못한 자는 의意가 꺾이니, 이 둘 중에 기氣가 더욱 중요하오. 『장자莊子』「외물外物」에 이런 말이 있소. "나무와 나무가 서로 비벼지면 불이 나고, 쇠를 불로 끓이면 녹고, 음양이 어긋나면 천지가 크게 진동할 것이다. 이래서 우레가 생기고 번개가 생겨 빗속에 번개가 쳐서 이에 큰 홰나무가 타게 되는 것이다." 인사人事도 또한 이와 같아서 날마다 사물과 접하여 득得도 있고 실失도 있으며, 노여움도 있고 슬픔도 있은 뒤에라야 가슴속이 불끈하여 내버려 두지 않을 것이다.[25]

앞서 보았듯이 정인보는 박승도에게 준 편지에서 글은 의意를 위주로 하는 것이라고 말했는데, 의意는 기氣를 따라가므로 기氣가 더

25) 文雖以意爲主, 而意又有所隨, 故識固者意僿, 氣不振者意沮, 二者之間, 尤以氣爲亟. 莊周有言: "木與木相劘則然, 金與火相守則流, 陰陽錯行則天地大絯, 於是乎有雷有霆, 水中有火, 乃焚大槐." 人事亦然, 日與物構, 有得有喪, 有怒有戚, 然後, 胸中勃然不釋."(정인보, 「與朴勝壽書」, 『담원문록』 상, 180쪽; 『전집』 5, 43쪽)

중요하다고 말했다. 의意가 아무리 좋아도 기氣가 받쳐주지 못하면 그 의意가 꺾이게 되므로 기氣가 더 중요하다고 본 것이다. 이렇게 볼 때 정인보가 말하는 기氣는 의意를 밀어붙이는 힘 같은 것이라고 할 수 있다. 이어서 『장자』의 구절을 인용하며 전하고자 했던 바는 바로 기氣의 힘을 나타내는 것이다.

그런데 정인보가 이 구절을 인용한 맥락은 실제 『장자』에서 이 구절이 함의하는 바와 상이하다. 이 구절 뒤에 이어지는 『장자』의 내용을 보면 그 차이를 알 수 있다.

> 사람의 경우에도 몹시 근심하는 일이 있으면 안과 밖에 모두 결함이 생겨 도망갈 데가 없는지라 두렵고 아찔하여 마음의 안정을 이룰 수가 없다. 마음이 마치 천지의 사이에 매달린 것처럼 우울하고 불안하여 크게 혼란스러운 이利와 해害가 서로 부딪쳐서 마음에 불이 심하게 타오르게 된다. 세속 사람들은 (이 불길 속에서) 본래의 조화로운 덕을 태워버리고 마는데, 저 원만한 달이 이해利害의 뜨거운 불길을 이길 수가 없었기 때문이다. 그리하여 이 순간에 와르르 무너져 생명에 갖추어져 있는 자연의 도道가 다 없어지고 만다.[26)]

근심과 불안으로 마음이 안정되지 못하고 이利와 해害가 부딪쳐서 마음에 불길이 심하게 타오르게 되면 본래의 조화로운 덕이 무너져서 생명이 갖추고 있는 자연의 도를 잃고 만다는 내용이다. 여기서 불길은 일반적으로 원만구족圓滿具足한 자연의 본성을 소멸시키는 이해利害 또는 이욕利欲으로 해석된다.[27)] 음양이 서로 어긋나면 사

26) 有甚憂, 兩陷而無所逃, 螴蜳不得成. 心若縣於天地之間, 慰暋沈屯, 利害相摩, 生火甚多, 衆人焚和, 月固不勝火, 於是乎, 有僓然而道盡.(안병주 · 전호근(역), 「外物篇」, 『譯註 莊子』 4, 전통문화연구회, 2006, 50쪽).

물이 부딪쳐서 파괴되듯이 마음의 평정을 잃어서 일어난 불길은 자연의 본성을 잃게 만든다는 것이다. 그러므로 불길은 부정적인 의미를 나타내는 것이라고 할 수 있다.

그러나 정인보는 나무가 서로 부딪쳐 불이 나고 불이 쇠를 녹이고 번개가 쳐서 홰나무가 타는 자연 현상을 『장자』와는 달리 인간의 일에 대응시켜 의미를 변용하였다. 사람이 세상 속에서 사물과 접하며 살면서 득실도 겪고 노여움과 슬픔이 쌓이다 보면 가슴 속이 불끈해져 내버려 둘 수 없는 것이 생긴다는 것이다. 정인보는 글을 쓰려면 이와 같이 내버려 두려 해도 내버려 둘 수 없이 마음에서 솟구치는 바가 필요하다고 보았다. 그렇기에 정인보가 『장자』의 구절을 인용하며 불길을 부정적인 의미가 아니라 솟구치는 강한 힘을 나타내는 의미로 해석한 것임을 알 수 있다. 이와 관련하여 『장자』 에 보이는 "물 속에 불이 있다(水中有火)"라는 말이 『주역周易』 혁괘革掛 상전象傳의 "못 속에 불이 있는 것이 혁괘이다(澤中有火革)"라는 내용과 비슷한 점[28]이 의미심장해 보인다. 『주역』 혁괘 상전의 "물과 불은 서로 멸식滅息시키는 물건이니, 물은 불을 끄고 불은 물을 말려서 서로 변혁하는 것이다"[29]라는 설명에서 보듯이 상반된 두 기운이 만날 때 변혁을 일으킬 만큼 강한 힘이 분출되는 것이다. 정인보는 이러한 힘을 지닌 기氣가 없다면 의意가 꺾여 제대로 뜻을 펼칠 수 없다고 보았기에 의意를 밀고 나가는 힘인 기氣가 의意보다 더 중시된다고 했던 것이다.

27) 안병주 · 전호근(역), 위의 책, 52쪽 참조.

28) 안병주 · 전호근(역), 위의 책, 51쪽 참조.

29) 水火相息之物, 水滅火, 火涸水, 相變革者也.(성백효(역), 「革掛篇」, 『周易傳義』 下, 전통문화연구회, 1998, 291쪽)

기氣와 관련하여 정인보가 자주 썼던 비유가 달리는 '준마駿馬'의 이미지이다. 그 한 사례를 보자.

> 선생은 글짓기를 너무나 조심스럽고도 삼가서 치달는 맛이 적소. 만약에 이를 세속의 거칠고 함부로 하는 말에 비긴다면 진실로 훨씬 기개가 높지만, 만약 옛사람 자취를 그대로 밟아 뒷사람에게 끼치려면 그 방법은 따로 있소. 대개 치달으면 실로 지나칠까 두렵기는 하오. 그러나 여기에 말이 있어 고개를 높이 들고 서글피 울며, 기운은 펄펄하고 헌걸차서 넉넉히 뛰어오르고 날고 박차고 짓밟아서 잠시 동안에 천 리를 달릴 만한 뒤에라야, 느리게도 하고, 또는 빠르게도 하여 조절함이 옳소. 그런데 더러 한갓 궤도만 따라 천천히 가는 것을 보고서는 준마라고 여긴다면 어찌 잘못이 아니겠소?…… 만약 선생이 뜻이 없다면 그만이지만, 그 뜻이 있다면, 이내 바로 얽매이지 않아 앞으로 고개를 높이 쳐들고 슬피 울며 날아오르고 발로 박차고 짓밟아서, 지난날 하던 짓을 돌이켜 생각한다면, 거의 잃을 뻔한 자기의 준걸스러움을 이제야 겨우 얻게 됨을 마땅히 알게 될 것이오.[30)]

정인보는 성환혁의 글을 평가하며 '치빙馳騁'의 기세氣勢가 부족함을 아쉽게 여겼다. 그의 글이 고문의 법도를 잘 따르고 있기는 하지만, 이는 말이 정해진 궤도를 조심스럽게 천천히 달리는 것과 같아 준마의 모습으로 볼 수는 없다는 것이다. 그러면서 후대에도 영향을

---

30) 顧足下之爲文, 太拘謹, 少馳騁. 若以是較諸流俗蕪猥之言, 則固倜乎遠之, 苟欲方軌古人, 以貽來後, 其道別有在焉. 夫馳騁誠懼汎濫, 然有馬於此, 高驤哀鳴, 勃勃昻昻, 有足以騰翔蹴踏, 俛仰而致千里者, 然後徐之疾之以就, 節度可也. 或徒見其徐行循軌, 而爲駿, 故在是庸非過歟?…… 使足下無意則已, 其有意乎, 則晷刻之間, 便已倜儻, 將見高驤, 哀鳴騰翔蹴踏, 而反以思前日之爲, 當知幾失吾駿者於今乃僅得之.(정인보, 「與成士瞻煥赫論文書」, 『담원문록』 중, 365~370쪽 ; 『전집』 6, 76~82쪽)

미칠 수 있는 글을 쓰려면 기세가 넘쳐 힘껏 뛰어오를 수 있고 천 리를 내달릴 수도 있어야 한다고 역설했다. 비록 기세가 지나쳐 절도에 맞지 않은 경우가 있다 하더라도 자신이 펼치고자 하는 뜻이 있다면 다른 것에 얽매이지 말고 기세 있게 의意를 밀고 나가야 자기의 준걸스러움을 얻을 수 있다는 것이다. 궤도만 따르며 절도를 지키는 것보다는 차라리 치닫다가 지나치는 것이 낫다는 태도이다.

이러한 태도에서는 양명학의 광狂의식과 일맥상통하는 면을 볼 수 있다. 광자狂者에 대한 언급은 『논어』에서 우선 볼 수 있다. 중도中道를 행하는 사람을 얻을 수 없다면 광자狂者와 견자狷者와 함께 하겠다고 했던 공자의 언급이 그것이다. 광자狂者는 진취적이며 견자狷者는 어긋나는 것을 하지 않으므로[31] 덕德을 이룰 가능성이 있다고 보았던 것이다. 그런데 양명은 자신을 광자狂者라고 부르는 것을 주저하지 않았다.[32] 자기가 지닌 뜻이 높아 실행될 수 없는 이상을 쓸데없이 품고 있다고 사람들로부터 비난을 받더라도 자기는 자신의 양지良知를 믿고 진취적으로 나아갈 것이라는 의미로 자신을 그렇게 부른 것이다. 양명의 제자 중에 광狂이야말로 성인聖人이 되기 위한 진정한 길이라고 주장을 하는 사람이 나올 정도로 '광狂'의식은 양명학파에서 현저하게 나타나는 특징이기도 하다.[33] 차라리 지나칠지언정 거침없이 치닫는 준마와 같은 기세가 있어야 함을 말하는 정인보

31) 『論語』「子路」, "子曰, 不得中行而與之, 必也狂狷乎. 狂者進取, 狷者有所不爲."

32) 『傳習錄』下, 「黃省曾錄」三百十二條, "我在南都已前, 尙有些子鄕愿的意思在. 我今得這良知, 眞是眞非, 信手行去, 更不著些覆藏. 我今纔做箇狂者的胸次, 使天下之人都說我行不揜言也罷."(정인재 · 한정길(역), 『傳習錄』2, 청계, 2001, 801~802쪽)

33) 시마다 겐지(저)/김석근 · 이근우(역), 『朱子學과 陽明學』, 까치, 2001, 167~169쪽.

의 태도에서도 이러한 '광狂'의식을 엿볼 수 있다.

정인보는 제자 윤석오가 글에서 의기소침한 말을 하면 "문장이란 기상氣象의 꽃인데 그 기상이 먼저 꺾인다면 가히 세울 수가 있겠는가"라며 질책하기도 했고,[34] 김문옥金文鈺에게 글이 준마가 달리는 듯하여 당대의 명가名家가 될 수 있음을 기대한 적이 있다고도 말했다.[35] 이처럼 정인보가 글에서 나약함을 질타하고 과감하게 밀고 나아가는 진취적 기상을 중시한 것은 곳곳에서 볼 수 있다.

이상에서 본 바와 같이 글을 잘 쓰기 위한 선결 조건으로 정인보는 작자의 기氣를 중시했다. 여기서 정인보가 말하는 작자의 기氣란 글을 써 내려가는 기세이자 의意를 추동하는 힘을 의미한다고 할 수 있다. 이처럼 문장에서 기氣를 중시했다는 점에서 보자면 정인보의 문장론은 고문古文의 문기론文氣論을 계승하고 있다고 할 수 있다. 문기론文氣論은 중국 위魏나라의 조비曹丕(187~226)가 주창한 이후로 후대 문인들에게 면면히 이어져 왔다. 우리나라에서 문기론을 최초로 펼친 인물은 이규보李奎報(1168~1241)라고 할 수 있는데, 그는 조비의 문기론을 수용하면서도 기氣와 의意의 관계를 말하는 가운데 기氣의 중요성을 설파하며 자기 나름의 이론을 펼쳤다.[36] '의意'를 중시하면서도 '기氣'를 '의意'보다 더 우선시한 점은 이규보와 정인보가

34) 前書乃謂, '病弱不堪奮迅.' 雖信筆道欸, 而此等萎薾語, 切不可發. 文章氣之華也, 苟氣先沮, 當可立耶? (정인보, 「答尹士建錫五」(三), 『담원문록』 하, 399쪽; 『전집』 6, 453쪽)

35) 昔見座下代黃石田丈作書寄來, 造辭駔駿, 所少鸞和之節, 普以爲不幾許年當稱名家.(정인보, 「答金文鈺書」, 『담원문록』 하, 389쪽; 『전집』 6, 445쪽)

36) 김도련, 「文氣論의 전통 속에서 본 金澤榮 文氣論의 特性」, 『中國學論叢』 6, 국민대학교 중국인문사회연구소, 1990, 30쪽; 문승용, 「李奎報 意氣論의 曹丕 文氣論 수용 양상 고찰」, 『중국학연구』 41, 중국학연구회, 2007, 181쪽.

공통적으로 보이는 인식이다. 하지만 조비와 마찬가지로 이규보는 기氣를 선천적인 것으로 보아 배우거나 전달할 수 없는 것으로 보았던 경향이 강했다.[37] 반면 정인보는 기氣를 후천적으로 함양할 수 있는 것이라고 보았다. 이에 문장을 잘 쓰기 위해서는 작자가 기氣를 함양하는 것이 필요함을 강조했다. 이러한 면에서는 당송 고문가 한유韓愈(768~824), 소철蘇轍(1039~1112) 등이 양기養氣를 강조한 전통을 계승하고 있다고 할 수 있다. 이들은 기氣를 작자의 생기, 생명력으로 보며 후천적으로 함양할 수 있는 것이라고 보았다.[38] 하지만 양기養氣의 구체적인 방법론에서 보자면 정인보와 그들의 견해 간에는 상이한 점이 있다. 정인보가 박승도에게 쓴 편지를 보자.

> 당신은 넉넉한 데서 자라나서 인사 접촉이 드물뿐더러, 침잠하기에 버릇되어 기氣가 떨쳐 일어날 수가 없소. 때때로 저잣거리에도 오가보고, 이따금 학교에도 가보고, 협객소년과도 사귀어보고, 외국에도 나가 정보와 사물의 변화도 보아, 몸으로 한 세상 사람이 되어, 더불어 함께 달려도 보고 슬피 노래도 해보고 통곡도 해보고 뛰어넘기도 하고, 가락 맞추어 춤도 추어 보아 감개가 가슴에 답답하게 뭉치게 되면, '기氣'가 복받쳐 '의意'가 이 때문에 장대해질 것이오. '의意'가 장대해진즉 터져 나오지 않는 것이 없소. 만약 활을 당기고서 쏘지 않을 것 같으면, 부대끼어 편치 못할 것이나 쏠 태세는 더욱 강해질 것이오. 말의 순서라든지 글자의 적합 여부 같은 것은 실로 분주하게 명령대로 따라올 따름이오. 그러므로 능히 글을 글답게 지을 수도 있고, 글을 글답게 짓지 못하기도

37) 夫詩以意爲主, 設意尤難, 綴辭次之. 意亦以氣爲主, 由氣之優劣, 乃有深淺耳. 然氣本乎天, 不可學得, 故氣之劣者, 以雕文爲工, 未嘗以意爲先也.(李奎報, 「論詩中微旨略言」, 『東國李相國全集』 卷22)

38) 김도련, 앞의 논문, 26~29쪽.

하는 것이오.[39]

박승도는 유복한 집안에서 자라나 다양한 부류의 사람들을 만나본 경험이 부족한 데다 홀로 집에서 침잠하는 습관이 있었던 것으로 보인다. 그런 박승도에게 정인보는 바깥으로 나가서 사람들과 어울리고 세상과 부딪치면서 많은 것을 경험하고 느껴보라고 권유했다. 이처럼 정인보는 박승도에게 풍부한 삶의 체험을 강조했는데, 그 취지는 경험을 통해 앎을 확장하라는 데 있지 않았다. 정인보가 박승도에게 필요하다고 여겼던 것은 사람들과 함께 어울리며 웃고 우는 가운데 마음속에 가득 차오르게 되는 기氣였다. 세상 사람들이 겪는 고통과 어려움을 직접 보면서 깊이 공감하게 될 때 자기의 마음속에 복받쳐 오르는 기운이 생기게 된다는 것이었다. 이렇게 기氣가 복받치면[기탕氣盪] 의意가 장대해지게 되고[의장意壯], 결국은 의意가 터져 나와[의발意發] 글다운 글을 지을 수 있게 된다는 것이다.

여기서 정인보가 말하는 기氣는 사람들과 공감하면서 마음속에 차오르게 되는 느낌, 즉 일종의 감정 상태에 가까운 것으로 보인다. 그러나 의意 이전에 마음에 복받쳐 오르는 것이자 의意를 밀고 가는 힘이라는 점에서 뚜렷하게 인지되는 감정 혹은 생각이라기보다는 그 이전에 내면에서 솟구치는 절실함 혹은 열정과 같은 것이라고 할 수 있다. 왕양명은 양지良知가 자각되어 나오는 위력을 샘물이 근원에

---

39) 足下生長優間, 寡接人事, 習以沉潛, 氣無所作起, 謂宜以時往來闤闠間, 游庠塾, 交俠少, 出域外, 觀勢物之變, 以身爲一世之人, 而與俱馳驟, 哀歌痛哭, 距躍曲踊, 感槩愊憶, 則氣激盪, 而意爲之壯矣. 意壯則無不發也. 姑控焉而不發, 則困懮而不得寧, 而發之勢愈强. 言之序也, 字之宜也, 固其所奔走而效命者也. 故能文文, 而不文於文焉.(정인보, 「與朴勝壽書」, 『담원문록』 상, 180~181쪽;『전집』 5, 43~44쪽)

서 솟아나와 그칠 줄 모르는 것에 비유했으며[40], 시마다 겐지는 왕양명이 말한 '양지'에 대해 '자타통일自他統一에의 도덕적 충동'이라고 해석한 바 있다.[41] 양지의 특징과 관련된 이러한 설명들은 정인보가 말하는 기氣의 성격과 맞닿는 면이 있는 것으로 보인다.

전통적으로 문기론文氣論을 펼친 이들 가운데 기氣의 후천적인 함양을 강조했던 이들은 저마다의 양기론養氣論을 제시했다. 한유는 경전 및 시서詩書의 학습, 인의仁義의 실천을 강조했고, 소철은 도덕 수양 외에도 명산대천名山大川의 유람을 통해 기氣를 확충할 것을 말했다.[42] 정인보는 이러한 양기론의 전통을 계승하면서도 일상에서 다양한 사람들과 만나며 그들과 함께 느끼는 '감통感通'을 강조하고 있음을 확인할 수 있다.

(4) '추고성금追古醒今'의 고문古文 지향

정인보는 1930년대 후반~1940년대 초반에 전통지식인들과 서신을 교환하며 고문론古文論을 활발히 펼쳤다. 이 시기는 순국문체, 국한문체, 한문체 등이 다양하게 시도되며 뒤섞였던 국한문 교체기의 상황을 지나 국문체 위주의 글쓰기가 중심을 잡은 때이다. 이러한 시기에도 고문 창작과 고문 담론을 이어갔다는 것이 시대적으로 어떤 의미를 지니는 것일까?

우선 이 시기에도 고문을 여전히 가치 있다고 여기며 창작과 비평

40) 與其爲數頃無源之塘水, 不若爲數尺有源之井水生意不窮.(『傳習錄』 卷上 ; 시마다 겐지, 앞의 책, 158쪽에서 재인용)

41) 시마다 겐지, 앞의 책, 2001, 163쪽.

42) 김도련, 앞의 논문, 28~29쪽.

을 진지하게 이어간 집단이 있었고, 정인보도 그러한 지식인에 해당했다는 실상을 그대로 볼 필요가 있다. 하지만 정인보는 옛 학문의 방식을 그대로 이어가고자 하지 않았다. 그는 시대와 사회에 대한 고민 없이 옛것을 그대로 고수하기만 하는 유자儒者들을 소견이 편협한 '구유拘儒'라고 보며 비판했다. 반대로 전통 학문을 도외시한 채 서구 학문을 추종하며 그것이 신학문인양 하는 이들도 비판했다. 정인보는 그 사이의 길을 모색했고, 전통 학문을 계승하면서도 현실에 대응하는 방식을 한문 글쓰기와 국문 글쓰기의 병행을 통해 추구했다.

그렇기에 정인보가 당시 고문古文을 지은 것은 몸에 배인 익숙함에서 비롯된 것만은 아니다. 정인보는 고문 공부를 흠으로 여기는 세상의 풍조에 대해 비판적이었고[43], 고문을 연마하는 이들이 소수가 되어 가는 현실을 안타까워했다. 그러한 상황 속에서도 자신이 고문을 이어가고 있다는 사실에 대해 자긍했으며[44], 고문 공부에 힘쓰는 사람들을 격려하고 그들에 대한 기대를 아끼지 않았다. 이러한 사실은 정인보가 고문을 이어갈 가치가 있는 것으로 확신했음을 보여주는 것이다. 그에게 고문은 여전히 시대적 유효성을 잃어버린 글쓰기가 아니었던 것이다.

정인보에게는 고문 자체가 문제가 아니라 고문을 어떻게 쓰느냐가 문제였던 것으로 보인다. 이는 정인보가 고문을 짓는 이들을 한편으로는 격려하면서도 한편으로는 그들과 치열하게 논쟁하며 고문 글쓰

43) 流俗靡靡, 學古爲疵, 球圖失貴, 寶彼筥錡, 維文之艱, 十鮮一致.(정인보, 「耕齋 李丈祭文」, 『담원문록』 상, 148쪽 ; 『전집』 5, 21쪽)

44) 道衰, 流俗喜相繩美久矣. 普亦不敢自遠於俗. 徒以古文一事不絶, 僅如線. 環視域中, 同好亦廖廖. 若座下, 才高出人百十倍, 眞吾道所賴以光輝, 望之深矣.(정인보, 「答金文鈺書」, 『담원문록』 하, 388쪽 ; 『전집』 6, 443쪽)

기의 방향을 모색하는 데서 확인할 수 있다. 정인보가 고문 담론에서 펼친 논의의 한 축은 당대 문단에 대한 비판이고, 다른 한 축은 고문이 나아갈 방향에 대한 제시이다.

> 분명히 선생(성환혁)의 이 편지는 처음부터 끝까지 오로지 수사에서 고문가의 법에 맞기를 바랐으되, 문경文卿[45]과는 요컨대 서로 알리고 말하고 묻고 보고할 것은 생각건대 도리어 늘어놓지 못했소. 만약 이렇다면 편지로서 취할 게 무엇이겠소? 제가 또 생각해보니 선생이 이럴 수밖에 없었던 까닭이 있으니, 오직 지나치게 고문에 독실한 데 있는 것이니 진천震川 귀유광歸有光, 망계望溪 방포方苞, 요봉堯峯 왕완汪琬, 희전姬傳 요내姚鼐의 말이라면 최고로 알기 때문이오. 이를테면 공기 속에서 숨을 내쉬고 들이쉬는 사람으로서는 기층氣層 밖으로 뛰어넘을 방법이 없으며, 두 발의 쓸모는 땅이 아니면 붙일 데가 없는 것과 같아서, 이에 한 치씩 그대로 밟아가고, 한 자씩 그대로 닮아가기에 이르러 감히 제 뜻대로는 조금도 못 가는 것이오. 이래서 몸을 굽히고 힘들여 걷는 것을 조심함으로 여겨, 형세로 보아 치달을 수 없는 것이오. 혹 그 곱송그림(두려워 떨며 몸을 움츠림)을 스스로 깨달아 지켜야 할 법도를 조금이나마 고쳐보려 하여도, 그 자질이 만족할 만하지 못함이 걱정되고, 절제하려 들어도 베풀 길이 없는 것이오. 이에 몸을 굽히고 힘들여 걷는 조심스러움이 오히려 평소에 익숙하여 다시금 그 예전대로에 안주하지 않을 수 없는 것이오. 이 편지만이 그런 것이 아니라, 아마도 선생의 글이 모두 그럴 것이오. 그렇다면 장차 어느 길을 따라가야 좋겠소?[46]

---

45) 문경(文卿) : 이빈승(李斌承)의 자(字). 호는 재관(再觀). 정인보의 친구로 시인이다. 교통사고로 죽을 뻔하다가 살아나 재관(再觀)이라 불렀다.

46) 明足下此書起訖亶, 在修辭, 以蘄合古文家法, 而其與文卿要相告語咨報者, 慮反不得列. 苟如是, 其在於書, 奚取焉? 普又思之, 足下而不免乎是, 則有故, 惟其篤古之過, 而以歸方汪姚之言爲極. 若吐歙於空者, 無以越氣層之表, 兩足之用, 非地靡麗, 乃至寸蹈尺襲, 不敢稍行其意. 於是跼蹐以爲謹, 而勢不得

앞에서 본 바와 같이 정인보는 당시 고문 공부를 하는 이들의 가장 큰 문제점의 하나가 고문의 법도[의법義法]에 얽매어 있는 것이라고 보았다. 또한 당시 고문을 추구하는 이들이 진천震川 귀유광歸有光(1506~1571), 망계望溪 방포方苞(1668~1749), 요봉堯峯 왕완汪琬(1624~1690), 희전姬傳 요내姚鼐(1731~1815) 등만을 최고로 여기는 사실에 대해서도 비판적이었다. 정인보가 언급한 이들은 명明 · 청淸 시대의 대표적인 고문가古文家들로서 일반적으로 '동성파桐城派'라는 범주로 한데 묶을 수 있다.

동성파라는 명칭은 방포와 요내가 안휘성安徽省 동성현桐城縣 지역에서 흥성했고 이후 일파一派를 형성하면서 청대淸代의 고문을 중심적으로 이끌었기에 붙여진 것이다.[47] 이 방포와 요내 일파가 전범으로 삼았던 인물이 바로 명대의 귀유광이었다. 귀유광은 당순지唐順之(1507~1560), 왕신중王愼中(1509~1559)과 더불어 명대明代 당송고문운동唐宋古文運動에 종사했던 당송파唐宋派에 해당하는 문인이다. 당송파는 명대에 전후칠자前後七子와 마찬가지로 복고復古를 주장하며 모고模古의 창작 태도를 보였던 유파인데, 전후칠자가 진한秦漢의 문文을 전범으로 한 삼았던 것과 달리 이들은 당송고문唐宋古文을 전범으로 삼았다. 당송파 중에서 후대의 고문가들에게 가장 많은 영향을 끼친 인물이 귀유광이다. 왕완汪琬은 후방역候方域(1618~1654), 위

騁藉. 或自覺其瞉, 欲少改其侯度, 又患材無與足也, 節制無與設也, 乃不如跼蹐之謹猶爲素熟, 而不能不復安於故. 不惟此書則然, 恐足下之文擧然, 然則將何道之從而可? (정인보, 「與成士瞻煥赫論文書」, 『담원문록』 중, 366~367쪽 ; 『전집』 6, 78~79쪽)

47) 郭紹虞, 『中國文學批評史』, 百花文藝出版社, 2008(제2판), 486쪽; 章太炎 지음, 조영래 옮김, 『중국학개론』, 지식을 만드는 지식, 2011, 135쪽.

희魏禧(1624~1680)와 함께 청대淸代 초기의 3대 고문가로 손꼽히는 인물이다. 당송팔대가와 귀유광의 문장을 전범으로 삼았다는 점에서 그를 동성파의 선구로 보기도 한다.[48]

이와 같이 정인보가 동성파 범주에 드는 문인들을 일일이 나열한 것에서 짐작할 수 있듯이 당시 고문 창작에 주력했던 이들 사이에서 동성파의 글이 널리 읽혔던 것으로 보인다. 이는 다른 문헌들을 통해서도 알 수 있는 사실이다. 방포와 요내에 관한 언급은 김택영金澤榮(1850~1927), 이건창李建昌(1852~1898), 황현黃玹(1855~1910), 전우田愚(1841~1922), 조긍섭曺兢燮(1873~1933) 등 19세기 말~20세기 초 문인들의 글에서 현저하게 나타나는 것을 볼 수 있다.[49]

예컨대 황현은 이건창의 글에 대해 “문장이 오묘하여 명청 문인들과 다투었으니(文章妙處軋明淸)” “진천이 예의를 표하고 망계가 깜짝 놀라리라(震川加額望溪瞠)”[50]라고 말하며 이건창의 문장을 귀유광과 방포에 견주어 높이 평가하였다. 특히 조긍섭은 방포와 요내에 대해 많이 언급했던 인물이다. 조긍섭은 주자와 퇴계의 학문적 전통을 계승하며 고문 창작과 고문 담론을 활발히 수행했던 영남권의 대표적인 인물이다. 그는 중국으로 망명 간 김택영과 서신을 통해 학문과 문학에 대한 논의를 수차례 나눈 바 있다.[51] 그런데 영재 이건창의 문장에 대해 논하면서 농암 김창협과 더불어 방포, 요내에 견주어 이

48) 郭紹虞, 위의 책, 482~483쪽.

49) 成海應(1760~1839), 李圭景(1788~?), 金正喜(1786~1856) 등 19세기 전반의 문사들의 글에서도 방포 · 요내 등이 언급되지만, 金正喜를 제외하고는 의복 · 제도 고증과 관련된 내용을 서술할 때 간략하게 언급될 뿐이다.

50) 黃玹, 「聞寧齋葬期已過作詩哀之情見于辭」 제3수, 『梅泉集』 卷三(한국고전번역원 한국문집총간 제347집), 447쪽.(한국고전종합DB 번역 참조)

51) 曺兢燮(저)/김홍영(역), 「해제」, 『巖棲集』 1, 점필재, 2013, 23쪽.

건창의 글을 평가하는 것을 볼 수 있다.[52] 또한 박지원의 글을 높이 평가했던 김택영과 달리 조긍섭은 박지원의 글이 불가佛家의 말을 많이 쓰고 있어 평정平正하지 못하고 휼궤譎詭하므로 후대의 모범이 되지 못한다고 이견을 제시했다. 여기에서도 방포의 글을 인용하면서 박지원의 글을 평가하는 것을 볼 수 있다.[53]

이상에서 본 바와 같이 구한말과 근대 초기의 전통 지식인들 사이에서 동성파 문인들이 주요한 비평 준거의 하나로 여겨졌음을 확인할 수 있다. 김동석의 연구에 따르면 19세기에 조선 문인들과 동성파 문인들 사이에는 이미 활발한 교감이 이루어지고 있었다. 연행을 통해 조선 문인들은 청나라 문인들과 활발히 교류하며 청나라의 다양한 학술과 문학을 접하였는데, 특히 송학宋學을 표방한 동성파 문인들과 교감하며 그들을 지속적으로 만났다고 한다.[54] 근대 초기에 특히 주자학을 중심으로 삼고 당송 고문을 전범으로 여겼던 전통지식인들에게 동성파가 널리 읽혔던 것도 그들이 동성파에게 친연성을 느꼈기 때문임을 짐작할 수 있다.

정인보는 바로 이와 같은 풍토를 비판하며 고문의 새로운 길을 모색하고 싶었던 것이다. 윤석오에게 준 편지에서는 정인보가 추구하고자 했던 글쓰기의 방향이 잘 드러난다.

---

52) 寧齋之學識, 本不及農巖, 而其操執議論, 誠有過之者. 文章則終有如前日所論, 治衰之異, 要其精妙處, 可與望溪·惜抱相上下, 而非今人之所及.(曺兢燮, 「與金滄江(丁巳)」, 『巖棲集』 卷八(한국고전번역원 한국문집총간 350집), 112쪽)

53) 爲禪院文字而作禪語, 方望溪猶病其不雅, 而燕則於尋常題目, 輒用此爲家計, 雖其懷抱鬱屈, 思欲以奇自見, 而其玩世不恭亦甚矣.(曺兢燮, 「答金滄江」, 위의 책, 113쪽)

54) 김동석, 「조선과 청나라 문인의 교류와 특징」, 『한국한문학연구』 61, 한국한문학회, 2016, 245쪽.

> 지난번 비점批點 찍고 권주圈珠한 장 씨章氏 문장文章이 모두 그 마땅한 것을 생각해 보니, 이제 자네 경지는 이미 남과 동떨어지게 머니, 붓을 대었다 하면 거침없음을 이상히 여길 것이 없소. ……
>
> 옛사람이 문장을 지음에 독서의 범위가 좁았으나, 이제 자네의 책꽂이에 쌓인 것 중에는, 전배前輩들은 생각조차 못했던 것도 있소만, 밑천 삼을 것은 독서 범위의 넓지 않음을 걱정할 것이 아니라오. 그러므로 내 생각에 문장은 뒤에 태어난 사람이 도리어 낫소. 장태염章太炎 같은 굉박전아閎博典雅함을 어찌 방포方苞와 요내姚鼐가 능히 미칠 바이겠소? 이는 다른 까닭이 아니오. 청조淸朝의 박학樸學이 십삼경十三經 이십자二十子에 융화融和되어 터럭끝 만큼도 지나쳐 버린 곳이 없는데다가 장 씨가 마침 그 끝에 태어나, 좌우로 마음껏 토론하고, 그 집성을 혼자서 총괄하였기 때문이오. 하필 장 씨만이 그렇겠소? 자네나 나라고 유독 스스로 힘써서 안 될 리 있겠소?[55]

정인보는 윤석오에게 문장은 후대 사람이 옛사람보다 낫다고 말하며 방포 · 요내의 글이 장태염의 글에게 미칠 수 없다고 하였다. 예전보다 훨씬 다양하고 많은 책을 접하고 자유롭게 토론하면서 이제까지의 지식을 집대성하였기에 후대의 장태염이 더 나을 수밖에 없다는 것이다. 장태염은 중국의 국학 대사國學大師로 일컬어지는 인물로, 정주학程朱學을 넘어 제자학諸子學, 불학佛學 등의 동양고전은 물론 서학西學까지 두루 섭렵하였고, 고문헌에 대한 해박한 지식과 소

---

55) 因思頃見點圈章文, 皆得其宜, 此時賢境地已距人遠, 無怪下筆汩汩也. …… 昔人爲文章, 讀書範圍已窄, 今賢書架所積, 有前輩所不能想到者, 所資不患不廣. 吾故謂文章後出者當轉勝. 如章太炎其閎雅, 豈方姚所能及哉? 此非他, 淸朝樸學融液十三經二十子, 無毫髮鬆過處, 而章氏適生其末, 左右恣討, 獨總其成故也. 何必章氏爲然? 賢與吾獨不可自勉乎? (정인보, 「答尹士建錫五」(二), 『담원문록』 하, 395~396쪽;『전집』 6, 450~452쪽)

학小學[언어문자학]에 대한 깊은 이해를 바탕으로 중국의 옛문헌을 고증하고 총괄하여 국학國學을 주창하였다. 주자학을 중심에 두고 당송팔대가와 귀유광의 고문을 전범으로 삼았던 방포·요내에 견주면 장태염의 독서 범위는 '굉박閎博'하다고 할 만한 것이었다. 그러면서도 장태염은 중화민국 초기에 지식인들 사이에 성행하였던 신문체新文體나 백화문白話文보다는 전아典雅한 문체의 한문문언문을 지으며 학문적인 성과를 이루어냈다.56)

장태염이 보여준 바를 통해 정인보는 한문문언문이 나아가야 할 방향에 대한 시사점을 얻었던 것으로 보인다. 윤석오에게 장태염의 글을 수십 차례 읽을 것을 권하고, 윤석오가 장태염의 글에 비점批點을 찍고 권주圈珠한 것을 직접 점검하면서 장태염이 이룩한 성취를 우리도 할 수 있지 않겠냐는 의지를 피력하고 있는 것이다.

당시 문단의 풍조에 대해 비판적이었던 이유도 정인보와 장태염 간에 비슷한 점이 있다. 장태염은 동성파桐城派과 문선파文選派가 각각 모방과 형식적 유미주의에 치우치는 병폐를 보이고 있다며 당시 중국의 문단을 비판했다.57) 그리고는 '수사입성修辭立誠'의 창작 태도로 성정性情에 근본하여 진실된 뜻과 감정을 담아내는 문文을 지향했다.58) 정인보 또한 모방과 형식적 유미주의를 비판하였고 진眞을 다하는 문文과 의意와 기氣 중심의 창작태도를 강조했다. 이처럼

56) 백화문이 '민지(民智)'를 일깨우는 데 기여할 수 있다는 점을 장태염이 부정한 것은 아니다. 하지만 장태염은 서양의 학술이나 그것을 모범으로 하여 이루어진 백화문 학술에 지배받지 않고자 문언문을 통해 학술체계를 구성하고 국학(國學)을 수립했다.(린사오양 지음, 서광덕·최정섭 옮김, 『修辭라는 思想－章炳麟과 한자권의 언어론적 비평이론』, 연세대학교 대학출판문화원, 2013, 262쪽 참조)

57) 김월회, 「章炳麟 文學理論 硏究」, 서울대 석사학위논문, 1994, 40쪽.

58) 김월회, 위의 논문, 1994, 64쪽.

정인보가 장태염을 주목했던 데에는 국학 사상과 방법론 등에서만이 아니라 문文의 지향이 비슷했던 점도 작용했던 것으로 보인다.

요컨대 정인보가 한문 글쓰기를 이어갔던 것은 전통 학문과 한문 글쓰기의 가치에 대한 소신이 있었기 때문이다. 그러면서도 정인보는 옛 방식을 그대로 모방하는 데로 빠지지 않고 시대와 사회현실에 대응할 수 있는 한문 글쓰기의 길을 모색하고자 하였다. 분명 그의 시선은 과거를 향해 있었고 옛 가치를 붙잡고 있었지만, 동성파 등을 전범으로 삼으며 고문의 법도를 고수하는 데 주력했던 전통지식인들과는 길을 달리하였던 것이다. 정인보는 옛 문헌과 문화 유산을 보존하고 연구하는 데 노력을 기울이면서 자신의 태도는 "한갓 모고慕古나 회석懷昔에 그치는 것"이 아니며 "추고追古가 곧 성금醒今"임을 강조한 바 있다.[59] 이 '추고성금追古醒今'이야말로 정인보의 학문과 글쓰기의 특징을 압축적으로 잘 보여주는 말이라고 본다. 우리 자신의 옛것을 돌아봄으로써 현재 우리의 모습을 제대로 파악할 수 있으며, 그러할 때 비로소 자기혁신을 이루고 새로워질 수 있다고 여겼던 것이다.[60] 정인보의 고문古文 담론에서도 두드러지게 나타나는 태도는 '추고성금追古醒今'의 지향이라고 할 수 있다.

한영규는 변영만과 정인보를 당시 동성파 글쓰기의 조선적 구현을 추구했던 이들과 달리 유가적 전통을 상대화하며 근대적 한문글쓰기를 모색했던 대표적인 인물로 꼽았다. 그리고는 변영만은 동서회통의 한문글쓰기를, 정인보는 실심실학實心實學의 한문글쓰기를 지향

---

59) 鄭寅普, 「乙支將軍墓山修保問題」, 『전집』 2, 319~322쪽.

60) 정인보는 "우리 群黎의 自顧 自省함을 資現함에 있어서는 언제나 新이라"고 말한 바 있다.(鄭寅普, 위의 글, 319쪽)

했다고 파악한 바 있다.[61] 실심實心은 정인보 사상의 핵심 개념으로 그의 글에서 빈번하게 언급되는 본심本心이나 양지良知와도 같은 의미를 지니는 말이다. 문학에서 강조한 '진眞'도 실심實心과 상통하는 개념이라고 할 수 있다. 그렇기에 실심은 정인보의 문론文論의 사상적 기저를 드러내는 말로 타당한 점이 있다. 하지만 정인보가 고문古文을 통해 지향한 바를 나타내는 데에는 다소 부족해 보인다. 변영만과 달리 정인보는 서양 학문이나 글쓰기에 영향을 거의 받지 않았고, 우리의 옛 문헌을 추적하고 고증하며 그 원류와 가치를 밝힘으로써 근대에 대응하고자 했다. 정인보가 한문문언문이 나아갈 길을 모색하며 장태염을 특별히 주목했던 이유도 그와 같이 국고國故를 두루 고찰하고 집대성하여 독자적인 국학을 수립하고자 하는 포부에서였다. 이런 점에서 정인보의 학문과 글쓰기가 지향한 바가 '추고성금追古醒今'이라고 한 그의 말에 잘 드러난다고 본다.

2) 한시론漢詩論의 특징

정인보의 시에 관한 논의는 한시, 문학 비평글 등에 산견된다. 한문 산문에서 한시에 관해 본격적으로 논의하고 있는 부분은 찾아보기 어려우나, 한시에서 단편적으로 시의 창작과 관련한 견해가 표출되고 있는 것을 볼 수 있다. 「담예쇄록談藝瑣錄」, 「지나문학총론支那文學論叢」, 「『백팔번뇌百八煩惱』 비평批評에 대對하여」 등 신문·잡지에 국문으로 발표한 비평문 및 학술논문 또한 정인보의 시론詩論을 살펴볼 수 있는 글이다. 「지나문학논총」은 중국 시의 원류를 고

61) 한영규, 「儒家 아비투스의 상대화와 근대적 문장관의 출현」, 『동양한문학연구』 35, 동양한문학회, 2013, 414쪽.

찰하기 위해 『시경』의 특징을 분석한 것으로, 한시를 포함하여 시의 본질과 창작의 특징에 관한 생각과 통찰이 잘 드러나 있다. 「『백팔번뇌』 비평에 대하여」는 최남선의 시조에 관한 비평문이지만, 이 글에서 시에 대해서 논하고 있는 부분은 한시, 시조,, 근대 자유시 등에 두루 관통하는 성격의 것이라고 할 수 있다. 이러한 글들에서 산견되는 시에 관한 논의를 종합적으로 고찰하여 정인보의 시론詩論을 재구해 보도록 하겠다.

(1) 진지유로眞摯流露의 경계境界

정인보의 시에 관한 논의에서 주요한 주제 중의 하나는 '정情'이다. 시란 무엇인가라는 물음에 대하여 정인보는 한마디로 정情의 음송吟誦이라고 하였다. 이에 시가 나타내고자 하는 정情이 무엇인지, 정情을 어떻게 표현해야 하는지 등의 문제에 관심을 가지고 논의를 펼쳤다. 정인보가 말하는 정情이 무엇인지 보기 위해서 우선 그가 『시경』 시삼백詩三百은 대개 온유돈후溫柔敦厚의 경계境界를 벗어난 것이 없다고 주장하면서[62] 그 이유를 말하고 있는 부분을 보자.

> 시詩는 정情을 읊은 것이니 정을 읊은 것일수록 어디까지든지 진지眞摯하여야 할 것이며 진지한 그 부분에서도 우유에 갈분을 타서 미음같이 쑨 죽과 같이 더 귀여운 부분만이 모여야 할 것이다. 진지란 언제든지 말살하는 법이 없다. 저절로 온유溫柔함이 생기는 것이며, 진지란 언제든지 까끄라기가 나타나지 않는 법이다. 저절로 온유함이 생기는 것이며, 진지란 언제든지 얄팍하고 빤한 법이 없다. 또 쌀쌀하고 박하고

62) 정인보, 「支那文學論叢」, 『전집』 1, 313쪽.

> 잔 법이 없다. 그러므로 진지와 돈후敦厚는 서로 따라다니는 것이다. 누구든지 애연한 그리움이 있을 때 자기의 속을 더듬어 보라. 더듬는 생각이 손이라 하자. 솜 만지는 듯한 촉각이 있을 것이며 듣는 눈물이 어느덧 앞자락으로 굴고 구름같이 이는 설움이 머릿속으로 돌 때 도는 것이 어떠한가를 징험해 보라. 한때의 설움이라도 그의 깊이를 알 수 없을 것이다. 그러므로 아무리 쓸쓸한 가을에 대한 구슬픈 느낌이라도 그 느낌의 진지한 내부는 항상 봄기운의 다사로움이 있다. 그러므로 온유돈후를 주장하는 것은 오로지 진지를 나타내자는 것이다. 반고班固 「예문지藝文志」에 시의詩義를 말하되 측은惻隱이라 함이 가장 절실하니 측은이 슬픔에만 국한하는 것이 아니라 깊은 느낌은 다 측은이다.63)

"온유돈후溫柔敦厚가 시詩의 가르침이다(溫柔敦厚, 詩敎也)."(『禮記·經解』)라는 공자의 말 이래로 온유돈후론은 시의 사회적 효용론에서 작품 내용론·창작의 표현론으로 확대되며 유가 문예 이론의 중요한 기본 테제가 되어 왔다.64) 그런 점에서 정인보가 온유돈후로 『시경』

---

63) "詩는 情의 吟誦이니 情의 吟誦일수록에 어디까지든지 眞摯하여야 할 것이며 眞摯한 그 部分에서도 牛乳의 醍醐와 같이 더 귀여운 部分만이 모여야 할 것이다. 眞摯란 언제든지 抹殺한 법이 없다. 저절로 溫柔함이 생기는 것이며, 眞摯란 언제든지 芒角이 나타나지 않는 법이다. 저절로 溫柔함이 생기는 것이며, 眞摯란 언제든지 얄팍하고 빤한 법이 없다. 또 쌀쌀하고 박하고 잔 법이 없다. 그러므로 眞摯와 敦厚는 서로 따라다니는 것이다. 누구든지 애연한 그리움이 있을 때 자기의 속을 더듬어 보라. 더듬는 생각이 손이라 하자. 솜 만지는 듯한 觸角이 있을 것이며 듣는 눈물이 어느덧 앞자락으로 굴고 구름같이 이는 설움이 머릿속으로 돌 때 도는 것이 어떠한가를 징험해 보라. 한때의 설움이라도 그의 깊이를 알 수 없을 것이다. 그러므로 아무리 쓸쓸한 가을에 對한 구슬픈 느낌이라도 그 느낌의 眞摯한 內部는 항상 봄기운의 다사로움이 있다. 그러므로 溫柔敦厚를 주장하는 것은 오로지 眞摯를 流露하자는 것이다. 班固 「藝文志」에 詩義를 말하되 惻隱이라 함이 가장 切實하니 惻隱이 슬픔에만 限하는 것이 아니라 깊은 느낌은 다 惻隱이다."(정인보, 위의 글, 314쪽)

64) 김수경, 「朝鮮時代『詩經』 인식에서의 詩可以怨과 溫柔敦厚」, 『한국한문학연

의 대의大義를 말한 것은 전통적인 유가 문예 이론을 따른 것이다.

그러나 정인보가 말하는 온유돈후는 조선시대 학자들의 일반적인 관념과는 상이한 면을 보여준다. 조선시대 학자들은 주로 정교政教의 각도에서 인정仁政의 결과가 반영된 형태로 온유돈후를 인식한다거나 도덕수양론의 관점에서 원망[원怨]의 정서를 배제한 온유돈후를 지향하는 인식이 지배적이었다.[65] 시가 성정性情의 바름에 바탕을 두는 것을 중시하였기에 원망의 정서와 같은 것은 성정의 바름을 잃은 것으로 보고 온유돈후와 대립적인 것으로 인식하는 경우가 많았던 것이다. 반면 정인보는 "질통疾痛의 부르짖음"이나 "박절迫切한 듯한 언사言辭"도 모두 온유돈후의 경계境界를 나타내는 것으로 보았다.[66] 왕부지王夫之(1619~1692)와 황종희黃宗羲(1610~1695)의 경우 각각 굴원屈原의 감분感憤과 시인의 격양激揚한 정서를 온유돈후에 포섭하며 시문학 창작의 표현론 각도에서 온유돈후의 함의를 확대시킨 관점을 보여준 바 있는데,[67] 정인보는 시의 경계론境界論의 관점에서 온유돈후의 함의를 확대시켰다고 볼 수 있다.

주목할 점은 정인보가 온유돈후의 경계를 말하며 시에서 오로지 추구할 바는 "진지眞摯의 유로流露"라는 주장으로 귀결시키고 있다는 것이다. 진지眞摯는 진성간절眞誠懇切이라는 의미로 진실되고 절실한 마음을 가리킨다. 정인보는 이러한 마음은 말살하거나 모나거나 얄팍하거나 빤하거나 쌀쌀하거나 박절한 법이 없어서 저절로 온유하고 돈후함이 생긴다고 보았다. 또한 그것은 곧 측은의 마음을 드러낸

究』 52, 한국한문학회, 2013, 387쪽.

65) 김수경, 위의 논문, 407~412쪽.

66) 정인보, 위의 글, 313~314쪽.

67) 김수경, 앞의 논문, 391쪽.

것이라고 하였다. 그리고 자신이 말하는 측은이란 슬픔에만 국한되는 것이 아니라 깊은 느낌을 다 포괄하는 것이라고 하였다.[68] 이처럼 정인보가 시에서 중시하는 온유돈후나 측은의 경계는 특정한 감정, 생각으로 시의 내용을 제한하는 성격을 지니지 않는다. 결국 그가 궁극적으로 말하고자 하는 시의 요체要諦는 진실되고 깊은 정情을 드러내는 것이다.

> 『시경詩經』 삼백 편이 얼른 보기는 대개 덤덤한 것 같으나 진지眞摯까지도 그의 형질形質의 거친 자취를 버리고 그윽히 미묘한 신정神情을 은은하게 비추니 자연히 엷은 맛과 보기 쉬운 빛깔이 얼른거리지 못한다. 그러니 덤덤한 속에 말할 수 없는 슬픔이 소리 없이 다 쌓인 줄 알아야 한다. 『시경』 삼백 편이 중국시의 빼어난 꽃이자 골수이며 깊은 바다인 줄은 누구나 아는 바이지만, 속 깊이 흐르는 한줄기 간곡한 정의 잔잔함을 음조音調로써 은밀하고 잔잔하게 옮겨내는 이 경계境界가 중국시의 궁극처인 줄 아는 이가 적다. 굴원屈原의 「이소離騷」도 이것이며 소무蘇武와 이릉李陵의 오언고시五言古詩도 이것이며 도잠陶潛·사영운謝靈運·위응물韋應物·유종원柳宗元의 시도 이것이며 여강부廬江府 소리小吏의 악부시나 「고아행孤兒行」도 이것이다. 첫째로 정情이 시로 드러남에 나타난 그것에만 만족하지 아니하고 그의 찌르를한 아울러 찌르를한 것까지도 일어나랴 말랴 하는 그 정情의 결이 어떠한 줄을 짐작하여 보면 온유돈후니 측은이니 하는 것이 어떠한 것인 줄 상상하여 볼 수 있는 것이다.[69]

---

68) "怨怒·哀思·安樂이 모두 最深至의 眞摯로 惻隱의 속 境界를 벗어난 것이 아닌 줄 알라."(정인보, 앞의 글, 316쪽)

69) "詩三百篇이 얼른 보기는 대개 덤덤한 것 같으나 그러나 眞摯까지도 그의 形質의 粗跡을 버리고 그윽히 微妙한 神情을 隱映하게 함일새 자연 엷은 맛과 보기 쉬운 빛깔이 얼른거리지 못하는 것이니 덤덤한 속에 말할 수 없는 愴惻이 소리 없이 다 쌓인 줄 알아야 한다. 詩三百이 支那詩의 菁英이며 骨髓이며 淵海인

이 글에서 보듯이 정인보는 『시경』 삼백 편에 대해 '그윽히 미묘한 신정神情을 은은하게 비추'고, '말할 수 없는 슬픔의 소리 없이' 쌓이며, '속 깊이 흐르는 한줄기 간곡한 정의 잔잔함', '찌르를한 것과 찌르를한 것이 일어나려 마려하는 그 정情의 결'이 나타난다고 보았다. 한마디로 『시경』 삼백 편은 가장 깊은 정감을 드러낸 것이고, 이것이 곧 중국시, 즉 한시의 궁극적 경지를 보여준다는 것이다. 나아가 이러한 경계를 보여준 것은 『시경』뿐만이 아니라, 굴원의 초사, 소무와 이릉의 오언고시, 도잠・사영운・위응물・유종원의 시, 후한 때 여강부廬江府의 소리小吏가 초중경焦仲卿의 아내를 위해 지었다고 하는 악부시나 「고아행」과 같은 악부시 등이 다 그러하다고 하였다.

정인보가 「담예쇄록談藝瑣錄」에서 월암月巖 이광려李匡呂의 한시 전문을 소개하고 그의 시를 높이 평가한 것도 시에서 깊고 은미한 정을 담아냈다고 보았기 때문이다.

> 이월암李月巖의 「장대지章臺枝」 12수는 눈물을 아끼었건만 슬픔은 싸이고 정곡情曲이 굴곡지고 은근할수록 체세體勢 더욱 단정하고 장엄하여 월암의 시 가운데 유수한 명작이다.
>
> (시 전문 생략)
>
> 생각을 아득히 하여 저 정곡을 속 깊이 더듬어 가지고 다시 또 그 중의 피나는 곳을 필묵에 옮긴 것이다. 한 일을 쓴 것이로되 그때 사회의 진

줄은 누구나 아는 바이지만 속 깊이 흐르는 一段情曲의 潺湲을 音調로써 密移默運하는 이 境界가 支那詩의 極處인 줄 아는 이가 적다. 屈原의 騷歌도 이것이며 蘇李의 五古도 이것이며 陶謝韋柳도 이것이며 廬江府吏孤兒行도 이것이다. 첫째로 情의 發露를 나타난 그것에 滿足하지 아니하고 그의 찌르를한 아울러 찌르를한 것까지도 일어나랴 말랴 하는 그 情의 결이 어떠한 줄을 짐작하여 보면 溫柔敦厚니 惻隱이니 하는 것이 어떠한 것인 줄 想像하여 볼 수 있는 것이며"(정인보, 앞의 글, 314~315쪽)

> 상眞相이 비추인다. "일진일체진一眞一切眞"이라는 말을 문인으로서는 더욱 깊이 생각하여야 한다. 어디서든지 참된 것을 잡으면 거기 딸리는 것의 참 아닌 것이 없다.70)

정인보가 이광려의 한시 중 손꼽히는 명작으로 소개한 작품은 「장대지章臺枝」이다. 기생 장대지가 인연 맺었던 부사에 대한 절개를 지키며 다시 만나기를 기다리다가 죽음에 이르고 만 사연을 담고 있는 시이다. 이광려는 외재 당숙의 희첩인 장대지의 사연을 듣고서 이 내용을 사람들에게 전하여 정절을 지키다가 죽은 그녀의 한을 풀어주고 싶었다고 한다. 이광려는 이와 같은 장대지의 사연과 시 창작 동기를 서문에서 밝히고, 장대지의 그리움과 한을 5언절구 12수의 연작시로 읊었다. "눈물을 아끼었건만 슬픔은 싸이고"라는 정인보의 말처럼 한 수 한 수씩 읊어나갈수록 장대지의 마음에 깊이 맺혔을 슬픔과 한이 깊이를 더해가며 감동을 자아내는 시이다.

그러나 여기에서 주목하고자 하는 것은 이광려의 시에 대한 정인보의 평이 얼마나 타당한지, 어떤 면에서 그러한 평을 했는지가 아니다. 이 시에 대해 정인보가 "생각을 아득히 하여 저 정곡情曲을 속 깊이 더듬어 가지고 다시 또 그 중의 피나는 곳을 필묵에 옮긴 것"이라고 평하고 있다는 점을 주시하고자 하는 것이다. 이는 시의 관건이

---

70) "李月巖의 「章臺枝」 十二首는 눈물을 아끼었건만 슬픔은 싸이고 情曲이 委婉할수록 體勢 더욱 端莊하여 月巖의 詩 가운데 有數한 名作이다.(시 전문 생략) 생각을 아득히 하여 저 情曲을 속 깊이 더듬어 가지고 다시 또 그 중의 피나는 곳을 筆墨에 옮긴 것이다. 한 일을 쓴 것이로되 그 때 社會의 眞相이 비추인다. '一眞一切眞'이라는 말을 文人으로서는 더욱 깊이 생각하여야 한다. 어디서든지 참된 것을 잡으면 거기 딸리는 것의 참 아닌 것이 없다."(정인보, 「談藝瑣錄」, 『전집』 2, 358~360쪽 ; 『東方評論』 1932년 4월호에 발표)

깊고 은미한 정감, 절실한 마음에 얼마나 닿았느냐에 달려 있다고 본 정인보의 시관詩觀을 확인할 수 있는 부분이다.

아울러 정인보는 문인이라면 '일진일체진一眞一切眞'이라는 말을 깊이 생각하여야 한다고 주장하였다. '일진일체진'은 『육조단경六祖壇經』의 「행유품行由品」에 나오는 구절[71]로 정인보는 이를 "어디서든지 참된 것을 잡으면 거기 딸리는 것의 참 아닌 것이 없다"라는 의미로 해석했다. 정인보가 보기에 이광려의 「장대지」는 바로 '일진일체진'임을 보여주는 작품이었다. 한 사람의 일을 읊었지만 참됨을 드러냈기에 사회의 진상眞相을 비춰준다는 것이다. 이는 정인보가 깊고 절실한 정情 그 자체를 곧 진眞으로 보았음을 의미하는 것이기도 하다.

이러한 점에서 정인보의 시론은 전통적인 유가 문예 이론에 바탕을 두고 온유돈후, 측은 등의 옛 언설을 사용하고 있지만, 조선시대 유자들의 일반적인 문학관을 따르고 있는 것은 아니다. 당시 경성제국대학에서 조선한문학을 강의하고 있던 정만조(1858~1936)[72]의 문학관과 비교해 보면 그 차이를 확연히 알 수 있다. 정만조는 「조선시문변천」에서 다음과 같은 문학관을 피력하였다.

> 무릇 시는 물物에서 움직여 정情에서 발하고 문文은 그 일을 실어 말로 서술한다. 정情이 바름을 얻지 못하면 어찌 허물을 징계하고 착함을 깨달으며 말이 그 바름을 얻지 못하면 어떻게 앞일을 징험해 뒷일을 이

---

71) 六祖慧能(述)·宗寶(編)/法志(譯註), 『육조대사 법보단경』, 운주사, 2007, 63쪽.

72) 鄭萬朝는 1925년 경성제국대학 법문학부 강사로 임명되어 1936년 1월 사망할 때까지 재임했다. 그밖에 조선총독부 직속기구인 경학원, 조선사편수회 등에서 활동한 친일유림의 대표적 인물이다.(『한국민족문화대백과』 참조)

> 끌 수 있겠는가. 고로 시문詩文이라 함은 반드시 경학經學에 근본을 두어야 하니 경經은 바른 것이기 때문이라. 그 일은 천하의 법法이 될 수 있고 그 말은 가히 만세萬世의 교훈敎訓이 될 수 있으므로 경經이 되는 소이니라.[73)]

시가 정에서 발한다고 한 정만조의 말은 시를 정의 음송吟誦이라고 한 정인보의 말과 다르지 않다. 그러나 정만조는 효용론의 차원에서 허물을 징계하고 착함을 깨닫게 하는 문학의 기능을 중시하며 그 정情이 바름[정正]을 얻어야 하고 이를 위해 문학이 반드시 경학에 근본을 두어야 한다고 주장하였다. 이는 조선시대 유자의 전형적인 문학관을 보여주고 있는 것이다. 반면 정인보는 정情을 바른 것과 그렇지 못한 것으로 구분하거나 바름의 준거를 경학에 두지 않았다. 마음 밖에 따로 준거가 있는 것이 아니라, 오직 마음 속 깊은 데서 나오는 정을 진眞이라고 할 뿐이다. 시에서 다양한 개성을 긍정하게 되는 것도 이러한 시관을 바탕으로 하고 있기 때문이다.

> 그동안 몇 해를 지나 게으르게나마 책 권이 눈에 스친 까닭에 자연스레 여러 가지로 생각한 바가 있어 비로소 무슨 글이든지 작자마다 작자의 본색이 있고 이 본색을 버리고는 일가一家를 이룰 수 없는 것을 깨달았다. 그래서 육당六堂더러도 누가 무슨 말을 하든지 그대로 나가는 것이 옳다고 질언質言하였다.
>
> 유약하면 유약한 대로, 강건하면 강건한 대로, 맑고 고우면 맑고 고운

---

73) "夫詩者, 動於物而發於情, 文者, 載其事而述其言, 情而不得其正, 何以懲逸而感善, 言而不得其正, 何以徵前而牖後哉. 故爲詩文, 必本乎經學, 經者, 正也. 其事, 可以爲天下法, 其言, 可以爲萬世訓, 所以爲經也."(조동일, 「한국문학과 세계문학」, 198쪽; 장선희, 「韓國 近代의 漢詩 硏究 : 姜瑋의 詩 活動을 중심으로」, 전남대 박사학위논문, 1997, 143쪽 참조)

> 대로, 묵직하고 순후하면 묵직하고 순후한 대로, 복잡하고 화려하면 복잡하고 화려한 대로 본래 타고난 바탕은 늘 그대로 있어야 한다. 이것이 근간이 되어야 여기서 가지가 벋는 법이요, 이것이 앞에서 이끌어야 여기서 도정道程이 막하지 않는 법이다. 그런데 유약이나 강건이나 맑고 고움이나 묵직하고 순후함이나 복잡하고 화려함이나 다 각각 다른 바가 있으나 궁극에 이르러는 모두 좋은 곳이 있고, 좋은 곳에 이르러서는 피차간 다를 것이 없다. 그러나 각각 다름으로부터 모인 까닭에 마침내 이렇게 합하는 것이다. 제 본색을 버리고 억지로 다른 것을 따르려 하면 언제든지 쪼개지고 흩어질 뿐인 줄 안다. 이를 깊이 알지 못하고 요량없이 어찌 남의 저작著作을 말할 것이랴?[74)]

이 글은 최남선의 시조집 「백팔번뇌」 비평에 대해 비평하는 일종의 메타비평문이다. 이 글에서 정인보는 최남선의 시조가 난삽하다거나 자연스러움보다는 공정工程에 치우쳤다고 지적하는 비평에 대해 반박하고, 고심인苦心人이 토로한 것을 어찌 의논할 것이냐며 시에서 자기의 본색을 추구할 것을 강조하였다. 유약, 강건, 맑고 고움,

---

74) "그 동안 몇 해를 지나 게으르게나마 책 권이 눈에 스친 까닭에 自然 여러 가지로 생각한 바이 있어 비로소 무슨 글이든지 作者마다 作者의 本色이 있고 이 本色을 버리고는 一家를 이룰 수 없는 것을 깨달아 六堂더러도 누가 무슨 말을 하든지 그대로 나가는 것이 옳다고 質言하였다. 柔弱하면 柔弱한 대로, 剛健하면 剛健한 대로, 淸麗하면 淸麗한 대로, 質重하면 質重한 대로, 繁靡하면 繁靡한 대로 天生인 바탕은 늘 그대로 있어야 한다. 이것이 根幹이 되어야 여기서 가지가 벋는 법이요, 이것이 前引이 되어야 여기서 道程이 막하지 않는 법이다. 그런데 柔弱이나 剛健이나 淸麗나 質重이나 繁靡나 다 각각 다른 바이 있으나 極處에 이르러는 모두 좋은 곳이 있고, 좋은 곳에 이르러서는 彼此의 다를 것이 없다. 그러나 각각 다름으로부터 모인 까닭에 마침내 이렇게 合하는 것이다. 제 本色을 버리고 억지로 다른 것을 따르려 하면 언제든지 判渙할 뿐인 줄 안다. 이를 깊이 알지 못하고 요량없이 어찌 남의 著作을 말할 것이랴?"(정인보, 「「百八煩惱」批評에 對하여」, 《동아일보》, 1927년 3월 1일자; 『전집』 2, 336~337쪽)

묵직하고 순후함, 복잡하고 화려함 등은 각기 타고난 바탕에 따라 다르게 나타나는 것이지 우열이 있는 것이 아니며, 그대로 지극한 경지에 이른다면 모두 좋을 뿐이라는 것이다.

(2) 무심無心의 창작론

시가 얼마나 심정深情, 즉 깊은 느낌의 경계를 드러내느냐를 중요하게 여겼던 정인보가 창작 과정에서 강조했던 것이 무심無心이다. 정인보가 후배 시인 정지용의 시를 평하며 조언하는 부분을 보자.

옥류동은 대체 어떠하던가?	玉流之洞夫如何
돌 틈에 부딪히며 골을 넘으니 숲 그림잔 빗겼고	粼粼度谷林影亞
흰 돌은 누인 명주인 듯 물은 바로 구슬 같으니	白石如練水如珠
구슬이 깁 위를 달리건만 깁은 때묻질 않는구나.	珠走練上練不涴
끙끙대며 기이한 글로 바꾸는 정지용은	以苦易奇鄭芝溶
산에 올라 홀로 앉았더니 산 내려와 벌렁 눕는구나	上山獨坐下山臥
까마아득한 델 따라가서는 이르러 가서도 오히려 긴가 민가?	躡追杳杳到猶疑
어디메 용 아드님 가을밤에 읊조리는가?	何處龍子吟秋夜
싸늘한 달 숲을 뚫고 나와 돌문에 이르자	寒月穿林到巖扃
온 산이 이를 따라 소리내는 듯.	萬山從之似有聲
무심해야지 강탈하려 들면 경계가 자넬 따를 것인가?	無心逼取境隨女
그대에게 권하노니 붉은 신나무 꺾질 말게나.	勸君莫折楓葉赬75)

이 시의 제목을 보면 정지용이 금강산을 읊은 시를 정인보에게 보

75) 정인보, 「정지용 군이 그가 지은 금강산 시를 보여주기에(鄭君芝溶示其所爲金剛山詩)」, 『담원문록』 중, 167~168쪽; 『전집』 5, 352쪽. 1938년 作.

여준 일이 있었음을 알 수 있다. 정지용은 1937년에 「비로봉」, 「옥류동」, 「구성동」 등 금강산의 풍경을 읊은 시를 발표한 바 있다.[76] 내용상 이 시의 제목에서 말하는 금강산 시란 1937년 11월 『조광』지에 발표한 「옥류동玉流洞」을 가리키는 것으로 보인다. 정인보의 시를 이해하기 위해 시평의 대상이 되는 정지용의 「옥류동」을 함께 보도록 하겠다.

> 골에 하늘이
> 따로 트이고,
>
> 폭포瀑布 소리 하잔히
> 봄우뢰를 울다.
>
> 날가지 겹겹이
> 모란꽃닢 포기이는 듯.
>
> 자위 돌아 사폿 질ㅅ듯
> 위태로히 솟은 봉오리들.
>
> 골이 속 속 접히어 들어
> 이내(청람晴嵐)가 새포롬 서그러거리는 숫도림.
>
> 꽃가루 묻힌양 날러올라
> 나래 떠는 해.
>
> 보라빛 해ㅅ살이

76) 정지용(저)/최동호(편), 『정지용전집』 1(시), 서정시학, 2017, 195~199쪽.

폭幅지어 빗겨 걸치이매.

기슭에 약초藥草들의
소란한 호흡呼吸!

들새도 날러들지 않고
신비神祕가 한끗 저자 선 한낮.

물도 젖여지지 않어
흰돌 우에 따로 구르고,

닥어 스미는 향기에
길초마다 옷깃이 매워라.

귀또리도
흠식 한양

옴직
아니 귄다.[77)]

정지용의 「옥류동」은 그가 동양 고전과 예술세계에 깊은 관심을 보이며 시를 창작하던 시기의 산물이다.[78)] 정지용이 정인보에게 자

77) 정지용「玉流洞」,『朝光』25호, 1937.11 ; 정지용(저)/최동호(편), 위의 책, 198~199쪽.

78) 최동호는 정지용의 시세계를 감각적인 이미지즘의 시, 가톨릭 신앙을 바탕으로 한 종교적인 시, 동양적인 정신의 시의 세 시기로 구분한 바 있다. 「옥류동」을 비롯한 금강산 시에서부터 1941년에 이르는 일제 말기의 시가 세 번째 시기에 해당한다.(최동호, 「정지용의 산수시와 은일의 정신」,『민족문화연구』19, 고려대학교 민족문화연구원, 1986, 79쪽)

신의 시를 보여주었던 것은 시문학파 동인이었던 인연도 있었겠지만,[79] 무엇보다도 정인보가 한학자로서 한시에 정통하고 시 창작을 꾸준히 해 왔기에 그로부터 평을 받고 싶었기 때문으로 보인다. 특히 「옥류동」의 경우 정지용이 심혈을 기울여 썼고 작품에 대해 나름대로 만족스러움을 느꼈던 작품이었다.[80] 하지만 정인보가 보기에 「옥류동」은 아직 아쉬움을 드러내는 수준이었다. 여기에서 정인보가 정지용에게 조언하는 창작 방법이 무심無心의 경계境界이다. 정인보의 시를 따라가며 어떻게 평하고 있는지 보자.

정인보는 첫구에서 "옥류동은 대체로 어떠하던가"라는 물음으로 시작하며, 2~4구에서 정지용이 읊은 옥류동의 자연 풍경을 압축적으로 그려 보여 주었다. 2구는 「옥류동」의 1~5연에서 골을 넘어가며 바라본 풍경을 담았고, 3·4구는 「옥류동」의 10연에 묘사된 흰 돌 위를 흘러가는 물의 형상을 그린 것이다. 5구에서 끙끙대며 기이한 글로 바꾸었다(이고역기以苦易奇)고 한 것은 정지용 시의 특징을 한마디로 표현한 평이다. 예컨대 「옥류동」의 '이내가 새포롬 서그러거리는 숫도림'이라는 시구에서 시각·청각의 감각적 이미지와 의태어·형용사의 참신한 운용이 두드러지며, '꽃가루 묻힌양 날러올라 나래 떠

79) 1930년 3월 『詩文學』 제1호가 창간되었을 때, 정인보는 정지용, 이하윤, 박용철 등과 함께 참여하여 한시 「木蘭詩」를 한글로 번역하여 게재하였다.

80) "「비로봉」·「구성동」·「옥류동」 세편을 죽도록 앨써 어더 기록하엿더니 그중에도 제일 아까운 「옥류동」 1편을 용철이가 가저다가 분실하여 버렸다. 곳 盜賊을 다사릴 法이 잇기 어렵거든 詩를 일은 잘못을 무엇이라 責하랴. 원래 具本雄君과 계획하여온 「青色紙」 첫호에 실리어 큰소리 하자 한 것이 뜻한 바와는 어그러지고 말다. 진득한 곳으로 남의 눈에 뜨히지 안코 살아진 송이가 좀도 만흘가 보냐. 분실되고 마른 나의 시 「옥류동」아 한끗 아름다웠스러므나."(정지용, 「愁誰語 2」, 『정지용전집』 2(산문), 서정시학, 103쪽)

는 해', '기슭에 약초들의 소란한 호흡'의 시구에서도 생생한 감각적 이미지와 참신한 비유가 돋보인다. 그런 면에서 시인이 고심하며 기이하게 표현하였다는 정인보의 평은 정지용 시의 핵심적 특징을 정확하게 포착한 것이라고 할 수 있다.

그러나 정인보는 정지용이 그리고 있는 자연의 경계는 한계가 있다고 보았다. 정인보의 한시에서 '산에 올라 홀로 앉았더니 산 내려와 벌렁 눕는구나', '까마아득한 델 따라가서는 이르러 가서도 오히려 긴가 민가?'라는 시구가 그것을 의미한다. '까마아득한' 곳의 의미는 「옥류동」 9연의 '신비神祕가 한끗 저자 선 한낮'이라는 시구에서 보듯이 신비의 경계를 말한다. 이즈음 정지용은 동양의 산수화, 산수시에 깊은 관심을 가지고 시에 대한 새로운 모색을 하고 있었던 것[81]을 감안해 볼 때, 신비의 경계란 동양의 산수화·산수시가 그리는 자연 경계와 연관지을 수 있다. 즉 감각을 초월한 경계로, 미적 관조를 통해 산수의 영묘함을 통찰하고 산수의 정신과 인간의 감정이 서로 합해져 초월적인 경지에 이르는 것을 말한다.[82] 정지용은 그러한 경계를 그리고자 했으나, 정인보가 보기에 「옥류동」의 자연 경계는 아직 그 단계에 이르지 못한 것이었다.

정지용이 그린 자연 경계에 미진함이 있다고 본 정인보는 8~10구

81) 정지용은 "시의 자매 일반예술론에서 더욱이 東洋畫論·書論에서 시의 방향을 찾는 이는 비뚤은 길에 들지 않을 것이다."라고 말한 바 있다.(「시의 옹호」, 『정지용 전집』 2(산문), 서정시학, 2015, 572~573쪽) 정지용이 산수시로 나아가게 된 동인에 대해서는 다음 논문을 참고함. 최동호, 앞의 논문(1985), 「鄭芝溶의 山水詩와 隱逸의 情神」, 95쪽; 최동호, 「정지용의 산수시와 性情의 시학 : 중국과 한국의 산수화론과 시적 미학」, 『한국어문학연구소 학술대회(2003)』, 이화여자대학교 한국어문학연구소, 2003, 56쪽.

82) 서복관, 『중국예술정신』, 동문선, 1990, 376~392쪽 참조.

에서 옥류동의 한 정경을 그려 보였다. 골짜기 어디선가 폭포소리가 들려오는데, 가을밤 달이 떠오르고, 돌문에 이르는 발걸음 따라 온 산이 소리를 내는 듯한 정경이다. 산길을 걷는 주체도 자연과 융화되어 하나의 풍경을 이루고 있고, 달이 솟아오르고 폭포를 따라 온 산이 소리를 내는 모습에서 자연물이 한데 어우러지면서 생동감을 자아내는 자연 풍경을 느낄 수 있다.

이렇게 옥류동의 한 정경을 시로 보인 후, 마지막 단락인 11~12구에서 시 창작에 관한 조언을 전하였다. 무심無心해야 경계境界가 따라오는 것이지 경계를 강탈하려 하지는 말라는 것이다. '붉은 신나무를 꺾질 말게나'라는 시구는 인위적으로 경계를 애써 그리지 말라는 것을 비유적으로 재차 표현한 말이다.

이처럼 정인보는 무심無心의 창작을 강조하였는데, 이는 전통 한학의 문학이론 중의 하나인 허정설虛靜說에 기반한 것이라고 할 수 있다. 사물을 인식하는 과정에서 허정한 심리 상태를 강조한 견해는 중국 선진先秦 시기의 도가 학파 및 제자백가에서부터 보이는 것으로 매우 오랜 전통을 가진 관념이다. 이 허정 관념은 후대의 문학이론에도 커다란 영향을 끼쳐 문학 창작 과정에서 주체가 지녀야 할 태도로 강조되었다.[83] "시어詩語를 오묘하게 만들려면 공空(비어있음)과 정靜(고요함)을 싫증내지 말아야 한다. 고요하면 모든 움직임을 깨달을 수 있고, 비어 있으면 온갖 경계를 받아들일 수 있기 때문이다."[84]라고 한 소식蘇軾의 논의는 그 한 사례이다. 또한 이 허정虛靜 사상은 공空

83) 敏澤(저)/誠信中國語文硏究會(역) 옮김, 『中國文學理論批評史－先秦篇』, 성신여자대학교 출판부, 1998, 96~102쪽 참조.

84) "欲令詩語妙, 無厭空且靜, 靜可了群動, 空故納萬境.", 蘇軾, 「送參寥師」, 『集註東坡分類詩』 권21 ; 위의 책, 101쪽에서 재인용.

과 정靜을 강조한 불교의 영향을 받아 더욱 사유가 깊어지고 보편화되기도 하였다.[85] 정지용의 시에 대한 정인보의 평가와 조언은 바로 이러한 문학이론의 전통에 기반하고 있다고 할 수 있다.

정인보가 전통 한학을 공부하며 한시 창작에도 힘쓰는 후배 문사들에게 가장 우선적으로 강조했던 내용도 이와 관련이 있다.

> 외람된 줄 알면서 그대들에게 망령된 말 하니　我知猥矣妄語子
> 그대들 우선 받아들여 망령으로 내 말 듣게나　子且容之妄聽儱
> 데면데면 듣보면 외물은 내게 이르러 오지 않고　汎汎聞覩物不至
> 허둥지둥 내쉬고 들이쉬듯 하면 시상詩想은 막히느니.　草草吐納思爲封
> 듣는 바 없이 들으려면 반드시 소리의 근원에 도달해야 하니　不聞聞必聲根到
> 도달하고서도 남은 껍질이 없어야 참으로 비로소 진국이라.　到無餘皮眞始濃
> 또한 이리저리 구르다가 유상有相에 집착함을 경계하노니　又戒展轉終着有
> 그 정신만 붙잡고 그 감각은 버리게나.　且取其神遺厥聰
> 이군은 우선 자구 다듬기를 생각지 말고　李君且置字句事
> 김군은 유려한 말씨에 익숙함을 자랑치 마라.　金君無恃熟軟功
> 시구가 좋으면 더러 아름다운 뜻을 가리고　句好或使佳意隱
> 말씨에 익숙하면 자칫 암중모색에 게으르기 쉽거니.[86]　語熟易令冥搜慵

85) 위의 책, 102쪽.

86) 정인보, 「김춘동 군과 이원조 군을 맞아 밤에 이야기하고, 둘 사이에 문학의 모꼬지가 있음을 들었다. 그 원고를 보니, 저마다 청완하고 초각한 생각을 갖추고 있어서, 요즘 세상에서는 얻기 드물다. 떠난 뒤에 그들을 위해 칠언고시 한 편을 지어 둘에게 보내는데, 김군 시가 '鴻'자를 압운했기에 결귀에서 역시 '鴻'자를 압운했다.(邀金君春東李君源朝 夜話 聞二君間有文會. 視其藁 各具淸婉峭刻

이 시에서는 정인보가 후배 문인인 김춘동과 이원조에게 시 창작 방법에 관해 조언하는 내용이 보인다.87) 그중 주요하게 언급되는 문제가 창작 주체가 대상[물物]을 어떻게 인식하고 대상에서 무엇을 형상화할 것인가에 대한 것이다.

우선 정인보는 대상을 접할 때 '범범汎汎'하고 '초초草草'한 태도를 경계하라고 하였다. 이러한 태도로는 외물外物이 자신에게 이르지도 않고, 시상詩想도 막혀 버린다는 것이다. '범범汎汎'은 꼼꼼하고 신중하지 않아 대상을 예사롭게 보아 넘기는 태도를 나타내는 말이고, '초초草草'는 바쁘고 급한 모양을 의미한다. 외물이 자신에게 이르지도 않는다는 것은 물物과 아我 사이에 간격이 있어서 정경교융情景交融이 이루어지지 못함을 의미한다고 할 수 있다. 이러한 경우 보고 느낀 바도 얕고 평범한 것에 머물러 더 깊이 시상詩想을 전개시킬 수가 없게 되는 것이다.

정인보는 "영경靈境은 옆은 곳에서 나타나지" 않는다며 "문장文章의 경계境界라는 것은 천혜天慧의 바탕과 구해究解의 힘으로 좇아 여

之思 此世未易得也. 去後 爲賦七古一篇 以寄二君 以金君詩押鴻字 故結句亦押焉)」, 『담원문록』 중, 152~154쪽.

87) 이 시는 1930년대 후반 정인보가 은거할 무렵에 쓴 것으로 추정되는데, 당시 정인보는 전통적 문사들과 詩會를 가지고 한시 · 서신을 교환하는 비중이 부쩍 높아진 생활을 하고 있었다. 이즈음 교유했던 이들 가운데 김춘동과 이원조는 정인보의 후배 세대들로 착실하게 옛 학문을 이어가고 있어 정인보가 크게 기대했던 이들로 보인다. 옛 詩道를 말한다 한들 거들떠 보지도 않는 현실에서 이들이 詩會를 가지며 한시를 창작하고 자신에게 찾아와 가르침을 구하는 모습을 무척 대견스러워하는 것을 볼 수 있기 때문이다. 이들과 함께 운자를 나눠 시를 써 보니 그들의 한시 또한 흡족한 수준이었다. 그럼에도 그들이 아직 젊어 한창 공부하며 자신을 연마하고 있는 시기이기에 주마가편의 심정으로 이들에게 시 창작 및 학문 태도에 관한 조언을 건넨 것이었다.

러 층層으로 열린"다고 말한 바 있다.[88] '범범汎汎'하게 외물을 대하는 것과 상반된 태도가 바로 '구해究解의 힘으로 좇는' 태도이다. 즉 글에서 신령스러운 경계[靈境]가 나타나려면 대상을 깊이 있게 응시하여 사물의 본질을 통찰해내는 힘이 중요하다는 것이다. 이를 위해 전제되어야 할 것이 마음의 안정과 고요함이다. 최한기 역시 가르침이 행해지지 않는 까닭의 하나로 "마음이 안정되지 않아 자세히 구해求解하지 못하는 것"[89]을 지적한 바 있다. 허둥지둥하는 마음 상태로 사물을 깊이 있게 자세히 응시할 수가 없는 것이다. 결국 고요한 마음상태를 창작의 선결 요건으로 보았음을 알 수 있다.

나아가 정인보는 고요한 마음으로 대상에 몰입하며 '불문문不聞聞'의 경지, 즉 '듣는 바 없이 듣는 경지'에까지 이를 것을 말하였다. 그러기 위해서 소리의 근원에 이르러야 한다는 것이다. '불문문不聞聞'은 다음과 같이 불가에서 보편적으로 통용되는 불교의식집佛教儀式集의 「관음청觀音請」에 보이는 말이다.[90]

백의관음 말없이 말씀하시고	白衣觀音無說說
남순동자 들음 없이 들으시네.	南巡童子不聞聞
화병 위의 푸른 버들 늘 여름이요	甁上綠楊三際夏

88) 정인보, 「『百八煩惱』 批評에 對하여」, 『전집』 2, 333쪽.

89) 崔漢綺, 「教難行」, 『人政』 권11. "教之不行有四. 雖得學路, 而恣情縱欲. 不肯循序爲一也. 不得其門, 而徒費心力二也. 心不安詳, 未能究解三也. 未知方向, 而自謂能知四也."

90) 한국의 대표적인 관음기도도량인 강원도 양양 낙산사 홍련암의 주련에도 경봉선사의 글씨로 「觀音請」의 네 구절이 적혀 있다. 이처럼 '無說說'과 '不聞聞'은 불가의 진리를 나타내는 언어표현으로서 매우 일반적으로 쓰이는 구절임을 볼 수 있다.

바위 앞에 남색 대나무 만방에 봄을 알리네.　　　　巖前翠竹十方春

여기에서 말 없이 말하고[무설설無說說] 들음 없이 듣는다[불문문不聞聞]는 역설적인 표현은 말과 소리를 넘어선 깨달음의 경지를 의미한다. 다시 말해 언어 문자와 감각 너머의 경지, 근원적인 깨달음의 경지를 말한다. 이를 위해 반드시 '성근도聲根到', 즉 소리의 근원에 이르러야 한다고 하였는데, 이는 『능엄경楞嚴經』에서 제시한 수행법인 이근원통耳根圓通의 '반문문성反聞聞性'을 연상시키는 말이다. 『능엄경楞嚴經』에는 깨달음을 얻었던 보살 및 아라한들과의 문답을 통한 25가지 수행법과 각각의 장점이 열거되어 있는데, 그중에서 25번째가 관세음보살의 수행법인 '이근원통耳根圓通'이다. 마지막에 이근원통을 배치함으로써 이것이 가장 최상의 수행법이라는 것을 나타내었다.[91]

이근원통은 안眼·이耳·비鼻·설舌·신身·의意라고 하는 육근六根 중에서 이근耳根을 집중적으로 닦아 본성을 깨닫는 수행법이다. 처음에는 소리에 집중[관觀]하는 단계가 있고, 다음에는 그 들음을 버리고 듣는 성품 자체를 다시 돌이켜 듣는 단계가 있다. 후자를 '반문문성反聞聞性'이라고 하는데, 삼매의 초월된 상태에서 내면으로 흐르는 음류音流를 돌이켜 듣는 수행법이다. 수행이 깊어지면 묘음妙音, 관세음觀世音, 해조음海潮音 등을 듣게 되는데, 이러한 음音마저 떠난 무심無心의 경지에 이르면 진정한 해탈을 구할 수 있다고 한다.[92] 이러한 불교이론을 참고해 볼 때, '불문문不聞聞', 즉 듣는 바 없이 듣는다는

---

91) 장운숙, 「『楞嚴經』의 耳根圓通 연구」, 동국대 석사학위논문, 2009, 63쪽; 조용헌, 「『楞嚴經』 修行法의 韓國的 受容 : 耳根圓通과 性命雙修를 중심으로」, 원광대 박사학위논문, 2001, 53쪽.

92) 이상식, 「『楞嚴經』 「耳根圓通章」研究」, 동의대 박사학위논문, 2018, 2~3쪽.

것은 소리가 온 근원을 듣는다는 말이며, 소리의 근원인 '성근聲根'은 곧 '문성聞性'인 듣는 성품 자체를 의미하는 것이라고 할 수 있다.

이렇게 볼 때 정인보의 시 창작관은 마음 수양이 기본전제가 된다고 할 수 있다. 여기에서 정인보가 시문詩文을 여기餘技로 보는 관점을 비판하며 도道와 문文은 일치된다고 주장했던 이유를 다시 한번 확인할 수 있다. 정인보가 말하는 도문일치란 도문道文이 일치되어야 한다는 당위적인 관점이 아니라, 도道와 문文이 지향하는 바가 별개의 것이 될 수 없다는 관점이다. 시를 창작하는 과정에서 중요하게 여긴 태도가 다름 아닌 외물外物을 고요히 깊이 있게 관觀하고, 마음을 집중하여 감각 너머의 깊은 근원까지 이르는 것이라는 점에서, 또 그러한 마음 상태에서 그린 경계가 시에서 추구할 바라고 여겼다는 점에서 시 창작의 길이 도 추구의 길과 상통할 수 있는 것이다.

"이리저리 구르다가 유상有相에 집착함을 경계하노니, 그 정신만 붙잡고 그 감각은 버리게나.(又戒展轉終着有, 且取其神遺厥聽)"라는 시구 또한 어떻게 물物의 깊고 은미한 지점과 접촉하여 묘경妙境과 깊은 지취旨趣에 이를 것인가의 문제에 관한 내용이다. '유상有相에 집착함[착유着有]'이란 감각 작용과 사고 과정을 통해 얻은 대상의 형形을 버리지 못하는 상태이다. 정인보는 이러한 태도를 경계하며 '총聽'을 버리고 '신神'을 취하라고 조언하였다. '총聽'이 감각적 지각을 통해 포착한 형形의 차원에 해당하는 것이라면, 신神은 대상의 보이지 않는 본질이다. 이것을 취한다는 것의 의미는 『장자』「양생주」에서 포정이 소를 잡으면서 "신神으로 접촉한 것이지 눈으로 본 것이 아닙니다.(以神遇而不以目視)"라고 말한 경지를 추구하는 것이다. 이는 대상의 보이지 않는 내부 본질[神]과 창작 주체의 정신[神]이 서로 융합될

때 비로소 가능한 것이다.[93]

정인보는 '묘경妙境', '영경靈境', '요묘幼眇'[94] 등의 말로 시가 지향해야 할 바를 나타내거나 시의 수준이 높은 경지임을 드러내곤 하였다. 정인보가 김춘동, 이원조에게 자구를 다듬거나 유려한 말씨에 익숙함을 경계했던 것은 '묘경妙境'은 그러한 것으로 나타나지 않기 때문이다. 관건은 허정虛靜한 마음, 곧 무심無心한 마음으로 대상을 관觀하여 그것과 합치될 수 있느냐에 달려 있는 것이다.

주목할 점은 정인보가 현대시를 창작하는 시인이든 한시를 짓는 전통적 문사이든 상관없이 무심無心, 허정虛靜을 창작 과정에서 창작 주체가 기본적으로 갖추어야 할 태도로 보았다는 사실이다. 당시 신문학을 수립하는 데 주력하였던 지식인들 중에는 우리의 과거 문학 유산이 빈약함을 토로한 이들이 있었다. 참고해서 배울 만한 문학 작품이나 이론이 부족하다고 여겨 무에서 유를 창조해야 하는 막막함과 부담감을 호소하곤 했던 것이다. 그러나 정인보는 옛것을 통해 현재를 일깨울 수 있다는 신념을 가지며 고문헌과 씨름하고 과거의 역사를 연구했다. 문학 창작 활동 역시 마찬가지였다. 과거의 문학 작품 및 문학이론이 현재에도 계승될 필요가 있었다고 여겼다. 무심無心, 허정虛靜을 강조한 시 창작설과 창작 태도는 현재에 이어질 가치가 있는 것 중의 하나였던 것이다.

---

93) '神'의 의미와 포정의 말에 대한 해석은 서복관의 견해 참조.(서복관, 앞의 책, 223쪽)

94) "게다가 유순하고 아름다워, 그윽한 데까지 더듬어가셨네.(濟以委婉, 撢入幼眇)", 정인보, 「耕齋 李丈祭文」, 『담원문록』 상, 145쪽; 『전집』 5, 20쪽.

(3) 심정深情의 성음화聲音化

정인보는 시의 본질적 차원에서는 '심정深情'을, 창작 과정에서 창작 주체가 지녀야 할 선결 요건으로는 '무심無心(또는 허정虛靜)'을 강조했다면, 시의 표현 방법 면에서는 '곡체曲體'를 말했다. "시란 직체直體가 아니라 곡체曲體이다."[95]라는 문장은 시는 어떻게 표현되는 것인지, 어떻게 표현되어야 하는 것인지에 관한 그의 언설들을 한마디로 포괄하는 말이다.

시란 직체直體가 아니라 곡체曲體라고 한 말은 시의 요체는 심정深情에 있다는 관점을 전제하고 있는 것이다. "깊은 속마음은 직선적인 표현 앞에 드러나지 아니하는 것이니",[96] "정감이 깊고 두터우므로 직선적인 표현이 허용되지 않고"[97] 등에서 보듯이 정인보는 깊은 정감은 직선적인 표현 방식을 통해 드러나지 않는다고 보았다. 대신 정이 깊을수록 되돌아드는 방식으로 표출될 수밖에 없다는 것이다.

> 정情이 깊으면 떼칠 수 없고 떼치지 못하면 자연스레 돌아드는 애모哀慕가 있다. 이를 "칭칭 얽힘[전면纏綿]"이라 하고 이를 "차마 떠나지 못함[의의依依]"이라 하고 이를 "뒤섞이며 서로 이어짐[선원嬋媛]"이라 하고 이를 "돌아보는 회포[고회顧懷]"라 하고 이를 "이리저리 뒤척임[전전輾轉]"이라 하는 것이니 되돌아드는 정곡情曲이 실상은 한 정情의 중복에 지나는 것이 아니다.[98]

---

95) 정인보, 「支那文學論叢」, 『전집』 1, 321쪽.

96) "深衷은 直抒하는 앞에 드러나지 아니하는 것이니"(정인보, 「百八煩惱」批評에 對하여」, 《동아일보》, 1927년 3월 1~3일자 ; 『전집』 2, 333쪽)

97) "情感이 深摯함으로써 直抒가 容許되지 않고"(정인보, 「支那文學論叢」, 『전집』 1, 320쪽)

98) "情이 깊으면 떼칠 수 없고 떼치지 못하면 자연 돌아드는 哀慕가 있다. 이를

정情을 뿌리치려고 해도 뿌리쳐버릴 수 없다는 것은 그만큼 그 정이 깊음을 말한다. 정인보는 이러한 간곡한 정은 내쳐지지 않고 반복적으로 이어지며 되돌아들기에 그 표현 또한 그러한 방식으로 나타날 수밖에 없다고 보았다. '전면纏綿', '의의依依', '선원嬋媛', '고회顧懷', '전전輾轉'한 방식으로 정서를 드러내는 것이 바로 그것이다. 즉 칭칭 얽히고, 차마 떠나지 못하며, 뒤섞이며 서로 이어지고, 뒤돌아보며 이리저리 뒤척이는 방식으로 깊고 내밀한 정서를 드러낸다는 것이다. 시구나 시어를 중복하게 되는 이유는 바로 이러한 깊은 정서를 드러내기 위함이라고 보았다. 정인보는 이같이 깊은 정이 반복적인 말로 표현되는 양태를 자식을 떠나보내는 어머니의 모습에 빗대어 말하였다.

> 그리운 사람을 떠날 때 머리가 자주 그리로 도는 것같이 소리에도 이 상태가 있다. 한 말을 거푸 하는 것이 잔소리라면 잔소리다. 그러나 사랑 많은 어머니가 그의 자녀를 먼 지방으로 보낼 때 할 말은 끝났건만 그래도 문밖까지 따라 나와 잘 가라는 부탁을 몇 번씩 거푸 하고야 만다. 뉘 이를 잔말이라 하랴? 거푸 되는 그 말이 거펴질 때마다 안고 도는 자애로운 어머니의 지극한 정이 한 곱 한 곱 더 부여안는 것 같다. 말이 거듭되는 것은 오히려 거죽이다. 거듭되는 그 음조가 자애로운 어머니의 애틋한 정을 더욱 그리게 된다.[99]

'纏綿'이라 하고 이를 '依依'라 하고 이를 '嬋媛'이라 하고 이를 '顧懷'라 하고 이를 '輾轉'이라 하는 것이니 되돌아드는 情曲이 실상은 한 情의 重複에 지나는 것이 아니다."(정인보, 위의 글, 317쪽)

99) "그리운 사람을 떠날 때 머리가 자로 그리로 도는 것같이 소리에도 이 狀態가 있다. 한 말을 거푸 하는 것이 잔소리라면 잔소리다. 그러나 사랑 많은 어머니가 그의 子女를 먼 地方으로 보낼 때 할말은 끝났건만 그래도 門밖까지 따라나와 잘가라는 부탁을 몇 번씩 거푸 하고야 만다. 뉘 이를 잔말이라 하랴? 거푸 되는

자녀를 멀리 떠나보낼 때 어머니가 문밖까지 나와서 잘 가라는 부탁의 말을 몇 번씩이고 반복하는 것은 자식을 향한 어머니의 지극한 사랑의 표현이다. 정인보는 이러한 어머니의 사랑은 같은 말이 반복될 때마다 더욱 깊게 전해지며 전체 분위기를 감싸고 돈다고 보았다. 정인보가 『시경』에서 한시의 정수精髓에 관해 고찰하며, 시구와 시어의 반복에 주목했던 것도 반복을 통해 깊은 정감이 드러난다고 보았기 때문이다.

하지만 반복되는 말 자체는 표면적인 것일 뿐이고 반복을 통해 만들어지는 음조音調가 깊은 정을 그리게 되는 것이 중요하다고 하였다.

> 정감이 깊고 두터우므로써 직선적인 서술이 허용되지 않고, 직선적인 서술이 허용되지 못하므로 자연히 이리저리 오가고 아래를 굽어보고 위를 우러러보지[방황부앙彷徨俯仰] 아니할 수 없는 것이다. 그러나 빤하게 들여다 보이는 의도를 가지고 이를 모방할 것 같으면 중복이 중복에만 그치고 마는 것이다. 무엇이든지 정감으로 생기는 작용이라야 한다. 털끝만치라도 안배를 허락하지 않는다.[100]

깊은 정감을 음조로 나타낼 때는 되돌아들며 저절로 반복이 없을 수 없으나, 빤하게 들여다보이는 옅은 정감의 경우 반복을 통해 나타

그 말이 거퍼질 때마다 안고 도는 慈母의 至情이 한 곱 한 곱 더 부여안는 것 같다. 말이 거퍼진 것은 오히려 거죽이다. 거푸 되는 그 音調가 더욱 戀戀한 慈母의 情曲을 그리게 된다."(정인보, 위의 글, 317쪽)

100) "情感이 深摯함으로써 直抒가 容許되지 않고, 直抒가 容許되지 못하므로 자연 彷徨俯仰하지 아니할 수 없는 것이나 빤하게 들여다보이는 意思를 가지고 이를 效倣할 것 같으면 重複이 重複에만 그치고 마는 것이다. 무엇이든지 情感으로 생기는 作用이라야 한다. 一毫라도 安排를 許諾하지 않는다."(정인보, 위의 글, 320쪽)

낸다고 해도 그것은 단지 반복을 모방한 것에 그칠 뿐이라고 하였다. 시구나 시어가 거듭됨으로써 깊은 정감이 나타나지만, 중복의 형태는 깊은 정감으로 인해 발현되는 것이지 반복하는 것 자체만으로 자동적으로 정감의 깊이가 더해지는 것은 아니라는 말이다. 이는 정감과 중복적 표현의 관계에서 정감의 작용이 근원적인 것임을 밝힌 것이다. 다시 말해 정감이라는 내용과 중복적 표현이라는 형식의 관계에서 내용이 형식을 좌우한다는 관점을 보여주고 있다고 할 것이다. 조금도 안배를 허락하지 않는다고 한 것도 수사修辭와 같은 형식이 내용을 좌우하는 것이 아니라고 보았기 때문이다. 더욱이 정인보는 진실되고 간곡한 정이 차마 어쩔 수 없이 흘러나와 저절로 곡조를 이루는 것이야말로 참된 시라고 보았다. 정인보가 보기에 이러한 시의 경계는 인위적인 수사로 구현될 수 없는 것이었다.

정인보는 시구 · 시어의 반복을 통해 정감이 심화되어 나타나는 작용에서 보아야 할 지점은 반복되는 말 자체가 아니라, 말 밖으로 흘러나오는 진의眞意라고 하였다.

> 시의 운용은 성음聲音이 가장 중요하고 성음의 신비한 이치는 성음 그 자체의 작용에만 있는 것이 아니라 음이 서로 만나는 즈음으로부터 일어나는 소리 바깥의 그윽한 음이 가장 오묘한 것이다.[101]

> 한 장章의 말로써 몇 번을 거듭하는데 거듭할 때마다 말 밖으로 드러나는 진의眞意가 자연히 더 간곡하여 같은 말이지만 제2장이 1장과 다

101) "詩의 運用은 聲音이 가장 重要하고 聲音의 神理는 聲音 그 自體의 作用만에 있는 것이 아니라 交會하는 즈음으로부터 일어나는 소리 바깥 幽音이 가장 幼妙한 것이다."(정인보, 위의 글, 317쪽)

르고 3장이 또 다르게 된다. 이것이 시인의 깊고 미묘한 속뜻이다.[102]

중국의 옛 시인은 어디까지든지 말의 표현을 구하지 아니하고 성조聲調나 혹 말로도 말을 떠난 말로써 이기利器를 삼았다. 이 같은 중복체의 시는 곧 후자에 붙이는 것이나, 말이 아닌 바는 아니나 말을 직접으로 쓰는 성능을 없애 버리고 곱치는 데서 울연한 상망想望이 있게 하는 것이다. 깊고 두터운[심지深摯] 곳이란 이상하여 아주 건드리지 아니하면 어떤 고비에 혹 상망이 있어도 건드리고는 멀어지지 않는 법이 없고 가깝게 건드릴 것 같으면 곧 꺾여서 손상을 입고야 만다.[103]

정인보는 시 창작에서 성음聲音이 매우 중요하다고 보면서도, 시의 오묘함은 성음 자체의 작용보다도 소리와 소리가 서로 만나는 즈음에 일어나는 소리 바깥의 그윽한 음에서 비롯된다고 보았다. '말을 떠난 말'이나 '말 밖으로 드러나는' 것이라는 구절은 '소리 바깥의 그윽한 음'을 달리 표현한 말이다. 이는 언외지처言外之處에 시의 진의와 묘미가 있다는 관점을 보여주는 것이다.

그렇기에 정인보는 중복체를 보이는 『시경』 시나 악부시에서 되풀이되는 구절 자체의 의미보다도 같은 구절이 되풀이되는 가운데 시 전체를 감싸고 도는 정서의 울림에 주목하였다. 예컨대 "강남은 연밥

102) "한 章의 말로써 몇 번을 거듭하는데 거듭할 때마다 말 밖으로 流露하는 眞意가 자연히 더 懇惻하여 같은 말이지만 第二章이 一章과 다르고 三章이 또 다르게 된다. 이것이 詩人의 微旨이다."(정인보, 위의 글, 319쪽)

103) "支那의 古詩人은 어디까지든지 말의 表現을 求하지 아니하고 聲調나 或 말로도 말을 떠난 말로써 利器를 삼았다. 이같은 重複體의 詩는 곧 後者에 붙이는 것이나, 말이 아닌 바는 아니나 말의 直接으로 쓰는 性能을 消磨해 버리고 곱치는 데서 울연한 想望이 있게 하는 것이다. 深摯한 곳이란 이상하여 아주 건드리지 아니하면 어떤 고비에 或 想望이 있어도 건드리고는 멀어지지 않는 법이 없고 가깝게 건드릴 것 같으면 곧 摧殘하고야 만다."(정인보, 위의 글, 319~320쪽)

을 딸 만한데, 연잎이 어찌 그리 무성한지, 물고기 연잎 사이에서 놀고, 물고기 연잎 동쪽에서 놀고, 물고기 연잎 서쪽에서 놀고, 물고기 연잎 남쪽에서 놀고, 물고기 연잎 북쪽에서 노네.(江南可採蓮, 採蓮何田田, 魚戱蓮葉間, 魚戱蓮葉東, 魚戱蓮葉西, 魚戱蓮葉南, 魚戱蓮葉北)"라는 한대漢代의 「강남곡江南曲」은 아무 의미 없이 네 구를 반복한 듯한데 여러 번 음미하여 보면 일종의 슬픈 정서가 감싸고 돈다는 것이다.[104] 그런 점에서 정인보는 시에서 같은 말이 계속 반복된다고 하더라도 그 의미가 다르다고 하였다. 이는 그의 표현을 빌자면 '곱치는 데서 울연한 상망想望'이 있게 되기 때문이다. 다시 말해 거듭될수록 정서가 더 깊어지고 그 울림이 커지기 때문이다. 그에 따르면 마음속 '깊고 두터운[심지深摯] 곳'은 이러한 가운데 드러난다.

> 다 알 만하게 드러내지 아니하고 구태여 오래도록 음미하도록 만드는 것이 무엇인가 반문하는 사람도 있다. 나는 대답하기를 "중국 옛 시의 돌아나는 지경은 인정人情의 심지深摯한 속이라 언설言說이 이를 미치지 못하는 것이니 일부러 음미하도록 만드는 것이 아니라 저절로 음미하지 아니할 수 없게 되는 것이라"고 하고 또 "음미하여 보는 사람으로도 분명한 요해了解가 없이 어렴풋이 깨달아나가는 데에 그치는 것이 이른바 심지경深摯境의 기색氣色이라"고 한다.[105]

104) 정인보, 위의 글, 320쪽.

105) "다 알만하게 暴露치 아니하고 구태여 耐久의 咀嚼을 하도록 만드는 것이 무엇인가 反問하는 사람도 있다. 나는 對答하기를 "支那 옛詩의 돌아나는 지경은 人情의 深摯한 속이라 言說이 이를 미치지 못하는 것이니 일부러 咀嚼하도록 만드는 것이 아니라 저절로 咀嚼하지 아니할 수 없게 되는 것이라"고 하고 또 "咀嚼하여 보는 사람으로도 分明한 了解가 없이 어렴풋이 領悟됨에 그치는 것이 이른바 深摯境의 氣色이라"고 한다."(정인보, 위의 글, 327쪽)

시는 곡체曲體라고 한 말이 여기에서는 '돌아나는 지경'으로 표현되어 있다. 이제까지 본 바와 같이 시어·시구가 중복되어 이어지면서 되돌아드는 방식은 정인보가 말하는 '돌아나는 지경'의 일종이다. 정인보는 이 '돌아나는 지경'으로 인해 시에서 뜻이 한 번에 선명하게 드러나지 않고 시를 저절로 음미하게 된다고 하였다. 나아가 시를 천천히 거듭 음미할 때도 뜻을 분명하게 이해하게 되는 것이 아니라 어렴풋하게 깨달아가는 데에 그친다고 하였다. 이를 '심지경深摯境의 기색氣色', 즉 깊고 두터운 마음의 경계가 드러난 것으로 보았다. '심지경深摯境'이 언어적 인식으로 분명하게 포착되지 않는 경계이기 때문에 '어렴풋이 깨달아나가는' 것이라고 한 것이다.

정인보는『시경』및 고악부시에서 시어·시구의 중복뿐만 아니라 장단완급의 절주節奏의 특징과 의미에 대해 고찰하고[106], 정철 가사를 예로 들어 층법層法의 다변多變에 대해 분석하고 우리의 옛 시가에 발달된 꺾임[전절轉折]도 층법의 다변과 연관지어 보았다.[107] 이는 모두 정인보가 말하는 시의 '돌아나는 지경'을 보여주는 것이다.

2. 고문古文 글쓰기의 양상과 특징

정인보의 한문 산문은『담원문록』에 총 150편이 전한다. 문체별로 보면 비지류 81편, 서발류 19편, 서신류 11편, 애제류 10편, 잡기류 10편, 전장류 8편, 논변류 5편, 서사류 4편이 있다.『담원문록』에 수록

106) 정인보, 위의 글, 326~329쪽.

107) 정인보,「鄭松江과 國文學」,『전집』2, 59쪽.

되지 않은 한문도 현재까지 12편이 파악되는데, 그중 서발류가 10편, 서신류가 2편이다. 비지류가 압도적으로 많은 것이 특징이고, 애제류, 전장류, 서사류를 포함하면 인물에 관한 기록이 높은 비중을 차지함을 알 수 있다. 서발류는 비지문 다음으로 편수가 많을 뿐만 아니라 국학(조선학) 활동 차원에서 수행한 한글 글쓰기 활동과 밀접한 연관을 가지는 글이 많다는 점에서 주목을 요한다. 앞 절에서 서신류 위주로 그의 고문론을 이미 살펴보았으므로, 이 절에서는 비지류를 중심으로 인물의 삶의 기록에 관한 특징과 성격을, 서발류를 중심으로 그의 한문 글쓰기가 한글 글쓰기 활동과 어떻게 유기적으로 연결되어 국학(조선학) 활동을 수행해 나갔는지 고찰해 보고자 한다.

1) 인물의 삶의 기록과 민족적 기억의 전승

정인보의 한문 산문 중에서 가장 많은 비중을 차지하는 것은 비지문碑誌文이다. 150여 편 되는 한문 산문 중에서 비지문만 80여 편에 달할 정도이다. 당세의 문장가를 찾아 비지문을 구하였던 전통문화의 관습에 비추어 볼 때, 이처럼 많은 비지문을 남겼다는 것은 그만큼 그가 당시 사람들에게 한문 문장가로 널리 인정받았음을 방증한다. 실제 정인보가 비지문을 쓰게 된 동기나 비지문을 쓴 대상을 보면, 지인들에 관한 비지문은 정인보가 거의 도맡았으며 지인들이 선조를 기리고자 할 때나 일반 사람들이 문장가를 찾아 비지문을 구하고자 할 때 정인보에게 부탁하는 일이 많았음을 알 수 있다.

이러한 사실은 동시에 당시 사회에서 비지문에 대한 수요가 여전히 많았음을 보여주는 것이기도 하다. 비지문은 기본적으로 망자를 애도하고 조상을 기리는 전통적 의례와 결합된 글 양식이다. 전통적으로 망자 및 조상의 덕업을 돌에 새겨 후세까지 전하는 것은 그 사람을 영원히 기리는 방식이며 산 자의 도리라고 여겨왔다. 한문 양식 중에서도 비지문에 대한 수요가 여전히 많았던 것은 이러한 전통적인 의례와 사고방식이 사람들 사이에 여전히 완강한 힘을 지니고 있었음을 의미한다. 이에 문예 영역이나 사회 공론을 형성하는 언론매체에서 한문 문언문의 효용 가치와 위력은 빠르게 쇠퇴해갔으나, 전통문화의 힘이 완강하게 작동되고 있는 의례적인 영역에서 비지문과 같은 한문 문언문은 여전히 권위를 지니고 있었던 것이다.

그러나 당대에 한문 문장가로 명성이 알려져 있었고 한문 비지문의 수요가 여전히 많았다는 사실이 곧바로 비지문을 많이 쓴 동기를 다 설명해 주는 것은 아니다. 변영만 또한 당대의 한문 문장가로 명성이 높아 그에게 글을 구하러 온 이들이 많았다. 이에 최남선은 변영만의 죽음을 애도하며 다음과 같이 시조를 읊은 바 있다.

> 위당이 없어져도 산강이 남아 있다 하여
> 천하에 글 받을 이 헤매는 일 없을 터니,
> 이제야 일대홍광一代虹光을 어디 찾아보리오.[108]

1950년에 정인보가 납북되어 사라지고 마는데, 그때만 해도 아직 변영만이 남아 있기에 글을 구하고자 하는 이들이 찾아갈 문장가가 있었다고 읊는 부분이 보인다. 이는 정인보와 변영만 둘 다 한문 문장가로서 당시 사람들에게 널리 인정받았고 한문글을 구하는 이들의 의지처가 되었음을 보여준다.

---

108) 임종국 · 박노준, 「변영만」, 『흘러간 星座』, 國際文化社, 1966, 297~298쪽.

그러나 변영만이 남긴 비지문은 18편으로, 정인보에 비해 그 편수가 훨씬 적다. 이는 변영만이 스스로도 밝혔듯이 묘문 짓는 것을 좋아하지 않았기 때문이다.[109] 변영만은 한문 문언문을 통해 자신만의 문文의 세계를 구축하고자 했지만, 그에게 비지문은 그다지 매력 있는 한문 문체가 아니었던 것이다. 대신 변영만은 정인보에 비해 사람들에게 당堂과 호號에 관한 기문을 써 준 경우가 많다.

일단 이러한 차이를 통해 분명하게 알 수 있는 것은 정인보가 비지문을 적극적으로 창작했다는 사실이다. 이는 그가 비지문에 부여하는 남다른 의미가 있었음을 짐작케 한다. 그 의미는 비지문의 대상 및 창작 동기, 서술 태도, 창작 시기 등을 종합적으로 고려해 볼 때 밝힐 수 있으리라고 본다.

(1) 의인義人에 대한 기억과 민족정신의 고취

정인보가 비지문을 쓴 인물들을 보면 애국지사로 사회적 인지도가 높았던 이들로부터 사회적 지위나 업적 면에서 평범한 사람들에 이르기까지 다양하다. 유명 인사이든 무명의 평범한 인물이든 정인보가 이들의 행적을 살펴보면서 가장 주목한 것은 그들이 삶에서 보여주었던 의로움이다. 인의仁義는 유가 윤리에서 가장 중요시했던 덕목이다. 정인보가 의義를 중시한 것은 선비로서의 정체성을 지니며 전통적인 도덕 윤리를 내면화하고 있었기 때문이기도 하다. 그러나 무엇보다도 의義를 중시한 가장 큰 이유는 그의 시대 의식과 역사관에 기인한다. 이는 망국의 원인이 무엇인지 판단하고, 망국의 현실을

109) 변영만(저)/실시학사 고전문학연구회(역), 「鮮原齋 柳翁 墓碣銘」, 『변영만 전집』 상, 성균관대학교 출판부, 2006, 519쪽.

극복하기 위해 무엇이 필요한지 서술하는 부분에서 잘 드러난다.

「월남이공묘비月南李公墓碑」는 그 한 사례이다. 월남月南 이상재李商在(1850~1927)가 죽자 240여 개 사회단체가 힘을 모아 사회장례를 치렀는데, 이때 사람들이 이상재의 행적을 정인보에게 써 주며 비지명을 맡겼다.[110] 이상재는 민족교육에 힘쓰고 언론사, 신간회 등의 사회단체를 이끌며 평생을 나라의 독립을 위해 애썼기에 남긴 업적이 많았다. 정인보는 그중에서 대표적인 행적 다섯 가지를 뽑아 서술하였다. 죽기까지 몹시 가난하였지만 집안 형편에 대해서 한마디 언급한 적이 없던 것, 이완용이 전횡할 때 거드름피우며 이상재를 법무대신으로 추대하겠다고 회유하는 것을 단칼에 거절할 수 있었던 것, 기미독립운동 때 붙들려 옥에 갇히게 되었을 때 책임을 도맡은 일, 어려운 경제적 상황에도 불구하고 황성중앙청년회를 굳건히 지켰던 일, 고종 치하에서 벼슬할 때 세미를 실어오던 일을 맡았던 전운사를 재설치하라는 어명에 불복하고 그 정책의 부당함을 간하여 저지하였던 일 등이 그것이다. 정인보는 이 행적을 일화 중심으로 실감 있게 서술하면서 일화의 끝마다 그의 굽힐 줄 모르는 강인한 기상이 있었기에 가능한 일이었음을 강조하였다. 그리고는 그러한 기상이 쇠퇴한 것이 망국의 원인임을 주장하였다.

> 나라가 망한 원인을 따지자면, 풍상風尙과 습속習俗이 무너짐으로 말미암아 저마다 자신의 이익만을 북돋느라 의리는 무너지고 기氣는 주렸기 때문이다. 이제 공의 지대지강至大至剛한 기氣가 막힘도 두려움도 없이, 밝게 홀로 우뚝 서서, 그 한 몸으로 삼한 옛 종족들이 겨레 사랑하던 풍습을 퍗대 삼고서는, 오만하고 사나운 무리를 모기나 등에 같이

110) 정인보, 「月南李公墓碑」, 『담원문록』 상, 190~191쪽; 전집』 5, 52~53쪽.

> 보고, 일찍이 눈 한 번 힐끗 줄 것도 없다 여겼다. 이 호호浩浩한 氣로써 난탕蘭湯(향기로운 난초를 넣어 끓인 물)을 삼고, 이로써 꽃다운 향훈香薰을 삼아, 미묘하게도 미리 백성의 마음을 멱 감기어, 향기로운 계피로 삼고 매운 후추로 삼아 맵고 향내 나게 하고, 이로써 봉화에 불을 붙여 밝게 비추어주고, 이로써 순우錞于(북에 맞추어 울리는 쇠붙이로 만든 악기)를 삼아 정녕코 진동시키기를 공公같이 하였거늘, 또한 공이 그 뜻을 펴지 못했다고 무어 유감스럽게 여기리오?[111)]

정인보가 칭송한 이상재의 지대지강至大至剛한 기氣란 바로 맹자가 강조한 호연지기浩然之氣와 같은 것이다. 맹자는 의義를 많이 축적하면 이 기氣가 생겨나고, 의義와 도道가 없으면 이 기氣가 주리게 된다고 하였다. 이에 대한 주희의 주석에 따르면 이 기氣는 천지 간에 성대히 유행하여 막힘이 없으며, 이 기를 기르면 도의에 배합되어 두려운 바가 없게 되고 큰 책임을 담당하여도 마음이 흔들리지 않는다고 한다.[112)] 이상재가 "막힘도 두려움도 없이" "오만하고 사나운" 일제의 무리를 "모기나 등에 같이" 하찮게 보았다는 것은 유가의 선현들이 말한 호연지기를 지닌 바로 그 모습이다. 정인보는 이상재의 행적을 구체적으로 나열하며 비지문을 써 나갔지만, 그가 결국 강조하고자 한 것은 이상재의 행동과 실천을 가능하게 만든 이와 같은 정신적인 힘이다.

---

111) 原國家之敗, 由於習尙之壞, 而各封其私, 義毁而氣餒. 今以公浩浩之氣, 不沮不慴, 皎然獨峙, 以一身標三韓古宗愛類之風, 而蚊蝱敖暴, 曾不足以游其一睨, 以是爲蘭湯, 以是爲芳薰, 沐浴民萌之志, 於微眇之先, 而爲之菌桂, 爲之辛椒, 以郁烈之, 爲之煖爟, 以昭耀之, 爲之錞于, 丁寧以振動之, 如公又何恨於不展哉.(정인보, 위의 글, 『담원문록』 상, 197쪽;『전집』 5, 58~59쪽)

112) "浩然, 盛大流行之貌, 氣, 卽所謂體之充者. …… 養氣, 則有以配夫道義, 而無所懼, 此其所以當大任, 而不動心也.(『孟子集註』「公孫丑」上)

나아가 정인보는 이상재의 모습을 통해 우리의 과거 역사를 돌아보도록 하였다. 나라가 망한 것은 이익만을 추구하는 풍조가 만연해져 의義가 무너지고 기氣가 주리게 되었기 때문이라는 것이다. 사리私利 추구는 정인보가 지난 역사에서 나타난 각종 병폐의 뿌리라고 강력하게 외쳐왔던 문제였다.[113] 공자는 이익을 보면 의義에 맞는가를 생각하라[견리사의見利思義][114]고 하였다. 정인보가 비지문을 통해 인물의 행적을 조명하면서 의로움과 그 기상을 강조한 것은 과거 역사 속 병폐의 뿌리를 근절하고 의義를 따르는 삶의 본보기를 제시하고자 한 것이었다.

국망의 원인을 진단하고 의인義人을 삶의 본보기로 제시한 것은 남강南岡 이승훈李昇薰(1864~1930)의 묘비문에서도 보인다. 이에 대해서는 정인보가 이승훈에 대한 묘문을 지은 뒤에 쓴 후기에서 분명하게 표출된다. 정인보는 이승훈에 관한 묘문에서는 그가 평북 정주에 오산학교를 세우고 집안 재산을 거의 탕진하며 학교를 지켰던 일을 중점적으로 서술하였다. 그리고는 명銘에서 그가 사람들에게 귀감이 되는 삶을 보여주었으면서도 보상이나 명예를 원하지 않고 고달픔조차 편히 여겼던 인물이라고 칭송하였다.[115] 그런데 이 묘문에서 미처 다 못한 말이 있어 이승훈의 비를 세운 뒤 후기를 더 쓴 것이었다.

> 세상이 쇠해진 뒤로는 서로들 달아나고 피하며, 척촌尺寸을 재고 눈치를 보았다. 충후한 듯한 겉모양에다 갓 꾸밈만 더해서, 말만 후한 듯

---

113) 정인보, 「歷史的 膏肓과 吾人의 一大事」, 『전집』 2, 275~276쪽.

114) 『論語』 「憲問」.

115) 정인보, 「南崗李公墓碑」, 『담원문록』 상, 227~232쪽; 『전집』 5, 83~88쪽.

> 이 꾸밈이 습관화되어 드디어 풍속이 되었기 때문에, 마침내는 의義를 행하기에 용감한 것을 보고는 어찌 그리 경솔하냐고 모두들 괴이쩍게 여기게 된 것이다. 아! 공이 경솔하다고 여겨진 것이 바로 나라가 기울게 된 까닭이기에 아울러 기록해 둔다.[116]

정인보가 이승훈의 묘문 후기에서 추가적으로 서술한 것은 기미선언을 앞두고 평안도의 교인들을 연합시켜 기미선언이 성사되는 데 크게 기여했다는 했다는 내용이다. 천도교의 손병희가 대표로 선정되자 평안도의 기독교인들이 이를 부끄럽게 여기고 반발하였는데, 이승훈이 이들을 꾸짖으며 교인들이 다 함께 동참하도록 만들었다는 것이다. 특히 정인보는 "나라와 겨레를 위해 함께 죽을 데로 나아가려는 판에 어쩌자고 네니 나니 하오?"라는 이승훈의 말을 직접 인용함으로써 그가 거침없이 발언하며 의로운 일을 감행하는 인물임을 실감있게 나타내었다.

그러나 이 같은 거침없는 발언과 행동으로 인해 이승훈을 두고 때로는 경솔하다는 비판이 있었던 것으로 보인다. 이에 대해 정인보는 의義를 행하는 데 용감하지 못하고 겉으로 꾸밈에만 치달았던 것이 바로 나라를 쇠퇴하게 만든 원인이라고 강변하였다.

이처럼 정인보는 애국지사의 비지문을 쓰면서 그들이 나라를 위해 헌신할 때의 마음과 기상을 드러내는 데 주력하고자 하였다. 자신의 안위는 잊은 채 두려움 없이 의리를 굳건히 지키는 용맹스런 기상이

116) 蓋自世之衰, 相率爲趨避, 顧瞻尺寸, 加厚貌緣飾, 以色莊習, 以成風, 故卒見勇於爲義, 而羣怪之, 以爲何輕也. 嗚呼! 公之見謂輕也, 乃國之所以傾, 與幷志之.(정인보, 「남강 이공의 비를 세운 다음에 쓰다(書南崗李公墓碑後)」, 『담원문록』 상, 234쪽; 『전집』 5, 89~90쪽)

그것이다. 나라를 망하게 만든 병폐를 극복하기 위해서는 이와 같이 용감하고 의로운 기상이 필요함을 강조함으로써 민족의 정신을 새롭게 고취하고자 한 것이다.

그러나 앞서 말했듯이 정인보는 순국열사 및 애국지사에 대해서만 비지문을 쓴 것이 아니다. 또한 그들의 의로움만을 높이 평가하지도 않았다. 「해주海州 강군姜君 묘갈명墓碣銘」에서 쓴 바와 같이 나라에 널리 알려질 만한 업적이 없이 평범한 삶을 살았다고 하더라도 참다운 마음을 지니고 행실을 바르게 하였다면 존경받을 만하다고 하였다. 또한 그러한 사람의 생애를 비지문으로 남김으로써 집안의 법을 삼을 수 있고 그 고을을 교화시킬 수 있다고 보았다.117)

특히 정인보는 절개를 지킨 여인들의 삶에서 깊은 감화를 받았고, 그들의 삶을 비지문에 담아 사람들이 삶의 자세에 대해 어떤 일깨움을 얻기를 바랐다. 그러한 비지문 가운데 「신천 이씨 선묘비信川李氏先墓碑)」는 조금 특이한 경우에 해당한다. 여인의 남편에 대한 비지문인데도 부인의 행적을 더 자세히 서술하고 있는 것을 볼 수 있기 때문이다.

> 내 할아버지가 뛰어났건만 불행히 중간에 돌아간 것을 나는 서럽게 여기거니와, 생각건대 돌아갈 때 부탁은 내가 따라 죽지 않고서, 그 평생 집안을 일으키려던 뜻을 오히려 맡겨 끊어지지 않게 되기를 바랐던 것이니라. 이것이 바로 내가 아침 일찍부터 밤늦도록 부지런히 애쓰며 이 몸의 고달픔도 몰랐던 까닭이니라. 아! 너는 나를 부지런타 여길 테지마는 네 할아버지에게서 물려받아 그런 줄은 넌 모르리라. 나는 늙고 쇠하여 곧 죽을 것이니, 네 할아버지를 알 사람이 다시 누구이겠느냐? 무덤

117) 정인보, 「海州姜君墓碣銘」, 『담원문록』 상, 250쪽; 『전집』 5, 101~102쪽.

> 에 비석을 갖추고 당세의 문장가에게 글을 빌어, 길이 후인에게 보여주어야만 이승 저승 사이에 족히 한이 없겠구나.118)

「신천 이씨 선묘비」는 이계천이라는 사람이 정인보에게 찾아와 그의 할머니의 말을 전하면서 할아버지의 묘지명을 부탁하여 쓰게 된 글이다. 그런데 이계천으로부터 사연을 들은 정인보는 오히려 할머니의 마음과 삶에 깊은 감명을 받았다. 이에 위와 같이 이계천로부터 전해 들은 할머니의 말을 인용하고 할아버지의 행장을 간추린 뒤, 할머니의 행적도 함께 서술하였다. 남편이 일찍 죽어 홀로 된 처지에서 부인의 노력으로 집안을 일으키고 마을에 학교까지 세웠다는 내용을 넣은 것인데, 이로써 죽은 남편에 대한 비지문인데도 오히려 살아있는 부인의 행적이 돋보이는 셈이 되었다. 그렇기에 부인의 행적을 함께 자세히 서술한 이유도 덧붙였다. 비록 남편은 일찍 죽어 직접 뚜렷한 자취를 남긴 것은 없지만, 그 뜻이 부인에게 이어져 부부가 함께 성취를 이룬 것으로 볼 수 있다는 것이다.

이 밖에도 정인보가 비지문을 쓴 여인들 중에는 이씨의 할머니와 같은 삶을 살았던 사람들이 많다.119) 대개 그들은 남편을 따라 죽음으로써 절개를 지키고자 했지만, 늙은 부모와 어린 자식을 보며 그들을

118) 竊哀汝祖之傑然, 而不幸中折, 惟是臨沒之囑, 意冀吾之未亡, 而其生平起家之志猶倚焉以不絶, 此吾所以夙夜矻矻忘其身之弊也. 嗚呼! 汝以吾爲勤, 而不知吾之所受於汝祖者然也. 吾老且衰卽死, 誰復知汝祖者? 可具石于墓, 而假詞於當世之能文者, 以永示後人, 幽明之間, 足以不恨.(정인보, 「信川 李氏先墓碑」, 『담원문록』 상, 239~240쪽; 『전집』 5, 94~95쪽)

119) 정인보, 「務安金氏槩配李氏合葬墓碣銘」, 『담원문록』 중, 157~161쪽; 「金母李孺人紀節閣記」, 『담원문록』 중, 162~164쪽; 「金孺人紀節碑」, 『담원문록』 중, 465~468쪽.

돌보아야겠다는 책임감으로 살았던 인물들이다. 그 책임감으로 일신의 고달픔도 잊은 채 헌신적인 태도로 부모와 자식을 돌보았고 부지런함으로 마침내 집안을 일으켰다. 더러는 넉넉한 자산을 이루어 고을에 학교를 세우는 등 지역 사람들을 위한 사업을 하기도 하였다.

정인보가 이러한 여인들의 삶에 유독 감동을 받았던 것은 이들이 망국의 현실에서 어떻게 살아갈 것인가에 대한 본보기와 성찰의 기회를 제공한다고 여겼기 때문이다.

> 보普의 생각으로는, 역경이란 남녀에 마찬가지이지만, 남자가 불행을 만나면 자기의 행동거지가 자신에게 달렸지만, 안에서는 자질구레한 어려움, 말 못 할 딱한 사정을 하소연할 곳이 없으니 실로 산 사람의 지극한 비참이거늘, 더구나 외진 시골 가난한 여염에서 더욱 심함이 있음에리오? 유인孺人이 이에 신의를 다짐하여 변치 않고 마침내 스스로 이룩했으니, 의義로 나아가는 바에는 도道는 형통치 않음이 없을 것을 알았음이다. 그러니 다른 이들은 우선 스스로 기가 죽을 뿐이다. 세상에 뜻을 둔 이 가히 힘쓰지 않을 것인가?[120]

> 풍속이 무너짐으로부터, 선비가 어려움에 대처하게 될 때 그 뜻을 뭉그러뜨린 자들은 모두가 환경에 탓을 돌리니, 이런 이들을 유인에게 비긴다면 어떻다 할 것인가?
>
> 지아비에 대한 지어미와, 아비에 대한 자식, 여러 사람에 대한 한 개인의 관계에 있어서 그 효도함, 의義를 행함이며, 절개를 지킴이 일이야 다르지만 이치는 하나다. 군자는 어진 이를 보면 같아지기를 바라니, 몸

120) 普以爲逆境之於男女一也, 而男子遘不幸, 猶賴行止在己, 閨壼之內, 曲艱隱慼無所告愬, 實生人之至慘, 况窮鄕寒閭尤有甚者? 孺人乃能誓信不渝, 卒以自達, 知義之所之道無不亨人. 顧先自沮耳, 志於世者可不勲? (정인보, 「金孺人紀節碑」, 『담원문록』 중, 467쪽.; 『전집』 6, 134~135쪽)

> 이 꼭 같은 처지에 있어야만 그런 것은 아니다. 그러므로 아낙네의 일이지만 선비로서도 반성함직한 것이 있으며, 한 집안의 행적이지만 여러 사람에게도 또한 본받음직하다.[121]

어려운 상황과 시절에 닥쳤을 때에야 비로소 참된 지조를 지닌 사람인지가 드러나는 법이다. 나라가 망하고 세상이 변하자 선비 노릇했던 사람들 가운데 뜻을 훼절해 버린 사람들이 있었다. 정인보는 그들이 하나같이 환경 탓을 하며 자신의 변절을 합리화하는 것을 목도했다. 그러나 정인보가 보기에 열악한 환경으로 말하자면 당시 홀로된 여인들이 처한 상황만큼 힘든 것도 없었다. 집안에서 책임져야 할 크고 작은 의무는 많으나 마땅히 하소연할 데 없이 스스로 슬픔과 한을 삭이며 살아야 하는 것이 당시 여인들의 처지였다. 더욱이 외진 시골의 여염집 아낙네의 경우, 혼자서 짊어져야 하는 자질구레한 일들이 많고 자신이 의지할 데도 마땅치 않았을 테니 더욱 힘들었을 것임을 충분히 짐작할 수 있었다. 이러한 상황에서도 절개를 지키며 효를 다하고 집안을 일으킨 여인의 삶을 본다면 더이상 무슨 변명을 할 수가 있을까. 이것이 정인보가 변절한 선비들에게 들려주고 싶은 말이었다.

조선 시대에 여인에게 강조했던 절개가 한 남편만을 섬기는 것이라면, 정인보가 칭송한 여인의 절개는 그러한 의미를 넘어선다. 정인보는 여인의 절개를 선비의 지조에 상응하는 것이면서 동시에 잃어

121) 自俗之壞, 士有處艱, 志隳者類, 皆歸咎於其遇, 此視孺人, 爲何如也? 婦之於夫也, 與子之於父也, 一介之於羣也, 其爲孝爲義爲節烈, 事則殊而理則一, 君子見賢 思齊, 不必身同其處者然也. 故有婦人之事, 而爲士可有省焉, 有一家之行, 而在衆可有則焉.(정인보, 「김씨의 어머니 이유인의 절개를 적은 비각에 대한 기사(金母李孺人紀節閣記)」, 『담원문록』 중, 164쪽; 『전집』 5, 350~351쪽)

버린 나라를 되찾게 만든 원동력으로 보았다.

> 유인孺人이 죽을 당시(1937.4.26)만 해도, 왜는 한창 유럽과 아시아에서 거드럭거리고 있었는데, 유인은 한낱 홀어미로, 오직 그 뜻과 의義를 따라 이에 맞섰다. 그 극에 이르러서는 누가 강자며 누가 약자인지조차 아울러 모르게 되었고, 그 몸은 이미 죽고 말았다. 그러나 몸이야 비록 죽었다 하지만, 자기가 목표한 바에 대하여 그 마음이 전일專一하여 돌리려야 돌릴 수 없는 것만은 우주를 휘황하게 비치고 있다. 아! 이것이 바로 예로부터 충성스럽고 곧고 의롭고 매운 분이 쇠잔하게 부서지고 황폐화된 가운데 윤기를 세웠던 것이며, 이를 통해 잃어버린 나라를 다시 일으키게 된 것이다.
>
> 유인은 대대로 밀양 사람인데, 박 씨朴氏는 본래 신라 사람이다. 각간角干 석우로昔于老가 왜에서 죽자 그 아내가 그 원수를 손으로 쳐 죽였고, 박제상朴堤上이 왜에 사신 가서는 굽히지 않았으며, 그 아내는 그 남편을 곡하다 치술령 위에서 죽어 산신이 되었으니, 수천 년을 지나도록 풍렬風烈은 오히려 부인에게 모여 있으니 갸륵하다![122]

해방 직후에 썼던 「박유인朴孺人 기열비紀烈碑」 비문 역시 남편이 일찍 죽어 홀로 집안을 끌어가야만 했던 여인에 대한 것이다. 박유인의 남편 장기석張基奭(1860~1911)은 천장절天長節(일왕의 생일) 경축식에 참석하라는 일제의 강요를 거절하고 잡혀가 감옥에서 생을 마

122) 當孺人之死也, 倭方焔烋歐亞, 而孺人一寡婦, 獨率其志義, 而與之抗. 至其極, 則幷不知孰爲弱而孰强, 而其身旣已隕矣. 然身雖死, 而其心之壹於所向, 而不可回者, 赫赫照耀宇宙. 嗚呼! 此自古忠貞義烈所以植人紀, 於殘破蕪沒之中, 而亡國由而復起者也. 孺人世籍密陽, 而朴故新羅之族. 昔角干于老死於倭, 其妻手殺其仇, 朴堤上上使倭不屈, 妻哭其夫, 死鵄述嶺上, 爲山神, 歷數千年, 而風烈猶鍾於婦人, 盛矣! (정인보, 「朴孺人 紀烈碑」, 『담원문록』 하, 129쪽; 『전집』 6, 289~290쪽)

감했던 인물이다.[123] 남편이 죽자 박 유인은 남편을 따라 죽으려고 하였는데, 어린 양자를 보며 살아남아서 그 양자를 기르는 책임을 다하였다. 그러다가 남편의 덕을 기리고자 사람들이 세운 비碑를 일본이 부수겠다고 하는 말을 듣고는 의분義憤에 북받쳐 더이상 구차스럽게 살 수 없다며 목숨을 버리고 말았다.[124] 남편이 죽은 지 27년 만인 1937년의 일이었다.

정인보는 박 유인이 죽던 당시에는 일본이 유럽과 아시아에서 거들먹거릴 때였음을 환기시켰다. 이는 일제의 높은 위세와 강압에 눌려 웬만한 사람들은 두려움에 떨고 있을 때임을 말한다. 이러한 상황에서 박 유인은 구차한 목숨을 구걸하기보다는 죽음으로써 의義를 지키는 길을 간 것이었다. 정인보가 보기에 박 유인의 의로운 모습은 국망을 당하자 치욕스러움과 저항의 표시로 죽음을 택했던 선비들의 지조 높은 모습과 다를 바가 없었다. 정인보는 이와 같이 매운 절개를 보여준 사람들이 있었기에 정신과 풍속이 쇠잔해지고 황폐해져가는 가운데도 윤리와 기강을 바로 세울 수 있었다고 보았다. 즉 이러한 매운 지조를 나라를 되찾게 한 원동력으로 본 것이다.

지조를 지키는 방식에 죽음을 통한 항거만이 있는 것은 아니다. 정인보는 국망의 현실에서 살아남은 자로서 순국한 이들의 슬픔과 뜻을 가슴에 되새기며 나라를 다시 일으키기 위해 애쓸 것을 자신의 과

---

123) 『한국민족문화대백과사전』 '張基奭'조 참조.

124) 1936년에 고을 사람들이 장기석의 충절을 기리고자 '海東淸風碑'를 세웠는데, 이듬해 일본이 이 碑를 부수겠다는 말을 전해 듣고 박 유인이 자결한 것이었다. (정인보, 위의 글, 『담원문록』 하, 128쪽; 『전집』 6, 288쪽) 실제 일제는 이 碑가 민족의식을 고취하는 것이라고 하여 이를 파괴하여 개천에 버렸다고 한다.(『두산백과사전』 '張基奭'조 참조)

제로 삼았다. 그것이 그 시대에 살아남은 자들의 과제라고 여겼던 것이다. 홀로 가족 부양의 책임을 다하며 마침내 집안을 일으켰던 여인의 삶을 그리며 그들의 의로움을 칭송한 것은 이 시대 살아남은 자들이 해야 할 도리가 거기에 있다고 보았기 때문이라고 할 수 있다.

(2) 역사 기록과 역사 연구의 서술 태도

정인보의 비지문에서 눈여겨볼 만한 또 다른 특징은 비지문을 역사 기록 및 역사 연구의 양식으로 적극 활용하고 있는 점이다.[125] 당송팔대가唐宋八大家의 한 사람인 증공曾鞏(1019~1083)은 비문碑文을 역사 기록과 비교하며 그 차이를 말한 바 있다. 비문은 고인의 훌륭한 점을 후세에 전하는 것이어서 그 사람의 악한 점과는 상관이 없지만, 역사는 선악에 대해 다 기록한다는 것이다.[126] 이는 사실의 전승면에서 역사보다 비문이 한계가 있음을 말한 것이라고 할 수 있다. 실상 인물의 공과를 다 드러내지 않는다면 사실의 왜곡이라고도 볼 수 있다. 이로 인해 비지문 양식은 진정성을 담은 것이라기보다는 의례적 수사 위주의 글 양식이라고 폄훼되기도 하였다.

그러나 정인보는 비지문에 진정성을 담아 인물의 삶에 대한 진실된 기록으로 만들고자 하였다. "밝고 밝은 사람의 본심, 이게 오직 믿

---

125) 정인보의 비지문이 역사 기록과 역사 연구의 성격을 지닌다는 점에 대해서는 필자가 이미 다룬 바 있다.(여희정, 「일제강점기 전통 지식인의 이중 언어 글쓰기 -국학자 정인보의 한글 글쓰기와 한문 글쓰기의 관계를 중심으로」, 『정신문화연구』 38권 3호, 한국학중앙연구원, 2015) 이 절은 이에 대한 내용을 보충하여 논지를 심화시킨 것이다.

126) 曾鞏, 「寄歐陽舍人書」; 김영봉, 「爲堂 鄭寅普의 墓道文字에 나타난 시대의식」, 『동방학지』 141, 2008, 58쪽 참조.

을 만한 역사(炯炯人心, 玆惟信史)"[127]라는 말에서 보듯이 정인보는 역사의 범주를 넓게 보면서 그중에서도 핵심적인 것은 사람의 밝은 마음이라고 여겼다. 그렇기에 비지문에서 행적 자체보다도 행적의 동기, 행적에 담긴 인물의 뜻이 보다 잘 드러나는 기록을 남기고자 하였다. 그에게는 이러한 마음의 자취를 담은 글 자체가 역사 기록이었다.

나아가 역사 연구자의 태도로 문헌 등의 자료 조사를 통해 인물의 행적을 고증하고 새로운 사실을 발견하여 인물의 삶을 재구하였다. 역사적 인물이나 사건의 경우에는 그 역사적 의미를 파악하여 제시함으로써 후대의 역사 연구에 참고 자료가 되기를 바랐다.

정인보가 비지문에서 진실되게 인물의 삶을 기록하고자 했음은 「하정여공묘표荷亭呂公墓表」[128]에서 단적으로 드러난다. 하정荷亭 여규형呂圭亨(1848~1921)은 정인보와 교유했던 선배 그룹에 속하던 인물이다. 이에 여규형의 자손들이 정인보에게 와서 비문을 부탁하였다. 비문에서 스스로 밝혔듯이 정인보는 어려서 여규형에게서 많은 사랑을 받았기에[129] 그에 대해 남다른 애정을 갖고 있었다. 하지만 그만큼 또한 안타까움도 컸다. 여규형이 만년에 친일 행적을 보였다고 하여 사람들로부터 많은 비난을 샀기 때문이다. 그런 까닭에 정인보는 여규

---

127) 정인보, 「鄭忠莊公碑」, 『담원문록』 중 398쪽; 『전집』 6, 104쪽.

128) 정인보, 「荷亭呂公墓表」, 『담원문록』 상, 268~273쪽; 『전집』 5, 115~119쪽.

129) "高夫人과 양자 泰鉉 · 손자 運慶이 부지런히 일하고 푼푼이 모아 공의 墓表 세우기를 별러왔는데, 寅普가 어려서 공에게 사랑 받았으므로 와서 글을 구했다. 이에 공의 평생을 대충 차례 매겨 서술하여 李秘丞 範世에게 부탁하여 碑文 丹書를 쓰게 하니 또한 공이 사랑하던 이라. 이것으로나마 오히려 공에게 위안이 될는지?(高夫人與繼子泰鉉 · 孫子運慶, 勤力積絲銖, 謀表公之墓, 而以寅普少愛於公, 來徵文, 乃粗序公生平, 屬李秘丞範世書丹, 亦公所愛也. 嗚呼! 是尙可以慰公也邪)", 정인보, 위의 글, 『담원문록』 상, 273쪽; 『전집』 5, 119쪽)

형에 대한 비문을 쓰면서 훌륭한 행적 위주로 서술할 수만은 없었다. 이는 비지문의 후반부에서 여규형의 모습을 종합적으로 평한 부분에서 잘 드러난다.

> 기이하고 준걸스런 생각을 달리며, 듣도 보도 못한 야릇함으로 나아가, 움켜쥐고 끌어당기기를 마치 귀신이라도 붙은 듯이 하였다. 고문에는 다소 손색이 있었지만, 한창 자득할 때에는 널리 사방으로 퍼져 극치를 이루었다. 만약 환경이 뜻을 족히 도울 수 있었고, 스스로도 해이하지 않고 이끌어 밝혀내어 하늘이 준 재주를 끝까지 발휘하였더라면, 전고前古를 자유자재로 내달림이 어찌 한량이나 있었으리오? 그러나 이에 액운을 주고 궁하게 함이 그로 하여금 그럴수록 더욱 해이해지고 방일케만 하여, 나가면 술 취하여 시시덕거렸고, 글을 지으면 진실로 너저분하였으며, 늙마에는 그게 더욱 심했다. 공으로 말한다면, 실로 그 재주를 짓밟아뭉개고, 불후의 영재를 구박하여 진토에 내어버려 깊이 묻어버리고 돌보지 않았다고 할 것이다. 공은 진실로 재주를 스스로 저렸거니와, 한편 운명 또한 몹시도 공을 저버렸던 것이다.130)

정인보가 본 여규형은 분명 남들보다 뛰어난 재주를 지닌 인물이었다. "기이하고 준걸스러운 생각"을 "귀신이라도 붙은 듯이" 자유자재로 글로 펼쳐내는 능력이 있었으며 자득한 바도 있어 그 명성이 사방에 알려졌다. 하지만 인생의 후반부로 갈수록 여규형이 보인 모습은 실망스러웠다. 정인보는 비지문에서 이러한 모습을 누락시키거나

130) 至騁奇俊邁俶詭, 攫拏若有鬼神. 古文稍遜矣, 當得意時, 旁暢盡致. 若使境足輔志, 不自放弛, 以導之探發, 而旣其天畀之才, 則其橫軼前古, 豈有量哉! 顧乃厄之而窮之, 使之愈弛愈放, 出之以酣嬉, 成之以苟慢, 晩節益甚. 由公言之, 實蹂藉其才, 驅迫不朽之英, 委塵土, 沉埋而莫省. 公固自負於才, 抑命之負公者深矣.(정인보, 위의 글, 『담원문록』 상, 272쪽 ; 『전집』 5, 119쪽)

좋게 포장하지 않았다. 곤궁한 환경에 처하고 액운에 부딪힘에 따라 스스로 더욱 해이해지고 방일해져 글도 너저분해지고 말았다고 평한 것이다. 그리고 이렇게 된 데에는 운명 탓도 있지만 스스로 자신의 재주를 버린 탓도 있다고 하였다. 이 평에서는 불우한 환경에 처해 자신의 재주와 뜻을 펼치지 못한 여규형에 대해 연민을 느끼면서도 그가 끝내 자신을 지키지 못한 것에 대해 안타까워했던 정인보의 마음을 볼 수 있다.

이처럼 정인보는 지인이라고 하더라도 비지문에서 그 사람의 공과를 다 담아내었다. 이는 무엇보다도 글의 진실성을 중시했기 때문이다. 하지만 인물을 냉엄하게 평가함으로써 객관성을 담보하는 방식으로 글을 쓴 것이 아니다. 인물의 마음과 뜻이 드러나는 비지문을 쓰고자 했듯이 그 사람의 공과를 다 담아내면서도 상대를 진심으로 이해하고 아끼는 마음이 드러나는 글을 썼다.

한편 「하정 여공 묘표」에서는 정인보가 여규형에 대한 세상의 오해를 풀어주기 위해 서술한 부분이 있다. 이 또한 인물의 삶에 대한 진실한 기록을 후세에 전하고자 했던 정인보의 서술 태도를 보여주는 부분이다.

> 국변 초國變初의 조서詔書(합병문)를 더러 공이 지었다고도 하는데, 공이 병중에 난옹蘭翁(이건방)을 마주 보며 그 원통함을 스스로 말했거니와, 그가 돌아간 지 또 한 십여 년 뒤에 이치재李恥齋(이범세) 비승秘丞이 나를 찾아와 다음과 같이 말하였다.
>
> "지난번 송추당宋秋塘(송영대宋榮大)을 만났는데, 그의 말이, '어떤 이가 김윤식金允植에게 들으니, 조서는 쓴 사람이 따로 있지 하정荷亭이 아니다.'라 하더라네."

> 내 자신이 송영대에게 가 물으니 송이 이렇게 말하였다.
> (중략- 송강선宋剛瑄과 김윤식이 나눈 이야기를 들려 줌)
> 송宋의 이름은 영대榮大이니, 제법 꼼꼼하여 허튼 소리를 하지 않거니와 또한 공과 좋아하는 것도 아니니다. 더구나 송강선宋剛瑄은 공과는 맞지를 않아 공에 대해서는 불만스러워하는 터라, 결코 구차하게 공을 위해 변명할 사람이 아니다. 이에 짐짓 기록으로 밝혀, 이로써 뒤에는 오해받음이 없도록 하는 터다.[131]

여규형이 만년에 국망을 당한 이후 지조를 지키지 못하여 사람들로부터 비난을 받으면서도 합병문의 작성자라는 사실만은 원통해하며 인정하지 않았음을 볼 수 있다. 그 원통함을 이건방에게 가서 호소하기도 하였던 모양이다. 하지만 자신의 말을 달리 입증할 방법은 없었던 것으로 보인다. 그런데 여규형이 죽은 뒤, 정인보는 이범세로부터 합병문의 작성자가 여규형이 아니라고 하는 송영대의 말을 전해 듣게 되었다. 그 후 직접 송영대를 찾아가 이야기를 들어보고는 송영대의 말에 신빙성이 있음을 확신하게 되었다. 이에 정인보는 이 사실을 확인하는 과정에서 오고 간 이야기의 내용을 비지문에 구체적으로 인용하였다. 비록 여규형이 생전에는 합병문의 작성자라는 오명을 벗지 못했지만, 사후에라도 진실이 알려지기를 바라는 마음으로 비문에서 오해를 밝힌 것이다.

이처럼 정인보가 비지문에서 진실성을 중시한 것은 비문이 후대에

131) 變初之詔, 或謂公作, 公病中, 對蘭翁, 自言其寃, 沒後且十餘年, 而李恥齋秘丞過余曰: "頃見宋秋塘, 言有人從金允植聞, 知此詔有人作, 非荷亭也. 余乃自造宋問之, 宋曰……宋名榮大, 頗精詳, 不妄言, 又非與公有昵好, 而宋剛瑄尤於公落落, 且嘗不滿公, 決非苟爲公辨者. 玆故書而明之, 無使幷以此受枉於後焉.(정인보, 위의 글, 『담원문록』 상, 270~272쪽; 『전집』 5, 117쪽)

과거의 사실을 징험할 수 있는 대상이 된다고 보았기 때문이다. 집안의 후손은 비문을 통해 조상의 덕을 징험할 수 있으며 후대의 사람들은 몇백 년 전의 사적도 이를 통해 알 수 있다는 것이다.132) 또한 자신이 역사를 연구하는 과정에서 과거 사실을 고증하기 위해 비문을 주요하게 참조했듯이, 정인보는 자신의 비문도 역사 연구의 자료가 되기를 바랐다. 그렇기에 정인보는 비문을 쓸 때 행장만을 참고하지 않고 문헌 등 관련 자료를 더 탐색하고 사실을 고증하며 역사를 연구하고 기록하는 서술 태도를 보였다.

> 병자(1936)에 공(윤광운尹光運)의 6세손 정중正重이 공의 유사遺事를 모아 인보寅普에게 부탁하여, 공주公州 곡화천면曲火川面 안영리安永里에 합장한 무덤에 묘표를 써 달라 하였다. 인보가 받아서 여러 차례 뒤적여 보고, 한편으로 공사기록을 참조해 보니, 공이 비록 조정에 벼슬한 기한은 얼마 안 되고 나이도 젊어 세상을 떴으나, 일생이 구차스럽지 않고, 우뚝하여 옛 사대부의 물러서고 벼슬할 때의 태도를 보여 주었다. 이제 말세사람으로 어찌 능히 미칠 바이겠는가? 그런대로 그 대충을 글로 엮어 정중正重에게 보내니, 그 묘표墓表에 그칠 뿐 아니라, 역사를 연구하는 이들에게 참고가 되기 바라는 바이다.133)

이 글은 정인보가 지인 윤정중으로부터 6대조 윤광운尹光運(1689~1733)에 대한 비지문을 부탁받아 쓴 것이다. 정인보는 이 앞부분에서

132) 정인보, 「長湍先阡碑」, 『담원문록』 중, 489~490쪽; 『전집』 6, 153~154쪽.

133) 丙子公六世孫正重, 裒公遺事, 屬寅普, 求表公公州曲火川面安永里合葬之阡. 寅普受, 而翻閱屢過, 旁參公私所記, 知公雖立朝日淺, 且阨於年, 而其終始不苟, 嶢然見古士大夫止進之度, 玆豈晩末所能及哉? 輒爲論次其辜較, 以歸正重, 不惟表其墓而已, 冀治史者, 有所稽云.(정인보, 「應敎尹公墓表」, 『담원문록』 하, 320~321쪽; 『전집』 6, 394쪽)

벼슬살이와 관련한 세 차례의 일화를 중심으로 윤광운의 삶을 서술하였다. 위에서 인용한 부분을 보면, 이는 윤정중이 모아 온 자료뿐만 아니라 정인보 자신이 문헌 자료를 더 찾아서 함께 살펴봄으로써 재구한 것임을 알 수 있다. 더욱이 정인보는 이 글의 말미에서 자신의 비지문이 단지 묘표에 그치지 않고, 역사를 연구하는 이들에게 참고가 되기를 바란다고 밝히고 있다. 이러한 모습에서 정인보가 비지문을 역사를 징험할 수 있는 자료로 여겼으며, 역사를 연구하고 기록하는 태도로 비지문을 써 나갔음을 볼 수 있다. 다음의 비지문에서도 이러한 서술 태도가 두드러지게 나타난다.

> 이제 공의 9세손인 기중器重이 보普와 친구라 묘표를 써 달라고 했다. 그러나 공이 살았던 때는 이미 오래 되었고 문헌도 흩어져 거의 없어져서 겨우 항소抗疏한 해를 기록할 뿐, 그 시말을 자세히 종합할 길이 없어 근심하지 않을 수 없었다. 보普가 얼마 전에 명부에 기록하고 고궁(창덕궁)에 들어갔다가, 예전에 적상산赤裳山에 갊아 두었던 실록實錄을 참고한 뒤에야 공의 일을 갖추 논할 수 있게 되었다.134)

이 글은 정인보가 지인 윤기중尹器重으로부터 9대조 윤손尹損(1628~1685)에 대한 비지문을 부탁받아 쓴 것이다. 그런데 윤손이 항소한 해를 기록한 것 외에는 그의 행적에 대해 참고할 만한 자료가 거의 없었다. 그래서 정인보는 창덕궁에 보관된 조선왕조실록을 직접 살펴보며 윤손이 항소한 일에 대한 전말을 파악하였다.

---

134) 今公九世孫器重與普友, 求爲墓表. 顧公時已久遠, 文獻散佚殆盡, 盖僅記其疏之年, 而無由綜其本末之詳言之, 未嘗不慼. 普頃注籍入故宮, 考之赤裳山舊藏實錄, 然後公之事, 可得以備論焉.(정인보, 「(奉事尹公墓表」, 『담원문록』 하, 323쪽; 『전집』 6, 396쪽)

항소는 두 가지에 관한 것이었다. 하나는 현종 때 청나라 사신이 왔을 때 부수찬 김만균이 할머니 장례 문제로 청원하여 사신을 따라가지 않은 일을 두고 송시열과 서필원 사이에 일어난 논쟁과 관련된 것이었다. 이때 윤손은 성균관 유생을 거느리고 상소하며 부수찬의 처신을 옹호했던 송시열을 두둔했다. 또 다른 하나는 기해년(1659) 예송정쟁에서 서인이 패배하고 송시열이 유배갔을 때 남인들이 그의 죄를 태묘에 고해야 한다고 청한 일(1677)에 대한 것이었다. 이때도 윤손은 오백여 명의 유생을 거느리고 그 청원의 부당함을 항소하며 송시열을 옹호하고자 했다.[135] 윤기중 집안에서는 윤손이 항소한 해를 기록한 자료만 남아있는 상황이었는데, 정인보가 실록 자료를 조사함으로써 이와 같이 윤손이 항소한 정황과 내용을 자세히 알 수 있게 된 것이다.

정인보는 이와 같은 사건의 전말을 비지문에서 밝히고, 이후 이 일에 대한 자신의 논평을 덧붙였다.

> 대개 이 두 가지 일을 오늘날로 따진다면, 서정의徐貞毅(서필원徐必遠)의 논의는 조정을 위해 법도를 엄중히 여기자는 것이지, 조부모의 원수갚기를 가벼이 여겨도 된다는 뜻은 아닌 듯한데, 송 정승(송시열宋時烈)이 의리를 모르는 자라고 몰아붙였으니, 그 마음이 어찌 이에 굴복했겠는가? 공(윤공)이 송 정승의 논리에 따라 배척한 것은 너무 심한 듯하다. 또 정사년(1677)에 태묘太廟에 고하자는 논의에 대해서 말하자면, 일이 있으면 고하는 것이므로, 뜻은 죽이려는 데 있지 않았다고 말하는 사람이 당시에 있었으나, 이는 진실로 망령된 말이며, 송 정승이 효종을 낮게 평가했다고 함 역시 사실은 아니다.[136]

135) 정인보, 위의 글, 『담원문록』 하, 323~326쪽; 『전집』 6, 396~398쪽.

정인보는 윤손이 상소한 사건에 대해 위와 같이 윤손의 입장을 지지하지만은 않았다. 송시열의 서필원에 대한 비판은 지나친 것이며, 송시열의 논리에 따라 윤손이 서필원을 배척한 것은 심한 처사라는 것이다. 반면 남인들이 송시열의 죄를 태묘에 고하기를 청한 일에 대해서는 윤손의 입장에 손을 들어 주었다. 신하의 죄를 태묘에 고한다는 것은 죽이려는 의도가 맞으며, 예송논쟁에서 송시열이 펼쳤던 논리가 효종을 낮게 평가한 것은 아니라며 송시열을 반대하는 측의 의도와 주장을 비판한 것이다. 이러한 부분에서는 한 개인에 대한 비지문이라기보다는 역사적 사건과 인물에 대한 논평의 성격이 강하게 드러난다.

물론 윤손에 대한 비지문인 만큼 이러한 논평만으로 끝나는 것은 아니다. 비지문의 후반부에서는 일개 선비로서 항소하여 귀양을 초래한 일을 두고는 스스로 의리를 억누르지 못하는 강개한 성품 때문이라고 말하였다. 서필원을 배척한 것이 아니라 인정人情의 도리를 다하고자 했던 부수찬 김만균을 가엾이 여겼던 것이며, 송시열을 위한 것이 아니라 선왕이 와신상담한 뜻을 슬퍼해서였다는 것이다.[137] 이처럼 당시 분쟁 상황에서 윤손이 보인 행동에 대해 역사적 평가를 내릴 때와는 달리 윤손이라는 한 인물에 대해 개인적으로 평가할 때에는 그 행동의 내적 동기에 주목했다. 그리고는 비지문의 말미에 "아울러 이를 밝힌 것은 후에 따지기 좋아하는 이가 취하여 절중折中

136) 夫是二事由今衡之, 若徐貞毅之論, 不過爲朝廷重法度, 非謂祖父母之讎怨可輕也. 宋相驅之昧義, 安得以服其心? 公乃從而斥之, 若有太過焉. 且丁巳告廟之論, 當時之謂有事則告, 意不在殺者, 誠妄也, 謂宋相貶薄孝宗者, 亦非其實也.(정인보, 위의 글, 『담원문록』 하, 326쪽 ; 『전집』 6, 398쪽)

137) 정인보, 위의 글, 『담원문록』 하, 326~327쪽 ; 『전집』 6, 398~399쪽.

하는 바가 있을까 해서이다."[138]라는 말을 덧붙였다. 이는 자신의 당파적 입장이나 역사관에 따라 인물의 행동이나 주장 자체만을 평가하는 태도를 경계하기 위한 것으로 보인다.

「허소치갈許小癡碣」 또한 자신의 글이 한 집안의 인물을 기리는 비문에 그치지 않고, 후대 역사 연구에 참고 자료가 되기를 바라는 마음으로 쓴 것이다. 이 글은 허백련許百鍊(1891~1977)의 부탁으로 헌종 때의 화가인 소치小癡 허련許鍊(1809~1892)에 대해 쓴 비지문이다. 정인보는 우선 화가로서 허련의 특기가 어떠한지 서술하고, 추사秋史 김정희金正喜(1786~1856)로부터 그림으로 당대에 으뜸이라는 말을 들었던 인물임을 말하였다. 이후 초의선사草衣禪師(1786~1866)의 소개로 김정희와 교유하게 된 일, 김정희 지인들의 소개로 헌종에게까지 알려져 당대 화가로서 높이 인정받았던 일, 헌종 승하 후 허련도 오갈 데가 없게 된 일 등을 중심으로 허련의 생애를 자세히 서술하였다. 마지막으로 소치의 화풍이 정조 이후 성행했던 박학樸學의 학풍과 잘 어울리는 것이었다고 평하였다. 그리고는 이처럼 허련의 화풍의 특징, 교유관계, 예술활동 등에 대해 자세히 서술한 의도를 다음과 같이 밝혔다.

> 소치 동고조同高祖 후손으로 또 그림 잘 그리기로 세상에 이름을 떨친 이는 백련百鍊(허백련, 1891~1977)인데, 소치의 멋이 차츰 아득해짐을 걱정하여 무덤에 비를 새길 것을 꾀하여 내게 글을 받으러 왔다. 이에 자세히 적어 뒷날 예술을 전하는 이에게 준다.[139]

---

138) 玆幷著之, 使後之尙論者, 有所取衷焉.(.(정인보, 위의 글,『담원문록』하, 327쪽;『전집』6, 399쪽)

139) 小癡同堂之裔, 又有以善畫名世者, 曰百鍊, 念小癡風流浸邈, 謀有以鋟諸

여기에서 정인보가 후대에 예술을 전하는 이, 즉 예술가 또는 예술 연구자들에게 이 비지문이 참고자료가 되기를 바라는 마음으로 이 글을 썼음을 볼 수 있다.

황원구는 정인보가 1940년에 거처를 양주군 창동에 옮긴 뒤 비지문을 찬술하여 살림에 보탰으며, 시국상 국학 관련 글을 쓰지 못하고 이러한 글을 쓸 수밖에 없었다고 말한 바 있다.[140] 실상 정인보가 은거생활에 접어든 것은 1937년 이후부터이다. 이때부터 연희전문학교 교수직을 사임하고 언론활동도 중단하였다. 이 당시 정인보가 부딪힌 생계문제와 시국상의 문제는 분명 그가 일제강점기 말기에 유달리 비지문을 많이 창작할 수밖에 없었던 이유를 말해주는 것이다.

하지만 글을 쓸 수 있는 매체나 양식이 지극히 제한적인 상황에서 비지문은 정인보가 자신의 생각과 의도를 담아내는 주된 통로가 되기도 하였다. 일제의 탄압과 검열의 강도는 점점 높아지고 근대 신문화의 물결 속에 전통적인 학문과 문화가 외면당하는 분위기 속에서도 전통적인 의례의 일부 영역은 아직까지 사람들에게 영향을 미치고 있었다. 이 의례와 긴밀하게 결합된 양식이 비지문이었고, 이 양식에는 여전히 한문 문언문의 권위가 남아 있었다. 정인보는 이러한 비지문 양식을 기꺼이 활용하여 당대를 의롭게 살아간 사람들의 삶의 자취를 기록으로 남기며 시대가 필요로 하는 의로운 인물상을 본보기로 제시하였다. 또한 역사를 연구하는 태도로 사료 조사와 검토를 통해 과거 인물의 행적을 밝히며 후대에 참고할 만한 역사 기록을

墓, 來求文. 乃詳敍之, 以貽他日傳藝術.(정인보, 「許小癡碣」, 『담원문록』 하, 52~53쪽; 『전집』 6, 224~225쪽)

140) 황원구, 「정인보」, 『한국사 시민강좌』 19, 1996, 137쪽.

전하고자 하였다. 이를 통해 우리의 과거 역사를 알고, 오늘의 역사가 후대에도 지속적으로 전승되기를 바랐다.

"내가 흥기함은 이 뉘 덕인가? 이는 바로 조상의 덕(我起維何, 祖先是以)"[141]라고 읊었던 것처럼 정인보는 현재의 우리에게는 과거 조상들의 자취가 서려 있다고 보았고, 후대에도 우리의 자취가 이어져 간다고 보았다. 그러나 그 과정에서 기억해야 할 것이 잊혀지거나 왜곡되기도 하였다. 과거를 제대로 기억하고 후대에도 의로운 삶의 자취를 기억하게 하는 것, 정인보는 이것이 민족의 정신을 면면히 이어가는 방식이라고 여겼다. 그가 비지문을 적극적으로 창작하고, 그의 비지문이 역사 기록의 성격이 강한 이유가 바로 여기에 있다.

2) 문헌의 정리·비평과 조선 학술사의 재구성

정인보가 쓴 한문 산문 중에서 서발류 또한 주목할 만한 양식이다. 『담원문록』에 수록된 글은 19편인데, 여기에 미수록된 글 10편을 합치면 총 29편이 된다. 이는 그의 한문 산문 양식 가운데 비지류 다음으로 가장 편수가 많은 것에 해당한다. 하지만 무엇보다 중요한 것은 그의 서발문이 언론매체를 통한 국문 글쓰기와 연계되어 근대 학술장에서 지식 생산과 유통에 관여한 양상을 잘 보여주고 있다는 점이다.

정인보의 서발류 창작은 다음 표에 제시한 바와 같이 대부분 1930년대 중반 이후부터 40년대 초반에 집중적으로 이루어졌다. 1930년대 초중반에는 관련 인물 및 저서에 관한 글을 신문에 왕성하게 발표하던 때이다. 1931년에 《동아일보》에 발표한 '조선고서해제' 연재[142]

141) 정인보, 「丹陽 李氏 世葬阡碑」, 『담원문록』 상, 334쪽; 『전집』 5, 166쪽.

142) 정인보는 《동아일보》의 '朝鮮古書解題' 기획코너에 제3화 「愍書」부터 제20화

와 1934년에 정약용에 대해 쓴 인물론 연재 기사 등이 그것이다. 그런데 시기를 막론하고 저서를 간행하며 서문을 쓰거나 저서 뒤에 후기를 남길 때는 주로 한문으로 썼던 것을 볼 수 있다. 이러한 사실을 통해 책의 서발문도 여전히 한문문언문의 권위가 남아있었던 영역이었음을 알 수 있다.

정인보의 서발류를 본격적으로 고찰하기에 앞서 그가 쓴 서발류의 목록을 보이면 다음과 같다.

연번	서발류 제목	창작 연도	저서 제목	저자	발행처	발간 연도
1	『난사쌍수첩』서 蘭史雙壽帖序*	1921	난사쌍수첩蘭史雙壽帖	유익렬劉益烈 편	미상	1921
2	『혜산유고』서 蕙山遺稿序*	1925	혜산유고蕙山遺稿	백규수白奎洙 편저	보령군保寧群 장옥정사藏玉精舍	1948
3	영인 훈민정음서 影印 訓民正音序	1932	훈민정음訓民正音		조선어학연구회	1932
4	김추사전집서 金秋史全集序	1933	완당선생전집 阮堂先生全集	김정희金正喜	경성京城: 영생당永生堂	1934
5	동경통지서 東京通誌序*	1933	동경통지東京通誌		미상	1938
6	창강선생실기서 滄江先生實紀序*	1934	창강선생실기 滄江先生實紀	김광현金光鉉 편	중국中國	미상
7	태교신기음의서략 胎教新記音義序略	1936	태교신기장구대전胎教新記章句大全	사주당 이씨師朱堂李氏/유경柳儆(유희柳僖) 音義	경북 예천 慶北醴泉	1938

「武藝圖譜通志」까지 총 18회에 걸쳐 조선학 관련 저술을 소개하였다.(《동아일보》, 1931년 1월 19일~1931년 7월 6일; 『전집』 1, 3~52쪽)

8	석천유고기 石泉遺稿記	1937	석천유고石泉遺稿		필사본	
9	서김창강수사문헌 비고후書金滄江受賜 文獻備考後	1938	문헌비고文獻備考			
10	태잠회심집서 苔岑會心集序	1939	태잠회심집苔岑會心集	이범세李範世, 김영한金甯漢	미상	미상
11	여유당전서총서 與猶堂全書總敍	1939	여유당전서與猶堂全書	정약용丁若鏞	신조선사 新朝鮮社	1934~ 1938
12	담헌서목록서 湛軒書目錄序	1939	담헌서湛軒書	홍대용洪大容	신조선사 新朝鮮社	1939
13	농포문답서 農圃問答序	1939	농포문답農圃問答	정상기鄭尙驥		
14	겸재유고서 兼齋遺稿序	1939	겸재유고兼齋遺稿	정항령鄭恒齡	미상	1939
15	서재물보후 書才物譜後	1939	재물보才物譜	이만영李晩永		
16	재서재물보후 再書才物譜後	1939	재물보才物譜	이만영李晩永		
17	육서심원서 六書尋源序	1939	육서심원六書尋源	권병훈權丙勳		
18	이산집서伊山集序	1940	이산집伊山集	예대희芮大僖	미상	1940
19	여암전서총서 旅菴全書總敍	1941	여암전서 旅菴全書	신경준申景濬	신조선사 新朝鮮社	1941
20	이천서씨족보서 利川徐氏族譜序	1941			미상	미상
21	소파시문선고서 小波詩文選稿序*	1942	소파시문선고 小波詩文選稿	송명회宋明會	미상	1958
22	광릉가고서 廣陵家稿序*	1942	광릉가고廣陵家稿	이복래李福來 편	미상	미상
23	서이심재정하사고후 書李心齋鼎夏私稿後	1940 ~194 5	이심재정하사고 李心齋鼎夏私稿	이정하李鼎夏	미상	미상
24	만송유고서 晩松遺稿序*	1949	만송유고晩松遺稿	유병헌劉秉憲	미상	1968
25	뇌산유고서 雷山遺稿序*	1950	뇌산유고雷山遺稿	허신許信	경남慶南	1966

26	서주영편후 書晝永編後	미상	주영편晝永編	정동유鄭東愈	미상	미상
27	이해학유서서 李海鶴遺書序	미상	이해학유서 李海鶴遺書	이기李沂	미상	미상
28	운재유고서 雲齋遺稿序*	미상	운재유고雲齋遺稿	정기우鄭基雨	미상	미상
29	경운상인회납수첩서 擎雲上人回臘壽帖序	미상	미상	미상	미상	미상

'*' 표시된 글은 전집에 수록되지 않은 것을 나타냄.

이 서발류의 글들은 그 성격에 따라 크게 두 가지로 나눌 수 있다. 하나는 조선학 연구의 일환으로 추진하였던 고서정리활동과 연관된 성격의 글들이다. 위의 목록 중에서 음영 표시한 것은 1931년에《동아일보》에 연재한 '조선고서해제'와 관련된 글이다. 주로 해제 연재물에서 소개했던 인물의 또 다른 저서에 관한 것이다. 정인보는 '조선고서해제' 연재를 통해 주로 조선 후기 실학 저서를 소개하고, 학술적 가치가 있는 고문헌을 반굴 및 발간하는 일에 관여하면서 조선조 학술사의 재구성을 시도해 왔다. 이 글들은 '조선고서해제' 연재의 후속활동이면서 고서정리를 통한 조선학 연구 활동의 연장선상에서 이루어진 것이라고 할 수 있다. '조선고서해제' 관련 글들뿐만 아니라, 「김추사전집서金秋史全集序」, 「여유당전서총서與猶堂全書總敍」, 「영인훈민정음서影印訓民正音序」, 「육서심원서六書尋源序」, 「동경통지서東京通誌序」, 「서재물보후書才物譜後」, 「재서재물보후再書才物譜後」 등도 학술적 가치가 높아 조선학 연구의 토대가 될 만하다고 여겼던 저서들에 관한 글이다.

또 다른 성격의 것으로는 동시대 지인들의 저술에 관한 서발류가 있다. 「태잠회심집서苔岑會心集序」, 「창강선생실기서滄江先生實紀序」,

「이산집서伊山集序」, 「서이심재정하사고후書李心齋鼎夏私稿後」, 「소파시문선고서小波詩文選稿序」 등이 이에 해당한다. 스스로 말한 바 있듯이 정인보는 다른 사람의 문집에 서문 쓰는 것을 그다지 좋아하지는 않았던 것으로 보인다.[143] 다만 일부 선배 지인들에 대해서는 그들의 인품과 고심苦心과 뜻을 알기에 글을 쓰게 되었던 것으로 보인다.

이처럼 정인보의 서발류가 두 가지 성격으로 구별되는 것은 정인보가 교유그룹과 담론장에서 두 가지 영역에 걸쳐 있었기 때문이다. 한학자이자 조선학 연구자로서 근대 학술장에 적극적으로 참여하면서도 전통지식인들과의 교유를 통해 옛 문화의 향유방식을 지속하며 옛 도道를 지키고자 한 것이다.

근대 학술 담론이나 국문 글쓰기와 긴밀한 관련성을 보이는 것은 조선학 연구의 성격을 지니는 서발류 한문 산문이다. 이에 이 절에서는 이러한 성격의 서발류 산문에 주목하고, 저서의 간행 방식, 작자층, 학술 담론과의 연계 등을 고려하여 몇 가지 그룹으로 나누어 고찰해 보도록 하겠다. 이를 통해 한문문언문 서발류 글쓰기와 조선학 학술 담론과의 관련 양상을 밝혀 보고자 한다.

(1) 실학서의 근대적 간행과 학술 담론

정인보의 서발류 한문 산문의 과반수를 차지하는 것은 고문헌 발간 및 발굴 작업과 연계된 것들이다. 그는 1929년 문광서림文光書林에서 『성호사설유선星湖僿說類選』을 교간校刊할 때 교열校閱에 참여

143) "余不喜爲人序集, 然小波得無情哉!"(鄭寅普, 「小波詩文選稿序」, 宋明會(저)/ 宋泰炅(역), 『國譯 小波詩文選稿』, 小波 · 雪舟國譯遺稿集發刊推進委員會, 2009, 14쪽)

한 것을 시작으로 다수의 고문헌 발간에 직간접적으로 참여해 왔다. 『여유당전서與猶堂全書』, 『석천선생유고石泉先生遺稿』, 『동경통지東京通誌』, 『여암전서旅菴全書』, 『담헌서湛軒書』를 교열 및 편찬하였는데, 『동경통지』를 제외하고 모두 정인보 자신이 자료를 수집·정리하며 간행작업까지 관여한 것들이다. 『태교신기장구대전胎教新記章句大全』, 『농포문답農圃問答』을 발굴하여 간행하기에 이른 것도 조선 후기 실학 저술에 대해 지속적인 관심을 가지고 찾아보던 정인보의 노력에 힘입은 바가 크다. 『완당선생전집阮堂先生全集』과 『겸재유고兼齋遺稿』의 경우, 집안의 후손에 의해 편찬·발간되었으나 조선조 학술사에서 이들 저자가 중요한 위치를 차지함을 잘 알았기에 정인보가 이들의 서문을 맡은 것이었다. 이러한 문헌들은 모두 정인보가 학술적인 면에서 관심을 가졌던 것들이기에 이 책에 대한 정인보의 서발문들은 조선조 학술을 평가하고 재구성하는 성격을 지닌다.

그중에서도 『여유당전서』, 『여암전서』, 『담헌서』는 신조선사新朝鮮社에서 간행한 것이라는 점에서 주목할 만하다. 신조선사는 안재홍과 함께 조선일보사 사원으로 언론활동을 하였던 권태휘가 1934년에 설립한 출판사이다. 1933년 방응모가 『조선일보』의 경영권을 장악한 후 『신조선新朝鮮』을 무시하자, 권태휘는 1934년 신조선사를 설립하고 『신조선』을 속간하였으며,[144] 『여유당전서』를 시작으로 고문헌 출판 활동을 추진해나갔다. 『여유당전서』 이외에 『여암전서』, 『담헌서』, 『추재집秋齋集』, 『청계세고淸溪世稿』, 『우담선생문집愚潭先生文集』을 간행하였다. 저서 선정의 기준이 무엇인지 정확하지 않으나,

144) 조규태, 「권태휘의 생애와 민족운동」, 『한국민족운동사연구』 제96호, 한국민족운동사학회, 2018, 178~179쪽.

『여유당전서』, 『여암전서』, 『담헌서』의 간행은 정인보의 관점이 적극적으로 반영된 것이라고 할 수 있다.[145] 정인보는 조선 후기의 실학實學 저술을 위주로 '조선고서해제' 연재와 고문헌 수집 · 정리 활동을 하고, 실학의 계보를 구성하며 실학을 조선조 학술사에서 가장 유의미한 것으로 자리매김시켜왔다. 그러한 실학의 계보에서 거두로 손꼽히는 이들이 바로 정약용, 신경준, 홍대용이었던 것이다.

이 저서들이 신조선사를 통해 간행되었다는 점은 정인보가 서발류를 쓴 여타의 저서들과 비교해 볼 때, 여러 가지 면에서 독특함을 보여준다. 우선 이 저서들이 근대적인 출판 방식으로 간행되었다는 점이다. 근대 이전의 시대에는 국가에서 간행하는 저서 이외에는 저서의 편찬 및 발간의 주체가 대개 가문의 후손이었다. 20세기 들어서도 한문 고서 및 문집의 경우 이러한 방식은 여전히 지속되고 있었다. 그런데 이와 달리 이 저서들의 발간은 출판사의 기획하에 사회적인 후원과 독자의 사전 예약을 통해 재원을 확보하는 방식으로 이루어졌다. 특히 『여유당전서』의 경우 거액의 경비를 들여 76책이라는 거질을 5개년만에 완간하였다. 그리고 이에 대해 문화적 의의가 클 뿐만 아니라 조선출판계의 한 신기원을 이루었다고 자부하는 신문 기사를 내기도 하였다.[146]

---

145) 『與猶堂全書』는 정인보와 안재홍, 『旅菴全書』는 정인보와 김춘동, 『湛軒書』는 홍명희가 각각 교열을 맡았다. 장문석은 신조선사의 고문헌 출간의 중심에 정인보가 있었고, 안재홍 · 홍명희 · 김춘동 등이 적극적으로 정인보를 도운 것으로 보았다.(장문석, 「식민지 출판과 양반－1930년대 신조선사의 고문헌 출판 활동과 전통 지식의 식민지 공공성」, 『민족문학사연구』 55, 민족문학사학회, 2014, 360쪽) 또한 이들은 모두 한문 글쓰기를 공유하는 식민지 양반들로, 이러한 인적 네트워크가 신조선사 출판활동의 문화적 기반이었다고 보았다.(장문석, 위의 논문, 382쪽)

이처럼 공적으로 재원을 마련하고 간행 계획부터 완간에 이르는 과정이 신문에 홍보되었던 것은 이 저서의 발간이 그만큼 학술계와 문화계에 영향을 미쳤음을 의미한다. 1938년에 『여유당전서』 완간 기념회를 안내하는 《동아일보》의 기사를 보면, 다카하시 도오루高橋亨, 후지츠카 치카시藤塚隣 등 조선학 및 동양학 연구에 종사하던 일본인 경성제대 교수를 비롯하여 김태준金台俊, 최익한崔益翰, 문일평文一平 등 조선학 연구자들, 송진우宋鎭禹, 김성수金性洙, 방응모方應謨 등 언론인 등 다수가 발기인에 이름을 올리고 있다.147) 이들은 조선 연구에 관심이 많았다는 점에서는 공통적이지만, 조선(학)에 대한 인식과 연구 방법 및 방향 면에서는 상이한 입장을 지녔던 인물들이다. 그럼에도 이들이 한자리에 이름을 올린 것은 이 저서의 간행이 그만큼 당시 학계와 언론계의 집중적인 관심을 받았음을 나타내는 것이다.

실상 조선 고서의 간행 사업은 20세기 들어서 조선의 문화, 학술을 연구하는 사람(또는 단체)들이 공통적으로 관심을 보여왔던 것이다. 이 분야에서 선편을 잡은 것은 재조일본인 샤쿠오 슌조釋尾春芿에 의해 1908년에 설립된 조선고서간행회이다.148) 그 이후에도 조선 연구에 관심이 있었던 일본인들은 조선연구회朝鮮硏究會(1910), 자유토구사自由討究社(1920)를 설립하여 조선의 고서 및 단행본을 간행했다. 이러한 출판활동은 조선의 식민 통치에 기여하는 데 그 주된 목적이

---

146) 「丁茶山全書 朝鮮出版界의 金字塔」, 《동아일보》, 1938년 10월 28일자.

147) 「茶山與猶堂全書 完刊記念祝賀」, 《동아일보》, 1938년 12월 13일자.

148) 최혜주, 「일제강점기 고전의 형성에 대한 일고찰－재조일본인과 조선광문회의 고전 간행을 중심으로－」, 『한국문화』 64, 서울대학교 규장각 한국학연구원, 2013, 160쪽.

있었기에 통감부나 총독부의 재정적 지원을 받아 진행되었다.[149] 최남선이 1910년 조선광문회를 설립한 것은 이처럼 우리의 고서古書를 간행하고 연구하는 일본인에게 자극 받아서이기도 했다. 이에 조선인에 의한 조선학 연구라는 기치를 내걸고 조선학 연구의 토대가 되는 고서 자료를 수집 · 정리 · 간행하고, 그 활동을 언론매체를 통해 담론화하고자 했다. 취지와 활동 방식 면에서 신조선사의 출판활동은 조선광문회를 계승한 것이라고 할 수 있다.[150]

그러나 1930년대의 제반 조건들은 달라져 있었다. 다양한 연구주체들이 조선학 연구에 참여하고 있었고, 특히 실증과학의 수법을 익히며 근대 아카데미즘의 세례를 받은 경성제대 출신의 연구자들이 다양한 성격을 지닌 채 조선학 연구에 뛰어들고 있었다. 그리하여 '전통과 과학', '고전부흥'의 방법론과 의의를 둘러싸고 활발한 논쟁이 일어났다.[151] 그런 점에서 이 시대의 조선학과 고전부흥은 지배이데올로기, 근대 아카데미즘 제도라는 지知의 유통구조가 복수의 층위를 이루는 가운데, 적대성과 친밀성이 얽힌 문화 헤게모니를 구성하고 하고 있었다[152]는 조관자趙寬子의 통찰은 매우 참고할 만하다.

이러한 학술장에서 정인보가 주축이 되어 간행한 고서 목록은 조선후기 실학에 집중되어 있다는 점에서 가장 뚜렷한 정체성을 보여준다. 그 이유는 고서 간행의 의의를 말하는 다음의 글에서 엿볼 수 있다.

---

149) 최혜주, 「식민지 시기 재조일본인의 출판활동과 조선인식」, 『한국민족운동사연구』 95, 한국민족운동사학회, 2018, 46쪽.

150) 장문석, 「식민지 출판과 양반-1930년대 신조선사의 고문헌 출판 활동과 전통지식의 식민지 공공성」, 『민족문학사연구』 55, 민족문학사학회, 2014, 392쪽.

151) 趙寬子, 「日中戰爭期の「朝鮮學」と「古典復興」-植民地の「知」を問う」, 『思想』 947号(2003.03), 岩波書店, 60~62쪽.

152) 趙寬子, 위의 논문, 60쪽.

> 우리로서 우리를 알려 하는 자가 얼마나 되며, 알려 하여도 알 길이 없어 방황하는 자가 얼마나 되며, 우리가 어떠한 우리임을 모르고 스스로 가벼이 여기면서 스스로 기뻐하는 자가 얼마나 되냐? 이때에 와서야 우리의 고서를 간행함이 뒤늦었다 하랴.……
>
> 속사俗士는 우리나라의 문물을 업신여기고 꽉 막힌 선비[구유拘儒]는 중국화하여 수주대토守株待兎하는 태도로 낡은 풍습을 고집하니 조선의 학문에서 귀중한 것은 십중팔구 다 인몰湮沒하였다. 그러니 우선 「훈민정음訓民正音」부터 반포한 원본이 전하지 아니하고……「몽계필담夢溪筆談」 같은 것도 독일에서 영탑影榻되었으니 남도 우리를 알려 함을 보라. 우리가 우리 역사를 돌아봄이 얼마나 뒤늦음을 놀라지 아니할 것이냐?[153]

정인보는 고서 간행의 목적을 한마디로 우리를 알기 위함이라고 밝혔다. 고古는 오늘날 우리 모습의 근본이며 고서는 우리 옛 모습의 자취를 지니고 있기에[154] 고서를 통해 우리를 알 수 있다고 생각한 것이다. 그런데 문제는 우리의 옛 자취를 담고 있는 고서가 상당수 인몰된 상태라는 것이었다. 정인보는 그 주요 원인이 "우리나라의 문물을 업신여기고" "중국화하여 수주대토하는 태도로 낡은 풍습을 고집"한 데 있다고 보았다. 즉 우리나라의 문물제도와 역사는 무시하고, 사대주의와 중화주의에 빠져 중국화를 추구하며 우리의 현실에

---

153) "우리로서 우리를 알려 하는 者ㅣ 幾何이며, 알려 하여도 알길이 없어 彷徨하는 者ㅣ 幾何이며, 우리가 어떠한 우리임을 모르고 自輕하면서 自喜하는 者ㅣ 幾何이냐? 이때에 와서 우리의 古書를 刊行함이 뒤늦었다 하랴. …… 俗士는 邦故를 鄙視하고 拘儒는 漢化하여 株守하여 朝鮮의 學으로 貴重한 것은 十의 八九ㅣ 다 湮沒하였으니, 우선 「訓民正音」부터 頒布原本이 傳하지 아니하고 ……「夢溪筆談」 같은 것도 獨逸에서 影榻되었으니 남도 우리를 알려 함을 보라. 우리의 反顧 얼마나 뒤늦음을 놀라지 아니할 것이냐?"(정인보, 「朝鮮古書刊行의 意義」, 《동아일보》 1934년 9월 15일자; 『전집』 2, 310쪽)

154) "古는 곧 今의 本이요 古書는 곧 古의 留影이라."(정인보, 위의 글, 312쪽)

맞게 대응하지 못했다는 것이다. 이로 인해 "조선의 학문에서 귀중한 것"이 다 사라져 갔고, 우리들이 외면한 고서가 도리어 타국인들의 관심을 받는 상황을 목도하게 되었다고 하였다. 그렇기에 정인보는 우리의 문물제도에 대해 다루었지만 외면당했던 저서와 저자를 세상에 알리고자 한 것이다.

시대적으로 특히 조선 후기의 저서에 관심을 기울인 것은 '근고近古 삼백년'이 문물제도 및 학술의 병폐가 극에 달하는 한편 새로운 가능성도 싹트고 있던 시기라고 보았기 때문이다. 『여유당전서與猶堂全書』 서문에 나타난 그의 시대관을 보자.

> 우리 선민에 대해서 상고하건대 오래전에 일어나 인륜을 펼쳤다. 비록 제도는 때를 따라 변했어도 요컨대 능히 민생을 넉넉히 하며 용기를 내어 의지를 굳건히 하고, 섬기는 배[임금]에 공경스럽고 부지런해서 그 공이 이루어지도록 하였으므로, 안으로는 스스로 떨쳐 일어났고 밖으로는 다른 나라에 맞섰었다.
>
> 삼국시대를 보건대, 고구려는 어기찬 무력으로 일컬어졌었다. 그래서 영토도 역시 넓었다. 백제는 변변치 못한 한 구석이어서, 지금의 경기도, 충청도, 전라도의 땅이었건만 바다에 돛배를 띄워 나아감에 요해遼海 밖에 군郡을 설치하기에 이르렀으니, 위정의 도를 세움이 엄숙하고 단단하여 구차하지 않았음이 분명하다. 신라 사람은 농업에 밝았고, 게다가 화백제도和白制度가 이어져 조정의 권신이 제멋대로 휘두르지 않았던 것은 중국도 미치지 못하는 바였다.
>
> 나라 안이 대략 통일(신라 삼국통일)되자 백성을 쉬게 함을 힘썼는데, 이씨네 당나라가 융성한 때를 만나, 차츰 외래의 화미華美에 다투어 젖어들게 되자 신라는 쇠하였다. 고려 초에는 실實을 숭상함으로써 이를 바로잡았으나, 그 후세에는 능히 이를 실천치 못하였다. 그래도 고려의 정치는 아직 기강紀綱이 있어서 근고近古 삼백 년간 같은 안일함에까지

는 이르지 않았었다.[155)]

정인보는 통일신라 시대 이전 우리의 선민先民들은 실實을 숭상하여 민생을 넉넉히 하는 제도를 운용하였고, 스스로 떨쳐 일어나려는 의지가 굳건하여 다른 나라에 용기 있게 맞섰다고 보았다. 그러다가 통일신라 시대부터 차츰 '외래의 화미華美', 즉 중국 문명에 젖어 들어 쇠하기 시작하였는데, 그래도 고려 시대까지는 아직 기강이 남아 있었다고 여겼다. 이런 과거 역사에 견주어 볼 때 근고 삼백 년, 즉 조선 후기만큼 안일함에 빠져든 시기가 없었다는 것이다. 그렇기에 "조상의 후손으로 오랜 국가를 지니고 있으면서 과거에는 저러하였는데 근세에 와서 이러함은 무슨 까닭인가?"[156)] 이것이 정인보의 문제의식이었다. 이는 역사를 돌아보며 국망의 원인을 진단하고 극복 방향을 모색하고자 하는 데서 비롯된 질문이기도 했다.

그러나 조선 후기는 국망에 이르게 된 병폐를 노정한 시대이기도 했지만, 새로운 가능성이 싹튼 시기이기도 했다. '조선고서해제' 연재 때부터 이 시기의 저서를 집중적으로 소개한 것은 이때 새로운 학풍이 일어난 현상에 주목하고 이를 알리기 위함이었다. 정주학程朱學

---

155) 若稽我先民, 有作在昔, 彝倫以叙. 雖制度與時而變, 而要之能厚民之生, 作氣固志, 以祗勤所事, 而耆定其功, 故內自振, 而外對殊方. 觀三國時, 高句麗稱强武矣. 然其四履猶廣, 百濟區區一隅, 今京畿·湖西南之地, 而海帆方行, 至開郡遼海之表, 明其能立政噩厲, 非苟然也. 羅人明農, 加和白承, 舊朝貴不顓, 震朝所不逮. 區宇粗一, 務爲息民, 而際李唐之隆, 浸競於外來之華, 而羅衰. 麗初, 矯以崇實, 其後, 世不克迪. 然麗政猶有友紀, 不至如近古數三百年間之恬嬉也.(정인보, 「與猶堂全書總序」, 『담원문록』 중, 204~205쪽; 『전집』 5, 365~366쪽)

156) 夫以祖先之遺類, 有土宇之舊, 往古則如彼, 而近世則如此, 何也? (정인보, 위의 글, 『담원문록』 중, 212쪽; 『전집』 5, 372~373쪽.

만을 존숭하여 이치[리理]를 관념적으로 논하는 학풍에서 일변하여 실사구시實事求是의 태도로 조선에 대해 연구하고 민생에 도움이 되는 학풍이 일어났다는 것이다. 정인보는 전자를 허학虛學으로 후자를 실학實學으로 규정하며 실학의 계보를 그려 보였다. 이를 통해 비주류라서 외면받았던 실학자들이 조선조 학술사에서 가장 유의미한 업적을 남긴 이들로 자리매김되게 하였다. 과거 학술에 대한 재평가를 통해 가치의 전도가 일어난 것이다.

이 실학의 계보에서 정약용은 실학을 집대성한 인물로 우뚝 서게 된다.157) 이 작업은 정인보가 1934년, 1935년에 여러 차례에 걸쳐 《동아일보》와 『신동아』에 정약용의 일생과 학문의 특징과 의의에 대해 자세히 밝히는 것을 통해 이루어졌다. 그리고 1938년 『여유당전서』를 마침내 완간함으로써 정점을 이룬 것이다. 이때 쓴 정인보의 「여유당전서총서與猶堂全書總序」는 정약용의 삶과 학문의 특징을 개괄하면서도 주목할 만한 저술에 대한 설명을 덧붙이고 있어 이전에 신문 · 잡지에 발표한 국문글들에 대한 일종의 보론補論이라고 할 수 있다.

『여유당전서』를 성공적으로 완간한 뒤, 신조선사에서는 『담헌서』, 『여암전서』 발간 계획을 대대적으로 홍보하며158) 간행 사업을 이어 갔다. 대개 정인보, 안재홍이 이끈 조선학운동은 『여유당전서』 간행 사업에서 정점을 이룬 뒤 침체한 것으로 본다. 이 무렵 정인보는 연희전문학교 교수직도 사임하고 언론매체를 통한 글쓰기도 중단하는

157) 정인보, 위의 글, 『담원문록』 중, 205~206쪽; 『전집』 5, 366~367쪽.

158) 「洪湛軒遺著刊行 測天 · 量地 · 計時 · 按候의 名作新朝鮮社서 配本開始」, 《동아일보》, 1939년 03월 19일자; 「이땅實學界의結晶 申旅庵遺著刊行」, 《동아일보》, 1939년 9월 22일자.

등 가시적으로 드러난 활동은 하지 않았다. 그러나 조선학 연구 활동을 그만둔 것은 아니었다. 『여유당전서』, 『담헌서』, 『여암전서』의 간행은 '조선고서해제' 연재로부터 시작된 고서정리활동이 결실을 맺은 것이었다.

신경준과 홍대용의 저서를 간행한 후 쓴 서문인 「여암전서총서旅菴全書總序」, 「담헌서목록서湛軒書目錄序」 또한 각각 '조선고서해제' 연재물인 「훈민정음운해訓民正音韻解」,[159] 「담헌서湛軒書」[160]와 상호보완적인 관계를 이룬다. 「여암전서총서」에서는 「훈민정음운해」에서 다룬 범위를 넘어 신경준의 생애와 학문의 특징, 주요 저서에 대해 총괄적으로 서술하였다. 「담헌서목록서」에서는 홍대용의 주요 저서와 학문 특징 등에 대한 전반적인 기조는 「담헌서」해제의 내용을 반복하면서도 교유 관계에 대한 내용을 보완하고 학술 계보를 더욱 구체화하였다. 또한 조선조 학술을 비판하는 가운데 홍대용 사상과 학문의 가치를 더욱 강조하는 것을 볼 수 있다.

세 저서 중 가장 큰 반향을 일으킨 것은 『여유당전서』이다. 앞서 언급했듯이 이는 완간기념회에 발기인으로 참여한 인물들의 면면을 보아도 알 수 있다. 더욱이 최익한崔益翰은 「여유당전서與猶堂全書를 독讀함」이라는 제목의 연재 기사를 1938년 12월 9일부터 1939년 6월 4일에 이르기까지 총65회에 걸쳐 《동아일보》에 게재하였다.

> 이 전서全書가 백 년이란 짧지 않은 동안을 좀과 먼지의 구렁에서 고요히 잠자다가 하청河淸의 시기나 왔다는 듯이 저 신조선사新朝鮮社의

159) 조선고서해제 15화, 《동아일보》, 1931년 4월 13일자; 『전집』 2, 33~35쪽.
160) 조선고서해제 12화, 《동아일보》, 1931년 3월 23일자; 『전집』 2, 23~28쪽.

> 성의 있는 4개년간 최고의 노력에 의하여 그 방대한 위용偉容과 탁월한 내용을 활자와 독자의 광명한 세계에 내어 놓게 되었으니 조선의 문화계 아니 세계의 문화계에 있어서 이 얼마나 기쁘고 경하할 바이랴! ……
>
> 그러나 우리는 선생의 전서 간행 그것만으로써 어찌 선생의 위대한 역사적 생명을 받들었다 할 수 있으랴. 전서의 유포를 따라 선생의 위대한 존재와 역사적 · 사상적 내포와 학문적 · 경륜적 가치를 역사적 · 사회적 법칙에 의하여 정당히 이해하고 비판하는 데서만이 이 전서 간행의 목적이 드러나게 될 것이다. 또는 후학의 선각先覺에 대한 지양적 계승이 가능할 것이다.161)

최익한은 『여유당전서』에 대한 연재를 시작하며 이 책의 완간이 조선의 문화계뿐만 아니라 세계의 문화계에도 기뻐할 만한 일이라며 그 의미를 높게 평가하였다. 하지만 저서의 학문 · 사상적 의미와 가치를 역사적 · 사회적 법칙에 의거하여 평가해야 한다고 하였다. 아울러 대상에 대한 비판적 이해와 정당한 평가를 강조함으로써 전통학문의 '지양적 계승'을 주장하였다. '지양적 계승'은 전통에 대한 비판과 평가를 통해 시대에 맞지 않거나 병폐가 있는 것은 지양하고 오늘날에도 유의미하며 가치 있는 것은 계승하자는 의미를 담고 있는

---

161) "이 全書가 百年이란 짧지안흔 동안을 좀과 몬지의 구렁에서 고요히 잠자다가 河淸의時期나 왓다는 듯이 저 新朝鮮社의 誠意잇는 四個年間 最高의 努力에 依하야 그 厖大한 偉容과 卓越한 內容을 活字와 讀者의 光明한 世界에내어노케되엇으니 朝鮮의 文化界 아니 世界의 文化界에잇어서 이얼마나 기쁘고 慶賀할배랴! …… 그러나 우리는 先生全書의 刊行그것만으로서 어찌先生의 偉大한 歷史的生命을 바뜰엇다 할수잇으랴. 全書의 流布를따라 先生의 偉大한存在와 歷史的 · 思想的內包와 學問的 · 經綸的價値를 歷史的 · 社會的 法則에 依하야 正當히 理解하고 批判하는데서만이 이 全書刊行의 目的이 發露될 것이다. 또는 後學의 先覺에 對한 止揚的繼承이 可能할 것이다."(崔益翰, 「與猶堂全書를 讀함」 제1회, 《동아일보》, 1938년 12월 9일자)

문구라고 할 수 있다. 이 문구를 통해 자신의 고전 탐구는 전통 추수주의나 국수주의와 구별되는 것임을 드러낸 것이다.

앞서도 언급했듯이 1930년대 중후반에는 고전 탐구에 대한 열기가 고조되고, 전통에 대한 태도, 고전부흥의 방법론과 의의를 둘러싸고 활발한 논쟁이 일어났던 때이다. 최익한의 「여유당전서與猶堂全書를 독讀함」은 그 한 단면이라고 할 수 있다. 비록 정인보는 1930년대 후반부에 들어서면서 강의 및 강연활동과 언론매체를 통한 글쓰기 활동은 접었지만, 조선조 실학서 간행 활동을 통해 학술계에 참여하고 있었다. 또한 간행 저서의 서문 글쓰기를 통해 조선 후기 실학의 학술적 가치를 드러내고 조선조 학술사를 재구성하는 작업을 이어갔음을 볼 수 있다. 한문문언문으로 쓴 그 서문들은 이전에 신문매체를 통해 발표했던 한글 기사문과 내용상 상호보완을 이루며 근대 학술장에 일정한 영향을 주었다고 할 것이다.

(2) 여성 지성사의 토대 마련

정인보는 여성의 저술에 대해서도 관심이 높았다. 이는 당시 시대적 분위기와도 관련이 있다. 근대 시기에 들어서 자유, 인권 등의 가치와 더불어 남녀평등이 제창되었고, 이에 따라 학계와 문학계에서도 여성 문학사 및 학술사 구성에 대한 관심이 높아졌다. 특히 1930~40년대가 되면 조선의 여류 문사를 소개하고 정리하는 시도가 활발히 이루어지고 있는 것을 볼 수 있다.[162] 국고國故 연구를 통해 조

---

162) 김태준은 《조선일보》에 「朝鮮의 女流文學」을 1932년 12월 13일부터 1933년 1월 8일까지 14회에 걸쳐 연재하였다. 1939년에는 李秉岐 · 申龜鉉이 譯註한 『歷代朝鮮女流詩歌選』(學藝社)이 발간되어 《동아일보》 신간평에 소개되기도 하였다.(1939년 11월 25일자) 또 毛允淑의 「歷代 朝鮮 女流詩歌를 보며」가 『삼천

선조 학술사를 새롭게 구성하는 작업을 꾸준히 해 왔던 정인보 또한 조선조 여성 지식인의 글에 대해 지대한 관심을 보였다.

그중에서도 그가 주목했던 대표적인 여성 지식인들이 신말주申末舟(1429~1503)의 부인인 설 씨薛氏(1429~1508), 사주당師朱堂 이 씨李氏(1739~1821), 빙허각憑虛閣 이 씨李氏(1759~1824)이다. 이들의 저술이 발굴되고 이들이 주요 여성 지식인으로서 여성 문학사 및 학술사에 자리매김하게 된 것은 정인보에 힘입은 바 크다.[163] 설 씨 부인의 경우, 정인보가 여암 신경준 고택을 답사할 때 부인이 한문으로 쓴 권선문勸善文을 발견하게 되어 《동아일보》에 원문을 소개한 바 있다.[164] 빙허각 이 씨에 대해서는 그 학문이 넓고 저서가 있다는 사실만 알고 있다가 1939년에 제자 서정만·민영규에 의해 「청규박물지淸閨博物志」 발견되어 비로소 빙허각의 저서를 볼 수 있게 되었다.[165] 이것은 제자들이 스승 정인보로부터 빙허각의 저서가 매우 귀중하다는 말을 듣고 3년 동안 문헌을 찾아 헤맨 노력의 결실이었다. 이후 초고 출판을 위해 셋이서 정리를 하였으나, 완성을 보지는 못했던 것으로 보인다. 반면 사주당 이 씨의 경우, 정인보가 그녀의 저서를 발간하는 데 관여하고 서문을 썼다. 그것이 바로 「태교신기음의서략胎

리』에 게재되기도 하였다.(제12권 제9호. 1940.10.01) 한편 일본인 田中初夫에 의해 『朝鮮女流詩抄』가 《每日新報社》에서 발간되기도 하였다.

163) 이혜순은 조선 후기 여성 지성사를 고찰하며 師朱堂 李氏와 憑虛閣 李氏가 여성 실학의 양대 산맥이고, 이를 확인해 주는 자료가 각각 『태교신기』와 『규합총서』라고 하였다.(이혜순, 『조선조 후기 여성 지성사』, 이화여자대학교출판부, 2007, 151쪽)

164) 《동아일보》에 2회에 걸쳐 원문을 소개하였다.(1934.09.08.~1934.09.09) 이에 대해서는 Ⅳ-2절에서 자세히 다루고자 한다.

165) 「發見된 淸閨博物志」, 《조선일보》, 1939년 1월 30일자.

教新記音義序略」이다.

실상 근대 시기에 사주당 이 씨의 『태교신기胎教新記』가 일반 사람들에게 처음 알려지게 된 것은 『기호흥학회월보』를 통해서이다. 제2호(1908.09.25)부터 제8호(1909.03.25)까지 언해본이 매달 연재되었다.[166] 원래 『태교신기』는 사주당 이 씨가 한문으로 썼는데 아들 유희柳僖가 원문의 장구章句를 나누어 주석을 달고, 한글로 번역하여 언해본을 덧붙여 『태교신기음의胎教新記音義』로 만든 것이었다.[167] 『기호흥학회월보』에서 게재한 것은 바로 유희의 언해본이었다.

그러나 정인보는 이것을 보지는 못했던 듯하다. 정인보가 『태교신기』를 알게 된 것은 유희의 저술 목록을 살펴보는 과정에서였다. 정인보는 조선고서해제의 『문통文通』(유희 지음) 편에서 유희의 모부인母夫人 사주당 이 씨의 저서로 『태교신기』가 있음을 언급한 바 있는데[168], 「태교신기음의서략」을 보면 그 당시까지만 해도 이 책을 직접

166) 심경호는 정인보가 유희의 증손 덕영의 사촌인 근영으로부터 사주당이 지은 『태교신기』 소장본을 얻어 해제를 작성함으로써 『태교신기』가 세상에 알려졌고, 사주당 이 씨가 20세기 초에 여성 학자로서 조명되기 시작했다고 하였다.(심경호, 「사주당 이씨의 삶과 학문」, 『한국고전여성문학연구』 18, 한국고전여성문학회, 2009, 243쪽) 그러나 그보다 앞서 1908년에 『기호흥학회월보』에 『태교신기』가 소개된 바 있다. 이에 대해 정해은의 논문에서 언급된 바 있으나(정해은, 「조선시대 태교 담론에서 바라본 이사주당의 태교론」, 『여성과 역사』 10, 한국여성사학회, 2009, 13쪽), 정확히 말하자면 『기호흥학회월보』에 소개된 것은 언해본이다.

167) 정양완, 「『태교신기』에 대하여 : 배 안의 아기를 가르치는 태교에 대한 새로운 글」, 『새국어생활』 10권 3호, 국립국어연구원, 2000, 80쪽.

168) "그(柳僖)의 大人 漢奎ㅣ 曆算, 律呂에 深造가 있었고, 母夫人 李氏 號ㅣ 師朱堂이니 經史를 通하고 商識이 있어 胎教新書ㅣ 곧 그의 著作한 것이라 家庭의 淵源만으로도 이같은 碩儒를 培護할 만하였다."(정인보, 「朝鮮古書解題(八)－『文通』(西陂 柳僖 著)」, 《동아일보》, 1931년 2월 23일자 ; 『전집』 2, 14~15쪽)

보지는 못했음을 알 수 있다.

처음에 인보寅普는 서파西陂 유희柳僖(초명 경儆) 선생이 지은 책의 목록을 보다가 『태교신기음의胎教新記音義』라는 것이 있기에, 속으로 중국 주실周室의 태교의 주지主旨일 테지만, 누가 지은 지는 몰라도 선생이 주석註譯하였으려니 여겼었다. 뒤에 선생 문록文錄의 부모 행장을 읽고서야 선생의 어머니 이숙인李淑人이 경전에 깊고 이론에 밝음을 알게 되었다.

선생은 일찍 아버지 목천군木川君을 여의고 그 학문을 숙인에게 배웠다. 숙인이 이미 늙은 뒤 『태교신기胎教新記』를 지어 집안에 전해 왔다. 그리고 석천石泉 신작申綽이 지은 목천군 및 숙인 합장묘갈合葬墓碣과 조동해趙東海 종진琮鎭이 지은 묘지를 보건대 다 이 책을 추앙하고 탄복하였으며, 석천은 또한 이에 서를 얻어 오묘한 지경을 넘나든다고 하였다.

인보는 급히 그 책을 읽으려 하여, 선생의 증손 덕영德永에게 가서 유고의 초본草本을 두루 살펴보았으나, 마침내 찾지를 못하여 잃어버린 줄로만 알았었다. 올 섣달(1936년 병자)에 덕영의 사촌 동생 근영近永이 영남 예천醴泉서부터 천 리 길을 찾아와 한 편을 내어놓으니, 선생이 손수 쓴 『태교신기음의』였다. 인보는 놀라고 기뻐서 거의 어쩔 줄을 몰랐다.

십 년을 못 잊어 생각다가 하루아침에 오래된 소원을 이루었을 뿐만 아니라, 선생이 뛰어나고 트이고 큰 데다가 숙인이 가르쳤으니, 선생을 아는 이라면 마땅히 숙인의 학문이 어떻다는 것을 알아야 하거니와, 이 책은 실로 숙인의 일평생 심력心力의 엉긴 바이니, 이런 책이 전해지지 않는다면, 이 땅 학술에 한 됨이 지극히 클 것이다. 더구나 거의 전해지지 않을 뻔하다가 전해지게 되니 그 다행스러움을 이루 다 말할 수 있겠는가?[169]

---

169) 始寅普閱西陂柳先生僖所著書目, 有曰『胎教新記音義』, 意其爲震旦周家胎教之旨, 而未知爲誰作, 而先生釋之. 後獨先生文錄考妣行狀, 知先生母李淑

이 부분을 보면 정인보가 유희의 목록서를 살펴보는 중에 유희가 주석한 『태교신기음의』를 처음 보았을 때는 원저자를 알지 못했다가, 유희의 부모에 대한 비지문을 보면서 원저자가 사주당 이 씨임을 알게 되었음을 알 수 있다. 또한 정인보는 이 자료들을 통해 『태교신기』가 집안에 전해 오면서 집안 사람들의 추앙을 받았음도 알게 되었다.

하지만 정인보가 그 책을 입수하게 되기까지는 십 년이 걸렸다. 마침내 유희의 후손으로부터 오래도록 마음에 품던 책을 얻어 살펴본 후에는 이 책의 학술적 가치에 더욱 확신을 가지게 되었다. 이에 발간 작업에 착수하여 1938년에 『태교신기장구대전胎教新記章句大全』을 드디어 세상에 내놓게 된 것이었다. 이때의 판본은 기존의 책에 정인보의 서문과 권상규權相圭, 이충호李忠鎬, 권두식權斗植, 현손玄孫 유근영柳近永의 발문이 더해진 것이었다.[170]

정인보가 『태교신기』의 서문에서 중점적으로 다루는 내용은 책의

人邃經晰理. 先生早喪考木川君, 其學受自淑人. 淑人既老, 著『胎教新記』, 傳於家. 又見申石泉綽所爲木川君暨淑人合葬墓碣 · 趙東海琮鎭所爲先生誌, 皆推服是書, 石泉又爲之序, 以爲出入妙奧. 寅普亟思讀其書, 就先生曾孫德永, 徧檢遺草, 卒不得, 謂其佚也. 今年杪冬, 德永從父弟近永, 自嶺之醴泉千里相訪, 出一編, 則先生手書『胎教新記音義』也. 寅普驚喜殆不自定. 不惟十載耿耿, 一朝而償宿願, 以先生卓犖閎石, 而淑人訓之, 知先生者, 當知淑人之學爲何如, 而是書實淑人生平心力所凝聚, 此而不傳, 於此土學術爲恨至鉅. 乃幾不傳而傳, 其爲幸可勝道哉! (정인보, 「胎教新記音義序略」, 『담원문록』 상, 281~282쪽; 『전집』 5, 124~125쪽)

170) 국립중앙도서관에 소장된 『胎教新記章句大全』을 보면, 서문, 한문본, 부록－묘지명, 발문, 언해본의 순으로 구성되어 있다. 서문으로는 申綽(1821년), 鄭寅普(1936년)의 글 2편이 있고, 부록에 申綽이 쓴 묘지명이 수록되어 있으며, 발문으로는 유희가 한문으로 쓴 글 1편(1801년)과 사주당의 두 딸이 한글로 쓴 글 2편(1810년)에다가 玄孫 柳近永 등이 쓴 글 4편이 덧붙여졌다.(1936~1937년)

학술적 가치에 대한 평가이다.

숙인이 이 책을 지음은 크고 작고 모두가 몸소 체험한 바 실제로 분명히 참고할 만하니, 헛되이 이론에 따라 말을 설정해 나가는 것과는 그 찬술撰述함이 다르다.

태교의 학설은『대대기大戴記』에 비로소 보이나 이미 소략하다. 근세 태서泰西에서 우생학優生學을 말하기 시작하였는데, 우생이란 생명체를 개량함이라. 대개 곱사 · 폐결핵 · 광증狂症 · 창독瘡毒 등 모든 몹쓸 병이 차츰 번져서 마침내는 온 겨레에게 전염될 것인즉, 이를 예방하기 위하여 우량한 것만을 오롯하게 사용함을 밝힌 것이다. 그 학설이 약물치료나 식이요법에 비하여 훨씬 나은 것이니 실로 저것은 병이 난 뒤에 고치지만, 이(우생학)는 병나기 전에 미리 손쓰기 때문이다. 그러나 역시 이에 그칠 따름이다.

그 기氣가 어리는 시초에 유전자를 개량케 하는 방법에 이르러서는 오히려 소홀하니, 더구나 인仁으로 불어 주고 의義로 품고 덕으로 가르치는 오묘한 교화와는 진실로 거리가 멀다.……

요컨대 그 강론함이 지극히 분명하고, 관찰함이 지극히 치밀하니, 유학자로서 태교를 이야기함은 이에 이르러 능히 전범을 이루게 되었으니, 수천 년 동안 없던 것이다. 서구에 비기더라도 우생학자의 학설을 아울러 포괄하고 있으며, 근본을 통찰하여 마음을 다잡아 피를 통할統轄함은 우생학자의 미치지 못할 바다. 진실로 이 학설을 널리 행하게 하고, 여러 사람이 본받게 한다면, 집집마다 현재賢才를 낳게도 할 수 있을 것이니, 그 사람에게 유익되게 함이 어찌 끝이 있겠는가?[171)]

---

171) 淑人之爲是書, 巨細皆身所驗實, 的然可按, 與虛依於理而說其言者, 異撰. 胎教之說, 昉見於『大戴記』, 然已略. 晩世遠西始言優生, 優生者優其生也. 凡尫僔 · 悴痨 · 顚癡 · 瘡毒諸惡疾, 浸淫緜聯, 終以瘯蠡族類, 則明爲之防用粹其良. 其說視醫養餌療爲玄遠, 良由彼治其成, 此事其先. 然亦止於是而已. 至其優之於氤氳之初, 制術猶疎, 况仁煦義菢德教化去之固邈然也. …… 要其講之至明, 察之至密, 儒者言胎教, 至是克底成典, 爲數千年所未有. 衡諸遠西, 兼

정인보가 『태교신기』의 학술적 가치를 높게 평가한 것은 크게 네 가지 측면에서이다. 첫째 이理에만 헛되이 의거한 언설과 달리 몸소 체험하여 실득한 지식에 근거한 학설이라는 점, 둘째 서구 우생학을 포괄하면서도 그것을 훨씬 능가한다는 점, 셋째 이전의 성현聖賢과 유자儒者들이 말하지 못했던 것을 밝혔다는 점, 넷째 여성으로서 경례經禮를 저술한 드문 경우에 해당한다는 점이다. 1821년에 신작申綽이 지은 서문의 내용과 비교해 볼 때, 첫 번째와 두 번째 의의는 정인보가 새롭게 주목한 점이다. 세 번째와 네 번째의 의의는 신작이 이미 언급한 바 있지만,172) 시대 상황에 맞게 정인보가 더욱 강조한 측면이 있다.

우선 첫 번째 평가에서는 허학虛學과 실학實學의 대비를 통해 조선조 학술을 재평가하였던 정인보의 관점을 확인할 수 있다. 그는 조선조의 학술을 살펴보며 주자학 중심의 이理에 포박되어 관념으로만 치달았던 학문을 허학이라며 비판하고, 주체적인 태도로 우리의 국토와 역사에 대해 연구하고 실생활에 도움을 주는 학문을 실학이라며 높이 평가하였다. 그가 안타까워했던 것은 조선조 사회에서 허학이 주류를 이루면서 실학이 말류로 취급되어 그 가치를 제대로 인정받지 못하고 잊혀져 갔다는 사실이었다. 이에 실학의 성과들을 발굴하여 재평가하는 작업을 지속적으로 수행하여 왔다. 이를 통해 조선조 학술사를 재구성하고 민족의 주체성에 기반한 학문의 기틀을 마

包有優生家言, 而其洞本原, 操心馭血, 優生家所莫逮. 苟行之廣, 而羣以則焉, 雖俊乂比屋可也. 其毗輔人羣, 豈有旣哉?(정인보, 위의 글, 『담원문록』 상, 283~285쪽; 『전집』 5, 126~128쪽)

172) 此秦漢以來所未有之書, 且婦人之立言垂世尤所罕.(申綽, 「胎教新記序」, 『胎教新記章句大全』, 1938.(국립도서관 소장본))

련하고자 하였다. 이사주당의 『태교신기』가 이理에 헛되이 의지한 것이 아니라 자신의 실제 증험에 기반한 것이라고 한 평가는 곧 이 저서가 허학이 아닌 실학의 산물임을 강조한 것이다. 이사주당의 『태교신기』가 조선조 학술사에서 중요한 실학 저서의 하나로 자리매김되고 이사주당이 여성 실학자로 부각된 것은 정인보의 이러한 평가로부터 시작되었다고 할 수 있다.

두 번째 평가에서는 서구 근대 학문과의 비교 의식을 엿볼 수 있다. 정인보는 사대주의와 주자학에만 매몰되어 있던 조선조 유자들의 태도를 비판했던 것 못지않게 당시 지식인들의 학문 태도에 대해서도 비판적이었다. 여전히 주자학 중심주의에 사로잡혀 타 학술을 이단시하거나 말류로 보는 전통 지식인들과 서구 학문 추수주의에 빠진 신지식들인이 그 대상이었다. 이들은 모두 아름다운 구슬을 품고 있는 자신의 전통은 보지 못하고 밖으로만 치달리며 남으로부터 시작하는 사람들이었다.[173] 서구 우생학과 비교하여 『태교신기』의 태교설이 보여주는 학술적 가치의 우월함을 말한 것은 우리의 전통 학문에 보배가 있음을 강조한 것이라고 할 수 있다. 이를 통해 전통 학문을 서구의 근대 학문에 비해 열등한 것으로 보며 등한시하던 풍토에 대해 경종을 울리고자 하는 의도 또한 엿볼 수 있다.

독창성과 여성의 저술인 점을 높이 산 세 번째와 네 번째 평가는 신작도 언급했던 바이다. 하지만 신작은 경전에서 빠진 부분을 보충

173) 정인보는 「白羊寺 紀蹟碑」에서 "아름다운 구슬 품에 품고도, 서러워라! 밖으로만 치달렸음이여!(有珠在懷, 悲彼外馳)", "어쩌자고 전통은 어기고서, 장사꾼 노릇만 좋아라 하나! 운수가 다해 타락이 되어, 남으로부터 시작을 하고 있으니!(爭価繩墨, 裨販自喜, 運極而轉, 啓之自人)"라고 읊은 바 있다.(정인보, 「白羊寺 紀蹟碑」, 『담원문록』 상 177쪽; 『전집』 5, 40쪽)

하는 성격을 지닌 것으로 『태교신기』에 의의를 부여했다면, 정인보는 이전에는 볼 수 없었던 유자儒者의 태교설로 하나의 전범을 이루었다고 하였다. 즉 경전과의 관련성을 언급하지 않고 학설의 독창적인 면에 좀 더 집중하여 그 의의를 부여한 것이다. 여성 저술의 성격도 좀더 구체화시켜 경례經禮와 같은 학술적인 방면에서 주요한 성과를 보였음을 말하였다.

1938년 『태교신기장구대전』이 발간된 뒤 1940년에 최익한은 《동아일보》에 5회에 걸쳐 「조선여류저작사상朝鮮女流著作史上 사주당師朱堂 「태교신기胎教新記」의 지위地位」라는 글을 연재하였다. 이 글에서 최익한이 주목한 것은 체험을 기반으로 연구하고 통찰한 학문 방법, 현대 의학 및 우생학과의 비교, 중국 고래古來의 태교설과의 비교, 조선조 여성지식인으로서의 위상 등이다. 이는 정인보의 관점을 크게 벗어나지 않는 것이다. 다만 세부적인 논지 전개에서는 새롭게 언급한 부분도 있고, 근대적인 학문 용어로 『태교신기』의 내용을 규정하고 있는 것도 볼 수 있다. 예컨대 최익한은 현대 의학과 우생학이 과학론이라는 평면적 입장에 그치는 데 반해 이사주당의 태교설은 그러한 내용을 포함면서도 철학, 윤리학, 수양법을 아우르고 있기에 더 뛰어나다고 평하였다. 또한 이사주당의 태교설이 중국 경전에 나타난 태교설의 소략함을 보충할 뿐만 아니라, 태교에서 부父의 역할을 요구한 것은 이전에는 볼 수 없었던 이사주당 태교설의 극치라고 평가한 점도 그러하다.[174]

최익한은 1930년대 중반부터 40년대 초반에 이르기까지 우리의 고

174) 崔益翰, 「朝鮮女流著作史上 師朱堂 「胎教新記」의 地位」 제5회, 《동아일보》 1940년 7월 28일자.

전을 탐구한 글을 신문·잡지에 활발하게 기고한 인물이다. 정인보와 최익한의 관계에 대해서는 정확히 알 수 없으나,[175] 최익한은『여유당전서』에 대해서뿐만 아니라 정인보가 알린 조선조 여성 지식인에 대해서도 가장 적극적으로 학술적인 관심을 보였다. 신말주의 부인 설 씨와 사주당 이 씨에 대한 글을 신문에 연재하였고, 빙허각 이 씨의 저술을 발견한 기사가 났을 때도 정인보와 함께 대담자가 되어 그 저술의 가치를 말하였다.

이는 정인보의 고서 발간 작업과 한문 서발류에서 펼친 학술적 논의가 식민지 학술장에 일정한 영향을 미쳤음을 의미한다고 할 수 있다. 장문석은 식민지 양반이 주도한 신조선사의 고문헌 출판 활동이 식민지 학술장에서 학술 공공재를 마련했고, 이에 기반하여 다양한 성격의 주체들이 개입하여 학술 담론을 협력적으로 산출할 수 있었다고 파악한 바 있다.[176] 앞서 언급한 바와 같이 신조선사에서 출판한 대표적인 고서가『여유당전서』,『여암전서』,『담헌서』등이다. 이와 달리 사주당 이씨의『태교신기』는 유희의 현손인 유근영이 주관하여 발간된 것이다. 그럼에도 그것은 한 집안의 저서를 정리하는 차원에 그치지 않고, 당시 학술장에서 조선조 여성 학술사 및 지성사를

---

175) 김진균의 연구를 참고해 볼 때, 최익한은 전통 한학과 근대 학문의 교육을 다 받았으며, 사회주의자로 활동하다가 1935년부터 1941년 사이에 국학 고전 탐구에 집중했음을 알 수 있다. 또한 최익한은 황원, 이건방, 하겸진 등 정인보 지인들과도 교유관계가 있었던 것으로 보인다. 그러나 전통주의에 대해서는 비판적이었고, 국학 고전을 탐구한 목적이나 방법에서도 정인보와는 차이가 있었던 것으로 파악된다.(김진균,「崔益翰의 전통주의 비판과 전통 이해의 방식」,『열상고전연구』28, 洌上古典硏究會, 2008)

176) 장문석,「식민지 출판과 양반-1930년대 신조선사의 고문헌 출판 활동과 전통 지식의 식민지 공공성」,『민족문학사연구』55, 2014, 392쪽.

구성하는 학술 담론을 형성하는 데 일정한 영향을 미쳤던 것이다.

(3) 소장본 검토와 조선조 학술 연구

정인보는 문헌 수집과 간행 작업에 힘쓰는 한편 개인적으로 소장하고 있는 고서에 대한 검토와 정리 작업에도 노력을 기울였다. 간행으로 이어진 경우에는 주로 서문을 남겼고, 개인 소장본의 경우 후기를 덧붙였다. 이러한 글 또한 한문으로 썼으며, 조선조 학술의 동향, 작자 및 저서의 특징과 의의, 새로운 연구 성과 및 과제 등의 학술적 내용을 담아내었다. 이러한 글에는 '조선고서해제'에서 다룬 저서에 관한 것도 있고, 그렇지 않은 것도 있다.

「서주영편후書晝永編後」[177]는 정동유鄭東愈(1744~1808)의 『주영편晝永編』에 대해 쓴 글로, 이미 '조선고서해제'에서 그 저서를 소개한 바가 있는 경우이다.[178] 해제에서 정인보는 정동유를 국고國故 연구에 주력하고 조선문朝鮮文·조선지리朝鮮地理·조선역사朝鮮歷史 등의 분야에 대해 독창적인 시각을 확보하고 있던 인물이라고 소개하였다. 특히 훈민정음학 연구 방면에서 조선 후기의 선구적 인물임을 강조하였다. 아울러 이러한 그의 학문 연원이 가학家學과 사승師承 관계에 있음을 말하였다. 연달아 공경公卿을 지낸 집안의 후손이어서 만 권에 달하는 다양한 종류의 장서를 갖추고 있었으며, 특히 국사國史와 관계되는 것이 많았다는 것이다. 또한 그가 이광려를 스승으로 섬겼다는 언급을 통해 그의 학문연원이 강화학파에 닿아 있음

---

177) 정인보, 「書晝永編後」, 『담원문록』 중, 259~262쪽; 『전집』 6, 5~9쪽.

178) 정인보, 「조선고서해제(4)－晝永編(玄同鄭東愈 著)」, 《동아일보》, 1931년 1월 26일자; 『전집』 2권. 5~7쪽.

을 넌지시 알렸다.

한편 해제의 마지막 부분에서 이 책이 일본학자에게 유포되고 조선고서간행회에서 나온 간본刊本이 있음을 언급하고 있는 사실은 주목을 요한다. 이는 정인보가 조선학에 대한 일본인들의 동향과 성과들에 대해서도 관심을 가지고 있었음을 보여주는 것이다. 하지만『주영편』은 조선고서간행회가 아니라 자유토구사自由討究社에서 1923년에 간행했다는 점에서 정확한 정보는 아니다.[179)]

실제『주영편晝永編』은 1936년에 다시 간행될 정도로 일본학자들의 관심을 끌었던 책으로 보인다. 이때 도쿄 조선문제연구소는『조선총서朝鮮叢書』3책에 조선고서 14책을 일본어로 초역하여 실었는데,『주영편』을『목민심서牧民心書』,『아언각비雅言覺非』,『해유록海游錄』과 함께 제1권에 수록하였다. 자유토구사의 간행본이 상권 일부를 초역한 것이라면,『조선총서』에 수록된 것은『주영편』의 상하권에서 94칙을 뽑아 번역한 것이다.[180)]『조선총서』권두卷頭에 따르면『조선총서』는 호소이 하지메(細井肇, 1886~1934)가 평생 역술譯述 · 편찬編纂한 조선의 고사古史 · 고서古書 중에서 조선민족의 심성心性 · 습속習俗을 이해하기 위해 매우 긴요하다고 인식되는 14서목을 뽑아 수록한 것이라고 한다. 아울러 권두에서는 이 책이 심전개척운동心田開拓運動에 일조하고 나아가 조선인을 이해하고 조선인과 융화 · 결합하는

179) 최혜주의 논문에 조선고서간행회, 조선연구회, 자유토구사, 최남선 간행물 목록이 정리되어 있다.(최혜주,「일제강점기 고전의 형성에 대한 일고찰－재조일본인과 조선광문회의 고전 간행을 중심으로－」,『한국문화』제64호, 서울대학교 규장각 한국학연구원, 2013, 192쪽)

180) 안대회,「서설」, 정동유(저)/안대회 외(역),『주영편』, 휴머니스트, 2016, 27~28쪽.

데 유용하게 쓰이기를 바란다는 번역 취지를 밝히고 있다.[181]

자유토구사를 설립한 이가 바로 호소이 하지메라는 점[182]에서 1923년과 1936년에 『주영편』 일본어 초역본抄譯本이 간행된 것은 모두 호소이 하지메의 영향을 받은 것이라고 할 수 있다. 호소이 하지메는 내선융합內鮮融合을 위해서는 조선 문화 연구가 급선무라는 인식에서 자유토구사를 창립하였던 인물이다.[183] 번역 취지에서 "조선인과 융화·결합하는 데 유용하게 쓰이기를 바란다"고 했던 것은 조선고서 간행을 통한 조선의 문화 이해와 연구가 내선융합에 도움이 된다고 여겼던 호소이 하지메의 생각이 반영된 것이라고 할 수 있다. 심전개척운동은 조선총독부가 1935년 초두에 조선통치에서 주력해야 할 3대 사업의 하나로 제시한 것이다. 이것은 1937년 중일전쟁 이후 실시되었던 '황민화정책' 이전의 일제 이데올로기 정책으로서 주목되는 것으로, 조선민중 일반에 대한 일종의 정신교화 정책이다.[184]

결국 식민통치 정책에 충실히 부응하기 위해 번역본을 간행했던 것이다. 이에 따라 『조선총서』에 수록된 『주영편』에는 조선의 미신이나 허위의식, 청나라와 일본의 국제문제를 다룬 글들이 선별되어 번역되었다. 그중 상권 36칙 '조선의 졸렬한 풍속과 하기 힘든 풍속'에서 조선에는 바늘과 양과 수레가 없다고 서술한 내용 같은 것은 조

181) 犬飼時南, 「朝鮮叢書の巻頭に」, 細井肇 編, 『朝鮮叢書』 第一, 東京: 朝鮮問題硏究所, 1936, 1쪽.

182) 호소이 하지메의 출판활동과 조선인식에 대해서는 최혜주의 「식민지 시기 재조일본인의 출판활동과 조선인식」(『한국민족운동사연구』 95, 한국민족운동사학회, 2018)에서 자세히 다루고 있다.

183) 최혜주, 위의 논문(2018), 95쪽.

184) 한긍희, 「1935－37년 日帝의 '心田開發' 정책과 그 성격」, 『민족문제연구』 제11호, 민족문제연구소, 1996, 5~6쪽.

선 문명의 열등함을 보여주는 구실로 현대에까지 악용되는 것이라고 한다.[185]

그러나 정인보는 「서주영편후書晝永編後」에서 『조선총서』 소재 『주영편』 번역본에 대해서 언급하지 않고 있다. 「서주영편후」를 쓴 시기를 정확히 알 수 없어 이 책이 간행됐음에도 존재를 몰랐던 것인지에 대해서도 알 수 없다. 하지만 간행 사실을 인지했느냐의 여부와 상관없이 중요한 사실은 조선(학)을 연구하기 위한 저서로 조선인 학자와 일본인 학자가 함께 주목했지만, 그 저서의 가치와 의미에 대한 해석과 조선 인식은 완전히 상이하다는 것이다.

정인보가 『주영편』을 주목한 것은 그 저서가 조선 후기에 새롭게 일어났던 학풍인 조선학 연구서라는 점에서이다. 정인보는 일정한 체계 없이 만필漫筆 형식으로 쓴 이 글이 문학, 지리학, 역사학, 언어문자학의 다방면에 관심을 가지고 국고國故 연구에 주력한 산물이라고 평가했다. 이는 조선고서해제 「주영편」과 「서주영편후」에 공통적으로 언급되는 내용이다.

「서주영편후」에서 조선고서해제의 내용보다 더 심화되고 구체화된 부분은 정동유의 학문연원과 사승師承 및 교유관계에 대한 것이다. 특히 정인보는 이 글에서 그의 학문 연원이 하곡 정제두의 학문에 있음을 자세히 서술하였다. 정동유는 어려서부터 이광려李匡呂(1720~1783)를 스승으로 섬겼고, 이영익李令翊(1740~1780), 이충익李忠翊(1744~1816)과 사귀었으며, 신작申綽(1760~1828)에게 영향을 미쳤으며, 멀리 거슬러 올라가 정제두鄭齊斗(1649~1736)에게까지 연원이 닿았다는 것이다.[186] 정제두는 정인보가 조선 양명학의 계보를

185) 안대회, 앞의 논문, 28~29쪽.

정리하면서 조선 양명학의 가장 대종大宗으로 꼽았던 인물이다.[187] 신작은 정제두의 외손이고, 이광려, 이영익, 이충익은 정제두의 심학을 이어받은 강화학파이다. 이처럼 정인보는 정동유와 이들과의 관계를 밝힘으로써 정동유의 학문연원이 정제두의 학문에 닿아 있고, 그 사상적 기반이 양명학임을 나타내었다. 흥미로운 점은 정동유를 비롯하여 이들의 국고 연구와 양명학을 연결시키고 있는 것이다.

> 세상에서는 하곡霞谷이 요강학姚江學을 전공했다고 한다. 하곡이 요강학을 전공한 것은 정말이다. 그러나 하곡은 본래 천문天文 역산曆算에 정통했고, 실實을 따라 근본을 찾았다. 세속의 학술이 남만 따라가느라 제 조상도 잊은 것에 격분하여, 내 마음을 근본 삼아 외물外物에 응함이 바꿀 수 없음을 깨달은 터라 요강학이 그러함을 보고 바라고 쏠리게 되었던 것이다. 생각건대 그 옮긴 까닭이 있었으므로, 그가 돌아간 뒤 심학心學의 계통이 비록 화禍를 두려워하여 차츰 감추어지긴 했지만, 유풍遺風이 미치는 바로는 왕왕 우리나라 전고典故로서 스스로 흥기興起하였던 것이다. 이를테면 월암月巖·신재信齋·초원椒園·석천石泉이 한 공부에 깊이야 다르지만, 요컨대 모두가 이에 어긋나지는 않았다.[188]

정인보는 정제두가 양명학을 전공한 것 또한 그 자신의 학문 성향에서 비롯된 것으로 보았다. 정제두는 본래 실實을 따라 근본을 찾고

---

186) 정인보, 「書畫永編後」, 『담원문록』 중, 260쪽 ; 『전집』 6권, 6쪽.

187) 정인보, 「陽明學演論」, 『전집』 2권, 221쪽.

188) 俗世謂霞谷學主姚江, 霞谷之主姚江固也. 然霞谷素精天算, 循實求柢, 激於俗學之徇人忘祖, 而覺本吾心以應外, 爲不可易者, 見姚江之然也, 而祈嚮焉. 惟其所由榦者, 有在故, 沒後, 心學之緖, 雖以畏禍, 而浸隱, 而風流所及往往以國故自興, 如月巖·信齋·椒園·石泉所得有淺深, 然要皆不畔於是.(정인보, 『담원문록』 중, 260~261쪽 ; 『전집』 2권, 6~7쪽)

자 했기에 남만 따라가며 정작 자신의 조상을 잊는 모습에 격분했는데, 양명학이 자신의 마음에 근본하여 바깥의 사물에 응함을 종지로 삼는 것을 보고 그 학문에 쏠렸다는 것이다. 정제두 이후 양명학 계통은 화禍를 입을 것을 두려워하여 자취를 감추었지만, 정제두의 학문은 우리나라 전고典故를 탐구하며 스스로 흥기興起하는 학풍으로 이어졌다고 하였다. 비록 양명학을 표면적으로 내세울 수는 없었지만, 자신의 마음에 근본하여 바깥의 사물에 응함을 추구하는 학문 태도가 자득 중시와 자신에 대한 이해 추구로 이어졌다고 본 것이다. 자신에 대한 이해란 자신의 뿌리가 되는 선조의 역사, 자신이 기반하고 있는 나라의 역사, 언어, 문화, 풍속, 제도 등에 대한 관심과 탐구를 의미한다.

또한 정인보는 정동유가 화담 서경덕을 존중하여 자기에게서 나온 도학을 중시하였음을 강조하였다. 서경덕의 학문 또한 답습이 아닌 자기가 체득한 것에서 나온 것이었기에 그 시대의 반동으로 여겨졌다고 하였다. 답습과 자득은 허학, 실학과 함께 정인보가 조선조 후기의 주류 학문과 비주류 학문의 성격을 규정하는 핵심어이기도 하다. 답습과 대비하여 정인보가 강조하는 자득이란 단지 스스로 터득한다는 의미만을 내포하는 것이 아니라, 자기의 뿌리와 기반이 되는 것에 대해 스스로 탐구하여 독창적인 앎을 창출한다는 보다 적극적인 의미를 지니는 것이다.

이상과 같이 정인보는 정동유의 학문연원과 그 특징을 밝히며 그가 재구성한 조선조 후기 학술사의 계보 속에 정동유를 배치하였다. 그리고 정동유가 『주영편』과 같은 저술을 남길 수 있었던 배경에는 주자학 중심의 주류 학문을 답습하지 않고, 자득을 중시하며 국고에 관심을 기울였던 학문을 했기 때문임을 밝혔다.

『주영편』은 조선의 다양한 분야에 대해 다루고 있는데, 이 가운데 정인보가 가장 주목한 것은 훈민정음에 대한 글이다. 정인보는 서파西陂 유희柳僖의 『언문지諺文志』도 이 저서에서 나온 것이라고 하며 정동유－유희로 이어지는 훈민정음 연구의 계보를 그려 보였다.[189] 이에 대해서는 '조선고서해제'에서도 이미 언급한 바가 있다.

그런데 그 사이에 정음학자와 관련하여 새롭게 알게 된 사실이 있었다. 이는 정인보가 이 후기를 쓰게 된 이유 중의 하나라고 할 수 있다. 정인보 당시에 이미 정동유의 문집이 사라졌기에 정인보는 정동유의 자료를 찾아보고 있었는데, 정동유가 다른 사람에게 주었던 편지 가운데 정음正音을 논한 내용이 있음을 발견하게 된 것이었다. 그 편지를 통해 정동유와 훈민정음을 논했던 또 다른 학자가 있음을 알게 되었으나, 편지 대상이 '치옥稚玉'이라고만 되어 있어 누구인지 더이상 알 수는 없었다. 그런데 이후 이의준李義駿의 『종서암집種書菴集』을 살펴보다가 '치옥稚玉'이라는 사람이 윤광수尹光垂임을 알게 된 것이었다.[190] 이에 이러한 내용을 「서주영편후」에 기록으로 남겨 두며, "근대 정음학자에 대해 고론考論할 사람은 정동유·유희를 논

189) 정인보는 「양명학연론」에서도 聲音文字의 學이 李匡師, 李令翊, 李忠翊, 鄭玄同에게로 직간접적으로 전해지면서 柳僖에 이르러 特著를 내었다고 말한 바 있다.(정인보, 「陽明學演論」, 『전집』 2권, 226쪽) 정인보가 말한 그 特著가 바로 『언문지』이며, 여기에 영향을 미친 것이 바로 『주영편』인 것이다.

190) 김동준의 연구에 따르면, 李義駿의 매제가 尹光濂이며, 윤광렴의 아우가 尹光垂이다. 한편 李義駿의 모친은 달성 서씨 가문으로, 徐命膺·徐命善이 그에게 외삼촌이 되며, 이의준은 徐有榘의 스승이다.(김동준, 앞의 논문(2007), 28쪽) 정인보의 모친 역시 달성 서씨 가문으로, 정인보가 이의준의 문집을 살펴보고 윤광수라는 인물을 알게 된 데에는 정인보가 조선 후기 소론계 학문에 연원을 두고 있었던 것에 힘 입은 바가 크다고 할 수 있다.

할 때 윤광수를 빠뜨리지 말기를"[191] 바란다는 당부를 하였다. 아울러 정동유가 치옥(윤광수)에게 준 편지를 『주영편』 끝에 덧붙임으로써 훗날 정음학을 연구할 사람들이 참고할 수 있도록 하였다.

이처럼 정인보는 개인 소장본 고서들을 검토하며, 후기를 통해 저서 및 저자의 학술적 특징과 의의에 대해 논하였고, 참고자료를 덧붙임으로써 학술 연구에 도움이 될 수 있도록 하였다.

『재물보才物譜』 후기 또한 「서주영편후」와 동일한 성격을 지니는 글이다. 정인보는 『재물보才物譜』에 대해 「서재물보후書才物譜後」[192]를 쓴 뒤 「재서재물보후再書才物譜後」[193]를 추가로 더 썼는데, 이 글을 쓴 주요 목적은 저자를 밝히기 위함이었다.

> 『재물보才物譜』란 삼재만물三才萬物을 통틀어 계통을 따라 열기列記했다는 말이니, 그 체계는 요즘 이른바 백과사전과 비슷하다 하겠다. 널리 중국 것을 끌어모아, 우리의 옛일을 밝히려고 사실과 근원을 고증·해석·주석하기에 힘써서, 민생일용民生日用에 도움이 되고자 한 것이라, 대번에 숙종·영조 이후에 나온 것인 줄 알았으니, 그 이전에는 학풍이 이런 분야에 거의 미치지 못했던 것이다.
>
> 이 책은 오랫동안 알려지지 않았는데, 요즘 와서 옛것을 고증하는 이가 많이 그 책을 근거로 하게 되었다. 다만, 그 책에 누가 짓고 찬술撰述했다는 것을 쓰지 않아서 인보寅普에게 묻는 이가 있다. 인보는 선배 문집 중에서 이 책이 이만영李晩永 씨가 지은 것이라고 언급한 말이 있음을 본 것을 기억하기는 하는데, 그 말이 어느 문집에 있었는지를 알

---

191) 世有考論近代正音之學者, 述鄭·柳時, 無遺尹也.(정인보, 「書晝永編後」, 『담원문록』 중, 262쪽; 『전집』 6, 9쪽)

192) 정인보, 「書才物譜後」, 『담원문록』 중, 246~248쪽; 『전집』 5, 409~412쪽.

193) 정인보, 「再書才物譜後」, 『담원문록』 중, 255~256쪽; 『전집』 5, 419~420쪽.

> 수가 없었다. 비록 그 성명을 듣기는 하였지만 증명할 도리가 없음을 안타깝게 여겼었다.[194]

정인보의 소개에 따르면 『재물보』는 일종의 백과사전으로 사람들의 일상생활에 유용한 지식을 다룬 글이다. 정인보는 이 책이 사실과 근원을 고증·해석·주석하는 방식과 민생과 일용을 위한 지식들을 백과사전식으로 모으는 면에서 조선 후기의 것임을 대번에 알 수 있었다고 하였다. 그러나 당시에 옛것을 고증하는 이들이 『재물보』를 많이 참조하면서도 정작 누가 언제 지은 것인지는 몰랐다고 한다. 그 중 정인보에게 이 책의 저자를 묻는 사람이 있었고, 정인보는 이만영李晩永 작作이라는 것을 다른 문집에서 본 기억은 있었으나 증명할 길이 없어 안타깝게 여기고 있던 차였다.

그래서 서파 유희의 증손인 유근영에게 유희의 저술 중 이만영에 관한 것을 모두 적어 보내달라고 부탁하였고, 마침내 유희가 이만영에게 준 편지를 얻을 수 있었다. 그것은 이만영이 자신의 책을 교열해 달라고 유희에게 부탁한 편지에 대한 답신이었다. 그중에 "이제 『재물보才物譜』 한 권은 그 가장 좋은 약이 될 것입니다."[195]라고 책명이 분명히 명시되어 있어 정인보는 이만영의 저술임을 확인할 수

194) 『才物譜』者, 謂總三才萬物而譜之, 其體視晩世所稱百科辭典. 爲近收攬汎及震朝, 而要以明吾之故, 務實詁原, 以椑民生日用. 見知出肅英以後, 前乎此則學風殆不及是也. 書久不顯, 邇者, 證故者多據之. 獨其書不書著讚爲誰, 某有問寅普. 寅普記, 於先輩集中, 有語及是書, 以爲李氏晩永所著, 而不知此在何集. 雖擧其氏名, 而恨無從證焉.(정인보, 「書才物譜後」, 『담원문록』 중, 246쪽; 『전집』 5권, 409~410쪽)

195) 今此才物一書, 極爲其良藥.(정인보, 위의 글, 『담원문록』 중 247쪽; 『전집』 5, 411쪽)

있었다.

「재서재물보후再書才物譜後」를 추가로 쓴 것은 이만영에 대해 더 알아본 내용을 전하기 위해서였다. 정인보는 우선 씨족서氏族書를 상고하여 이만영李晩永이라는 사람이 한산 이 씨韓山李氏 중에 있음을 찾았고, 한산 이씨 족보를 검토하여 이만영의 생몰연대, 가계 등에 대해 알아냈다. 그러나 그것만으로는 아직도 한산 이씨 족보에 명시된 이만영이 『재물보』의 작자인지 증명하기에는 부족하다고 여겼다. 이에 박풍서朴豊緖의 『재물보才物譜』 구본舊本을 빌려와 살펴보았는데, 성명姓名은 없이 '한산韓山'이라 쓴 것을 발견하게 되어 자신이 한산 이 씨 족보에서 찾은 인물이 바로 『재물보』의 작자임을 비로소 확신할 수 있었다. 아울러 유희의 『문통』을 검토하여 유희가 이만영에게 준 글의 주注에 연월年月이 표시된 것을 서로 따져보며 유희가 답신한 해가 순조純祖 정묘년(1807년)이고, 35세의 유희가 60세의 이만영에게 준 편지임을 밝혔다.

「재서재물보후」는 이러한 내용만을 담고 있는 매우 짧은 글이지만, 정인보가 『재물보』의 작자를 밝히기 위해 상당한 노력을 기울였던 과정이 잘 드러난다. 또한 사실을 확정짓기 위해 다양한 문헌 검토를 통해 계속 깊이 있게 파고들어 가는 모습에서 그의 엄정한 학문 태도를 볼 수 있다.

정인보가 이토록 『재물보』의 작자 고증에 노력을 기울인 이유는 다음과 같은 그의 말에서 잘 드러난다.

> 이(편지)로 미루어 생각건대 이 공李公은 대개 학식이 넓고 깊은 선비로 훈고에 밝았다. 이 책을 엮을 때, 지극히 힘들었으련만 자랑하지 않고, 서파西坡와는 한 번 만난 적도 없건만 다른 사람을 통해 바로잡아

> 주기를 청했으니, 선배들이 자기 마음을 비우고 올바름을 구하기가 이와 같았다. 서파의 교감을 거친 뒤에도 얼마나 오래 이 공이 더 손보고서야 그 책을 완성시켰는지는 알 수 없지만, 부지런하다고 할 만하다.
> 이런데도 세상에서는 귀한 줄도 모르고, 거의 백 년이나 더 되도록 누가 지은지도 모르는 채, 남은 몇 편이 굴러다녔으니, 저 즈음 서파의 말이 아니었더라면 마침내 또한 인멸되고 말았을 것이다. 슬프다! 이 공의 뜻을 미루어 본다면, 일용에 도움을 주자는 데 있었으니, 책이 전해졌으면 그만이요, 이름이 알려지든 말든 이 공과 상관 없다고 했을 것이다. 그러나 그 책을 읽음에 그 저자를 모를 수 없고 모르면 알려 애쓰고 알게 되면 증명하려 애쓰는 것이 후학의 도리이기에, 이에 자세히 적어 학문을 이어갈 선비에게 일러두는 터다.[196]

정인보는 유희의 편지를 보면서 이만영의 학식과 인품이 훌륭함을 더욱 느낄 수 있었다. 더욱이 한 번 만난 적도 없는 다른 사람에게 자신의 책을 바로잡아주기를 청하는 이만영의 모습을 통해 자기를 고집하는 마음이 없고 올바름을 구하기 위해 성심을 다하는 부지런함을 볼 수 있었다. 『재물보』는 바로 그런 작자의 정성과 유희의 교감을 거쳐 탄생한 책이었다. 그런데도 세상 사람들은 그 책의 귀중함을 제대로 알지 못하고 작자가 누구인지도 모르는 상황이었다. 만일 유희의 편지가 없었더라면 작자를 계속 모른 채 세월이 흐르다가 결

196) 因念, 李公蓋閎博之士, 明於雅故. 其爲是書, 意亦用其力者至矣, 而又不自恃, 與西陂未嘗一面也, 介而請正, 前輩虛懷求是如此. 不知經西陂勘後, 李公之加手者, 又幾許之久, 其成之, 可謂勤哉. 顧乃世不知貴, 僅百餘年, 而殘編輾轉, 無有知其爲誰氏著者, 向微西坡之言, 將終於湮沒. 悲夫! 推李公, 意在裨用, 書傳則已, 名之知不知, 於李公無與. 然讀其書, 不可以不知其人, 不知而求知之, 知之而求證之, 後學之義也, 乃詳記之, 以示承學之士.(정인보, 「書才物譜後」, 『담원문록』 중, 248쪽; 『전집』 5, 411~412쪽)

국에는 책이 사라졌을 것이 아닌가. 이런 생각은 정인보를 매우 슬프게 했다. 이처럼 작자의 정성에 대한 감동과 가치 있는 저서가 묻히는 상황에 대한 안타까움이 정인보가 작자를 고증하는 데 힘을 기울인 동력이라고 할 수 있다.

이에 정인보는 저자를 고증한 후, 후학의 도리를 강조하였다. 저자의 마음으로서는 알아주기를 구하여 지은 것이 아니니 책이 전해지든 그렇지 않든 상관없다고 하겠지만, 귀한 책을 접할 때 모르는 것을 알려고 애쓰고 증명하는 것은 학문을 이어갈 선비가 해야 할 일이라는 것이다. 정인보는 이 후학의 도리를 다함으로써 작자를 밝혀내었고, 이를 통해 뒷세대를 위해 학문하는 자세에 대한 조언까지 덧붙인 것이었다.

또한 정인보는 「서주영편후」에서와 마찬가지로 「서재물보후」 뒤에도 유희가 이만영에게 준 편지를 덧붙였다.[197] 이 또한 훗날 이 책을 접하고 연구할 사람들에게 학술적으로 도움을 주고자 해서였던 것이다.

이상의 두 편과 달리 기존의 책을 새롭게 편집하여 배접·장정한 후 뒤에 글을 덧붙인 경우가 있는데, 「석천유고기石泉遺稿記」[198]가 그것이다. 원래 『석천유고石泉遺稿』는 『사고私藁』 1책冊, 『기졸記拙』 2책冊, 『조수초목충어명鳥獸草木虫魚名』 소책小冊으로 이루어져 있고 권卷의 차례 선후가 없었는데, 이를 정인보가 찾기에 편하도록 새로 배접·장정한 것이 1차 편집본이다. 이후 『기졸記拙』 1책을 빌려간

197) 柳僖, 「附西陂與李進士晩永書(四月)」, 『담원문록』 중, 249~254쪽; 『전집』 5, 412~419쪽.

198) 정인보, 「石泉遺稿記」, 『담원문록』 하, 283~291쪽; 『전집』 6, 369~380쪽.

이로부터 돌려받지 못하고 잃어버리게 되었는데, 『전집全集』을 구하게 되어 기존의 것 외에 잘 지은 글을 더 선별하여 추가하였다. 또한 「석천친필문초石泉親筆文草」 두어 편도 얻게 되어 이것까지 합편하여 책을 만들게 되었다. 이것이 정인보가 최종 편집한 『석천유고』이다. 정인보는 친필 원고가 온전치 못함은 끝내 아쉬울 수밖에 없다고 하였지만, 그래도 자신이 편집한 『석천유고』에 신작의 정화精華가 다 모여 있으니 이전 것보다는 나아졌다고 자부하였다.[199]

정인보는 『담헌서』, 『여유당전서』 등을 간행할 때도 새롭게 발굴한 자료를 추가하거나 배치를 바꾸어 재편집함으로써 새롭게 정본을 구성한 바 있다. 이는 자료 수집의 성과와 자신의 학문적 관점을 보다 적극적으로 반영하여 편집 체제를 수정보완하여 책을 내는 것이 학술적으로는 보다 유의미하다고 여겼기 때문으로 보인다.

이와 같이 정인보는 『석천유고』의 새 편집본을 만든 뒤 「석천유고기」를 쓰면서 편집 경위를 밝혔고, 신작의 학문연원, 학문의 특징과 의의 등에 대해 자세히 서술하였다. 학문연원에 대해서는 조선 후기 학술사를 총괄적으로 서술하는 가운데 신작의 학문이 하곡 정제두에게 닿아 있음을 밝히고, 이를 바탕으로 신작은 박학樸學으로 스스로 일어났음을 강조하였다. 특히 신작은 『시경詩經』 연구에 특장이 있었고, 모시毛詩에 정밀하여 이로써 명가名家의 반열에 올랐다고 하였다. 신작의 글쓰기 방식에 대해서도 주목하며 자기 주장을 멋대로 펼치기보다는 서술은 하되 창작은 하지 않는 작문 방식을 취했다고 하였다. 또한 경학이 전문이라서 글의 문예미는 다소 못하지만 글에 아담한 기운이 농후하여 위진魏晉 산문에 가깝다고 평가하였다.

199) 정인보, 위의 글, 『담원문록』 하, 283쪽; 『전집』 6, 369~370쪽.

흥미로운 부분은 경세가經世家와 경사經師를 구분하여 신작을 정약용과 비교하며 신작의 학문의 의의를 서술하고 있는 점이다.

> 늙마에 다산茶山이 귀양에서 풀려 돌아와 석천을 사社마을(사촌社村) 시골집으로 찾아오니, …… 이때 다산은 오히려 흐려 잘 보이지 않는 눈으로 당시의 난국을 걱정하고 한 백성이 은택 입지 못함을 가슴 아파하였는데, 석천은 잔결된 옛 서적을 귀중히 보존하여 상고上古·중고中古·하고下古(혹은 고문古文·대전大篆·소전小篆)에 대해 뜻이 컸고, 집밖의 일에는 마음 쓰는 것이 없었다. 석천이 언젠가 "다산의 저서는 지나치게 옛사람을 쏘아붙여 함축한 뜻이 적다"고 하였는데, 다산은 이를 받아들여 잘못이라 여겼다.
>
> 그러나 경세가經世家와 경사經師는 다르다. 다산이 경經을 설명하는 뜻은 경세經世에 있어, 요컨대 사람들이 분명히 알고 쉽게 깨달으면 그만이고, 또한 지난날의 미혹을 쪼개어 새 앎을 펴려는 데 있었으므로, 말씨가 자연 뛰어나고 날카로웠다. 석천이 다산 보기를 자신 보듯 함은 잘못이다. 그러나 석천이 전문한 학문은 고경古經을 돕자는 데 있으니, 뒷날 국조학술사國朝學術史를 전공할 사람은 유문박학儒門博學에 있어서 당연히 석천을 대종大宗으로 추대해야 할 것이니, 그 공이 또한 어찌 적겠는가? 앞으로 경전을 전공할 사람이 석천을 알게 되면 옛사람이 학문하는 궤범을 알게 될 것이다.[200]

200) 晩節, 茶山自適還, 過石泉社村鄉居, …… 然茶山是時, 猶蒿目時艱傷一民不被澤, 而石泉抱殘守缺, 嘐嘐三古, 於戶外無所經心. 石泉嘗譏, "茶山著書過於彈射古人, 少含蓄之意." 茶山受以爲過. 然經世家與經師異. 茶山說經意在經世, 要使人明白易曉, 又要斧劈往惑, 以發新知, 語辭氣自俊厲, 石泉視茶山如自視, 則過矣. 然石泉顓門之業羽翼古經, 後之治國朝學術史者, 於儒門樸學, 當推石泉爲宗, 功亦豈淺哉! (정인보, 「石泉遺稿記」, 『담원문록』 하, 290쪽 ; 『전집』 6, 378~379쪽)

이 글을 보면 신작은 정약용과 친분이 있었으나 그의 저술에 대해서는 다소 부정적으로 평했음을 알 수 있다. 하지만 정인보는 경세가經世家와 경사經師를 구분하며 신작의 평가에 동의하지 않고 정약용을 옹호하였다. 정인보에 따르면 집밖의 일에는 마음 쓰지 않고 고경古經 연구에 몰두했던 신작은 경사經師이고, 세상을 다스리는 일, 즉 경세經世에 관심이 많았던 정약용은 경세가經世家이다. 이 구분에 의하면 신작이 정약용의 저술에 대해 "옛사람을 쏘아붙여 함축한 맛이 적다"고 한 것은 경사經師의 시각이 반영된 평이다. 반면 정약용이 "사람들이 분명히 알고 쉽게 깨달으면 그만"이라고 여기고 "지난날의 미혹을 쪼개어 새 앎을 펴려" 한 것은 경세가의 입장에서 비롯된 것이다. 그렇기에 경사인 신작 자신의 기준으로 경세가인 정약용을 평가해서는 안 된다는 것이 정인보의 논리이다.

정인보는 정약용을 "근세조선의 유일한 정법가政法家"로 규정하고[201] 그의 저술의 종지를 '신아구방新我舊邦'[202]이라는 한마디 말로 정리한 바 있다. 자신에게 주어진 사회적 지위와 역할과 상관없이 세상을 차마 잊지 못하고 백성의 삶을 근심하며 새로운 나라를 만들기 위해 학문적으로 구상한 것이 그의 저술의 핵심이라고 보았던 것이다. 정인보가 조선 후기의 학술사를 돌아볼 때 정약용이 추구했던 학문은 가장 소중한 자산이었으며 근대에도 유의미한 시사점을 준다고 여겼던 바였다. 이에 안재홍과 함께 한 조선학운동의 핵심 활동이 정약용의 생애와 학문을 알리며 서세逝世 백년을 기념하고[203] 그의 저

---

201) 정인보, 「唯一한政法家 丁茶山先生叙論」(一), 《동아일보》1934년 9월 10일자; 『전집』 2, 68쪽.

202) 정인보, 「唯一한政法家 丁茶山先生叙論」(三), 《동아일보》, 1934년 9월 12일자; 『전집』 2, 74쪽.

술를 총망라한 『여유당전서』 간행사업을 한 것이었다.

그러나 정인보가 이 글에서 경사와 경세가를 구분하여 말한 근본 취지가 정약용의 옹호에 있는 것은 아니다. 정약용은 일제강점기에 지식인들로부터 가장 주목받았던 조선의 학자였다. 반면 신작은 그렇지 않았다. 정인보가 보기에 신작은 그의 학문적 위상에 비해 제대로 평가받지 못한 인물이었다. 이에 정약용과의 비교를 통해 그의 위치를 정당하게 자리매김하게 하고자 한 것이라고 할 수 있다. 경세가로서 실학을 집대성하고 경학과 정법을 일치시킨 인물로는 정약용을 으뜸으로 꼽겠지만, 유교 경학과 박학樸學 분야에서는 신작이 대종大宗이라는 것이다.

이상의 글들에서 본 바와 같이 정인보는 개인 소장본 고서들을 검토하며, 후기를 통해 저서 및 저자의 학술적 특징과 의의에 대해 논하였고, 참고 자료를 덧붙임으로써 학술 연구에 도움이 될 수 있도록 하였다. 때로는 산견되는 글을 묶어 책을 새로 엮어내며 후기를 남기기도 하였다. 이러한 글쓰기 활동은 언론매체를 통해 조선고서해제, 인물론, 논설 등의 국문 글쓰기를 수행하며 조선 후기 실학의 가치를 알리고 조선 후기의 학술을 새롭게 재편하고자 했던 것과 그 성격이 다르지 않다. 즉 한문 서발류의 창작 활동 또한 그가 1920년대 말에서 1930년대 중반까지 언론매체를 통해 활발하게 수행했던 조선학 연구 활동과 같은 성격을 지니는 글쓰기라고 할 수 있는 것이다.

203) 정인보, 「丁茶山先生逝世百年을 記念하면서」, 《동아일보》, 1935년 7월 16일자; 『전집』 2, 89~91쪽.

3. 한시 창작의 양상과 특징

정인보의 한시는 『담원문록』 108편, 『전집』 2편으로 총 110편이 전한다. 여기에 운문으로만 지은 제문 11편을 포함시키면 운문이 총 121편이다.[204] 시 형식을 살펴보면, 고체시가 77편, 근체시가 44편으로 고체시를 더 많이 지은 편이다. 고체시의 경우 4언 12편, 5언 25편, 7언 34편, 잡언 6편으로 7언고시가 가장 많다. 근체시의 경우 5언절구 1편, 7언절구 15편, 5언율시 4편, 7언율시 24편으로 7언율시가 가장 높은 비중을 차지한다.

시 내용을 보면 지인에게 안부·감사의 마음을 전하거나 차운·화답하는 교유시가 53편으로 가장 높은 비중을 차지한다. 다음으로는 애도시가 23편으로 높은 비중을 보인다. 그밖에 제시 14편, 일상독백 12편, 축수시 7편, 영사시 2편 등이 있다.

1) 망자의 애도와 민족적 슬픔의 공유

정인보의 한시에 나타나는 정조를 하나만 꼽으라고 하면 그것은 슬픔이라고 할 수 있다. 특히 그의 시에는 망자에 대한 슬픔을 노래한 것이 많다. 그 슬픔은 식민지 현실의 고통을 온몸으로 느낀 것에

---

204) 『전집』에 수록된 한시는 121편 281수이다. 이는 '祭文'의 표제를 단 4언시 8편을 포함한 것이다. 엄밀하게 말하면 祭文은 文의 일종으로 애제류 산문이라 지칭한다. 대체로 당 이전의 제문에는 序가 있고, 제문의 본문은 일반적으로 변려문 운문으로 작성되었다가 이후 이러한 제한을 받지 않고 한유의 「祭十二郎文」과 같이 전부 산문을 이용한 글도 나왔다고 한다.(陳必祥(저)/심경호(역), 『한문문체론』, 이회문화사, 2001, 293쪽) 그런데 정인보의 경우 祭奠의 글을 모두 4언의 운문으로 썼다. 이에 이를 애도시의 일종으로 간주하고 한시 영역에서 이 글들을 다루었다.

서 비롯된 것이 주를 이룬다. 정인보가 1910년의 국망을 겪은 것은 그의 나이 18세였다. 당시 그의 선배 세대들 가운데는 망국의 현실에 대해 깊은 치욕과 슬픔을 느끼고 굴복할 수 없는 항거의 표현으로 죽음을 선택한 이들이 있었다. 매천 황현이 그러하고, 절친한 사이였던 홍명희의 부친 등이 그러하였다. 그런가 하면 죽음을 선택하지 않았던 사람들 가운데 망명의 길을 떠난 사람들도 있었다. 신규식, 이건승, 신채호 등이 그들이다. 그들은 이국의 땅에서 조국의 독립을 위해 애쓰다가 그곳에서 죽음을 맞이했다. 십대에 망국을 겪었던 정인보로서는 젊은 시절부터 이들의 죽음을 지켜보아야 했다. 그리고 그들의 죽음은 잊으려야 잊을 수 없는 깊은 슬픔으로 마음속에 각인되었다.

정인보는 이러한 자신의 슬픔을 종종 서대西臺 통곡痛哭에 빗대어 표현하였다. 서대 통곡이란 남송南宋의 문사 문천상文天祥이 원나라에 끝까지 항거하다가 사절死節했다는 소식이 들리자, 사고謝翶가 엄릉嚴陵 서대西臺에 올라 죽여의竹如意로 바위를 치면서 초가楚歌를 부르며 통곡한 것을 말한다. 정인보의 시에서 문천상은 곧 지조를 지키며 일제에 끝까지 항거하다가 죽은 사람들이었고, 사고謝翶는 살아남은 자로서 먼저 떠난 이들의 죽음을 통곡하는 바로 자신이었다. 아울러 자신과 같은 슬픔을 가슴 깊이 간직한 사람들 또한 그 시대의 사고謝翶였다.

정인보가 안창호를 애도하며 쓴 시는 그 대표적인 예이다. '서대곡애안도산창호선생西臺曲哀安島山昌浩先生'이라는 제목에서 보듯이 정인보는 안창호에 대한 자신의 애도시를 '서대곡西臺曲'이라고 명명하였다. 다만 사고謝翶가 서대西臺에 올라가 불렀던 노래와 달리 이 시는 5언 율시의 연작시 8수로 이루어져 초사楚辭의 형식을 취하고 있지는 않다. 그중 제7수를 보도록 하자.

초목인 양 모조리 떨어져 버렸으니	零落盡艸木
바람 따라 휩쓸리며 끝내 어디 이를까	靡靡終何極
한 선비 싸우다가 늙마에 이르렀으니	一士爭到老
시체 덮은 홑이불 말가죽에 비기리라	單被視裹革
구슬프게 산새소리 메아리지고	悽悽谷鳥響
어둠침침 물가의 구름도 검어.	沈沈渚雲黑
살아서는 내 의지되더니	形存有所寄
남북 어디에고 그대 넋뿐.	魂魄無南北205)

이 시에서는 다양한 비유를 통해 안창호의 생애와 죽음을 표현하고 있는데, 제7수에서는 안창호의 죽음을 초목의 잎이 모조리 떨어진 것에 비유하였다. 저세상으로 떠나버린 안창호의 모습이 다 떨어진 잎이 바람 따라 어디론가 휩쓸려 가는 이미지로 그려져 아련하게 슬픈 분위기를 자아낸다. 그리고는 홑이불 덮은 안창호 시신의 모습을 비추며 용사用事를 통해 안창호의 생애를 압축적으로 보여주었다. '과혁裹革'은 시체가 말가죽에 싸인 것을 나타내는 구절로, "남아는 마땅히 변방의 들판에서 죽어 말가죽으로 시체를 싸서 장사지내어 돌아올지언정 어찌 침상에 누워 아녀자의 수중에 있겠는가?(男兒要當死於邊野 以馬革裹屍還葬 何能臥牀上在兒女手中耶?)"206)라고 한 고사를 말한다. 조국의 독립을 위해 평생을 싸우다가 죽음을 맞이한 안창호의

---

205) 정인보, 「西臺曲 哀安島山昌浩先生」, 『담원문록』 상, 391쪽; 『전집』 5, 194쪽.

206) 范曄, 「馬援傳」, 『後漢書』; 『담원문록』 상, 391쪽 주석 참조.

모습을 변방의 전장터에서 싸우다가 말가죽에 시체가 싸인 채 돌아온 전사의 모습에 빗댄 것이다.

안창호의 죽음을 맞이한 슬픈 정서는 구슬픈 산새 소리와 어두침침한 물가의 이미지에 투영되어 슬픔이 주위를 에워싸는 듯한 느낌을 불러일으키게 만든다. '처처悽悽', '침침沈沈'이라는 첩어를 사용하여 쓸쓸하고 서글픈 심정을 소리를 통해 느끼게 하고, 산새 소리와 물가 구름의 대구를 통해 청각적 · 시각적 이미지로 서글픈 분위기를 고조시켰다.

'살아서는 내 의지되더니'라는 구절은 안창호가 정인보에게 어떤 의미의 존재였는가를 압축적으로 보여주는 한마디이다. 이제 그러한 존재를 이 세상에서 볼 수 없게 되고 만 것이다. 그러나 '남북 어디에고 그대 넋뿐'이라는 말로 그를 기리며, 그의 넋은 사라지지 않고 사람들의 마음에 계속적으로 자리잡고 있어 다함이 없다는 여운을 남기고 있다.

이와 같은 애도시를 서대곡西臺曲이라고 명명한 것은 사고謝翶가 불렀던 노래의 형식이나 시구를 차용했기 때문이 아니다. 망국이라는 비극적 현실을 가슴 깊이 통감하며 민족의 독립을 위해 끝까지 자신의 목숨을 바쳤던 인물을 애도하는 노래라는 의미에서 그러한 제목을 붙인 것이다.

이상설을 애도하는 시에서도 정인보는 자신을 문천상의 죽음을 통곡한 사고謝翶에 빗대고 있다. 그런데 이 시는 5언 고시의 연작시로 썼기 때문에 안창호의 애도시와는 또 다른 특징을 보여준다. 5언 율시로 쓴 경우, 비유, 상징, 용사 등을 통해 인물의 핵심적인 특징을 간결한 시구로 함축적으로 표현하고 있는 데 반해, 장편 고시로 쓴 경우에는 인물의 행적, 일화 등을 생생하게 표현하며 인물에 관한 서사를 더 풍부하게 담고 있는 것을 볼 수 있다. 이 시는 5수의 연작시로 이루어져 있는데, 제1수~제4수에서는 이상설의 삶의 행적에 관한 서사가 중심을 이루고, 마지막 제5수에서는 이상설을 떠나보내는 정인보 자신의 심정이 주로 표출되고 있다. 자신의 애도시를 사고謝翺의 서대통곡에 빗대고 있음은 제5수에서 드러난다.

지난날 압록강 가에 있을 때	昔在鴨渚日
쓸쓸한 바람소리 그 여운 들리는 듯	蕭颯來餘瑟
찢어진 천자의 깃발도 더위잡을 듯하며	落旄如可攀
그의 모습도 그려낼 듯.	容色若髣髴
슬프다 이승과 저승이 갈려 물을 길 없고	惆悵問難隔
넋 나간 하늘을 쳐다봐도 보이지 않네.	滄茫放仰失
나라를 잃자 파란은 잦아들질 않고	喪亡瀾不已
물결에 휩쓸린 채 급히도 소용돌이칠 뿐.	波蕩劇回汨
길이 그리노라 이 공李公이 계셨더라면	永懷李公存
한 치 아교로도 탁함을 맑힐 수 있었으련만.	寸膠保澄洌
이 마음은 대소를 가릴 것 없고	此心無大小
고금도 또한 살필 것 없네.	今昔不足閱
여의죽如意竹엔 눈물이 젖고	淚沾如意竹
아스라한 사신의 깃발 하늘가에 아물거리네.	雲旗翳天末[207]

이 시에서 정인보는 이상설을 한漢나라의 사신으로 흉노에 갔던

207) 鄭寅普, 「薄齋李公旣沒 余擬爲立傳 苦遺事無述 見聞之訪又阻 歲久寖忘今之人 罕有擧其名者矣. 撫事懷故 彌慟云亡 聊作古詩一篇 奉示耻齋松居兩世丈求并有賦. 庶幾流玆感慨 不終落莫 他日採掇粗具 當卒爲傳之」, 『담원문록』 상, 429쪽; 『전집』 5, 211~212쪽.

인물인 소무蘇武에 빗대었다. 당시 흉노의 선우單于는 사신으로 온 소무蘇武를 굴복시키려고 온갖 회유와 협박을 가했는데, 그래도 소용이 없자 북해北海 주변의 황량한 변방에 그를 안치시키고 양을 치게 하였다. 소무는 그곳에서 무려 19년 동안이나 양을 치면서도 지조를 버리지 않았고, 그러는 동안 사신의 신표인 모절旄節이 다 낡아 떨어졌다고 한다. 제3구의 '낙모落旄'는 소무의 다 떨어진 모절旄節 고사를 용사用事한 것으로, 국외를 떠돌며 조국의 독립을 위해 평생을 바친 이상설의 삶과 지조를 나타내는 것이다. 그러나 본국으로 돌아왔던 소무와 달리 이상설은 결국 러시아의 하바로프스크에서 투병생활을 하다가 1917년 그곳에서 세상을 뜨고 말았다. '아스라한 사신의 깃발 하늘가에 아물거리네'라는 마지막 구절은 고국으로 돌아오지 못한 채 타국에서 피어 올렸던 독립에 대한 그의 의지와 못다 이룬 소망을 의미하는 것으로 진한 여운을 안겨 준다.

이러한 이상설을 애도하며 정인보는 자신의 슬픈 심정을 '여의죽如意竹엔 눈물이 젖고(淚沾如意竹)'라는 구절로 표현하였다. 사고가 여의죽을 치며 문천상을 애도하며 읊었다는 노래 고사를 통해 자신의 시가 바로 고국을 멸망시킨 나라에 대해 목숨을 바쳐 항거하며 지조를 지켰던 인물에 대한 통곡의 노래임을 나타낸 것이다.

이처럼 망자를 애도한 정인보의 시에는 망국민으로서 살아남은 자의 슬픔을 노래한 것이 많다. 이러한 슬픔은 살아남은 자들과 함께 공유한 것이기도 했다. 이는 이범세를 애도한 시에서 잘 드러난다.

술 잘하고 바둑 잘 둠 모두가 겉껍데기	痛飮高着俱皮外
글로 얼림도 그까짓 것 별것 아니니	文字相照亦云末
유독 사랑한 건 마음이 통하던 무궁한 한恨	獨憐神會無窮恨

서대통곡 느꺼움만 천추에 오히려 높았느니라.　西臺千秋猶巀嵲
술로도 그 시름 흩을 길 없고　酒亦無以散其憂
바둑으로도 또한 맺힌 그 시름 풀 길 없었네.　棋亦無以紓其結
예사로 쓰는 글 한 편, 시 한 수가　一文一詩尋常間
깨끗하고 속기 없고 반은 두견의 피눈물이었어라.　歷落半是啼鵑血
술 거나하면 온 방안이 다 껌벅했지만　酒酣以往四座傾
속마음에 지닌 외로움 뉘라서 알았으랴?　豈知中懷賚孑孑
(중략)
또렷한 기억 견디지 못하여 돌아와 혼자 누워　不耐歷歷回獨臥
슬픈 노래로 그 생애 더듬자니 서러워 가슴 온통 찢어지네.　悲歌追誄儘悽裂
아직도 기억나네 눈 내리는 강가에 친구를 맞아　尙記江雪邀同好
이야기가 마음에 느꺼워 함께 울며 흐느끼던 일.　談言觸緖共泣啜
처음엔 오히려 억누르다가 차츰 소리가 커져　始有掩抑聲漸放
긴 긴 밤 강물 또한 흐느꼈음을.　永夜江流亦嗚咽

[공이 산사山寺에서 돌아오자 오직 송거松居 · 동강東江 두 어른과 보普만을 불러 밤들도록 실컷 마시더니, 이야기가 보재溥齋 · 우당友堂 여러 분께 미치자 서로 보고 눈물 흘리다가 목놓아 울고 말았다.(公自山寺歸 獨邀居 · 東江二丈及普 痛飮至夜 談及溥齋」· 友堂諸公 相親流涕 至失聲哭)][208]

이범세는 정인보보다 19세 연상인 선배 세대로서 1940년에 세상을 뜨기까지 정인보와 가깝게 지냈던 사이이다. 시문과 글씨에 능한 전통 한학 문사로서 정인보와 시회詩會를 종종 가지며 시를 논하고, 정인보가 명銘을 지으면 글씨를 맡아 쓰곤 하였다. 이범세의 누이가 정

208) 정인보, 「恥齋李丈葬後一日作」, 『담원문록』 중, 458~461쪽 ; 『전집』 6, 130~131쪽.

인형鄭寅衡에게 시집을 가 정인보에게는 사종수四從嫂가 되며, 정인보는 그녀의 회갑을 기념하는 시조를 지을 정도로[209] 가문 간 긴밀한 사이이기도 했다. 이 시를 보면 이범세는 술 잘하고 바둑도 잘 두고 산수도 즐기는 등 호일豪逸한 면모가 많았던 인물인 듯하다.

그러나 정인보는 그의 속마음을 깊이 아는 사람이라면 그러한 모든 면모는 겉껍데기라고 하였다. 이범세의 가슴 속에 무궁한 한으로 높게 자리잡고 있었던 것은 바로 서대통곡이라는 것이다. 정인보는 이를 시에서 자신의 기억 속에 각인된 일화를 통해 보여주었다. 정인보를 비롯하여 송거松居 이희종李喜鍾과 동강東江 김영한金甯漢 등의 절친한 지인들이 만나 보재溥齋 이상설李相卨과 우당友堂 이회영李會榮 이야기를 하며 함께 목놓아 흐느꼈던 일을 말한다. 이날은 이범세가 자신의 환갑 잔치를 피해 산사로 가 숨어 있다가 돌아왔던 때였다. 1934년 이범세의 환갑이 되는 해에 가족들이 잔치를 준비할 기미를 보이자, "나는 변고 끝에 살아남은 사람이라, 백 살이 찼더라도 슬퍼할 일은 있어도 기뻐할 일은 없다."며 식구들에게 알리지 않고 도봉산의 천축사에 가 스무날을 머물렀다가 돌아왔다고 한다.[210]

이날 이범세를 목놓아 울게 만들었던 이상설, 이회영은 당시에는 이미 저세상 사람들이었다. 모두 국외로 망명하여 독립운동을 하다가 이상설은 1917년에 러시아 하바로프스크의 어느 한인의 집에서 투병 생활 끝에 죽음을 맞이했고, 이회영은 일본 경찰에게 잡혀 1932년에 중국의 뤼순 감옥에서 고문으로 죽고 말았다. 이범세는 젊은 시절부터 그들과 뜻을 같이 하던 사이였다. 1898년 독립협회를 중심으

---

209) 정인보, 「四從嫂 李氏回甲에」(10수), 『전집』 1, 52쪽.

210) 『담원문록』 중, 460쪽 주석 참조.

로 그들과 교류하면서 기울어져가는 나랏일을 수습하려고 함께 힘썼고,[211] 국망 후에는 그들과 함께 독립운동에 뛰어들고자 하였다. 그러나 외아들로 이어진 집안이라 그들과 함께 나서지 못했고 이를 부끄럽게 여겨 호를 '치재恥齋'로 고쳤다고 한다.[212] 평소 늘 그들에 대한 부채 의식과 부끄러움만으로도 깊은 시름을 풀 길이 없었는데, 그들의 죽음 소식을 하나둘 들었을 때의 슬픔은 정인보의 표현대로 '두견의 피눈물' 같은 것이었음은 짐작하고도 남음이 있다.

이렇듯 정인보는 이범세의 애사를 읊으면서 그의 속마음 깊은 곳에서 나오는 통곡을 펼쳐 보였고, "다시 서로 울자 한들 어찌 한번 힐끗이나 볼 수 있으랴?(欲復相泣何由瞥)" "이래서 뒤에 죽는 이 몸 슬픔만 더하다오(乃令後死滋悼怛)"[213]라며 서로 깊은 슬픔을 나누며 함께 목놓아 울 이가 없음을 더욱 서러워하였다. 그 슬픔은 망국의 울분을 삼키며 독립을 자신의 사명으로 여기고 자신의 목숨은 초개처럼 버릴지언정 지조는 무겁게 지켰던 이들에 대한 통곡이었던 것이다.

정인보는 이러한 슬픔이 결코 개인의 절망적인 한탄으로 끝나기를 바라지 않았다. 망자를 잃은 슬픔을 공유하고, 망자의 덕업을 세상에 전하고 기리면서 망자가 잊히지 않기를 바랐다. 그렇기에 그의 애도시는 망자를 잊지 않기 위한 노래이자, 점점 잊혀 가는 이들을 다시 사람들의 기억 속으로 소환하는 것이었다.

물론 잊혀 가는 망자들에 대한 안타까움과 그리움을 글로 남겨서

---

211) 1992년 11월의 독립운동가-이회영 편 참조.(공훈전자사료관 http://e-gonghun.mpva.go.kr)

212) 정양완 선생의 인터뷰에 의한 李惠鍾 女士(이인호 씨 어머님)의 증언.(『담원문록』 중, 451쪽 주석 참조)

213) 정인보, 「恥齋李丈葬後一日作」, 『담원문록』 중, 462쪽; 『전집』 6, 132쪽.

전하고자 하는 것은 정인보의 애도시, 비지류 등을 관통하는 것이다. 다만 비지류나 전장류 산문을 쓰기 위해서는 망자에 대한 기록들이 밑받침되어야 하는 전제 조건이 있다. 이런 점에서는 애도시가 덜 제약을 받는다. 비록 망자에 대한 충분한 자료가 전하지 않는다 하더라도 작자의 주관적인 생각과 정서, 일화 등으로도 그의 모습을 그려낼 수 있는 것이다. 아울러 망자를 슬퍼하고 그리워하는 정감의 표현에 훨씬 더 중심을 둘 수 있다. 정인보가 이상설에 대한 애도시를 지은 이유도 바로 그러하다.

> 보재 이상설 공이 이미 돌아갔으므로 나는 그를 위해 전기를 지으려는 생각이었으나, 딱하게도 그의 사적을 기술한 것이 없고, 보고 들으러 갈 데조차 막혔다. 게다가 세월이 흘러 차츰 잊혀져 요즘 사람으로는 그 이름을 들먹이는 이조차도 드물다. 시사에 느꺼워하며 지난 일을 생각할수록 돌아가셨다는 것이 더욱 슬프다. 아쉬운 대로 우선 고시 한 편을 지어 대대로 세의 있는 치재 이범세, 송거 이희종 두 어른께 보여 드리고 아울러 부를 지어 주십사 하였다. 부디 이 감개가 전해져서 끝내 쓸쓸하지는 않기를 바라며, 훗날 자료가 대충 갖추어지면 응당 전을 지으리라.214)

이 부분은 앞서 살펴본 바 있는 이상설을 애도한 시의 제목이다. 이상설이 세상을 뜬 것은 1917년의 일이고, 이 시를 지은 시기는 1940년이다. 꽤 시간이 흐른 뒤에 애도시를 지은 셈인데, 제목을 보

214) 정인보, 「薄齋李公旣沒 余擬爲立傳 苦遺事無述 見聞之訪又阻 歲久寖忘 今之人 罕有擧其名者矣. 撫事懷故 彌慟云亡 聊作古詩一篇 奉示耻齋松居兩世丈求幷有賦. 庶幾流玆感慨 不終落莫 他日採掇粗具 當卒爲傳之.」, 『담원문록』 상, 419쪽; 『전집』 5, 207쪽.

면 애초에 정인보는 이상설에 대한 전기문을 쓰고자 했음을 알 수 있다. 그러나 이상설의 행적을 기록한 자료가 없고, 그의 발자취를 찾아보고 그에 관한 이야기를 들을 길이 막히다 보니 전기문을 쓰지 못한 채 시간이 흐른 듯하다. 그러는 동안 사람들 사이에서 이상설이 점점 잊혀가는 것을 느끼며 안타까운 마음에 우선 고시를 지어 이상설을 기리고자 한 것이다.

슬픔을 노래한다는 것에 대해 정인보는 다음과 같이 말한 바가 있다.

> 대개 선비가 이 세상에 태어나서 민물民物에 도움되기를 기대하여, 눈이 어둡도록 계획을 꾸려나가고, 두려워하면서도 나아가는 것은 또한 본분이니, 이처럼 어려운 때를 만나고 난세에 즈음하여 한갓 노래나 읊어 그 슬픔이나 붙인다는 것은 아무 도움이 되지 않을까 의아스럽기도 하지만, 고금의 만나는 환경이 늘 같은 것은 아니니, 일률적으로 따질 수는 없으며, 세상은 날로 변하고 인심도 따라서 같이 변해서, 하늘에까지 뻗칠 슬픔이건만 덤덤하기 마치 상관이 없는 것 같다. 대개 슬퍼할 줄 아는 사람이라고 해서 반드시 계획을 꾸려 나가고, 앞으로 나아갈 수 있는 것은 아니지만, 슬퍼할 줄조차 모르는 사람으로서 능히 계획을 꾸려나가고 앞으로 나아갈 수 있는 자는 없다. 그러므로 보普는 이렇게 생각한다. 오늘날에 있어서 인정人情을 정상으로 되돌리기에 무엇보다도 시급한 것은, 못 잊어 하고 돌아보고 그리워하게 하여 그 슬픔을 알게 하는 것이다. 그런 뒤에야 오히려 계획을 꾸려나가고 앞으로 나아가게 하는 것을 바랄 수가 있을 것이다.[215]

215) 夫士之生世, 期有裨於民物, 蒿目而營之, 裹足而赴之, 亦其分已, 若其遘艱際亂, 徒謳吟而寄其哀, 疑乎無裨, 然古今所値不常, 有不可一槩論, 而世日變, 人情從與俱移, 彌天之哀而恬然, 若無與焉. 夫知哀之者, 未必能營之而赴之, 然未有哀且不知, 而能營之而赴之者. 普故謂居今日莫急於返人情之常, 俾瞻焉顧懷, 而知其哀. 然後, 營之而赴之, 猶可幾也.(정인보, 「苔岑會心集序」, 『담

이 글은 이범세李範世와 김영한金甯漢이 서로 주고받은 시들을 엮은 시집 『태잠회심집苔岑會心集』 서문의 일부이다. 그들의 시는 슬픔을 노래한 것이 많았던 듯한데, 정인보는 그러한 점을 귀하게 여기며 이 시대에는 슬픔을 알게 하는 것이 필요하다고 하였다. 정인보에게 국치를 당한 뒤 목숨을 버리며 절개를 지킨 이들, 타국을 떠돌며 독립운동하다가 타지에서 죽음을 맞이했던 이들은 잊을 수 없는 사람들이었다. 그러나 정인보가 보기에 그들의 슬픔과 고통, 희생은 사람들에게 점점 잊혀 가는 것 같았고, 민족의 현실이 날로 처참해짐에도 불구하고 사람들은 무덤덤하게 살아가는 듯했다. 그렇기에 정인보는 서대통곡을 가슴에 품은 사람들을 귀하게 여겼고, 슬픔에 깊이 공감함으로써 사람들이 민족이 처한 현실을 돌아보기를 바랐다. 민족에게 닥친 난관을 헤치고 앞으로 나아가는 힘은 바로 거기에서부터 비롯된다고 보았기 때문이다. 정인보가 한시로 비가悲歌를 읊은 것은 일차적으로는 자신의 슬픔을 토로하고 망자를 애도하기 위한 것이겠으나, 궁극적으로 지향한 바는 바로 여기에 있다고 할 것이다.

2) 선비정신의 계승과 민족 정체성의 추구

(1) 가문의식과 지사적 삶의 실천

정인보는 한시에서 자신의 자의식을 표출하곤 하였다. 주로 독백조의 시나 유년 시절을 회상하는 시에서 그러한 면이 두드러지게 나타나는데, 자신의 정체성을 확인하고 삶의 방향성에 대한 의지를 표출하는 것을 볼 수 있다.

원문록』 상, 324~325쪽; 『전집』 5, 149~150쪽)

정인보의 정체성의 근본은 한마디로 말하면 선비[사士] 정신이라고 할 것이다. 이러한 선비 정신을 규정하는 근본 바탕에는 가문의식이 있다고 할 수 있다. 조선조 소론 명망가의 후손으로서 어려서부터 익혀 왔던 가학家學은 그의 학문과 사상이 형성되는 데 지대한 영향을 미쳤으며, 선조의 덕업에 관한 이야기는 정인보에게 가문에 대한 자부심과 동시에 강한 책임감을 부여했다. 그러나 일제의 침략으로 500년을 이어온 조선 왕조가 무너지고 일제 치하에서 식민지적 근대화의 길을 겪게 되면서 조선조의 명망가들도 변화된 현실에 내몰리게 되었다. 과거 급제를 통한 벼슬 진출 방식은 사라졌고, 저마다의 가풍을 자랑하며 가문의 인재를 단련시켰던 전통적인 학문도 서구 신학문의 힘에 밀려 뒷전으로 물러나게 되었다. 정인보의 시문에서 거듭 언급되는 이른바 '세상변고'를 겪게 된 것이다. 구한말에 태어나 18세에 국망을 겪었던 정인보는 이러한 변화를 온몸으로 겪게 되었다.

급변하는 시대를 살아간 이로서 우선 겪게 된 것은 고향의 상실이었다. 정인보는 유년 시절을 서울의 유서 깊은 동래 정 씨 세거지인 회현방會賢坊에서 보냈다. 그러나 그 세거지를 떠난 뒤로부터는 이곳저곳을 옮겨다니며 살아가게 되었다. 그러한 생활을 하면서도 늘 마음을 떠나지 않는 것이 바로 고향집에 대한 기억이다. 그가 과거를 회상하며 지은 시에서 종종 등장하는 회현방 집이 바로 그 장소이다. 이 장소에 대한 기억은 그의 가문의식과 현실 인식을 형성하는 주요한 토대이다.

꿈에 회현방會賢坊에 이르니	夢至會賢坊
솟을대문 예전 그대로	高門不改舊
서녘으로 찰랑이는 도랑에 이르자	西臨粼粼渠

도랑에 걸친 건 두툼한 돌 세 개.　跨渠三石厚
문 왼쪽으론 벽, 그리고 규문圭門이 나고　門左壁且竇
문 오른쪽엔 들창이 줄지었네.　門右羅列牖
(중략)
널문엔 단청도 예스럽고　丹青板門古
그 속 사당의 감실龕室 또한 예러워라.　其中廟龕亦
이제 와선 오직 빈방일 뿐　于今但空室
그림 그린 서까래도 반은 거미줄 자국　畵椽半蛛迹
다시 안문을 통해 나가면　復由內門出
작은 사랑 옆을 지나게 되니　言過小舍側
우거진 큰 느티나무가　鬱鬱大槐樹
공중에 파랗게 너울거리네.　搖蕩空中碧
잘 새는 그 가지에 가득하여　夕鳥滿其枝
돌팔매에 놀랐는가 어수선히 나는구나.　紛飛驚投石
서향한 문밖에는　西首門之外
종들이 정말 줄지어 살고　僕婢列居寔
그리고 또 대문 곁　且到外門傍
빈 헛간엔 칠도 꾸밈도 없는데　空廳無塗飾
옛날 수행하는 종들이 모여 살아서　云昔聚徒御
큰사랑에서 줄방울로 통했다고.　大舍通鈴索
두루 다녀 봐도 모두가 또렷또렷　周行皆歷歷
깨어난 뒤에도 오히려 분명해라.　人生懷桑梓
사람이란 고향을 생각하기 마련　人生懷桑梓
집안도 나라도 다 오백 년.　家國俱五百
엎치락뒤치락 부질없이 이어왔는데　展轉漫相續
저녁 비는 새벽에도 내리 뚝뚝뚝.[216]　夕雨曉仍滴

216) 정인보, 「밤에 회현방 옛집을 꿈꾸었는데 예전과 다름없어 깨어서 기록하다.(夜夢賢坊故宅, 宛如昔日, 覺而志之)」, 『담원문록』 상, 377~382쪽; 『전집』 5,

회현방會賢坊은 조선 전기의 문신 정광필鄭光弼(1462~1538)로부터 약 400년간 동래 정 씨의 집거지集居地였다. 정광필 이후 도합 12명이 정승반열에 올라 회동 정 씨 터라고 부르기도 하였던 곳이다. 정인보는 11세(1903년)에 경기도 양근楊根으로 이사 가기 전까지 이곳에서 유년 시절을 보냈다. 그에게 회현방 집은 "생양가生養家 어머니들 딴 방을 쓰셨지만 / 한결같게 웃으며 오순도순 한평생" 사셨고, 아버지는 아침이면 형수께 인사드리고 대궐 가셨던 기억이 고스란히 남아 있는 곳이었다.217)

그런데 이 집을 떠나 양근(지금의 양평군 양근리)으로 간 지 4년 만에 충북 진천으로, 다시 충남 목천으로 거처를 옮겼고, 국망을 겪는 동안 조상의 옛 터전을 잃고 말았다. 1923년(31세)에 다시 서울로 올라왔을 때는 이 동네 저 동네로 여러 차례 이사하며 세 들어 살았다. 400여 년을 이어온 동래 정 씨의 서울 회동 세거지에서 자랐지만 이제는 오랜 옛집을 잃고 떠돌이 생활을 해야만 했던 것이다. 그의 말처럼 "엎치락뒤치락"하면서도 이어온 나라와 가문이 함께 그 터를 잃었기 때문이다.

옛 터전을 잃은 상실감과 그리움은 평생 그를 따라다녔고, 또 다른 시에서 "떠돌이 신세 마흔 해에(漂迫四十年)" "때로는 꿈속에서 / 아직 남산 옛터에 있기도 하네.(有時夢寐中, 猶在南山趾)"218)라고 읊었던 것처럼 때때로 꿈을 꾸며 여전히 그 집에 머물러 있었다. 이 시는 그러

185~188쪽.

217) 兩家妣分處, 笑語宛平生, 本生吾先人, 事嫂有深誠, 朝起自大舍, 朝嫂始闕建.(정인보, 위의 글, 『담원문록』 상, 380쪽 ; 『전집』 5, 187쪽)

218) 정인보, 「장흥방에 세 들어 살며 느꺼움을 읊다(僦屋長興坊感賦)」, 『담원문록』 하, 159쪽 ; 『전집』 6, 312쪽.

한 꿈의 기록으로, 이 꿈에서 회현방 집은 예전 그대로의 모습을 간직한 채 드러난다. 솟을대문부터 널문의 단청, 사당의 감실 등이 다 그러하다. 정인보는 꿈속에서 본 집의 모습을 그대로 복원하여 그려 두려는 듯 61운으로 이루어진 장편고시의 대부분을 회현방 집의 구조와 풍경을 묘사하는 것으로 채웠다.

그러나 기억 속 집의 모습을 꿈을 통해 복원시킬 수는 있었지만, 꿈속의 집에서도 사람은 떠나고 없는 상태였다. 겹겹이 에워싼 문들과 줄지은 들창은 그대로이나 "이제 와선 오직 빈방일 뿐"이고, "그림 그린 서까래도 반은 거미줄 자국"이었다. 사랑채 옆에 큰 느티나무가 우거져 있고, 나뭇가지에 앉았던 새들이 어수선하게 나는 풍경은 쓸쓸하고 텅 빈 분위기를 더할 뿐이었다. 꿈에서 깬 뒤 더욱 또렷해지는 고향집의 기억에 그리움은 깊어가고, 고향집 생각은 집안과 나라로 확대되었다. 바깥에서는 저녁에 내리기 시작한 비가 새벽까지 이어져 빗소리만 들려왔다. 오백 년을 이어온 장구한 역사를 가진 나라와 가문이건만 이제 역사의 뒤안길로 사라져가는 걸 생각하며 잠 못 드는 밤을 보낸 것이다.

이렇게 정인보가 꿈에도 그리던 옛집 부근에 다시 살게 된 것은 해방 후이다.

교목이라고야 어찌 이를 것인가만	喬木豈是道
공로가 국사에 기록되어,	勛勩有國史
한 골목에 글 하는 이 끊이지 않고	一巷不絶書
조선왕조와 더불어 그 운명을 같이 하였다네.	漢社與終始
전에 갔을 때만 해도 아직 두어 채가 있더니만	曩至有數甍
다시 오니 주추와 터만 더듬게 될 뿐.	復來尋礎址

이리저리 헤매며 홀로 한숨지을 뿐	彷徨獨嗟吁
뉘게 물으리오 나 살던 마을을!	誰與問吾里
올봄 새집에 세를 드니	今春僦新屋
거리라야 겨우 지척이라	去之僅咫尺
장흥고長興庫 회현방會賢坊 작은 구비마다	長會小曲折
어릴 적 노닐던 곳 어렴풋 예로구나.	幼歷依依是
아침에 일어나면 푸른 이내 지게에 들더니	朝起翠入戶
너와 헤어진 지 몇 해나 되었느냐?	別汝歲幾累
안개 낀 머릿굽이 같은 남산 조국과 함께 돌아오니	烟鬟與國返
비린내 누린내 나던 때와는 다르고말고.	不比腥羶裏
선인의 끼친 은덕 거듭 느껴워라.	重感先人蔭
고향 숲이 이렇게도 가깝다니.	故林近如此[219]

해방 후 정부가 수립될 당시 정인보는 잠시 감찰위원장을 맡은 바 있었다. 그때 청사와 가까운 곳으로 셋집을 찾다 보니 남산 자락에 거처를 마련하게 되었다. 그곳이 비록 고향집은 아니었지만 옛집이 있던 마을 근처에 살게 되면서 정인보는 오랜만에 고향에 돌아온 느낌을 맛보게 되었다. 이 시는 그 감회를 읊은 것으로, 위의 인용 부분에서는 고향 마을 부근의 골목길을 이리저리 거닐며 기억 속의 옛 마을 풍경을 떠올리는 화자의 모습을 볼 수 있다. 글 하는 이가 끊이지 않던 마을 골목, 아침에 푸른 이내가 지게에 들던 집, 어릴 적 노닐던 곳 등이 모두 과거 기억 속에 선명하게 남아 있는 모습이다.

하지만 다시 찾아온 고향 마을 골목길에 예전의 집들은 없어지고 주추와 터만 남아 있을 뿐이었다. 옛 모습을 찾아볼 수 없는 고향 마을

219) 정인보, 「장흥방에 세 들어 살며 느꺼움을 읊다(僦屋長興坊感賦)」, 『담원문록』 하, 160쪽 ; 『전집』 6, 312~313쪽.

을 보며, “뉘게 물으리오 나 살던 마을을!”이라고 내뱉은 탄식에서 그가 느꼈을 깊은 상실감이 고스란히 전해온다. 그럼에도 앞서 보았던 시 「밤에 회현방 옛집을 꿈꾸었는데 예전과 다름없어 깨어서 기록하다(夜夢賢坊故宅 宛如昔日 覺而志之)」에서와 달리 희망적인 태도를 보이는 것은 저 남산이 조국의 해방과 함께 돌아온 상태이기 때문이다. 비록 옛 모습은 찾을 수 없지만, 비린내 누린내 나던 시절로 표현된 일제 치하 때와는 같을 수 없기 때문이다. “곁에 어수선하던 때를 생각하면/ 여기 오리라곤 생각도 못했던 일(因思波蕩日, 來此意未曾)”220) 이라고 읊었던 것처럼 해방 전에는 너무도 엄혹한 시절을 견뎌내야만 했었다. 그 시절을 회상하는 한 장면을 보자.

옛집은 회현방 동쪽인데	舊第賢坊東
시원스럽게 앞뜰은 넓기도 했지.	樂哉前庭闊
긴 행랑은 수행하는 종들의 숙소였고	長廊徒御宿
굽은 돈대에는 국화가 피었었지.	曲臺菊華發
한번 떠돈 뒤로는	一自流落後
움집에 사립문.	竇閨而門篳
문안은 더욱 좁아터져서	城中又迫窄
작은 집 세 드니 오금도 못 펼 정도	僨小不容膝
오래 익숙해지니 마침내 타고난 듯	慣久遂如性
어느덧 전날을 잊고 말았네.	居然忘前日
어쩌다 큰 집이라도 보면	有時見廣宅
도리어 휑뎅그레한 느낌마저 들어.	還欲感瑟瑟
우습다 형편 따라 살다보면	唉玆寄所容
크건 작건 마찬가지지라.	大小等是一

220) 정인보, 위의 글, 『담원문록』 하, 162쪽 ; 『전집』 6, 313쪽.

천지가 다 흥망에 달렸으니 俯仰關盛衰
어찌 한 집안만 이야기할 것인가?221) 豈爲一家說

이 부분은 정인보가 서울의 이곳저곳을 세 들어 살던 때를 회상하는 모습을 담고 있다. 회현방 옛집에 살던 때와 달라진 처지는 집의 규모를 통해 단적으로 나타난다. 회현방 옛집은 앞뜰도 넓고 수행하는 종들의 숙소인 긴 행랑도 갖춘 곳이었다. 그러나 그곳을 떠난 뒤로는 오금을 못 펼 정도로 작은 집에 세 들어 사는 처지가 되고 말았다. 심지어 그러한 세월을 오래 보내다 보니, 큰 집에 살았던 예전의 기억을 잊은 듯이 큰 집을 보면 공연히 휑한 듯한 느낌마저 가지게 되었다고 하였다.

하지만 정작 슬픈 것은 큰 집을 잃었기 때문이 아니다. 형편 따라 살아보니 크건 작건 마찬가지라고 하며 작은 집 세 들었던 생활 자체를 한탄스러워하지는 않았다. 오히려 "천지가 다 흥망에 달렸으니, 어찌 한 집안만 이야기할 것인가(俯仰關盛衰, 豈爲一家說)"라고 읊은 것에서 보듯이 나라가 망한 상황에서 이러한 참담한 상황에 놓인 것은 한 집안만의 일은 아니라고 여겼다. 시 「밤에 회현방 옛집을 꿈꾸었는데 예전과 다름없어 깨어서 기록하다」에서 "집안도 나라도 다 오백 년, 엎치락뒤치락 부질없이 이어왔는데(家國俱五百, 展轉漫相續)"라고 읊은 것처럼 정인보에게 고향에 대한 상실감은 늘 국망의 슬픔과 함께 나타나는 것을 볼 수 있다. 이는 가문과 나라의 운명을 동일시하는 인식에서 비롯된 것이다. 이러한 인식은 다음의 시에서 보다 분명하게 나타난다.

221) 정인보, 위의 글, 『담원문록』 하, 164~165쪽; 『전집』 6, 314~315쪽.

예로부터 조상을 계승한다 이르는 것이	由來稱趾先
훌芴이며 말다래를 잇자는 게 아니란다.	非謂繼芴韋
지금 와선 글쎄 어떻다 할꼬!	如今何所以
돛대 꺾인 찢어진 돛 바람에 나불릴 뿐	檣折飄敗帆
상란喪亂 통에 사람은 풀이 죽고	喪亂使人低
매서운 의기는 잃어져 가네.	意氣失峻巉
구차스레 옷과 밥에만 아둥댈 뿐	區區營衣食
그밖에는 덤덤하여 차츰 잊으니.	餘外淡忘漸
어찌 알랴 조상이 대대로 전한 것이	那知祖世傳
민정民情의 험난불평함 돌봄에서 떠난 적 없었음을.	不離顧民嵒
그리고 나도 벌써 쉰의 고개	而我向五十
이 못난 것에 대한 아저씨의 사랑 부끄러워라.	叔愛恧庸凡
어느새 벌써 늙은이가 되었으니	居然爲舊物
슬프고 슬퍼라 애달픔만 홀로 품었다네.	惻惻哀獨含
힘쓸지어다 너희! 나라와 운명을 같이 한 조상 따라	勉汝溯休戚
크고 작고 한결같게 그 뜻만 지녀라	一意無巨纖
빈천은 절로 그때그때 사정대로나	貧賤自時義
강개한 마음은 실로 깎여선 안 되느니.	慷慨故未劖
부디부디 이날을 잊지 말거라	愼無忘此日
그런 뒤에라야 할아버님께서 흠향하시리라.[222]	而後祖考歆

이 시는 종숙 정범조의 제사를 지내며 조카들에게 가문의 내력과 당부의 말을 전한 것이다. 정인보는 50운으로 이루어진 5언고시 형

222) 정인보, 「7월 스무닷샛날 한밤중 모여서 종숙 문헌부군 제사를 지냈다. 언니 소상이 가까운 날에 있었던 데다가 또한 국망이 지난 이 날에 있었음을 생각하여 50운을 지어 여러 조카들에게 풀이해 보이다.(七月二十五日, 夜將半會際從叔文獻府君. 旣兄亡日近, 又念淪喪往在是日, 爲賦五十韻, 解示諸姪)」, 『담원문록』 상, 417~418쪽; 『전집』 5, 206~207쪽.

식에다가 조카들에게 이야기를 들려주는 방식으로 종숙 및 재종형과의 일화, 가문의 특징, 조상을 계승하기 위한 노력 등의 내용을 길게 읊었다. 위에서 인용하고 있는 부분은 이 시의 끝부분으로 정인보의 가문의식의 일면을 엿볼 수 있는 지점이다.

정인보는 자신의 가문을 '휴척休戚'이라는 말로 단적으로 표현하였다. '휴척休戚'은 '행불행'이라는 사전적 의미를 가진 말로, 나라와 운명을 같이 하는 처지라는 뜻을 내포한다. 여기에서는 조선의 명망가로서 높은 벼슬을 지낸 이들을 많이 배출하며 국정國政에 중요한 역할을 담당해 왔던 처지를 말한다. 이 시의 앞부분에서 "저 증조부 뒤로부터는 / 큰할아버지는 아경亞卿이었느니라. / 대신大臣을 아저씨가 다시 또 시작하니 / 재목으로 기국器局으로 정성스레 도왔느니라.(粤自曾考後, 伯祖亞具瞻, 黃扉叔重啓, 材器濟棐忱)"[223]라며 조카들에게 들려주는 부분은 바로 이러한 가문의식을 보여주는 것이다.

그러나 정인보가 선조들을 거론하며 강조한 것은 높은 벼슬을 한 사람이 많았다는 사실 자체가 아니다. 오히려 자신의 선조들이 나라와 운명을 같이한 휴척休戚의 신하였다는 사실을 통해 휴척지신休戚之臣의 도리를 다해야 한다는 사회적 책임의식을 강조하였다. 마지막 부분에서 당부하고 있는 말이 그것이다. 즉 국망國亡이라는 비극적 현실에 대해 강개한 마음을 잊지 말고, 나라와 민족에 대한 지조를 지켜야 한다는 것이다. 그렇기에 국망 후 나라와 운명을 같이해야 할 휴척지신休戚之臣들이 이러한 도리를 저버리는 것을 보면서 그들의 태도를 개탄했다.[224] 반면 독립을 위해 끝까지 싸우며 나라에 대

223) 정인보, 위의 글, 『담원문록』 상, 415쪽; 『전집』 5, 205~206쪽.

224) "嘗怪休戚徒, 變故無臣節"(정인보, 「두어 벗과 함께 동소문을 나서 저녁에 한

한 지조를 지킨 사람들을 보면서 나라와 운명을 함께 한다는 것이 진정으로 무엇인지 볼 수 있다며 예찬했다. 만주로 망명하여 독립운동을 하다가 해방 후에야 환국還國한 이시영을 두고 "일편단심 말고는 딴 건 없으니 / 진실로 보리로다 국가와 운명을 같이 함이 이러함을.(除却丹心無一物, 眞看休戚到如斯)"225)이라고 읊었던 것이 그 한 예이다.

그렇기에 조카들에게 조상을 계승할 것을 당부하면서도 그것이 결코 '홀笏이며 말다래'를 잇자는 것이 아님을 말했다. 홀은 벼슬아치가 임금을 만날 때 손에 쥐던 물건이고, 말다래는 말을 탄 사람의 옷에 흙이 튀지 않도록 말의 안장 양쪽에 늘어뜨려 놓는 기구이다. 즉 홀과 말다래는 높은 관리를 나타내는 상징물로, 홀과 말다래를 잇는 것이 아니라는 말은 선대가 누렸던 사회적 높은 지위를 이어가거나 선조들이 높은 벼슬을 지냈음을 기억하자는 것이 아님을 의미한다.

정인보가 생각하기에 조상을 계승한다는 것은 벼슬 같은 지위가 아니라, 조상의 정신을 이어받는 것을 의미했다. 조카들에게 강조한 바도 조상들이 대대로 전한 것은 민정民情의 험난함과 불평함을 돌보는 삶의 태도임을 알아야 한다는 사실이다. 앞서 증조부, 백조부, 숙부의 벼슬을 거론하면서 더 비중있게 들려주었던 내용도 화평하고 인후한 태도로 민정民情을 돌보고 공명정대하게 판결을 내리는 일화였다. 즉 덕망이 높고 사회적 책임을 다했던 사士의 모습을 중시한

원정에 이르니, 기둥이며 난간이며 계단 섬돌이 거의 수당 민영달의 동호별장과 비슷하여 옛일이 슬퍼서 짓다.(同數友出東小門, 夕至一園亭, 楹檻階砌, 略如綏堂閔公湖墅, 愴舊有作)」, 『담원문록』 상, 410쪽; 『전집』 5, 203쪽)

225) 정인보, 「성재 이공이 환국한 지 벌써 한 돌이라, 선달 초사흘은 공의 생신이기에 공경스럽게 장구를 읊어 정성을 적다.(省齋李公還國已周年矣, 冬初三爲公嶽降之辰, 敬賦長句識忱)」 제9수, 『담원문록』 상, 291~292쪽; 『전집』 5, 132쪽.

것이다.

이러한 정신과 태도는 식민치하에서 일제에 맞서 굳건하게 지조를 지키고, 자신의 안위를 도모하기보다는 국망의 현실을 슬퍼하며 비극적인 상황을 타개하기 위해 노력했던 삶의 원동력으로 작용했다고 할 수 있다. "국토는 부서져 한 조각도 없으니, 한가하게 회동집 처마며 도리를 따질 것인가?(金甌破碎無一片, 遑論烏巷舊檐桁)"[226]라고 읊은 데서 보듯이 회현방 옛집은 늘 그리운 곳이지만 정인보에게 그것을 되찾는 것이 국망의 현실을 극복하는 것보다 우선시 될 수는 없었다. 또한 "감히 날아가 버릴 기러기 마음 품어, 쉽사리 세상을 잊을까 보냐?, 벼슬이야 하건 말건 시름은 같거니(敢懷冥鴻心, 徑與世相忘, 出處等是憂)"[227]라고 한 말처럼 자신의 사회적 직위가 무엇이냐에 상관없이 나라와 민족이 처한 어렵고 참담한 상황을 곧 자신의 일로 여겨 고뇌하였던 것이다. 다음은 그의 현실에 대한 고뇌와 지조 있는 삶의 태도가 일상생활 속에서 어떻게 나타나고 있는지를 잘 보여주는 시이다.

추운 밤이라 오는 이도 없고	寒夜無來客
짧은 등잔걸이 그윽한 고요를 비출 뿐.	短檠照幽寂
먹을 갈면서 긴 밤도 지새우니	磨墨亦磨夜
조용하여 그저 내 멋에 맡길 뿐.	虛徐寄吾適

226) 정인보, 「벗 이만종 군은 내 어릴 때 친구라. 그 맏아들 규철이 가난을 힘써 이기고 제 힘으로 떨쳐 일어나, 능히 맛난 음식을 어른께 이받게 되었다. 내게 글을 써 달라기에 칠언고시 한 수를 지어 그 어르신네께 바치게 한다.(友人李君萬鍾, 余幼時交也. 其胤子揆喆, 力貧自振, 能致旨甘之義. 求余書, 爲作七古一首, 俾獻其大人)」, 『담원문록』 하, 203쪽; 『전집』 6, 330쪽)

227) 정인보, 「장흥방에 세 들어 살며 느꺼움을 읊다(僦屋長興坊感賦)」, 『담원문록』 하, 167쪽; 『전집』 6, 316쪽.

모르겠네 그 무슨 뜻 있기에	不知有何意
한 번 갈다간 세 번이나 한숨짓는지?	一磨三歎息
말없는 이 호강미석壺江美石은	湛湛壺江硻
우리 집에 예로부터 전해오던 것.	傳自吾家昔
매끄럽도 깔끄럽도 않아서 내 마음에 꼭 드니	滑澁頗愜情
한 번만 싹 씻으면 바로 윤이 자르르.	一洗便光澤
한스럽긴 먼 데서 온 오래된 먹은 없고	恨無遠烟古
만나느니 모두가 시원찮은 시쳇먹뿐.	所遇皆俗墨
그 격조는 서로 맞질 않건만도	品類不相宜
짓밟혀도 돌벼루는 끝내 말이 없네.	跆藉石終默
재주는 간직해도 펼 길 없으니	韜才無所發
부질없이 농화濃華가 그립기만.	濃華空有憶
차라리 엷은 용당蓉堂먹을 쓸지언정	寧與蓉堂淡
검기만한 고매원古梅園 먹관 짝짓지 않으리.	不隨梅園黑
엷은 것이나마 만나기 어려우니	淡者亦難覯
슬프다! 이 벼루를 어찌할거나!	惆悵奈此石
벼룻집에 넣어 둔 채 열흘 훨씬 넘었으나	閉匣經旬久
그래도 내가 털고 닦게 해주오.	爲余聽拂拭
힘쓸지어다 굳은 절개 간직하여	勖哉保堅貞
갈아도 닳지 않는 덕 그대게서 보노라.	不磷見汝德

이 시에서는 추운 밤에 홀로 먹을 갈며 한숨짓는 화자의 모습이 보인다. 벼루에 먹을 한 번 가는 사이에 세 번이나 한숨지을 정도로 시름이 깊은 모습이다. 저도 모르게 거듭 새어 나오는 한숨에 화자는 그 의미를 자문해 보며 상념에 빠져드는데, 그 생각의 중심에 벼루가 있다. 이 벼루는 집안에서 오래도록 전해오는 것이고 품질도 우수하여 자신의 마음에 꼭 드는 것이다. 그런 점에서 벼루는 화자에게 매

우 각별한 의미를 지니는 애정의 대상이다. 하지만 그런 벼루를 보며 오히려 한스럽고 슬픈 마음이 드는 것은 이 벼루에 걸맞은 먹이 없기 때문이다. 시중에 나도는 먹은 시원찮기만 하고 벼루처럼 오래되고 윤기나는 진한 먹[농화濃華]을 찾기는 어려워서이다.

이러한 상황은 당시 현실을 상징하는 것으로 그 의미가 심화되어 전개되는데, 이는 벼루에 대한 의인화를 통해서 이루어진다. 시쳇먹 같은 것에 짓밟혀도 말이 없고, 재주를 간직해도 펼 길 없는 존재로 묘사되는 벼루는 곧 오랜 역사성과 우수함을 지녔지만 그 진가를 발휘하지 못하고 짓밟히고 있는 존재라는 상징적 의미를 지니게 되는 것이다. 조국, 민족, 옛 문화와 가치, 가문, 자기자신 등이 이에 해당한다고 할 수 있다.

이러한 벼루는 부용芙蓉먹과 고매원古梅園 먹의 대비를 통해 보다 더 뚜렷하게 민족적 의미를 띠게 된다. 부용먹은 우리나라에서 생산되는 먹의 일종이고, 고매원 먹은 일본 나라에서 생산되는 먹이다. 화자는 엷은 것이라도 부용먹을 쓰지 고매원 먹은 쓰지 않겠다고 다짐하며, 엷은 부용먹조차 만나기 어려울 때는 차라리 벼룻집에 벼루를 넣어두는 태도를 보인다. 이것은 세상에 쓰이지 않을지언정 일제와 타협하여 자신의 절개를 꺾지는 않겠다는 의지를 보여주는 것이라고 할 수 있다. 여기에서 벼루는 갈아도 닳지 않는 덕을 지닌 존재, 즉 어떠한 시련과 역경에도 변함없는 지조를 지키는 존재로 그려진다. 재주를 간직해도 쓰이지 못하는 서글픈 존재에서 결코 일제와 타협하지 않는 지조를 지키는 굳건한 존재로 전화되는 것이다. 이로써 화자의 정서도 벼루에 대한 서글픔에서 벼루를 보며 절개를 다짐하는 것으로 시가 마무리되고 있다.

이처럼 이 시에서 정인보는 집안에서 오래도록 전해오는 벼루에 대한 상념을 통해 식민치하의 현실을 슬퍼하고 지조 있는 삶에 대한 의지를 확고히 하고 있다. 이는 그의 가문의식이 지사적 삶의 원천적인 힘으로 작용하고 있음을 보여주는 것이라고 할 수 있다.

(2) 한시 교류와 시도詩道의 계승

정인보의 한시 중에서 높은 비중을 차지하는 것이 교유시이다. 한시는 근대 이전 문사들의 주요 교유 매체였고, 시회詩會는 선비들이 문화예술을 향유하는 장이었다. 정인보에게 한시는 여전히 주요한 교유 매체였고, 시회는 근대 시기의 전통지식인들을 엮어주는 공간이었다.

정인보와 한시 위주로 교유하며 시회를 가졌던 주요 인물들은 몇 가지 그룹으로 나눠볼 수 있다.

우선 집안끼리 대대로 교유가 있어 오래전부터 알고 지내던 선배 그룹 및 이들과 절친했던 벗을 들 수 있다. 세의世誼 있는 선배로서 정인보가 많이 의지했던 인물로는 박풍서, 이범세, 김영한 등이 있다.

이범세李範世(1874~1940)는 1908년에서 1909년까지 2년 동안 『국조보감』 편찬 사업에 참여한 이력이 있는 한학자이다. 정인보가 대대로 세의世誼가 있다며 가까이 여기던 어른이다.[228] 이범세의 장인이 정항조鄭恒朝였고[229], 이범세의 누이가 정인형鄭寅衡에게 시집을

228) 鄭寅普, 「薄齋李公旣沒 余擬爲立傳 苦遺事無述 見聞之訪又阻 歲久寖忘今之人 罕有擧其名者矣. 撫事懷故 彌慟云亡 聊作古詩一篇 奉示耻齋松居兩世丈求并有賦. 庶幾流玆感慨 不終落莫 他日採掇粗具 當卒爲傳之」, 『담원문록』 상, 419쪽; 『전집』 5, 207쪽.

229) 李範世, 「外舅承政院左副承旨鄭公墓地」, 『耻齋集』, 1975년.

갔던 사실만 보아도 두 집안이 혼인 관계를 맺으며 세의世誼를 이어 갔던 것을 알 수 있다. 정인형鄭寅衡에게 시집을 간 이범세의 누이는 정인보에게 사종수四從嫂가 되는데, 정인보가 그녀의 회갑을 기념하기 위해 쓴 시조 「사종수四從嫂 이 씨 회갑李氏回甲에」 10수[230]가 있을 정도로 집안끼리 가깝게 지내던 사이였다.

박풍서朴豊緖(1868~1940)는 정인보가 숙부처럼 모셨다고 하는 인물이다. 박풍서의 발인에 이범세 · 이희종李喜鍾과 더불어 셋이서 함께 자리했다고 말할 만큼 가까운 사이였다.[231] "세의世誼 있는 후배로는 인보寅普를 사랑하기 또한 유난하였네.(通家後輩, 眷普亦偏)"[232] 라고 읊은 구절로 보아 박풍서 집안과는 대대로 친교를 맺어왔던 사이임을 알 수 있다. 박풍서는 선배 세대로서 후배인 정인보를 아꼈고 정인보는 박풍서를 의지하고 따랐던 듯하다. 특히 예전부터 알던 사람들이 타지로 망명가거나 하나둘 세상을 떠남에 따라 살아남은 몇 안 되는 이들끼리 만나면서 더욱 의지하는 마음이 커졌던 것으로 보인다.[233]

김영한金甯漢(1878~1950)은 정인보가 '척장戚丈'[234]이라고 불렀던

230) 鄭寅普, 「四從嫂 李氏回甲에」, 『전집』 1, 51~53쪽.

231) 鄭寅普, "方喪之引, 世喜及普", 「合祭稼軒朴公文」, 『담원문록』 중, 321쪽 ; 『전집』 6, 51쪽.

232) 鄭寅普, 위의 글, 『담원문록』 중, 319쪽 ; 『전집』 6, 50쪽.

233) "만나느니 옛 친군 없고 / 겨우 남았다는 게 우리들뿐. / 詩를 따지고 글을 의론할 때 / 볼 적마다 헤어지기 아쉬워했지.(所遇無故, 僅餘吾儕, 論詩商文, 每見惜離)"(정인보, 위의 글, 같은 쪽)

234) 鄭寅普, 「요즈음 오련한 분홍 매화 한 분을 얻었는데 피자마자 벌써 향이 맡이기 사물에 붙여 감회가 일어 고체 5수를 지었다. 척장 동강과 노우 벽초에게 편지 삼아 보내다.(近得淡紅梅一盆, 纔開已覺有香, 托物興懷, 因成古體五首, 簡東江戚丈 · 碧初老友.)」, 『담원문록』 중, 539~546쪽 ; 『전집』 6, 193~197쪽.

인물이다. 김영한의 환갑생신 때 가까운 지인들 몇몇만 모이는 자리에 초대받은 것[235]으로 보아 남다른 유대 관계가 있었던 사이였음을 짐작할 수 있다. 정인보는 김영한의 아들, 손자들과도 대대로 절친한 관계를 유지하였다. 특히 김영한의 셋째 아들인 김춘동金春東(1906~?)에게 보내는 시에서 그를 후배로서 아끼며 애정 어린 조언과 가르침을 전하는 모습을 볼 수 있다.[236] 김영한의 손자 중에는 김충현金忠顯(1921~2006)과의 교유가 남달랐던 모습을 볼 수 있다. 김충현은 명필가로서 특히 한글 서예 보급에 선도적인 역할을 했던 서예가로 평가되는 인물이다.[237] 김충현이 주련을 써서 정인보에게 보내자, 정인보는 그의 글씨를 칭찬하며 서도書道에 대해 조언하는 내용의 시를 써 준 일이 있다. 해방 후에 정인보가 한글로 지은 비문 등의

---

235) 鄭寅普, 「김춘동 군이 와서 말하기를 그 어르신네 소옹 비서승이 올에 환갑생신인데, 다른 손님은 말고 아직 살아계신 가헌 · 치재 · 송거 두어 어른만 모시려고 하니, 나더러 따라 오라는 것이었다. 마침 나는 아파서 나갈 수 없기에 장구를 지어 부친다.(金君春東來, 言其大人素翁秘丞, 今年六十一生辰, 無他客, 獨邀稼軒 · 恥齋 · 松居三遺老, 欲余趁. 會余病不能出, 爲賦長句, 寄之.)」, 『담원문록』 상, 399~406쪽; 『전집』 5, 199~202쪽.

236) 鄭寅普, 「오래 앓아 심심한 끝에 지난 일을 추억하다가, 언젠가 해남 대둔사에 있을 때, 어떤 친구에게 들은 명창 송흥록의 일이 하도 신기하던 것이 생각나기에 시로 지어 김춘동, 이원조 둘에게 보이다.(久病無聊, 臥繹旣往, 記曾在海南大芚寺, 從一友聞名唱宋興祿事甚奇, 爲見於詩, 示金春東李源朝二君.)」, 『담원문록』 상, 397~398쪽; 「김춘동 군과 이원조 군을 맞아 밤에 이야기하고, 둘 사이에 문학의 모꼬지가 있음을 들었다. 그 원고를 보니, 저마다 청완하고 초각한 생각을 갖추고 있어서, 요즘 세상에서는 얻기 드물다. 떠난 뒤에 그들을 위해 칠언고시 한 편을 지어 둘에게 보내는데, 김군 시가 '鴻'자를 압운했기에 결귀에서 역시 '鴻'자를 압운했다.(邀金君春東李君源朝, 夜話, 聞二君間有文會. 視其藁, 各具淸婉峭刻之思, 此世未易得也. 去後, 爲賦七古一篇, 以寄二君, 以金君詩押鴻字, 故結句亦押焉.)」, 『담원문록』 중, 150~156쪽.

237) 『한국민족문화대백과』 '金忠顯'조.

작품 가운데 김충현이 글씨를 담당한 경우도 여러 편 있다.[238]

이들은 모두 세의世誼가 있어 맺어진 사이로 시문과 글씨를 논하며 전통적 문사의 문예 취향을 서로 나누었다. 이들 가운데 박풍서, 이범세, 김영한은 시사詩社를 결성하여 주기적으로 모였던 것으로 파악된다. 박풍서가 정인보에게 보낸 시에 '고사古社'라는 시어가 보이고[239], 이범세·박풍서 등에게 보내는 김영한의 시에서도 북사北社, 서사西社, 시사詩社 등이 종종 언급된다.[240] 이범세의 시 제목에서도 '모임에서 여러 공들이 함께 읊다(同社中諸公共賦)'라는 말을 여러 차례 볼 수 있다. 이를 통해 이들이 시사詩社 동인同人이었음을 짐작할 수 있다.

이들의 시사詩社에 참여한 인물이나 모임의 형태 및 장소 등에 대해 명확하게 알 수는 없지만, 정인보는 이들 그룹과 시를 주고받는 사이였고 이들의 시회詩會에도 참가하였던 것으로 보인다. 권중협이라는 사람이 박풍서, 박승돈, 이범세를 모시고 열었던 시회에 정인보도 초대를 받았다는 내용의 시는 이를 방증하는 한 사례이다.[241] 이범세의 문집인 『치재집恥齋集』에서도 박풍서, 김영한, 이범세, 이희

---

238) 鄭寅普, 「閑山島制勝堂碑文」, 『전집』 2, 252~253쪽; 「並川紀義碑文」, 같은 책, 255쪽; 「경주중학 수봉 이규인 선생 동상에」, 같은 책, 258~259쪽.

239) 朴豊緖, 「附稼軒詩」, 『담원문록』 상, 453쪽; 『전집』 5, 228쪽.

240) 金甯漢, 「恥齋書室」 『及愚齋文集』一, 景仁文化社, 1994.(영인본, 韓國歷代文集叢書 775), 523쪽; 「小波去後和寄稼軒」, 『及愚齋文集』二, 142쪽; 「詩社生日集吟恥齋江舍」, 『及愚齋文集』二, 147쪽.

241) 鄭寅普, 「기춘 권중협은 가장과 같은 고향이라 지난번 가장과 치장 및 취정 박승돈을 모셔다가 작은 모꼬지를 가졌었다. 시를 지으라 하였는데 미처 짓지 못하였더니, 취정의 서재에서 다시 만나 전의 시를 짓도록 초대를 받았다.(權沂春重協, 與稼軒同鄕, 頃邀稼丈·恥丈及朴翠庭勝敦, 小集. 命韻未賦, 翠庭書室再會 題前詩, 見速.)」, 『담원문록』 중, 177~178쪽; 『전집』 5, 356~357쪽.

종 등이 모인 시회에 정인보가 함께 참여하여 운자를 나눠 시를 쓴 일이 있었음을 확인할 수 있다.[242]

정인보의 벗인 박승돈朴勝敦, 이현규李玄圭 등도 이들 그룹과 관련된 이들이다. 박승돈朴勝敦(1884~1952)은 박풍서의 나이 어린 삼촌으로, 정인보가 "삼십 년 친구"라고 말할 정도로 오래된 벗이다. 정인보보다는 9살 연상인데 서로 벗을 맺어 교유를 했던 것으로 보인다. "좋은 술 생겼단 말에 내리는 눈을 무릅쓰고 가니, 문 들어서자 한바탕 껄껄 모두가 한마음인 사람(衝雪爲言得佳酒, 入門一笑盡同人)"[243]이라고 읊은 구절을 보면 서로 허물없이 마음이 통하는 사이였음을 알 수 있다.

이현규李玄圭(1882~1949)는 정인보보다는 열 살 남짓 많으나[244] 정인보와 서로 벗을 맺어 시문을 주고받았다. 그는 이범세, 박풍서 등과도 시를 주고받았던 사이이다.[245] 이현규가 정인보에게 보낸 편지를 보면 그가 정인보와 교유하게 된 것은 박풍서를 통해서였음을 알 수 있다. 편지 내용에 따르면 박풍서는 이현규와 종일 문학에 관해 이야기 나누며 이현규의 소견이 남다르다고 여겼고, 정인보와 이현

242) 이범세의 시 「與春觀 · 苞庵 · 稼軒 · 韶石 · 霞山[李象春]松居 · 東江 · 鈍山 · 爲堂分韻秋夜長殊未央月明白露澄淸光十三字賦各體余得白字賦長短句」에서 정인보가 이범세, 박풍서, 김영한 등과 함께 詩會에 참여하고 있음을 확인할 수 있다. 제목을 보면, 이 때 참여한 사람은 春觀 鄭元謨, 苞庵 朴勝鳳, 稼軒 朴豊緖, 韶石 趙秉儀, 霞山 李象春, 松居 李喜鍾, 東江 金甯漢, 鈍山 鄭寅書, 爲堂 鄭寅普이다.(『恥齋集』, 발행처 미상, 1975년)

243) 鄭寅普, 「취정(박승돈)에게 차운하다(次韻翠庭)」, 『담원문록』 중, 180쪽; 『전집』 5, 357쪽.

244) 박우훈, 「玄山 李玄圭의 生涯와 交遊」, 『인문학연구』 30권 2호, 2003, 89쪽.

245) 이현규의 문집인 『玄山集』에 이범세, 박풍서 등에게 보낸 시가 여러 편 수록되어 있다.(李玄圭, 『玄山先生文集』, 경인문화사, 1999.(영인본) 참조.

규가 시문을 주고받으면서 서로의 글을 바로잡아주는 좋은 벗이 될 것으로 여겼다고 한다.[246] 박풍서는 이현규가 정인보에게 보낸 시를 보고서 그 운에 차운하여 정인보에게 시를 보낸 일[247]도 있었다.

이상의 인물들은 한문문언문 위주의 글쓰기를 지속적으로 수행하였던 이들이다. 정인보는 이들과 전통적인 방식의 문묵文墨을 통해 교유를 이어갔다.

정인보가 교유했던 전통적 문사들 중에 또다른 그룹으로 진주의 문인들이 있다. 하겸진河謙鎭, 하서진河瑞鎭, 하영윤河泳允, 성환혁成煥赫, 이빈승李斌承(이문경李文卿), 허유許有(허상선許尙善) 등이 그들이다. 그 중심 인물은 하겸진으로, 이들은 하겸진의 일가 및 문인들이기도 하다. 하서진은 하겸진의 삼종제三從弟이고 하윤영은 하겸진의 아들이며, 성환혁, 이문경은 하겸진의 문인이다. 허상선도 하겸진과 교유하며 하겸진에게 시문에 대한 가르침을 구하던 인물이었다.[248]

「하회봉 선생 상사河晦峯先生傷辭」[249]에 따르면 정인보가 이들 그

246) 李玄圭, "今年春, 朴丈以事至此, 不以玄庸陋見愛特甚, 與語至竟多移晷終不使斥去. …… 朴丈曰, 子得景施甚審, 鄭君標致實如子言, 但景施近時作眞妙絶古人不過也. 子所見者固奇矣, 已不足道也. 且子盍亦相作書訂交, 吾見景施, 將亦道此.", 위의 책, 83~84쪽.

247) 鄭寅普, 「현산이 나에게 보낸 시를 가헌장이 보고서는 그 운에 차운하고, 또한 그 시 가운데서 내가 담원이라 함을 치재에게 듣고 알았다 하였다. 내가 요즘 이로써 자호하기에 첩운하여 보내신 운자에 차운하여 받들어 보내신 운자에 차운하여 받들어 화답한다(稼軒丈見玄山寄余詩, 因次其韻, 又以其詩中, 謂余薝園, 問諸恥翁知, 余近以此自號, 爲疊次見贈, 奉和)」, 『담원문록』 상, 449~451쪽; 「附稼軒詩」, 위의 책, 452~454쪽.

248) 정인보가 허상선에게 보낸 시 가운데 "새 시를 일찍이 晦峯 어르신네께 보이셨는지?(新句曾不晦老看)"라는 구절이 있다.(정인보, 「상선은 시상이 끝이 없어 일일이 화답할 틈이 없다. 화답하는 자는 스스로 부끄러울 뿐이다.(尙善詩思不窮, 應接不暇, 和者祇自愧也.)」, 『담원문록』 하, 267쪽; 『전집』 6, 362쪽)

롭과 교유를 맺게 된 것은 1920년대 중반 무렵에 하겸진이 정인보에게 보낸 편지에서부터 비롯된다. 당시 정인보와 하겸진은 한학漢學으로 둘 다 문명文名이 있었기에 서로의 존재를 이미 알고 있었는데, 정인보의 글을 접한 하겸진이 먼저 정인보에게 서신을 보냄으로써 교유가 이루어지게 된 것이었다. 이들이 직접 만난 것은 그로부터 몇 년이 지난 1931년 겨울이었다. 이해 정인보는 하겸진이 거처하는 진주를 방문하였고, 이들은 함께 진주의 골짜기를 노닐며 시문詩文을 논하고 여러 가지 이야기를 나누었다. 그로부터 다시 만난 것은 예닐곱 해 뒤 하겸진이 서울로 왔을 때였다고 한다. 이처럼 이들은 서로의 거처가 멀어 직접 만나 교유할 기회는 많지 않았지만, 서로를 지음知音으로 여기며 깊은 우정을 나누는 사이였다. 정인보는 자신보다 훨씬 연배가 높았던 하겸진을 스승처럼 따르고 공경하였고, 하겸진은 정인보를 매우 아끼며 나이 차를 넘어 정인보를 벗으로 여겼다.[250] "난곡蘭谷 어른 이미 떠나시고 나니, 이 시대엔 외로운 봉황새셨네. 시원치 않은 것이 지나치게 귀염받아, 자주자주 물으셨네 다다른 경지를."[251]이라는 구절에서는 정인보가 하겸진을 난곡 이건방에 버금가는 존재로 여기며 의지하였으며, 하겸진 또한 정인보를 아끼

249) 정인보, 「河晦峯先生傷辭」, 『담원문록』 하, 367~375쪽; 『전집』 6, 429~432쪽.

250) "불 밝히고 날 앉히고 말씀엔 거스름 없었고, 패옥을 던지며 그대에게 청하노니 나이 따지지 말고 벗하자 하셨네.(明燈坐我言無忤, 飛佩乞君形已忘)"(정인보, 「진주 하극중 영윤이 찾아왔는데, 군은 내 벗 자신 서진의 조카가 된다. 또 몇몇 손님이 같이 왔는데 그 중 한 사람은 자신과 가까운 사이라, 옛일을 생각하여 눈물이 글썽이기에 짓다.(晉州河克中泳允來訪, 君於故友子愼瑞鎭爲於姪, 有數客伴至, 一人子愼所厚也, 感舊泫然有作.)」, 『담원문록』 중, 108쪽; 『전집』 5, 313쪽)

251) 蘭翁旣徂, 孤鳳幷世. 過寵鹵莽, 累索其造.(정인보, 「河晦峯先生傷辭」, 『담원문록』 하, 373쪽; 『전집』 6, 431쪽)

고 신뢰하며 그와 학문을 논하였음을 볼 수 있다.

정인보와 하겸진의 관계를 말할 때 빼놓을 수 없는 이가 이건방이다. 이건방은 정인보가 하겸진에게 쓴 시, 하겸진을 회상하며 쓴 시 등에서 주요하게 언급되는 인물이다. "어르신네 앞에서 아득한 난옹蘭翁을 서럽게 그리노니(尊前悵望蘭翁遠)"[252]라는 시구에서 보듯이 정인보가 하겸진을 보며 세상을 떠난 이건방에 대한 그리움을 토로하는 모습이 나타난다. 정인보에게 하겸진은 이건방을 떠올리게 하는 존재이자 이건방에 대한 추억과 그리움을 함께 나눌 수 있는 존재이기도 했던 것이다.

하겸진이 읊은 「이난곡에 대한 만사(挽李蘭谷)」를 보면 하겸진과 이건방은 서로를 지기知己로 여겼음을 알 수 있다.[253] 이들이 언제부터, 어떤 계기로 교유하게 되었는지는 정확히 알 수 없다. 다만 "늘그막에 다행히도 형주의 얼굴을 보게 되어, 말겁 시대에 고우皐羽의 서대 통곡을 함께 슬퍼하네(殘年幸識荊州面, 末劫同悲皐羽臺)"[254]라고 읊은 이건방의 시구를 통해 이들이 서로에 대해 알고는 있었으나 실제 만나게 된 것은 만년 즈음이었음을 짐작할 수 있다. 만년에 만난 데다가 이건방은 서울에, 하겸진은 진주에 살고 있었기에 이들이 직접 만날 기회는 많지 않았다. 하지만 마음이 합치되는 바가 많아 몇 번의 만남은 이들의 마음 속에 잊을 수 없는 소중한 기억으로 각인되어

252) 정인보, 「이문경이 개운사에 초대연을 베풀어 하회봉 겸진 어른을 모셔다가 전별하다.(李文卿招會開運寺, 迎餞河晦峰丈人謙鎭)」, 『담원문록』 중, 360쪽; 『전집』 6, 75쪽.

253) "海內存知己, 古人謂此難. 艱虞餘鬓髮, 離闊照心肝. 永寺春天暮, 汾江夕氣寒. 傷心遊歷地, 誰與共重歡."(河謙鎭, 「挽李蘭谷」, 『晦峯集』, 137쪽)

254) 李建芳, 「同河晦峯[謙鎭]趙[顯圭]登開運寺」, 『蘭谷存稿』.

있음을 시 속에서 확인할 수 있다.

서울 안암산 기슭에 있는 개운사開運寺(일명 영도사永導寺)는 이들의 기억 속에 각별한 의미를 지니는 장소이다. 이곳은 정인보와 교유 관계가 있던 당시의 전통적 문사들이 시회詩會를 열었던 곳이기도 하다. 이건방이 개운사에서 쓴 시가 2편이 남아 있는데, 하회봉, 조현규와 함께 개운사에 올라 쓴 시가 있고, 여러 벗들과 함께 개운사에서 시회를 가지며 쓴 시가 있다.

이건방이 세상을 떠난 뒤에도 이곳에서 성대하게 시회가 열린 적이 있었다. 이 시회는 하겸진의 문인 이문경이 서울에 왔다가 진주로 내려가는 하겸진을 전별하기 위해 만들어진 모임이었다. 이때 쓴 하겸진의 시에 의하면, 이범세李範世 · 김승렬金承烈 · 이상기李相琦 · 정인보鄭寅普 · 최익한崔益翰 · 임상종林尙鍾 · 이원기李源紀 등 28인이 함께 운자를 정해 놓고 시를 지었다고 한다.[255] 이렇게 성대하게 열린 시회에 정인보도 참여하여 "강호江湖에 요즘 와선 이런 자리 없으니, 천고의 문장끼리 한바탕 기쁜 얼굴(湖海卽今無此座, 文章千古一歡顏)"[256]라고 읊으며 당대의 문장가들이 한자리에 모인 것에 대한 기쁨과 자부심을 드러내기도 하였다.

그러나 한편으로 정인보에게 이 시회는 예전에 이건방, 하겸진과 함께 개운사에 왔던 때를 떠올리게 하여 이건방에 대한 그리움을 더욱 불러일으키는 자리이기도 했다. 하겸진에게 "같이 가 절문을 두드리던 일 기억하고 계신지요?(憶否招提共叩關)"[257]라고 옛 기억을 환기

255) 정인보, 「이문경이 개운사에 초대연을 베풀어 하회봉 겸진 어른을 모셔다가 전별하다.(李文卿招會開運寺迎餞河晦峰丈人謙鎭)」, 『담원문록』 중, 359~360쪽; 『전집』 6, 74~75쪽.

256) 정인보, 위의 글, 같은 쪽.

시키며 이건방에 대한 그리움을 토로하는 시구를 통해 하겸진, 정인보, 이건방이 나누었던 교감의 깊이를 느낄 수 있다.

정인보는 하겸진의 삼종제 하서진, 아들 하영윤, 문인 성환혁·이문경, 지인 허유 등과도 절친한 관계였다. 하서진은 정인보가 '고우故友'라고 칭하던 사이다.[258] 허유에게 보낸 시에서는 하영윤, 성환혁, 허유 등과 함께 산천을 노닐며 시와 술을 즐기던 일을 회상하며 그들을 그리워하는 대목이 보인다.[259] 남녘 땅을 그리워하며 거기 가서 살고 싶다고 토로했던 것은[260] 마음 맞는 이들이 그곳에 있었고, 그들과 함께 했던 즐거운 기억이 있었기 때문이다. 이들 가운데 특히 허유, 성환혁 등과 주고받았던 시문이 여러 편 남아 있는데, 대개가 1930년대 말에서 1940년대 초반에 이루어졌던 것들이다. 이 시기는 정인보가 공식적인 언론·강의 활동을 중단하고 일제의 압박을 피해 은거 생활을 하던 때였다. 이때 정인보는 주로 한시와 고문을 지으며 전통적 문사들과의 교유를 이어가고 있었는데, 그 가운데 주요 교유

257) 정인보, 위의 글, 『담원문록』 중, 360쪽; 『전집』 6, 75쪽.

258) 鄭寅普, 「진주 하극중 영윤이 찾아왔는데, 군은 내 벗 자신 서진의 조카가 된다. 또 몇몇 손님이 같이 왔는데 그 중 한 사람은 자신과 가까운 사이라, 옛일을 생각하여 눈물이 글썽이기에 짓다.(晉州河克中泳允來訪, 君於故友子愼瑞鎭爲於姪. 有數客伴至, 一人子愼所厚也, 感舊泫然有作.)」, 『담원문록』 중, 106쪽; 『전집』 5, 313쪽.

259) "산천에 노닐며 시와 술 즐김도 모두 옛 흥이니, 河氏·姜氏·成氏·李氏 몇 번이나 만났는지?(文酒江山皆舊興, 河姜成李幾相看)"(정인보, 「진주 허상선이 시를 보내주었기에 사례하다.(晋州許尙善寄詩, 疊次謝之.)」, 『담원문록』 하, 263쪽; 『전집』 6, 361쪽)

260) "아스랗다 남녘 구름 산 너머 또 산 겹치니, 날아가 게서 그만 살고 싶기 그 몇 번이런가?(渺渺南雲山又山, 幾思飛去便忘還)"(정인보, 「이문경이 개운사에 초대연을 베풀어 하회봉 겸진 어른을 모셔다가 전별하다(李文卿招會開運寺迎餞河晦峰丈人謙鎭), 『담원문록』 중, 359쪽; 『전집』 6, 74쪽)

그룹이 바로 진주의 문사들이었다.

이 밖에도 정인보는 많은 문사들과 한시를 주고받으며 교유를 이어갔다. 그 가운데 상당수는 한시와 고문 등 한문문언문 위주의 글쓰기를 지속했던 전통지식인들이었다. 이들과 긴밀한 교유를 하며 한문문언문의 전통을 이어가고자 했던 태도는 1920~30년대 언론활동 및 조선학운동을 함께 활발하게 벌였던 송진우, 김성수, 문일평, 안재홍 등과 다른 점이다. 이들 역시 전통 한학의 소양을 갖추었고 정인보와 한시를 주고받기도 하였으나, 이들의 문필활동은 한글글쓰기 위주로 이루어졌다. 반면 정인보는 언론매체를 통한 국문 글쓰기를 활발히 수행하는 가운데도 한시와 고문을 지속적으로 창작하였고 언론매체와 대학 등에서의 공식적인 활동을 중단한 뒤로는 한문문언문 창작에 더욱 비중을 두는 모습을 보여주었다.

그렇다면 정인보가 전통지식인들과 교유하며 주고받았던 한시는 어떠한 성격과 의미를 지니는 것이었을까? 정인보가 시회에 참여했던 모습을 엿볼 수 있는 시를 보도록 하겠다.

〈2〉

온통 퇴락한 풍조뿐이나 한 정원만은 말쑥한데	頹波滿地一園淸
탕건 제쳐 쓴 노인의 상투는 여전히 환해라.	岸幘依然舊髻明
지조 지킴 출척絀陟으로야 따질 순 없으니	未許絀贏論守變
말쑥하게도 못 잊는 건 국토에 대한 애틋한 정.	蕭蕭托繫山河情

〈9〉

가헌稼軒 · 송거松居 함께 부용강 달빛에 배 띄웠을 때	蓉江棹月稼松俱
나의 글 따지는 걸 받아들이며 무진장 마시기도	容我論文倒百壺
늙마에 위남渭南의 시는 더욱 강건하니	老後渭南詩更健

아름다운 시문에 대해서라면 미친놈 된들 　　　　不妨膏馥乞狂奴
상관 있으리오?

〈12〉

풍파는 갈수록 잦아질 기약 없으니 　　　　去去風波未有期
메추리 하나 잡아서 어두워지도록 취한들 어떠리오? 翦鶉其奈醉天遲
모름지기 앞으로 달 같은 이백의 눈으로 　　　　須將如月靑蓮眼
황하黃河가 맑아져 바닥이 보이도록 견뎌봅시다![261] 耐到黃流見底時

이 시는 정인보가 1938년에 김영한의 환갑 때 쓴 것이다. 김영한의 환갑생신 자리에 초대받았으나 병으로 인해 참석하지 못하고 대신 7언절구 12수를 지어서 부친 것이었다. 이 시에서 정인보는 김영한을 퇴락한 세상 풍조 속에서도 탕건을 쓰고 지조를 지키며 살아가는 모습으로 그리며 예찬하고 있는 것을 볼 수 있다. 탕건 쓴 모습은 옛것을 지키며 살아가는 삶을 보여주는 것으로, 이러한 모습은 이 연작시의 곳곳에서 나타나고 있다. '부자가 경학을 이야기하는 중에 밤은 깊어가니(父子談經夜漏移)'[262], '세상 변고 아랑곳하지 않고 가학은 이어져(家學不隨龍漢灰)'[263], '뉘 알리! 요즈음 사람이지만 바로 옛사람임을.(誰識今人是古人)'[264] 등이 그러하다. 이는 전통 학문을 계승하고 전

261) 정인보, 「김춘동 군이 와서 말하기를 그 어르신네 소옹 비서승이 올에 환갑생신인데, 다른 손님은 말고 아직 살아계신 가헌 · 치재 · 송거 두어 어른만 모시려고 하니, 나더러 따라 오라는 것이었다. 마침 나는 아파서 나갈 수 없기에 장구를 지어 부친다.(金君春東來言, 其大人素翁秘丞, 今年六十一生辰, 無他客, 獨邀稼軒 · 耻齋 · 松居三遺老, 欲余趁. 會余病不能出, 爲賦長句, 寄之.)」, 『담원문록』 상, 399~406쪽; 『전집』 5, 199~202쪽.

262) 정인보, 위의 시 제6수, 『담원문록』 상, 402쪽; 『전집』 5, 200쪽.

263) 정인보, 위의 시 제5수, 『담원문록』 상, 401~402쪽; 『전집』 5, 200쪽.

통적인 삶의 양식을 지키며 살아갔던 사람들을 소중하게 여겼던 정인보의 인식을 잘 보여주는 것이기도 하다.

제9수에서는 김영한, 박풍서, 이희종과 함께 시문을 논했던 때를 회상하는 모습이 보인다. 제9수만 보면 달빛 비치는 강물에 배를 띄우고 시문을 논하며 술을 마시는 모습은 지극히 한가하고 낭만적인 정취와 풍류가 넘치는 풍경이다. 그러나 그것은 제12수에서 보듯이 엄혹한 현실 속에서 희망과 지조를 잃지 않고 현재를 견디는 삶의 방식이었다고 할 수 있다.

풍파가 갈수록 잦아질 기약 없다는 것은 1938년 당시 바라본 일제강점기의 엄혹한 현실에 대한 인식을 보여주는 것이다. 당시는 정인보가 연희전문학교 교수직을 사임하고 은거생활에 접어든 지 1년여의 시간이 흐른 때였다. 대학 강단과 언론매체라는 합법적인 공간을 통한 제한된 수준의 활동조차 불가능해졌고, 조선인에 대한 탄압과 감시는 더욱 혹독해져만 갔다. 그 상황에서 좋은 세상이 돌아오기를, 즉 조국이 광복하는 날을 기다린다는 것은 마치 황하가 맑아지기를 기다리는 것처럼 가망 없는 일을 바라는 것과 같은 일이었다.

하지만 이 절망적인 상황에서 정인보는 '달 같은 이백의 눈으로' 끝까지 견디자고 의지를 높여 말했다. 그가 가난에 굴복하지 않고 회유에 흔들리지 않고 절망에 쓰러지지 않고 엄혹한 시기를 견딜 수 있었던 것은 지조를 지키고자 하는 결연한 의지에 있었다. 아름다운 시문에 취하고, 메추리 하나 잡아 어두워지도록 취하는 것도 맑은 지조를 지키며 혹독한 세월을 견디는 행위였던 것이다. 제10수에서 '맑은 문사 술버릇도 모두가 못 잊히네'라고 읊으며 모임에 참석하지 못한 아

264) 정인보, 위의 시 제7수, 『담원문록』 상, 403쪽; 『전집』 5, 201쪽.

쉬움을 전한 데서도 정인보에게 그들과 함께 하는 시회가 어떤 의미를 지니는 것이었는지 짐작하게 한다. 그에게 시회는 현실 속에서 풀 수 없는 서로의 마음을 토로하고 서로 의지하며 어두운 시대를 함께 견디는 장이었던 것이다. 한편으로는 정인보가 절망적인 상황에서도 지조를 지킬 수 있었던 힘의 원천 중의 하나가 전통 학문과 문예의 지속적인 수행에 있었음을 짐작하게 하는 것이기도 하다.

또한 정인보에게 한시를 서로 주고받고 논하는 것은 시도詩道를 이어가는 행위이기도 했다. 그가 옛 선비의 문필활동과 문예 향유 방식을 지속한 것은 습관적으로 자신에게 익숙한 행위를 반복한 것이라거나, 단지 자신이 애호하는 취향을 따르고자 한 것이 아니다. 그것은 식민 치하에서 서구적 근대의 물결이 휩쓰는 가운데 주변부로 전락하며 사람들로부터 외면받게 된 전통적 문화와 가치를 지킨다는 의미를 지니는 것이었다. 그렇기에 정인보가 전통 학문과 문예활동을 지속적으로 수행하고 있는 전통지식인들을 아끼는 모습을 그의 한시 곳곳에서 볼 수 있다.

> 이 군은 기이하고 빼어나면서도 그윽한 채 통창하고 李君峭折幽以通
> 김 군은 아름답고 모나지 않으면서 궁음 상음을 당기는 듯 金君緩絶引商宮
> 요즘 서울의 공기가 유달리 맑더니만 邇來漢山氣色異
> 바람결에 그림자 먼저 흔들리더니 옥 같은 두 분이 오셨구려 風前影動雙玉叢
> (중략)
> 슬픗 취한 김에 운자 나눠 시를 재촉하니 分韻催詩倚微醉
> 오언절구 칠언절구 모두 다 차분하고 얌전스러워 五絶七絶具春容
> 내 유독 무슨 복으로 쌍옥 같은 그대들을 오게 하였누!

我獨何人能致子

그대들 마주한 이 회포를 어찌 차마 입 다물랴! 對子有懷那可縫

굳이 티와 험 찾아내려는 날 괴이적게 여기지 말게나 强覓瑕纇無怪我

내 마음 오직 이 호종琥琮을 아름답게 하기 위해서거니.

村心秖爲美琥琮

요즘 시도詩道는 풀숲에 버려져서 當今玆道委草莽

거리에서 목청 돋우어도 알아 줄 이 없는 터. 叫徹街頭識解空

그대들은 편남楩枏인 양 실로 인재이거니 如子楩枏實楨幹

그대들 두 손에 잡고 쥐니 내 마음 뿌듯해라.[265] 左把右握意爲充

이 시는 정인보가 김춘동金春東(1906~?), 이원조李源朝(?~?)에게 보낸 것이다. 김춘동金春東(1906~?)은 김영한의 셋째 아들로, 정인보는 김영한뿐만 아니라 그의 아들 김춘동과도 시문을 주고받으며 교유를 이어갔다. 이원조에 대해서는 자세히 알 수 없으나, 김춘동과 마찬가지로 정인보가 아꼈던 후배였던 것으로 보인다. 정인보는 이 시에서 두 사람이 자신을 찾아와 함께 시를 지었을 때의 기쁨을 표현하고, 둘이 문회文會를 가졌다는 이야기를 듣고 그들을 대견스러워하며 시 창작에 대한 조언을 전했다.

정인보가 김춘동과 이원조를 무척 반기며 소중히 여겼던 것은 "요즘 시도詩道는 풀숲에 버려져서 / 거리에서 목청 돋우어도 알아줄 이 없는 터"라는 시구에서 보듯이 현실에서 외면당하는 시도詩道를 그들이 정성스럽게 추구하고 있었기 때문이다. 여기에서 시도詩道란 한시의 창작을 논하고 품평하는 문예활동을 의미하는 것이라고 볼

265) 정인보, 「邀金君春東 · 李君源朝, 夜話, 聞二君間有文會. 視其藁, 各具淸婉峭刻之思, 此世未易得也. 去後. 爲賦七古一篇, 以寄二君, 以金君詩押鴻字, 故結句亦押焉.」, 『담원문록』 중, 150~153쪽 ; 『전집』 5, 341~342쪽

수 있다. 아울러 그것은 도道와 문文이 일치된다고 보았던 정인보에게 도道의 추구를 의미하는 것이기도 하다. 세상은 더 이상 한학 공부와 한문학 창작 능력으로 사회에서 인정받기 어려운 형태로 변해 갔지만, 사회적 인정 여부와 상관없이 전통 학문과 문예를 추구하고 있는 이들을 소중히 여기며 아꼈던 것이다.

3) 과거 기억의 재구성

정인보가 과거의 역사와 문헌을 탐구한 것은 '추고성금追古醒今', 즉 과거의 역사를 돌아보며 현재에 대한 통찰을 얻고자 함이었다. 그는 역사를 추적하고 탐구하며 전기문, 논문, 시 등의 다양한 장르를 통해 과거의 인물이나 사건을 재조명하는 글쓰기를 수행하였다. 역사 고증 위주의 논변류 글쓰기뿐만 아니라 역사적 사실을 문학적으로 형상화하는 데에도 많은 노력을 기울였던 것이다. 정인보가 남긴 영사시도 역사적 사실을 문학적으로 형상화한 시도의 하나이다.

정인보가 남긴 영사시는 총2편으로, 「한치익의 일을 적다(記韓致益事)」와 「정석치가(鄭石癡歌)」가 있다. 분량 면에서 보자면 그의 한시에서 영사시가 차지하는 비중은 적지만, 조선학운동을 이끌던 조선학 연구자의 역사관이 영사시를 통해 문학적으로 구현되었다는 점에서 주목할 만하다.

(1) 잊혀진 인물의 소환과 영토의식의 강화

「한치익의 일을 적다(記韓致益事)」[266]는 1712년(임진壬辰)에 청 사신

266) 정인보, 「한치익의 일을 적다(記韓致益事)」, 『담원문록』 상, 365~370쪽 ; 『전집』 5, 180~182쪽.

목극등이 백두산 정계비를 세울 때 한치익韓致益이 세 번이나 그 비를 뽑았던 사건에 관해 읊은 시이다. 정인보는 이 이야기를 이의준李義駿(1738~1798년)의 『종서암집種書庵集』 중 「백두산유기白頭山游記」를 읽다가 알게 되었다고 한다. 시의 말미에 「백두산유기」에 수록된 한치익 이야기와 이에 대한 이의준의 시 및 자주自註를 덧붙여 놓았다. 이는 시의 이해를 돕는 주석의 기능뿐만 아니라 의미 있는 사건에 관한 역사적 기록을 전하는 기능도 하고 있다. 먼저 백두산 정계비가 세워질 때의 일에 관해 이의준의 기록을 들려주는 부분을 보자.

> 『종서암집種書庵集』은 정조 때 참판參判 이의준李義駿이 지은 것이다. 문집 중에 「백두산유기白頭山游記」가 있어 임진년(숙종 38, 1712) 정계비定界碑의 시말을 갖추 서술하고, 그 곁에 임강곡臨江谷 사는 채수蔡樹의 말을 실었으니 다음과 같다.
>
> 채수가 또 말하기를 강구촌江口村의 늙은 장교將校 한치익韓致益은 나이가 아흔 몇인데 전에 부교府校로서 경계를 정하는 것을 참견하였는데 그때 순사巡使 이선부李善溥와 접반사接伴使 박권朴權이 무산茂山에 이르러서는 서대촌西臺村에 머물러 있고, 비장裨將과 역관만 보내어 따라가게 하였다. 극등克登이 갑산甲山서부터 와서 이곳에 정계비를 세우려고 하자, 갑산甲山 장교－성과 이름은 잊었는데－와 치익致益이 힘껏 뽑아버리고는 장차 분계강分界江으로 달리면서 군관들을 꾸짖으며 "자네들은 이미 국명을 받자왔는데 어찌 차마 배반하는가?" 하였다. 극등克登과 힘껏 싸우고서 "이왕에 국경을 정한다면서 분계강分界江의 발원처에 세우지 않고서, 산밑 건곡乾谷에 세움은 무슨 까닭이냐?"하며, 세 번이나 세운 것을 세 번이나 뽑아 버리자, 극등克登이 장차 그 말을 따르려 하여 "강에다 정계비를 세운다는 설은 그대 말이 옳도다." 하였건만, 끝내는 군관과 부사府史의 꺾지르는 바 되고 말았다.[267]

이의준의 「백두산유기」에는 채수라는 사람으로부터 들은 한치익에 관한 이야기가 수록되어 있는데, 정인보는 이 채수의 말을 그대로 전하는 방식으로 한치익에 관한 이야기를 들려주었다. 목극등이 백두산 정계비를 세울 당시 한치익과 또 다른 어떤 장교가 정계비를 세 번이나 뽑아내며 그 위치의 부당함을 항변하고 마침내 목극등을 설득시켰으나, 조선의 군관과 부사들로 인해 정계비 위치를 바꾸지 못했다는 내용이다.

채수가 들려준 이야기 뒤에는 이의준의 시를 소개하였다. 1712년의 일을 몇십 년이 지난 당시까지도 원통한 마음으로 전하는 사람을 보며, 초야에는 충의로운 울분을 품은 이들이 많은데 고관대작들은 일신의 안위만을 챙기기에 급급했던 현실에 대한 안타까운 심정을 읊은 시이다.

이어 이의준의 자주自註를 소개하였는데, 백두산 정계비를 그대로 수용하는 바람에 천지 북쪽을 잃어버리고 말았다는 내용을 전하였다. 그리고는 채수와 마찬가지로 백두산 정계비가 세워질 때의 일을 전하는 사람들을 거론하였다. 그중 한 호인胡人의 말은 부끄러움을 강하게 느끼도록 만들고 있다.

267) 『種書庵集』正祖時李參判義駿所著也. 集中有「白頭山游記」, 備述壬辰定界始末, 因載臨江谷蔡樹之言曰: 蔡樹又言江口村老校韓致益年九十餘, 曾以府校參見於定界, 時巡使李善溥件僷朴權來到茂山, 留西臺村, 只送裨譯往從之. 克登自甲山來會, 欲竪碑此地, 有甲山將校忘其姓名, 與致益, 盖力拔之, 將走分界江, 誚讓軍官輩曰, "君輩旣奉國命, 而豈忍背之歟?" 與克登力爭曰, "旣曰定界, 則不於分界江發源處, 而竪於山下乾谷者, 何故?", 凡三竪三拔. 克登將從之曰, "江上立碑之說, 汝言是也." 竟爲軍官及府使所撓而止.(정인보, 위의 글, 『담원문록』 상, 368~369쪽; 『전집』 5, 181~182쪽)

> 좌사左司 파총把總인 김만경金萬慶이 연전에 우병방右兵房으로 청나라 사신을 강 건너 패가토孛加土까지 호송하다가 강남성江南城을 지나게 되었는데, 호인胡人이 손가락으로 지점을 가리키며 말하기를 "여기는 실은 당신네 국경 안의 땅인데, 국경을 정할 때, 당신 나라 사람들이 오직 제 몸 하나만 아낄 줄 알았으므로 공공연하게 빼앗긴 것이오."하더란다.[268]

청나라 사신을 호송하던 김만경이 호인胡人으로부터 들은 말인데, 한마디로 우리 군관들이 자신의 안위만을 생각하다가 나라의 땅을 빼앗겼다는 내용이다. 목극등이 세운 백두산 정계비로 인해 우리 땅이던 곳을 뺏기게 되었지만, 그 정계비의 위치를 그대로 수용하여 확정지은 것은 결국 우리 군관들이라고 보았기 때문이다. 불가항력적인 상황에서 우리 땅을 타자로부터 어쩔 수 없이 뺏긴 것이 아니라, 우리 관료들이 자신의 편안함만을 좇아 스스로 땅을 내어준 셈이라는 것이다. 이러한 사실을 타자인 호인胡人으로부터 전해 듣게 되는 상황을 서술하여 더욱 우리 자신을 부끄럽게 만들고 있다.

이처럼 정인보는 한치익에 관한 시를 읊고, 그 이야기의 출처가 되는 이의준의 「백두산유기」 가운데 일부를 재구성하여 서술하였다. 눈여겨볼 만한 사실은 정인보가 소개하고 있는 이의준의 글 내용이 다 백두산 정계비를 세울 당시의 일을 알고 있는 사람들로부터 전해 들은 이야기라는 점이다. 이들의 이야기를 이의준이 기록으로 남겼기에 백두산 정계비의 위치가 잘못되었다고 목극등에게 항변하며 그

268) 左司把總金萬慶, 年前以右兵房護送淸差于江外孛加土, 過江南城, 胡人指點曰, '此實汝國境內地, 定界時, 以汝國人只知愛身, 故公然見失.'云.(정인보, 위의 글, 『담원문록』 상, 369~370쪽 ; 『전집』 5, 182쪽)

위치를 바로잡고자 애썼던 충의로운 인물이 있었으며, 목극등도 그들의 끈질긴 항변을 마침내 받아들여 정계비 위치를 고칠 의향이 있었다는 사실을 알 수 있게 된 것이다. 또한 일신의 안위만을 생각하는 군관들의 행위로 인해 정계비 위치를 바로잡지 못하고 국토를 고스란히 빼앗겼던 과거를 다시 되돌아보며 분노와 부끄러움을 느끼게 되는 것이다.

이의준의 글을 읽은 정인보 역시 그러한 마음으로 시를 읊고 시 말미에 주석의 방식으로 이의준의 글을 길게 덧붙인 것이라고 할 수 있다. 더욱이 일제에게 국토의 전부를 빼앗겨버린 식민지 상황에서 버젓이 타국에게 국토의 일부를 내어 준 과거의 사건을 접하며 느꼈을 통한은 무척이나 컸을 것이다. "지난번 『종서집』을 읽다가 / 이 기사에 옷깃 여몄네(頃讀種書集, 斂衽茲事記)."[269]라는 구절이 이를 보여준다. 백두산 정계비가 수립되어 국토 일부를 빼앗겼던 사건은 일제에게 나라를 통째로 빼앗기고 만 당시를 돌아보게 만드는 일이기도 했던 것이다.

정인보는 이의준의 문집에서 백두산 정계비에 관한 글을 읽고 그 통한의 역사를 돌아보며 영사시를 읊되, 한치익과 이름을 모르는 또 다른 한 장교에 초점을 맞추었다. 한치익은 백두산 정계비의 위치를 끝까지 바로잡고자 애썼던 의로운 인물이지만, 백두산 정계비와 관련한 내용을 서술한 사료나 문집 등에서 한치익을 언급한 경우는 찾아보기 힘들다.[270] 순암 안정복의 글,[271] 성호 이익의 글,[272] 서영보徐

269) 정인보, 위의 글, 『담원문록』 상, 368쪽; 『전집』 5, 181쪽.

270) 한국고전번역원 DB에서 '한치익'을 검색하면 『숙종실록』과 『연경재전집』에서 언급되는 것을 볼 수 있다. 그러나 백두산 정계비와 관련한 부분에서 언급되고 있지는 않다. 숙종 때 갑자년 8월 추도기 전강 및 제술에 입격한 이들이 증광

榮輔와 심상규沈象奎가 왕명으로 찬진撰進한 『만기요람萬機要覽』[273)]

문과 전시에 직부할 수 있도록 허락해 줄 것을 청했는데, 그중의 한 사람으로 이름이 거론될 뿐이다.

271) "지금의 병력으로는 기자(箕子)의 강토와 고구려의 토지를 회복한다거나 목조(穆祖)・익조(翼祖)의 구거(舊居)를 회복하자고 말할 수는 없으니, 마땅히 옛 일을 많이 알아 그 계한(界限)을 밝혀 스스로 강해질 길을 찾아야 할 뿐이다. 일찍이 듣건대, "숙묘(肅廟) 임진년에 목극등(穆克登)이 와서 강계(疆界)를 정하던 때에 마땅히 분계강(分界江)으로 한계를 삼았어야 한다. 분계는 두만강의 북쪽에 있는데, 그 이름을 분계라고 한 것은 대개 이곳이 피차의 경계가 되기 때문이다. 그런데 제대로 살피지 못하고 공공연히 수백 리의 땅을 버렸기 때문에 지금까지도 북방 사람들이 대다수 한스럽게 여기고 있다. 그러니 그 당시 일을 맡은 사람은 책임을 면할 수 없을 것이다." 하였다.(以今兵力, 無論於復箕高之故域, 恢穆翼之舊居, 當多識舊事, 明其界限, 爲自彊之道而已. 嘗聞肅廟壬辰, 穆克登來定疆界時, 當以分界江爲限. 分界在豆滿之北, 其名分界, 盖爲彼此之界, 而不能審覈, 公然棄數百里之地, 至今北方之人, 多以爲恨. 當時主事者, 不得辭其責云.)"(安鼎福, 「東國地界說」, 『順菴集』 19. 한국고전번역원 번역 참조)

272) "윤관의 비는 선춘령(先春嶺)에 있으니 두만강(豆滿江) 북쪽으로 7백 리가 되는 곳이다. 그 비에 새긴 글은 비록 호인(胡人)이 긁어버리기는 했으나 옛날 흔적이 아직도 다 없어지지는 않았다. …… 그는 이만치 국경을 멀리 개척해 놓았는데, 지금 두만강으로 경계를 정한 것은 김종서(金宗瑞)로부터 시작되었다. 연전에 목극등(穆克登)이 와서 경계를 정할 적에 우리의 대표로 나갔던 사람이 윤관의 비를 가지고 옛날에 서희(徐熙)가 소손녕(蕭遜寧)에게 항쟁하듯이 해보았는지 모르겠다.(尹瓘碑在先春嶺豆滿江北七百里. 其所勒書雖爲胡人剝去, 而舊跡尙猶未盡泯也. …… 其拓界之遠如此, 今以豆滿爲界者, 自金宗瑞始也. 頃年穆克登之來定界也, 未知奉命者能擧此爲言如徐熙之於蕭遜寧耶.)"(李瀷, 「尹瓘碑」, 『星湖僿說』 제2권. 한국고전번역원 번역 참조)

273) 여지도(輿地圖)에는 분계강(分界江)이 토문강의 북쪽에 있다 하였으니, 강의 이름이 분계 인만큼 정계비는 당연히 여기에 세워야 한다. 또 비문에 이미 동쪽은 토문강이 된다 하였으니 토문강의 발원지(發源地)에 세워야 했을 것이다. 그러므로 식자들은 당시에 아무도 다투어 밝히지 못하고, 수백 리의 강토를 앉아서 잃고 말았다는 것을 한탄하였다 한다.(輿地圖, 分界江在土門江之北. 江名分界則定界碑當竪於此. 且碑文旣曰東爲土門, 則亦當竪於土門之源. 識者歎其無一人爭辨, 坐失數百里疆土云.) (徐榮輔・沈象奎, 「白頭山定界」, 『萬機要覽』 軍政編 5. 한국고전번역원 번역 참조)

등에서 백두산 정계비가 세워질 당시 담당 관료들의 잘못된 대응으로 인하여 국토의 일부를 내어준 것을 비판하고는 있으나, 한치익이라는 인물에 대해서는 전혀 언급이 없다. 성해응成海應의 「백두산기白頭山記」[274]에 이의준의 기록과 마찬가지로 채수라는 사람으로부터 전해 들은 한치익의 이야기가 서술되어 있을 뿐이다. 이처럼 역사에서 묻히고 만 한치익이라는 인물을 다시 세상에 알리며, 국토를 지키기 위해 충의를 다한 의인을 기리고자 정인보는 「한치익의 일을 적다(記韓致益事)」를 썼다고 할 수 있다.

「한치익의 일을 적다(記韓致益事)」는 다음과 같이 내용상 크게 다섯 단락으로 구분될 수 있다.

① 백두산 정계비가 수립된 사건에 대한 개괄
② 북방의 황무지를 개척하고 지키기 위해 애썼던 과거의 역사
③ 당벌과 사리私利에 눈먼 관료들에 의해 국토 일부를 빼앗긴 일에 대한 개탄
④ 한치익과 또 다른 장교의 의분義憤과 항변 과정
⑤ 한치익과 또 다른 장교에 대한 애도

처음 부분에서는 백두산 정계비가 수립된 사건을 개괄하였다. 청나라 사신 목극등이 국경을 정하러 왔는데 조선 측 고관들이 위험을 무릅쓰기를 꺼려 목극등이 세운 정계비에 대해 이견異見을 제시하지 못하고 백두산 천지의 물을 빼앗기고 말았다는 내용이다. 이어서 우리 선민이 황무지를 개척하고 이를 지키기 위해 애썼던 역사를 말하며, 유유紐由, 을지문덕乙支文德, 서희徐熙 등의 역사적 인물을 거론

274) 成海應, 「白頭山記」, 『硏經齋全集』 권46.

하였다. 세 번째 부분은 그렇게 지켜온 땅이건만 당시 관료들이 당벌黨伐과 사리私利에 눈이 멀어 땅을 빼앗기는 조짐도 알지 못하였음을 개탄하는 내용이다. 이러한 상황에서 의분義憤을 터뜨리며 항변한 사람이 한치익과 이름을 모르는 또 다른 장교였다. 그들의 항변 과정을 그려낸 부분이 네 번째에 해당한다. 그러나 한치익의 항변은 조선 측 관료들로 인해 오히려 저지되고 말았다. 마지막 부분에서는 의로운 행동을 했음에도 오히려 질책을 받았던 한치익에 대해 마음 아파하며 그를 추모하였다.

이 시에서 백두산 정계비가 수립된 사건을 바라보는 정인보의 역사관과 영토의식이 잘 드러나는 곳은 ②, ③ 부분이다.

멀고도 멀도다 우리 선민이	遐哉吾先民
한 치 땅도 황무지 개척에 애썼음이.	寸壤勞啓薉
이를 전하여 잃지 않고 지키느라	傳之守勿失
비위에 거슬리면 의로운 분개가 터졌더니라.	有觸發義槩
때로는 유유紐由의 용맹이 되고	或爲紐由勇
혹은 을지문덕乙支文德의 분노가 되고	或爲乙支鏣
또는 서희徐熙의 항변이 되어	或爲徐熙辯
맵고 서슬 푸러 오랑캐 말문을 막았더니라.	剛稜噤虜悖
어진 임금을 어진 신하들이 모셨으니	上下羣龍驂
별처럼 나란히 빛났더니라.	星斗竝高揭
이때엔 산바람도 세차고	是時山風怒
산골짝의 여울도 울부짖으며 콸콸댔으리.	哀湍林壑厲
번쩍번쩍 맑은 눈 하늘을 꿰뚫었고	剡剡入空碧
빙빙 돌면서 흘깃거렸으리.	回翔騁流睨
어찌 궤란潰亂의 조짐 없었으련만	豈無青虹長
멍청하니 아무도 그걸 눈치채지 못했느니라.	憒憒無人視

온 세상이 한창 당파싸움에만 넋 나가고 擧世正黨伐
온 나라가 봉록과 권리에만 눈이 팔렸더니라.275) 匝域惟祿利

정인보는 이의준과 마찬가지로 백두산 정계비 수립을 천지 북쪽을 잃은 사건으로 보며, "넘실넘실한 천지天池의 물이 갑자기 떨어져(盈盈天池水, 倏落槿華外)" 나갔다고 표현하였다. 그리고는 이것이 얼마나 민족의 역사에 배반된 일이었는지를 드러내고자 잃어버린 북방의 영토가 역사적으로 어떠한 의미를 지니는 공간이었는지를 말하였다. 우리 선민先民들이 북방의 황무지를 개척하고 그곳을 지키기 위해 애써 온 역사가 오래되었으며, 빼앗긴 국토는 선민들이 이민족에 맞서 의로운 분개를 터뜨리며 지켜온 땅이라는 것이다. 그 구체적인 사례로 유유紐由의 용맹, 을지문덕의 분노, 서희의 항변을 거론했다. 유유는 고구려 동천왕東川王 때의 용사로 위군魏軍에 의해 환도성丸都城이 함락당했을 때, 항복하는 체하며 적진에 들어가 위군의 지휘관을 살해하고 함께 죽었다는 인물이다. 그의 희생에 힘입어 고구려가 반격하여 결국 위군을 물리쳤다고 한다. 을지문덕이 고구려를 침입한 수나라의 30만 대군을 살수에서 전부 몰살시켰던 일이나, 거란이 고려를 내침하였을 때 서희가 적장 소손녕과 담판을 벌여 거란군을 철수시키고 강동 6주를 확보하였던 일은 너무나 잘 알려진 역사적 사실이다. 모두 타국의 침입이나 영토 분쟁이 일어났던 북방의 국경에서 이 땅을 지키고자 자신의 용맹과 지략을 힘껏 발휘한 이들이다.

이처럼 정인보는 백두산 부근 일대인 북방의 국토가 선인先人들의 피땀으로 지켜온 곳임을 강조하며, 백두산 정계비 수립으로 인해 북

275) 정인보, 「한치익의 일을 적다(記韓致益事)」, 『담원문록』 상, 366~367쪽 ; 『전집』 5, 180~181쪽.

방의 땅을 잃게 되었을 때 산천이 울부짖으며 어지럽게 요동치는 조짐이 있었을 것이라고 하였다. 국토를 중시한 자신의 민족의식을 자연 산천에 투영하여 산하 역시 민족적 감정을 지닌 존재로 그린 것이다.

그리고는 당시 땅을 잃게 된 것은 온 나라가 당벌과 사리사욕에만 몰두하며 산하의 포효도 듣지 못할 정도로 귀가 막혔기 때문이라고 하였다. 앞에서 보았듯이 이의준은 호인胡人의 말을 인용하며 당시 관료들이 자신의 몸만을 아껴 나라의 땅을 지키지 못했다고 비판하였다. 당시 관료들에 대한 이러한 비판적 인식은 정인보 역시 마찬가지였으나, 정인보는 온 나라가 당벌과 사리사욕에만 몰두했다며 당시 정치 · 사회에 전반적으로 만연했던 문제점을 거론하는 데까지 나아갔다. 여기에는 평소 조선조 사회를 바라보는 정인보의 부정적인 시각이 반영되어 있다고 할 수 있다. 정인보는 국가의 안위보다도 당파의 이익과 가문 및 개인의 영달에만 몰두했던 것을 조선조 사회의 폐단으로 꼽았었는데, 이러한 그의 시각이 백두산 정계비 사건을 바라보는 데도 여지없이 나타나고 있는 것이다.

정인보의 시에서 한치익과 무명 장교의 의로운 행위는 당시 정치 · 사회 현실에 대한 부정적인 평가 속에서 뭇관료들의 행위와 대조적으로 부각된다.

오래 됐느니라. 들을 귀도 막힌 지가	久矣隔天穿
그러니 의기야 어찌 다시 있었을까 보냐만.	那復有意氣
슬기론 마음 울분하여 향할 데 없었으랴?	光靈鬱靡向
핏줄을 느꺼워하며 겨레를 찾았다네.	感流索其類
갑자기 두 장교 의분을 터뜨려	忽迸二校憤

손을 뽐내며 빗돌 위에 엎어졌네.	奮手仆贔屭
청나라 사신 꾸짖기를 “웬 놈이냐?	淸差呵誰者
뉘 감히 거역하느냐? 목을 치거나 코를 벨 테다”	誰敢犯殄劓
하나는 한치익이오	一爲韓致益
또 하나는 이름도 자도 모르나	其一失名字
제 말로 “우리 두 사람은	其言吾二人
갑산甲山 무산茂山의 군적軍籍에 들었으니	甲茂軍籍在
마땅히 저마다 제 할 일 다할 뿐	各宜窮所履
흐지부지 하려는가? 예가 도대체 어디길래?	草草何此地
나라 따라 강대 약소 다를 테지만	有國殊强弱
제 땅 위해 목숨 바침에야 귀천 없느니라.”	殉土無賤貴
청나라 사신이 다시 정계定界 빗돌 꽂으면	淸差又揷標
꽂는 족족 뽑기를 다시 또 하네.	隨揷拔又再
깜짝 놀란 목극등이	大驚穆克登
이르기를 “이거 정말 충의로운 신하로다.”하고	謂此眞忠義
옛 강물 근원을 찾게 하여	許尋江源古
산꼭대기에 올라 차근차근 의론하길 받아들였건만	陟巓容徐議
뭇 소인들은 구차스레 편함만 생각하여	羣小懷苟便
분분한 의론 국가대계 그르쳤느니라.[276]	噂沓壞大計

시의 ①~③ 부분에서는 서술자가 이야기를 들려주는 방식으로 전개된다면, 한치익과 무명 장교의 행적을 전하는 ④ 부분에서는 대화체를 통해 당시 상황을 실감나게 그리고 있다. 자신이 참고한 이의준의 글에서도 한치익과 목극등의 대치가 대화체를 통해 생생하게 서술되었는데, 이를 자신의 시에서도 잘 살린 것이다.

그러나 정인보는 이의준의 글에 기록된 한치익이나 목극등의 대화

276) 정인보, 위의 시, 『담원문록』 상, 367~368쪽; 『전집』 5, 181쪽.

내용을 그대로 인용하지 않고 사실의 맥락을 왜곡하지 않는 범위 내에서 내용을 수정하였다. 앞에서 보았던 이의준의 글에서는 한치익과 무명 장교가 목극등이 강의 발원처에 정계비를 세우지 않았음을 지적하며 세 번이나 정계비를 뽑아 마침내 목극등이 그들의 주장을 인정한 것으로 기록되어 있다. 그런데 정인보의 시에서는 청나라 사신의 위협에 한치익과 무명 장교가 "갑산甲山 무산茂山의 군적軍籍에 들었으니, 마땅히 저마다 제 할 일 다할 뿐(甲茂軍籍在, 各宜窮所履)", "나라 따라 강대 약소 다를 테지만, 제 땅 위해 목숨 바침에야 귀천 없느니라.(有國殊强弱, 殉土無賤貴)"라고 항변하는 것으로 내용이 바뀐 것이다. 이것은 이의준의 글에 기록된 내용을 바탕으로 인물에 대한 정인보 자신의 해석을 거쳐 창작된 말이다.

한치익과 무명 장교의 항변을 결국 받아들이며 목극등이 한 말도 이의준의 기록과 달라진 부분이다. 이의준의 글에서는 "그대 말이 옳도다(汝言是也)"라며 목극등이 한치익과 무명 장교의 주장을 결국 인정한 것으로 서술되어 있다. 이에 반해 정인보의 시에서는 "이거 정말 충의로운 신하로다(謂此眞忠義)"라며 그들의 의로운 행위에 감탄하는 것으로 나타나 있다. 이는 목극등의 마음을 움직인 것이 바로 그들의 충의로운 행위였음을 강조한 것이라고 할 수 있다.

이처럼 정인보가 대화의 내용을 변화시킨 것은 한치익과 무명 장교의 내적 동기와 인물됨을 좀 더 부각시키기 위해서였던 것으로 보인다. 그들이 정계定界를 책임 맡은 담당 관료도 아닌데다 청나라 사신의 위협을 받았음에도 끄떡하지 않고 계속 항변할 수 있었던 동력이 어떤 마음에서 비롯된 것인지를 드러내고자 한 것이다. "갑산甲山 무산茂山의 군적軍籍에 들었으니 / 제 할 일 다할 뿐(甲茂軍籍在, 各宜

窮所履)", "제 땅 위해 목숨 바침에야 귀천 없느니라(有國殊强弱, 殉土無賤貴)"라는 말은 그들의 행위가 어떤 외적 강제나 보상에 의한 것이 아니라 자신의 소명을 다하고자 하는 자발적인 마음에서 우러나온 것이며, 나라를 위해 목숨을 바칠 수 있는 것을 귀하게 여기는 마음에서 비롯된 것임을 보여준다. 즉 사심 없이 공적 책임을 다하고 나라의 안위를 곧 자신의 문제로 느끼는 마음이 그것이다. 이는 곧 그들에 대한 정인보의 역사적 평가이자, 정인보가 귀하게 여기는 가치이기도 하다.

이와 같이 정인보는 대화 내용의 재구성을 통해 한치익과 무명 장교의 행적을 보여주면서 그들을 영토를 지키기 위해 순국할 의지를 지닌 애국 인사로 뚜렷하게 형상화하였다. 나아가 그들을 역사적 인물들과 나란히 언급함으로써 그들에 대한 역사적 의미를 강화하였다. 시의 앞부분에서 유유, 서희, 을지문덕 등을 언급한 것은 한치익과 무명 장교 역시 북방의 영토 수호를 위해 애쓴 민족의 위인임을 부각하고자 한 것이다.

시의 말미에서 한치익과 무명 장교를 안용복安龍福에 빗댄 것 또한 마찬가지이다. 그러나 안용복은 서희, 을지문덕 등과 신분도 다르고 행적에 대한 처우와 역사적 평가가 달랐던 인물이다. 정인보가 시의 말미에서 한치익을 안용복에 빗대어 애도의 심정을 읊었던 맥락을 이해하기 위해서는 안용복의 행적과 그에 대한 역사적 평가에 관해 알아야 필요가 있다.

안용복은 조선의 어부로, 1693년과 1696년에 울릉도에 고기잡이 갔다가 무단 어획하는 왜인을 보고는 도해渡海하여 일본 번주藩主에게 왜인의 범경犯境 사실을 항의한 후 사과를 받고 돌아왔던 인물이다. 그런데 이 일을 보고 받은 당시 조정에서는 안용복의 행위에 대해 의견이 분분하였다. 안용복으로 인하여 왜인의 울릉도 무단 어획이 저지되고 대마도가 울릉도를 차지하려 한 간계가 드러난 점은 인정되었지만, 그가 금령禁令을 어기고 도해하여 국가의 외교 사안을 사적으로 처리한 점이 크게 문제가 된 것이다. 법을 위반하고 외교 분란을 일으킨 문제가 크다고 본 사람들은 안용복에 대한 처형을 강력히 주장했다. 반면 실정법 위반에 비해 국경 분쟁과 관련한 국가적 난제를 해결한 공로가 더 크다고 본 이들은 처형의 부당함을 호소하였다. 결국 안용복은 처형을 겨우 면하고 유배형에 처해졌다.[277)]

당대에 공로를 인정받기는커녕 처벌을 받았던 안용복이 나라의 영토를 수호한 용사로 높게 평가받기 시작한 것은 후대에 와서이다. 대표적으로 정조는 안용복에 관한 선대 국왕의 결정과 평가를 이례적으로 뒤집으며 안용복을 국가적 영웅으로 복권시켰다.[278)] 또한 이익李瀷, 안정복安鼎福, 원중거元重擧, 성해응成海應, 이규경李圭景 등 18 · 19세기 문사들이 안용복에 대한 관심을 보이고 그에 관한 기록을 남기면서 정조와 같은 시각을 보여 주었다.[279)] 조선의 역사와 강역에 대한 관심이 높았던 조선 후기 실학자들을 중심으로 안용복에 대한 재평가가 이루어졌음을 보여주는 것이라고 할 수 있다.

---

277) 안용복에 대한 당시 조정의 논의 내용은 『조선왕조실록』 숙종 22년(1696) 9월 27일자와 숙종 22년(1696) 10월 13일자에 보인다. 이에 관해서는 진재교의 「조선조 후기 문헌기록을 통해 본 안용복의 기억과 변주」(『한국한문학연구』 60, 한국한문학회, 2015, 279~286쪽)에서 자세히 다루고 있다. 여기서는 이를 참고로 하여 안용복에 관한 내용을 요약적으로 제시하였다.

278) 진재교, 위의 논문, 291~293쪽.

279) 안용복과 관련한 기록이 보이는 국내 문헌의 현황에 대해서는 앞의 진재교 논문에서 일목요연하게 체계적으로 정리하여 제시하였다.(위의 논문, 276~277쪽)

일제강점기에 들어서서 안용복은 민족의식과 독립운동의 정신을 고취시키고자 한 지식인들에 의해 또다시 주목을 받게 된다.[280] 1922년에 출간된 장지연張志淵(1864~1921)의 『일사유사逸士遺事』에서 안용복의 일생은 드라마틱하게 재구성되어 민족적 · 영웅적 위인으로 재현되었다. 이후 1926년 5월 이윤재李允宰(1888~1943)가 『동광東光』에 안용복을 소개하며[281] 민족의식이 투철하고 나라를 위해 기꺼이 희생할 의지가 높은 애국인사로 그렸다. 이러한 관점에 따른 안용복의 재현은 1933년대 7월 『별건곤』에 소개된 차상천의 글,[282] 1940년대 안확의 『조선무사영웅전』에까지 이어졌다. 다만 실증주의 사학자 김상기가 1934년 12월 16일자 《동아일보》에 기고한 「안용복과 울릉도」에서는 일본을 의식해서인지 민족적 성격이 강하게 드러나지 않고 안용복의 도일과 외교문제가 대폭 축소되어 재현될 뿐이다.

이상에서 보는 바와 같이 정인보가 시의 말미에서 언급한 안용복의 의미는 이익, 안정복 등 조선 후기 실학자와 장지연, 이윤재 등 일제강점기에 민족의식을 고취하고자 했던 지식인들의 안용복에 대한 평가와 재현을 내포하고 있다. 즉 국가로부터 어떤 직책이나 임무를 부여받은 바 없음에도 국토를 지키는 일을 자신의 일로 여기며 자발적으로 타국의 부당한 행위에 용기 있게 맞섰던 인물임을 밝혀 시대에 필요한 정신을 북돋고자 한 것이다. 조선 후기에 대두된 것이

280) 일제강점기에 안용복에 대해 다룬 기록에 대해서는 김병우의 「일제강점기 안용복의 이미지화와 그 의미」(『독도연구』 19, 영남대학교 독도연구소, 2015)에서 총체적으로 분석하였다. 이하의 내용은 이 논문을 참고하여 일제강점기의 지식인들이 주목한 안용복의 의미에 대해 요약적으로 제시한 것이다.

281) 이윤재, 「쾌걸 安龍福」, 『東光』 2, 동광사, 1926.6.

282) 차상찬(壽春山人), 「三寸舌로 鬱陵島 奪還한 海上의 快人勇士 安龍福」, 『別乾坤』 65, 開闢社, 1933.7.

민족에 대한 자각과 자주정신이라면 일제강점기에는 민족의식과 항일저항 의지, 독립운동 의지라고 할 것이다. 정인보가 역사 속에서 잊힌 한치익에 관한 이야기를 옛 문헌을 통해 발견하고 그의 행적을 영사시로 읊었던 이유도 바로 여기에 있다.

그러나 한시를 통해 한치익 이야기를 전하고 있다는 점에서 이 일을 대중적으로 널리 알리는 데에는 일정한 한계를 지녔다고 할 수 있다. 그의 국문 글쓰기가 거의 신문 · 잡지 등의 언론매체에 기고를 하는 방식으로 이루어졌다고 했을 때, 언론매체에 한치익에 관한 이야기를 소개할 적절한 기회나 참여 형태를 만나지 못했다고 추정해 볼 수도 있다. 하지만 작품 연도나 당시 이 글을 쓰던 상황에 대한 정보가 부족한 상황에서 정인보가 왜 국문 글쓰기 방식으로 한치익을 소개하지 않았는지는 명확하게 알 수 없는 부분이다. 다시 말해 한시로 쓴 것은 상황에 따른 어쩔 수 없는 선택이었는지, 한치익을 기리고 그의 행적으로 기록으로 남기기 위한 적극적인 선택이었지는 불명확하다. 다만 이 영사시를 통해 알 수 있는 것은 정인보가 역사 속에서 잊힌 인물을 세상에 드러내어 그 행적을 기리고 그를 애도하며 시대에 필요한 인물상을 한치익을 통해 구현하고 있다는 사실이다. 그런 점에서 정인보의 영사시는 한문 글쓰기를 통해 당대 자신의 역사적 소명을 다하고자 애쓴 결과물이라고 할 수 있다.[283)]

283) 정인보가 한치익 이야기를 전기문 형태의 한문 산문이 아니라 한시로써 인물의 행적을 그린 것은 객관적인 자료가 많지 않았기 때문이라고 볼 수 있다. 이와 관련해서는 정인보가 이상설에 대한 전기문 대신 애도시를 썼던 이유를 밝혔던 내용이 참고할 만하다. 이상설에 대한 전기문을 쓰고자 했으나 그에 관한 사적이 부족하여 쓰지 못한 채로 세월이 흐르다가 세월이 흘러 사람들 사이에 이상설이 잊혀져 가는 것이 슬퍼 그를 위한 애도시를 우선 썼다는 내용이다.(정인보, 「薄齋李公旣沒 余擬爲立傳 苦遺事無述 見聞之訪又阻 歲久寖忘 今之人 罕有擧其

(2) 조선 후기 한 실학자의 재발견

「정석치가鄭石癡歌」는 18세기의 문사인 정철조鄭喆祚(1730~1781)에 대해 읊은 시이다. 정철조에 관해서는 박지원朴趾源(1737~1805), 박제가朴齊家(1750~1805), 이덕무李德懋(1741~1793) 등이 시문을 남기고 있어 역사 속에 묻힌 인물의 범주에 들지는 않는다. 그러나 박지원, 박제가, 이덕무가 읊은 석치 정철조에 관한 시문을 보면, 정인보가 정철조를 주목한 바가 얼마나 새롭고 다른지 알 수 있다.

> 예전에 계셨다네 높은 어른 정철조라는 분이　　昔有高人鄭喆祚
> 스스로 호하길 석치라 하니 본관은 해주였소.　　自號石癡籍海州
> 둘도 없는 학 한 번 울어 그 빌미로 스스로를 그르치니　　寡鶴一響本自誤
> 양사兩司의 벼슬은 뜬구름 같은 것.　　兩司之官等雲浮
> [석치는 문과급제하여 벼슬이 정언에 이르렀음(石癡文科 官正言: 原主)]
> 미친 듯 오만한 듯 온종일 취하고.　　如狂如傲終日醉
> 술김에 그린 단청 흩뿌린 채 거두질 않았다네.　　倚醉丹青散不收
> 연암이 석치를 슬퍼한 글은 너무도 농지거리에 방탕하고　　燕巖傷辭太詼宕
> 초정의 절구는 그 말이 꼼꼼칠 못해　　楚亭絶句語未稠[284]

정인보는 시의 처음 부분에서 벼슬을 뜬구름처럼 여기고 늘 술에 취하며 그림을 그리던 모습으로 정철조를 보여주었다. 그것은 박지원, 박제가, 이덕무 등 당시 절친한 벗들의 시문에서 주되게 나타나

名者矣. 撫事懷故 彌慟云亡 聊作古詩一篇 奉示耻齋松居兩世丈求幷有賦. 庶幾流玆感慨 不終落莫 他日採掇粗具 當卒爲傳之」, 『담원문록』 상, 419쪽)

284) 정인보, 「鄭石癡歌」, 『담원문록』 중, 89~90쪽; 『전집』 5, 308쪽.

는 모습이기도 하였다. 하지만 정인보는 그것은 정철조의 일면일 뿐이고 그들의 글이 정철조의 진면목을 보여주기에는 부족하다고 여겼다. 박지원이 정철조를 애도한 글은 농지거리에 방탕하고, 박제가의 절구는 내용이 소략하여 한계가 있다는 것이다. 이것이 정인보가 새롭게 「정석치가」를 쓰게 된 이유이기도 하다. 그렇다면 정인보가 왜 그들의 글이 한계가 있다고 여겼는지 여기서 잠시 그들의 글을 살펴보도록 하자.

> 살아있는 석치石癡라면 함께 모여서 곡을 할 수도 있고, 함께 모여서 조문할 수도 있고, 함께 모여서 욕을 할 수도 있고, 함께 모여서 웃을 수도 있고, 여러 섬의 술을 마실 수도 있어 서로 벌거벗은 몸으로 치고받고 하면서 꼭지가 돌도록 크게 취하여 너니 내니도 잊어버리다가, 마구 토하고 머리가 짜개지며 위가 뒤집어지고 어찔어찔하여 거의 죽게 되어서야 그만둘 터인데, 지금 석치는 참말로 죽었구나!
>
> 석치가 죽자 그 시신을 빙 둘러싸고 곡을 하는 사람들은 바로 석치의 처첩과 형제 자손 친척들이니, 함께 모여서 곡을 하는 사람들이 진실로 적지 않다. 또한 손을 잡고 위로하기를,
>
> "덕문德門(남의 집안을 높여 부르는 말)이 불행하여 어질고 밝은 분이 어쩌다가 이 지경에 이르렀습니까."
>
> 하면, 그 형제와 일가들이 절하고 일어나 머리를 조아리고 대답하기를,
>
> "제 집안이 흉한 화를 만났습니다."
>
> 하였다. 그 붕우들마다 서로 더불어 탄식하며,
>
> "이런 분은 진실로 얻기 쉽지 않은데……."
>
> 하니, 함께 모여서 조문하는 사람들도 진실로 적지 않다.
>
> 석치와 원한이 있는 자들은 석치더러 병 걸려 죽으라며 심하게 욕을 하더니만, 석치가 죽었으니 욕하던 자들의 원한도 이미 갚아진 셈이다. 죄벌로는 죽음보다 더한 것이 없기 때문이다. 세상에는 진실로 이 세상

> 을 꿈과 도섭으로 여기고 인간 세상을 놀이로 여기는 이가 있다. 그러한 이가 석치가 죽었다는 말을 들었다면 진실로 한바탕 웃어젖히면서 진眞(본래 상태)으로 돌아갔다 여겨서, 웃느라 밥알이 벌이 날 듯 튀어나오고 갓끈이 썩은 나무 꺾이듯 끊어질 것이다.
>
> 석치가 참말로 죽었다. 귓바퀴가 이미 문드러지고 눈알이 벌써 썩어서 정말 듣지도 보지도 못할 것이며, 술을 따라서 부어도 참으로 마시지도 취하지도 못할 것이다. 평소에 석치와 서로 어울리던 술꾼들도 참말로 뒤도 돌아보지 않고 자리를 파하고 떠날 것이며, 진실로 장차 뒤도 돌아보지 않고 파하고 가서는 자기네들끼리 서로 모여 크게 한잔할 것이다.[285]

이 글은 박지원의 「제정석치문祭鄭石癡文」으로, 정인보가 언급한 '연암이 석치를 슬퍼한 글(燕巖傷辭)'이란 이 제문을 말한다. 박지원은 이 글에서 제문의 일반적인 구성을 따르지도 않고 '오호 애재라' 등의 상투적인 문구를 사용하면서 통곡의 감정을 드러내지도 않았다. 정철조의 행적을 열거하며 그의 업적을 기리는 태도를 보이지도 않았다. 어떤 상황을 가정하거나 다양한 입장에 선 사람들이 정철조의 죽음을 맞이하여 보이는 반응들을 서술할 뿐이다. 그러한 서술 속에서

285) 生石癡, 可會哭, 可會弔, 可會罵, 可會笑, 可飮之數石酒, 相贏體毆擊, 酩酊大醉, 忘爾汝, 歐吐頭痛胃飜眩暈, 幾死乃已, 今石癡眞死矣. 石癡死, 而環尸而哭者, 乃石癡妻妾昆弟子姓親嫟, 固不乏會哭者. 握手相慰曰: "德門不幸, 哲人云, 胡至此." 其昆弟子姓, 拜起頓首對曰: "私門凶禍." 其朋朋友友, 相與歎息言: "斯人者, 固不易得之人." 而固不乏會弔者. 與石癡有怨者, 痛罵石癡病死, 石癡死, 而罵者之怨已報, 罪罰無以加乎死. 世固有夢幻此世, 遊戲人間, 聞石癡死, 固將大笑, 以爲歸眞, 噴飯如飛蜂, 絶纓如拉朽. 石癡眞死, 耳郭已爛, 眼珠已朽, 眞乃不聞不睹, 酌酒酹之, 眞乃不飮不醉. 平日所與石癡飮徒, 眞乃罷去不顧, 固將罷去不顧, 則相與會酌一大盃.(朴趾源, 「祭鄭石癡文」, 『燕巖集』 권10 ; 『담원문록』 중, 96~97쪽)

정철조의 인간적인 면모와 정철조를 보내는 작자의 감정은 간접적으로 드러난다.

석치가 살아있었다면 함께 하고 있었을 행위를 떠올리며 시작하는 첫 부분도 그러하다. 함께 있었다면 술 마시고 옷 벗고 때리며 곤드레만드레 술에 취해 있을 석치의 모습을 상상하는 부분에서 정철조의 모습뿐만이 아니라 죽음으로 인한 벗의 부재를 실감하는 박지원의 감정이 간접적으로 드러난다.

정철조의 인물됨은 가족 · 일가와 붕우들이 정철조의 죽음을 진실로 슬퍼하는 모습과 그들이 탄식하며 하는 말을 통해 나타난다. 정철조에 대해 어질고 밝아 쉽게 얻을 수 없는 사람이라고 말을 하며, 그의 죽음을 진실로 슬퍼하는 이가 많음을 보여주고 있는 것이다. 한편으로는 석치와 원한을 맺은 이, 인간살이를 놀이로 여기는 해탈도인 등 석치의 죽음을 슬퍼하지 않을 이들의 존재에 대해서도 상상하였다. 굳이 망자를 애도하는 제문에서 그러한 이들을 떠올린 것은 자신은 석치와 원한을 맺은 이도, 해탈도인도 아니기 때문에 석치의 죽음을 아무렇지도 않게 받아들일 수 없음을 대조적으로 부각하기 위한 것으로 보인다.

마지막 단락에서는 '석치가 정말 죽었다(石癡眞死)'는 말이 다시 한 번 반복된다. 슬픔의 감정을 직접 드러내지는 않았지만, 짧게 반복되는 구절을 통해 믿기지 않는 사실을 새삼 재확인하며 벗의 죽음을 실감하게 되는 순간에 내뱉는 깊은 탄식이 간접적으로 느껴진다. 제문의 마지막 문장 또한 망자에 대한 통곡이 아니라 산 사람들이 지속적으로 술판을 벌일 것을 떠올리는 장면을 보여주고 있다. 그리고 그런 시끌벅적한 자리에 이제 석치는 없을 것임을 느끼게 만들고 있다. 죽은 자의 부재, 산 사람과 죽은 사람 간의 단절을 보여줌으로써 벗의 부재로 인한 슬픔을 이면으로 전하고 있는 것이다.

이처럼 박지원의 정철조 제문에서는 어느 곳에서도 벗의 죽음을 애도하는 감정 표현이 직접적으로 드러난 것을 볼 수가 없다. 술 마시는 행위 이외에는 망자의 행적을 서술한 부분도, 망자에 대한 작자의 평도 보이지 않는다. 그렇기에 구성이나 표현 면에서 박지원의 정철조 제문은 참신함이 두드러지는 글이라고 할 수 있다. 상투적인 구성과 표현 방식으로는 감정을 깊이 있게 제대로 전하기 어렵기 마련이다. 그런 점에서 그의 제문은 망자를 잃은 슬픔을 상투적인 방식으로 전하지 않고 슬픔을 오롯이 담아내고자 고심한 결과의 산물이라고 볼 수 있을 것이다.

그러나 정인보는 박지원의 정철조 제문에 대해 농지거리 방탕으로 흐른 면이 있다고 보았다. 술꾼 이미지 위주로 묘사되는 정철조의 모습, 죽음을 보며 한바탕 웃어젖힐 해탈도인에 대한 상상, 함께 어울리던 술꾼들이 조문하고 돌아간 뒤에 자기네들끼리 크게 한잔할 것이라고 끝맺는 부분 등이 망자를 기리고 슬퍼하는 내용보다 두드러지게 나타나기 때문일 것이다. 하지만 정인보가 정철조의 삶에서 주목한 부분을 감안해 볼 때, 박지원의 정철조 제문에 대해 무엇보다도 아쉬움을 크게 느꼈던 점은 술꾼 이미지 이외의 정철조의 모습이 잘 드러나지 않았기 때문이라고 할 수 있을 것이다.

다음으로 정인보가 언급한 박제가의 시를 보도록 하자. 박제가는 회인시 연작시 60수를 지으면서 제30수에서 정철조에 관해 읊었다. 비록 7언절구의 짧은 형식에 담았지만 이 시에서 드러나는 정철조의 모습은 박지원의 제문에 비해 더 다양하다

구리 동전 삼백 닢에 술꾼 부르더니,	靑銅三百酒人乎
신후문장이란 말이 나를 웃게 하는도다.	身後文章笑殺吾
서양 사람의 『의상지儀象志』를 찬찬히 살펴보고	繙罷洋人儀象志
창가에서 해어도海魚圖를 베껴서 그렸다네.[286)]	閒窓搨得海魚圖

박제가는 구절마다 정철조의 면모를 하나씩 드러내었다. 첫 구절에서 보여주는 것은 박지원의 제문과 마찬가지로 술 마시며 지내던 정철조의 모습이다. 그러나 그것은 그가 일상생활에서 보여주는 모습의 일면일 뿐이다. 두 번째 구절에서는 '신후문장'이라는 말로 정철조가 비록 살아서는 인정받지 못했지만 문장에도 뛰어났음을 말하였다. 이어 그가 관심 있게 살펴보았던 책을 구체적으로 언급하며 그의 학문 세계의 일단을 드러내었다. 『의상지儀象志』는 『신제영대의상지新制靈臺儀象志』 또는 『영대의상지靈臺儀象志』라고도 하는 천문학 관련 서적이다. 청나라 강희제 때 흠천감부欽天監副로 임명되었던 벨기에 선교사 베르비스트(Ferdinand Verbiest, 중국명 남회인南懷仁)가 지은 것이다. 이 책을 숙종 41년(1715년)에 관상감정觀象監正으로 있던 역관 허원許遠이 청나라에서 가져왔고 관상감에서 모사·간행하여 관상觀象에 이용했다고 한다. 정철조가 이 책을 세심하게 살펴보았다고 한 것은 그가 서양 천문학에 깊은 조예가 있었음을 나타낸 말이다.[287)] 마지막 구절은 창가에서 해어도海魚圖를 베끼는 정철조의 모습을 보여주었다. 그림 그리는 재주가 뛰어났던 정철조의 한 단면을

286) 박제가, 「戱倣王漁洋歲暮懷人六十首」 제30수 '鄭石癡[喆祚]', 『貞蕤閣初集』; 박제가(저)/정민 · 이승수 · 박수밀(역), 『정유각집』 상, 돌베개, 2010, 249쪽. 번역은 번역본을 참조함.

287) 박제가(저)/정민 외(역), 위의 책, 249쪽 주석 참조.

보인 것이다.

박제가가 보여준 정철조의 네 가지 면모 중 가장 널리 알려진 것은 화가로서의 면모이다. 정철조의 벗들과 여타 문사들의 시문에서 그 자취를 발견할 수 있다. 벗 이덕무는 좋아하는 친구의 시를 '석치겸현石癡謙玄'의 절묘한 필치로 부채의 머리에 묘사해 보고 싶다는 글을 남긴 바 있다.[288] 여기에서 '석치겸현石癡謙玄'이란 석치石癡 정철조鄭喆祚, 겸재謙齋 정선鄭敾(1676~1759), 현재玄齋 심사정沈師正(1707~1769)을 가리키는 말이다. 정철조의 이름을 조선 시대의 유명한 화가들인 정선, 심사정과 나란히 언급하고 있는 것을 볼 수 있는 것이다. 이긍익李肯翊(1736~1806)도 우리나라의 유명한 화가들을 열거한 글에서 정철조를 거론한 바 있다.[289] 정조正祖의 어진御眞을 그릴 때는 서명선徐命善(1728~1791)이 정철조가 그림에 대해 두루 능통하고 매우 깊은 생각이 있다며 그를 입참하게 할 것을 청한 일[290]도 있었다. 성해응成海應(1760~1839), 정약용丁若鏞(1762~1836)은 정철조의 그림에 대해 제시題詩를 남기기도 하였다.[291] 이처럼 정철조는 당대에 화가로서 인정을 받았고, 후배 세대들에게까지도 그의 그림이 사랑을 받았음을 볼 수 있다.

---

288) 李德懋, "有友生薄遊上游, 絶峽秋聲驚木葉, 滿江月色下楊根之句, 膾炙人口. 楊根郡名也. 余嘗愛其晩木聲奔野, 寒山影入村, 晴鷗飛點水, 倦犊臥看山. 有趣有理, 亦澹亦精, 欲倩石癡謙玄之筆, 盡此扇頭.", 「絶峽秋聲驚木葉」, 『淸脾錄』 二, 『靑莊館全書』 권30.(한국고전번역원 DB의 원문, 번역, 주석 참조)

289) 李肯翊, 「畫家」, 『文藝典故』, 『燃藜室記述』 別集 14.(한국고전번역원 DB)

290) 李裕元, "正廟辛丑圖寫御眞也, 徐桐原命善, 以前正言鄭喆祚, 旁通繪事, 頗有精思, 又請入參.", 「御容摸寫時請朝臣解繪事者入參」, 『林下筆記』 32.(한국고전번역원 DB)

291) 成海應, 「題鄭石癡畫後」, 『書畫雜識』, 『硏經齋全集續集』 16 ; 丁若鏞, 「題鄭石癡畫龍小障子」, 『茶山詩文集』 1.(한국고전번역원 DB)

그러나 이러한 화가로서의 면모는 정철조의 일면일 뿐이다. 박제가의 시에서 볼 수 있듯이 정철조는 술에 취해 살고 그림만 잘 그렸던 것이 아니다. 문장도 뛰어났고 서양 천문학에도 조예가 있었다. 박제가의 시에서 비로소 정철조가 다방면에 재주와 역량을 갖춘 인물임이 드러난 것이다. 하지만 그러한 내용이 7언절구라는 짧은 형식을 통해 매우 소략하게 나타날 뿐이다. 정인보가 박제가의 시에 대해 '그 말이 꼼꼼칠 못해(語未稠)'라고 평하며 아쉬움을 드러낸 이유이기도 하다.

특히 정인보가 박제가의 시나 박지원의 제문에 대해 아쉬움을 느낀 것은 김정호와 황윤석의 글을 통해서 정철조의 또 다른 면을 구체적으로 알게 되었기 때문이다. 정인보가 보기에 그들의 글에서 드러나는 사실이야말로 정철조의 행적과 업적에서 빠뜨려서는 안 될 중요한 것이었다.

다행히 고산자의 여도輿圖 범례가 있어 　幸有古山輿圖例
앞선 학구 몇 분인지 연원을 하나하나 따졌는데 　淵源歷數幾前修
선생과 황엽黃燁과 윤영尹瑛을 일컬으며 　謂言先生與黃尹
근세에 가장 잘된 여도輿圖는 이 세 분 것이라 했네. 　近世著本三爲尤
예로부터 이 학문은 정밀과 박학을 요하기에 　從來玆學要精博
자신의 전공이 아니고선 완성할 도리 없고 　自非嫥工成無由
더구나 그런 십법술에는 오히려 서툰 데다가 　矧爾十法術猶疎
선비가 땅의 원근 따워 살핌을 세속에선 부끄러워하는 바라 　儒士窺衡俗所差
자못 야릇해라 술꾼이란 대개가 털털한데 　頗怪酒人多脫略
어떻게 명주실 쇠털 같은 섬세함에 이르렀던고? 　那得蠶絲牛毛到

여기에서 정인보가 보았다는 김정호의 '여도례輿圖例'란 『청구도靑邱圖』의 「범례」를 말한다. 『청구도』는 김정호가 『대동여지도』보다 20여 년 전에 제작한 지도이다.[292] 그 범례의 첫머리에 고려시대로부터 조선시대 정조 때까지의 지도 변천사가 간략하게 정리되어 있는데,[293] 그 가운데 정철조의 이름이 거론되는 것을 볼 수 있다.

> 우리나라에는 삼국과 고려시대로부터 역사서에 모두 지지地志가 있었는데, 지지는 곧 지도의 근본이다. 이미 고려 중엽에 유공식의 집에 보관된 지도가 있었고, 공민왕 때 나흥유가 본국의 지도를 편찬하여 왕에게 바쳤다. 본조(조선)에 들어와 세조가 양성지에게 지지와 지도를 편찬하도록 명하였다. 내가 전후에 편찬된 지도를 살펴보니 반드시 저것을 들어 이것을 밝히고 옛날에 근거하여 지금을 고친 바가 있었다. 그중 오랫동안 전해진 것은 오직 여지승람輿地勝覽 변권弁卷(각 수권首卷)의 팔도도본八道圖本뿐이다. 하지만 질박하고 소략하여 겨우 그 범위를 갖추었을 따름이다. 정묘조正廟朝(정조正祖)에 여러 주군州郡에 명하여 해당 지방을 그려서 진상하도록 하였다. 이에 경위선표經緯線表를 두었는데 혹은 팔도八道로 분폭分幅하고 혹은 주현州縣으로 나누어 뜻에 따라 만들었다.(그 중에서) 정철조鄭喆祚·황엽黃燁·윤영尹鍈의 도본圖本이 가장 우수했다. 대개 종이의 크기는 한정이 있어서 도본道本 전폭 안에 방면坊面과 분계선分界線을 수용하기 어려워서 그 상세함을 다할 수 없었다. 주현州縣의 각 본本은 땅의 활협장단濶狹長短을 막론하고 반드시 일판一版 안에 배치하게 되어 경위선經緯線이 절로 드물거나 촘촘한 구분히 생기게 되었다. 그 경계를 살핌에 이르러서는 찾아 밝히기가 어려워 관규管窺의 폐단을 면치 못하게 되었다. 그러므로 이에 대폭

---

292) 이기봉, 「『청구도범례』에 나타난 김정호의 고민과 희망 : 지도의 제작과 이용 및 교정 방법」, 『문학역사지리』 19권 1호, 2007, 68쪽.

293) 이기봉, 위의 논문, 60쪽.

> 의 전도全圖로서 층판層版을 정하여 고기비늘처럼 순서를 매겨 권卷을 만들었으니 거의 두 가지 문제점이 없게 되었다. 지지地志에 실린 바의 예전에 수찬修撰한 지도 역시 이것을 가지고 고찰할 수 있을 것이다.[294]

김정호에 따르면 삼국 시대로부터 조선조까지 지도가 여러 차례 제작되었지만, 오랫동안 전해져 온 것은 여지승람輿地勝覽 변권弁卷(각 수권首卷)의 팔도도본八道圖本뿐이었다. 그런데 그 지도마저도 내용이 매우 질박하고 소략하여 한계가 있었다. 김정호는 이전 지도의 한계와 문제점을 극복한 것이 정조 때 편찬된 지도라고 보았으며 그 중에서도 정철조·황엽·윤영의 도본圖本을 가장 우수한 것으로 꼽았다. 경위선표經緯線表를 두어 팔도八道와 주현州縣으로 나누고 주현의 각 본本을 일판一版 안에 배치하여 상세함을 다한 점, 대폭의 전도全圖를 만들어 층판層版을 정하고 각 판版의 순서를 매겨 경계까지 살필 수 있게 한 점 등에서 이전의 한계와 문제점을 극복했다는 것이다. 아울러 이것을 통해 지지地志에 실려 있는 예전의 지도도 고찰할 수 있다며 그 가치를 매우 높이 평가하였다.

이처럼 정철조가 정밀한 지도를 제작했다는 것은 정인보가 김정호

---

294) 左海地方, 自三國高麗, 史皆有志, 地志卽圖之長本也. 暨于勝國中葉, 有柳公植家藏地圖, 恭愍王時, 羅興儒撰本國地圖, 以進于王. 入本朝, 世祖命梁誠之, 撰地誌及地圖. 竊想前後撰圖, 必有擧彼昭此沿古革今, 壽其傳者, 惟有輿地勝覽弁卷之八道圖本, 質略朴野, 僅具範圍. 正廟朝分命諸州郡, 圖形該地方以上, 於是有經緯線表, 或以八道分幅, 或以州縣分俵. 任意裁作, 鄭喆祚·黃燁·尹鍈之本最著焉. 盖楮方有限, 道本全幅之內, 難容坊面與分界線, 則無以盡其詳矣. 州郡各本, 無論其地之濶狹長短, 必排布於一版之內, 經緯線自有疏密稀稠之分. 及其査界, 難於尋表, 則未免管窺之弊. 故玆庸大幅全圖, 局定層版, 鱗次成卷, 庶無二患, 而地志所載前修撰圖, 亦可將此而考焉.(김정호(저)/이병도(역), 「靑邱圖凡例」, 『靑邱圖』 乾, 민족문화추진회, 1971, 15쪽; 이기봉, 위의 논문, 59~60쪽에서 재인용)

의 「청구도범례」를 보기 전까지는 알 수 없었던 사실이었다. 이 사실은 정인보에게 많은 의문점을 던져 주었다. 지도는 당대의 지리에 대한 인식과 기술이 총화된 것이라는 점에서 지도를 제작하기 위해서는 매우 정밀하고 폭넓은 지식을 요구한다. 그렇기에 오랜 시간 동안 지리학 및 지도 제작 연구에 주력하지 않으면 지도를 완성할 수가 없다. 그렇다면 정철조는 언제 어떻게 땅의 원근을 측량하고 지도 제작에 적용하는 방법을 익혔으며, 선비가 그러한 학문에 종사하는 것을 부끄럽게 여기는 학문 풍토에서 어떻게 이 학문에 주력할 수 있었을까? 술꾼이란 털털하기 마련인데, 어떻게 이렇게 정밀함을 보일 수 있었을까?

정인보는 이재頤齋 황윤석黃胤錫(1729~1791)의 글을 접하면서 이러한 의문을 해소할 실마리를 얻을 수 있었다. 이에 황윤석의 글을 통해 정철조에 대해 새롭게 알게 된 사실을 시로 재구성하여 정철조에 대해 더 구체적으로 깊이 있게 알 수 있도록 하였다.

> 올 가을 이재頤齋의 원고를 차분히 읽어 내리니　　今秋紬繹頤齋稿
> 석치와 처음 사귀게 된 이야기가 적혀 있었네.　　記與石癡初交游
> 서녘의 한 마을로 등롱을 들고 갔는데　　西部一坊携燈往
> 방엔 천문 측정기기에, 산가지 주머니가 옆에 있더라고.　　入室儀器傍囊籌
> 서양 역산을 전공한 지 아주 오래되어　　遠西歷算治最久
> 마치 무기창고 안에 창과 방패 삼엄하듯.　　如入武庫森戈矛
> 앉은자리 바른쪽 가리키니 『팔도지도八道地圖』라.　　顧指坐右八道圖
> 농포農圃 부자가 조업祖業을 이어 이룩한 것　　農圃父子繼箕裘
> 그리고 내 법은 정헌貞軒에게서 받았다 말하니　　又言吾法受貞軒
> 훌륭한 역법 보려 한다면 마땅히 이것이면 마음에 들리.

	靈憲欲見當副求
옛말에 이른 침자란 바로 이게 아닌가?	古云鍼磁無乃是
천 리를 하루아침에 문득 잇대었으니.[295]	千里一朝便綢繆

정인보는 이재 황윤석의 글에서 황윤석이 정철조와 처음 사귀게 된 이야기를 보았다며, 정철조의 방안에 천문 측정기와 산가지 주머니 등이 있던 풍경, 농포 정상기와 그 아들 정항령의 『팔도지도』를 보여준 일, 정철조가 자신이 정헌貞軒 이가환李家煥에게서 역법을 배웠다고 말한 일 등을 전하였다. 김정호의 글을 통해 정철조가 정밀한 지도를 제작했던 사실을 알게 되었다면, 황윤석의 글을 통해서는 정철조가 주력했던 학문과 관심 있게 연구한 지도, 학문연원 등에 대해 구체적으로 알게 된 것이었다.

정인보가 보았다는 황윤석과 정철조가 처음 만난 이야기는 『이재난고頤齋亂藁』 1768년 8월 23일자 일기에 기록되어 있다.[296] 그 이전에 황윤석과 정철조는 이미 서로에 대해 이야기를 전해 들어 알고는 있었지만,[297] 실제 처음 만남이 이루어진 것은 이때였다. 그 기록의

295) 정인보, 「鄭石癡歌」, 『담원문록』 중, 91~92쪽; 『전집』 5, 308~309쪽.

296) 정대영의 논문 「1768년 8월 23일, 황윤석과 정철조 지도를 말하다」(『문헌과해석』 75호, 2016)에서 『이재난고』 중 황윤석과 정철조의 만남에 관해 기록된 부분을 찾아 구체적으로 소개한 바 있다.

297) 『이재난고』 1768년 8월 23일 일기에 정철조가 황윤석의 명성을 이미 알고서 만나고 싶어했다는 내용이 보인다. 1766년 2월 29일자 기록에는 황윤석이 정철조의 내사촌 尹琨 형제로부터 정철조에 관한 이야기를 전해 듣는 내용이 보인다. 정철조가 科文을 잘하고 벼룻돌을 잘 다루며 그림을 잘 그릴 뿐만 아니라, 曆象算數의 학문에 정통하고, 마테오리치의 학문을 종지로 삼은 지 20여 년이 넘어 방에 서양서가 가득하며, 스스로 日晷를 제작하여 해그림자를 측량한다는 내용이다.(안대회, 「조선의 다빈치, 鄭喆祚」, 『문헌과해석』 36, 2006, 99~100쪽 참조)

일부를 잠시 보자.

> 아침 식사 후 당직을 마치고 나왔다. 이자용李子用, 이윤보李潤父 형제를 차례로 방문하였다. 이윤보와 함께 부동部洞의 가장 높은 곳까지 가게 되어 정鄭(참판參判)운유運維[일찍이 호조참판을 지내고 새로 도승지都承旨로 교체되었다더라]의 집을 방문하게 되었다. 정 참판의 큰 아들인 정철조鄭喆祚와 서로 대화를 나누었는데, 본래 이윤보와 정 군은 친한 사이여서 내가 (자신의 집에) 왕림해 줄 것을 요청했다 한다. 정 군이 말하길 "오래도록 선생님의 명성을 우러르며 한번 만나 뵙길 원하였는데, 지금 어찌 먼저 왕림해 주셨는지요!"라 했다. 내가 그의 나이를 물어보니 경술庚戌년생(1730년)이라고 하였다. 관상감 조흥규와 함께 힘을 합쳐 새롭게 '지평경위상한의地平經緯上限儀'를 제작중이라 하였는데, 주천周天(지구공전, 360°를 말함)의 4분의 1이라 하였다. 또한 관성반觀星盤을 만들었는데, 주천의 4분의 1이라 하였다. 모두 나무를 사용하여 만들었다고 한다.……
>
> 또한 『동국팔도지도東國八道地圖』를 보여주었는데, 대체로 내가 가지고 있는 것이었다. '백리척百里尺' 기법으로 제작된 것이었고, 본래는 정항령鄭恒齡(1700~미상)의 아버지 정상기鄭尙驥(1678~1752)가 제작한 것이었는데, 근래에 (정철조 본인이) 증수增修하고 더욱 정교하게 수정하였으며, 장차 개정改定하여 치밀하게 만들려 한다 하였다.[298]

황윤석이 정철조와 만나 전해 들은 이야기의 주요 골자는 정철조가 관상감과 지평경위상한의地平經緯上限儀와 관성반觀星盤 등의 천문 관측 기기를 만들었고, 정상기·정항령 부자가 제작한 「동국팔도지도東國八道地圖」를 더욱 정교하게 증수增修하고 개정改定하여 지도를 만들고 있다는 내용이다. 정인보는 이 글에서 언급되고 있는 천

298) 정대영, 앞의 논문, 117~118쪽 번역 참조.

문 관측 기기 이름이나 정철조의 지도 제작 구상 등의 내용을 시에서 그대로 전하지는 않았다. 천문 측정 기기와 산가지 주머니가 있는 방안의 풍경을 보여주며 정철조가 서양 역산曆算(즉 천문학)을 전공하였음을, 정상기·정항령의 「팔도지도」를 가리키는 모습을 보여주며 정철조가 지도를 제작할 때 정상기 부자의 지도를 참고하였음을 암시하는 방식으로 정철조의 학문적 특성을 형상화하였다. 정철조의 학문적 특성과 업적에 대해 새롭게 전하면서도 시라는 장르의 특성상 사실을 설명하는 방식을 피한 것이다.

이처럼 정인보는 김정호와 황윤석의 글을 통해 정철조가 천문·지리학에 깊은 조예가 있고 뚜렷한 업적이 있음을 알 수 있었다. 이는 털털한 술꾼 이미지와 뛰어난 화가의 면모로 잘 알려진 정철조에 대한 기존의 인식을 바꿔주는 일이었다. 이는 한 개인에 대한 새로운 발견일 뿐만 아니라 조선 후기 지성사에서 중요한 한 인물에 대한 발견이기도 하였다. 정인보가 정철조에 관한 시를 읊게 된 더 중요한 동기는 여기에 있다고 할 수 있다. 정철조의 진면목을 제대로 알리고 조선 후기의 학문 구도에 그를 재배치하고자 시를 쓴 것이다. 시의 전반부가 여러 문헌들을 통해 드러난 정철조의 모습을 보여준다면, 후반부는 정철조의 인물됨과 학문에 대한 평가 위주로 전개된다. 이 후반부에서 정철조는 조선 후기에 발흥한 새로운 학문의 구도에서 한 위치를 차지하는 인물로 자리매김되고 있다.

묘한 말씀 밤새 어찌 그리 꼭꼭 들어맞는지? 眇論竟宵何鑿鑿
별들을 만져보고 밝혀내고 땅속까지도 두레박질하듯 하니 捫剔星辰綆地幽
비로소 알겠구려 이 사람이 본래 진眞을 지닌 데다가 始知斯人自有眞

넓은 지식이 일찍부터 천하의 근심을 자기보다 앞세웠음을.
閎識早先天下憂
서울 안에 이 무렵엔 인물이 많아 漢上是時人物盛
눈 부릅뜨고 눈썹 치뜨며 낡은 얽매임 물려받기를 부끄러워했다네
盱衡羞受舊絆鞦
덕행과 절조며 언변 박식은 자신自新(이익李瀷)의 학문이거니와
德操辯博自新學
미용美庸(정약용丁若鏞)의 박학강기는 널리 모으기를 구했으니
美庸記覽思廣裒
낡은 내 나라를 새롭게 하자는 그 뜻 모두 장하였거니와
新我舊邦志皆壯
애쓰고 힘쓴 데다 거룩한 임금(정조正祖)의 우대하심을 입었다오.
密勿又荷聖主優
북돋고 물대고 잎이 무성토록 분발시켜서 䆿培沈灌奮葉滋
오매에도 못 잊는 건 봄바람으로 우리나라 빛내기만 寤寐春風煥金甌

정인보는 우선 정철조의 학문 수준과 태도에 대해 감탄하며 그가 진眞을 지니고 천하의 근심을 자기보다 앞세웠던 사람임을 알 수 있다고 평하였다. 그리고는 이 당시에 이익과 정약용을 위시하여 낡은 관념에 매이지 않고 나라를 새롭게 만들고자 하는 뜻을 품은 인물들이 많았는데, 정철조도 그러한 인물에 속한다고 하였다. 세속의 선비들이 부끄럽게 여기던 학문이든 말든 정철조가 천문·지리학을 전공하며 천문 관측기기나 지도 제작에 전념했던 사실에서 낡은 관념에 얽매이지 않은 정신과 나라에 실질적으로 필요한 학문을 하려는 태도를 보았던 것이다.

정철조에 대한 이러한 평가는 조선조 학술사와 학문 구도에 대한 정인보의 인식을 바탕으로 한 것이다. 정인보는 조선 후기에 학술이

'구시求是'로 변전變轉하는 '신기풍新氣風'이 일어나[299] 조선인을 중심으로 한 조선을 위한 학문이 발흥했다고 보았다. 이를 허학虛學에 대비하여 실학實學이라고 불렀고[300] 조선을 탐구한다는 의미로 조선학이라고 명명하였다.[301] 새롭게 일어난 학풍 속에서 가장 우뚝 솟은 인물이 이익과 정약용이라고 평가하였으며, 그들의 학문이 추구한 핵심이 신아구방新我舊邦, 즉 낡은 나라를 새롭게 하는 것이라고 보았다.[302] 바로 그러한 학문을 추구한 인물 중의 하나로 정철조를 꼽으며 조선 후기 신학문의 흐름 속에 그를 배치한 것이다.

이처럼 조선의 학술사를 새롭게 분석하고 학문 구도를 재편하는 것은 정인보의 주된 관심사였다. 이를 위해 조선고서해제 연재, 국학인물열전, 고서 발간 등 여러 가지 형태의 작업과 글쓰기를 통해 주요 인물들을 발굴하고 그들의 저서와 업적을 소개하였다. 이러한 과정에서 이익, 정약용이 집중 조명되고 그다지 주목받지 못했던 인물들도 언론매체의 지면을 통해 알려졌다. 정철조의 지도 제작 사실을 언급했던 김정호, 정철조의 지도 제작에 큰 영향을 미쳤던 정상기도 고서해제연재를 통해 구체적으로 소개되었던 이들이다.[303] 이로써 조선 후기에 실학 또는 조선학이 뚜렷한 흐름을 형성하였음을 밝히

299) 정인보, 「憨書」, 『전집』 2, 3쪽.

300) 정인보, 「湛軒書」, 『전집』 2, 25~26쪽.

301) 정인보는 이 시기를 조선학부흥기로 보며 조선인이 중심이 되어 조선을 대상으로 한 당시의 학문을 조선학이라고 불렀다. 이것은 「朝鮮古書解題」의 연재물 곳곳에서 보인다.

302) 정인보, 「唯一한 政法家 茶山先生 敍論」, 『전집』 2, 74쪽.

303) 정인보가 《동아일보》에 연재한 「조선고저해제」 중 정상기를 다룬 글이 「八道圖」이고(《동아일보》 1931.02.09), 김정호를 다룬 글이 「大東輿地圖」이다.(《동아일보》 1931.03.09, 1931.03.16)

고 그 계보를 그리고자 하였다.

정인보가 보기에 정철조도 조선 후기 실학(또는 조선학)의 계보에서 주요한 위치를 차지하며 기록으로 전할 만한 가치가 충분히 있는 인물이었다. 그럼에도 정철조의 저술이나 지도 등이 전해져오지 않아 정철조를 조명하는 데 여러모로 한계가 있었다. 역사적 의의가 있다고 하여도 자료가 부족하다면 그 인물에 대해 객관적이고 구체적으로 소개하는 방식의 글을 쓰기란 매우 어려운 일이다. 정인보가 정철조에 대해 7언고시의 영사시로 읊은 이유는 바로 여기에 있다고 본다. 영사시에서는 객관적 사실과 인물의 삶과 내면에 대한 이해를 바탕으로 시적 상상력을 통해 인물의 삶과 고뇌를 생생하게 표현할 수 있기 때문이다.

인물의 삶과 내면에 대한 정인보의 해석과 시적 상상력이 돋보이는 것은 마지막 부분이다. 여기에서 술꾼 이미지로 알려진 정철조의 내면에 대해 그리고 있는 것을 볼 수 있다.

> 낙타 등의 혹을 말의 종기로 여김에야 어쩌겠는가마는
> 無奈駝背爲馬腫
> 본 게 적으면 괴상히 여길 것 많음 허물할 건 못 되느니.
> 少見多怪未可鄙
> 게다가 켜 묵은 고질은 당파의 자사심自私心에 있었으니
> 重之積痼在黨私
> 무딘 칼을 날카롭다 우기고 아름다움을 추악으로 여겨
> 鉛刀爲銛美爲醜
> 기특한 기운은 굽서려 펴질 못하니 사방으로 바라봐야 서글플 뿐.
> 奇氣壅腫四望悲
> 좁아터진 인간의 소갈머리를 어찌하면 떨쳐 버릴꼬! 人間窄窄那可投

어떻게 이 시름을 잊을 것인가? 시름은 그지없으니 何以忘憂憂無涯
이러니 그런대로 다시금 술로 달랠 수밖에. 聊復爾耳酒相酬
그런데 정철조와 황윤석이 서로 만나 인사할 때를 보면 且看鄭黃傾蓋日
어찌 일찍 한 점 취한 흔적이나 남았었던가? 何曾一點醉痕留

정인보는 시의 첫 부분에서 미친 듯 오만한 듯 온종일 취해 있었던 정철조의 모습을 보여주었다면, 시의 마지막 부분에서는 그렇게 술을 마실 수밖에 없었던 원인이 바로 마음속에 가득한 시름 때문임을 드러내었다. 그 시름은 시대와의 불화에서 기인한 것이라고 파악했다. 정조 임금의 지우도 받았고 정인보가 '조선학 부흥기'라고 부를 만큼 조선의 실제實際를 고찰하는 학문의 흐름이 일어나고 있었음에도 불구하고 시름이 많았던 것은 왜일까? 그러한 새로운 흐름이 일어났다고는 하지만 전체적으로 보면 대다수는 여전히 낡고 협소한 안목에 갇힌 채 자신의 당파적 이익을 추구하는 데 급급했기 때문이다.[304] 이러한 풍토 속에서 새로운 학문적 견해는 괴상한 것으로 여겨지고 당파적 이익에 배치되면 아무리 진실을 담고 있는 것이라고 하더라도 왜곡될 수 있었다. 정철조의 시름이 바로 여기에 기인한다고 본 것이다. 또한 그럼에도 불구하고 조선을 위해 고심苦心하며 자신의 학문을 추구해 갔던 인물이 바로 정철조였음을 말하고자 한 것이다.

---

304) 이러한 생각은 "先生當時의 學風이 얼마쯤 變轉되어 虛論을 버리고 實際로 向하는 機運이 보이었음은 前에 이미 말한 바이나 이것도 실상은 多人이 아니라 全體로 말하면 依然히 舊樣인데"라는 부분에서 잘 드러난다.(「唯一한 政法家 茶山先生 叙論」, 『전집』 2, 80쪽)

제4장

근대적 국문 글쓰기의 모색과 전개

1. 전통적 글쓰기를 계승한 다양한 영역의 글쓰기 시도

1) 논변류 산문의 근대적 변환

(1) 논설체 산문의 효용성 강조와 작법作法 모색

정인보는 근대 언론매체에 국문글을 본격적으로 발표하기 시작하던 시기에 작문법에 대해 논한 「문장강화」를 잡지에 발표한 바 있다. 연희전문학교 학생들에게 강의한 내용을 수록한 것이었다. 이 강의록에서 정인보는 논설적인 글과 예술적인 글을 구분하고, "시대에 도움이 되는 문장을 도모"하고자 한다면 지금 시대에는 논설적인 글이 더 시급하게 요구된다고 주장하였다. 이른바 '문장보국文章輔國'의 문장관을 표명하며, 논설적인 글에 우선적인 가치를 부여한 것이다. 그렇기에 「문장강화」라고 되어 있지만, 실상 이 글은 논설적인 글, 논문[1]을 쓰는 법에 대한 것이라고 할 수 있다.

---

1) 정인보가 이 글에서 논설적인 글과 논문을 섞어서 쓰고 있는 것으로 보아 논설과

사물의 근원과 말단을 속속들이 밝혀 미려美麗함보다 명백함에, 고아高雅함보다 창달暢達함에 치중하는 논설적인 글이 예술상 견지로 보면 혹 만족시키기 어려움이 있다고 할 것이다. 그러나 그것의 공용功用이 따로 빛나는 곳이 있으니 사람들의 의혹을 깨치고자 할 때 이를 놓아두고 힘을 얻을 데가 없으며, 뭇사람들의 뜻을 정하고자 할 때 이를 놓아두고 터를 잡을 데가 없다.

문장으로 시대에 도움을 주고자 도모하려고 한다면, 오늘날 우리에게는 논문을 연마하고 연구함이 가장 급선무라 할 것이다. 극도로 사상이 혼란한 상황을 원인을 깊이 캐어 밝히는 논의가 아니면 어찌 이를 정돈하리오. 또 단순히 문장가의 수준으로만 말하더라도 명백하다고 미려한 것은 아니나 명백치 못한 미려함이 없고 창달하다고 고아한 것은 아니나 창달치 못한 고아함이 없으니, 미려함과 고아함이 예술에 귀하지 않다면 모르겠거니와 그렇지 않다면 명백함과 창달함이 예술상 견지로도 어찌 경시할 바리오. 그러므로 살을 짜개는 대결에 맞는 정밀한 분별이 있은 뒤에 머리와 꼬리를 알 수 없는 모호한 묘경妙境이 있고, 밝은 빛 쏘이는 곳에 가릴 수 없는 만 가지 복잡이 일시에 두서가 나타나게 하는 형안炯眼이 있은 뒤에 비로소 이리저리 흩날리는 법도[승묵繩墨] 밖의 가취佳趣를 얻는 것이다.[2]

논문을 엄밀하게 구분하지 않은 것으로 보인다. 이 둘을 다 아울러서 하나로 보고 있는 것은 그의 문종 분류에 대한 인식이 논변류라는 고문 문체의 분류 체계에 기반하고 있음을 방증하는 것이기도 하다.

2) "事物의 原委를 窮覈하야 美麗함보다 明白함이 더하고 高雅함보다 暢達함이 지나는 論說的 文字가 藝術上見地로는 或 滿足키어려움이 잇다할지나 그의功用이 짜로 빗나는곳이 잇나니 群疑 깨칠대, 이를 놋코 힘을으들대 읍스며 衆志를 定할쌔, 이를 놋코 터를 잡을대읍나니라. 文章으로 써 時代에 裨益을 圖할진대, 現今 우리 에게는 論文을 攻究함이 가장 急務라 하노라. 極度인 思想의 混亂을 窮覈하는 論議가 아니면 웃지 이를 整頓하리오. 또單純히 文家의 程度로만 말하드래도 明白하다고 美麗함은아니나 明白치못한 美麗가 읍고 暢達하다고 高雅함은아니나, 暢達치 못한 高雅가 읍나니, 美麗, 高雅가 藝術에 貴함이 아니면 모르거니와 그러치아닐진댄 明白, 暢達이 藝術上 見地론들 웃지 輕視할배리요.

정인보에 따르면 논설적인 글과 예술적인 글의 차이는 문장 표현의 주안점을 어디에 두느냐에 따라 갈라진다. 명백하고 창달暢達함을 위주로 하는 것은 논설적인 글이고, 미려美麗하고 고아高雅함을 귀하게 여기는 것은 예술적인 글이다. 그렇다고 해서 명백함, 창달함이 미려함, 고아함과 대립을 이루는 관계는 아니다. 정인보는 글이 명백하고 창달하지만 미려하고 고아하지 않은 경우는 있어도 미려하고 고아한데 명백하고 창달하지 않는 경우는 없다고 하였다. 즉 명백함과 창달함이 좋은 글의 기본 요건이라면 미려함과 고아함은 글을 예술적인 차원으로 더 끌어올린 것이라고 보았다고 할 수 있다. 문장의 경지에서는 분명 예술적인 글이 논설적인 글보다 우위에 있다고 보았던 것이다.

그럼에도 논문 공부를 강조한 것은 그 효용적 가치 때문이다. 초학자의 문장 공부와 시대적 필요성을 충족시키기에 적합하다는 점이 그것이다. 우선 논지의 명료함[명백明白]과 막힘 없는 논지 전개[창달暢達]를 위주로 하기에 문장의 기본기를 단련할 수 있다는 점에서 초학자에게 이 공부가 필요하다고 여겼다. 또한 사상이 극도로 혼란스러운 시대이기에 사물의 원인과 결과를 자세히 살피고 증험하는 논문 쓰기를 통해 자신의 뜻도 정할 수 있고, 다른 사람들의 의문을 깨우치고 뜻을 정하게 할 수 있다고 보았다. 결국 정인보가 말하는 논문의 효용성은 자기 수련과 사회적 실천의 두 가지 측면에 있다고 볼 수 있다.

그럼으로 살을 짜개는대결에 맛게하는 微密한 分別이 잇슨뒤에 머리와 ᄭᅩ리를 알슈읍는 混茫한 妙境이 잇고 밝은빗 쏘이는 곳에 가릴슈읍는 萬가지 複雜이 一時에 頭緒가 나타나게 하는 炯眼이 잇슨 뒤에 비로소 紛紜離披란 繩墨밧 佳趣를 웃나니라."(정인보, 「文章講話」, 『廢墟以後』 제1호(1924.2), 141쪽)

이와 같이 논문 쓰기 공부의 필요성을 제시한 후, 논문 쓰는 방법에 관한 본격적인 논의에 앞서 정인보가 제일 먼저 강조하는 것은 '논문과 인격'의 문제이다.

> 우주 사이에 외로운 존재가 없나니 앞은 뒤로 인하여 있으며, 뿌리가 깊지 않으면 그 잎이 무성하지 못하며, 등불의 밝음을 볼 때 기름의 족함을 아는 것이다. 그러므로 그 글의 구김이 없으려면 먼저 그 마음속의 구김이 없어야 한다. 반란한 장수와 항복한 신하가 충의忠義를 말하고 간사한 사람이 올곧은 도道로써 남을 권장할 때 조리條理의 바름을 얻고 변석辨析의 정교함이 있다고 한다면 이는 결코 우리가 승인할 수 없는 바이다. 하물며 시비是非를 바꾸고 선악을 뒤집어 구차히 한 때의 장찬粧撰[허물을 감추려고 꾸밈]을 구하는 겉만 그럴듯하게 꾸민 허위적인 문자가 어찌 논문의 울타리를 엿보리오. 사람마다 배움을 기다리지 않는 양지良知가 있나니, 시비 선악이 양지의 눈은 속이지 못하는 법이다. 이것이 곧 사람에게 있는 가장 높은 비판批判이니 이 비판을 복종하지 아니함이 있을지언정, 그름이 내 몸에 있음을 알 때 저절로 마음이 펴지지 못하나니, 이 곧 마음속의 구김으로써 글의 구김을 가릴 수 없는 까닭이다. 이를 알진대 논문과 인격이 어찌 서로 표리가 되지 아니하리오.[3]

3) "宇宙 사이에 외로운 存在가 읍나니 앞은 뒤로 因하야 잇스며, ᄲᅮ리가 깁지 안으면 그 입이 盛치 못하며, 燈불의 밝음을 볼 ᄶᅢ 기름의 足함을 아나니라. 그럼으로 그 글의 구김이 읍스랴면 먼져 그 속의 국음이 업서야 하나니라. 叛將降臣이 忠義를 說하고 淫邪한 사람이 直道로써 남을 勸할ᄶᅢ, 條理의 발음을 읏고 辨析의 精함이 잇다함은, 決코 우리의 承認할 슈 읍는 바이라. 함을며 是非를 밧구고 善惡을 뒤줍어 苟且히 한ᄶᅢ의 粧撰을 求하는 矯飾 虛僞的文字가 읏지 論文의 藩籬를 엿보리요 사람마다 배움을 기다리지 안는 良知가 잇나니, 是非 善惡이 良知의 눈은 속이지 못하는 법이라. 이 곳 사람에게 잇는 가장 놉흔 批判이니 이 批判을 服從하지 아니함이 잇슬지언정, 글음이 내 놈에 잇슴을 알 ᄶᅢ 저절로 마음이 펴지지 못하나니, 이곳 속의 국음으로써 글의 구김을 폐일 수 읍는 所以라. 이를 알진대 論文과 人格이 읏지 서로 表裏가 되지 아니하리요."(정인보,

글이란 그 사람의 인품이 바탕이 되는 것[4]이라거나 시를 품평하려면 사람의 품격을 따져야 한다[5]는 등 시문 창작의 요건 및 품평 기준으로 인품을 우선시한 것은 정인보의 글 곳곳에서 볼 수 있는 바이다. 「문장강화」에서도 정인보가 창작 방법론을 펼치기에 앞서 우선적으로 강조하고자 하는 것은 인격이다. 정인보는 모든 글이 인격을 본위로 하지만 특히 논문과 인격은 그 관계가 더욱 밀접하다고 보았다. 시비와 선악을 논하며 상대를 설득하는 글이 논문인데, 창작 주체가 올바르지 않다면 아무리 옳은 말로 포장하여 표현해도 그 내용이 허위임을 사람들이 알아차릴 수밖에 없다는 것이다.

흥미로운 것은 글의 진정성 여부를 가르고 판단하는 최상의 심급에 양지良知가 있음을 말하고 있는 점이다. 정인보는 양지의 눈은 속일 수가 없으며, 작자의 허위를 파악하고서도 작자의 글에 공감하여 인식과 행동의 변화를 일으킬 사람은 없다고 보았다. 즉 독자가 지닌 양지의 작용으로 인해 비도덕적·비윤리적인 작자의 글은 그 존립 가치가 없게 된다는 논리를 보이고 있는 것이다. 또한 그에 따르면 양지는 작자가 글을 통해 나타내고자 하는 궁극적 목적이기도 하다. 그는 "글은 그 마음의 밝음을 쓰는 것이라, 밝음은 바름에 있으니 올곧은 도道에 어김이 있을 때, 말이 경로를 찾지 못함을 보라"[6]라고도

위의 글, 142쪽)

4) "아! 생각건대 공께서는 맑은 절개를 스스로 힘쓰셨네. 글이란 인품이 바탕 되기에 나의 깔끔 행여 더럽힐세라.(嗚呼惟公, 淸節自勵, 文稟其人, 我潔莫累.)"(정인보, 「耕齋 李丈祭文」, 『담원문록』 상, 148쪽; 『전집』 5, 20쪽)

5) "사람을 논하려면 시대를 따져야 하고, 시를 품평하려면 사람의 품격을 따져야 하느니(論人黨論世, 品詩當品人)"(정인보, 「題尹士建所藏紫霞詩境圖幀子」, 『담원문록』 하, 232쪽; 『전집』 6, 343쪽)

6) "글은 그마음의 밝음을 쓰는것이라, 밝음은 바름에 잇나니 直道에 어김이 잇슬때,

하였는데, 그 마음의 밝음이라는 것이 양지에 해당한다고 할 수 있다. 이처럼 양명학의 핵심 개념인 양지를 통해 논문과 인격의 상관성을 설명하고 있는 것을 볼 수 있다.

또한 논문과 인격이 서로 표리를 이룬다는 것은 정인보의 도문관道文觀과도 일맥상통한다. 정인보는 고문에 관한 담론을 펼칠 때 도와 문이 표리를 이룬다고 말한 바 있다. 그 사람의 마음의 밝음을 쓰는 것이 글이기에 인격과 논문이 서로 표리를 이룬다고 한 것은 도가 드러난 것이 문이라고 도문표리道文表裏를 말했던 것과 비슷한 사유 구조를 보이고 있는 것이다.

나아가 정인보는 근대의 과학 논문까지도 인격 수양과 관련지어 말했다.

> 혹 말하기를 과학에 관한 논문에 이르려는 이 범위로써 제한할 바는 아니라고 한다. 하지만 타인의 견해를 판단할 때 다투려는 마음이 없어야 할 것이며, 자기의 명예를 위하여 오류를 가리고 꾸미는 일이 없어야 할 것이다. 평생에 지키던 학설, 또는 그 학설로 인하여 자기의 지위가 한 시대에 매우 높고 우뚝하더라도, 자신의 학설이 진리의 우승을 차지하지 못함을 알 때 일체 물리치기를 신을 벗는 것과 같이 용기 있고 과단성 있게 해야 할 것이다. 이는 다 양지를 속이지 아니하는 수양修養에서 나오는 것이니, 논문과 인격이 어쨌든 매우 중요한 관계가 있음을 여기서 더욱 깨달을 것이다.[7]

말이 徑路를 찾지 못함을 보라"(정인보, 「文章講話」, 『廢墟以後』 제1호(1924.2), 142쪽)

7) "或 말하기를 科學에 關한 論文에 이르려는 이 範圍로써 制限할 바는 아니라하나, 他見을 辨할새, 爭心이 읍서야 할지며, 自己의 名譽를 爲하야 誤謬를 掩飾함이 업서야 할지라. 平生에 직히든 學說, 또는 그 學說로 因하야 自己의 地位가 一世에 巍然하든 터이라도, 眞理의 優勝함이 여긔 잇지 아니함을 알 때 一切

정인보가 과학 관련 논문을 언급한 것은 글과 인격 수양의 관련성을 말할 때 사람들이 그 논리를 선뜻 받아들이기 어려운 영역이 과학 관련 논문이라고 여겼기 때문이다. 다시 말해 얼핏 생각할 때 과학 관련 논문은 객관성과 과학성이 중요하므로 인격을 논할 필요는 없다고 볼 수 있음을 고려한 것이다. 하지만 정인보는 과학에 관한 논문도 역시 인격과 밀접한 관련이 있음을 역설하였다. 진리를 밝히기 위한 것이 논문이기에, 이러한 글을 쓰고자 하는 사람은 다른 사람의 견해를 따질 때 상대를 다투어 이기고자 하는 마음이 없어야 하고, 자신의 명예를 위해 오류를 발견하고도 덮어두지 않아야 하고, 평생 지켜온 학설이거나 자신의 지위를 우뚝 서게 만든 학설이라 하더라도 잘못임을 알았을 때는 일체 버릴 수 있어야 한다는 것이다. 바로 이러한 태도가 양지를 속이지 않는 수양을 통해 형성된다고 하였다. 이처럼 그의 글쓰기론은 전통 학문의 수양론, 특히 양명학 사상에 기반하여 대단히 윤리적인 성격을 지니고 있음을 볼 수 있다.

이후 글 쓰는 방법에 관한 본격적인 설명은 크게 '구상搆想', '차서次序의 정돈整頓', '발표發表의 초보初步', '용자用字', '구조句調'의 단계로 나누어 진행된다. 각 단계에서 말한 내용을 오늘날 흔히 말하는 글쓰기의 일반적인 단계에 비추어 보면 구상搆想은 주제 설정 및 내용 구상 단계, 차서次序의 정돈整頓는 내용 조직(배치) 단계, 발표發表의 초보初步는 표현하기 단계, 용자用字는 고쳐쓰기 단계에 해당한

로 棄斥함을 脫履의 갓치 하는 勇斷이 잇서야 할지니, 이는 다 良知를 속이지 아니하는 修養에서 남이라, 論文과 人格과는 어대든지 絶重한 關係가 잇슴을 여기서 더욱 깨다를지니라."(정인보, 위의 글, 143쪽. 밑줄 친 '科學에 關한'은 문맥을 고려하여 고친 것이다. 『廢墟以後』 영인본에는 '科'와 '關' 사이에 빈 칸이 있어 한 글자 이상이 누락되어 있다)

다. 구상構想에서 용자用字에 이르기까지는 글쓰기의 과정에 따른 단계라고 할 수 있는 데 반해 구조句調는 글쓰기에서 고려해야 할 요소이자, 글을 특징짓는 요소에 대한 것이어서 다소 논의의 층위가 다르다. 어쨌든 이러한 글쓰기의 단계 구분이나 구체적인 세부 내용은 정인보 자신의 글쓰기 경험을 바탕으로 한 것으로 보인다.

이 중 정인보가 글쓰기에서 가장 중시하는 단계는 글쓰기 과정의 첫 번째 단계인 구상이다. 그는 구상이야말로 글쓰기의 성패를 가름하는 것이기에 글쓰기 공력의 6, 7할이 구상에 있다고 보았다.[8] 이는 글의 내용과 형식(또는 수사修辭)에서 글의 수준과 가치를 결정짓는 근본적인 것이 내용에 있다고 보는 문장관에서 비롯된 것이다. 이러한 문장관에 따라 정인보는 당시 문단의 풍조도 아울러 비판하였다.

> 오늘날 문풍文風이 날로 쇠하여 작은 고움과 얇은 향기가 준재俊才를 어지럽힘이 심하니, 식자識者가 근심하며 탄식하는 바이다. 그러나 그가 병을 얻은 원인을 거슬러 탐구하면 실로 문채文彩를 지나치게 중히 여기는 데 있으니, 이로써 보면 도리어 문풍이 성盛하다 할 것인데, 이렇듯 성함이 곧 쇠함이 아닌가. 사상은 근본이요 사채辭彩는 지엽이니, 어찌 지엽으로써 근본을 바꾸리요. 글은 색채를 내려 함이 아닌데, 사상을 (글로) 틀림없이 옮길 때 사상의 빛이 붓끝을 따라 비치는 것을 시속時俗이 그릇 글의 색채라 하는 것이다. 내 당세의 문인을 헐뜯어 평하자는 것이 아니다. 대개 힘쓰는 바[용공用工]가 지엽적인 데에 있고 사상을 얽는 것[결구結構]에 마음을 두지 아니하는데, 구차한 것을 안배하는 것도 오히려 구상構想의 영역이다. 화미華美한 거편巨篇이 일체 귀착되는 취지를 알 수 없는 것을 볼 때 힘쓰는 바가 어디에 있는 것인지 알았노라.[9]

---

8) 정인보, 위의 글, 144쪽.

정인보는 당시를 문풍文風이 쇠퇴한 시대로 보았다. 그리고 이는 당시에 문인들이 사상보다는 문사文辭를 더 귀하게 여겨 거기에 공을 많이 들이기 때문이라고 생각했다. 사상보다는 수사에 치중하는 당세의 문인들이 구체적으로 어떤 부류의 문인들을 지칭하는지는 정확히 알 수 없으나, 단지 신문학 창작활동을 하는 이들에 국한된 것은 아니라고 본다. 정인보는 전통적인 지식인들과의 서신 교류를 통해 고문담론을 펼칠 때도 미문美文을 추구하는 문단 풍조에 대해 비판적인 인식을 드러낸 바 있다.[10] 또 문文의 본질이 진眞을 다할 따름이라며 창작 과정에서 법도나 체제 등의 형식을 고려하기보다는 의意를 위주로 하여 기세 있게 의意를 밀고 나가는 것이 훨씬 중요함을 설파하기도 하였다.[11] 이처럼 형식에 치우쳐 수사에만 힘쓰고 사상적 내용이 빈약함을 경계한 것은 근대적 국문 글쓰기 활동을 하는 문인들과 고문 창작을 지속적으로 수행하는 전통적인 문사들에게 공

9) "現今 文風이 날로 衰하야 적은 고흠과 알븐 향기가 俊才를 迷亂함이 甚하니, 識者의 憂歎하는 바이라, 그러나 그의 受病한 原因을 溯究하면 實로 文彩를 過重히녁이는 대 잇나니, 일로써 보면 도리어 文風이 盛하다 할지라, 이럿틋 盛함이 곳 衰함이 아닌가. 思想은 根本이요 辭彩는 枝葉이라, 웃지 枝葉으로써 根本을 밧고리요, 글은 色彩를 내랴함이 아니라, 思想이 틀님업시 옴길 때 思想의 빗이 붓끗을 짜러 빗침을 時俗이, 그릇, 글의 色彩라 하나니라, 내 當世文人을 譏評하자는 것이 아니라, 大槪 用工이 枝葉에 잇고 思想의 結搆에 留心하지 아니하나니, 安排苟且도 오히려 搆想의 境域이라, 華美한 巨篇이 一切歸趣를 알 수 읍는 것을 볼 때 用工이 어대 잇슴을 알엇노라."(정인보, 위의 글, 143~144쪽)

10) "곧 보내 주신 편지에서 이르신 바 精光(밝은 빛)이 빛나게 사람을 쏘는 것은 다른 데서 오는 것입니다. 또한 힘쓰고 힘써서 스스로 切磋琢磨해야 할 것입니다. 이런 道는 衰하여 세속은 아름다움만 이어가기 서로 좋아한 지가 오래입니다.(卽來敎所云, 精光奕然射人者, 不從別途來也, 亦勉旃勉旃, 自切偲. 道衰, 流俗喜相繩美久矣.)"(정인보, 「答金文鈺書)」, 『담원문록』 하, 389쪽 ; 『전집』 6, 440쪽)

11) 'Ⅲ-1-1) 고문 문장론의 특징'에서 언급함.

통적으로 해당하는 말이었던 것이다.

이후 차서次序의 정돈, 발표發表의 초보初步, 용자用字의 과정은 넓게 볼 때 작자의 사상과 구상을 어떻게 표현할 것인가의 문제에 해당한다. 내용 조직(배치) 단계에 해당하는 차서의 정돈 단계에서는 "돌입하기보다는 점점 들어가는 것[점차漸次]을 귀하게 여기며, 직선적으로 서술하기보다는 굽이지며 서술하는 것[위곡委曲]을 귀하게 여기며, 구를 때마다 새로운 뜻이 있음을 귀하게 여기나니라."[12]라고 말한 내용이 주목할 만하다. '점차漸次', '위곡委曲'이라는 용어는 정인보가 시나 고문에 대해 논할 때도 거듭 사용한 말이기 때문이다. 정인보는 글이 층차層次를 이루며 점점 깊이 들어가고, 전절轉折이 있어서 곧장 의미가 드러나지 않고 음미하게 만들 때 묘경妙境이 열린다는 내용의 말을 한 바 있는데[13], 이러한 생각은 갈래, 문종文種 등에 상관없이 두루 다 통용되는 것이었음을 알 수 있다.

이렇게 내용의 조직에 대한 구상까지 완료되고 나면 정인보는 곧바로 생각을 종이에 옮기라고 하였다. 이것이 바로 발표發表의 초보初步 단계이다. 넓고 크면서 정밀하고 은미[박대정미博大精微]한 생각과 웅장하고도 빼어난[횡웅절려橫雄絶麗]한 구상[결구結構]은 떠올랐다가 금세 사라지므로 그것을 붙잡아서 재빠르게 써 나가야 한다는 것이다. 한 구句를 수식하다가 사상 전체를 잃을 수 있으므로 세심하게 문장을 고르지 말고 생각을 곧장 종이에 옮겨야 한다고 하였다.

---

12) "突入보담 漸次를 貴히녀기며 直叙보담 委曲을貴히녀기며 구를째마다 새로운 뜻이 잇슴을 貴히 녀기나니라."(정인보, 「文章講話」, 『廢墟以後』 제1호(1924.2), 148쪽)

13) 정인보, 「百八煩惱」批評에 對하여」, 《동아일보》1927년 3월 1일자; 『전집』 2, 333쪽.

이렇게 쓴 초고를 세심하게 살피며 글자의 적합성 여부를 점검하고 다듬는 것은 용자用字의 단계에서 이루어진다. 정인보는 글자의 쓰임이 적절하지 않아도 자신은 머릿속으로 그 내용을 보충할 수 있지만, 타인으로서는 진상을 알 수 없으니 오해와 의혹을 불러일으킨다고 하였다. 그러므로 자신의 생각이 남에게 잘 전달될 수 있도록 글자를 적합하게 사용했는지를 점검하며 다듬어야 한다고 하였다. 단, 적합한 글자를 쓰려고 할 때는 전인前人이 한 말을 피하고 자신의 말로 하되 신기함을 추구하지 말고 오직 뜻을 나타내기에 적합한지 여부만을 고려하라고 하였다.

마지막으로 말한 영역은 구조句調에 관한 것이다. "글의 구조句調는 곧 종이 위에 응취凝聚된 어조語調요, 말의 어조는 곧 공기를 진동시키는 구조句調이니라."[14]라는 말에서 알 수 있듯이 정인보는 말의 어조語調에 대응되는 것이 글의 구조句調라고 보았다. 이 구조句調는 글쓰기의 한 과정에 해당한다기보다는 글 쓸 때 고려해야 하는 사항이자 글을 특징짓는 요소라고 할 수 있다.

> 사상의 희로애락, 빠르고 더딤, 늦추고 급함, 순하고 굳셈, 길고 짧음, 들어올리고 떨어뜨림, 가라앉고 드날림을 진실된 모습 그대로 옮김이 어조語調이다. 어조는 오직 목구멍을 지난 뒤에 나타나는 것이 아니라, 사상이 머리 속에 있을 때 벌써 어조가 가슴 속 소리 없는 데서 울리니 구조句調를 잘하는 이는 이렇듯 소리 없는 데서 울리는 가슴 속을 따라 붓으로써 목구멍을 대신할 뿐이다. 바꾸어 말하면 글의 구조句調는 곧 종이 위에 응취凝聚된 어조語調요, 말의 어조는 곧 공기를 진동시키는

14) "글의 句調는 곳 조희우에 凝聚된 語調요 말의 語調는 곳 空氣를 響震하는 句調이니라."(정인보, 「文章講話」, 『廢墟以後』 제1호(1924.2), 151쪽)

> 구조句調이다. 사상의 힘이 강할수록 어조가 가슴 속에서 더욱 분명히 울리니 어조가 가슴 속에서 분명한 뒤에 그를 따라 구조句調가 되는 것이다. 구조句調가 문장의 생명임을 알진댄 먼저 사상의 힘을 강하게 하라.[15]

정인보에 따르면 어조 또는 구조는 사상의 완급, 장단 등을 그대로 옮겨 놓은 것이다. 다시 말해 생각의 결 같은 것이 어조를 통해 드러난다고 보았다고 할 수 있다. 그런데 정인보는 이 어조가 목청을 지난 뒤에 나타나는 것이 아니라 사상이 머릿속에 있을 때, 즉 가슴 속 소리 없는 그 지점에서 벌써 울려 나타나는 것이라고 하였다. 이는 구조句調도 마찬가지라는 것이다. 또한 사상의 힘이 강할수록 어조가 더욱 분명히 울린다고 하였다. 이로 보면 정인보가 구조句調를 문장의 생명이라고 한 것은 이와 같이 구조句調가 사상의 울림을 드러내는 것이기 때문이라고 할 수 있다. 결국 구조句調에 대한 강조는 사상의 힘을 강하게 하라는 주장으로 귀결되는 것을 볼 수 있다.

이상과 같이 「문장강화」에 나타난 정인보의 글쓰기론은 다음과 같은 몇 가지 특징으로 요약될 수 있다.

첫째, 글의 내용과 형식에서 내용을 근본적인 것으로 보아 사상의 힘을 키울 것을 강조하는 점이다.

---

15) "思想의 喜怒哀樂 疾徐 緩急 婉直 長短 抗墜 沈揚을 眞狀대로 寫함은 語調라 語調는 오즉 喉管을 지난뒤에 나타남이 아니라 思想이 머리 속에잇슬쌔 발서 語調의 腔子가 소리 읍는대 울리나니 句調를 잘하는이는 이러틋 소리 읍는데 우리는 腔子를 싸러 붓으로써 喉管을 대신할섄이니라. 밧구어 말하면글의 句調는 곳 조희우에 凝聚된 語調요 말의 語調는 곳 空氣를 響震하는 句調이니라. 思想의힘이 强할싸록 語調의 腔子가 더욱 分明히 울리나니 語調의 腔子가 分明한 뒤에 그를 싸러 句調가 될지라 句調가 文章의 生命임을 알진댄 먼저 思想의 힘을 强하게하라."(정인보, 위의 글, 151쪽)

둘째, 글을 작자의 인격이 반영된 것으로 보아 인격 수양을 작자가 지녀야할 기본적인 자세로 제시하고 있는 점이다.

셋째, 글을 대하는 독자의 판단 기준과 글을 통해 발현하고자 하는 작자의 글쓰기 목적을 양명학의 핵심 개념인 양지를 바탕으로 설명하고 있는 점이다.

이를 통해 확인할 수 있는 것은 논문, 논설과 같은 근대의 산문을 쓰는 과정에서 과거의 문장 작법과 달라야 한다는 식의 단절 의식을 정인보에게서 찾아볼 수 없다는 사실이다. 오히려 논문 쓰는 법을 말하는 정인보의 글쓰기론은 그가 고문론에서 펼친 내용과 겹치는 부분이 많다. 앞서 살펴보았듯이 수사나 형식보다는 내용과 주제 의식이 우선이라는 점, 보다 심층적인 내용에까지 이르려면 층차層次를 이루며 전변轉變하는 방식이 좋다고 여긴 점 등은 고문론에서나 「문장강화」에서나 공통적으로 강조되는 내용이다. 이는 정인보가 국문으로 근대적 글쓰기를 시도할 때 한문문언문 창작을 통해 터득한 자신만의 방법을 토대로 삼고 있음을 보여주는 것이라고 할 수 있다.

이러한 태도는 이태준이 『문장강화』에서 보여준 것과 상반된다. 그는 근대 시대에 맞는 새로운 문장 작법을 고심하며 『문장강화』를 썼는데, 그에게 과거의 문장작법은 반성하고 극복해야 할 비판적 대상이었다.

> 조선 시대 산문에서는 이 수사(글의 수사법修飾法)를 이론화한 바가 극히 적었다. 그러면서도 과거의 문장을 읽어보면 수사 관념에 얽매이지 않은 문장이 별로 없다. 비판 없이 맹목적으로 한문체를 모방하는 바람에, 수사로 인해 문장이 발달한 것이 아니라 도리어 중독에 빠지고 말았다. …… 제 글을 쓰기보다 전고典故에서 남의 글을 잘 따다 채우는

것이, 과거 문장작법의 중요한 일문一門이었다. 얼마나 자기를, 개성을 잃어버린 그릇된 문장 정신인가.

> 과거 우리 문학에 좋은 작품이 없었던 것은 먼저 좋은 문장이 없었기 때문이다. 『춘향전』 같은 것도 그 문장이 전고, 과장, 대구 등에 얽매이지 않았어 보라. 얼마나 그대로 전승할 수 있는 완전한 소설이요, 완전한 희곡이었으랴!

> 그런데 여기서 한 가지 이해하고 넘아갈 사실은 그처럼 폐단이 많았던 옛날의 수사법이 무엇 때문에 그렇듯 생명력을 가졌던가 하는 점이다. …… 과거의 수사법은 문장보다는 사설辭說을 위한 것이었던 만큼 문장을 낭독조로 꾸미기에는 가장 합리적인 방법인 데다가 객관적 정세까지 그랬으니 더욱 반성할 여지 없이 전고와 과장과 대구 같은 데 몰두할 수밖에 없었을 것이다.[16)]

이태준이 파악한 바로는 과거의 주요 작법은 전고典故의 인용을 일삼으며 한문체를 모방하는 것일 뿐이었다. 또 과장, 대구 등을 사용하여 현란한 어조로 상투적인 말을 많이 끌어다 쓰는 것이 다반사였다. 이태준이 보기에 이러한 문장은 개성을 잃어버린 죽은 것이었다. 과거의 우리 문학이 좋은 작품이 없었던 이유도 바로 이러한 문장을 쓰기만 하여 좋은 문장이 없었기 때문이었다. 또한 이태준은 『춘향전』도 완전한 소설이나 희곡이 아니라고 보았는데, 그 이유를 전고, 과장, 대우 등의 상투적인 문장 작법에 얽매어 있었기 때문이라고 파악하였다.

이에 이태준은 과거의 문장 작법을 반성하며 새로운 문장 작법을

---

16) 이태준, 『문장강화』, 창비, 2005, 23~27쪽.

쓸 것을 주장하였다. 그리고 그것을 실현하기 위해 세 가지 방향을 제시하였다. 글을 짓는 것이 아니라 말을 지어야 한다는 것, 자신만의 문장작법으로 개성을 드러내는 자기 표현을 해야 한다는 것, 새것을 새것답게 표현할 수 있도록 새로운 문장을 지어야 한다는 것이 그것이다.[17)]

물론 1924년에 발표한 정인보의 「문장강화」와 1940년에 단행본으로 출간한 이태준의 『문장강화』를 동일한 선상에 놓고 비교하기에 무리가 있다. 소품에 해당하는 분량의 강의록과 자료를 정선하고 생각을 체계적으로 정리한 단행본의 차이도 있겠지만, 시대적 차이도 크기 때문이다. 동일한 작가라 하더라도 1930년대를 거치면서 국한문체의 어색한 표현들이 유려한 언문일치체로 바뀌어나가는 변화를 목도할 만큼 20세기 전반은 문체의 변화 속도가 빨랐다. 그만큼 문체의 형태 또한 다양했다. 정인보도 1930년대에 기행문을 쓰면서 국문으로 자연스럽게 자신의 감정을 표현하고 자연의 아름다운 풍경을 글로 묘사하고자 고심했던 흔적을 볼 수 있다.

그러한 시대적 여건의 차이를 감안한다고 하더라도 과거의 문장을 어떻게 대하는지, 과거의 문장 작법이 어떻게 근대의 국문 글쓰기에 적용되고 있는지 등의 측면에서 두 사람이 추구했던 방향의 차이는 잘 드러난다고 본다. 그리고 정인보의 한글 논설·논문 및 글쓰기론의 의의와 한계 또한 이 차이에서 비롯되는 것이라고 생각한다.

새것을 새것답게 표현하는 새로운 문장을 지으려면 어떠해야 하는가? 이것은 분명 근대 문인들의 화두였다. 하지만 정인보의 고심은 여기에 있지 않았다. "시대에 도움을 주고자 도모하려고 한다면, 오

---

17) 이태준, 위의 책, 28~29쪽.

늘날 우리에게는 논문을 연마하고 연구함이 가장 급선무"라고 했던 말에서 보듯이 그는 시대의식을 담아 민족의 장래를 도모하는 데 도움이 되는 글을 추구했다. 글의 근본이 내용임을 강조하고 사상의 힘을 키울 것을 역설하였던 것은 바로 이와 같은 문제의식에서 비롯된 것이다. 그리고 이러한 생각의 기저에는 전통 학문이 단단히 자리잡고 있었다. 그렇기에 그의 글쓰기론은 전통 학문을 바탕으로 시대에 대한 고심과 진정성을 담은 것이라는 측면에서 일정한 의의를 지닌다고 할 수 있다. 하지만 새 시대에 맞는 새로운 문장을 어떻게 지을 것인가라는 질문이 공백으로 남겨진 만큼 그의 문체 역시 어색한 국한문체를 탈피하지 못한 면이 많다. 이것은 그의 글쓰기론 및 그의 한글 글쓰기의 한계라고 할 수 있다.

(2) 연설 · 논설을 통한 민족적 의제 제시

정인보는 자신이 논설적인 글의 시대적 필요성을 강조했던 만큼 근대 언론매체를 적극적으로 활용하여 자신의 생각을 피력해 나갔다. 근대 초기의 계몽지식인들이 민족지를 꾸려나가면서 민족적 의제를 제시하고 민족의식과 감정을 고취하고자 했던 것처럼 정인보 또한 그러한 길을 걸어간 것이다.

그가 근대 언론매체에 처음 글을 기고하기 시작한 것은 1922년 『동명東明』에 한시 「예관睨觀 신규식 선생申奎植先生을 생각하며」를 발표하면서부터이다. 하지만 언론매체에 자신의 생각을 국문으로 본격적으로 발표하기 시작한 것은 1924년 동아일보사의 논설위원으로 활동하기 시작하면서이다.[18] 이 해에 처음 쓴 사설이 「영원永遠의 내홍

18) 정양완, 「담원 정인보 선생 연보」, 『애산학보』 제39권, 애산학회, 2013, 17쪽.

內訌－형제적兄弟的 우애友愛로 돌아가자」이다.[19] 이로부터 1930년대 중반까지 언론매체에 신문 사설, 기사문, 연설문, 학술적 논문 등을 주기적으로 발표하였다. 그가 발표한 글 가운데 신문 사설을 비롯하여 논설·연설문 성격을 지니는 글의 목록을 보이면 다음과 같다.

연번	제목	수록지	발표시기
1	영원永遠의 내홍內訌 －형제적兄弟的 우애友愛로 돌아가자	동아일보(사설)	1924.02.13.
2	대행애사大行哀辭	동아일보(사설)	1926.04.27.
3	산릉문제山陵問題	동아일보(사설)	1926.05.03.
4	재궁梓宮마저 가신다	동아일보(사설)	1926.06.10.
5	이상재 선생李商在先生의 장서長逝	동아일보(사설)	1927.03.31.
6	역사적歷史的 고황膏肓과 오인吾人의 일대사一大事	청년	1928.09-10.
7	민족적民族的 수치羞恥－채무에 시달린 충무공 묘소	동아일보(사설)	1931.05.14.
8	이충무공묘산 경매문제李忠武公墓山競賣問題	동아일보	1931.05.15.
9	이충무공李忠武公과 우리	동아일보(사설)	1931.05.21.
10	충무공유적보존회창립忠武公遺蹟保存會創立	동아일보(사설)	1931.05.25.
11	충무공위토忠武公位土 추환推還	동아일보(사설)	1931.06.15.
12	성금誠金 일만원一萬圓 －민족적民族的 성심誠心의 발로發露	동아일보(사설)	1931.06.17.
13	이충무공의 인격	동아일보(사설)	1932.06.06.
14	전조선장서가全朝鮮藏書家에게	동아일보(사설)	1932.09.29.
15	조선고서간행朝鮮古書刊行의 의의意義	동아일보(사설)	1934.09.15.
16	고 원파옹 동상 제막故圓坡翁銅像除幕에 제際하여	동아일보(사설)	1934.10.27.
17	조선불교朝鮮佛敎의 정신문제精神問題	동아일보(사설)	1934.10.29.
18	단군개천檀君開天과 시월十月	동아일보	1935.10.29.
19	병자丙子와 조선朝鮮	동아일보	1936.01.1~3.
20	을지장군묘산 보수문제乙支將軍墓山修保問題	동아일보	1936.05.23~26.

19) 1924년에 정인보는 '今古詩叢'이라는 고정 한시란의 운영 책임을 맡기도 하였다. 이에 대해서는 한영규의 논문 「爲堂 鄭寅普의 選詩 의식－동아일보 '今古詩叢'란을 중심으로」(『한문학보』 22, 우리한문학회, 2010)에서 자세히 다루었다.

21	사령私令을 배제排除하고 공령준행公令遵行의 관기官紀를 세우자	시정월보施政月報	1949.03.10.
22	소왕계래紹往啓來의 정진	미상	1950.01.
23	경인년庚寅年 종종種種의 고사故事	조선일보	1950.01.01.

해방 이후의 것을 제외하면 정인보의 사설(논설,연설)은 내용 면에서 보았을 때, 크게 두 시기로 구분된다고 할 수 있다. 조선학을 표방하며 조선학운동을 본격적으로 이끌었던 1930년대와 그 이전인 1920년대 중후반으로 나눌 수 있다. 1920년대의 사설에는 민족 위기의 원인을 진단하고 민족의 과제를 제시하는 성격의 글과 6 · 10 만세운동의 기폭제가 되었던 순종의 장례와 관련된 글 등이 있다. 1930년대의 글은 보다 구체적이고 각론적 성격을 지니는데, 사회 운동과 연계된 것과 민족 정신 및 정체성과 관련된 것 등이 있다.

가. 민족 위기의 진단과 쇄신 방향

정인보가 1920년대 중반부터 본격적으로 강의 · 강연 활동과 언론 활동에 뛰어들 때 어떠한 구상을 가지고 있었는지 잘 보여주는 글이 「영원永遠의 내홍內訌－형제적兄弟的 우애友愛로 돌아가자」(1924)와 「역사적歷史的 고황膏肓과 오인吾人의 일대사一大事」(1928)이다. 전자는 신문 사설이고, 후자는 '우이동하령회 강화 필기牛耳洞夏令會講話筆記'라는 부제가 붙어 있는 강연록으로 일종의 연설문이다.

이 두 글에서 정인보가 우선적으로 힘주어 말하는 것은 우리의 병폐에 대한 냉철한 자각과 철저한 자기반성이다.

이조 오백 년의 역사는 내홍의 역사다. 그동안의 세월은 갑이 을을

> 참소하고 갑당甲黨이 을당乙黨을 도륙하려고 허비하고 말았다.
>
> 임진왜란 때 사직의 위기가 일발一髮에 달렸을 때에도 외난外難을 방어하기보다 골육을 상잔하기에 정력精力과 세월을 허비하였다. 봉련鳳輦(임금이 타는 가마)이 의주義州로 난을 피할 때에도 하루만 외난外難이 조금 그치면 곧 내홍을 시작하였다고 한다. 하필 예를 먼 곳에서 구하랴. 근대 한국의 외교사를 보더라도 형제가 서로 시기하느라고 다투어 국권國權을 훔쳐다가 맏이는 청나라에게, 둘째는 러시아에게, 막내는 일본에게, 이 모양으로 갖다 바쳤다. 그들이 특히 청나라나 러시아나 일본을 사랑한 것도 아니요 신뢰한 것도 아니다. 다만 아무런 짓을 하여서라도 사적인 혐오를 갚고 비루하고 가증스럽게 남을 해치고자 하는 욕망만 만족하면 그만인 것이었다.
>
> 이리하여 모든 충신忠臣 의사義士가 죽은 것이다. 쓸 만한 사람은 다 없애 버리고 이매망량魑魅魍魎(온갖 도깨비)들만 조정과 민간에 날뛰어 우리 민족이 지금에 이른 것이다.[20]

정인보는 조선 왕조 오백 년의 역사를 한마디로 '내홍內訌의 역사'라고 단정하였다. 그리고 그 단적인 예로 임진왜란이나 구한말 때와

---

20) "李朝五百年의 歷史는 內訌의 歷史다. 그 동안의 歲月은 甲이 乙을 讒하고 甲黨이 乙黨을 屠戮하려 하기로 虛費하고 말았다.

壬亂에 社稷의 危機가 一髮에 달렸을 때에도 外難을 防禦하기에 보다 骨肉을 相殘하기에 精力과 歲月을 虛費하였다. 鳳輦이 義州로 亂을 避할 때에도 하루만 外難이 小休하면 곧 內訌을 시작하였다고 한다. 하필 例를 먼 곳에 求하랴. 近代韓國의 外交史를 보더라도 兄弟가 서로 猜忌하느라고 다투어 國權을 훔쳐다가 伯은 淸에게 仲은 俄에게 季는 日에게, 이 모양으로 갖다 바쳤다. 그네가 特히 淸이나 俄나 日을 사랑한 것도 아니요 信賴한 것도 아니라 다만 아무러한 짓을 하여서라도 私嫌을 갚고 卑陋하고 加憎한 害他慾만 滿足하면 그만인 것이다.

이리하여 모든 忠臣 義士가 죽은 것이다. 쓸 만한 사람은 다 없애 버리고 魑魅魍魎들만 朝野에 跳躍하여 吾族의 今日을 致한 것이다."(정인보, 「永遠의 內訌—兄弟的 友愛로 돌아가자」, 《동아일보》, 1924년 2월 13일자; 『전집』 2, 285쪽)

같이 외세에 의해 곧 국권을 잃게 될 위기의 순간에도 상대 당파를 시기하고 비방하기에만 급급했던 일들을 들었다. 이처럼 당파들이 서로 사적인 증오심을 품고 남을 해치려는 욕구만을 만족시키고자 하였다는 것, 그래서 충신 의사義士는 죽고 괴물 같은 악인들만 남아 결국 국망에 이르고야 말았다는 것이 정인보의 진단이다. 즉 국망의 원인을 외세보다도 우리 내부 자체의 병폐에서 찾고 있는 것이다.

정인보는 우리의 역사적 병폐를 「역사적歷史的 고황膏肓과 오인吾人의 일대사一大事」에서 더 구체화하여 '인순因循, 구차苟且, 허식虛飾, 당파黨派, 시기猜忌, 냉박冷薄'이라는 6가지 종류의 병病으로 제시했다. 그 일부를 보이면 다음과 같다.

> 첫째는 인순因循이 한 병病입니다. 인순도 엄청난 인순입니다. 가장 상리常理에 어그러지는 일례를 들면 '유명조선국有明朝鮮國'이라고 자칭하는 것을 서로 따라하여 늘 있는 일로 알았으니 누구나 생각하여 보면 우습지 아니합니까? 또 천근한 일례를 들어봅시다. 『동몽선습童蒙先習』에 "한무제토멸지漢武帝討滅之하시고"라는 구절을 몇백 년 동안 그대로 읽어 오지 아니하였습니까? 토멸당한 사람이 누구입니까? 거기다 "하시고"라는 말이 더욱 우습지 아니합니까? 그냥 읽어 왔습니다. 어째서 그렇게 읽는지 모르고 읽은 것이 그럭저럭 몇백 년 되었습니다. 무엇이나 다 이렇습니다.
>
> 둘째는 구차苟且입니다. 또 우스운 말씀 하나 하리다. 역사적으로 구차이던 것을 한 일에만 보아도 알 수 있습니다. 영조 무신년에 이인좌李麟佐의 난이 있었습니다. 순무사巡撫使 오명항吳命恒이 출정하러 가다가 중대한 사건이 생겼습니다. 다른 일이 아니라 탄환이 총구에 들어가지를 아니하므로 수원에서 며칠을 묵어 가지고 이 탄환을 가느라고 죽을 힘을 들였습니다. 웬만큼만 정신을 차렸으면 이 지경이 되었겠습니까? 만반에서 구차하던 것을 이 한 가지에서 다 알 수 있습니다.21)

이 글에서 정인보는 단적인 사례 한두 가지를 들어 우리가 얼마나 인순因循하고 구차苟且한 태도로 지내왔는지를 보여주었다. 인순의 사례로 든 것은 '유명조선국有明朝鮮國'이라고 자칭하고 『동몽선습童蒙先習』의 구절을 "한무제토멸漢武帝討滅之하시고"라고 읽는 습관이다. '유명조선有明朝鮮'이란 조선 시대에 비명碑銘이나 묘지墓誌의 첫머리에 반드시 쓰던 문구이다. 당시 사람들은 망자가 살았던 나라와 시대를 후세에 알리기 위해서 '유명조선有明朝鮮'을 쓰는 것이 예법에 맞다고 여겼을 뿐이지,[22] 왜 조선 앞에 중국 왕조를 명시해야 하는지에 대해서는 의문을 제기하지 않았다. 『동몽선습』의 '한무제토멸지漢武帝討滅之'는 한무제가 위만 집권기의 고조선을 멸망시키고 한사군을 설치한 사건을 가리키는 구절이다. 만일 고조선이 우리 민족의 고대 국가임을 인지했다면 자국을 멸망시킨 한무제를 높여서 '하시고'라는 토를 달아 읽지는 못했을 것이다. 그러나 자신이 쓰고

21) "첫째는 因循이 한 病입니다. 因循도 엄청난 因循입니나. 가장 常理에 어그러지는 一例를 들면 有明朝鮮國이라고 自稱함을 相沿하여 恒事로 알았으니 누구나 생각하여 보면 우습지 아니합니까? 또 淺近한 一例를 들어봅시다. 「童蒙先習」에 "漢武帝討滅之하시고"라는 句語를 몇百年 그대로 읽어 오지 아니하였읍니까? 討滅 當한 사람이 누구입니까? 거기다 "하시고"라는 말이 더욱 우습지 아니합니까? 그냥 읽어 왔읍니다. 어째 읽는지 모르고 읽은 것이 그럭저럭 몇백년 되었읍니다. 무엇이나 다 이렇습니다.
둘째는 苟且입니다. 또 우스운 말씀 하나 하리다. 歷史的으로 苟且이던 것을 한 일에만 보아도 알 수 있읍니다. 英祖 戊申에 李麟佐難이 있었읍니다. 巡撫使 吳命恒이 出征하러 가다가 重大한 事件이 생겼읍니다. 다른 일이 아니라 彈丸이 銃口에 들어가지를 아니하므로 水原서 며칠을 묵어 가지고 이를 가(磨)느라고 죽을 힘을 들였읍니다. 웬만큼만 정신을 차렸으면 이 지경이 되었겠읍니까? 萬般의 苟且하던 것을 이 한 가지에서 다 알 수 있읍니다."(정인보, 「歷史的 膏肓과 吾人의 一大事」, 『청년』, 1928 ; 『전집』 2, 273쪽)

22) "凡如碑銘墓誌文字, 本爲流傳後代, 雖革易之後, 欲使知其爲某代某國之人, 故題首必稱有明朝鮮."(金尙憲, 「宗廟疑禮賓廳獻議」, 『淸陰集』 제23권)

있는 말이 자신을 비하하고 부정하는 의미를 지니는 것인지도 모른 채 관례대로 따라하기만 했다는 것이다. 이것이 정인보가 첫 번째 병폐로 꼽은 인순因循의 태도이다.

두 번째 병폐로 제시한 '구차苟且'의 사례는 너무나 형편없었던 우리의 군사 기물 관리 수준을 보여준다. 나라에서 일어난 난을 진압하러 가는 관리가 총구에 맞지 않는 탄환을 가느라고 며칠을 허비할 정도로 준비 상태가 엉망인 모습이다.

이처럼 정인보가 우리 민족의 병폐로 제시한 사례들은 그 일부만 보아도 정말로 한심한 수준이라는 생각이 저절로 들게 만드는 것들이다. 나라가 망할 위기의 순간에도 당파 싸움에만 몰두하고, 사대주의적 사고에 빠져 의미도 모른 채 구습을 이어가고, 나라의 기강도 해이하고 기술도 저차한 수준을 보여줄 뿐이다. 이러한 모습만 본다면 조선이 망할 수밖에 없었던 원인으로 민족의 열등성을 강조하였던 일본의 논리를 입증해주는 셈이 된다고 할 것이다.

하지만 정인보가 민족의 형편 없는 모습을 적나라하게 드러낸 것은 민족적 열등감이나 패배감에서 비롯된 것이 아니다. 오히려 우리의 현모습에 대한 철저한 직시와 반성을 통해 잘못된 구습의 고리를 끊고 민족적 자존감을 회복하여 쇄신하기를 바랐다. 정인보가 제시하는 쇄신의 방향은 타他의 추종을 일체 경계하고 자自의 회복을 추구하는 것이었다. 이를 위해 정인보는 시선을 민족의 고대 역사와 자기 내부로 향하도록 하였다.

> 동방군자국東方君子國이 당시에 중국 사람으로부터 지고한 숭앙을 받아서 이 땅에 나는 새는 봉황鳳凰인데 보이면 천하가 안녕하다 하였고, 범은 맹수이나 이네들의 어루만지는 어질고도 곰살가운 손 앞에는

> 길든 개와 같이 고개를 숙였다고 하였습니다. 동이東夷의 '이夷'는 인仁이라 '이夷'의 옛 글자가 𡰥니 𡰥는 즉 인仁이라 어질 인 글자 그대로라고 중국의 현대 석학 장태염章太炎이 논증한 바 있습니다. 중국의 전승하는 사상의 핵심은 인仁입니다. 삼대三代[하夏 · 은殷 · 주周]의 치화治化와 주공周公 · 공자孔子의 학문이 모두 인仁 하나를 싸고도는 것입니다. 우리의 선민先民이 남에게 인仁이라는 칭호를 받던 것과 인仁이 저네에게 어떠한 정도로 사상적 핵심인가를 생각하여 보면 사적史籍에 기재된 바는 없으나 동방사상의 주류가 조선에서 발원하였다고 하여도 혹 과언이 아니될 줄 압니다. 어질면 약할 듯도 하건마는 고대와의 거리가 멀지 않은 고구려 시대의 무위武威를 볼 때 과연 어떠합니까? 신라에 미쳐서는 문화가 점점 극도로 융성한 단계에 들어가 고구려같이 무력이 강하지는 아니한 듯하나 김유신金庾信의 "요간보검자약출초腰間寶劍自躍出鞘[허리에 찬 보검이 저절로 칼집에서 벗어나왔다]" 하던 광경을 생각하여 보면 얼마나 송연합니까?23)

정인보는 "우리는 역사적으로 난치難治의 병근病根이 있읍니다."라고 강연을 시작면서 우리 민족의 병폐가 고질적인 것임을 말했다. 하

---

23) "東方君子國이 當時에 支那 사람으로부터 至高한 崇仰을 받아서 이 땅에 나는 새는 鳳凰이라 보이면 天下가 安寧하다 하였고, 범은 猛獸라 그러나 이네들의 어루만지는 어질고도 곰살가운 손 앞에는 길든 개와 같이 고개를 숙였다고 하였읍니다. 東夷의 夷는 仁이라 夷의 古字가 𡰥니 𡰥는 즉 仁이라 어질 仁字 그대로라고 支那의 現代碩學 章太炎이 論證한 바 있읍니다. 支那의 傳承하는 思想의 核心은 仁입니다. 三代의 治化와 周孔의 學問이 모두 仁 하나를 싸고도는 것입니다. 우리의 先民이 남에게 仁이라는 稱號를 받던 것과 仁이 저네에게 어떠한 思想的 核心임을 생각하여 보면 史籍에 記載는 없으나 東方思想의 主流가 朝鮮에서 發源하였다고 하여도 혹 過言이 아니될 줄 압니다. 어질면 弱할 듯도 하건마는 去古 未遠한 高句麗時代의 武威를 볼 때 과연 어떠합니까? 新羅에 미쳐는 文化ㅣ 점점 極盛에 入하여 高句麗 같이 强武치는 아니한 듯하나 金庾信의 "腰間寶劍自躍出鞘"하던 光景을 생각하여 보면 얼마나 悚然합니까?" (정인보, 「歷史的 膏肓과 吾人의 一大事」, 『전집』 2, 277~278쪽)

지만 그 병폐는 조선시대 몇백 년 동안 만들어진 것이지, 원래 우리의 선민先民은 그렇지 않다고 여겼다. 그가 본 조선 시대 우리 민족의 모습은 사대주의적 사고에 빠져 주체성을 잃고, 당파로 나뉘어 사심私心으로 자리自利만을 추구하며 내홍만을 일삼는 것이었다. 학문 또한 민생을 이롭게 하는 실질을 추구하는 것이라기보다는 공허한 관념 논쟁에만 치우치는 것이었다. 하지만 원래 우리 선민先民은 인仁한 본심本心을 가지고 물아物我의 간격이 없이 하나로 어우러졌으며, 강인하고 주체적이었다는 것이다. 이러한 기풍이 조선시대 이전인 고려, 통일신라시대, 삼국시대에는 남아 있었다고 보았다.

문제는 우리 선민의 모습에 대해 입증할 길이 어렵다는 것이다. "사적史籍에 기재된 바는 없으나"라고 스스로 말하고 있듯이 정인보도 자신의 주장을 뒷받침할 만한 역사적 근거 자료가 부족하다는 것을 잘 알고 있었다. 우리의 병폐를 지적할 때는 역사적 사실과 일화를 들며 구체적으로 서술해 나가지만, 선민에 대해 서술할 때는 추정적 진술이 많아지는 것도 이 때문이다. 자료의 한계를 뛰어넘기 위해 정인보가 주력한 방법이 문자 훈고학과 방언 연구 등을 바탕으로 명칭의 유래와 의미를 분석하는 것이었다. 예컨대 위에서 보는 바와 같이 타민족이 우리 선민을 불렀던 '동이東夷'이라는 명칭에 담긴 함의를 밝혀냄으로써 우리의 본모습이 어떠했는지, 과거 우리 민족의 문화와 풍습이 어떠했는지 유추해내는 방식을 썼던 것이다.

'이夷'의 의미에 대한 언급은 이 글에서 처음 보인 이후로도 다른 글에서 여러 차례 반복되는 내용이다.

> 옛 조선인은 인인仁人으로 칭호를 얻어 동이東夷의 이夷가 𡰥와 한 글자이요 𡰥는 곧 '인仁'자의 옛 문자이라. 이로 보아도 이네의 인정과

심성, 풍습의 교화를 상상하여 알 수 있다.[24]

> 『예기禮記』 왕제王制편에 "이夷는 저柢(뿌리)라, 어질어서 생육하기를 좋아함을 말함이니, 만물이 땅에 뿌리를 박고 자란다."라 한 것은 '이夷'의 음音으로 좇아 구명究明한 바이다. 최근 장병린章炳麟 같은 박학자樸學者는 '이夷'는 곧 '인仁'이라고 해석하여 '이夷'의 옛 글자 '𡰥'는 '己'과 같은 글자임을 증명하였다.[장 씨章氏 『구서訄書』 참조] (이는) 이夷를 저柢라 하여 가지고 저柢[뿌리]에서 지地[땅]를 이끌어내어 거기다가 생육하기를 좋아하는 덕성을 억지로 끌어 붙인 것에 비하여 곱절이나 직절直切할 뿐 아니라 '이夷'와 '인仁'의 한 글자임은 소학의법小學義法으로 보아 이제 의문이 없으니 고대古代 중국인이 조선을 어떠하게 보았음을 알 수 있는 것이다.[25]

이처럼 정인보가 '이夷'의 의미를 여러 차례 강조했던 것은 '이夷'에 대한 해석을 통해 '동이東夷'에 대한 기존의 편견을 깨뜨리고, 민족의 자부심을 회복시킬 수 있다고 여겼기 때문으로 보인다. 중화주의적 사고방식에 따라 보면 동이는 중화문명의 동쪽 오랑캐일 뿐이다. 하지만 소학의법小學義法, 즉 문자훈고학의 접근방법으로 '이夷'의 의미

---

24) "古朝鮮人은 仁人으로 稱號를 얻어 東夷의 夷가 𡰥와 一字이요 𡰥는 곧 仁字의 古文이라. 이로 보아도 이네의 情性, 風化를 想得할 수 있다."(정인보, 「朝鮮文學原流草本」, 『朝鮮語文研究』, 延禧專門學校 文科 研究集 제1집, 1930. 12.01 ; 『전집』 1, 262쪽)

25) "禮記王制에는 "夷者, 柢也, 言仁而好生, 萬物柢地而出."라 한 것은 '夷'의 音으로 좇아 究明한 바이려니 最近 章炳麟 같은 樸學者는 '夷'는 곧 '仁'이라고 解하여 '夷'의 古字 '𡰥'는 '己'과 同字임을 證明하였으니(章氏訄書參照) 夷를 柢라 하여 가지고 柢에서 地를 引하여 거기다가 好生의 德性을 傅會한 것에 比하여 一倍直切할 뿐 아니라 '夷' '仁'의 一字임은 小學義法으로 보아 이제 疑問이 없은즉 古代 漢土人으로서 朝鮮을 어떠하게 보았음을 알 수 있는 것이다." (정인보, 「朝鮮史研究」 상, 『전집』 3, 50쪽)

를 깊이 추적해 들어가면 '이夷'는 '인仁'과 뜻이 통하는 글자임을 알 수 있다는 사실에 주목한 것이다. 정인보는 이러한 '이夷'의 의미를 중국 근대의 국학대사라고 일컬어지는 장병린의 연구 결과에서 이끌어 왔다. 장병린은 학문연구 방법으로 소학小學(문자훈고학 또는 언어문자학)을 매우 중시했던 인물이다.[26] 그의 글을 평소 탐독하였던 정인보는 장병린을 통해 자신의 학문연구 방법과 글쓰기에 대한 많은 시사점을 얻었다. 그중에서도 특히 장병린의 '이夷'에 대한 의미 분석은 고대 우리 민족의 특성을 알려주는 좋은 단서가 된다고 여겼음을 볼 수 있다.

그러나 '이夷'가 '인仁'의 의미를 지닌다는 사실에서 "동방사상의 주류가 조선에서 발원發源"하였다는 추론에까지 이른 것은 논리적 비약이 없지 않다. 이러한 식의 논리 전개는 정인보가 민족의 고대 문화와 풍습을 서술할 때 종종 보이는 면이기도 하다. 그럼에도 사실을 입증할 자료가 없다고 제쳐놓지 않고 고대 선민先民에 대해 계속 언급하는 것은 민족 쇄신의 방향이 거기에 있다고 보았기 때문이다.

> 병을 얻은 원인은 암만하여도 송학宋學의 수입輸入으로 말미암아 명철보신明哲保身 한마디를 성인聖人의 도라 여기게 된 것이 가장 중요한 원인이라 하겠다. 그러나 이보다도 고려 중엽 이후 중국에 대해 겉으로 우러르다가 아주 선민先民의 전통적 국성國姓을 저버리게 되어 마침내 사이비한 한문 문장과 자성自性 없는 부종적附從的 학술이 만연하게 되어 어느덧 본심을 잃어버린 것이 더 큰 원인이라 하겠습니다.[27]

---

26) 김월회, 「章炳麟 文學理論 硏究」, 서울대학교 석사학위논문, 1994, 37쪽.

27) "受病한 原因은 암만하여도 宋學의 輸入으로 좇아 明哲保身의 一言을 聖道視한 것이 가장 重한 原因이라 하겠으나 이보다도 高麗中葉以後로 中國에 對한 浮慕가 아주 先民의 傳統的 國姓을 저버리어 마침내 似而非한 漢文文詞와 自性

> 우리는 신인新人이 됩시다. 새삼스러운 신인이 아니라 본심 그대로의 신인이 됩시다. 홀로 아는 일편一片의 불안이 오천 년 역사의 생명이 의탁하는 곳입니다. 이곳으로 좇아 밝음을 얻어 본심의 광명을 회복합시다. 자사自私 자리自利의 칼로 끊었던 목숨을 물아物我의 간격이 없는 줄로 이어냅시다.[28]

정인보에 따르면 조선조에서 현재에 이르기까지 고질적으로 보여왔던 병폐는 우리 민족의 본질적인 모습이 아니다. 고려 중엽 이후 송대 성리학이 유입되면서 자신의 주체성을 잃고 종속적으로 그 학문만을 따르다 보니, 고대 선민이 지녔던 본심을 저버리게 된 것이었다. 여기에서 그가 말하는 본심이란 한 글자로 말하면 앞서 말한 인仁이며, 자사념自私念이 없어서 물아物我 사이에 간극이 없는 마음이다. 정인보는 이 마음자리에서는 나와 남의 구분이 없기에 "생각을 공통적으로 내이고 느낌을 전체적으로 일으"[29]키게 된다고 하였다. 그렇기에 민족의 고질적 병폐를 발본색원하는 '오인吾人의 일대사一大事', 즉 민족의 대과제가 바로 이 본심의 회복에 있다고 주장하였다.

정인보에게는 이 본심을 회복한 주체가 곧 시대가 요구하는 신인이었다. "우리는 신인新人이 됩시다"라는 정인보의 외침은 근대 전환기 지식인들의 공통 아젠다와 같은 것이었다. 특히 민족의 위기를 극

없는 附從的 學術이 瀰漫하게 되어 어느덧 本心을 잃어버린 것이 더 큰 原因이라 하겠습니다"(정인보, 「歷史的 膏肓과 吾人의 一大事」, 『전집』 2, 278~279쪽)

28) "우리는 新人이 됩시다. 새삼스러운 新人이 아니라 本心 그대로의 新人이 됩시다. 홀로 아는 一片의 不安이 五千年 歷史의 托命하는 곳입니다. 이곳으로 좇아 밝음을 얻어 本心의 光明을 回復합시다. 自私 自利의 칼로 끊었던 목숨을 物我無間의 줄로 이어냅시다."(정인보, 위의 글, 282~283쪽)

29) 정인보, 위의 글, 279쪽.

복하고 앞으로 나아갈 길을 모색하고자 고심했던 지식인들에게는 이것은 절박한 문제였다고도 할 수 있다. 그러나 낡은 악습을 떨치고 어떻게 새로운 주체를 형성할 것인가에 대한 구상은 저마다 달랐다. 이에 대해 정인보는 "새삼스러운 신인新人이 아니라 본심本心 그대로의 신인新人"이 되자고 주장하였다. 이처럼 원래의 참모습을 회복하는 것으로 주체의 새로운 혁신을 꾀하였기에 민족의 역사와 현모습을 신랄하게 질타하면서도 자기비하와 열등감에 빠지지 않고, 외부의 타모델을 선망하며 추종하지 않을 수 있는 길을 모색할 수 있었던 것이다.

나. 슬픔의 통곡과 민족적 감정 고취

정인보는 1920년대 중반부터 30년대 중후반에 이르기까지 신문 사설과 기사를 통해 민족의 구체적인 당면 과제를 제시하였다. 이러한 글은 사회운동과 보다 밀접한 연관을 가지는데, 1920년대에는 순종 및 독립운동가의 장례와 관련된 글을 발표함으로써 민족적인 감정을 고취하고자 하였다. 「대행애사大行哀辭」, 「산릉문제山陵問題」, 「재궁梓宮마저 가신다」, 「이상재 선생李商在先生의 장서長逝」가 이에 해당되는 글이다. 이 글들은 모두 신문 사설란에 실렸지만, 「산릉문제山陵問題」를 제외하고는 논설문에 속한다기보다는 애제류 산문의 성격에 가깝다. 대중들에 대한 논리적인 호소보다도 조선조 마지막 왕이나 독립운동가의 죽음을 함께 통곡함으로써 민족적인 감정을 하나로 분출시키는 것이 더 중요하다고 여겼기 때문으로 보인다. 그 붓대를 잡은 이가 정인보였다.

순종과 관련된 사설을 정인보는 세 번에 걸쳐서 썼다. 처음 쓴 것은 순종의 서거 다음 날인 1926년 4월 27일자 사설 「대행애사大行哀辭」이다. 한문문체인 애사哀辭를 활용하여 한글로 쓴 것으로, 순종을 떠나보내는 슬픔이 절절히 흘러나오는 글이다. 이 글에서 정인보는 우선 순종의 덕성을 말하며 고종에 대한 순종의 지극한 효성을 강조하였다. 아울러 순종의 성덕聖德이 효에 그치지만은 않았을 것이나, 세상이 바뀌고 궁궐에 대한 감시가 심하여 인심仁心을 실천하지 못했다고 안타까워하였다. 또한 순종이 품었을 한을 생각하고, 이천만 민족의 눈물을 생각하면 슬픔이 북받쳐 올라 차라리 붓대를 꺾고 종이를 찢어 버리고 싶다고도 하였다. 마음껏 쓰지 못할 비애라면 그대로 감추어버리고 싶다는 것이다. 하지만 조금이라도 슬픔을 드러내지 않으면 더욱 견딜 수가 없기에 글을 쓴다고 하였다.

이처럼 신문 사설이라는 지면의 제약과 일제의 검열이라는 상황 속에서 일정한 한계를 지니는 가운데 정인보는 자신의 생각과 감정을 최대한 드러내고자 하였다. 그것은 순종의 죽음을 슬퍼하는 민중들의 통곡이 민족의 현실에 대한 울분으로 확산되어 솟구치기를 바라는 것이었다.

> 우리의 오늘날 울음이 오직 대행大行[임금이 죽은 뒤의 칭호]의 등하登遐[임금의 죽음]하심을 서러워함이 아니라 열조列祖 열종列宗을 향한 추모를 대행大行 일신一身에 붙였다가 이제 이르러 오백 년의 성군聖君과 의로운 임금이 일시에 거듭 붕어하심 같으니 고금을 부앙하여 어찌 목놓아 울지 않을 수 있으랴. 우리 민중아, 울라. 조업肇業하신 태조太祖를 울라. 치공治功 높으신 태종太宗을 울라. 성인聖人 임금 세종世宗을 울라. 인종仁宗 · 효종孝宗 · 정종正宗을 울라. 열조列祖 열종列宗을 울라. 마지막으로 대행大行의 용어龍馭[임금의 죽음]를 울라.30)

정인보는 「대행애사」의 마지막 단락에서 '울라'라는 강한 어조의 명령형을 7번이나 반복적으로 구사하며 선동적인 방식으로 사람들의 감정을 한껏 고조시켰다. 또한 조선조의 임금들을 일일이 거론하며 울음의 대상을 순종을 넘어 조선 왕조 전체에게로 확대해 나갔다. 이를 통해 민족적인 감정을 고취함으로써 사람들의 통곡이 순종을 넘어 망국의 현실을 슬퍼하는 것으로 나아가기를 바랐던 것이다.

순종의 죽음을 계기로 터져 나온 민중들의 통곡은 6·10만세운동의 기폭제가 되었고, 이것은 근대 신문이 생긴 이래로 가장 중요한 정치적·사회적 이슈였다.[31] 이에 《동아일보》를 비롯한 당시 민족지들은 순종의 죽음을 호곡하는 인파들에 관한 기사를 대대적으로 실으며,[32] 사람들의 울분을 끌어모으는 역할을 하고 있었다. 또한 종교계·사회단체·학생단체 등 다양한 주체들이 순종의 인산일因山日(왕족의 장례일)을 계기로 3·1운동 때와 같은 대대적인 독립만세운동을 일으키기 위해 서로 연대하며 거사를 준비하기 시작했다.[33] 정인

---

30) "우리의 오늘날 울음이 오직 大行의 登遐하심을 설워함이 아니라 列祖 列宗에 向한 追慕를 大行 一身에 붙였다가 이제 이르러 五百年 聖君諠辟이 一時에 거듭 崩殂하심 같으니 古今을 俯仰하여 어찌 失聲치 않을 수 있으랴. 우리 民衆아, 울라. 肇業하신 太祖를 울라. 治功 높으신 太宗을 울라. 聖人 임금 世宗을 울라. 仁宗·孝宗·正宗을 울라. 列祖 列宗을 울라. 마지막으로 大行의 龍馭를 울라."(정인보, 「大行哀辭」, 《동아일보》, 1926년 4월 27일자; 『전집』 2, 289쪽)

31) 맹태균, 「6·10 獨立萬歲 運動에 대한 新聞報道 態度分析 : 東亞日報(1926年 6月 1日~30日)를 中心으로」, 『크로노스』 제5권, 漢陽大學校 社會科學大學 新聞放送學科, 1974, 64쪽.

32) 예컨대 《시대일보》 1926년 5월 3일자에는 「五日間四十萬－돈화문압헤모인군중」, 「成服當日敦化門에 號哭者十五萬－檢束者만 三十名 경관강습생까지출동경계」라는 기사가 대서특필되었다. 5일간 돈화문 앞에 모여든 군중만 40만이고, 성복 당일에만 호곡자가 15만이이나 되어 검속을 하는 경관만 30명이 동원되었다는 기사이다.

보는 신문사의 논설위원으로서 사설을 통해 당시 사회의 정치적 · 사회적 이슈의 한가운데로 뛰어들고 있었던 것이다.

그런데 순종의 장례를 준비하는 과정에서 불거졌던 문제 중의 하나가 산릉의 위치에 대한 것이었다.

> 이왕李王 전하의 능소陵所 물론 선비先妃 순명후純明后의 능소가 되는 뚝섬(독도면纛島面) 유릉裕陵에 뫼시게 될 것인데 이로 인하여 이왕 직례식과에서는 유릉참봉 윤상선尹尙善 · 이인두李寅斗 양 씨를 독려하여 목하 모든 준비에 착수 중이다. 그런데 일설에는 유릉을 먼저 금곡金谷 어릉으로 이안移安한 후 부왕을 그리워하시던 이왕 전하의 능소를 금곡에 정하리라고도 하나 그것도 도저히 되지 못할 풍설이라고 이왕 직례식과장 이항구 남작은 말하더라.[34]

순종 서거 다음날《매일신보》에 실린 위의 기사를 보면, 순종의 능소는 처음에는 순명후가 묻힌 뚝섬의 유릉으로 정할 계획이었음을 알 수 있다. 하지만 생전에 순종은 선왕인 부친을 그리워하며 선왕

33) 국내에서는 천도교와 조선공산당, 그리고 노농대중단체와 학생운동단체 등이 연대하여 순종의 인산일인 6월 10일을 기점으로 하는 만세운동을 추진해 나갔다. 이 과정에서 이들은 '6 · 10투쟁특별위원회'를 조직하였으며 투쟁방침도 정하였다.(장석흥, 「6 · 10만세운동의 檄文과 理念」, 『한국독립운동사연구』 12, 독립기념관 한국독립운동사연구소, 1998, 158쪽)

34) "리왕 뎐하의 릉소(陵所)는 물론 션비슌명후(先妃純明后)의 릉소가 되는 뚝섬(纛島面) 유릉(裕陵)에 뫼시게 될 것인대 이로 인하야 리왕 직례식과에셔는 유릉참봉 윤상션(尹尙善) 리인두(李寅斗) 량씨를 독려하야 목하 모든 준비에 챡수중인대 일셜에는 유릉을 몬져 금곡(金谷) 어릉으로 이안(移安)한 후 부왕을 그리시든 리왕 뎐하의 릉소를 금곡에 뎡하리라고도 하나 그것도 도저히 되지 못할 풍셜이라고 리왕 직례식과장 리항구 남작은 말하더라."(「裕陵移安은 事實不能 -유릉이안설은 풍설에 불과해」, 《每日申報》, 1926년 4월 27일자)

가까이 묻히고 싶어했다고 한다. 이에 순종의 능소를 홍릉(고종의 능소)이 있는 남양주의 금곡으로 정해야 하며, 이를 위해 뚝섬의 유릉을 먼저 금곡으로 옮겨야 한다는 여론이 있었다. 하지만 이를 위한 비용과 절차가 만만치 않았던 까닭에 순종의 장례를 맡았던 일부 관리들이 기존의 유릉 위치에 순종의 능소를 정하고자 했던 것으로 보인다. 그리고 《매일신보》는 유릉 이안설移安說이 풍설이라고 일축하는 기사를 내기도 했던 것이다.

하지만 유릉 봉천奉遷의 문제를 덮어버리기에는 사람들의 반대 여론이 만만치 않았던 듯하다. 산릉 문제를 둘러싸고 세간의 의견이 분분한 가운데 결국 유릉을 금곡 부근에 옮겨서 조성하기로 한 것이다. 이처럼 유릉 봉천과 관련된 문제가 불거져 나왔을 때, 정인보는 이에 대해 좌시하지 않고 《동아일보》 사설을 통해 자신의 의견을 피력하였다.

> 우리는 이번 이 문제에 대하여 옛 신하들에게 한 말을 보내고자 한다. 선제先帝의 유지遺志를 어기려 하는 저들은 책망할 여지도 없으나, 옛 신하들은 다 선조先朝 때 지위가 높았던 이들이다. 선제의 생평生平을 뵈온 이 오직 그들이며, 선제의 성정聖情을 느끼는 이 오직 그들이며, 선제의 평소 기원冀願을 아는 이 오직 그들이며, 선제의 애달프고 간절하신 말씀을 들어온 이 오직 그들이라. 이런 때 이의異議를 배제함이 어찌 그들의 직분이 아니랴?[35]

---

35) "우리는 이번 이 問題에 對하여 舊臣諸公에게 한 말을 보내고자 한다. 先帝의 遺志를 어기려 하는 저들은 責望할 餘地도 없으나, 舊臣諸公은 다 先朝 때 貴臣이다. 先帝의 生平을 뵈온 이 오직 그들이며, 先帝의 聖情을 느끼는 이 오직 그들이며, 先帝의 平素冀願을 아는 이 오직 그들이며, 先帝의 哀惻하신 말씀을 듣자온 이 오직 그들이라. 이런 때 異議를 排除함이 어찌 그들의 職分이 아니

> 호곡號哭이 팔방에 이어지고 흰 상복[호소縞素]이 일시에 가득차게 됨이 정령政令으로는 미칠 바가 아니다. 삼천 리의 지극한 정情이 오로지 선제先帝께 향하는 이때에 다만 한 사람이라도 유지遺志를 어기려는 자가 있다 하면 이 어찌 원통하고 분하지 아니한가? 비애가 삼천 리의 비애인 바에는 선제先帝 종사終事에 유감이 있다면 이 곧 삼천 리의 유감이며, 선제先帝의 유지를 어김이 있다면 이 곧 삼천 리의 어김이니 산릉문제山陵問題가 어찌 몇몇 개인이 제멋대로 논의할 바이랴?…… 이 글을 가져다가 신왕新王 전하께 드리고자 하며, 이 말을 가져다가 옛 신하분들께 들려 주고자 하노니 이는 한 신문사의 논조가 아니라 궁문宮門 밖에서부터 국경까지 뻗쳐 슬피 부르짖는 군중의 공통적 심리이다.[36]

정인보는 우선 순종을 보필하였던 옛 신하들을 준엄하게 질책하며 선제先帝에 대한 그들의 도리와 직분을 강조하였다. 만일 선제의 유지遺志에 어긋나는 논의와 방침이 있었다면 선제의 지우知遇를 입고 선제의 평소 기원을 아는 그들이 먼저 그것을 물리쳤어야 했다는 것이다. 그리고는 만일 선왕 부친의 능소 부근에 묻히겠다는 순종의 유지를 어긴다면 이는 온 민족의 슬픔이요 유감이 될 것이라고 하였다. 정인보는 이것이 "군중의 공통적 심리"라고 힘주어 말하며 옛 신하들에게 경고를 함과 동시에 산릉문제를 민족의 공통 문제임을 부각시

랴?"(정인보, 「山陵問題」, 《동아일보》, 1926년 5월 3일자 ; 『전집』 2, 290쪽)

36) "號哭이 八方에 連하고 縞素가 一時에 彌滿됨이 政令으로는 미칠 바이 아니다. 三千里의 至情이 오로지 先帝께 向하는 이때에 다만 한 사람이라도 遺志를 어기려는 자가 있다 하니 이 어찌 慨然치 아니한가? 悲哀가 三千里의 悲哀인 바에는 先帝 終事에 遺憾이 있다면 이 곧 三千里의 遺憾이며, 先帝 遺志를 어김이 있다면 이 곧 三千里로서의 어김이니 山陵問題가 어찌 幾個人의 擅議할 바이랴?…… 이 글을 가져다가 新王殿下께 드리고자 하며, 이 말을 가져 舊臣諸公에게 들리고자 하노니 이는 한 報社의 論調가 아니라 宮門 밖에서부터 國境까지 뻗치인 哀號하는 群衆의 共通的 心理이다."(정인보, 위의 글, 291~292쪽)

켜 사람들의 마음을 하나로 모으고자 하였다.

드디어 순종의 인산일인 6월 10일, 정인보는 《동아일보》에 「재궁梓宮마저 가신다」는 사설과 한문으로 쓴 「유릉지문裕陵誌文」을 발표하였다. 「梓宮마저 가신다」는 사설란에 발표한 글이지만 고인을 애도하는 슬픔의 표출이 주를 이루는 일종의 애사哀辭에 가까운 성격을 지닌다. 아울러 한문문언문으로 쓴 비지문을 국문 번역문도 없이 원문 그대로 신문에 실었다. 이는 대중성보다는 조선조 마지막 임금을 보내는 격식을 더 중요시했기 때문으로 보인다. 비지문에 순종의 삶과 덕을 담았던 때문인지, 사설 「재궁梓宮마저 가신다」의 내용은 순종을 떠나보내는 사람들의 모습과 슬픔이 주를 이루는 것을 볼 수 있다.

> 부모를 잃은 듯한 설움이 고금에 오늘 같은 때 없을 줄 안다. 또 만백성의 스스로 흐르는 정성이 우로雨露[임금의 은택]에 젖던 옛 시절에도 이런 적이 없을 줄 안다. 큰 상여를 깊은 정성으로 메고 봉불鳳紼[수레 끄는 줄]을 지극한 정情으로써 끌면서 금곡金谷 오십 리 길의 노고를 모를 뿐 아니라 그곳에 다달아 돌아설 때의 비애를 미리들 느끼니 슬프도다. 임금의 영령께서 이를 아시면 돌아보시는 중동重瞳[겹으로 된 눈동자, 성인의 눈동자]이 더욱 감기시지 못하실 줄 안다. 검은 선 두른 흰 깃발 아래마다 대오가 가지런하니 뉘 이를 감독하여 거느렸으며 작은 저재[시장], 크지 못한 공장工場, 먼 지방, 국경 밖의 교민僑民까지 미력이라도 이날에 다하고자 하니 뉘 이를 권유하였으며, 어린 아이까지 색깔옷을 몸에 입지 않는 이같은 유례가 많으니 뉘 이를 효칙하였을까? 슬픔은 슬픔으로써 돕는 것이라 떠나시는 대행을 우는 한편에 남아 있는 우리를 울지 않을 수 없고, 이 울음까지 마저 대행께 향하게 되매 스스로 우리를 욺이 한층 더 새로웁게 되니 끝없는 이 순환을 대행은 굽어보시련만.37)

> 슬프다. 우리의 눈물은 곧 대행의 눈물이시라. 이 눈물을 가져 방불하게 의지하고 사모하는 마음을 부칠 수 있다. 어찌 눈물에만이랴? 우리의 기쁨도 곧 대행의 기쁨이시니 눈물에 의지하고 사모하는 마음을 부치던 것을 기쁨에 옮길 때가 언제일까?[38]

6월 10일 순종의 인산일에 서울로 모여든 봉도민奉悼民은 창덕궁 돈화문을 비롯하여 동대문 문밖까지 40~50만으로도 헤아릴 수 없을 만큼 인산인해를 이루었다고 한다.[39] 정인보는 이렇게 끝없는 행렬을 이루는 다양한 군상들을 묘사하였다. 그리고는 누가 이를 권유하였는가, 누가 이를 가르쳤는가라는 수사적 의문문을 반복하며 어른에서부터 아이까지, 먼 지방에서부터 가까운 곳 사람들까지 모두들 자발적으로 이 자리에 모였음을 강조하였다. 이는 이 애도의 물결이

---

37) "如喪의 설움이 고금에 오늘 같은 때 없을 줄 안다. 또 兆民의 스스로 흐르는 정성이 雨露 젖던 옛 時節에도 이런 적이 없을 줄 안다. 大轝를 深誠으로써 메이고 鳳紼을 至情으로써 끌어 金谷 五十里에 勞苦를 모를 뿐 아니라 다달아 돌아설 悲哀를 미리들 느끼이니 슬프다, 冥冥中 이를 아시면 돌아보시는 重瞳이 더욱 감기시지 못하실 줄 안다. 黑선 두른 흰 깃발 아래마다 隊伍가 整齊하니 뉘 이를 董率하였으며 적은 저자, 크지 못한 工場, 먼 地方, 國境 밖 僑民까지 微力이라도 이 날에 다하고자 하니 뉘 이를 勸諭하였으며, 童髫까지 色옷을 몸에 대이지 않는 이같은 類例가 많으니 뉘 이를 曉飭하였을까? 슬픔은 슬픔으로써 돕는 것이라 떠나시는 大行을 우는 한편에 남아 있는 우리를 울지 않을 수 없고, 이 울음까지 마저 大行께 向하게 되매 스스로 우리를 울이 한층 더 새로웁게 되니 끝없는 이 循環을 大行은 굽어보시련만."(정인보, 「梓宮마저 가신다」, 《동아일보》, 1926년 6월 10일자 ; 『전집』 2, 294쪽)

38) "슬프다. 우리의 눈물은 곧 大行의 눈물이시라, 이 눈물을 가져 髣髴하온 依慕를 부칠 수 있다. 어찌 눈물에만이랴? 우리의 기쁨도 곧 大行의 기쁨이시니 눈물에 依慕에 붙이던 것을 기쁨에 옮길 때가 언제일까?"(정인보, 위의 글, 296쪽)

39) 황곡희, 「6 · 10 獨立萬世運動의 展開와 그에 나타난 民族主義 精神硏究」, 『한국민족운동사연구』 통권9(1994.06), 한국민족운동사학회, 1994, 135쪽.

사람들이 진정으로 흘리는 눈물 바다이며, 이 눈물로써 서로 하나되는 감정을 느끼고 있음을 말하고자 한 것이라고 할 수 있다.

이처럼 정인보는 슬픔을 한껏 고조시키다가 글의 마지막 부분에서는 눈물로 애도하는 마음을 언제 기쁨으로 옮길 때가 있을까라는 문장으로 글을 마무리지었다. 순종의 죽음을 애도하며 흘리는 눈물이 단지 순종만을 향한 것이 아니라 망국의 슬픔을 통곡한 것이었듯이, 기쁨을 희구한 것은 독립에 대한 열망을 넌지시 드러낸 것이라고 할 수 있다.

이후에도 정인보는 《동아일보》 사설란에 추모글을 한 번 더 발표하였는데, 1927년 3월 31일자 사설인 「이상재 선생李商在先生의 장서長逝」가 그것이다. 정인보는 이 글에서 민족의 정신적 갱생을 급선무로 여기며 제반 사업을 헌신적으로 이끌었던 이상재를 기리고, 이상재 선생이 보여준 의기義氣가 삼천리에 가득하기를 바라는 마음을 담았다.

다. 민족문화의 보존과 민족정신의 고양

정인보가 신문 매체를 통해 보다 주도적인 위치에서 구체적인 활동을 제안한 글을 쓰기 시작한 것은 1930년대에 들어서이다. 이 시기에 정인보가 주력한 활동은 민족 위인의 고적 보존과 고서 정리이다.

정인보가 민족 위인의 고적 보존 문제와 관련하여 글을 쓴 인물은 이순신과 을지문덕이다. 그중 가장 많은 글을 쓴 것은 이순신과 관련한 문제에 대해서이다. 「민족적民族的 수치羞恥－채무에 시달린 충무공 묘소」[40], 「이충무공묘산 경매문제李忠武公墓山競賣問題」[41], 「이

40) 《동아일보》 1931년 5월 14일자 사설; 정인보, 『전집』 2, 296~298쪽.

충무공李忠武公과 우리」[42]. 「충무공유적보존회창립忠武公遺蹟保存會創立－당연當然한 순서順序」[43], 「충무공위토忠武公位土 추환推還」[44], 「성금 일만원誠金一萬圓」[45], 「리충무공의 인격」[46]이 이에 해당하는 글들이다.

실상 이순신에 대한 관심은 일본의 국권 침탈이 본격화된 20세기 초부터 일어나기 시작했다. 1908년 10월 14일자 《대한매일신보大韓每日申報》에 「수군의 제일 거룩한 인물 이순신전」이 발표되고, 같은 해 12월 5일자 《황성신문皇城新聞》에도 이순신의 충열을 기리는 내용의 기사문[47] 등이 보인다. 1918년에는 최남선에 의해 신문관新文舘 창업 십 주년 기념 출판으로 『이충무공전서李忠武公全書』가 출판되기도 하였다.[48] 그러나 이순신에 관한 관심이 유적 보전이라는 구체적인 활동을 통해 전사회적인 운동으로까지 확산된 것은 1930년대에 와서이다. 그 운동의 중심에 《동아일보》가 있었고, 정인보는 《동아일보》의 논설위원으로서 주도적인 역할을 하였다.

이충무공의 유적에 대한 관심이 촉발된 것은 1931년 5월 13일 《동아일보》에서 충남 아산군에 있는 이충무공의 묘소 위토位土가 후손이 진 빚으로 인해 경매에 넘어가게 되었다는 소식을 전하게 되면서

---

41) 《동아일보》 1931년 5월 15일자; 위의 책, 298~301쪽.

42) 《동아일보》 1931년 5월 21일자; 위의 책, 301~303쪽.

43) 《동아일보》 1931년 5월 25일자 사설; 위의 책, 303~304쪽.

44) 《동아일보》 1931년 6월 15일자 사설; 위의 책, 304~305쪽.

45) 《동아일보》, 1931년 6월 17일자 사설; 위의 책, 305~307쪽.

46) 《동아일보》, 1932년 6월 6일자 사설; 위의 책, 307~308쪽.

47) 「慶南鎭南郡所在忠烈祠는本人等에先祖李忠武公舜臣의忠烈을公衆에表ᄒᆞ기爲ᄒᆞ야」, 《皇城新聞》, 1908년 12월 5일자.

48) 「李忠武公全書出版」, 《每日申報》 1918년 12월 29일자.

부터이다.[49] 그 다음날 정인보는 이에 대한 사설을 발표하였다. 이 사설에서는 이순신의 유적 보존 문제에 대한 정인보의 시각이 잘 드러나 있다.

> 세상에서는 민족적 선열 위인을 위하여는 비각碑閣을 지으며 동상을 세우며 혹은 기념박물관이 있고 혹은 기념도서실을 두며, 그의 출생한 모옥茅屋, 그의 손이 닿은 한 그루 나무, 하나의 돌이라도 표지르고 보호하여 후세의 자손으로 하여금 백 대 천 대까지라도 그들을 흠모하여 민족적 자부심을 기르며, 그들을 추앙하여 민족적 향상심을 분발하게 한다. 불란서佛蘭西에 판테온이 있고, 영국英國에 웨스트민스터가 있는 이유를 가히 알 것이다. 민족적 자부심이 없는 민족이 어찌 퇴패退敗를 면할 것이며, 민족적 향상의 목표가 없이 어찌 단결 진취의 민족적 노력이 있을 것이냐?[50]

이 글에서 보듯이 정인보는 민족 위인의 고적을 보존하는 일이 민족적 자부심을 불러일으키고 민족의 향상을 추구하는 데 매우 중요한 것이라는 인식을 지니고 있었다. 이에 세계 여러 나라들이 자국의

49) 「二千圓빗에 競賣當하는 李忠武公의 墓所位土」, 《동아일보》, 1931년 5월 13일자.

50) "世上에서는 民族的 先烈偉人을 위하여는 碑閣을 지으며 銅像을 세우며 或은 記念博物館이 있고 或은 記念圖書室을 두며, 그의 出生한 茅屋, 그의 손이 닿은 一樹 一石이라도 표지르고 保護하여 後世의 子孫으로 하여금 百代 千代까지라도 그들을 欽慕하여 民族的 自負心을 기르며, 그들을 追仰하여 民族的 向上心을 奮發하게 한다. 佛蘭西의 판테온이 있고, 英國의 웨스트민스터가 있음이 可히 그 所以來를 알 것이다. 民族的 自負心이 없는 民族이 어찌 退敗를 免할 것이며, 民族的 向上의 目標가 없이 어찌 團結 進就의 民族的 努力이 있을 것이냐?"(정인보, 「民族的 羞恥—債務에 시달린 忠武公墓所」, 《동아일보》, 1931년 5월 14일자 ; 『전집』 2, 296~297쪽)

위인을 기리기 위한 기념 사업에 얼마나 노력을 기울이고 있는지를 말하였다. 또 프랑스의 팡테옹, 영국의 웨스터민스터 사원 등을 언급하며 그러한 건축물을 둔 이유를 생각해 보게 하였다. 그 나라의 문화를 상징하는 대표적인 건축물 중의 하나가 다름 아닌 저명한 위인들의 묘가 있는 곳임을 알고 민족 위인을 기념하는 일의 중요성을 자각하게 한 것이다.

이처럼 정인보는 세계 여러 나라들이 민족 위인을 기리기 위해 어떻게 노력하고 있는지에 대해 먼저 말한 뒤, 우리의 현 상황을 돌아보도록 하였다.

> 이충무공李忠武公의 인물과 사적事績은 떠들 필요도 없이 우리가 아는 바이다. 국난國難에 임하여 한 손과 외로운 대오로 국토를 누란累卵의 위기에서 구출했으니 민족적 은인이요, 포폄에 초월하고 나아가나 물러서나 오직 대의를 위했으니 민족의 본보기[의범儀範]이요, 세계 최초의 철갑선인 거북선을 발명했으니 민족문화의 선구라 할 것이다. 만일 조선인이 조선의 정신을 제대로 가지고 살아 왔다면 그의 비각碑閣도 있어야 했을 것이요, 그의 동상도 곳곳에 섰을 것이며, 그의 기념관, 그의 도서실, 그의 박물원이 있었을 것이다. 이것은 없다 할망정 그의 위토位土와 묘소墓所가 채귀債鬼[빚쟁이]의 손으로 전전輾轉한다 하니 수치羞恥보담도 한 걸음 넘어서 민족적 범죄라고 할 것이 아니냐?[51]

51) "李忠武公의 人物과 事績은 呶呶할 必要도 없이 우리가 아는 바이다. 國難에 臨하여 隻手孤陣으로 民土를 累卵의 危機에서 救出했으니 民族的 恩人이요, 褒貶에 超越하고 進하나 退하나 오직 大義를 위했으니 民族의 儀範이요, 世界最初의 鐵甲船인 거북선을 發明했으니 民族文化의 先驅라 할 것이다. 만일 朝鮮人이 朝鮮의 精神을 제대로 가지고 왔다면 그의 碑閣도 있어야 했을 것이요, 그의 銅像도 곳곳이 섰을 것이며, 그의 記念舘, 그의 圖書室, 그의 博物院이 있었을 것이다. 이것은 없다 할망정 그의 位土와 墓所가 債鬼의 손으로 輾轉한다 하니 羞恥보담도 한 걸음 넘어서 民族的 犯罪라고 할 것이 아니냐?"(정인보,

정인보는 이순신이 우리 민족의 역사에서 어떠한 존재인지를 다시 한번 상기시켰다. 그는 나라를 위기에서 구출한 민족의 은인일 뿐만 아니라, 오로지 대의大義를 위해 살았던 민족의 본보기이며, 세계 최초의 철갑선을 발명한 민족문화의 선구자라는 것이다. 그리고는 우리가 그러한 중요한 인물을 얼마나 홀대하고 방치하였는지에 대해 자각하도록 하였다. 만일 다른 나라였다면 이러한 중요한 인물에 대해서는 기념관, 도서실, 박물관이 벌써 만들어졌을 것인데, 우리는 그의 묘소 위토 하나 지키지 못해 경매에 넘어가게 만들었다는 것이다. 이에 대해 정인보는 민족적 수치를 넘어 민족적 범죄에 해당되는 것이 아니냐며 목소리를 높였다.

이렇게 이순신의 묘소 위토 문제가 민족적 수치에 해당하는 일임을 강조한 뒤, 정인보는 "이것을 계기契機로 하여 우리는 가일층加一層 민족문화民族文化에 대對한 숭앙심崇仰心과 애착심愛着心을 불길질할 필요必要가 있다."[52]는 주장으로 귀결시켰다.

이후 정인보는 다시 한번 사설을 통해 이순신의 유적 보존 사업의 방향에 대한 의견을 피력하였다.

> 다른 민족들 같으면 이 어른만한 이의 무덤·유적·유물 같은 것은 국보로 보관하였을 것이요, 또 이런 어른의 전기 같은 것은 혹은 산문으로 혹은 시로 일반 민중에게 읽히도록 준비가 되어 있을 것이다. 결코 그의 무덤을 전당을 잡힌다거나 잡는다거나 하는 의리 없는 일을 아니하였을 것이요, 하물며 이런 어른에게 관한 물건이 동족의 손으로 경매를 당한다는 해괴한 이야기가 들리지 아니할 것이다.……

위의 글, 297쪽)

52) 정인보, 위의 글, 298쪽.

> 다행히 우리 민족에게 의기가 멸하지 아니하였으니 이번을 기회로 우리 민족적 영웅이요 은인이요 모범인 충무공 리 순신의 무덤과 유적과 유물을 영원히 보존하도록, 또 그의 전기와 문집을 한문과 순조선문으로 간행하여 널리 반포하도록 무슨 사업을 이루어야 할 것이요, 또 반드시 이루어질 것을 믿는 바이다. 이번 일이 다만 일시적으로 공의 묘소와 위토의 경매를 면하는 일이어서는 아니 된다. 이를 기회로 리 순신의 무덤과 유족을 보존하는 일은 그의 종손에게서 떼어서 전민족적인 어느 기관이 맡도록 하여야 할 것이다.[53]

이 글에서 정인보는 고적보존사업의 방향을 크게 두 가지로 제시하였다. 하나는 이순신에 관한 한적 유산을 한문과 순조선문의 두 가지 본으로 간행하는 것이다. 이는 한적 유산을 그대로 보존하는 것에 머물지 말고 일반 민중들도 쉽게 접할 수 있도록 적극적으로 번역하여 민족 위인에 대한 이해의 저변을 넓히자는 취지에서 한 주장이다.

또 다른 하나는 유적보존의 책무를 가문의 후손에게서 전민족적인 대표 기관으로 이양하자는 것이다. 이제까지는 위인의 유적 보존의 책임이 단지 가문이라는 사적 단위에 머물러 있었다면, 앞으로는 민족 공동체의 차원에서 이 일을 책임지기 위해 제도적인 장치를 마련하자는 주장이다. 이후 1931년 5월 23일에 충무공유적보존회忠武公遺蹟保存會가 창립되어 그의 생각은 현실적으로 어느 정도 실현되었고, 정인보는 5월 25일에 「충무공유적보존회忠武公遺蹟保存會－당연當然한 순서順序」라는 사설을 발표하며 숙원이 성취되었다는 감격을 표출하였다.

이후에도 정인보는 이순신 기념 사업과 관련한 일들을 계속 제안

53) 정인보, 「李忠武公과 우리」, 《동아일보》 1931년 5월 21일자 ; 『전집』 2, 302~303쪽.

하였다. 6월 15일에는 「충무공위토忠武公位土 추환推還」이라는 사설을 통해 은행에 저당잡힌 충무공 묘소 위토를 찾았음을 알리면서, 아산 현충사 중건, 한산도 제승당중수制勝堂重修, 고금도古今島 기념비紀念碑 신건新建, 전기傳記 편찬編纂, 이충무공 생장지生長地에 대한 기념물 건설 등이 앞으로 유적보존회가 추진해야 할 일이라고 주장하였다.[54]

이순신의 유적 보존 문제에 관한 이러한 일련의 기사는 많은 사람들의 관심과 성원을 받았고, 1만원의 성금을 모으는 쾌거를 이루기까지 했다. 이는 이순신의 묘소 위토가 저당 잡혔던 빚 2천원을 탕감하고도 남는 금액이었다. 이에 정인보는 6월 17일에 「성금誠金 일만원一萬圓」이라는 제목으로 우리들 마음의 깊은 정성과 힘을 깨달았다며 스스로 대해 감사하자는 내용의 사설을 발표하였다.[55]

이처럼 1931~1932년 사이에 이순신의 유적 보존 운동의 열기는 온 민족의 관심을 받으며 불꽃처럼 피어 올랐다. 정인보는 이 운동의 한 주요 주체로서 신문 사설과 기사문을 통해 민족적 관심을 고조시키고 실천 방향을 제시하는 역할을 담당했다.

그러나 이러한 유적보존 운동을 바라보는 우려의 시선도 있었다. 변영만이 그러한 경우이다.

> 이충무공 유적보존 기금으로 방금 헌성금獻誠金이 사방에서 주합湊合되는 중임은 참 근래의 일대 쾌사快事이나 유적보존이 만일 방법인 동시에 목적일 것 같으면 큰 의미를 느끼지 못한다. 오직 영인처럼 일인처

54) 정인보, 「忠武公位土 推還」, 《동아일보》 1931년 6월 15일자 ; 『전집』 2, 304~305쪽.

55) 정인보, 「誠金 一萬圓」, 《동아일보》 1931년 6월 15일자 ; 『전집』 2, 305~307쪽.

> 럼 진인격자眞人格者를 영원히 추모 효칙效則함에 의하여 비로소 약간의 소식이 기간에서 발생할 것이다. 우리 조선인은 건망증으로 세계 최고의 민족이다. 원사遠事는 그만두고 근사近事만 가지고 보더라도 왈 국채보상 왈 무슨운동 왈 민립대학 왈 신간회－모두 건망의 (탈)리스만 하에서 연화烟火 애화靄化하여 버렸다. 이충무공의 유적을 보존하여 놓은 후의 우리 민중의 상황인즉 나는 또 분명히 안다. 왈 "어쨌든지 장한 양반이니까" 왈 "제갈량이나 넬슨인들 지나갈 수 있나" 왈운운 왈운운 할 뿐이고 의연히 시기·암투·중상·후욕詬辱·배반·자타락自墮落 등으로 이충무 재천在天의 혼령을 비읍悲泣시키는 일 것 같다. 예언은 아니다. 염려로 나오는 말이다.[56]

변영만도 많은 사람들의 자발적인 참여로 이순신 유적보존 기금을 성공적으로 마련한 일에 대해 근래의 일대 쾌사라며 높이 평가하였다. 다만 유적보존 자체를 목적으로 삼는 것에 대해 우려하며, 이순신이라는 참된 인격자를 영원히 추모하고 본받고자 하는 것이 목적이 되어야 의미가 있는 일임을 말하였다. 아울러 이전의 국채보상운동, 민립대학 설립운동의 경우와 같이 유적보존 문제도 얼마 지나지 않아 잊어버리고, 다시 시기하고 암투하고 중상모략하는 갈등 상황으로 빠져들게 되지나 않을까 염려하였다.

예언이 아니라 염려로 하는 말이라던 변영만의 우려는 애석하게도 맞아 떨어지고 말았다. 《동아일보》 1932년 9월 12일자 기사 「이충무공李忠武公 유적보존회遺蹟保存 문제問題」를 보면 이충무공유적李忠武公遺蹟을 보존하는 데 뜻을 같이 한 영구보존회永久保存會와 유계

56) 변영만(필명－薊篁生), 「婆心語(13)－遺蹟보다도 人格을」, 《조선일보》, 1931년 6월 10일자 ; 변영만(저)/실시학사 고전문학연구회(역주), 『변영만전집』 하, 성균관대 대동문화연구원, 2006, 218~219쪽.

儒契의 양 단체가 합동총회를 열기로 했다가 서로 틀어진 일이 있었음을 알 수 있다. 이에 《동아일보》에서는 합동을 방해하는 자를 배제하고 합동총회를 하루 속히 개최하라는 기사문을 낸 것이었다.

분열의 조짐이 보이기 이전, 정인보는 현충사 낙성실날을 기념하여 「이충무공의 인격」이라는 사설을 발표한 바 있다. 이글에서 정인보는 '우리를 위하여 나를 잊는 마음' 등 이순신의 인격을 이루는 중심 요소를 나열하면서 "충무공 이순신을 기념하는 가장 큰 것이 그의 인격을 흠모하고 본받는 것"임을 강조하였다.[57] 이는 변영만이 앞서 말한 문제의식과도 공통된 점이다. 다만 유적보존운동의 주체였느냐의 여부에 따라 둘이 보여주는 글쓰기의 성격은 달랐다. 이 운동의 한가운데로 뛰어들었던 정인보는 사람들의 마음을 고무시키는 글을 쓰는 데 주력했던 반면, 비판적 거리를 두고 이 운동을 바라보았던 변영만은 그 취지가 훼손되지 않기를 바라는 마음에서 비평적 성격의 글을 썼던 것이다.

한편 민족문화 보존을 통해 민족정신을 고취하고자 정인보가 제안했던 또 다른 활동이 고서의 수집 · 정리이다. 정인보는 「조선고서해제」 연재를 통해 조선의 중요한 고서를 대중적으로 알리고, 고서 간행에 직간접적으로 간여해 왔다. 동시에 신문사설을 통해 사람들에게 우리의 문헌 보존의 실태를 알리고 고서 보존을 위한 실천 활동을 제안했다.

조선의 옛 문헌이 위魏나라 관구검毌丘儉, 당唐나라의 소정방蘇定方,

57) 정인보, 「이충무공의 인격－현충사 낙성식날에」, 《동아일보》, 1932년 6월 6일자 ; 『전집』 2, 307~308쪽.

> 설인귀薛仁貴의 분탕焚蕩을 비롯하여 지하창고의 화재까지 입어 진귀한 문헌과 귀중한 서적을 상실하였다. 그러나 이즈음같이 그 모습을 찾기가 어렵게 (상황이) 날마다 더욱 심해져 간 때가 없었다. 담배가게 헌 쇠 파는 집의 먼지와 그을음 속에 흩어져 사라져가는 것이 어느만큼 진귀한 문헌인지 알 수 있으며 군밤봉지와 고구마싸개로 한 장 두 장 수세미가 되는 것이 어떠한 서적인지 알 수 있으랴? 조선의 장서가藏書家가 근대에 더욱 우졸愚拙하여 표질縹帙[옥색 나는 책갑]과 아첨牙籤[상아로 만든 책갈피]을 재산으로 알아 한 권卷 한 책冊도 남에게 빌려주는 데 인색할 뿐 아니라, 일종의 괴상한 견해를 지닌 자는 "나는 못 본다마는 남 보일 맛은 없다. 빌리면 잃는다"하여 잔뜩 쌓아두어 아무리 좀이 먹고 쥐가 쏠아도 남에게 보이는 것보다는 차라리 나은 줄로 안다. 그러나 이것도 오히려 지키는 것이라 하자. 아들 손자 대에 와서는 쓸데없고 귀찮은 것은 책이요, 이것을 원래 빌리거나 줄 것은 아니니 헐값에라도 팔 수밖에 없다. 갑가甲家도 이렇고 을댁乙宅도 이렇다. 아직도 첩첩이 닫친 문 속, 켜켜이 앉은 먼지 밑에 장래의 밤봉지가 없다 못하리라.[58]

정인보는 우리의 소중한 옛 문헌들이 제대로 보존되지 못하고 아

58) "朝鮮古昔의 文獻이 毌丘·蘇·薛의 焚蕩을 비롯하여 地下庫의 火에 미치기에 그 珍本 貴籍을 喪失하였으나, 그러나 이즈음같이 影象을 찾기 어려웁게 日甚一日함은 없었나니 담배가게 헌쇠 파는 집의 塵煤中 散佚이 얼마나한 珍本임을 알 수 있으며, 군밤봉지와 고구마싸개로 한 장 두 장 수세미 되는 것이 어떠한 書籍임을 알 수 있으랴? 朝鮮의 藏書家ㅣ 近代에 더욱 愚拙하여 縹帙 牙籤을 財産으로 알아 一卷 一冊의 借人함을 吝惜할 뿐 아니라 一種의 怪見者는 "나는 못 본다마는 남 보일 맛은 없다. 빌리면 잃는다"하여 잔뜩 쌓아두어 아무리 좀이 먹고 쥐가 쏠아도 남 보이는 것보다는 채 나은 줄로 안다. 그러나 이것도 오히려 지키는 것이라 하자. 아들 손자에 와서는 쓸데없고 귀찮은 것은 책이요, 이것을 원래 빌리거나 줄 것은 아니니 賤價라도 팔밖에 없다. 甲家도 이렇고 乙宅도 이렇다. 아직도 첩첩이 닫친 문 속, 켜켜이 앉은 먼지 밑에 장래의 밤봉지가 없다 못하리라"(정인보, 「全朝鮮藏書家에게」, 《동아일보》, 1932년 9월 29일자; 『전집』 2, 309쪽)

무렇게나 방치되는 실태를 세 가지 모습으로 보여주었다. 중요한 문헌 자료인지도 모른 채 군밤봉지, 고구마싸개, 수세미로 쓰고 있는 사람들의 모습이 그 첫 번째이다. 반대로 책갑[표질縹帙], 책갈피[아첨牙籤] 같은 것마저도 재산이 된다고 여겨 책을 쌓아놓기만 하고 남에게 책을 보여주거나 빌려주지도 않는 장서가들의 모습이 두 번째이다. 세 번째는 선조의 문헌을 소중하게 여기지 않고 짐스러워하며 그저 헐값에 넘겨버리는 후손들의 모습이다. 이로 인해 타민족의 침공을 받아 서적들이 불탔던 시대보다도 근래에 문헌을 잃는 정도가 더욱 심해졌다고 하였다. 이에 문헌 보존을 위한 인식의 전환을 주장하며 구체적인 실천 활동을 다음과 같이 제안하였다.

> 오늘날 수천 년간 우리 문헌을 지키지 못했음을 생각하고 또 우리 사회가 문헌을 수집하는 힘이 약함을 생각하라. 아무쪼록 동심일체同心一體로 어떻게든지 이를 보전하고 이를 토구討究하여야 할 것이니 서가에 가득한 장서藏書가 비록 대대로 전할지라도 이 하상 일가一家의 사적 재산에 준準할 바 아니라. 선민先民의 아름다운 향기 이에 실렸을진대 민족적으로 함께 보배로 삼음이 옳으며, 선조의 손때가 묻은 책일수록 선조의 공력이 쌓인 것일수록 어디까지든지 그것에 촉촉히 적셔짐을 사회와 함께 하는 것이 옳다. 크게 대의로 보나 적게 명예로 보나 조선의 장서가는 모름지기 (책을) 고집스럽게 모으고 많이 쌓는 식의 고질적인 방식을 버리고 상당량을 기증하는 것을 최적의 보전으로 여기는 것이 옳다. …… 이번 곡성谷城 정 씨丁氏 가문의 아름다운 일을 단서로 하여 우리의 여러 학교와 조선문화에 노력하는 각 사회가 (이를) 이어 이러한 기증을 받을 줄 믿는다.[59)]

---

59) "邇來 數十年間 우리 文獻의 지키지 못함을 생각하고 또 우리 社會의 搜集이 力이 綿弱함을 생각하라. 아무쪼록 同心一體로 어떻게든지 이를 保全하고 이를

정인보는 문헌을 한 집안의 사유물로 보지 않고 민족의 공동 보배로 여기는 인식이 필요하다고 말했다. 앞서 민족 위인의 유적에 대해서도 이와 동일한 주장을 한 바 있다. 즉 유적, 문헌 등은 한 가문에만 귀속되는 것이 아니라, 민족 전체의 소중한 문화 유산이라는 인식의 전환을 꾀한 것이다. 이처럼 문헌을 민족의 공동 유산으로 보는 관점에서 정인보는 장서가들에게는 문헌을 사회에 기증할 것을 요청하고 각 사회 기간과 단체들에게는 기증을 기꺼이 받을 것을 부탁했다.

정인보는 기증의 방식을 통해 문헌을 사회의 공동 자산으로 만들어 지킬 것을 주장했을 뿐만 아니라, 고서 간행도 사회 전체의 책무임을 인식시키고자 노력했다.

> 우리의 누백 년간에 내려온 풍속이 이미 악착하고 가련한 일가주의一家主義에 치우쳐서 오랜 벗의 유저遺著를 간행함이 황경원黃景源이 조구명趙龜命에게 한 번 한 것밖에 없다고 한다. 그러니 남의 저서가 전하고 전하지 못함은 피육불관皮肉不關[아무 상관 없음]으로 알았음이 물론이다. 그러므로 지금까지 이 지중至重하고 지급至急한 선무先務를 다 같이 자기 책임으로 알지 못하는 것 같다. 그러므로 근래의 정황으로 보아도 구독할 편과 간행한 쪽이 다 같이 더욱 분발하여야 할 것이 있으니 간행에 있어 첫째 이로써 조선에 바치는 진심어린 정성이 있으라.

討究하여야 할 것이니 滿架한 藏書ㅣ 비록 世傳이라 할지라도 이 하상 一家의 私財에 準할 바 아니라. 先民의 芳臭 이에 실렸을진대 民族的으로 共寶함이 옳으며, 祖先의 手澤일수록 祖先의 積功일수록 어디까지든지 그 沾潤을 社會와 한가지 하는 것이 옳다. 크게 大義로 보나 적게 名譽로 보나 朝鮮의 藏書家는 모름지기 堅蓄 深積의 痼轍을 버리고 相當한 寄贈으로써 最適한 典守로 여기는 것이 可하다. …… 이번 谷城 丁門의 美擧를 端緖로 하여 우리의 여러 學校와 朝鮮文化에 努力하는 各社會 이어 이러한 寄贈을 받을 줄 믿는다."(정인보, 위의 글, 310쪽)

> 그리하여 하나하나 교감함에 스스로 잘잘못이 어떠한지를 통감痛感하라. 또 사회 측에서도 간행 사업을 냉시冷視하지 말라. 우리 하상 뚜렷한 기관이 있음이 아니요 험난한 갈림길을 빌어 중대한 합동 연구 성과를 얻으려는 터이니 저 의지할 데 없는 외로움을 견디는 것이 또한 우리의 책무가 아니냐. 이뿐 아니라 일가만을 위주로 하던 우리이기에 잘 지키는 것은 다만 집안 울타리에 잘 간직하는 데에 있는 줄 안지라…… 선조의 유서遺書는 언제는 문밖에 내보내지 아니한다 하니 설사 한 집안에 잘 보존되어 있다 할지라도 조선으로 보면 그러한 보존은 곧 상실이다. 반드시 곰곰이 생각하여 고쳐 헤아리기를 바라거니와 간행 사업을 시작하려는 분들도 아무쪼록 정성과 성실을 다하여 세상에 간행하는 것과 집안에 보존하는 것이 그 득실이 어떠한지 한번 스스로 해 봄으로써 보람을 보이도록 하라.[60]

이 사설에서도 정인보는 일가주의一家主義에 갇힌 우리 사회의 모습에 대해 비판하였다. 수백 년간의 역사 속에서 오랜 지인의 유저遺

60) "우리의 累百年間에 내려온 風氣 이미 齷齪可憐한 一家主義에 偏한지라 知舊의 遺著를 刊行함이 黃景源이 趙龜命에게 한번 한 것밖에 없다 하는 것이니, 남의 著書의 傳·不傳은 皮肉不關으로 알았음이 물론이라. 그러므로 지금까지에 이 至重 至急한 先務를 다같이 己責으로 알지 못하는 것 같다. 그러므로 近日 情況으로 보아도 購讀할 편과 圖刊한 쪽이 다같이 加奮하여야 할 것이 있으니 刊行에 있어 첫째 이로써 朝鮮에 받치는 血忱이 있으라. 그리하여 一校 一勘에 自分上 功罪 어떠함을 痛感하라. 또 社會側으로도 刊擧를 冷視하지 말라. 우리 하상 두렷한 機關이 있음이 아니요 崎嶇한 分行을 빌어 重大한 合究를 得하려는 터이니 저 孑孑함을 扶持할 것이 또한 우리의 責이 아니냐. 이뿐 아니라 一家만을 主하던 우리이매 善守는 다만 牢藏에 있는 줄 알은지라. …… 祖先遺書는 언제는 門外에 내지 아니한다 하니 설사 一家에 善守라 할지라도 朝鮮으로 보면 그 守ㅣ 곧 佚이라 반드시 沈考 改慮하기를 바라거니와 刊役을 方始하는 분들도 아무쪼록 克精 克實하여 世刊과 家守ㅣ 그 得失이 어떠함을 한번 自績으로써 보람을 보이도록 하라."(정인보, 「朝鮮古書刊行의 意義」, 《동아일보》, 1934년 9월 15일자; 『전집』 2, 312~313쪽)

著를 간행해 준 경우가 한 번밖에 없을 정도로 남의 저술이 세상에 알려지고 후세에 전해지는 것에 대해서는 무관심했다는 것이다. 그러니 이제는 그러한 구습을 버리고 비록 다른 가문의 저서라고 하더라도 각자 모두에게 간행의 책무가 있음을 자각하고, 사회에서도 간행 사업에 대해 무관심하지 말 것을 주장했다. 또한 선조의 유저遺著를 가문 내에서 잘 보관하고 있다고 하더라도 사회적으로 공유하지 않는다면 이는 곧 그 저서를 잃은 것과 같으므로 저서를 간행하여 세상에 알리도록 노력할 것을 말하였다.

정인보의 바람은 구체적인 실천으로 이어졌고, 재원 마련과 발간 작업을 사회적인 차원에서 추진하여 이룩한 『여유당전서與猶堂全書』의 완간은 그러한 실천의 대표적인 성과였다.

이와 같이 정인보는 근대 언론매체를 활용하여 신문 사설을 비롯한 논설적인 글을 적극적으로 발표함으로써 민족적 과제를 제시하고 민족의식을 고양시키기 위해 노력하였다. 정인보는 민족의 위기를 극복하기 위해서는 무엇보다도 각자가 자주적인 민족적 주체로 새롭게 거듭날 필요가 있다고 여겼다. 이를 위해 민족의 역사와 문화에 대한 이해를 바탕으로 민족적 자부심과 애정을 높일 필요가 있다고 여겼다. 특히 신문 사설란은 이러한 민족적 과제를 대중적으로 피력하며 실천 활동을 선도하기에 좋은 장이었다. 정인보는 이러한 근대 언론의 공공장에 적극적으로 개입함으로써 민족 문화 운동이 일어나는 데 일조한 것이다.

2) 우리말 전통 시가의 근대적 전개

정인보는 한시를 지속적으로 창작하는 한편 국문 시 창작도 활발하게 수행하였다. 우리말 전통 시가 양식에 대한 관심이 높았던 만큼, 국문 시 창작은 전통 양식의 재생을 통해 이루어졌다. 경기체가, 가사 양식을 응용한 작품도 일부 있는데, 가장 적극적인 관심을 가지고 활용한 양식은 시조이다. 시조 작품은 한시와 더불어 정인보 시문학의 양대 산맥을 이루는 것이라고 할 수 있을 만큼 정인보 문학에서 중요한 비중을 차지한다. 문학 분야의 연구에서는 오히려 한시보다도 훨씬 더 일찍부터 주목을 받기도 하였다.61) 이에 따라 정인보 시조의 특징에 대해서는 어느 정도 밝혀진 편이다.

그러나 정인보의 시 창작 활동에서 한시와 시조가 어떠한 관계를 이루고 있는지에 대해서는 고찰된 바가 없다. 앞 절에서 살펴보았듯이 정인보는 한시 창작에 익숙한 전통지식인으로서 한시는 자신의 사상과 감정을 표현하는 주요한 통로였다. 동시에 정인보는 시조 창작에도 적극적이었다.

조선 시대에도 한시와 시조를 함께 창작한 선비들이 있었다는 점에서 한시와 시조를 병행했다는 사실 자체가 근대의 새로운 양상은 아니다. 하지만 근대 이전의 한시와 시조는 다이글로시아의 관계에 있었고, 한시와 시조를 모두 창작했던 선비들이라 하더라도 그들에게 주가 되었던 시 매체는 한시였다. 정소연에 따르면 2000여 수와 한시와 13수의 시조를 지었던 이황의 사례가 보여주듯이 두 갈래를 창작한 작품 수의 차이가 큰 것이 16세기 시가문학에서 나타나는 양층언어(다이글로시아)의 특성이다.62) 조선시대를 통틀어 시조와 한시

61) 김학성은 정인보 시가문학에서 시조와 한시 작품이 양대 산맥을 이루고 있는데 반해, 그간의 연구가 시조에만 편중되어 왔다고 문제제기한 바 있다.(김학성, 「위당 정인보의 시가문학-한시문학을 중심으로」, 『애산학보』 39, 애산학회, 2013, 165쪽.)

절구의 작품 수가 가장 유사한 이로는 박인로 정도라고 한다.[63] 그러나 시조의 비교 대상으로 삼은 한시 절구의 수만을 헤아린 것이므로 한시 전체를 대상으로 하면 박인로의 경우 역시 한시를 더 많이 지은 셈이다.

반면 근대에 시조는 시조부흥론자들에 의해 국민시가의 위상을 부여받으며 새롭게 부상했고, 한시는 주변화되기 시작했다. 이러한 시대적 문단 상황을 고려해 볼 때 정인보의 시조 창작의 양상과 의미는 한시와의 비교를 통해 훨씬 잘 드러나리라고 본다. 이에 대해서는 창작 동기, 주제, 제재, 표현 방식 등을 중심으로 살펴보도록 하겠다.

정인보가 처음 시조를 쓰기 시작한 것은 1926년부터이다. 그해는 한글 반포 팔회갑八回甲(480년)을 맞은 것을 기념하여 처음으로 '가갸날(한글날)'을 정한 때였다. 이때 우리의 전통적인 문학을 되살리고자 하는 노력의 일환으로 시조부흥운동이 일어났다.[64] 이해에 정인보도 처음으로 시조를 지으면서 이러한 흐름에 동참하였다.

잘 알려진 바와 같이 1920년대에 이르러 우리 문학의 전통적인 시가 양식으로 시조를 주목하고 근대 문학의 한 양식으로 재탄생시키고자 노력하는 흐름이 만들어진 데에는 최남선의 공헌이 크다.[65] 1926년에 최남선이 첫 시조집 『백팔번뇌』를 발간했을 때, 당시 정인보를 비롯하여 홍명희, 이광수, 박한영 스님 등이 발문을 쓰며 관심

62) 정소연, 『조선 전·중기 시가의 양층언어문학사』, 새문사, 2014, 62~63쪽.

63) 정소연, 『조선 중·후기 시가의 양층언어문학사』, 새문사, 2014, 50쪽.

64) 오동춘, 앞의 논문, 12~13쪽.

65) "時調를 國文學 중에 중요한 것으로 소개한 이가 六堂이요, 그 형식을 취하여 새 생각을 가지고 時調를 처음 지은 이도 六堂이다."(이광수, 「六堂과 時調」, 『六堂崔南善全集』 5, 동방문화사, 2008, 469쪽.)

을 표명해 주었다. 이들 가운데 정인보는 시조 창작에 가장 열의를 보인 인물이다. 정인보는 발문에서 시조 형식에 대해 자세히 분석하였는데, 최남선과 가까이에서 살았을 때 그에게 시조 짓는 법을 여러 차례 물은 적이 있다고 한다.[66] 홍명희가 시조의 가치를 비판적 시선으로 바라보았던 것과 달리,[67] 정인보는 시조의 문학적 가치를 높이 평가했을 뿐만 아니라 국문학적으로도 큰 의의가 있다고 보았다. 그렇기에 적극적으로 시조를 창작했던 것이다. 정인보가 최남선의 시조집 『백팔번뇌』에 대해 쓴 발문[68]에는 시조에 대한 그의 인식이 잘 드러나 있다.

> 편폭은 작아도 절주節奏(가락)가 주밀하며 오묘함을 끌어들이니, 마땅히 취하여 스스로 도달한 바가 없음을 걱정해야 한다. 더욱이 종장의 세 글자로 된 구句로 (비파의) 채를 마음대로 휘두르니 시 한 수의 의미

---

66) "余往歲與公六隣居, 從問時調法, 亦不竟."(정인보, 「『百八煩惱』 跋文」, 위의 책, 470~471쪽)

67) "時調라는 朝鮮固有詩形을 다시 살리다시피 한 것이 말하자면 六堂의 노력이다. 六堂은 時調를 우리의 것이라 하여 매우 崇尙하나 詩形으로 보아서는 그다지 崇尙할 價値가 있을 것이 아니다. …… 일본의 俳句는 齷齪한 一種 詩形으로 거의 대표라 할 만하니, 그 齷齪함이 稻粒으로 彫刻한 佛像과 恰似하다. 우리의 時調는 日本의 俳句에 비할 것이 아니나, 그 齷齪한 정도는 究竟 五十보 百보의 차라 崇尙하는 六堂이라도 나의 崇尙하지 아니함을 無理하다고 말하지 아니할 것이다."(홍명희, 「『百八煩惱』 跋文」, 위의 책, 468쪽.

68) 정인보는 최남선의 『백팔번뇌』에 대해 2편의 글을 썼다. 한 편은 발문이며 다른 한 편은 《동아일보》 1927년 3월 1~3일자에 발표에 「「百八煩惱」批評에 對하여」이다. 신문 발표글은 한글로 쓴 데 반해 책의 발문은 한문으로 썼다. 이는 함께 발문을 맡았던 홍명희가 한글로 글을 썼던 것과도 다른 점이다. 이로 보면 정인보가 서발문을 대개 한문으로 썼던 것은 당시 서발문을 한문으로 쓰는 문화적 관습이 여전히 남아있었기 때문이기도 하지만 개인적인 글쓰기 습관도 영향을 미쳤던 것임을 짐작할 수 있다.

> 가 이로 말미암아 전환된다. 전환의 기세는 다만 그 전환을 귀하게 여길 뿐만 아니라 전환하여 멈출 바를 잃지 않고자 하니, 이는 다른 시문에서는 없는 점이다. 이로 인해 작자를 보기가 드문 것이다.
>
> 육당이 처음에 이것 짓는 것을 배운 것은 국고國故를 애달파하고 사모하여서이니 남아있는 풍요風謠(민간의 시와 노래)를 구하고 체세體勢(문장의 체제와 기세)를 이루고자 하였기에 홀로 우뚝 설 수 있었다. 시어의 공교로움을 헤아릴 겨를도 없이 오직 정음正音(한글) 고어古語를 착실히 하며 중국 글을 뒤섞지 않고자 하였다. 글이 난해하고 말하기에 까끌거림은 육당이 미륵을 구한 지가 오래되어 자구字句의 겉에 스며들어 보이는 게 있고, 말로는 할 수 없으나 가슴 속이 절로 황홀해지는 것이 있어서이다. 시조는 곧 대공大工이니 오늘날 선비 중에는 한 사람이 있을 뿐이다.69)

홍명희가 시조의 문학적 가치를 낮게 평가했던 것은 형식의 악착齷齪함 때문이었다. 그러나 정인보가 생각하기에 편폭이 좁은 형식 자체는 문제가 아니었다. 그는 "편폭은 작아도 節奏절주가 주밀하며 오묘함을 끌어들"인다고 하며 시조 형식이 지니는 매력을 말하였다. 오묘함을 끌어들인다고 한 것은 좁은 형식에 압축적으로 시상을 담게 되어 시가 더 함축적 의미를 띠게 된다고 여겼기 때문인 것으로 보인다.

정인보가 시조 형식의 또 다른 묘미로 꼽은 점은 종장의 첫 세 글

69) 尺幅旣至小, 節奏又密, 引撢幻眇, 當患無所取以自達. 尤其終之三而爲句者, 任掉捩, 一首之意, 由之以轉, 而轉之勢, 不徒貴其轉, 而又欲其轉而不失其爲止, 爲他詩文所未有, 由是作者罕覯. 公六初學爲是, 蓋以哀思國故, 求風謠之遺, 意欲勒成體勢, 屹然獨峙, 不暇計其詞之工否, 而惟慥正音古語, 期不參以中國文, 詰屈棘喉舌, 而公六爲之彌勒, 旣其久也, 浸有見於字句之表, 有不能以道而中自恍然者, 時調乃大工, 并世之彥, 一人而已.(정인보, 「『百八煩惱』跋文」, 위의 책, 470~471쪽)

자로 시상을 전환시키며 시를 마무리짓는 방식이다. 그렇기에 정인보는 특히 종장의 경우 고시조의 형식을 고수했던 것으로 보인다. 선행 연구를 참고해 볼 때 정인보는 종장에서 '3·5·4·3'조라는 옛 평시조의 형식을 예외없이 지키고[70], 종장의 첫 구에서 감탄 구조의 표현을 압도적으로 사용하며[71], 종장의 전구轉句를 고수하고자 때로는 의미전달을 흐리게 하고 운율미를 거칠게 하는 신조어도 과감하게 쓰고 있음을 알 수 있다.[72] 하지만 이로 인해 원용문은 정인보의 시조는 현대시조가 아니라 고시조라고 혹평을 하기도 하고, 오동춘은 정인보가 고시조 형태의 현대화를 위해 나름대로 애썼으나 한학자였기에 고시조 형태가 더 노골적으로 표현된 것이라고 분석하기도 하였다.[73]

그러나 정인보가 옛 평시조 형식을 고수한 것을 두고 고시조의 현대화에 실패했다거나 한학자의 인식과 관습에 좌우되었다고 보기에는 무리가 있는 것으로 보인다. 정인보는 옛 평시조의 시 형식이 지니는 문학적 가치를 재인식하며 시조 창작에서 그러한 형식적인 미를 살리고자 했던 것이라고 할 수 있기 때문이다.

또한 정인보는 시조를 국고國故, 즉 나라의 고유한 문화 유산으로 인식하며 현전하는 고유 시가 양식을 되살린 최남선의 시도를 높이 평가하였다. 아울러 최남선이 시조를 창작하며 우리말 고어를 되살리고자 애쓰고 한자어나 한문투를 쓰지 않는 점에 의의를 부여하였

70) 김석회, 「薝園時調論」, 『국어교육』 제51·52호, 한국 국어교육연구회, 1985, 96쪽; 오동춘, 앞의 논문, 105쪽 참조.

71) 오동춘, 위의 논문, 107쪽.

72) 오동춘, 위의 논문, 111쪽.

73) 오동춘, 위의 논문, 109쪽.

다. 이러한 인식은 조선 고유의 전통을 담고 있는 것이 더 의미 있다는 인식을 전제로 한 것이다. 다시 말해 국문과 한문의 대비적 인식하에 한글에 민족적 의미를 부여하였듯이 시조 또한 한문학 전통과 대비하여 우리말 고유 시가 양식이라는 점에서 더 큰 의미를 부여하였다고 할 수 있다. 한마디로 시조는 진정으로 조선적인 것이라고 생각한 것이다.

이는 당시 시조부흥운동의 주체로 참여하거나 그것을 지지했던 이들이 공유하고 있던 인식으로 보인다. 손진태가 시조를 우리 선조들이 물려 준 보물로 보며 "정말 조선 사람을 표현한 것"[74]이라고 했다거나, 최남선이 시조는 "조선朝鮮의 풍토風土와 조선인朝鮮人의 성정性情이 음조音調를 빌어 그 와동渦動(소용돌이)의 일형상一形相을 구현具現한 것"[75]이라고 말한 것에서 이러한 인식들이 잘 드러난다.

시조에 대한 이러한 인식이 얼마나 새로운 것인지는 조선 시대 선비들의 인식과 대비해 보면 그 차이를 확연하게 알 수 있다.

> 성정性情에 느껴지는 바가 있으면 시를 짓는다. 그러나 지금의 시는 이전의 시와 달라서 읊을 수는 있으나 노래 부를 수 없다. 만일 노래하고자 한다면 반드시 이속俚俗(상스럽고 속됨)의 말로 엮어야 한다. 이는 대개 우리나라의 음절이 부득불 그럴 수밖에 없기 때문이다.[76]

---

74) 손진태, 「시조와 시조에 표현된 조선사람」, 『新民』(1926.7), 10쪽 ; 오동춘, 위의 논문, 51쪽에서 재인용.

75) 최남선, 「조선국민문학으로서의 시조」, 『조선문단』(1925.5), 2쪽 ; 오동춘, 위의 논문, 51쪽에서 재인용.

76) 이황, 「도산십이곡발」, ; 정소연, 『조선 전·중기 시가의 양층언어문학사－우리말 노래와 한시 비교를 중심으로』, 새문사, 2014, 66쪽에서 재인용.

이 글을 보면 이황은 한시와 시조는 읊음과 노래 부름이라는 향유 방식에서 차이가 있다고 여겼음을 알 수 있다. 신흠의 경우 시조를 '시여詩餘'라고 표현하며 한시를 짓고도 마음에 맞는 그 무엇이 남아 있으면 노래인 시조를 지었다고 말한 바 있다.[77] 정소연의 해석처럼 시는 한문으로 쓰고 노래는 우리말로 표현하는 시조로 부른다거나, 시를 짓고도 남는 마음을 시조로 노래한다는 것은 한시와 시조를 다이글로시아의 관계로 인식한 것이라고 할 수 있다.[78]

이처럼 전근대적 다이글로시아가 해체되기 시작하면서 재조명된 시조는 진정한 민족 고유의 시가 양식이라는 의미를 부여받게 되었다. 그런데 시조가 근대 문학의 한 양식으로 재탄생하기 위해서는 변화가 필요했다. 최남선, 정인보는 내용의 깊이를 더함으로써 시조의 문학적 위상의 변화를 꾀할 수 있다고 여겼던 것으로 보인다.

> 시詩 그것으로야 무슨 보잘 것이 있겠습니까마는, 다만 시조時調를 하나의 문자 유희 구렁에서 건져내어서 엄숙한 사상의 한 용기容器(그릇)로 만들어 보려고 애오라지 써 온 점이나 살펴주시면 이는 물론 분수에 넘치는 영행榮幸이겠습니다.[79]

최남선은 근대 이전의 선비들에게 시조는 자신의 사상과 감정을 표현하는 진지한 글쓰기 양식이라기보다는 여가가 있을 때 즐기는

---

77) 정소연, 위의 책, 216쪽.

78) 정소연, 위의 책, 68쪽.

79) "詩 그것으로야 무슨 보잘 것이 있겠읍니까마는, 다만 時調를 한 文字遊戲의 구렁에서 건져내어서 엄숙한 思想의 一 容器를 만들어 보려고 애오라지 써온 點이나 살펴주시면 이는 무론 分外의 榮幸입니다."(최남선, 「『百八煩惱(백팔번뇌)』 서문」(1926년), 『육당최남선전집』 5, 동방문화사, 2008, 445쪽)

문자 유희의 일종으로 여겨지는 경향이 많았다고 보았다. 그러나 자주적·민족적 관점으로 '조선적인 것'을 탐구했던 최남선은 시조에서 조선 고유의 시가 형식을 보여주는 소중한 자산을 재발견했고, 나아가 자신이 추구했던 '조선적인 것'의 내용을 시조에 담고자 고심했다. 이에 이광수는 최남선에 의해 시조가 비로소 언어유희를 넘어서는 신문학新文學으로 탈바꿈하게 되었다고 평가하기도 하였다.80)

하지만 최남선은 시조의 내용이 난해하고 공정工程에 치우쳐 자연스러운 맛이 떨어진다는 일부 사람들의 비판에 직면해야 했다. 이러한 비판에 대해 최남선의 시조를 옹호하고 나선 이가 정인보이다. 정인보는 최남선 시조의 난해함은 고뇌의 결과로 깊이를 보여주는 것이고, 공정工程이라는 것은 자연스러움으로 가는 경로徑路로 최남선의 시조가 그러한 길을 향해 무르익어 가고 있음을 말하였다.81) 그리고는 작자마다 자신의 본색이 있으니 그대로 밀고 나가는 것이 옳다고 최남선에게 조언했다는 말도 덧붙였다. 이처럼 정인보는 최남선의 시조 창작을 옹호했고, 자신도 역시 전통적 정감과 소재를 바탕으로 시조에 시대 정신을 담고자 노력하였다.

정인보 시조는 제재를 중심으로 보았을 때, 크게 '어머니' 또는 '님'에 대한 정, 기행과 자연, 교육자의 면모로 나눌 수 있으며82), 이들 시조를 관통하는 공통적인 주제는 민족정신의 고취라고 할 수 있다. 「자모사慈母思」는 돌아가신 어머니에 대한 그리움을 통해 잃어버린

---

80) 이광수, 「六堂과 時調」, 위의 책, 469쪽.

81) 정인보, 「『百八煩惱』 批評에 對하여」, 《동아일보》, 1927년 3월 1~3일자 ; 『전집』 2, 333~334쪽.

82) 정인보 시조의 세계를 오동춘(1989)은 크게 '어머니와 조국', '자연'으로, 김학성(2013)은 '곡진한 인정', '영사와 기행', '교육자적 풍모'로 나누어 고찰하였다.

민족과 조국에 대한 슬픔과 그리움을 환기하고, 기행시조는 조선의 국토에 대한 애정을 담고 있으며, 학교 및 공공기관에 대해 읊은 시조는 민족 장래의 기틀을 마련하는 데 대한 당부를 표현한 것이다.

물론 앞절에서 보았듯이 정인보의 시조뿐만 아니라 한시의 중심 주제와 정서도 우국憂國과 민족정신의 고취이다. 그러나 한시와 달리 시조를 창작할 때는 그가 보다 더 고심해야 할 것이 있었다. 바로 우리말의 묘미를 어떻게 살릴 것인가의 문제였다.

돌인가 옥(玉)이런가 "흰"들저리 "훤"[1]할손가
"너레기"[2] 펼친채로 만곡수(萬斛水)가 나리다라
곳곳이 나는눈발이 놉자낫자 하여라83)

註 [1] 虛明
[2] 大盤石

숩새로 볏이새니 금광(金光)이 "일렁"[1]인다
일렁여 나가다가 되오르긴 무삼일고
이따금 어리운 "올"[2]이 넓어 점점 머러라84)

註 [1] 漾動
[2] 輪紋

『담원시조』에 수록된 금강산 시조를 보면 위와 같이 주註가 달려 있는데, 순우리말로 표현된 시어에 주석을 달아 한자어로 그 의미를 풀이해 주고 있음을 볼 수 있다. 예컨대 '훤'은 '허명虛明'으로, '너레기'는 '대반석大盤石'으로, '일렁'은 '양동漾動', '올'은 '윤문輪紋'으로 주

83) 정인보, 「金剛山에서」 '萬瀑洞' 제6수, 『전집』 1, 33쪽.
84) 정인보, 위의 시, 제8수, 33쪽.

석 처리되어 있는 것이다. 이 주석이 신문에 연재될 당시에는 없었던 것으로 보아 『담원시조』를 펴낼 때 새롭게 삽입되었던 것으로 보인다. 이는 한자어보다는 순우리말 어휘가 더 낯선 독자층을 보다 더 염두에 둔 편집 방식이라 할 수 있다. 1930년대 신문에 연재할 당시 이러한 주석이 없었던 것은 신문 매체의 특성상 일반 대중을 독자로 하는 성격이 강하고 지면이나 편집의 제약이 있었던 것 등이 작용했던 것으로 추정할 수 있다. 여기에서 중요한 것은 주석이 있고 없고의 문제보다도, 이러한 시어들을 통해 정인보가 시조를 지을 때 한자 어휘보다는 순우리말을 쓰면서 우리 시가의 묘미를 살리고자 했음이 드러난다는 점이다.

> 해 "뉘웃"[1] 점그는대 우수하니 비뿌린다
> 이십리(二十里) 마하연(摩訶衍)을 어이갈고 "노배기"[2]로
> 명산(名山)의 "김"[3]서림이니 옷저진들 엇더리85)
>
> 註 [1] 해 기울어가는 모양
> [2] 雨裝 없이 그대로 맞고 가는 것
> [3] 蒸發되는 氣體

또다른 시조를 보면 '뉘웃', '노배기', '김' 등의 순우리말 어휘들에 '해 기울어가는 모양', '우장雨裝 없이 그대로 맞고 가는 것', '증발蒸發되는 기체氣體'라는 주석이 달린 것을 볼 수 있다. 이는 한자 어휘를 대신한 것은 아니지만 이러한 시어를 씀으로써 보다 더 표현이 간결해지고 생동감이 더해지는 것을 볼 수 있다. 이는 정인보가 순우리말 시어를 사용하면서 시조의 리듬에 맞고 생동감을 잘 살릴 수 있는 시

85) 정인보, 위의 시 제3수, 32쪽.

어를 가려 쓰고자 세심하게 고려했음을 엿볼 수 있는 부분이다.

가사, 경기체가 등으로 정인보의 관심이 확대된 것도 우리말 구사력 때문이다. 정철의 '속미인곡'을 본받아 지은 작품이 그 대표적인 예이다.86) 정철은 정인보가 조선 오백 년을 통틀어서 우리나라 가곡歌曲 방면에서 가장 특출한 명인名人이라고 여겼던 인물이다.87) 「국학인물론」의 문학 영역에서 정철을 유일하게 다룰 만큼 정인보는 정철에게 높은 관심을 보였다. 특히 정인보가 정철의 시가詩歌에 대해 감탄을 한 것은 그가 보여준 우리말 구사력 때문이었다. 한자어 대신에 우리말의 의성어 · 의태어를 맛깔나게 사용한 것이나, 한자어나 전고典故를 일부 쓰면서도 "우리 말의 결에 맞추어 멋거리 나게 써놓은 것"88)이 놀랍다는 것이다. 정철의 가사 중에서도 한자 어구나 전고의 사용이 적고 우리말의 묘미를 가장 살렸다고 평가받는 작품이 '속미인곡'이다. 정인보가 '속미인곡'의 형식을 본받아 가사 창작을 시도해 본 것도 이러한 점을 높이 평가했기 때문이라고 본다. '관동별곡'이나 '사미인곡'이 우리의 말을 결에 맞추어 쓴 것에 대해서는 높이 평가하면서도 전고나 한자 어구를 쓴 점은 옥의 티라고 말하고 있기 때문이다.

이처럼 정인보는 국문 시 쓰기를 시도하면서 그 양식을 시조, 가사 등의 전통 문학에서 찾았다. 고시가에서 우리말의 묘미를 잘 살린 부분에 주목하였고, 이를 자신의 국문 시 쓰기에 활용하였다. 정인보는 양주동의 『향가증석』 서문에서 "옛 뜻은 현재에서 얽어야 하고, 우리

86) 「관동해산록」의 '사선교에서' 편에 수록되어 있다.(『전집』 1, 136~137쪽)
87) 정인보, 「국학인물론」, 『전집』 2, 55쪽.
88) 정인보, 위의 글, 60~61쪽.

감정은 우리 글로 써야만 편안하니 천 년 전이라 해서 어찌 반드시 다를 것인가."[89]라고 읊은 바 있다. 그가 국문 시 쓰기를 시도하면서 전통 시가 양식에 관심을 두었던 이유가 바로 여기에 있다고 할 있으며, 그의 시조 창작은 이러한 생각을 실천으로 옮긴 시도였다고 할 수 있다.

그러나 한시에 비해 시조의 제재 및 주제 편폭은 더 좁은 편이다. 예컨대 제시題詩, 전통지식인과의 교유시 등은 한시에서만 볼 수 있는 영역이다. 무엇보다도 가장 큰 차이는 시의 대상에서 드러난다고 할 수 있다. 시조와 한시를 막론하고 정인보의 시문학에서 공통적으로 많이 보이는 것은 인물을 회고하며 슬픔과 그리움을 표현하는 내용이다. 시조에서는 「십이애十二哀」, 「자모사慈母思」, 「유모乳母 강씨姜氏의 상행喪行을 보내면서」, 「척수 허 씨 만戚嫂許氏挽」, 「숙초宿草미테누은 고우故友 송고하宋古下를 우노라」, 「문호암애사文湖巖哀詞」, 「김용승선생金庸升先生을 울고」 등이 이에 해당한다. 그런데 연시조 「십이애十二哀」를 제외하고, 시조로 인물을 추모하는 경우 대개 그 대상은 일가친척과 벗들이다. 게다가 어머니, 유모, 친척 형수 등 일가친척에 해당되는 사람들은 모두 여성이며, 벗들의 경우 문일평, 송진우는 함께 언론활동, 독립운동을 했던 이들이다. 이를 보면 남성 전통지식인이나 격식의 제약이 따르는 장르의 경우에는 시조를 쓰지 않았음을 짐작할 수 있다. 시조에 국문 시가로서의 위상을 높이 부여하였음에도 실제 창작 과정에서는 전통적 관습의 자장 하에 시조와 한시가 달리 선택되는 면도 있었음을 볼 수 있다.

이러한 면모는 전별시 · 축하시 등에서도 마찬가지로 나타난다. 지

89) 정인보, 「양주동『향가증석』책머리에」, 『담원문록』 중, 422쪽.

인의 회갑·고희 등을 축하하는 경우에는 주로 한시들을 썼던 데 반해, 딸, 형수에게는 시조를 쓴 것을 볼 수 있다. 「벽초碧初딸 삼형제三兄弟를 "강정리"로 보내면서」, 「사종수이씨회갑四從嫂李氏回甲에」, 「종수조씨육십생신從嫂趙氏六十生辰에」, 「둘째딸 경완생일庚婉生日에인절미대신으로보냇다」 등의 시조가 그것이다.

한편 기행시의 경우 시조로 쓴 것이 대부분이고 한시는 2~3편 정도에 불과한 것도 차이를 보이는 점이다. 『담원시조』에 기행 시조가 많은 것은 1930년대 초중반 금강산 여행, 남도 여행 시 썼던 기행문에 삽입된 시조들이 대부분을 차지하기 때문이다. 이후의 다른 절에서 상세히 고찰하겠지만, 정인보가 1930년대에 국토를 답사했던 것은 민족적 장소에 담긴 문화의 의미를 재구축하는 성격을 띠는 것이었다. 이때 정인보는 답사기를 쓰면서 중간중간에 시조를 삽입하여 여행의 견문과 정서를 운율감 있게 압축적으로 표현하였는데, 이는 전통 시가 장르의 계승을 통해 당대의 경험과 서정을 담아내고자 한 문학적 시도였다. 즉 국토 답사와 답사기를 통해 시도된 문학적 시도는 1930년대에 왕성하게 활동을 벌였던 조선학(국학)운동의 일환이었던 것이다.

그런데 기행 한시의 경우 다소 상이한 면모를 보여준다. 시기를 정확히 알 수는 없으나 정인보는 1933년에 박한영과 함께 금강산을 다녀온 이후로 한 번 더 금강산을 유람했던 것으로 보인다. 첫 번째 여행에서 정인보는 국문으로 기행문을 쓰면서 시조 삽입의 방식으로 자신의 서정을 담아냈다. 하지만 그 이후의 금강산 여행에서는 한시 한 수를 남겼다. 이 시에서는 1930년대 금강산을 답사하며 시조를 읊었을 때와는 다른 정인보의 심경이 표출되는 것을 볼 수 있는 것이다. 특히 이는 시의 후반부에서 두드러지게 드러난다.

나서부터 세상변고에 실컷 익으니	生來飽慣海桑變
하찮은 바위 골짝에 마음 쏠렸을까마는	巖壑區區豈足傾
한 번 기울었다 한 번 일어남은 본래 덧없으니	一傾一起本無常
다만 물의 성질을 믿을 뿐이라 막혔다가도 오히려 형통함이여!	獨恃水性困猶亨
잠시 쉬었다 다시 진주담眞珠潭으로 올라가니	少憩且上珠潭去
옥대의 호방한 폭포 오히려 천둥을 모는구나.[90]	玉臺豪湍尙驅霆

만폭동은 금강산 승경지 가운데서도 손꼽히는 곳이어서 이 한시에서 주를 이루는 것은 물론 풍경의 묘사와 풍경에 대한 감탄이다. 그런데 금강산 만폭동의 풍경과 정취를 읊은 뒤에, 위와 같이 세상변고를 많이 겪다 보니 이렇게 산수를 즐기는 데 마음을 쏟을 수 있었겠느냐고 토로하는 것을 볼 수 있다. 이는 나라가 망하고 전통이 무너져가는 시대를 겪으며 민족이 처한 비극적 현실을 아파하고 이를 타개하기 위해 고심해왔던 정인보 자신의 삶이 반영된 말이기도 하다.

하지만 사회 참여 기반이었던 학교와 신문사에 대한 검열과 탄압의 수위가 높아지자, 정인보는 교수직을 사임하고 신문사에도 관여하지 않으며 일제에 타협하지 않기 위해 은거하는 방식을 취하였다. 이때 그의 문필활동은 한문 글쓰기가 주를 이루며, 대개 자기독백적인 글이나 전통 지식인들과 교유하는 가운데 나온 글들이 많았다. 이는 갈수록 지조를 지키기 어렵고 미래에 대한 희망을 꿈꾸기 힘든 시

90) 정인보, 『담원문록』 상, 465~466쪽.

기를 견디는 방식이기도 했다. 이 한시는 바로 이 시기에 썼던 것으로 파악된다. 산수에 마음 쏟기 어려운 시기를 살아왔는데, 만폭동 와서 흐르는 물을 보며 형통해지는 세상 이치를 새삼 깨닫게 되고 기세 좋게 떨어지는 폭포를 보며 호방한 기개를 다시 한번 느끼고 있는 것이다. 이처럼 자연을 보며 어려운 시기를 견디는 정신적 힘을 얻고 있는 것은 옛 은일지사들이 힘든 시절을 보내던 방식이기도 하다.

이상과 같은 고찰을 통해 정인보의 시조 창작 양상을 한시와 비교하여 다음과 같이 정리해 볼 수 있다.

첫째, 시조는 민족운동의 일환으로 의식적으로 창작한 경우가 한시보다 더 주를 이룬다는 점이다. 물론 한시 또한 민족정신을 고취하기 위한 의도로 창작된 것이 있다. 그러나 자기독백적인 어조로 자의식을 표출하거나 시적 전통에 기대어 정신적인 위안과 힘을 얻는 경우는 한시 창작에서 더 많이 보이는 편이다. 한시의 전통에 더 익숙했던 선비였기에 그러했던 것으로 보인다.

둘째, 한자어와 한문투를 탈피하여 순우리말을 구사하며 고유 시가의 리듬의 결을 살리고자 한 것은 시조 창작 고유의 고민 영역이었다는 것이다.

셋째, 주제, 제재, 대상에 따라 다이글로시아적인 인식과 태도가 반영된 양상이 보인다는 점이다. 비록 진정한 조선의 시가 양식은 시조라는 인식을 갖고 있고, 시조로 표현 못할 것이 없다는 최남선의 생각에 동조하고 있었다 하더라도 실제 창작 양상에서는 제시, 애도시, 전별·축하시 등에서 시조와 한시가 서로 넘나드는 데 제약이 따르는 것을 볼 수 있기 때문이다.

3) 전통적 소학小學에 기반한 비평적 글쓰기

정인보는 전통적인 소학小學(언어문자학)에 관심이 깊었고, 소학小學에 대한 연구를 통해 습득한 문자에 대한 해박한 지식은 그의 글쓰기 곳곳에 반영되어 있다. 「십자광고十字廣詁」, 「양자해羊字解」는 전통적인 소학小學(언어문자학)에 기반하여 글자의 의미를 해석한 글이다. 단순한 글자 풀이를 넘어 그 글자에 담긴 문화적 함의까지 해석하여 한 편의 독립적인 글을 썼다는 점, 문자 훈고적 성격을 지닌 글을 근대 신문매체에 국문으로 발표했다는 점 등에서 독특한 면모를 보인다.

「양자해羊字解」는 신미년辛未年(1931년) 1월 1일자 《동아일보》에 발표한 것으로 보아 양띠 해가 시작되는 첫날이기에 '양羊'자의 의미를 풀이한 것으로 보인다. 「십자광고十字廣詁」는 정인보가 '십十'에 특별히 관심을 가지고 그 글자의 의미를 깊이 분석한 글이다. 한 회 분량으로 발표된 「양자해羊字解」와 달리 「십자광고十字廣詁」는 1930년 4월 2일부터 12일까지 총 9회에 걸쳐 《동아일보》 문화면(4면)에 연재된 글이다. 「십자광고十字廣詁」가 연재되던 당시 《동아일보》 문화면에는 김억金億의 「에스페란토 문학文學」, 이은상李殷相의 「십장생송十長生頌」, 안확安廓의 「기절장절奇絶壯絶하는 조선고대朝鮮古代의 체육體育」 등이 연재되고, 신간소개란, 한시란, 문단탐조등文壇探照燈란을 통해 작품과 문단 상황이 소개되고 있었다. 문예·문화와 관련된 다양한 주제와 장르의 글들이 실렸는데, 일종의 교양물의 성격을 지니는 것이 많다. 「양자해羊字解」, 「십자광고十字廣詁」와 같은 글이 신문 지면에 실릴 수 있었던 것도 사회적으로 그러한 교양물에 대한 요구에 부응하는 면이 있었기 때문일 것이다.

그러나 정인보의 「양자해羊字解」, 「십자광고十字廣詁」는 교양물이 일면 지닐 수도 있는 지적 유희의 성격을 띠는 글은 아니다. 전통적인 소학小學이 학문 연구의 기본임을 알고 이 공부를 꾸준히 해 왔던 학자로서 문자에 대한 심층적 이해를 통해 문헌 및 문화·역사 해석의 지평을 넓힐 수 있는 한 사례를 보여주고자 했던 것으로 보인다. 그런데 정인보가 이러한 글을 쓰게 된 데에는 장병린章炳麟의 사상과 학문활동에서 많은 시사점을 얻었던 것과 관련이 있어 보인다. 따라서 이 글의 맥락을 이해하기 위해서는 장병린의 소학小學에 관한 관점을 먼저 살펴볼 필요가 있다.

20세기 초 중국의 국학대사로 불렸던 장병린은 소학小學을 학문 연구와 문文의 기본으로 삼아야 한다고 누차 주장했던 인물이다.[91] 장병린에 따르면 소학小學은 자형字形, 음운音韻, 훈고訓詁를 논하는 학문을 총칭하는 말이다. 소학小學이라는 용어는 아이들이 소학小學에 입문하면 글자 공부[식자識字]를 시켰던 데서 유래된 것인데,[92] 장태염은 이 학문을 언어문자학이라고 부르는 것이 마땅하다고 하였다. 아울러 소학小學을 경학經學의 부속품으로 보는 시각에 문제제기를 하며, 소학小學의 쓰임을 확장하고 학문적 위상을 높이고자 하였다.[93] 다만 전통적으로 소학小學이라고 불러 왔으므로 편의상 소학

91) 林少陽(저)/서광덕·최정섭(역), 『修辭라는 思想－章炳麟과 한자권의 언어론적 비평이론』, 연세대학교 대학출판문화원, 2013, 118쪽.

92) 小學은 周代의 학교 명칭이었으나, 漢代 이후 문자를 연구하는 학문을 의미하는 용어로 사용되었고, 宋代 이후에 좀더 구체적으로 문자학·성운학·훈고학을 총칭하는 의미로 사용되었다. 교육기관인 小學에서 六書 즉 글자 익히기 공부를 가장 우선시하였기 때문에, 小學이 문자를 공부하는 학문인 문자학을 의미하게 된 것이라고 한다.(양원석, 2006, 12~15쪽 ; 이상훈·백채원, 「문자관」, 『근대 한국어 시기의 언어관·문자관 연구』, 소명출판, 2014, 202쪽에서 재인용)

小學이라는 용어를 언어문자학과 더불어 함께 썼다.

> 대개 소학은 국고國故의 근본이요, 왕교王教의 실마리이며, 위로는 선인의 전적典籍을 따져보며 교감하고 아래로는 민속民俗을 편리하게 하는 것이니, 어찌 오로지 붓을 들고 전篆을 그리며 문자를 얽는 것일 뿐이겠는가.[94)]

> 요컨대 문사文辭의 근본은 문자에 있으며 글자를 알지 못하고서 문文을 지을 수 있는 자는 없었다. 더욱이 훈고에 밝지 않으면 고서를 이해할 수 없으니 가슴 속에 쌓인 이치(리理)가 이로부터 다 없어지게 된다. 그러니 문사文辭가 무엇으로 인해 깊고 풍부해질 것인가? …… 만약 소학에 깊이 통달하지 않는다면 어떻게 마음대로 용화鎔化할 수 있겠는가?[95)]

장병린이 소학의 중요성을 강조한 것은 국학 연구와 창작의 두 측면에서이다. 장병린은 학문의 대상을 경학의 범위를 넘어 제자서諸子書를 비롯한 고서古書 전반으로 확대시키고, 이를 국고國故라고 부르며 국학國學을 주창했다. 그는 국학의 연구 대상이 되는 옛 전적들은 고언古言과 고자古字를 많이 쓰고 있기에 이를 깊이 이해하기 위해서는 소학에 통달해야만 한다고 했다. 그렇기에 소학을 국고 연구의 근본이라고 하였던 것이다.

또한 문사文辭의 근본은 문자에 있기에 문사文辭를 자유자재로 엮

93) 章太炎, 「論言語文字之學」, 『國故論衡』, 商務印書館, 2010, 207쪽.

94) 蓋小學者, 國故之本, 王教之端, 上以推校先典, 下以宜民便俗, 豈專引筆畫篆・繳繞文子而已.(章太炎, 「小學略說」, 위의 책, 6쪽)

95) 要之, 文辭之本, 在乎文字, 未有不識字而能爲文者. 加以不明訓詁, 則無以理解古書, 胸中積理, 自爾匱乏. 文辭何由深厚?…… 若非深通小學, 何能恣意鎔化? (章太炎, 「論言語文字之學」, 위의 책, 208~209쪽)

어내기 위해서도 소학에 대한 통달이 필수적이라고 하였다. 사마상여司馬相如・양자운揚子雲・한유韓愈・유종원柳宗元 등 역대 문장가들은 모두 소학小學에 통달했으며, 그로 인해 문사文辭가 넓고 깊고 고아高雅하다고 했다는 것이다.[96] 반면 신역新譯한 책들이 멸시받는 이유는 대충 번역하여 그 문사文辭가 난삽하고 명의名義가 통하지 않기 때문이라고 하였다.[97]

이처럼 장병린은 소학의 중요성을 강조한 후, 역대 소학 관련 서적들을 평가하고 소학의 학문 범주와 방법에 대해 논하며 자신의 소학 이론을 펼쳤다. 예컨대 『설문해자』의 서술은 글자의 형체形體에 중점을 두고 그 훈고訓詁만을 본의本義로 삼은 점, 인신引伸・가차假借의 경우는 소략한 점이 한계라고 평하였다. 고금의 서적에는 본자本字・본의本義보다 인신引伸과 가차假借를 사용한 것이 많기 때문에 『설문해자』만을 묵수해서는 소학小學에 통달할 수 없다는 것이다. 그렇기에 인신引伸과 가차假借의 용법 알기 위해서는 『이아爾雅』・『방언方言』 등을 살펴야 한다고 하였다. 또한 인신과 가차는 대체로 그 성류聲類를 따라 변하기에 음운音韻에 대해 알기 위해 『광운廣韻』, 『집운集韻』 등을 보아야 한다고 하였다.[98] 요컨대 소학에 통달한다는 것은 글자의 구성 요소인 형체形體, 본의本義, 음성音聲을 두루 분석하여 글자를 해석하되, 인신과 가차에까지 응용하여 잘 해석함을 의미한다는 것이다.[99]

린사오양林少陽에 따르면 '인신引伸'은 장태염의 소학 이론에서 매

96) 章太炎, 위의 글, 207~208쪽.
97) 章太炎, 위의 글, 209쪽.
98) 章太炎, 위의 글, 209쪽.
99) 章太炎, 위의 글, 209~210쪽.

우 중요한 개념이다. 인신引伸은 『주역』 「계사전」에 "끌어다 펼치고 종류에 따라 확장한다"에서 유래한 표현으로, 자의字義를 끌어다가 늘인다 · 펼친다는 의미인데, 린사오양은 이를 글자의 본의本義로부터 전의轉義 · 파생의派生義로의 운동으로 이해할 수 있다고 하였다.[100] 또한 육서 중의 하나인 가차假借에 대해서도 자의字義의 인신引伸을 포함하고 있다고 본 청대 고증학 일파의 계보에 장병린이 속한다고 하였다.[101]

장병린이 이 같은 글자의 인신에 주목한 이유는 소학의 목적이 본 글자가 글자를 빌려 변천하는 흔적을 분명히 하는 데 있다고 보았기 때문이다.[102] 나아가 린사오양은 장병린이 소학을 통해 추구한 최종적인 목적은 모든 씌어진 것을 포괄하는 넓은 의미의 '문文'을 분명히 하는 것이라고 하였다.[103]

정인보가 「십자광고」, 「양자해」에서 시도한 문자 해석 방법론은 앞서 본 장병린의 소학에 대한 관점과 일맥상통하는 면이 많다. 글자의 구성 요소인 형形, 음音, 의義의 관계를 유기적으로 살펴서 글사를 해석하고, 글자의 본의本義가 음音을 좇아 변화되고 파생되어 간다고 보며 글자의 변화 과정에 주목한 점이 그러하다. 그러나 정인보가

100) 林少陽, 앞의 책, 142쪽.

101) 林少陽은 청대 고증학에는 '육서' 중의 '가차'에 대해 두 개의 대립하는 의견이 있다고 하였다. 하나는 '가차'가 자의의 '인신'을 포함하고 있다고 보는 일파, 또 다른 하나는 동음이의의 '가차자'만 '가차'로 본다고 주장하는 일파이다. 전자의 대표가 江聲, 戴震, 段玉裁, 王念孫, 王引之 등이며, 후자의 대표가 朱駿聲이라고 하였다.(林少陽, 위의 책, 143쪽)

102) 章太炎, 「小學門答」, 『章太炎全集』 七, 415쪽 ; 林少陽, 위의 책, 153쪽에서 재인용.

103) 林少陽, 위의 책, 153쪽.

「십자광고」, 「양자해」에서 참조하고 있는 인용서목에는 장병린의 글뿐만 아니라, 허신許愼의 『설문해자說文解字』, 단옥재段玉裁의 『설문해자주說文解字注』, 주준성朱駿聲의 『설문통훈정성說文通訓定聲』 등 소학 분야의 중요한 저술들이 포함되어 있다. 또 이 밖에 『한서漢書』의 「율력지律歷志」, 『주역周易』의 「계사전繫辭傳」, 『시경詩經』, 『사기史記』 등의 많은 문헌에서 관련 자료를 찾아 제시하였다. 그런 점에서 장병린의 소학 이론을 기본으로 삼으면서도 다양한 소학서와 문헌들을 참고하며 자신만의 문자 해석 방법론을 찾아나갔다고 볼 수 있다. 그러한 시도의 한 결과물이 「십자광고」, 「양자해」라고 할 수 있다.

이제 구체적으로 정인보의 글들을 살펴보도록 하겠다. 「십자광고」는 '자체字體', '자의字義', '자음字音',[104] '자의字義의 연출衍出', '십十에 관關한 복사複辭'라는 부제가 붙은 항목으로 이루어져 있다. 「양자해」는 분량이 짧아 「십자광고」처럼 부제를 두어 항목별로 서술하고 있지는 않으나, 글자의 형形, 음音, 의義와 글자의 파생 · 확장을 다루고 있다는 점은 공통적이다. 특히 「십자광고」는 문자 훈고를 넘어서 문화 · 사상적 의미를 탐색하는 비평적 글쓰기의 한 형태를 보여주고 있다는 점에서 주목할 만하다. 이에 「십자광고」를 중심으로 정인보가 어떻게 문자를 분석해내고 어떠한 의미를 도출해내는지 고찰해 보도록 하겠다.

정인보는 일차적으로 '십十'의 자체字體에 대한 분석을 바탕으로 십자十字의 뜻을 해석하였다.

---

104) 원문에는 '子音'으로 되어 있으나, 문맥상 '字音'의 오기로 보여 고침.

> '一'획[가로획]은 동서東西를 가리킴이요, 'ㅣ'획[세로획]은 남북南北을 가리킴이라, 합하여 십十이 된 뒤에는 저절로 복판[중앙中央]이 드러나게 되는 것이니 동서 남북 중앙이 구비함을 나타내어 이로써 수數가 갖추어진 것을 명시한 것이다.[105)]

즉 '십十'은 가로획과 세로획을 통해 동서남북 사방의 중앙을 표시하고, 이로써 수數가 갖추어짐을 명시한 글자라는 것이다. 실상 이는 '십'에 대한 『설문해자』의 풀이를 바탕으로 제시한 해석인데[106)], 이에 대해 정인보는 동서남북중앙이 십十에 다 나타난다는 것은 알겠으나, 십十으로써 수數가 갖추어졌다는 것은 어째서인가 하는 질문을 던지며 그 의미를 탐구했다. 이를 위해 정인보가 참고한 것은 『주역周易』「계사전繫辭傳」이다.

> 수數가 일一에서 시작하여 삼三에서 완성된다고 본 것은 가장 오래된 시기의 일이니 옛사람이 수를 헤아림이 셋에 이르러 더 가지 못한 것이요, 나아가 구九에 이른 것은 그 뒤이니 삼三을 제곱한 자릿수를 새로 세운 것이다. 그러나 구는 기수奇數이니 수數를 원만하게 성취함에 이르러서는 우수偶數를 다시 기다리지 않을 수 없다. 그러므로 십이 구의 뒤를 받아 이른바 "하늘이 일一을 낳고 땅이 이二를 완성한다(天一生之, 地二成之)"라는 생성의 원리에 기반하여 "천일天一, 지이地二, 천삼天三,

---

105) "一畫은 東西를 가리킴이요 ㅣ畫은 南北을 가리킴이라 合하여 十이 된 뒤는 저절로 복판[中央]이 드러나게 되는 것이니 東西南北 中央이 具備함을 表하여 이로써 數의 갖추어진 것을 明示한 것이다."(정인보, 「十字廣詁」(一), 《동아일보》, 1930년 4월 2일자; 『전집』 2, 344쪽)

106) 정인보가 제시한 '十'의 字體 풀이가 許愼의 『說文解字』를 바탕으로 한 것임은 『설문해자』의 '十字條'를 보면 알 수 있다.
"十, 數之具也, 一爲東西, ㅣ爲南北 則四方中央備矣, 凡十之屬皆從十, 是執切."(許愼/湯可敬(撰), 『說文解字今釋 (全三卷)』, 岳麓書社, 1997, 313쪽)

> 지사地四, 천오天五, 지육地六, 천칠天七, 지팔地八, 천구天九, 지십地十"(『주역』「계사전상」)으로 한 번 기수가 되고 한 번 우수가 되어 서로 짝을 이뤄 십에 이르러 그치니 이에 원만구족의 뜻이 생기며 갖추고 완성되는 뜻이 생기어 십에 대해 수數의 갖추어진 것이라는 바른 훈고를 내리게 된 것이다.[107]

『주역周易』에는 수數를 통해 천지의 생성 원리를 말한 부분이 있다. 천天이 일一을 낳고 지地가 이二를 이룬다는 기본 원리를 바탕으로 기수奇數는 천天, 우수偶數는 지地에 배치되어 일一에서부터 기수와 우수가 서로 번갈아 가다가 십十에 이르러 그친다는 것이다. 여기에서 그친다는 것은 원만구족, 갖추고 완성됨을 의미하는 것이다. 정인보는 이러한 『주역』의 내용을 통해 '십十'이 구비具備의 의미를 지닌다는 훈고가 타당함을 확인했다. 또한 이러한 과정을 통해 '십十'이라는 자체字體가 표시하는 의미가 심묘深妙함을 알 수 있다고 하였다.

그런데 정인보는 이러한 해석 수준에 머물지 않고 '십자十字'의 의미에 대해 더 심층적으로 파고들었다. 이를 위해 우선 단옥재段玉裁의 『설문해자주說文解字注』와 주준성朱駿聲의 『설문통훈정성說文通訓定聲』의 십자조十字條에 서술된 내용을 검토한 후, 다른 글자와의 관계를 통해 십十의 의미를 더 탐구해 들어갔다.

---

107) "數가 一에 始하여 三에 成함은 最古한 時期이니 古人의 헤임수가 셋에 가서는 더 가지 못한 것이요, 進하여 九에 이름은 그 뒤이니 三의 自乘으로써 한 數位를 新立한 것이라. 그러나 九는 奇數이매 數의 圓成함에 이르러는 偶數에 다시 기다림이 없지 못하므로 十이 九의 뒤를 받아 이른바 "天一生之, 地二成之"라는 生成의 原理에 基하여 "天一, 地二, 天三, 地四, 天五, 地六, 天七, 地八, 天九, 地十(「易繫辭上」)의 一奇一偶의 相配로 十에 이르러 그치매 이에 圓足의 義가 생기며 備成의 義가 생기어 十을 數의 갖추어진 것이라는 正詁를 내리게 된 것이다."(정인보, 위의 글, 344~345쪽)

자의字義[글자의 뜻]의 진수眞髓가 오직 본래 글자[본자本字]에서만 발현되는 것이 아니니 다른 글자의 근원·근본을 거슬러 탐구하여 여기에서 따라 이어지고 옆으로 이어나간 자취를 찾으면 가지를 좇아 뿌리를 구명할 수도 있다. 『한서漢書』 「율력지律歷志」를 보면 " 일에서 시작되고 십에서 화합되며 백에서 확장되고 천에서 커지며 만에서 널리 퍼진다(紀於一, 協於十, 長於百, 大於千, 衍於萬)"라고 한 것이 있다. '십에서 화합된다[협어십協於十]'라고 한 것을 보아 십十과 협協의 관계가 심상치 아니함을 알 수 있을 뿐 아니라, 십十의 고음古音이 협叶[화할 협]됨을 참고하여도 '구口'는 '사람의 입[인구人口]'을 지칭하니 뭇사람들의 조화[화和]를 나타낸 것인 줄 짐작할 수 있다. 이 협協으로부터 (글자를 파생시켜 나가) '마음 심心'을 붙여 협恊이 되면 동심同心의 화和를 나타내고 '생각 사思'에 기대어 협勰이 되면 동사同思의 화和를 나타낸다.108)

또 십十에서 새끼쳐 '십什'이 되면 인위人爲로 짜놓은 것이라 …… 기물器物을 합한 호칭을 '십什'이라 함도 구비具備의 뜻을, 사졸士卒이 모인 대오를 '십什'이라 함도 구비具備의 뜻을, 가호家戶가 무리를 지음을 '십什'이라 함도 구비具備의 뜻을, 「시편詩篇」을 함께 엮은 것을 '십什'이라 함도 구비具備의 뜻을 나타낸다. 동사同思의 화和나 동심同心의 화和나 다 구비具備의 뜻을 가졌고, 군중의 화합이 구비의 뜻을 그대로 포함하였으며, 힘을 같이 함이 또한 합合으로 중衆으로 구비具備로 연결됨이 명백하다 아니할 수 없는 것이다.109)

---

108) "字義의 眞髓ㅣ 오직 本字에서만 發見되는 것이 아니니 다른 字의 源本을 溯求하여 이에서 沿承하고 旁繼한 자취를 찾으면 가지로 좇아 뿌리를 探得할 수도 있다. 「漢書」 律歷志를 보면 "紀於一, 協於十, 長於百, 大於千, 衍於萬"이라 한 것이 있다. 協於十이라 한 것을 보아 十과 協의 關係 , 尋常치 아니함을 알 수 있을 뿐 아니라 十의 古音이 叶됨을 徵하여도 口는 人口의 指稱이라 衆人의 和함을 表한 것인 줄 짐작할 수 있으며 이 協으로부터 心에 붙여 恊이 되면 同心의 和이며 思를 依하여 勰이 되면 同思의 和이다."(정인보, 「十字廣詁」(二), 《동아일보》, 1930년 4월 3일자 ; 『전집』 2, 347쪽)

정인보는 글자의 뜻[자의字義]을 탐구하는 방법에는 다른 글자의 근원을 거슬러 올라가 그 글자가 이어져 내려온 자취를 찾는 방식도 있다고 하였다. 이러한 방법에 따라 정인보는 『한서漢書』「율력지律歷志」의 '협어십協於十'이라는 어구에 주목하여 '협協'과 '십十'의 관련성을 고찰하였다. '협어십協於十'이라는 어구에 착안했던 것은 단옥재의 『설문해자주』의 '십자十字'에 관한 주석에서 시사 받았던 것으로 보인다. 정인보가 인용하고 있는 단옥재의 책에 '(漢志) 協於十'이라는 주석이 더 추가되어 있는 것을 볼 수 있기 때문이다.[110]

'협協'과 '십十'의 관계에 대해 정인보는 우선 십十의 고음古音이 '협叶'이 됨을 통해 그 관련성을 확인하였다. 그리고는 '협協'의 왼쪽 부수를 심心, 사思 등으로 교체하며 파생된 글자의 의미를 파악해 보았다. 이를 통해 글자가 파생되는 가운데에도 서로 공유하고 있는 의미를 발견하였다. 십十이 십什으로 파생되어 여러 가지 상황에 쓰이는 경우에도 마찬가지이다. 정인보는 이처럼 십十에서 파생된 글자들을 "동원同源의 유파流派"[111], 즉 같은 근원이 흘러가며 갈라지는 것이라고 표현하였다. 그에 따르면 이러한 글자들의 관계와 의미를 파악

109) "또 十에서 새끼쳐 什이 되면 人爲로 짜놓은 것이라…… 器物의 合稱을 什이라 함도 具備이며, 士卒의 會伍를 什이라 함도 具備이며, 家戶가 編衆됨을 什이라 함도 具備이며, 「詩篇」의 同綴됨을 什이라 함도 具備이며, 同思의 和나 同心의 和나 다 具備의 義를 가졌고, 群衆의 和諧ㅣ 具備의 義를 그대로 含括하였으며, 힘을 같이함이 이 또한 合으로 衆으로 具備로 聯絡이 明白하다 아니할 수 없는 것이다."(정인보, 「十字廣詁」(三), 《동아일보》, 1930년 4월 5일자; 『전집』 2, 347~348쪽)

110) 十, 數之具也 (漢志) 協於十 一爲東西, ㅣ爲南北 則四方中央備矣, 是執切, 七部凡十之屬皆從十.(段玉裁, 『說文解字注』 十字條; 정인보, 「十字廣詁」(二), 《동아일보》, 1930년 4월 3일자; 『전집』 2, 346쪽)

111) 정인보, 위의 글, 348쪽.

하면 본자本字의 의미가 더욱 확연하게 드러난다. 정인보는 이러한 방법을 통해 십十의 뜻[의義]이 구비具備에 있음을 더욱 분명하게 밝혔다.

이외에도 '자의字議의 연출衍出'이라는 소제목하에 십十이 다른 글자로 파생된 여러 가지 사례를 들고, 십자十字와 관련 글자들의 관계도를 그려 보였다. 그리고는 이렇게 글자가 파생되어 새로운 글자가 계속 생성되는 것을 소학小學의 용어로 '자유孳乳'라고 부른다는 설명을 덧붙였다.112) 이처럼 정인보가 '자의字義'에서 가장 관심을 보인 부분이 바로 문자의 '자유孳乳' 과정이다.

앞서 장태염의 소학 이론에서 중요한 개념이 인신引伸이며, 인신은 '본의本義로부터 전의轉義 · 파생의派生義로의 운동'으로 이해할 수 있다고 하였다. 정인보가 문자의 자유孳乳 과정에 주목하며 자의字義를 고찰하는 방법론은 장태염이 인신引伸을 강조하며 본자本字가 변천하는 흔적을 분명히 하고자 했던 소학 연구의 관점을 수용한 것임을 짐작할 수 있다. 특히 장태염은 인신引伸과 가차假借가 대체로 그 성류聲類를 따라 변하기에 음운音韻에 대해 알기 위해 『광운廣韻』, 『집운集韻』 등을 보아야 한다고 말한 바 있다. 정인보가 "자의字義가 음音으로 좇아 연출衍出됨을 이르는 것"113)이라고 정의한 자유孳乳 개념 또한 장태염의 소학 이론에서 시사 받은 것이라고 할 수 있다.

한편 정인보는 한자의 구성요소가 체體(형形)와 의義, 음音임을 고려하여 '십자十字'의 음音에 대해서도 살펴보았다. '십十'의 음에 대해

112) 정인보, 「十字廣詁」(五), 《동아일보》, 1930년 4월 8일자 ; 『전집』 2, 350~351쪽.
113) 정인보, 위의 글, 351쪽.

서는 『설문해자주』에 '시집절是執切'(시是와 집執의 반절反切)이라고 되어 있으니, '십'으로 읽는 것이 당연하다고 할 수 있다. 그러나 정인보는 단지 『설문해자주』에 나와 있는 반절을 확인하는 것에 그치지 않았다. '십十'이 운부韻部에 '습習 · 급及 · 급急 · 습慴 · 흡翕' 등과 함께 '집緝'운韻에 속함을 확인하고, '습拾'을 '십十'으로 간주한다는 사실 등을 참고하여 '십十'의 음이 '습'이었던 것을 짐작할 수 있다고 하였다.[114] 이처럼 정인보는 글자의 음音이 고정적이지 않고 변화를 거쳐 왔다는 관점에 따라 상호 전환이 가능했던 문자들을 견주어 가며 글자의 옛 음音을 추적하고자 했다.

또한 '십十'의 음音은 발음상 훨씬 거리가 있어 보이는 '협協'의 음과도 공통됨을 보여준다고 하였다. 『설문해자』에 '즙汁'을 '從水 十聲(수水를 따랐고 십十이 성부聲符가 된다)'이라고 하였는데, 문헌에서 '즙汁'이 가차假借의 방식으로 협協이나 협叶으로 쓰이는 것을 볼 수 있기 때문이라는 것이다. 이러한 사례들을 통해 중성中聲에는 변화가 많음을 짐작할 수 있다고 하였다. 그리고 '즙汁'의 뜻이 '심瀋'과 같고 '즙汁'을 '심瀋'이라고 부른다고 기록되어 있는 문헌자료를 통해 '심瀋'과 '십十'도 하나의 소리가 변화된 것임을 알 수 있다고 하였다. 이에 대해서는 '심瀋'과 '십十'의 종성이 둘 다 순음이어서 변화가 쉽게 일어났을 것으로 보았다.

정인보는 여기에서 한발 더 나아가 '십十'이 평성으로 변화되면 '심諶' 음音(평성)으로 읽을 수 있음을 알 수 있고, 백낙천 시 등에 쓰인 '십十'이 입성자入聲字의 오용이 아니라 평성平聲으로 쓴 것이라고 한 육방옹陸放翁의 말을 이해할 수 있다고 하였다. 또한 불가佛家에서

114) 정인보, 「十字廣詁」(四), 《동아일보》, 1930년 4월 6일자 ; 『전집』 2, 348~349쪽.

'十方'을 '시방'이라고 읽는 것은 십十의 음을 몰라서가 아니라, 종성의 'ㅂ'과 초성의 'ㅂ'이 연이어져 경음이 생기는 것을 피하여 읽었기 때문임을 알 수 있다고 하였다.[115]

이처럼 정인보는 문자의 한 가지 고정된 음音을 아는 데 그치지 않고 한 글자가 어떠한 글자의 음과 어떻게 전환되고 변화되는지를 파악하고자 하였다. 이는 그 글자에 대한 이해뿐만 아니라, 문헌 해석의 지평을 넓히고 심화할 수 있는 가능성을 높이는 길이기도 하였던 것이다.

앞서 언급한 바 있듯이 「십자광고」는 '십자十字'에 대한 훈고 내용만 담고 있지는 않다. 정인보가 '십자十字'에 대해 깊이 있게 분석한 것은 이 글자에 담긴 함의를 통해 동양의 문화·사상적 의미를 엿볼 수 있다고 보았기 때문이다.

> 사방중앙四方中央은 오히려 십十으로 표상할 수 있는 것이나 열을 사방중앙의 구비具備로써 표시하는 것이 더욱 심오하고 은미한 바이다. 그러니 열을 이二나 삼三과 마찬가지로 일획一畫을 열 번 그어 놓았다 하면 쉬운 일이나 이 법으로써 열을 표시하면 열은 되어도 구비具備의 상象은 결缺하게 된다. 이뿐 아니라 문자의 범주가 대개 간략하고 개괄하는 경계를 넘지 아니하는 바이니 번잡함을 떨어뜨리는 것이 온당하고 또 수數부터가 형形이 아닌지라 수數를 나타냄에는 그 의미[의意]에다 중요성을 돌리지 아니할 수가 없다. 이에 기수와 우수가 서로 이루어주는 역리易理에 준하여 수數가 구비된 것을 설정하고 구비한 것 중에서도 더 구비할 나위가 없는 것이 사방중앙의 합획合畫이라 하여 열이라는 수數의 전신사조傳神寫照를 십十으로써 나타낸 것이다.
>
> 그러므로 동양사상이 조화를 준칙으로 삼음을 십十에서 볼 수 있으며,

115) 정인보, 위의 글, 349~350쪽.

> 동양문학이 은미하게 나타남[은현隱現]을 선명하게 드러냄[적로的露]보다 우월한 것으로 알아 울연하게 바라보이는 것을 미묘하게 표시하는 법으로 만든 것을 십十에서 볼 수 있는 것이다.[116]

앞서 보았듯이 '십十'은 사방의 중앙을 표시하고 구비具備의 뜻을 나타내는 글자이다. 정인보는 이러한 훈고에서 '십十'이 사방의 중앙을 표상함은 쉽게 이해할 수 있지만, 열이라는 수數를 사방중앙의 구비具備됨으로 표시한 점은 매우 깊고 은미하다고 하였다. 그리고는 열이라는 수數와 사방중앙의 구비具備와의 관계를 『주역』에서 수數를 통해 나타낸 천지 생성의 원리에서 찾았다. 천天은 기수奇數로 생수生數이고, 지地는 우수偶數로 성수成數인데, 기수와 우수가 갈마들며 열이라는 수에서 그침으로써 열이 다 갖추었다는 의미를 지니게 되었다는 것이다. 이러한 함의를 지닌 열이라는 수를 '십十'으로 나타낸 것을 두고 정인보는 '열'의 전신사조傳神寫照라고까지 표현하였다. 주지하듯이 전신사조란 동양 회화의 주요 개념으로 인물 초상을 그릴 때 그 사람의 정신세계를 나타내는 것을 말한다. '십十'이라는 간략한 형태로 추상적이고 심오한 개념을 드러냈으므로 전신사조라 한

116) "四方中央은 오히려 十으로 表象할 수 있는 것이나 열을 四方中央의 具備로써 表示하는 것이 더욱 奧微한 바이니 열을 二나 三 마찬가지로 一畫을 열 번 그어 놓았다 하면 쉬운 일이나 이 法으로써 열을 表하면 열은 되어도 具備의 象은 缺하였으며 이뿐 아니라 文子의 範疇ㅣ 대개 簡括의 境域을 넘지 아니하는 바이니 煩을 落하는 것이 穩當하고 또 數부터가 形이 아닌지라 數를 表함에는 그 意에다 重을 돌리지 아니할 수가 없다. 이에 奇偶相成의 易理에 準하여 數의 具備함을 想設하여 가지고 具備로서 더 具備할 수 없는 것이 四方中央의 合畫라 하여 열 數의 傳神寫照를 十으로써 나타낸 것이다. 그러므로 東洋思想의 調和를 準則삼음을 十에서 볼 수 있으며 東洋文學의 隱現을 的露보다 優越히 알아 울연하게 바라보인 것으로 微妙한 表示法을 만듦을 十에서 볼 수 있는 것이다."(정인보, 「十字廣詁」(一), 《동아일보》, 1930년 4월 2일자; 『전집』 2, 346쪽)

것이다. 정인보가 '십十'의 자체字體를 분석하면서 육서六書 중에서 문자창조의 고뇌와 노고가 지사指事에서 극치를 이룬다고 한 것도 이 때문이라 할 수 있다.117)

나아가 정인보는 바로 이러한 '십十'에서 동양사상과 동양문학의 특징을 볼 수 있다고 하였다. 동양사상이 조화를 준칙으로 삼는다는 것과 동양문학이 분명하게 나타내는 것보다 은미하게 드러내는 것을 더 우월하게 여겨 미묘하게 표현한다는 것을 '십十'을 통해 잘 알 수 있다는 것이다. 사방 중앙의 구비具備를 달리 말하자면 조화를 의미하는 것이 된다. 또한 일일이 열 번 획을 긋지 않고 가로획과 세로획의 교차만으로 간결하게 수數 '열'을 표시하면서도 심오한 의미를 담아내는 점에서 동양문학의 특징인 은현隱現을 본 것이다.

정인보는 '십十'이 동양사상의 특징을 보여준다는 자신의 견해를 더욱 확실하게 하기 위해 불교 경전의 주석서를 참고 자료로 제시하였다.

> 이제 다시 인도의 고설古說을 살펴보건대 화엄華嚴 원교圓教의 제법諸法을 설說할 때 그의 수량을 대개 십十으로 하였나니 그의 원만함을 보인 것이라

> 다만 이 경전에서 밝힌 바가 모두 십 종에 해당하는데, 이는 무진無盡을 나타낸 것이므로 설령 칠팔, 십이가 있더라도 모두 증감하여 십이라 이른 것이다.(但此經所明, 皆應十種, 以顯無盡故, 設有七八, 十二等皆是增減云十.) [『탐현기삼探玄記三』]
>
> 십 수는 원圓을 나타내니 무진無盡을 드러내고자 함이다.(十數, 表圓,

117) 정인보, 위의 글, 346쪽.

以彰無盡) [『연밀초오演密鈔五』]

이라 한 것이 범어와 한어漢語가 서로 모의한 듯이 이상하게 계합契合되는 것을 보면 십十의 뜻[의義]이 구비具備라고 하는 것을 이 오직 중국의 옛 학문이라는 편협한 안목으로만 생각할 것이 아니라 동양의 고사상古思想에 어디까지나 광박廣博한 기반이 있음을 멀리 생각해야 할 것이다.118)

정인보가 주목한 것은 불교에서 화엄을 설법할 때 수량을 '십十'으로 한다는 사실이었다. 그 예시 자료로 제시한 것이 화엄경 관련 주석서이다. 『탐현기探玄記』는 당唐나라 승려 현수법장賢首法藏(643~712)의 화엄경華嚴經 주석서이고, 『연밀초演密鈔』는 요遼나라 승려 각원覺苑이 지은 『대비로자나성불신변가지경의석연밀초大毗盧遮那成佛神變加持經義釋演密鈔』인데 이 역시 화엄경 관련 주석서이다. 정인보가 인용한 예문은 매우 간단한 내용이지만, 이를 통해 화엄경에서 '십十'이라는 수로 '무진無盡'과 '원圓'을 나타내었음을 볼 수 있다.

정인보는 이러한 함의가 앞서 소학서와 『주역』을 통해 살펴보았던 '십十'의 뜻인 구비具備와 통한다고 보았다. 정인보가 『주역』을 통해 파악한 '십十'이란 거듭된 생성 과정을 통해 갖출 대로 다 갖추어 이

118) "이제 다시 印度古說을 考하건대 華嚴 圓教의 諸法을 說할 때 그의 數量을 대개 十으로 하였나니 그의 圓滿함을 보인 것이라
但此經所明, 皆應十種, 以顯無盡故, 設有七八, 十二等皆是增減云十 [探玄記三]
十數, 表圓, 以彰無盡 [演密鈔五]
이라 한 것이 梵·漢이 相謀한 듯이 異常하게 契合되는 것을 보면 十의 義를 具備로 함이 이 오직 支那古學의 區見으로만 생각할 것이 아니라 東洋의 古思想에 어디까지 廣博한 基盤이 있음을 遐想할 것이다."(정인보, 「十字廣詁」(三), 《동아일보》, 1930년 4월 5일자 ; 『전집』 2, 348쪽)

룸을 의미한다. 이는 달리 말하면 원만구족[원족圓足]을 의미하는 것이기에 여기에서 정인보는 동양사상의 특징인 조화를 볼 수 있다고 하였다. 이러한 점에서 구비具備와 '원圓'이 통한다고 할 수 있다. 또한 정인보는 천지생성의 원리에 의해 '십十'에 이르러 그친다는 것은 '갖추어 완성함[비성備成]'의 의미라고 하였다. 이때의 그친다는 것은 멈춤을 의미하는 것이 아니라 극極의 의미를 지니는 것이라고 할 수 있다. 그런 점에서 '무진無盡'과 통할 수 있는 것이다.

흥미로운 점은 정인보가 '십十'의 의미를 고찰하며, 이를 동양의 고사상古思想으로 보편화시키고 있다는 것이다. '십十'이라는 문자는 한자이다. 정인보가 '십十'의 의미를 분석하기 위해 살펴본 서적 역시 중국의 고문헌이다. 그렇다면 '십十'의 함의를 동양의 사상적 특징으로 보편화하기 이전에 중국의 사상적 특징으로 국한할 수도 있다. 정인보가 바로 이러한 식의 논리를 의식했음을 알 수 있게 하는 것이 "이 오직 지나고학支那古學의 구견區見(좁은 안목)으로만 생각할 것이 아니라"라고 하는 구절이다. 이에 대한 근거로 정인보가 인용한 것이 화엄경에서 '십十'이 가지는 의미를 보여주는 글이다. 정인보는 이를 인용하면서 인도의 고설古說을 살펴본다고 하였다. 비록 인용한 화엄경 주석서는 중국 승려들이 지은 것이나, 화엄 불교가 인도에서 유입된 것임을 나타내고자 '인도고설印度古說'이라고 한 것이다. 그리고는 중국 고문헌과 인도고설에 나타난 '십十'의 의미가 일맥상통함을 보임으로써 동양의 고사상이 공유하는 넓은 기반이 있음을 알 수 있다는 내용으로 귀결시켰다. 이로써 '십十'의 함의를 동양 사상의 특징으로 보편화한 것이다.

이 글의 결론은 여기서 한발 더 나아가 십十과 일一의 관계를 말하며 일一에 대한 강조로 귀결된다.

> '일당십一當十'은 항우項羽의 거록전鉅鹿戰에서 초나라 군사들이 보인 용맹을 말함이요 '일가이합십一可以合十'은 한비韓非의 말이니 한 사람이라도 진실된 정성과 독실한 의지가 있으면 뭇사람들을 단결할 수 있다 하는 말이다. 누구나 뭇사람들의 마음이 굳건하지 않음을 분하게 여기고 서운해 한다. 심하면 비관까지 한다. 제인자諸仁者여, '일가이합십一可以合十'이라는 말이 우리의 정문일침頂門一針이 아니랴? 십十이 합하지 못하는 책임이 일一에 있는 것이다.[119]

「십자광고」 연재물 중 3회나 차지하는 내용이 '십자十字에 관한 복사複辭'이다. 이 소제목 하에 지리하다 싶을 정도로 정인보는 십十이 다른 말과 결합된 복합어를 대거 나열하였는데, 제일 마지막 부분에 제시한 것이 바로 '일당십一當十', '일가이합십一可以合十'이라는 어구이다. 동심同心으로 어우러지며 사람들이 합해진 상태가 '십十'이라면 그것을 이루어내는 것은 한 사람의 진실된 정성과 돈독한 의지로부터 비롯된다는 것이다. 이처럼 정인보는 '십十'자에 대한 해석으로 시작된 글의 여정을 한 주체의 자각과 책무에 대한 강조로 귀결시켰다.

---

119) "一當十은 項羽鉅鹿戰에 楚士의 勇猛을 말함이요 一可以合十은 韓非의 말이니 한 사람으로도 眞誠과 篤志가 있으면 人群을 團結할 수 있다 하는 말이다. 누구나 衆心의 膠固치 않음을 慨惜한다. 甚하면 悲觀까지 한다. 諸仁者아, 一可以合十이라는 말이 우리의 頂門一針이 아니랴? 十이 合치 못하는 責이 一에 있는 것이다."(정인보, 「十字廣詁」(九), 《동아일보》, 1930년 4월 12일자; 『전집』 2, 355쪽)

2. 국토 답사를 통한 민족적 장소성 재구축

정인보가 남긴 저술 중에서 여행하며 남긴 기록은 「동도잡지東都雜誌」, 「관동해산록關東海山錄」, 「남유기신南遊寄信」이다. 「동도잡지」는 경주를 답사하며 1930년(38세) 9월 2일부터 28일까지 14회에 걸쳐 《동아일보》에 연재한 글이다. 「관동해산록」은 정인보가 이건방, 이희종, 석전 박한영 스님과 함께 금강산 일대를 여행하며 쓴 글로, 1933년 8월 3일부터 9월 7일까지 《조선일보》에 연재한 것이다. 이듬해인 1934년에는 안재홍 · 박한영 · 윤석오 등과 함께 충북 괴산으로부터 전남 여수에 이르는 남도 일대를 여행하였고, 이때의 여행기록인 「남유기신」을 7월 3일부터 9월 29일까지 43회에 걸쳐 《동아일보》에 연재하였다.

세 편의 글은 여행하며 남긴 기록이라는 점 외에도 모두 한문 산문 문체의 영향을 받은 글이라는 점에서 공통적이다. 「동도잡지」는 유적, 지명에 관한 기록, 설화 등을 고증한 연구서의 성격이 강한 글로, 제명題名부터 필기류筆記類의 형태를 따랐다. 「남유기신」과 「관동해산록」은 여행기라고 부를 수 있는데, 「남유기신」이 서신체書信體와 잡기체雜記體가 결합된 형태라면 「관동해산록」은 서정과 서사가 결합된 전형적인 유기체遺記體 형식을 보여주고 있다.

「동도잡지」는 여행기가 아니라는 점에서 「남유기신」, 「관동해산록」과는 분명 이질적인 성격을 보여준다. 그러나 국토 답사의 산물이라는 점에서 관심을 가지는 장소가 어디인지, 장소를 바라보는 방식이 어떠한지, 답사를 통해 구축하는 세계는 어떠한 것인지에 대해 살펴볼 수 있기에 함께 고찰해 보고자 한다.

1) 옛 신라新羅의 잔영殘影에 대한 심층 탐사

(1) 고칭古稱의 고증과 고문화 연구 방법론 제시

「동도잡지」는 7주 동안 경주의 고적을 답사하며 쓴 것으로, 고적을 답사하며 전해오는 설과 문헌 및 유적의 내용을 고증하는 성격의 글이다. 기행문이 아니라 고증하는 성격의 글을 쓴 것은 소인小引에서도 밝힌 것처럼 경주에 관한 기행문과 시문이 이미 다수 있는 상황에서 자신이 굳이 덧붙일 것까지는 없다고 여겼던 까닭으로 보인다. 다만 유적 답사를 하면서 옛 문헌의 기록과 예로부터 전해오는 설에 대해서 고증을 하며 기록해 두었기에 이것을 발표하게 된 것이다.[120)]

「동도잡지」의 저술 목적과 방법은 다음과 같은 부분에서 잘 드러난다.

> 아무에게나 자상自相[자체의 모습]을 보여 (그 의미가 겉으로) 나타난 유물은 거론하지 않고, 속 깊이 감춰진 잔영殘影의 희미한 곳을 탐사하여 한恨 많은 회고의 정을 기탁하고자 하여 7일 낮밤을 산행하고 물가에서 자는 동안에 혹은 마을 농부의 상말을 재료로 삼고, 혹은 산승山僧·포창浦娼[포구의 유녀]이 지칭하는 것에 기대며 혹은 행장行裝 속 사적史籍의 기록을 흐르는 시내, 우뚝 솟은 봉우리와 대응하여 맞춰 보기도 하고 혹은 옛날과 근래의 지도를 곁에 두고 비교해 보기도 하였다. 그러한 나머지 약간의 의제疑題 생기매 이를 이것저것 기록해 두었더니 차서次序 없는 수백 장의 글을 만들게 되었다.[121)]

120) 정인보, 「東都雜誌」, 『전집』 1, 217쪽.

121) "아무에게나 自相을 보이는 나타난 遺物은 擧論하지 않고, 속 깊이 含藏한 殘影의 희미한 곳을 探查하여 恨많은 懷古의 情을 寄託하고자 하여 七晝夜 山行·水宿하는 동안에 或 村農의 俚語를 材料로 하며 或 山僧·浦娼의 指稱을 憑依로 하며 或 行裝 속 史籍을 流川·矗峰과 對映도 하고 或 古·近의 地圖를

정인보는 누구나 뚜렷이 그 형태와 의미를 알 수 있는 유물에 대해 언급하기보다는 "감춰진 잔영殘影의 희미한 곳을 탐사"하는 태도로 신라의 유적을 답사하고자 하였다. 이를 위해 산승이나 포구의 여인이 지칭하는 말을 발판으로 삼고, 문헌 기록과 답사 현장을 맞춰 보고, 고금의 지도를 참고하여 고기古記, 고설古說을 고증하며 신라 유적에 담긴 심층적인 의미를 헤아려보고자 하였다. 이러한 방법으로 그가 고증한 대상은 다음과 같다.

연번	소제목	고증 대상	대상 자료
1	선도산변仙桃山辨	지명	「여지승람」
2	사릉전설변정蛇陵傳說辨正	전설, 지명	「삼국유사」, 「동경잡기」, 「여지승람」
3	사뇌야고설詞腦野考說	지명, 시가 명칭	「삼국유사」
4	토함산土含山과 탈해왕脫解王	지명, 문헌 내용	「삼국유사」, 「동경잡기」, 「여지승람」
5	본피고허지명고本彼故墟地名考	지명의 古稱	「삼국유사」, 현지 사람들의 방언, 故老의 말
6	『삼국유사三國遺事』 정오訂誤	문헌 정정	
7	계룡해鷄龍解	지명	「삼국유사」
8	괘릉고掛陵考	전설	
9	갈문왕해葛文王解	인명	「삼국사기」
10	구름의 고칭古稱	단어의 고칭	
11	기계현杞溪縣의 고명古名	지명의 고칭 고증	「고려사」
12	신라여복新羅輿服의 일편一片	단어의 의미	「삼국사기」
13	왕적기玉笛記	유물	
14	풍류설風流說	개념의 의미	

傍參도 한 나머지에 若干의 疑題 생기매 이를 雜草한 것이 次序 없는 數百紙의 文字를 만들게 되었다."(정인보, 위의 글, 217쪽)

이상의 14편의 글을 성격에 따라 분류하면 지명의 고칭古稱과 의미를 고증한 글, 전설의 오류를 고증한 글, 개념의 의미를 밝힌 글, 유물을 고증한 글 등으로 나눌 수 있다. 이러한 분류에 따라 「동도잡지」의 내용을 대략 개괄하면 다음과 같다.

제1편 선도산변仙桃山辨, 제5편 본피고허지명고本彼故墟地名考, 제7편 계룡해鷄龍解 등은 고유어 지명이 한자 지명으로 표기되고 음이 변화된 과정을 추적하며 지명의 고칭과 그 의미를 고증한 글이다. 「선도산변」에서는 경주의 서산西山인 선도산이 '서수리'로부터 '서싱이' 또는 '서숭이'로 전음轉音되었다가, 왕모요지王母瑤池와 연관이 되는 듯하게 선도仙桃라고 칭하게 된 과정을 밝혔다. 아울러 이와 같은 경우는 고유어 지명이 한자 지명으로 표기되어 변화된 과정 중에서 최후 전사傳寫 단계를 보여주는 것이라고 하였다.

「본피고허지명고本彼故墟地名考」는 지명의 고칭古稱에 대한 고증을 시도해 본 것이다. 정인보가 『삼국유사三國遺事』 혁거세조赫居世條에서 주목한 곳은 '자산觜山 진지珍支'이다. 이곳은 『삼국유사』에 본피군本彼部의 고촌故村으로 경주부慶州府 동남東南에 있다고 기록되어 있는 곳이다. 정인보는 『동경잡기東京雜記』 등의 다른 기록뿐만 아니라, 현지 사람들이 부르는 지명 방언과 고로故老로부터 들은 말 등을 참고하여 한자로 표기되어 변전變轉되기 이전의 명칭을 추적하고자 한다. 이러한 과정을 통해 '진현리進峴里'를 '진티'라고 부르는 것에서 '진지珍支'의 남은 자취를 보고, 불국사佛國寺의 '불국佛國'에서 '자산觜山'을 '부리날'이라고 불렀을 것으로 추측할 수 있는 흔적을 볼 수 있다고 하였다.

「계룡해鷄龍解」는 중국에서는 볼 수 없는 '계룡雞龍'이라는 명칭이 조선에서는 여러 군데 보인다는 점에 주목한 글이다. 『삼국유사』 김알지조金閼智條에서 계림雞林을 시림始林이라고 한 것 등은 계雞와 '새[晨(새벽 신)]'가 관련 있음을 보여주는 것이라 보았다. 그러므로 계림雞林이 곧 신라新羅이고, 수풀 림林의 훈訓 '수풀'을 계雞에 맞추어 보면 '새불'이라 읽을 수 있으니, 서벌徐伐·서라벌徐羅伐·신라新羅와 공통됨을 알 수 있고, 나아가 '새' '서'에 신령스런 뜻이 있음을 미루어서 신라新羅·계림雞林·시림始林이 모두 신경神京·신주神州·영경靈竟·영허靈墟의 의미도 있음을 추측할 수 있다고 하였다.

제2편 사릉전설변정蛇陵傳說辨正, 제4편 토함산土含山과 탈해왕脫解王, 제8편 괘릉고掛陵考는 전설의 오류를 고증한 글이다.

「사릉전설변정」은 신라 시조 박혁거세의 능을 오릉五陵 또는 사릉蛇陵이라고 부르는 것과 관련된 전설에 대해 고증한 것이다. 『삼국유사』, 『동국여지승람』, 『동경잡기』에 모두 박혁거세의 능을 오릉 또는 사릉이라고 부른다고 기록되어 있으나 정인보는 이를 고대의 지명이 전변轉變하는 과정에서 잘못된 설이 만들어진 것으로 보았다.

「토함산과 탈해왕」은 『삼국사기三國史記』 『여지승람輿地勝覽』 『동경잡기』를 검토하여 토함산이 탈해산이며, 토함산에 대한 전설이 다 억측임을 밝힌 것이다. 『삼국사기」 탈해본기脫解本紀의 "탈해이사금립脫解尼師今立" 주注에 "일운一云 '토해吐解'"라고 기록되어 있는 것 등을 근거로 고음古音이 한자로 표기되고 전해오는 과정에서 동일한 대상에 대해 서로 다른 한자 표기들이 넘나들었던 것과 이후 한자 표기가 변사變寫되어온 사례를 보여준다고 하였다.

「괘릉고掛陵考」는 문무왕文武王의 능비陵碑와 유조遺詔에 비추어 장해설葬海說의 오류를 밝힌 글이다. 문무왕의 능비와 관련한 고증

작업에서 주요하게 참조하고 있는 것이 조선 후기 금석문에 대한 글이다. 능비와 유조에 따르면 화장한 것이 분명한데도 장해설葬海說, 화룡설化龍說이 사람들 사이에 전해 내려온 것은 문무왕에 대한 신라 사람들의 흠모하는 마음이 투영된 것이라고 보았다.

제3편 사뇌야고설詞腦野考說, 제14편 풍류설風流說은 '사뇌詞腦', '풍류風流' 등 신라의 문화와 사상을 나타내는 핵심 용어의 의미를 고증한 글이다.

「사뇌야고설」에서는 '사뇌야詞腦野'라는 지명의 고증을 통해 '사뇌詞腦'의 의미를 고구하였다. 한자의 음과 훈에서 발음을 추론하고, 『삼국유사』에 기록된 '사뇌야詞腦野'의 위치를 추적함으로써 '사뇌詞腦'가 '향鄕'의 의미를 지녔음을 확신하였다.

「풍류설風流說」은 최치원의 「난랑비서」에 언급되어 있는 '국유현묘지도왈풍류國有玄妙之道曰風流'에 대해 고찰한 글이다. 정인보는 풍류, 즉 현묘지도玄妙之道는 화랑의 도를 의미한다고 보았고, 『삼국사기』에서 화랑에 대해 언급한 부분을 참고하여 화랑의 하는 일이 도의道義의 상마相磨와 유락游樂이라는 것에 주목하였다. 그리고 이 도道를 '무위無爲의 화化'라고 언급한 최치원의 말과 연결지어 도는 '무위無爲의 화化'라는 의미를 지니기에 숨은 것이고 '유락游樂'은 드러나는 것이라고 파악하였다. 그렇기에 오늘날 악樂을 풍류라고 여기는 것은 그 연원이 오래된 것이지만, 그 의미는 오늘날과 차원이 다르게 현묘한 도라고 불릴 만한 것이었음을 헤아려야 한다고 강조하였다.

유물을 고증한 글은 「옥적기玉笛記」 한 편이 보인다. 이 글에서 정인보는 경주 박물관에 남아 있는 두 개 옥적玉笛이 문헌에서 언급된 옥적과 같은 것이라고 말하기에는 다른 점이 있음을 밝혔다. 아울러 정인보가 문헌들을 검토하며 옥적을 고증하는 과정에서 주목한 점은 신라의 보물로 귀중하게 여겨온 옥적의 수가 한둘에 그치지 않았다는 사실이다. 이를 통해 신라의 문물과 문화의 독출獨出함을 볼 수 있다고 보았기 때문이다. 그럼에도 문헌에 언급된 다수의 옥적들이 지금은 전하지 않으며, 잃고서도 잃은 사실도 모르는 현실이 개탄스럽다고 하였다.

이 밖에 『삼국유사』의 오류를 정정한 글이 있다. 고지古地의 고증을 통해 옛 문화 역사의 자취를 살펴보기 위해서 필수적으로 참고해야 하는 가장 중요한 자료가 고서古書이다. 그런데 고서에 오류도 있고 각 고서 간 서로 어긋나는 내용도 있어서 오류 정정이 필수적으로 선행되어야 할 작업이라고 보았다. 이 글에서 고찰하고 있는 고서의 오류는 몇 가지 유형으로 나눠볼 수 있다. 첫째 글자의 위치가 뒤바뀐 경우, 둘째 원문과 주석이 혼동된 경우, 셋째 글자의 형태가 유사하여 잘못 쓴 형오形誤의 경우이다. 정인보는 이러한 문제는 고서古書와 실형實形을 맞춰봄으로써 정정할 수 있다고 하였다. 즉 답사를 통해 문헌의 기록과 실제 장소를 맞춰보는 것이다. 이 글은 그러한 연구의 일단을 시도해 본 것이라고 할 수 있다.

이외에도 사물의 고칭과 명칭의 의미를 고찰한 짤막한 글들이 몇 편 더 있다. 제9편 「갈문왕해葛文王解」는 『삼국사기』의 주注에서 갈문왕의 뜻을 모르겠다고 한 부분에 대해 그 의미를 탐구한 글이고, 제12편 「신라여복新羅輿服의 일편一片」은 「삼국사기」에 기록된 '화花'가 기간旗竿(깃대) 위에 꽂는 것을 의미하며 '고지'의 뜻을 가진다는 사실을 밝힌 글이다. 제10편 「구름의 고칭古稱」, 제12편 「기계현

杞溪縣의 고명古名」은 현재 불리는 명칭의 고명古名을 밝힌 글이다.

이상과 같은 내용을 서술하고 있는 「동도잡지」의 가장 두드러진 특징은 고문화를 연구하는 정인보의 방법론이 본격적으로 나타나고 있다는 점이다. 그것은 바로 지명, 인명 등의 고유 명칭에 주목하고 그 역사적 변전 과정을 탐구하는 것이다. 지명 등의 명칭에 대한 관심은 고대의 역사와 문화를 연구하는 이들에게서 공통적으로 나타나는 특징이기도 하다. 국학 연구에 온 힘을 쏟았던 최남선도 그러했다. 조선의 언어와 역사에 대해 많은 연구를 했던 오구라 신페이小倉進平는 향가 어법의 탐구 과정에서 가장 큰 어려움을 자료의 부족으로 꼽았다. 그러면서도 명사는 오늘날까지 전해오는 지명 · 물명 · 관직명과 방언 등에 의해 어느 정도까지 명확하게 할 수가 있다고 하였다.[122] 이처럼 고대의 언어와 문화를 연구하는 이들이 지명 등의 명칭에 관심을 가졌던 것은 고대 관련 문헌이 매우 부족한 상황에서 지명, 인명 등은 고대의 모습을 추적해 볼 수 있는 더없이 중요한 실마리를 제공하는 것이 되기 때문이었다. 즉 지명, 인명 등은 오랜 역사가 깃들어 있는 자취로 과거와 현재를 연결해주는 매개였던 것이다.

그러나 지명, 인명 등의 고유 명칭은 과거의 흔적을 지니고 있는 것이지 옛 그대로의 모습을 간직하고 있는 것은 아니다. 고문화에 대한 실마리로 지명, 인명 등에 주목하면서 그 역사적 변전 과정을 탐구한 것은 바로 이러한 사실 때문이다. 정인보 역시 고유 명칭의 전변 과정에 주목하고 역사적 변전 과정을 다음과 같이 세 시기로 구분하여 고찰하였다.

122) 小倉進平, 『郷歌及び吏讀の研究』, 京城帝國大學, 1929년, 245쪽.

> 지칭地稱 인명人名이 고금古今의 전변轉變을 거친 것이 무수하니, 속담이 전하는 것을 보아도 이를 짐작할 것이다. 고대에 우리가 일컬었던 명칭의 전변 과정은 대략 세 단계로 나눌 수 있다. 최초 단계에서는 우리나라에서 구어로 지칭하던 말이 사용되고, 다음으로 (그 말을) 한자로 옮겨 기록하게 되었으며, 그 다음으로 다시 한자의 음이나 또는 그 뜻에 붙이어 생기는 와전된 말[유사謬辭]이 나타나게 되었다. 이 세 시기 중에 가장 혼미하여 어지러운 때를 가리키자면 제3단계가 곧 그 시기라 할 것이니[123]

첫 번째 시기는 인명·지명 등이 우리 고유의 구어로 지칭되었던 때이다. 두 번째 시기는 고유어가 한자로 옮겨진 때이고, 세 번째 시기는 한자의 음이나 뜻에 오류가 덧붙여지는 때이다. 세 번째 시기가 가장 혼미하여 어지러운 때로 원래 명칭의 음이나 뜻과 멀어지거나 그것을 알기 어려울 만큼 많이 바뀌어 있는 시기라고 보았다. 한편 고유 명칭을 한자로 표기한 것을 이두吏讀라고 지칭하며, 고유 명칭이 한자로 표기되기 시작한 두 번째 시기를 이두 1기로, 세 번째 시기를 이두 2기라고도 하였다.

정인보는 이러한 명칭의 변전 과정을 잘 보여주는 대표적인 사례로 '선도산仙桃山'을 들며 「동도잡지」의 첫 번째 편에서 다루었다. 그에 따르면 '선도산'은 가장 원뜻에서 멀어진 제3단계, 곧 이두 2기에 해당하는 명칭이다. 이 명칭의 변전 과정에 대한 탐구를 위해 『동국

123) "地稱 人名이 古今의 轉變이 無數하니, 俗談의 傳하는 것을 보아도 이를 짐작할 것이다. 古代 우리의 稱謂로 轉變함은 約三層으로 나눌 수 있나니 最初本邦의 口稱, 다음으로 漢字의 移寫, 그 다음으로 다시 漢字의 音이나 或 그 義에 붙이어 생기는 謬辭인데 이 三期中에 가장 迷亂한 때를 가리키자면 第三層이 곧 그 時期라 할 것이니"(정인보, 「東都雜誌」, 『전집』 1, 223쪽)

여지승람』에서 '선도산'은 '서악西嶽', '서술西述', '서형西兄', '서연西鳶'이라고 부른다고 기록되어 있는 부분을 첫 실마리로 삼았다. 한자의 의미나 한자음만으로 바로 연관 관계를 찾기가 쉽지 않은 이 단어들이 어떻게 해서 한 대상을 지칭하는 것일까? 정인보는 속어俗語, 방언을 참고하여 명칭들 간의 관계와 명칭의 의미를 추론하였다. 봉峯을 가리키는 속어로 봉수리가 있음에 착안하였고, 당시의 속어로 '연鳶'이 '수리'임을 근거로 삼아 '서술西述', '서연西鳶'이 '서수리'로 읽혔을 것이고, '술述'은 곧 '봉峯'의 훈訓이라고 보았다.[124] 여기에서 '수리'라는 고유의 구어로 지칭되는 시기가 제1기라면, '수리'를 '술述'로 쓰는 단계가 제2기이며, '술述'의 音으로부터 '연鳶'에 이르러 '연鳶'이 된 근본은 내어 버리고 '소리개'라는 한자의 의미를 좇아 오류가 생기는 단계가 제3기이다.[125] '선도仙桃'는 더 나아가 왕모요지王母瑤池 설화와 관련 있게 만들어진 것으로 오류의 두께가 가장 두꺼워 고어古語의 자취를 알기가 어렵게 된 경우라고 하였다.[126]

명칭의 이러한 변전變轉 과정을 볼 때 원래의 모습에서 상당히 멀어진 경우 고어를 추적하는 것은 그리 녹록한 작업이 아니다. 정인보는 이를 위해 다른 문헌들에 쓰인 용례 및 방언을 참고하고, 답사를 통해 현장과 문헌에 명시된 장소를 맞추어 보는[127] 등 여러 가지 방법을 이용했다.

124) 정인보, 앞의 글, 218~219쪽.

125) 정인보, 위의 글, 224쪽.

126) 정인보, 위의 글, 218~219쪽.

127) "古書로써 古地를 徵할 때 언제나 서로 맞기 어렵다. 그러나 分明히 書의 誤를 實形으로써 訂할 수 있으니"(정인보, 위의 글, 222쪽)

> 고어가 흩어져 없어진 것이 많아 자서字書나 역해譯解에 기록된 본훈本訓[본래 뜻]을 찾아내기는 어려우나 자서字書나 역해譯解에 없는 것은 다른 옛 기록과 지금 있는 말 가운데서 비슷한 사례들을 통해 증명해 가는 것[유증類證]이 축적됨에 따라 대략의 윤곽을 얻으면 이에 보충할 수 있는 것이다.128)

> 고사古事를 증명하여 서술할 때 반드시 직접적인 증명만이 중요한 것이 아니다. 서로 얼리어 듦이 있을진대 빈 모퉁이[공곡空曲] 서로 모여드는 지점에서 또한 드러남이 있을 줄 안다.129)

이미 사라져버렸거나 원래 자취를 찾기 어려운 고어의 경우 자서字書를 참고한다거나 현재 남아있는 말의 의미를 통해 고어를 직접 증명해내기란 어려운 일이다. 그렇기에 고어古語나 고사古事를 고증할 때는 직접적인 증명만이 중요한 것이 아니라, 여러 용례들을 참고하고 현재의 말 가운데 유사한 사례들을 통해 증명해 나가는 유증類證을 거듭하며 보충할 필요가 있다고 보았다. 즉 자료들을 복합적으로 활용하고 여러 사실들을 종합하여 간접적으로 추론하는 방식도 필요하다고 본 것이다. 다음은 유증類證을 통해 '사뇌詞腦'의 고어 형태와 의미를 고찰한 사례이다.

> 사詞의 음音 'ᄉᆞ'를 'ᄉᆞ'와 통전通轉130)함은 '하늘'(天)이 '하ᄂᆞᆯ' 되는 것

128) "古語ㅣ 散亡한 것이 많으매 字書나 譯解로 記錄된 本訓을 찾아내기는 어려우나 字書나 譯解에 없는 것은 다른 古記와 지금 있는 말 가운데서 類證이 會集됨을 따라 대개의 輪圍를 얻으면 이에 補充할 수 있는 것이다."(정인보, 위의 글, 236쪽)

129) "古事를 徵述하매 반드시 直證만이 重한 것이 아니라 서로 얼리어 듦이 있을진대 空曲 交會에 또한 드러남이 있을 줄 안다."(정인보, 위의 글, 229쪽)

> 과 같은 사례이다. 뇌腦의 훈訓 '골치'에서 적출摘出한 '골'은 'ᄀᆞᄫᆞᆯ'과 일맥一脈의 변화를 보이니, 첫째 'ᄀᆞ'와 '고'의 통차通借[상호 차용]는 'ᄆᆞᆯ'(馬)이 '몰' 되는 부류와 같다. 둘째 'ᄫ'가 삽입된 형태가 '뇌腦'의 훈訓에 실리지 아니하였으나 『훈몽자회訓蒙字會』에 '향鄕'자의 훈도 또한 'ᄫ'를 삽입하여 쓰지 아니한 것을 보아 마찬가지로 간략하게 서술된 것임을 짐작할 수 있다. 그뿐 아니라 '술'(酒)도 고어로는 'ᄫ'이 삽입된 '스ᄫ'이니 '角干'(스ᄫᆞᆯ한)이 '酒多'(스ᄫᆞᆯ한)로도 쓰이는 것과 '홀아비'의 고어가 'ᄒᆞᄫᆞᆯ아비'이던 것의 사례를 보아 의심할 것이 없다.131)

정인보는 '사뇌詞腦'에서 우선 '사詞'는 'ᄉᆞ'라는 음音을, '뇌腦'는 '골치'라는 훈訓에서 '골'을 표기한 것으로 보았다. 그리고 '하ᄂᆞᆯ'과 '하늘'이 통전通轉된 사례를 통해 'ᄉᆞ'와 '스'가 통하고, 'ᄆᆞᆯ'(馬)이 '몰'이 되고 'ᄒᆞᄫᆞᆯ아비'가 '홀아비'가 된 사례 등을 통해 '골'이 'ᄀᆞᄫᆞᆯ'과 같은 것이라고 파악하였다. 이를 통해 '사뇌詞腦'는 오늘날의 '시굴'에 해당하는 '스ᄀᆞᄫᆞᆯ'을 가리키는 것이라고 보았다. 이와 같이 유증類證의 방식으로 고어의 형태와 의미를 추론하기 위해 정인보는 『훈몽자회』 등 훈민정음으로 기록된 문헌들에서 여러 사례들을 끌어왔다.

그런데 정인보가 동도東都 답사를 통해 신라 고어古語의 형태와 의미를 탐구하고, 특히 '사뇌詞腦'라는 말에 주목한 것은 이 방면을

---

130) 통전通轉 : 음운학 용어. 고음학古音學에서 음성운陰聲韻, 양성운陽聲韻, 입성운入聲韻의 세 운 사이에서 각 운이 상호 변화하여 전해지는 것을 말함.

131) "詞의 音 'ᄉᆞ'를 '스'와 通轉함은 '하ᄂᆞᆯ'(天)이 '하늘' 되는 類이며, 腦의 訓 '골치'에서 摘出한 '골'이 'ᄀᆞᄫᆞᆯ'과 一脈의 轉임은 첫째 'ᄀᆞ'와 '고'의 通借ㅣ 'ᄆᆞᆯ'(馬)이 '몰' 되는 類와 같은 것과 둘째 'ᄫ'의 間揷이 '腦'의 訓에 실리지 아니하였으나 「訓蒙字會」에 '鄕'字의 訓도 또한 'ᄫ'의 間揷을 쓰지 아니한 것을 보아 마찬가지 簡叙된 것인 줄 짐작할 수 있을 뿐 아니라 '술'(酒)도 古語로는 'ᄫ'이 間揷되어 '스ᄫ'이니 '角干'(스ᄫᆞᆯ한)이 '酒多'(스ᄫᆞᆯ한)으로도 쓰임과 '홀아비'의 古語가 'ᄒᆞᄫᆞᆯ아비'이던 것의 類를 보아 의심할 것 없다."(정인보, 위의 글, 226쪽)

먼저 연구한 오구라 신페이小倉進平에 대한 대응이기도 하였다.

> 근자에 일본학자 사이에 이[사뇌격詞腦格]에 대한 탐구가 간간이 보이는데 성대城大 교수 소창진평小倉進平 씨 같은 이는 사뇌격詞腦格을 고증考證을 붙여 자신의 견해로 해석까지 하였다. 그러나 우리의 오래된 옛 문적文籍이 남에게 명쾌한 증답贈答을 줄 만큼 정리되지 못하였을 뿐 아니라, 학자의 치밀하게 다듬는 두뇌가 흔히 쉬운 길을 놓고 어려운 길을 찾아 탁설卓說 명론名論이 마침내 딴 곳에 방황하게 되기 쉬우므로 이 해석도 아직 주저만지躊躇滿志[스스로 만족해 함]의 묘체妙諦에 이르지 못하였다.132)

오구라 신페이小倉進平는 향가를 학문적으로 연구한 효시라고 평가받는 일본인 학자이다.133) 그는 향가와 이두에 대해 꾸준히 연구하여 1929년에 『鄕歌及び吏讀の硏究』[향가와 이두의 연구]를 상재上梓하였다.134) 이는 정인보가 「동도잡지」를 쓰기 1년 전의 일이다. 위의 언급을 볼 때, 정인보는 오구라 신페이의 논저를 관심 있게 살펴보았고 이에 대한 학문적 대응이 필요하다고 여겼던 것을 알 수 있다. 그가 동도東都, 즉 경주를 답사한 것도 그러한 맥락에서 이해될 수 있다. 즉 오구라 신페이와 같은 일본인에 의한 조선학 연구가 정인보와

---

132) "近者 日本學者間으로 이(詞腦格－필자)에 對한 探究ㅣ 間見하여 城大敎授 小倉進平氏 같은 이는 詞腦格을 考證 붙인 自見으로 解釋까지 하였다. 그러나 우리 古昔의 文籍이 남에게 明快한 贈答을 貽贈할 만큼 整理되지 못하였을 뿐 아니라 學者의 纖刻한 頭腦 흔히 平路를 놓고 難道를 찾아 卓說 名論이 마침내 딴 곳에 彷徨하게 되기 쉬우므로 이 解釋도 아직 躊躇滿志의 妙諦에 이르지 못하였다."(정인보, 앞의 글, 226쪽)

133) 김근수, 「小倉進平博士의 鄕歌硏究上의 位置」, 『아세아연구』 8권 2호, 고려대학교 아세아문제연구소, 159쪽.

134) 小倉進平, 앞의 책, 1929.

같은 국학자들에게 상당한 자극을 주었던 것이다.

그러나 정인보는 오구라 신페이의 연구는 분명히 한계가 있다고 보았다. 그 하나는 우리 문헌이 다른 나라 사람들에 의해 연구될 만큼 충분히 정리되지 못했다는 것이다. 이는 오구라 신페이가 여러 문헌들을 검토하여 많은 용례들을 참고하였음에도 불구하고, 그러한 용례들로만 입증하기에는 여전히 한계가 있다는 것을 의미한다. 더욱이 그의 연구 방법은 어렵고 복잡하여 오히려 요체를 놓쳐버렸다는 것이다. 오구라 신페이의 연구에 대한 더 이상의 언급은 없기에 구체적으로 무엇을 비판한 것인지 파악하기는 쉽지 않다. 그러므로 오구라 신페이가 스스로 밝히고 있는 연구 방법을 통해 그것이 무엇인지 간접적으로 추론해 볼 필요가 있다. 그는 향가를 연구하면서 기본 주안점을 다음과 같은 네 가지에 두었다고 하였다.[135]

첫째, 향가에 사용된 한자를 종류에 따라 수집하여 사용상의 차이를 고려한 것이다. 향가에 사용된 모든 한자를 종류별로 구분하여 공통의 사용법을 보이는 것은 공통의 해석을 함으로써 향가 전체에 대한 독해를 시도하였다. 이는 선행 연구자들이 1수 혹은 여러 수의 향가를 대상으로 문자의 사용법을 고찰한 수준을 뛰어넘은 것이라고 오구라 신페이가 자부한 방법이었다.

둘째, 향가에 부대附帶된 해설문에 의해 그 의미를 모색한 것이다.

셋째, 고서古書의 어격語格을 참고하여 고어 해석의 방증傍證으로 삼은 것이다. 명사와 형용사 · 동사 등에 속하는 것은 신라시대의 지명 · 인명 · 관직명 · 물명 등의 한자 표기법에 의해서 살피는 것이 가능하지만, 조사 · 조동사와 동사와 조동사의 연결상태 등에 관해서는

135) 小倉進平, 위의 책, 7~10쪽.

이 향가를 제외하고 거의 참조할 수 있는 것이 없다는 점이 큰 한계였다. 이에 오구라 신페이는 언문으로 기재된 조선의 고서를 다수 섭렵하고 각종 언어 재료를 채집하여 고어 해석의 방증이 되는 것에 힘을 쏟았다고 하였다.

넷째, 방언을 참고하여 고어 해석의 방증으로 삼은 것이다. 오구라 신페이는 방언에 간간이 고어가 남아 있는 경우가 있음을 일찍이 주목하였고, 이 책을 내기 10여 년 전부터 스스로 방침을 수집하여 방언 조사에 종사해 왔다고 하였다. 그리고 이 조사를 통해 향가 연구를 진일보시키는 데 기여하였다고 자부하였다.

위의 네 가지 방법을 기본 골자로 하여, 오구라 신페이는 문헌에서 사뇌詞腦, 사내思內, 뇌악惱樂으로 각각 표현된 단어들이 연관성이 있다고 보았다. 그리고 그 관련성을 입증하기 위해 오시마 마사타케大島正健가 『운경음운고韻鏡音韻考』[136] 중 「等韻直拗の説」에서 설파한 이론을 활용하였다. 이 이론은 같은 음을 지칭하는 데 통용되었던 한자들의 통용 법칙에 대해 밝힌 것이다. 오구라 신페이는 이를 적용하여 사뇌詞腦, 사내思內, 뇌악惱樂이 동일한 대상을 지칭하는 말이며, 신라의 속가俗歌를 의미한다는 결론을 내렸다. 나아가 조선인은 자국어를 속훈俗訓 등으로 일컬었던 때도 있으므로 조선어로 통속화한 말로 부르는 경우에는 향가와 같은 것, 즉 '鄕(ひな)うた(시골풍의 노래, 지방민요)'라고 했다고 하였다.[137]

정인보는 오구라 신페이의 연구 방식과 성과의 한계를 지적했지만, 관심사와 연구 방법 면에서 오구라 신페이와 공유하는 점도 많

136) 大島正健, 「韻鏡音韻考」, 啓成社, 1912.

137) 小倉進平, 앞의 책, 22~24쪽.

다. 고어의 추적을 통한 우리말의 역사적 변천에 관심을 두었던 것이 그것이다. 이를 위해 고서를 다수 섭렵하여 어격語格을 참고하고 방언에 남아 있는 고어의 자취에 주목함으로써 고어 해석의 방증으로 삼은 방법 또한 유사하다. 한자음의 통전通轉을 참고하여 동일한 대상에 대한 서로 다른 차자借字 표기의 관련성을 입증하는 방식도 마찬가지이다.

그러나 오구라 신페이가 사뇌詞腦, 사내思內, 뇌악惱樂의 관련성을 밝히는 과정에서 보였던 것과 같이 동일한 대상에 대한 서로 다른 차자借字 표기의 관련성을 입증하기 위해 오시마 마사타케大島正健의 「等韻直拗の說」을 활용하지는 않았다. 더 중요한 차이는 주목한 문헌 내용과 그것을 통해 추론해내는 의미에 있다. 정인보는 오구라 신페이가 참고하고 있는 문헌들과 그 용례들만으로는 부족하다고 보았지만, 정작 자신이 '사뇌詞腦'의 고어 형태와 의미를 고찰할 때에는 오구라 신페이가 참고한 사내思內, 뇌악惱樂 등에 대해서는 언급하지 않았다. 문헌에 기록된 '사내思內', '뇌악惱樂'이 '사뇌詞腦'와 결국 동일한 것임을 밝혔는데도 불구하고 말이다. 어쩌면 '사내思內', '뇌악惱樂'이 '사뇌詞腦'와 통용되는 표기였다는 사실이 '사뇌詞腦'의 고어와 그 의미를 밝히는 데 그다지 중요한 비중을 차지하는 것은 아니라고 보았던 것일 수도 있다.

그 대신 정인보는 『삼국유사』에 '사뇌야詞腦野'라는 지명이 언급되는 부분에 주목하였다. 이는 오구라 신페이가 참고하지 않았던 기록 내용이다. 정인보는 이 '사뇌야詞腦野'가 '사뇌격詞腦格' 또는 '사뇌가詞腦歌'라는 말과 관련성이 있다고 보았고, 이 지명을 단서로 삼아 '사뇌詞腦'가 어떤 말의 차자 표기인지를 밝히고자 하였다. 이를 위해 현장 답사를 하며 문헌에 기록된 곳과 맞춰보고 경주 사람들에게 들 이름을 물어보며 '사뇌야'의 위치를 추적하였다. 이러한 과정을 통해 사람들이 '시갯굴들'이라고 부르는 곳을 찾게 되고, 이 지칭어가 '사뇌'에 대한 한자의 통전通轉을 통해 추론해 낸 'ᄉᄀᄫᆞᆯ'의 원어原語와 기맥氣脈이 닿는다고 보았다. 이렇게 '사뇌야詞腦野'라는 지명과 관련지어 '사뇌詞腦'에 대한 의미를 파악함으로써 오구라 신페이의 탐구 결과와 달라지는 지점이 발생하게 된다. '시갯굴들'이라고 부르는 곳을 찾게 되었을 때, 정인보가 그곳을 묘사한 부분을 보자.

> 몸소 가보매 과연 옥야沃野가 깔리고 강부岡阜[언덕]가 뒤로 에우고 수목이 노대老大하여 기도하고 제를 지내는 경건한 정성이 아직도 고을에 남아 있었음을 나타낸다. 산 밑에 청천淸泉이 흘러 오래 두고 신령하다 이른다 한다. 방향으로도 산천山泉의 가까운 곳이 이 들의 북편이요 숲의 에워 싼 모습만으로도 사찰이 이에 있었을 것 같다.[138]

정인보는 비옥한 들의 뒤편 언덕에 크고 오래된 수목이 둘러싸인 모습을 보며 이곳에서 아직도 경건하게 정성을 다해 기도하고 제를 지내고 있음을 짐작하였다. 또 산 아래에 흐르는 맑은 샘물을 사람들이 오랜 세월 동안 신령하다고 일컬어 왔다는 사실에 주목하였다. 결국 정인보가 '시갯굴들'의 발견을 통해 확인한 것은 '시갯굴들'이 지닌 신성성이라고 할 수 있다.

이러한 실마리를 통해 정인보는 '사뇌야', '사뇌가'에 대해서 다음과

138) "몸소 가보매 과연 沃野ㅣ 깔리고 岡皐ㅣ 뒤로 에우고 樹木이 老大하여 禱祀의 虔誠이 아직도 州閭에 殘留하였음을 나타낸다. 山底에 淸泉이 흘러 오래 두고 神靈하다 이른다 한다. 方向으로도 山泉의 近區ㅣ 이 들의 北便이요 林麓의 圍抱된 形姿만으로도 梵院이 이에 있었을 것 같다."(정인보, 앞의 글, 228쪽)

같이 정리하였다. 하나는 '향鄕'의 의미에 대한 이두 표기를 '사뇌'라고 한 이유이다. '사뇌'는 이두 2기의 변전 양상을 보여주는 것으로, 노래쪽으로 가까운 한자를 선택하여 본질을 찾기 어렵게 만들어 놓았다는 것이다. 다른 하나는 '사뇌가'와 '사뇌야'의 관계이다. 가사歌詞의 훈습薰襲이 느껴지는 '사뇌가', '사뇌격'과 들 이름 '사뇌야'는 서로 다른 것으로 볼 수도 있지만, '사뇌야'가 풍류국선이 사뇌가詞腦歌를 부르던 노래터로 국조國祖의 발상지를 서로 즐기던 유적이라고 본다면 '사뇌가'와 '사뇌야'의 관련성이 그다지 의심스러울 것이 없다고 하였다.[139] 이로써 풍류국선의 향가 부르는 터라는 의미를 따라 '사뇌詞腦'가 되고, 식상지해識相智解를 말하여 금지金地[절] 임궁琳宮[사원]의 승려들이 경건하게 모이던 곳임을 따라 '식해곡識解谷'이 된 것이라고 결론을 내렸다.[140] 오구라 신페이가 '사뇌가'의 의미를 조선어로서 통속화한 말로 부른 노래를 지칭하는 '鄕(ひな)うた(시골풍의 노래, 지방민요)'라고 파악했던 것과 그 차이가 현격하게 나타남을 볼 수 있다. 오구라 신페이가 파악한 '사뇌가'에는 정인보와 달리 신성성의 의미가 내포되어 있지 않을 뿐만 아니라, 오히려 우리 자신을 주변화시키고 낮춰 보게 하는 시각이 투영되어 있다. 정인보가 오구라 신페이와 같은 일본인 학자의 조선학 연구의 한계를 분명하게 지적했던 것은 바로 이와 같은 점 때문이라고 할 수 있다.

139) 정인보, 위의 글, 228~229쪽.

140) "芳草 綠陰이 風流國仙의 鄕歌 부르는 터임을 좇아 이에 가깝게 쓰매 詞腦요 識相 智解를 말하여 金地 琳宮의 僧祇坌集하던 곳임을 따라 識海谷 됨이니 그 詳節은 비록 纖細히 考索할 수 없으나 大意를 이에서 짐작할 수 있다. 그런즉 이 詞腦野와 識解谷과 시갯굴들이 모두 한 곳의 異寫요 이것이 一處됨을 따라 詞腦格, 詞腦歌인 詞腦의 本語ㅣ 鄕의 本語임을 더욱 明徵할 수 있다."(정인보, 위의 글, 229쪽)

'사뇌'의 의미와 '사뇌가' 해석은 이후 양주동에 의해 종합적으로 깊이 있게 고찰되는데, 앞선 연구자들의 견해를 종합적으로 받아들여 자신의 입장에서 심화시키고 있는 것을 볼 수 있다. 고가古歌에 대해 언급하고 있는 다른 문헌을 더 찾아서 오구라 신페이가 언급한 '사내思內', '뇌악惱樂' 이외에 '신열악辛熱樂'을 추가하여 '사뇌가'와 같은 것임을 밝혔다. 나아가 이러한 시가의 명칭이 지명과도 밀접한 관계가 있음을 주시해야 한다고 하였다.141) 이는 앞서 정인보가 '사뇌야'라는 지명의 고찰을 통해 '사뇌가'와 지명이 밀접한 관련을 맺고 있음을 밝히고 '사뇌'의 의미를 추론했던 방법을 이어받은 것이라고 할 수 있다.

(2) 우리 역사에 대한 관심과 주체적 이해 강조

정인보가 명칭의 고어를 추적하면서 보여주고자 하는 것 중의 하나는 현재의 명칭이 변전 과정을 통해 왜곡된 의미를 담고 있다는 것이다. 물론 말은 고정적이지 않고 오랜 시간을 경과하며 변하게 마련이다. 정인보도 명칭의 역사적 변화 그 자체를 부정적으로 본 것은 아니다. 문제 삼고자 한 것은 명칭의 변전 과정에서 생기는 왜곡의 양상이다. 정인보는 이에 대해 중국과 비교함으로써 우리 언어의 역사에서 보였던 왜곡의 양상을 비판적으로 바라보았다.

> 중국으로 말하더라도 하마릉下馬陵이 하마릉蝦蟆陵(『국사보國史補』)이 됨과 두습유杜拾遺가 두십자杜十姊(『황씨일초黃氏日鈔』) 됨이 모두 유전流傳되면서 그릇된 것이나, 우리말로 한자로 또 한자로 좇아 생기는

141) 양주동, 『增訂 古歌硏究』, 일조각, 1965, 35~37쪽.

변전變轉으로 이같이 복잡다단한 우리의 오랜 옛날과는 비길 수 없다.[142)]

중국의 경우에도 시간의 흐름에 따라 와전되는 말이 있지만, 고대 중국의 말이 한자로 옮겨진 경우와 고대 우리의 말이 한자로 옮겨진 경우는 매우 다르다는 것이다. 여기에는 중국의 경우 고대에 말을 한자로 옮기던 단계에서 자신의 말을 담아낼 수 있는 문자로 옮긴 것인 반면, 우리의 경우 우리말을 그대로 표현하는 데 제약이 있는 문자로 담아낸 것이라는 인식이 깔려 있다. 이처럼 말과 표기의 관계가 달랐기 때문에 초기 단계부터 명칭과 문자 사이에 간극이 발생했고, 시간이 경과함에 따라 원래의 뜻을 추적하기가 더욱 어렵게 변모되었다고 보았던 것이다.

그렇기에 그가 주목했던 많은 말들은 대개 자연스러운 변화를 거친 것이라기보다는 오류와 왜곡이 심화되는 과정을 보여준다고 여겼던 것들이다. 그러한 오류와 왜곡은 애초에 우리말과 한자 표기 사이에 존재하는 간극으로 인해 생겨날 여지가 많았는데, 우리의 역사가 한자 중심적인 가치관으로 경도됨에 따라 더 커졌다고 보았다. 다음은 그 한 사례이다.

「균여전均如傳」 향가역서鄕歌譯序에 '호칭사뇌號稱詞腦'라 하여 '정교하기가 부賦의 첫머리와 같다(精若賦頭)'라는 구절과 상대로 쓴 것이라든지[143)], 같은 글 '7장 노래로써 세상을 교화함'(歌行化世分)에서 '사뇌에

142) "支那로 말하더라도 下馬陵이 蝦蟆陵(國史補)이 됨과 杜拾遺가 杜十姊(黃氏日鈔) 됨이 모두 流傳에서 그릇된 것이나, 本邦語로 漢字로 또 漢字로 좇아 생기는 變轉으로 이같이 眩幻多端한 우리 古昔과는 비길 수 없다."(정인보, 앞의 글, 224쪽)

143) 「균여전」 제8장 譯歌現德分者에서 균여대사의 향가를 한시로 번역한 최행귀

> 더욱 익숙하여(尤閑於詞腦)'라는 구절의 주注에 "뜻이 사詞에 정밀한 까닭에 뇌腦라 한다(意精於詞, 故云腦也)"라 한 것이라든지 모두 사뇌詞腦의 한자 넘어 옛바탕을 버리고 한자 그대로의 훈석訓釋을 옳게 여긴 까닭이다.[144]

「균여전」의 주注에 '사뇌詞腦'의 의미에 대한 기록이 있으나 정인보는 이 주석에 근거하여 '사뇌'의 의미를 해석하지 않았다. 신라 고어를 한자로 표기한 경우 한자 의미를 그대로 빌어 표현하지는 않았다는 것은 정인보에게 주지의 사실이었다. 그런데 그 주석은 '사뇌詞腦'에 쓰인 한자의 의미를 그대로 풀이한 것에 지나지 않았기 때문이다. 문제는 이와 같은 오류가 왜 생겼느냐이다. 정인보는 바로 이 점에 주목하였고, 이러한 오류는 한자의 훈석訓釋을 옳게 여겨 원래의 의미를 놓쳐버렸던 우리의 지난 역사적 과정을 보여주는 것이라고 여겼다. 그리고 이는 과거 시대만의 문제가 아니었다.

> 고어가 좀더 남았을 때, 옛 문헌이 아주 없지 아니할 때, 선왕 선민先民의 자취를 좀 정신 차려 토구討究하였더면 그래도 건지는 것이 있었을 것을 이제 와 뒤늦은 것이 한스럽다. 남쪽 물가에서도 지명을 물으면

의 서문을 인용하고 있는데, 정인보가 말하는 '鄕歌譯序'가 바로 이를 말한다. 《동아일보》 1930년 9월 9일자 「동도잡지」(7)과 『전집』 1의 228쪽에는 '精茗賦頭'라고 쓰여 있는데, 국립중앙도서관 소장본 『大華嚴首座圓通兩重大師均如傳』에는 '精若賦頭'로 적혀 있다. 문맥상으로도 '精若賦頭'가 타당하기에 '茗'을 '若'으로 고쳤다.

144) "「均如傳」 鄕歌譯序의 '號稱詞腦'라 하여 '精茗賦頭'와 相對로 쓴 것이라든지, 同傳 歌行化世分(尤閑於詞腦) 注의 "意精於詞, 故云腦也"라 한 것이라든지 모두 詞腦의 漢字 넘어 옛바탕을 버리고 漢字 그대로의 訓釋을 옳이 여긴 까닭이다."(정인보, 위의 글, 228~229쪽) 「균여전」 구절의 번역은 赫蓮挺(저)/이재호(역), 「균여전」, 『삼국유사』, 솔, 2008, 448~476쪽 참조.

> 으레 한문음으로 대답하고 방언으로 부르는 것을 퍽 부끄럽게 아는 것 같다. 좀 유식자이면 더하다. 나무꾼과 나물 캐는 아낙의 와전을 의탁하고 내려오는 것이 이만큼이라도 얼리는 것이 분외分外의 다행이라 아니할 수 없다.[145]

정인보는 현지 답사를 하면서 한자 중심적인 가치관이 당시까지도 이어지고 있는 것을 목격하고, 이를 비판적으로 바라보았다. 지역 사람들에게 지명을 물었을 때 한자음으로 대답하려고 하고 방언으로 부르는 것을 부끄럽게 여기는 태도를 문제 삼은 것이다. 이러한 태도는 식자층에게서 더욱 두드러지기 때문에 차라리 나무꾼이나 나물 캐는 여인 등 평민들의 말에 주목하는 것이 낫다고 보았다. 와전된 것이라고 하더라도 그들의 말속에서 고어의 자취를 볼 수 있기 때문이다. '사뇌야'의 위치를 추적할 때, 그곳 사람들이 '시갯굴들'이라고 부르는 말이 남아 있었기에 '사뇌'의 의미에 대한 실마리를 얻을 수 있었던 것이 그 대표적인 사례이다. 이처럼 정인보에게는 한자의 영향력 너머에 존재하여 고어의 자취를 보여주는 방언이 식자에 의한 문헌 기록보다 때로는 더 큰 가치를 지니는 것이었다.

이는 문헌 기록이 역사를 전하는 한 역할을 한다는 것을 생각해 보면 아이러니한 일이라고 할 수 있다. 그러나 이러한 결과를 초래한 것은 방언보다는 한자음을 더 우월한 것으로 생각하고 한문의 해석

145) "古語ㅣ 좀더 남았을 때, 古籍이 아주 없지 아니할 때 先王 先民의 자취를 좀 정신 차려 討究하였더면 그래도 건지는 것이 있었을 것을 이제 와 뒤늦은 것이 恨이다. 南澗서도 地名을 물으면 으레 漢文音으로 대답하고 方言으로 부르는 것을 퍽 부끄럽게 아는 것 같다. 좀 有識者이면 더하다. 樵竪 菜女의 訛傳을 依托하고 내려오는 것이 이만큼이라도 얼리는 것은 分外의 幸이라 아니할 수 없다."(정인보, 위의 글, 229~230쪽)

법을 따르는 것을 옳게 여기는 한문 중심적인 가치관으로 인해 우리의 역사에 대해서는 소홀했기 때문이다. 다시 말해 타문화를 주체적으로 수용하기보다는 타문화에 경도됨으로써 우리의 것은 망각하고 말았다는 것이다. 그렇기에 만일 고어와 고문헌이 남아 있었던 때부터 우리 역사에 대해 관심을 가지고 탐구를 했더라면 이처럼 막막하고 어렵지 않았을 것이라는 한스러움마저 토로하였다.

정인보가 신라 천년의 수도, 경주를 답사하면서 궁극적으로 말하고자 하는 바는 자기 역사에 대한 관심과 이해이다. 정인보는 전설에서 역사의 자취를 찾고, 우리나라에서만 유독 보이는 장소 명사에 주목하며, 의미는 알지 못한 채 이름만 전하는 말의 의미를 복원시키고자 했다. 이름과 의미 사이에 존재하는 공백, 정인보에게 그것은 잊혀진 역사와도 같다. 정인보는 그 잊혀진 의미를 찾아서 이름과 의미 사이의 사라진 연결 고리를 잇고자 하였다. 여기에서 전제되어야 하는 것은 역사의 오류를 밝히고 제대로 전달해야 한다는 것, 주체적인 태도로 우리 스스로가 우리의 역사에 대해 알아야 한다는 것, 우리 고유의 것과 그 의미가 무엇인지에 대해 알아야 한다는 것이다.

정인보가 전설에 대해 관심을 가진 것도 흥미나 문학적 차원이 아니다. 정인보는 비현실적이고 황당한 내용을 담고 있는 전설 속에도 옛 역사의 자취가 담겨 있다고 보았다. 다만 역사적 관심을 가지고 제대로 된 고증을 거치지 못했기 때문에 전승되는 과정에서 오류와 황당한 이야기가 덧붙여졌던 것이라고 여겼다. 그렇기에 경주를 답사하고 관련 전설을 살펴보면서 고증을 통해 오류를 바로잡는 것을 중요한 임무로 여겼다. 그가 전설의 오류에 주목하여 글을 쓴 의도는 다음 구절에 잘 나타나 있다.

> 망설妄說 그릇된 기록이 서로 표리가 되어 전해 내려온 지 오래니, 사람들의 의혹을 깨트리기 위하기 위하여 도리어 구구區區한 줄을 알면서도 고징考徵으로써 이를 깨치고자 한다.[146]

잘못된 설이 계속 이어져 내려와 의심스러운 점을 고증을 통해 확실히 타파해 보겠다는 것이다. 이를 위해 활용한 주요 방법이 지명의 변전變轉을 탐구하는 것이었다. 이것은 여러 문헌들을 비교하고, 그 지역에 구전되어 오는 설화, 지역 사람들이 쓰는 방언·구어 등을 참조하여 음과 뜻의 유사함을 따라 변전 과정을 추론함으로써 이루어진다. '불구내弗矩內'와 '혁거세赫居世'의 관계처럼 '토함土含'과 '탈해脫解'도 동일한 대상이면서 한자 표기만 다른 경우라는 것이다. 정인보는 이러한 방법을 신화, 전설을 역사적 사실로 해석하는 주요한 수단으로 삼았다.

「동도잡지」에서 박혁거세 신화와 관련된 사릉전설蛇陵傳說을 변정辨正하고 있는 글은 그 대표적인 사례이다. 앞서 언급했듯이 박혁거세의 능은 '오릉五陵' 또는 '사릉蛇陵'으로 불리는데, 정인보는 이들 명칭의 의미와 전변에 대해 고증함으로써 비현실적인 내용을 담고 있는 사릉전설 속에 담긴 역사적 사실을 밝히고자 했다. 다른 문헌의 한문 용례와 기록을 살펴서 '락落'은 박혁거세의 유체遺體가 땅에 떨어짐을 나타낸 것이 아니라 죽음을 표현한 것이라고 해석하였다. 또 문헌에서 '사릉'에 묻혔다고 일컫는 왕, 왕비들의 수를 헤아려 '오릉'은 박혁거세의 흩어진 유체遺體를 묻은 것이 아니라 시조왕과 알영비를 비롯한 사세오위四世五位를 묻은 곳을 의미한다고 밝혔다. '사

146) "妄說 謬錄이 서로 表裏되어 傳沿한 지 오래니, 民疑를 洞劈하기 爲하여 도리어 區區한 줄을 알면서도 考徵으로써 이를 깨치고자 한다."(정인보, 위의 글, 219쪽)

릉'에 대해서는 '오릉'과의 발음 유사성으로 풀었다. '오'와 '고'가 혼잡하기 쉽고 '능'이 '릉'으로 변하기 쉬워 '구릉'이 촌려村閭의 와전으로 '구렁'이 되어 '구렁릉'이 되고 한자로 표기될 때 '사릉蛇陵'으로 바뀐 것으로 추론하였다. 즉 사릉은 어음語音으로부터 생기는 지명의 그릇된 변화[전오轉誤]를 보여주는 것이며, 전설은 이러한 지명과 관련지어 덧붙여진 것으로 본 것이다.

「괘릉고掛陵考」에서는 문무왕文武王의 능비陵碑와 유조遺詔에 비추어 장해설葬海說의 오류를 밝히면서 다음과 같은 비판의 목소리를 높였다.

> 어리석은 백성들이 마을에서 주고받는 이야기들만이 불가佛家와 같은 데서 말하는 신괴神怪한 설과 얼리어 오직 황홀한 것만을 전하고, 역사를 서술하고 기록으로 남김에 이르러서는 능원陵園의 두렷한 것은 찾아가 보지 아니하여 저렇듯이 끊김이 서로 한가지임을 볼 때 후인後人의 저버림이 크지 아니하다 할 수 없다.147)

문무왕 사적에 대해 신이한 전설만 전하였을 뿐 답사 등의 사실 고증을 통해 역사 기록을 제대로 하지 않았다는 것이다. 이는 자신의 역사를 바로 보고자 하는 역사의식이 부재하고 엄밀한 역사 서술의 태도가 미약한 것에 대한 비판이라고 할 수 있다.

문무왕의 능비와 관련한 고증 작업에서 주목을 요하는 부분이 또 있다. 조선 후기 금석문에 대한 태도이다. 엄밀한 고증 방법을 통해

147) "蚩蚩한 氓庶의 閭談만이 釋類의 神怪說과 얼리어 오직 恍惚만을 傳하고, 史述 誌載에 이르러서는 陵園의 두렷한 것은 搜訪치 아니하여 저렇듯이 斷爛이 서로 一轍임을 볼 때 後人의 저버림이 크지 아니하다 할 수 없다."(정인보, 위의 글, 242쪽)

조선 후기 금석학 분야에서 높은 성과를 보인 이들로 홍양호洪良浩(1724~1802), 김정희金正喜(1786~1856), 오천석吳天錫(1901~1987) 등이 있다. 정인보는 역사 고증에서 비문의 분석을 중요시하였기에 이들의 성과를 적극적으로 참조하며 수용하였다. 그러나 이들이 사문史文과 비각碑刻을 고증하는 데만 관심을 두었을 뿐 능봉陵封과 같은 역사 유적과의 부합 여부를 고증하는 데는 관심이 부족했음을 안타까워했다. 결국 그들에게 비문碑文은 금석고문金石古文의 진완珍玩일 뿐이었다는 것이다. 이는 비문을 역사 고증의 대상으로 삼지 못한 것에 대한 비판이다. 곧 그들의 역사의식의 부족을 안타까워한 것이라 하겠다.

이와 같이 정인보는 전설을 고증하면서 다소 비현실적이고 황당한 서사에 의해 가려진 역사적 사실을 밝혀보고자 하였다. 아울러 역사적 사실이 신이하고 흥미로운 이야기거리로만 전해지도록 버려둔 우리 역사에 대한 무관심을 비판하였다.

다른 한편으로 정인보는 우리 고유의 문화적 특성이 드러나는 것, 자부심을 느낄 수 있는 것에 대해서도 관심을 가졌다. 「계룡해鷄龍解」에서는 중국에서 볼 수 없는 '계룡雞龍'이라는 지명이 조선에는 여러 군데 보인다는 것에 주목하며, '계雞'와 '새(신晨)'가 관련 있음을 밝히고 계림雞林이 곧 신라新羅이고 신경神京·신주神州·영경靈竟·영허靈墟의 의미와도 연결될 수 있다고 보았다. 이로써 '계雞'로 표기된 곳이 신성스러운 곳이라는 의미를 지닌 것임을 나타내 보인 것이다. 「옥적기玉笛記」에서는 경주 박물관에서 옥적 두 개를 본 것을 계기로, 문헌들을 두루 검토하여 신라의 보물로 귀중하게 여겨온 옥적의 수가 한둘에 그치지 않았음을 밝히고, 이를 통해 신라의 문물과 문화의 독출獨出함을 볼 수 있다고 하였다. 「풍류설風流說」에서는 신라 고유의 도道인 '풍류'의 의미에 대해 고찰하였다. 오늘날 유락游樂의 의미 정도로만 쓰이는 '풍류'의 연원이 실상 '현묘玄妙의 도道'라고 불릴 만한 차원의 것이었으며, 구체적으로는 화랑의 도를 의미하는 것이라고 보았다. 앞서 살펴보았듯이 「사뇌야고설詞腦野考說」에서는 사뇌야詞腦野 지명을 단서로 '사뇌가'의 의미를 고찰하였다. 이로써 '사뇌가'는 신라 고유의 노래를, 사뇌야는 풍류국선의 향가 부르던 터임을 의미함을 밝혔다.

이러한 제재들은 모두 신라의 문물, 문화, 사상의 핵심을 보여주는 사물과 개념이라고 할 수 있다. 정인보는 바로 이러한 말과 사물에 주목함으로써 우리 고대 문화와 사상의 고유성을 고찰하고자 했다. 「동도잡지」는 이와 같은 고대 문화와 사상의 고유성을 탐색하기 위한 여정의 결과물이었던 것이다.

2) 민족 명산에 대한 유람기

「관동해산록關東海山錄」은 정인보가 1933년 이건방, 이희종, 석전 박한영 스님과 함께 금강산 일대를 여행하며 쓴 글이다. 경주 답사 후에 쓴 「동도잡지」가 사적史蹟 고증의 성격이 강한 필기체筆記體 형식의 글이라면 「관동해산록」은 정인보가 기행문 형식을 본격적으로 시도한 글이다. 연재를 하루 앞두고 신문에 게재한 다음과 같은 안내문을 통해 이 글의 성격을 엿볼 수 있다.

> 위당爲堂 이전에 금강산을 말한 이가 많고 위당 이후에도 금강산을 말할 이가 응당 많을 것이다. 그러나 위당의 붓으로 된 금강－－거기는

> 독특한 맛이 있을 것을 기대할 수 있다. 시인이요 학자요 문장가인 위당의 문명文名은 구차하게 떠들 필요가 없는 것이요, 이제 선생이 삼복의 더위를 무릅쓰고 관동關東의 해산海山을 섭렵한 기록을 지면에 연재하게 되었으니 절대적으로 더위를 물리칠 만한 독서물[척서독물滌暑讀物]임을 의심치 않는다.148)

위당 이전에도 금강산 글은 많았고 앞으로도 계속 나올 것이지만 그 가운데에서도 위당의 글은 독특함을 보여줄 것이라고 말하고 있다. 작자가 시인이자, 학자이자, 문장가로 문명文名이 높기에 기대하기에 충분하다는 것이다. 그리고 이것이 더위를 물리칠 만한 독서물이 될 것임을 의심치 않는다는 말로 마무리지었다. 여기에서 정인보의 정체성을 언급한 대목이 눈길을 끈다. 시인이자, 학자이자, 문장가인 작자가 그려내는 금강산 여행에 대한 기대가 있었고, 정인보는 그 기대에 부응한 기행문을 쓰고자 했음을 짐작할 수 있기 때문이다. '척서독물滌暑讀物', 즉 더위를 물리칠 만한 독서물이라는 말 또한 글 읽는 재미를 주기에 충분하다는 의미를 내포하고 있는 것이기도 하다. 정인보는 경주를 답사하면서는 관련 기행문과 시문이 다수 있는 상황에서 자신이 굳이 그러한 글을 덧붙일 것까지는 없다고 여겼지만, 금강산을 여행하며 쓰게 되는 글의 상황은 이처럼 달랐다. 다음은 정인보가 금강산 기행문에서 무엇을 담고자 했는지를 잘 보여준다.

---

148) "爲堂以前에 金剛을말한이가만코 爲堂以後에도 金剛을말할이가 應當만흘것이다 그러나 爲堂의붓으로된 金剛--거기는 獨特한맛이잇슬것을 期待할수잇다 詩人이요 學者요 文章家인 爲堂의 文名은 呶呶할必要가업는것이요 이제先生이 三伏의더위를무릅쓰고 關東의 海山을 涉獵한記錄을 紙上에 連載하게되엿스니 絶對의 滌暑讀物임을 疑心치안는다."(《조선일보》, 1933년 8월 2일자)

> 내 이번 길이 산행山行으로 처음이라 금강산 명승지를 고루 보지 못하여 영원동靈源洞도 어귀만, 은산대隱仙臺·중내원中內院은 다 초입初入만, 발연鉢淵은 석전石顚[박한영]이 절터 뒷산을 가리킴만 보았는데, 명구名區의 자랑할 만한 경개景槪와 거기 머물러 있는 고사古史의 남은 모습을 무심하게 내버려 둘 수 없으므로 혹은 문헌을 의거하고 혹은 그릇된 설說을 참고로 모아서 대강 부기附記하였다. 그러나 내 몸소 돌아다닌 곳이라도 기억에 남은 것도 있고 혹 상막한 것도 있어서 가장 섬밀纖密한 모사模寫에는 유감遺憾이 많고 설사 섬밀히 하였다 할지라도 정작 그려야 할 것은 붓끝에 들어오지 아니한다.149)

이 글에서 정인보가 문헌을 두루 참고하여 승경지와 사적지를 탐방하며 기록을 남기고, 승경을 섬밀하게 묘사하고자 고심하였음을 볼 수 있다. 금강산은 빼어난 경관을 자랑하는 명승지로서 오랜 세월 동안 많은 사람들이 즐겨 찾았던 만큼 사적史蹟도 풍부하다. 정인보의 금강산 여행길에서도 승경 탐방과 사적 답사는 빼놓을 수 없는 부분이었다. 유적지를 답사하며 선인들의 기록과 전해오는 설의 오류를 정정하는 태도에서 학자의 면모를 볼 수 있다면 승경 묘사에 고심하는 태도에서 시인이자 문장가의 면모를 볼 수 있다. 「관동해산록」의 주된 서술 방향은 바로 이러한 두 측면으로 이루어져 있다고 할 수 있다.

---

149) "내 이번 길이 山行으로 처음이라 金剛名勝을 고루 보지 못하여 靈源洞도 어귀만, 隱仙臺·中內院은 다 初入만, 鉢淵은 石顚이 절터 뒷山을 가리킴만 보았는데 名區의 자랑할 만한 景槪와 및 거기 머물러 있는 古史의 遺影을 閑却할 수 없으므로 或 文獻을 依據하고 或 誤說을 參集하여 대강 附記함이 있으나 내 몸소 踐歷한 곳이라도 記憶에 남은 것도 있고 或 상막한 것도 있어서 가장 纖密한 模寫에는 遺憾이 많고 설사 纖密히 하였다 할지라도 정작 그려야 할 것은 붓끝에 들어오지 아니한다."(정인보, 「관동해산록」, 『전집』 1, 153쪽)

(1) 국고國故 연구자의 시선과 고증적 서술

가. 유적지 관련 기록과 속설에 대한 정정

예로부터 많은 명사들이 금강산을 탐방했던 만큼 금강산 곳곳에서 석각石刻들을 볼 수 있다. 정인보는 석각의 해석을 검토하고, 필자를 다시 고증하는 등 석각을 소중한 문화 유산으로 여기고 연구의 대상으로 삼았다.

> 양사언楊士彦의 초서草書 "봉래풍악원화동천蓬萊楓嶽元化洞天" 여덟 글자의 석각은 석면石面이 움푹 패어 있거나 툭 튀어나온 부분이 있는 채 그냥 새기어 바위 표면을 갈아서 다듬은 데 새긴 것보다 자연스러워 좋다. …양사언의 여덟 글자는 마땅히 이어서 읽어야 할 일구一句이므로 봉래蓬萊 풍악楓嶽 속 현원玄元한 지화至化의 동천洞天이라는 뜻이어늘, 그릇 풍악 아래다가 "이오"의 토를 붙임으로써 억지로 해석하는 무리가 억견臆見을 부회傅會[150]하여 봉래蓬萊는 사언의 호號요 원화元化는 사언의 자字라고 전하는 것을 들을 때 절도絶倒하지 아니할 수 없다. 그러나 이러한 부회에서 그릇되고 혼란스럽게 된 사적史蹟이 또한 얼마인지 알랴?[151]

---

150) 『전집』과 1933년 8월 8일자 조선일보 기사 원문 「관동해산록⟨5⟩ – 만폭동(2)」에 똑같이 傳會로 되어 있으나, 문맥상 傅會가 타당한 것으로 보여 원문의 오기인 것으로 파악됨.

151) "楊士彦의 草書 "蓬萊楓嶽元化洞天" 八字의 石刻은 石面의 窪隆이 있는 채 그냥 새기어 磨治한 데 새긴 것보다 自然스러워 좋다. …楊士彦의 八字는 마땅히 連讀할 一句이라 蓬萊 楓嶽 속 玄元한 至化의 洞天이라는 뜻이어늘, 그릇 楓嶽 아래다가 "이오"의 토를 붙임으로 强解하는 무리 臆見을 傅會하여 蓬萊는 士彦의 號요 元化는 士彦의 字이라고 傳하는 것을 들을 때 絶倒하지 아니할 수 없다. 그러나 이러한 傅會에서 訛亂되는 史蹟이 또한 얼마인지 알랴?"(정인보, 「관동해산록 – 만폭동(2)」, 『전집』 1, 109쪽)

만폭동은 금강산의 명소로 탐방길에 오른 이들이 반드시 들르는 장소 중의 하나였다. 그곳에 가면 꼭 보게 되는 것이 양사언이 바위에 새긴 "봉래풍악원화동천蓬萊楓嶽元化洞天"이라는 글귀이다. 양사언은 조선 4대 서예가 중의 한 명으로 꼽힐 정도로 명필가였다. 이에 과거의 많은 문사文士들이 이 석각을 보고 품평이나 감상을 남긴 시문이 다수 전한다. 그런데 이 글귀에 대한 해석을 잘못하는 경우가 있었던 것으로 보인다. '봉래풍악蓬萊楓嶽'과 '원화동천元化洞天' 사이에 토를 삽입하여 두 구를 대응시키고, '봉래蓬萊'와 '원화元化'를 각각 양사언 자신을 지칭한 것으로 보는 경우가 있었던 것이다. 정인보가 보기에 이러한 해석은 양사언의 호가 '봉래'인 것과 연결지어 석각의 의미를 견강부회한 것에 불과했다. 염려되는 것은 이러한 견강부회한 견해가 사적史蹟에 덧붙여져 사실이 왜곡된 채 후대에 전승될까 하는 점이다. 그렇기에 석각의 해석과 관련하여 잘못된 설을 바로잡아 기록하고, 이와 같이 와전되는 사적이 있을 수 있는 가능성을 경계하였다.

석각의 필자에 대한 이견이나 오류가 있을 경우에는 여러 문헌을 검토하여 필자를 명확히 밝히기도 하였다.

> 동구洞口 암벽에 가로로 새긴 '천하제일명산天下第一名山'은 산중山中에서 이르되 나옹懶翁의 필적이라 하나 농암農巖 이하의 여러 선배들의 기행 시문에 의거하여 곡운谷雲 김수증金壽增의 필적임을 증명할 수 있다.152)

---

152) "洞口 巖壁에 橫刻한 天下第一名山은 山中에서 이르되 懶翁筆跡이라 하나 農巖以下諸先輩 紀游詩文을 據하여 谷雲 金壽增의 筆임을 徵할 수 있다."(정인보, 「관동해산록－만폭동(7)」, 『전집』 1, 118쪽)

만폭동 입구 암벽에 '천하제일명산天下第一名山'이라는 글귀가 새겨져 있는데, 산중에서는 나옹懶翁 선사의 필적이라고 말하고 있었다. 정인보는 속설을 그대로 믿지 않고 농암 김창협 등 여러 선인들의 시문을 살폈다. 그 결과 곡운谷雲 김수증金壽增의 필적임을 고증해 내었다. 필자를 명시하지 않은 석각의 경우, 이와 같이 와전되는 경우가 종종 있었던 것으로 보인다. 여러 문헌들을 살펴보면 필자를 확인할 수 있음에도 불구하고 잘못된 설이 버젓이 전해지고 있는 것이다. 정인보는 이를 간과하지 않고 고증을 통해 바로잡아 기록하였다.

그런데 어떤 경우는 문헌 등을 통한 고증만으로 필자를 입증하지 못하기도 하였다. 이러한 경우 사실적 근거에만 의존하지 않고, 여러 정황을 고려하여 추론하는 방식을 보여주었다. 다음의 석각石刻이 그러한 경우이다.

> 옛길로 들면 다래덤불 뒤얽킨 속에 바위 면에 석각石刻이 보인다. "요산요수樂山樂水 인지상정야人之常情也 임수이곡臨水而哭 기무요산요수지정豈無樂山樂水之情 이유차곡무궁여而有此哭無窮歟 비부悲夫 기축중하己丑仲夏 사십사세四十四歲 옹입금강제翁入金剛題[산을 좋아하고 물을 좋아함은 사람이면 누구나 가지는 보통의 마음인데, 물가에 임하면 곡을 하니 어찌 산을 좋아하고 물을 좋아하는 정이 없어서이겠는가. 이렇듯 슬피 우는 게 다함이 없구나. 슬프도다. 기축년 중하(음력 5월) 44세에 옹이 금강산에 들어가며 쓰노라.]" 이 석각은 전하길 매월당梅月堂 김시습金時習의 유적遺蹟이라 한다. 김 공은 세종世宗 을축생이니 기축년에 44세임은 맞지 아니하나 다른 이로는 이 같은 인간의 지극한 슬픔과 심산深山을 방랑하는 행적이 있을 것 같지 아니하며, 일생의 발자취를 감추고 속이는 이라 후인後人으로 하여금 의심하게 한 것이 도리어 이 어른의 실제 유적에 대한 한 증거가 아닐는지 누가 알랴?[153]

정인보는 만폭동의 백룡담白龍潭 근처에서 한 석각을 보게 되는데, 김시습의 유적遺蹟이라고 전해져 오는 것이었다. 석각에 쓰여져 있는 연도와 김시습의 나이를 비교하면서 석각의 필자를 고증해 보니 둘의 연도가 일치하지 않았다. 그러나 김시습 작이라는 설을 곧바로 오류라고 단정짓지는 않았다. 김시습이 지닌 깊은 슬픔과 자신의 자취를 속이고 감추며 심산유곡深山幽谷을 누빈 행적을 생각할 때, 오히려 틀린 기록이 김시습의 진짜 유적임을 보여주는 것일지도 모른다고 추정하였다. 이후 만폭동에 대한 감상을 표현한 연시조 중에서 김시습의 석각 내용을 떠올리며 그에 대해 화답하는 시를 쓰기까지 하였다. 만일 객관적, 실증적 근거에만 의거하였다면 김시습의 작품이라고 판단하기 어려웠을 것이다. 이러한 사례를 통해 정인보가 고증을 엄밀하게 하되, 맥락과 정황을 고려하여 상상하고 추론하는 방법도 활용하며 유적을 살폈음을 볼 수 있다.

정인보는 여행을 할 때 여행 장소와 관련된 문헌 기록들을 많이 참고하였다. 문헌을 참고하여 금강산 탐방길과 유적지에 대한 정보를 얻는 한편 문헌에 기록된 내용을 수정하기도 하였다.

> 보덕普德은 관음觀音의 별칭別稱이니 보덕굴普德窟을 전에 관음각觀音閣이라고도 함이 여기에서 기인함이다. 『범우고梵宇攷』에 "세상에서

153) "舊路로 들면 다래덤불 뒤얼킨 속에 巖面石刻이 보인다. "樂山樂水人之常情也臨水而哭豈無樂山樂水之情而有此哭無窮歟悲夫己丑仲夏四十四歲翁入金剛題" 이 石刻은 傳하되 梅月堂 金時習의 遺蹟이라 한다. 金公은 世宗 乙丑生이니 己丑에 四十四歲 맞지 아니하나 다른 이로는 이 같은 人間의 至哀와 深山의 浪跡이 있을 것 같지 아니하며 一生의 行蹤을 秘詭하게 하는 이라 後人으로 하여금 의심하게 한 것이 도리어 이 어른의 眞蹟에 對한 一徵이 아닐는지 누가 알랴?"(정인보, 「관동해산록－만폭동(2)」, 『전집』 1, 110쪽)

전하기를 보덕은 민가의 여인이라고 한다.(俗傳普德者, 民家女也)"라고 하고, 『운석외사耘石外史』에 "암자의 명칭은 관음각이고, 고구려 안원왕 때 보덕화상이 창건한 것이다.(庵名 觀音閣, 高句麗 安原王時 普德和尙所創)"이라고 한 것은 다 와전된 내용을 답습한 것일 뿐이다.[154)]

보덕굴은 만폭동에 있는 절이다. 이 절에 대해서는 보덕화상이 창건했다는 설, 관세음보살의 화신인 보덕각시가 개울가에서 몸을 씻고 있다가 굴 안으로 들어갔다는 설 등이 전해져 내려온다.[155)] 조선 후기에 전국의 절에 대해 사정을 해 놓은 책인 『범우고梵宇攷』에는 보덕이 민간 여인이라는 속설이 전해져 온다고 기록되어 있고, 홍경모洪敬謨(1744~1851)의 『운석외사耘石外史』에는 보덕화상이 창간했다는 기록이 있다. 정인보는 이러한 문헌의 기록을 살펴보며, 그것을 모두 와전된 내용이라고 보았다. 보덕은 관음의 별칭으로, 예전에 보덕굴을 관음각이라고도 했다는 것을 근거로 들었다. 정인보의 금강산 여행길에는 석전 박한영 스님이 동행을 했다. 박한영 스님은 이미 여러 차례 금강산을 탐방한 바가 있고, 사찰 및 문화 유적에 대해서도 해박한 지식을 갖고 있었기에 이 여행의 인도자 역할을 맡고 있었다. 그렇기에 보덕이 관음의 별칭이고 보덕굴이 예전에 관음각이라고 불렸다는 정보를 박한영으로부터 들었을 가능성이 높다. 정인보는 이러한 정보를 바탕으로 문헌의 오류를 지적하고 정정하였다.

---

154) "普德은 觀音의 別稱이라 普德窟은 前에 觀音閣이라고도 함이 이를 因함이다. 『梵宇攷』에 "俗傳普德者, 民家女也"라 하고, 『耘石外史』에 "庵名 觀音閣, 高句麗 安原王時 普德和尙所創"이라 함은 다 訛傳의 因循일 뿐이다."(정인보, 「관동해산록－만폭동(7)」, 『전집』 1, 119쪽)

155) 『한국민족문화대백과』, '보덕굴'편 참조.

다음은 불교 조각상의 명칭이 잘못 지칭되고 있는 것을 정정한 사례이다.

> 뒷 석벽에 큰 글씨로 깊이 새긴 묘길상妙吉祥 세 글자(윤직암사국 필尹直菴師國筆)가 있고 정중앙에 위치하여 반좌盤坐한 대불조상大佛彫像이 있으니 조각이 질박한 대로 고원高遠한 옛 뜻을 가져 많지 아니한 글씨의 획이 엄연儼然하여 생동生動하는 것 같다. 묘길상은 문수文殊의 별칭인 "만수실리曼殊室利"의 번역어요 이 조각상은 곧 미륵보살상이어늘 곁에 새긴 묘길상妙吉祥 세 글자가 이를 기록한 것으로 알아 묘길상상妙吉祥像으로 부르는 것은 유속流俗의 오류이다.156)

마하연을 지나면 마애불이 나오는데, 마애불 바위 옆에 조선 후기의 문신인 윤사국尹師國(1728~1809)이 쓴 '묘길상妙吉祥'이라는 글씨가 새겨져 있다. 이 때문에 이 조각상은 묘길상상妙吉祥像이라고도 불려왔다. 그러나 정인보는 이것을 유속流俗의 오류라고 지적하였다. 묘길상妙吉祥은 문수보살文殊菩薩의 별칭인 '만수실리曼殊室利'의 번역어이나, 마애불의 형상은 미륵보살상이라는 것이다. 이를 위해 홍경모洪敬謨의 「운석외사耘石外史」, 민지閔漬의 시, 성해응成海應의 「동국명산기東國名山記」, 채팽윤蔡彭胤의 「풍악록楓岳錄」 등에서 마애불을 '미륵'이라고 지칭하거나 이곳을 '미륵대彌勒臺'라고 불렀던 구절을 언급하며 자신의 견해를 뒷받침했다. 그렇다면 '묘길상妙吉祥'

---

156) "뒷 石壁에 大字로 深刻한 妙吉祥 三字(尹直菴師國筆)가 있고 正中하여 盤坐한 大佛彫像이 있으니 彫刻이 質樸한 대로 高遠한 古意를 가져 많지 아니한 着畫이 儼然하여 生動하는 것 같다. 文殊 別稱인 "曼殊室利"의 譯言이요 이 彫像은 곧 彌勒菩薩像이어늘 傍刻한 妙吉祥 三字를 表誌한 것처럼 알아 妙吉祥像으로 부르는 것은 流俗의 訛誤이다."(정인보, 「관동해산록－소광암,묘길상, 백화담」, 『전집』 1, 129쪽)

이 가리키는 것은 무엇인지 의문이 들 것이다. 정인보는 예전에 불지암佛地庵에서 미륵대로 오는 중간에 묘길상암妙吉祥庵이 있었다는 사실을 거론하고, '묘길상妙吉祥'이라는 석각은 묘길상암妙吉祥庵을 기념하기 위한 것인데 자리를 잘 잡지 못하여 오류가 생긴 것으로 파악하였다. 이러한 고증은 불교 문화 유적에 대한 지식과 고문헌을 두루 섭렵하고 활용할 수 있었기에 가능한 것이다. 이를 통해 국고國故 연구자, 국학자의 면모를 다시 한번 확인할 수 있다.[157)]

나. 국고國故 연구 주제 및 자료 발굴

국고 연구자, 국학자로서의 태도는 국고 연구 자료 및 연구 제재를 제시하는 부분에서 가장 두드러지게 나타난다. 정인보의 견문 범위는 석각과 여러 설 등 일반 여행자들이 접할 수 있는 수준을 넘어선다. 고찰古刹에 보관된 고물古物과 필첩筆帖 등을 유심히 살펴보는 모습이 그 한 예이다.

> 고찰古刹인만치 오랜 유물도 상당히 많은데 필첩筆帖으로는 인목후仁穆后 어서御書 관음경觀音經과 범승梵僧 지공사指空師의 자서自署인 듯한 금자수기金字授記 일첩一帖이 다 귀중하며 사패족자賜牌簇子에 성묘친필어압成廟親筆御押이 있어 오대산五臺山 월정사月精寺에 있는 세조어적世祖御蹟과 다 같이 산문山門의 보물이다. 향로 · 합 · 주발 · 항아리 · 구리 거울 등(사명대사의 유물이 많다) 또한 『서청고감西淸古鑑』의

157) 이 마애불이 무엇을 새긴 것인지에 대해서는 아직까지도 정확하게 정립된 설이 없는 것으로 보인다. 『한국민족문화대백과』, 『두산백과』 등에서는 고려 시대의 아미타여래상을 보여준다고 정리되어 있다. 석전 박한영 스님과 동행한 정인보는 미륵의 형상으로 파악한 바 있으며, 옛 문헌에도 미륵이라고 한 기록이 다수 있는 만큼 향후 더 고증이 필요한 부분이라고 생각한다.

> 도화圖畵를 보는 것같이 아고雅古한 것이 많으니 어느 기회에든지 고도古圖에 비추어 명칭와 품제品第[등급]를 한번 서술해 보고자 하며, 높이 쌓인 고문서古文書 가운데 한 두루마리를 보니 내사노비內賜奴婢에 관한 입안立案인데 장황한 소장訴狀과 결정이 모두 이두를 섞어 이두의 고구考究에 있어 중대한 재료라 할 만하다.158)

마애불, 안무재[내수참內水站]를 지나 유점사楡岾寺에 이르렀을 때이다. 가람 규모와 배치의 장엄함이 금강산에서도 으뜸으로 여길 만할 만한 곳이었다.159) 사지寺誌에 따르면 원래 이 절은 서기 4년(유리왕 23)에 창건되었다고 할 만큼 유서 깊은 곳이다.160) 고찰古刹인만큼 오랜 유물도 상당히 많이 있었는데, 정인보는 그중에서도 인목왕후仁穆王后(1584~1632)의 어서御書 관음경觀音經, 승려 지공사指空師의 자서自署인 듯한 금자수기金字授記 일첩一帖, 성종成宗의 친필어압親筆御押이 있는 사패족자賜牌簇子 등을 산문山門의 보물로 꼽았다.

그 밖에도 향로 · 합 · 주발 · 항아리 · 구리 거울 등의 유물들은 청나라 조정 내부 소장의 고기古器를 도설圖說한 책인 『서청고감西淸古鑑』을 보듯이 고아古雅한 것들이 많아서 고도古圖에 비추어보며 명칭

---

158) "古刹인만치 古物도 相當히 많은데 筆帖으로는 仁穆后 御書 觀音經과 梵僧 指空師의 自署인 듯한 金字授記 一帖이 다 貴重하며 賜牌簇子에 成廟親筆御押이 있어 五臺山 月精寺에 있는 世祖御蹟과 다같이 山門의 寶鎭이다. 爐 · 盒 · 椀 · 缸 · 銅鏡類(四溟遺物이 많다) 또한 西淸古鑑의 圖畵를 보는 것같이 雅古한 것이 많으니 어느 機會에든지 古圖에 비추어 稱謂와 品第를 한번 叙錄하여 보고자 하며, 堆積한 古文書中에 한 軸을 보니 內賜奴婢에 關한 立案인데 張皇한 訴狀과 決定이 모두 吏讀를 섞어 吏讀考究에 있어 重大한 材料라 할 만하다."(정인보, 「관동해산록 - 효운동,유점사」, 『전집』 1, 133쪽)

159) 정인보, 위의 글, 132쪽.

160) 『한국민족대백과사전』 '유점사'편 참조.

과 등급을 한번 서술해 보겠다는 뜻을 피력하였다. 여기에서 고도古圖란 『조선고적도보朝鮮古蹟圖譜』를 지칭하는 것으로 파악된다. 『조선고적도보』는 조선총독부가 1915년부터 35년까지 총15권 간행한 것으로 낙랑시대부터 조선시대까지의 고적과 각종 유물들의 도판을 모아놓은 책이다. 국학 연구에 종사하며 일본인들의 연구 결과물도 의식하고 있었던 만큼 이 책을 보았으리라는 것은 쉽게 짐작이 가는 일이다.

아울러 잔뜩 쌓여 있는 고문서를 살펴보며 이두의 연구 대상으로 중요한 자료가 될 만하다고 평하였다. 고문서를 활용한 이두 연구는 일제강점기 일본인 학자들에 의해 본격적으로 이루어졌다. 물론 이두에 관한 자료 수집 및 정리, 편찬 활동에 한국인들의 숨은 노고와 공헌이 있었고, 신채호, 최현배, 문시혁 등이 이두에 관한 논문 등을 발표하기도 하였다. 그러나 이두 관련 자료의 수집, 간행, 연구는 일본인 학자들에 의한 것이 주를 이루었다. 그중에서도 오구라 신페이小倉進平의 『郷歌及び吏讀の研究』[향가와 이두의 연구]를 이두 연구의 금자탑으로 단연 손꼽을 수 있다. 이후 1930년대는 한국의 고문서에 대한 일본인 연구자들의 관심이 더욱 높아지고 관련 간행물들이 쏟아져 나왔다.[161] 정인보가 유점사에서 본 고문서에 대해 관심을 가지고 이두 연구의 중요한 자료라고 판단한 데에는 이러한 학술 배경이 있었던 것이다.

정인보의 국고 연구 대상은 문헌, 유물에 그치지 않고 훨씬 폭넓은 방면에 걸쳐져 있다. 다음에 보이는 바와 같이 사찰에서 승려들 사이

161) 박성종, 「이두 시기별로 본 고문서의 활용」, 『영남학』 10권, 경북대학교 영남문화연구원, 2006, 272~275쪽.

에 이루어졌던 놀이도 국고 연구의 대상으로 여겼다.

> 전배前輩의 금강산 기행문을 보면 대개 발연사鉢淵寺의 빼어난 경치를 말하고 또 절 승려들의 '馳瀑치폭[폭포타기]' 놀이를 말하였는데, 절이 없어진 오늘날에 중들의 옛 놀이를 상상하기 어려우나, 기울어진 돌의 미끄러움과 거센 폭포의 급한 물살을 타서 못의 수면까지 뛰어내리는 일종의 운동 기술이니 근래의 수영에 비하여 엄청난 모험이요, 얼음 위를 활주하는 것에 비하여 실로 사지死地에 이르는 것이라 할 것이다. 포암圃巖 윤봉조尹鳳朝의 시 「치폭馳瀑」에 이르되 (…중략…) 이 시가 반드시 (치폭의) 완전한 모사라고 할 것도 아니지만 그 놀이의 용맹스럽고 장엄함을 생각할 수 있지 아니한가. 옛날 어느 율사律師가 정력定力을 기르기 위하여 폭포를 앉아 내리닫기 시작하였다고(「운석외사耘石外史」) 하나 이것이 실로 수사水師[수군] 조련의 일법一法일 경기競技라 하면, 승평昇平은 오래이고 나라는 아닐 때 산중의 노숙老宿으로 그윽한 한恨을 품은 이 있어 음우陰雨[환란]에 대비하는 방도로 복받치는 고심苦心을 스스로 이 놀이에다 붙이어 둠이 아닐는지. 선방禪房에서 그대로 마른 송운 유정惟政松雲[사명대사]이 얼마인지 알 수 있으랴. 조선무예경기朝鮮武藝競技의 역서를 엮어 서술하고자 하는 이는 발연사 치폭馳瀑 놀이의 고사故事를 기억하여 두라.[162]

---

162) "前輩의 金剛紀行을 보면 대개 鉢淵寺의 勝槪를 말하고 또 寺僧의 "馳瀑" 놀음을 말하였는데, 절이 없어진 오늘에 있어 중들의 옛놀음을 想像할 수 없으되 仄石의 미끄러움과 怒瀑의 急함을 타가지고 潭面까지 뛰어내리는 一種의 運動技術이니 近日 水泳에 比하여 엄청난 冒險이요 氷上滑走에 比하여 실로 死地라 이를 것이다. 尹圃巖 鳳朝의 시의 "馳瀑"詩에 이르되 …… 이 詩가 반드시 完全한 模寫이랄 것도 아니로되 그 놀음의 勇壯함을 생각할 수 있지 아니한가. 옛날 어느 律師가 定力을 기르기 위하여 瀑道를 앉아 내리닫기 始作하였다(「耘石外史」) 하나 이 실로 水師 操練의 一法일 競技라, 昇平은 오래고 나라는 아닐 때 山中老宿으로 그윽한 恨을 품은 이 있어 陰雨防備의 복받치는 苦心을 스스로 이 놀음에다 붙이어 둠이 아닐는지. 禪房에서 그대로 마른 松雲 惟政이 얼마인지 알 수 있으랴. 朝鮮武藝競技의 歷史를 編述코자 하는 이 鉢淵寺 馳瀑

옥류동의 발연사 터에 이르렀을 때이다. 선인들의 금강기행 시문을 살펴보니, 발연사의 승경勝景과 더불어 승려들의 치폭馳瀑 놀이에 대해 서술한 것을 많이 볼 수 있었다. 그중의 한 사례로 포암圃巖 윤봉조尹鳳朝(1680~1761)의 시 원문을 소개하며 그 놀이의 용맹스러움과 장엄함을 짐작할 수 있다고 하였다. 또한 홍경모의 「운석외사」에서 이 놀이의 유래가 서술되는 부분을 언급하였다. 어느 율사가 정력定力을 기르기 위해 폭포를 내리닫기 시작한 데서 이 놀이가 유래했다는 것이다. 절터만 남아 있는 이곳에서 더이상 이 치폭 놀이를 하는 승려들을 볼 수 없지만, 정인보는 이러한 기록 내용을 간과하지 않았다. '치폭' 놀이라고 전하지만, 정인보는 이것을 단순한 놀이가 아니라 수군 조련의 일법一法인 무예경기로 보았다. 그렇기에 조선무예경기朝鮮武藝競技의 역사를 서술하고자 하는 이는 발연사 치폭 놀이의 고사를 기억해 두어야 한다고 하였다. 나아가 깊은 산중에서 이토록 심신을 단련한 내면 동기를 읽고자 하였다. 나라가 평안하지 못하여 고심苦心하는 마음으로 환란에 대비하기 위해 치폭馳瀑의 훈련을 수행한 것으로 본 것이다. 그리고 이 놀이를 시작한 어느 율사의 마음이 송운 유정松雲惟政, 곧 사명대사의 마음과 같았을 것이며, 비록 선방에 있지만 사명대사와 같은 마음으로 있었을 또다른 이들이 있었을 것으로 추정하였다.

이와 같이 정인보의 해석을 통해 발연사의 치폭 놀이는 조선무예경기의 역사를 보여주는 학술적 가치를 지닌 대상으로 전환되고, 시대와 나라를 고심하는 이들의 우국충정이 담긴 행위라는 의미를 부

놀음의 故事를 記憶하여 두라."(정인보, 「관동해산록-옥류동 발연」, 『전집』 1, 151쪽)

여받게 된다. 이는 동시에 정인보가 금강산 유람을 하면서 주목하고자 하는 것이 무엇인지를 확연하게 드러내주는 부분이기도 하다. 조선의 발자취를 잘 보여주는 것에 주목하여 역사 연구의 대상으로 삼고, 그 속에서 시대와 나라에 대한 인물들의 고심을 읽어내며 공감하는 것이 바로 그것이다.

정인보는 금강산 절경을 볼 때도 현재의 견문과 느낌만을 서술하지 않았다. 그에게 금강산 승경지는 선인들의 발자취가 서린 곳이요 절경을 매개로 과거의 인물들과 만나는 공간이다. 그렇기에 그에게는 금강산 곳곳이 역사적 공간이 된다. 아울러 연구자의 손길을 기다리고 있는 곳이 된다. 다음에서 그러한 모습이 잘 드러난다.

> 이 군봉群峰 일대가 조선 중엽까지도 명승지로 지목되지를 아니하였더니 영조 34년 무인년에 고성高城원 남택하南宅夏의 아우 자제 도발道撥이 어찌나 산수山水에 벽癖이 있던지 경내境內 이름난 곳마다 아니 가본 데가 없고 한 곳의 좋은 것을 보면 반드시 그보다 더 좋은 데가 없나 하여 험하고 먼 것을 교계하지 아니하였다. 그러다 칠성봉七星峰이 기괴함을 보고 다시 모랫길 남쪽 암벽 너머에 남다른 풍경이 있으리라 하고 수탐搜探하여 이 군봉群峰의 전경全景을 찾고 이름지어 "해금강海金剛"이라 하였다 한다(「고성읍지高城邑誌」 참조) 금강산 구성동九成洞과 쌍봉폭雙鳳瀑의 전고典故로 이나은李懶隱을 아니 쓸 수 없는 것과 같이 해금강을 말할 때 남도발을 잊을 수 없는 것이다. 나은懶隱은 깊은 학문으로 명성이 그때 이미 널리 알려져 있었고 그의 저작이 또한 명산名山에 짝하여 전할 만하다. 그런데 남 씨는 해산海山 종적踪跡으로 보면 운사韻士일 듯하건마는 그의 문채文采를 찾아볼 수 없으니 혹 강호江湖에 옛것을 즐기는 이로서 그의 유저遺著를 수색하기를 그가 해금강海金剛을 찾듯이 할 이 있을까?[163]

해금강에 이르렀을 때이다. 정인보는 해금강의 절경을 묘사하고 찬탄한 뒤, 『고성읍지』를 살펴보며 남도발南道撥이라는 인물에 대해 소개하였다. 남도발은 산수를 매우 즐겨서 이름난 곳은 다 가 보았을 뿐만 아니라 더 좋은 곳을 찾기 위해서라면 멀고 험한 것을 가리지 않는 인물이었다. 해금강은 남도발에 의해 발견되어 '해금강'이라는 이름을 얻게 되었고 이후 명승지로 계속 지목되었다는 것이다. 정인보는 이 사실을 소개하며 그의 시문이 전하지 않는 것을 안타까워했다. 이 정도의 산수 취미를 가진 이라면 운사韻士로서 시문이 있을 것으로 여겨졌기 때문이다. 정인보는 그 안타까운 마음을 질문으로 전하였다. 남도발이 산수를 깊이 사랑하는 마음으로 산수의 절경을 찾아냈듯이 그의 유저遺著도 그와 같은 마음으로 찾아내고자 하는 이가 있을까라는 것이다. 이와 같이 정인보에게 절경을 품은 명승지는 자연 그 자체만을 즐기는 공간이 아니다. 석각, 시문 등 선인들의 문예활동의 자취가 서린 문화공간이요 역사공간이었다.

---

163) "이 群峰一帶가 中葉까지도 名勝으로 指目되지를 아니하였더니 英祖 三十四年 戊寅에 高城원 南宅夏의 아우자제 道撥이 어찌 山水의 癖이 있던지 境內 이름난 곳마다 아니 가본 데가 없고 한 곳의 좋은 것을 보면 반드시 그보다 더 좋은 데가 없나 하여 險하고 먼 것을 교계하지 아니하였다. 그러다 七星峰이 奇怪함을 보고 다시 모랫길 南쪽 巖壁 너머에 別景이 있으리라 하고 搜探하여 이 群峰의 全景을 찾고 이름지어 "海金剛"이라 하였다 한다(「高城邑誌」 參照) 金剛山 九成洞과 및 雙鳳瀑의 典故로 李懶隱을 아니 쓸 수 없는 것과 같이 海金剛을 말할 때 南道撥을 잊을 수 없는 것이다. 懶隱은 邃學의 聲名이 그 때 이미 盛傳하였고 그 著作이 또한 名山에 짝하여 傳할 만하되 南氏의 海山 踪跡이 韻士임직하건마는 그의 文采를 徵索할 수 없으니 或 江湖에 好古하는 이 그 遺著를 搜索하기를 그가 海金剛 찾듯이 할 이 있을까?"(정인보, 「관동해산록–해금강」, 『전집』 1, 155쪽)

다. 국보國寶에 대한 인식과 조선문화에 대한 자부심

국고國故 연구자의 시선이 잘 드러나는 또 다른 측면이 국보國寶에 대한 인식이다. 정인보는 조선인에 의한 문화 유산을 소중하게 여겼고, 그것을 국가의 보배로 여겼다. 그렇기에 사대주의에 사로잡혀 조선인에 의한 작품인데도 중국의 것으로 돌리며 국보의 진가를 알아보지 못했던 역사를 비판적으로 보았다. 다음이 그러한 사례이다.

> 벽면의 불화佛畵 족자는 오래전부터 유명하여 혹은 오도자吳道子의 그림이라고도 하고 혹은 원나라 사람이 오도자의 화법을 모방하여 그린 것이라고도 하여 품정品定이 비록 일치하지 않았으나 화가가 누구이든지 간에 금강산 불화 중에서 가장 높은 지위를 차지하고 있었다. 서하西河 이민서李敏叙는 오도자의 그림이라 하여 "벽에는 오생이 채색 그림 남겼는데, 스산한 그 기운이 선령[신선]을 모으네.(壁上吳生留繪畫, 陰威颯爽集仙靈)"(『서하집西河集』)이라고 읊은 시구가 있고, 낙전樂全[164] 신익성申翊聖이 "좌우 네 벽에는 여러 부처와 천왕 법신이 그려져 있는데 모두 40위位이다. 원나라 때 화가가 오도자의 필법을 모사하여 전한 것이다. 붓놀림과 채색 솜씨가 오묘할 뿐만 아니라 인물들의 배열도 모두 진짜처럼 입체적이다.(左右四壁, 寫諸佛及天王法神, 凡四十位, 元時畫者, 摹得吳道子筆傳之, 不特運豪施繪之妙, 人物排序, 咸墳起如眞)"(「유금강내외산제기遊金剛內外山諸記」)이라고 쓴 기문記文이 있다. 겸재謙齋 조태억趙泰億에 미쳐서는 이 그림 족자를 세종 때의 명화가名畫家 안견安堅의 유품遺品이라고 하여 지극한 보배를 경시하지 말라고 한 고시古詩 한 편이 있으니…… 겸재의 감정鑒定으로는 확실히 안 씨의 그림임을 자신하였던 것이다. 겸재로 말하면 그림에도 상당한 명가名家인즉 아무렇게나 한 일시의 감별鑒別에 대일 것이 아니다.[165]

164) 『전집』 1, 125쪽과 과 조선일보 1933년 8월 18일자 「關東海山錄－正陽寺」에는 '樂金'이라고 되어 있으나, 申翊聖의 호는 '樂全'이므로 '金'을 '全'으로 바로잡음.

금강산의 정양사 산전山殿의 벽면에 걸린 불화 족자는 금강산 불화 중 제일이라고 평을 받을 만큼 뛰어난 것으로 인정받아 왔다고 한다. 그런데 그것을 그린 화가가 누구인지에 대해서는 논란이 있어 왔다. 정인보는 옛문헌들을 살펴보며 탱화의 화가로 지목되었던 이들이 당나라의 화가 오도자, 오도자를 모방한 원나라 화가, 우리나라의 안견 등임을 보여주었다. 그리고는 조태억이 그림에 대한 감식안이 상당했던 사실을 언급하며, 탱화를 그린 화가를 안견으로 본 조태억의 견해가 더 신빙성이 높음을 넌지시 드러내었다.

그런데 정양사 탱화를 보며 정인보가 무엇보다 주목하는 부분은 탱화의 화가에 대해 여러 가지 설이 나오게 된 배경이다. 정인보는 탱화를 그린 화가가 안견이라는 견해가 훨씬 타당하다고 보는 입장이었기에 중국 화가가 그렸다는 설은 사실이 와전된 것으로 여겼다. 그렇다면 이러한 와전이 왜 생겼을까. 탱화의 화가에 대한 이견들을 살펴보며 정인보가 문제의식을 강하게 느꼈던 것은 바로 이 문제였다. 중국 화가가 그렸다는 설이 나온 것은 중국 문화를 더 우월하게 여기는 중화주의, 사대주의적 인식과 태도 때문이라는 것이다. 그래

165) "壁幀佛畵는 오래 前부터 有名하여 혹은 吳道子의 畵라고 하고 혹은 元人이 吳法을 模倣하여 그린 것이라고 하여 品定이 비록 不一하였으나 畵者는 누구이든지 金剛山 佛畵中 가장 높은 地位를 차지하고 있었다. 李西河 敏叙는 吳畵라 하여 "壁上吳生留繪畵, 陰威颯爽集仙靈"(「西河集」)이라 한 詩句가 있고, 申樂全 翊聖은 "左右四壁, 寫諸佛及天王法神, 凡四十位, 元時畵者, 摹得吳道子筆傳之, 不特運豪施繪之妙, 人物排序, 咸墳起如眞"(「遊金剛內外山諸記」)이라 한 記文이 있다. 趙謙齋 泰億에 미쳐는 이 畵幀을 世宗 때 名畵安堅의 遺品이라 하여 至寶를 輕視치 말라 한 古詩 一篇이 있으니 (…중략…) 謙齋의 鑒定으로는 확실히 安氏의 筆임을 自信하던 것이요 謙齋로 말하면 그림으로도 相當한 名家인즉 汗漫한 一時 鑒別에 대일 것이 아니다."(정인보, 「관동해산록 ―정양사」, 『전집』 1, 125~126쪽)

서 정인보는 탱화의 화가에 대한 논란을 살펴본 뒤, 그림에 대한 감상을 시조로 다음과 같이 읊었다.

> 육각전六角殿 헌 그림을 국보인 줄 뉘 알 것가
> 오도자吳道子 열이 오면 가도可度[안견의 자字]도곤 더 귀할까
> 개칠야 있을법할손 신운神韻 아즉 남으니[166]

이 시조에서 정인보는 조선조 유자들의 사대주의적 태도에 대한 비판 의식을 단적으로 드러내었다. 아울러 이는 사대주의에 사로잡혀 정양사의 불화를 국보로 여길 줄 몰랐던 것에 대한 비판이기도 하다. 정인보의 인식에서는 정양사의 탱화가 중국 화가의 작품이기에 우수한 것이 아니라, 우리 화가의 작품이기에 오히려 더 가치가 있는 것이었다. 우리 화가의 작품이기에 조선 문화의 우수함을 드러내며 우리에게 자부심을 느끼게 할 만한 국보가 될 수 있다는 것이다.

(2) 문예가의 시선과 정서적 표현

가. 사고思古의 정情과 고인의 고심苦心에 대한 공감

정인보는 유적뿐만 아니라 승경을 감상할 때도 선인들의 기록을 참고하였다. 일례로 만폭동에서 팔담八潭의 승경을 마주했을 때, 선인들의 관련 기록을 찾아보며 비교 감상하는 모습을 볼 수 있다. 『동국여지승람東國輿地勝覽』을 비롯하여, 만모晩慕 정기안鄭基安(1695~1767)의 「유풍악록遊楓岳錄」, 인암忍菴 조재도趙載道(1725~1749)의 「유풍악기遊楓嶽記」, 농암農巖 김창협金昌協(1651~1708)의 「동유기東遊記」,

166) 정인보, 위의 글, 126쪽.

어당峿堂 이상수李象秀(1820~1882)의 「만폭팔담기萬瀑八潭記」, 이재頤齋 이의숙李義肅(?~1807)의 언급, 순암醇菴 오재순吳載純(1727~1792)의 언급 등 팔담의 승경에 대해서 참고하고 있는 문헌만 해도 다수이다.[167] 그리고는 이렇게 선인들의 문헌을 살펴보며 승경을 감상하는 것은 자연스레 옛것을 그리워하는 정, '사고思古의 정情'이 생겨서 선인들의 발자취를 찾아보고 싶기 때문이라고 하였다.

> 뽕나무밭이 푸른 바다가 되었듯 세상의 모든 일들이 엄청나게 변해버린 상황에 찌들은 우리로서 바다로 산으로 서늘함을 따라가는 한가로운 행로에 구태여 도기圖記[한 지방에 관한 기록]와 시냇물을 대조하고 비교하여 집에 있거나 문밖을 나서거나 다르지 않은 책벌레의 고통을 스스로 달가워할 것은 아니다. 하지만 승경勝景을 마주하매 자연스레 옛것을 그리워하는 정이 생기고 이 정을 가지고 폭포懸와 너럭바위를 바라보며 걸을 때 선현의 지난 자취를 다시 한번 찾아보고 싶음에야 어이 하랴.[168]

이 '사고思古의 정情'은 정인보의 금강산 기행의 특징적인 한 면을 잘 보여준다고 생각된다. 국고國故 연구자의 시선으로 유적과 관련 문헌을 살펴보며 사실을 고증하기도 하지만, 금강산 곳곳에 서린 선인들의 발자취를 떠올리며 옛것을 그리워하는 정을 드러내는 정서적 표현도 주된 측면을 차지하고 있기 때문이다. 특히 정인보는 고인을

---

167) 정인보, 「관동해산록－萬瀑洞(六)」, 『전집』 1, 116~118쪽.

168) "桑海浩劫에 찌들은 우리로서 海山追凉의 閑行에 구태여 圖記와 溪流를 對較하여 在家·出門에 다르지 않은 蠹魚의 苦를 自甘할 것이 아니로되 勝景을 臨하매 自然 思古의 情이 생기고 이 情을 가지고 懸流 盤石을 바라고 걸을 때 前修의 지난 자취를 다시 한번 찾아보고 싶음에야 어이라."(정인보, 위의 글, 118쪽)

떠올리며 그들의 고심苦心을 느끼고자 하는 모습을 곳곳에서 볼 수 있다. 표훈사에서 여러 문사들의 금석문들을 보며 읊은 시에서 "금석서金石書 모든 고심苦心을 다시 생각하노라"169)라고 한 시구도 그 한 예이다. 발연사의 치폭 놀음에 대한 기록을 보면서 어느 선사의 복받치는 고심을 떠올렸음은 이미 앞서 살펴본 바 있다. 많은 선인들이 언급되지만, 그중에서도 그 처지와 고심에 깊이 공감하는 인물이 김시습과 마의태자이다.

오세五歲에 맺히신 정 그대로로 천추千秋로다
무단無端히 느꺼우니 뵙는듯도 한저이고
노릉魯陵은 한恨없으셔라 우룸끼쳐 두시니

산山 올라 우셨다니 산山 보시면 설더니까
물 당해 우셨다니 물 보시면 설더니까
님보신 산山과 물이야 그대 설다 하리까170)

정인보는 만폭동을 유람하며 2편의 연시조를 지었는데, 위 시는 첫 번째 연시조 중 제12수, 제13수에 해당한다. 여기에는 만폭동의 백룡담白龍潭 부근에 있는 바위의 석각171)을 본 감상이 담겨 있다. 앞서 살펴본 바와 같이 정인보는 이 석각을 쓴 이가 김시습이라는 설이 내용과 정황상 타당하다고 보았다. 그리고는 산수를 마주하고 곡哭했던 김시습의 심정에 깊이 공감하여 이 시를 썼던 것이다.

---

169) 정인보, 「관동해산록－표훈사」, 『전집』 1, 124쪽.

170) 정인보, 「관동해산록－萬瀑洞(三)」, 『전집』 1, 112쪽.

171) "樂山樂水, 人之常情也, 臨水而哭, 豈無樂山樂水之情而有此哭無窮歟 悲夫."(정인보, 「관동해산록－萬瀑洞(二)」, 『전집』 1, 110쪽)

김시습은 세 살 때 시를 지을 줄 알았고, 다섯 살 때 세종의 상찬을 받아 오세 신동으로 불렸다. 그러나 그의 나이 21세 때 수양대군의 왕위찬탈 소식을 듣고 3일간 통곡을 하고 보던 책을 불사르고 승려가 되어 전국 각지를 유랑하였다는 것은 너무나 잘 아는 이야기이다. 정인보는 각지를 유랑하며 살았던 김시습의 마음이 '곡哭'자에 다 담겨 있다고 여겼던 것으로 보인다. 그 복받치는 울음이 자신의 마음에 절절하게 와닿아 직접 김시습을 마주한 듯이 질문하는 방식으로 설움과 울음을 절실하게 형상화하였다. 정인보가 깊이 공감하는 인물은 이와 같이 현실에서 누릴 수 있는 권리를 포기하고 빈한하게 살지언정 지조를 버릴 수 없었던 선비이다. 혼탁한 세상에서 홀로 매섭게 지조를 지켜내는 인물, 세상을 슬퍼하여 가슴에 복받치는 울음을 간직한 사람은 정인보의 마음을 울렸고, 그런 사람은 바로 정인보 자신이기도 했다.

금강산 여정에서 정인보가 고절苦節을 보인 인물로 주목한 또 다른 이는 마의태자이다. 정인보는 영원동에서 가장 귀중한 고적을 태자성으로 꼽았다.[172] 석성石城의 옛터에 바위 구멍이 있는 곳으로 들어가면 마의태자가 생을 마쳤던 곳이 있다고 한다. 정인보는 그곳에서 고려에 끝까지 항복하지 않았던 마의태자의 의열義烈을 떠올리며 깊은 감회에 젖어들었다. 마의태자는 위나라에 대한 항복을 거부하고 스스로 죽음을 맞이했던 촉한蜀漢의 북지왕北地王 유심劉諶(?~263)과 비교되는 경우가 많았다. 그러나 정인보는 북지왕과 마의태자가 처한 상황이 다름을 강조하였다. 북지왕은 소열황제昭烈皇帝 유비劉備가 나라를 위해 애쓰고 제갈공명諸葛孔明이 대의大義를 제창하

172) 정인보, 「관동해산록－靈源洞」, 『전집』 1, 126쪽.

는 상황에서 자라난 반면, 마의태자는 외침에 의한 난리로 인해 두려움에 떨며 위약萎弱하기만 하던 경애왕 말기에 동궁생활을 했다는 것이다. 후자와 같은 상황에서 마의태자 홀로 외롭게 열절烈節을 지켜낸 것이니, 열절로는 천고千古의 일인一人이라며 마의태자를 높이 평가했다.[173] 영원동에서 정인보의 눈길은 이러한 마의태자의 자취를 돌아보는 데에 온통 쏠려 있었다.

> 저 돌은 말 매시던 돌이라지? 저기 저 돌은 또 무엇하던 곳이지? 저 봉峯 저 봉峯 다 태자太子의 족적足跡이 미쳤으렷다. 숭양崧陽 당년當年에 신난궁神鸞宮[174] 새 전각殿閣이 세상 없이 굉장하다 하자, 신라新羅는 없은 지 오래다. 그러나 영원동靈源洞 태자太子의 석굴石窟에는 사라벌斯羅伐 옛빛이 그대로 있었다. 태자太子는 신라新羅를 붙잡고 계셨다. 신라新羅 또한 엉금엉금 이리로 기어 들어와 석굴石窟 속에서 태자太子의 괴로운 회포懷抱와 함께 늙었으렷다. 금강산金剛山이 풍악楓嶽의 이름이 있느니만치 단풍丹楓으로 조선朝鮮에 첫째인데 영원동靈源洞 단풍丹楓은 금강金剛에서도 드문 기관奇觀이라 한다. 단풍丹楓은 아직 몇 달 뒤 일이어니와 영원동靈源洞의 명화名花로 두견화杜鵑花·척촉화躑躅花 또한 지난 지 이미 오래고 목련木蓮의 청향淸香도 그 때가 아니다. 그러나 터뿐일망정 태자성太子城 흙 한 알이라도 천추千秋의 느낌을 일으키지 아니할 것이 없다. 여기는 경치景致가 오히려 둘째이다.[175]

영원동은 특히 단풍이 금강산에서도 드문 기이한 광경을 자랑할 만큼의 승경지라고 한다. 하지만 정인보에게 영원동의 경치는 마의

173) 정인보, 위의 글, 127쪽.

174) 신난궁神鸞宮 : 고려 시대 개경에 있던 궁궐로, 신라의 경순왕이 고려 왕건에게 투항하자 새로 창건해서 거주하게 했던 곳임.

175) 정인보, 위의 글, 127~128쪽.

태자의 유적에 비하면 후순위에 해당할 뿐이었다. 태자성에서 보이는 봉우리, 태자성 옛터의 돌, 흙 등 곳곳에서 정인보는 마의태자의 자취를 떠올렸다. 그가 이토록 마의태자를 기리는 까닭은 무엇일까? 정인보는 태자성에서 이미 망해버린 왕조를 저버리지 못하고 끝내 붙잡고 있던 마의태자의 모습을 보았고, 신라는 없어진 지 오래되었지만 태자의 유허遺墟 속에 신라의 옛빛이 그대로 간직되어 있는 것을 느꼈다. 망한 나라를 끝내 잊고 저버릴 수 없는 태자의 마음은 일제강점기하에서 망국민으로 살아가며 끝내 조선을 잊을 수 없는 정인보 자신의 마음이었을 것이다. 태자의 유허遺墟에 신라가 간직되어 있다는 부분에서는 비록 나라가 망했다 하더라도 고절苦節의 자취 속에서 그 나라의 역사는 사라지지 않는다는 믿음도 읽을 수 있다.

비로봉 정상에 오른 뒤 내려오면서 정인보는 다시 마의태자의 유적을 만나게 된다. 마의태자릉이 그것이다. 정인보는 마의태자릉이 전하는 것을 보며 태자를 애모하는 유민遺民들이 있어서 능陵을 조성했고 자손 대대로 받들어 왔다고 짐작하였다. 그리고 마의태자릉 앞에 있는 석비石碑에 대한 이야기를 듣게 된다. 이 석비는 김사목金思穆이 개성유수로 있을 때 묘지墓誌 조각을 얻게 되어 전해지게 된 것으로 이것을 통해 태자의 휘諱를 알 수 있게 되었다는 것이다. 역사에 전설로만 희미하게 전해질 뻔했던 태자의 이야기가 이렇게 비碑로 전해지게 된 것을 보고 다행이라고 여겼다. 다만 재상 김유렴金裕廉에 대한 정보는 잘못 기록되어 있었다. 그러나 이 석비石碑로나마 김사목이 태자의 후예로서 선조를 추모하는 정성을 다한 것임을 알게 되었을 때 숙연해지지 않을 수 없었다. 정인보는 석비石碑를 다시 한번 살펴보고 마의태자 및 마의태자와 함께 했던 사람들을 떠올리며 그 감회를 시조로 읊었다. 다음은 그중 제3~6수이다.

고교古敎의 도량道場이던 봉래풍악蓬萊楓嶽 이 산중山中에
마의麻衣 초식草食으로 일생一生을 마초시니
성골聖骨의 빛난 보람(전형典型)을 막(종終)어 보이시니라

봉峯이라 비로차나毘盧遮那 어떤 마마 마의태자麻衣太子
묻히사 여기시니 같이 높아 천고千古로다
심매꾼 영구드림이 대제大祭인 줄 압내다

태자성太子城 암자菴子 터가 두 곳 있다 전傳하더라
한 암자菴子 계셨거니 또한 암자菴子 뉘 잇은고
동궁東宮을 뫼셨든 이들 좇아 몇분 오니라

태자太子는 일월日月이라 천추만세千秋萬歲 두렸타만
저네들 누구누구 의義론 자최 적막寂寞코나
내 번(본本) 맘 내 지킴이니 알련 무삼하리오176)

제3수에서는 마의태자가 금강산에서 일생을 마치며 신라 왕조의 위엄을 마지막까지 지켜낸 모습을 읊었고, 제4수에서는 비로봉 아래 묻힌 태자릉과 사람들이 대제大祭를 올리는 모습을 그렸다. 이렇게 제3·4수에서는 마의태자를 기렸다면, 제5·6수에서는 태자를 따라와 모셨던 이들에 관한 사연을 전하였다. 태자성에는 암자 옛터가 두 군데 있다고 전해오는데 그중 한 터가 태자를 따라왔던 이들이 머물렀던 곳이라고 한다. 비록 이들의 이름은 역사에 전하지 않고 관련

176) 정인보, 「관동해산록–麻衣太子陵」, 『전집』 1, 142쪽.

유적도 남아 있지 않지만, 정인보는 이들 또한 역사에 빛날 만한 고절苦節을 가졌다고 보았다. "자네들 누구누구 의義론 자최 적막寂寞코나"라는 구절에는 이름 없이 역사에서 잊혀진 이들에 대한 안타까움이 잘 드러난다. 하지만 정인보는 이 안타까운 마음에서 한 번 더 깊은 전환을 일으키며 시를 마무리 지었다. "내 번(본本) 맘 내 지킴이니 알련 무삼하리오"라는 구절에서 이름을 남기는 것 같은 일은 아랑곳하지 않고 자신의 본마음을 다한 그들의 의연함이 더욱 잘 느껴진다. 결국 중요한 것은 진심으로 자신의 의義를 다하는 것이지 이름을 남기는 것이 아니라는 의미이다.

이처럼 정인보에게 금강산 여행길은 수많은 선인들의 자취를 따라가며 그들을 만나는 길이었다. 선인들의 자취인 석각石刻과 시문은 학술적 고증의 대상이 되는 한편 고인古人의 마음과 깊게 교감하며 정서적 울림을 느끼게 만드는 대상이기도 했다. 특히 시대와 나라를 아파하는 고심苦心을 지닌 인물, 어떠한 상황에서도 매섭게 지조를 지키는 인물에게서 큰 감화를 받았고, 이들을 정서적 동일시 또는 귀감의 대상으로 삼았다. 이러한 정서를 시문으로 형상화한 것이 「관동해산록」 기행문의 한 특징이라 할 것이다.

나. 환변만상幻變萬狀의 경물 묘사와 운아韻雅의 정취

천하제일명산이라고 불려왔던 금강산에는 승경지勝景地가 매우 많다. 이러한 금강산을 유람할 때 탐승探勝은 빼놓을 수 없는 여행의 묘미이다. 「관동해산록」에서도 정인보가 탐승지를 찾아가며 풍경을 감상하고 예찬하는 모습을 곳곳에서 볼 수 있다. 급변急變하며 기이한 광경을 자랑하는 폭포들, 한정閑靜하여 별다른 운취를 드러내는 마하연암摩訶衍菴, 희고 깨끗하여 눈부신 광채를 발하는 바위 봉우리들, 만산萬山이 파도처럼 펼쳐지는 비로봉 정상의 풍경 등등 정인보는 금강산 곳곳의 승경勝景들을 자신의 붓끝으로 섬세하게 담아내고자 하였다. 특히 정적인 풍경이 아니라, 산봉우리, 나무, 돌, 물이 시시각각으로 변화하며 어우러지는 모습을 포착하고자 하였고, 다양한 표현기법을 통해 생동감 넘치는 정경을 묘사하고자 하였다. 만폭동 진주담의 풍경을 묘사한 부분을 보자.

> 만폭동 여러 못이 다 승경勝景이로되 그중에서도 진주담眞珠潭은 가장 호탕하고 뛰어나게 아름답다. 못 입구를 접어들면 슴얼슴얼하는 푸른 물결이 수풀의 바람 따라 움직이는 그림자와 어울려 한 골짜기에 일렁일렁하고 숱 푸지고 부피 넓은 폭포가 너댓 길이나 되는 옥玉 같은 층층의 돌로부터 내리쏟치는데 눈처럼 흰 물결이 무거워 실어 넘기기가 겨웁던지 돌허리가 넌즈시 휘여 좌우 끝의 들린 것이 두루미 나래 펴고 방장 치려 하는 듯하다. 통개筒介에 깃을 댄 화살을 꽂은 것같이 벌어있는 첩첩 바위가 엎으로 서 있는 것은 대후臺後의 오른편이요, 푸른 바위가 비취빛 숲과 버물려 나직이 울뭉줄뭉한 것은 대후臺後의 왼편이다. 그 사이로 희미하게 중향군봉衆香群峯이 보이더니 어느덧 절반이나 구름이다. 폭포가 겨우 대臺를 넘자 두세 번이나 세석층細石層에 다닥뜨려 굴(凹)자 솟자, 솟자 굴자 하다가 맨 나중 구른 데서 다시 솟는 물살은 솟은 채 그 높이대로 석벽石壁은 상관할 것 없다 하는 듯이 막 내리떨어지는 것이 지나온 여러 못의 폭포에 비겨 이미 장쾌壯快하다. 또한 폭포 자체가 내려올수록 더 넓어지며 안개처럼 뿜는 것 구슬같이 뛰는 것이 온 폭포 전체를 자욱하게 둘러 넓이가 분명히 어디까지라고 변별할 수 없는 것도 기이한 광경이요, 거센 물결은 부서져 희나 솟았다가 휘어넘는 물살은 줄기줄기 투명하여 피차 서로 섞이되 그 성김과 빽빽함이 또 순식간에 신기하게 변하며 못의 수면에 떨어지는 비류飛流 밑

으로 잔물결이 오히려 벽壁 위에 붙어 흘러내리는 것이 또한 만가지 모습이라. 투명한 물살이 때때로 이것을 비추는 것은 그림으로 미칠 바이 아니니[177]

정인보는 마치 시를 평하듯 진주담의 풍경을 한마디로 '호탕하고 뛰어나게 아름답다[호탕기려豪宕奇麗]'고 품평하였다. 진주담의 푸른 물결과 바람에 나부끼는 수풀의 그림자가 어우러지는 모습, 폭포수 쏟아지는 대臺 좌우로 벌여있는 바위의 형상들, 바위들이 나무들과 섞여 있고 수풀 사이로 군봉群峯이 보였다가 구름만 보이는 모습 등의 묘사에서 '기려奇麗'하다고 평한 풍경이 잘 드러난다. 진주담의 호탕함은 폭포수가 장쾌하게 내리쏟치는 광경을 묘사한 부분에서 잘 나타나고, 폭포수가 시시각각 환상적으로 변하며 온갖 형상을 띠는

177) "萬瀑洞 諸潭이 다 勝景이로되 그 중에서도 眞珠潭은 가장 豪宕 奇麗하니 潭口를 접어들면 슴얼슴얼하는 綠波가 樹林의 風影과 어울려 一谷을 漾動하고 숱 푸지고 부피 넓은 瀑流가 너덧 길이나 되는 玉같은 層石으로부터 내리쏟치는데 雪浪이 무거워 실어넘기기가 겨웁던지 돌허리가 넌즈시 휘여 左右端의 들린 것이 두루미 나래 펴고 방장 치려 하는 듯, 筒介에 羽箭 꽂은 것같이 벌어 있는 疊岩 側立한 것은 臺後의 右요, 石靑이 林翠와 버물려 나직이 울뭉줄뭉한 것은 臺後의 左라, 그 사이로 희미하게 衆香群峯이 보이더니 어느덧 半이나 구름이다. 瀑流가 겨우 臺를 넘자 두세 번이나 細石層에 다닥뜨려 굴(凹)자 솟자, 솟자 굴자 하다가 맨 나중 구른 데서 다시 솟는 물살은 솟은 채 그 높이대로 石壁은 상관할 것 없다 하는 듯이 막 내리떨어지는 것이 지나온 여러 潭瀑에 비겨 이미 壯快하거니와 瀑身이 내려올수록 더 넓어지며 안개처럼 뿜는 것 구슬같이 뛰는 것이 온 瀑身을 자욱하게 둘러 넓이가 分明히 어디까지라고 辨別할 수 없는 것도 奇觀이요, 激浪은 부서져 희나 솟았다가 휘어넘는 물살은 줄기줄기 透明하여 彼此 서로 섞이되 그 疏密함이 또 頃刻에 幻變하며 潭面에 떨어지는 飛流 밑으로 細波 殘瀾이 오히려 底壁에 붙어 흘러내리는 것이 또한 萬狀이라 透明한 물살이 때때로 이것을 映露하는 것은 그림으로 미칠 바이 아니니"(정인보, 「관동해산록-만폭동(六)」, 『전집』 1, 116~117쪽)

모습은 기려奇麗함의 극치를 보여준다고 할 것이다.

이러한 풍광을 형용하기 위해 정인보는 매우 다양한 표현 방법을 구사하였다. 푸른 물결은 '슴얼슴얼'하고, 돌들은 비취빛 나무들과 어우러지며 '울뭉줄뭉'하다. 이렇게 순우리말 의태어를 사용하여 생동감이 넘치면서도 리듬감 있게 표현하였다. 폭포수를 좌우로 두른 대臺의 모습은 '두루미 나래 펴고 방장 치려 하는 듯'하다며 활유법을 통해 동적으로 형상화하였다. 폭포수가 세석층細石層에 이르러 굴절되며 내리쏟치는 모습은 '굴(凹)자 솟자, 솟자 굴자'라는 식으로 대구·반복을 통해 리듬감 있으면서도 말의 묘미가 느껴지도록 표현하였다. 마치 한 편의 산문시를 읽는 듯하여 정인보의 한글 산문의 문예미는 자연 풍경 묘사에서 빛을 발하는 것을 볼 수 있다.

정인보가 묘사하는 자연 풍경의 가장 큰 특징은 매우 섬세하면서도 동적이고 다양하다는 것이다. 그가 자연 풍경을 볼 때 어떠한 점에 주목하는가는 '순식간에 신기하게 변화[환변幻變]'하는 '만가지 모습[만상萬狀]'이라는 부분에서 잘 드러난다. 그가 담아내는 자연 풍경에서 물, 돌, 봉우리 등 각각의 대상은 찰나마다 다양하게 변화할 뿐 아니라, 각기 다른 것들이 어우러져 무수한 기이한 변화[기변奇變]들을 만들어낸다. 정인보는 바로 이것을 가장 아름다운 풍경으로 여겼다. 만폭동의 벽파담 폭포를 묘사하는 부분에서도 이러한 정인보의 자연 인식과 자연 묘사의 특징이 잘 드러난다.

> 옥玉방울은 굵게 흩뿌리는 물방울[천말濺沫], 옥가루는 가늘게 부서지며 내리는 비[쇄비碎霏]. 제 바람에 제 도로 나는 눈보라. 사위四圍의 나뭇가지는 아니 흔들릴 적이 없다. 돌은 짙은 청색이다가 정백색正白色이다가 혹은 검푸른 흑색[대흑黛黑]을 겸하기도 하되 화가가 채색을 고

> 심하는 것과도 같이 저 돌이 아니 희더면 어떨까 하여 보면 어째 칙칙할 것 같고, 저 돌이 아니 푸르더면 어떨까 하여 보면 어째 슴슴할 것 같고, 저 돌이 검푸른 흑색을 겸한 까닭에 무시무시한 분위기를 도와 음풍陰風이 곧 현운玄雲을 일으킬 듯한 웅장한 광경이 있음을 깨달을 수 있다. 또 돌이 희다고 훤한 것도 아니다. 짙은 청색이나 검푸른 흑색이나 만폭동 들어오면서 빛나는 기운이 없는 것이 없다. 자연스러운 트임과 막힘, 성김과 빽빽함, 높고 낮음으로부터 여러 빛깔이 오묘하게 화합하는 것으로부터 다 신비한 광채가 피어나는 곳인 줄 알라.[178]

여기에서 벽파담 폭포는 옥빛깔의 물방울이 흩날리고 잔다랗게 흩뿌리는 안개비를 만들며 바람에 흔들리는 모습으로 매우 아름답게 그려져 있다. 정인보는 이렇게 벽파담 폭포수 전체의 모습을 보여준 뒤, 원경에서 근경으로 시선을 이동하여 돌 빛깔을 자세히 응시하였다. 돌은 일정한 한 빛깔을 띠는 것이 아니라 짙은 푸른색이기도 하고, 새하얀색이기도 하고, 검푸른 빛깔을 아울러 띠기도 하며 다양한 빛깔을 드러낸다. 정인보는 이러한 돌의 다채로운 빛깔을 보며 마치 화가가 어떻게 색을 칠할까 고심한 것 같다며 빛깔에 대한 상상을 한층 심층적으로 전개하였다. 돌이 희지 않으면 칙칙할 것 같고, 푸르지 않으면 밋밋할 것 같고, 검푸른 빛을 겸했기에 스산한 바람이 검

178) "玉방울은 굵은 濺沫, 玉가루는 가는 碎霏. 제 바람에 제 도로 나는 눈보라 四圍의 樹枝는 아니 흔들릴 적이 없다. 돌은 深青色이다가 正白色이다가 或黛黑을 兼하기도 하되 畵家의 設彩하는 苦心과도 같이 저 돌이 아니 희더면 어떨까 하여 보면 어째 칙칙할 것 같고, 저 돌이 아니 푸르더면 어떨까 하여 보면 어째 슴슴할 것 같고, 저 돌이 黛黑을 兼한고로 무시무시한 氣分을 도와 陰風이 곧 玄雲을 일으킬 듯한 雄觀이 있음을 悟得할 수 있다. 또 돌이 희다고 훤한 것도 아니다. 深青이나 黛黑이나 萬瀑洞 들어오면서 光氣 없는 것이 없다. 自然한 開闔과 踈密과 高低로부터 諸色의 妙合하는 것으로부터 다 神光의 蒸成되는 곳인 줄 알라."(정인보, 「관동해산록—만폭동(四)」, 『전집』 1, 113~114쪽)

은 구름을 일으킬 것 같은 웅장한 장관이 만들어진 것을 깨달을 수 있다는 것이다. 그리고는 이와 같은 '여러 빛깔의 오묘한 화합'에서, 즉 온갖 빛깔들과 트이고 막히고 성글고 빽빽하고 높고 낮은 그 모든 양상이 오묘하게 어우러지는 것에서 자연의 신비한 광채가 피어나는 것이라고 하였다.

이처럼 정인보의 시선을 끄는 것은 자연의 환변만상幻變萬狀과 묘합妙合이다. 그것은 그가 단발령에서 금강산 봉우리가 만상萬狀으로 펼쳐진 것을 바라보며 "인의人意의 못 미칠 곳에 산山 얼굴을 보시오"[179]라고 읊었던 것처럼 사람의 생각[인의人意]으로는 헤아릴 수 없는 자연의 신비한 풍광[신광神光]이 드러나는 지점이다. 그는 그러한 자연을 느끼고 그것을 자신의 붓끝으로 옮기고자 했다. 그렇기에 그가 그리는 자연 풍경은 정물화 같은 것이 하나도 없다. 그의 자연 묘사에서 선, 면은 곡절曲折과 층차層差를 이루며 변하고, 산, 나무, 돌, 물고기 등은 각양각색의 모습을 띠며 서로 어우러진다. 해금강 해안을 따라 솔밭이 여러 곡절曲折로 변하며 두른 모습,[180] 신계사 연못에 각양각색의 붕어들이 여기저기 떼를 지어다니는 모습,[181] 비봉폭飛鳳瀑 아래에 각기 다른 모습으로 예닐곱 이상이나 층차를 이루는 석대石臺의 모습[182] 등등이 다 그러하다. 이러한 자연 풍경이 보여주는 정취를 한마디로 말하자면 그의 표현대로 '운아韻雅'하다고 할 수 있다.

---

179) 정인보, 「관동해산록－鐵原서 斷髮令까지 오는 一路」, 『전집』 1, 106쪽.
180) 정인보, 「관동해산록－해금강」, 『전집』 1, 154쪽.
181) 정인보, 「관동해산록－神溪寺」, 『전집』 1, 152~153쪽.
182) 정인보, 「관동해산록－雙鳳瀑」, 『전집』 1, 149쪽.

> 다시 또 시내물을 거슬러 돌사닥을 좌우로 옮겨 밟은 지 얼마 되지 않아 숲 사이로부터 골짜기 입구의 환한 빛이 새어 나오더니 좀더 올라가 잠깐 왼쪽 벼랑의 가장자리를 따라가면 물소리가 비바람 내리치는 것 같은데 폭포의 모습은 다 보이지 아니하고 흐르는 물결이 못을 휘돌아 눈같이 흰 대층석大層石에 받치었다. 이른바 분설담噴雪潭이니 그 형상의 대략를 말하자면 수석일곡水石一谷이 넓이보다 길이는 세 배나 되고, 물 말고는 바닥으론 오직 흰돌이요 사방 주위론 오직 수풀이다. 흰돌도 하나가 평평하게 펼쳐져 있는 것이 아니라 척척 붙인 것같이 가지런하지 아니하니 겹겹이 접힌 흔적과 주름처럼 들어간 가는 무늬와 파도같이 오르락내리락하는 굽이를 자세히 보면 한 칸[間] 사이에도 별별 변화의 모습이 많고 크게는 위에서부터 밑에까지 무릇 삼층三層을 이루었다. 층단層段 모서리 겉목친 목재처럼 먹줄이 고르게 되지 못하는 것이 어째 그리 운아韻雅한지 마치 옛날 방인方印[정사각형 인장]의 가지런하지 않은 둘레선 같아서 상층은 대면臺面이 좌우로만 펴져 아래서 보매 좀 협착한 것 같으나 중층은 넓게 트였고 하층도 어상반하다.183)

이 글에서는 만폭동 분설담의 바닥에 깔린 돌들을 묘사한 부분에서 정인보의 자연 묘사의 특징이 잘 드러난다. 흰 돌들은 가지런하지

183) "다시 또 溪流를 거슬러 돌사달을 左右로 옮겨 밟은 지 얼마 되지 않아 林間으로부터 谷口의 皓光이 새이더니 좀더 올라가 잠깐 左厓로 緣行하면 물소리 風雨 같은데 瀑身은 다 보이지 아니하고 流波 滙潭이 눈같이 흰 大層石에 받치었다. 이른바 噴雪潭이니 그 形狀의 大概를 말하자면 水石一谷이 넓이보다 길이는 三倍나 되고, 물 말고는 바닥으론 오직 白石이요 四圍론 오직 樹林이며 白石도 一張의 平鋪함이 아니라 척척 붙인 것같이 가지런치 아니한 疊痕과 주름처럼 들어간 細紋과 波濤같이 起伏한 구비 자세히 보면 한 間 사이에도 별별 變狀이 많고 크게로는 위에서부터 밑까지 무릇 三層을 이루었다. 層段 모서리 겉목친 木材처럼 繩平되지 못하는 것이 어째 그리 韻雅한지 마치 古方印의 不整한 周線 같아서 上層은 臺面이 左右로만 퍼져 아래서 보매 좀 狹窄한 것 같으나 中層은 恢濶하고 下層도 어상반하다."(정인보, 「관동해산록－萬瀑洞(五)」, 『전집』 1, 114~115쪽)

않은 모양으로 중첩되어 있고, 주름처럼 가는 무늬들이 있으며, 파도치듯 오르락내리락하는 굽이들을 이루고 있다. 그야말로 환변만상幻變萬狀을 보여주며 삼층을 이루고 있는데, 그 층단 모서리도 대충 쳐낸 목재처럼 고르지 못하다. 이를 보며 정인보는 매우 '운아韻雅'하다며 찬탄하였다. 별별 변상變狀을 만들어내지만 인위적인 손길이 가해지지 않은 모습을 보며 자연의 신묘神妙함을 느끼고, 이에 대해 '운아韻雅'하다고 말한 것이다.

서복관徐復觀은 중국의 '운韻'이란 인물품평으로부터 파생된 관념으로, 서양의 선에 대한 운율 · 율동과는 서로 비교될 수 없는 것이라고 한 바 있다. 일례로 『세설신어世說新語』의 용례들을 구체적으로 검토하면서 '운韻'자가 인물의 풍신風神 또는 태도풍치態度風致를 의미하거나 정조情調 · 개성의 의미를 내포하며 모두 현학적玄學的 의미를 함유하고 있다고 분석하였다. '운아雅韻, 청운淸韻, 원운遠韻, 도운道韻, 현운玄韻, 소운素韻' 등 운韻자가 결합된 평어들에서 현玄에 대한 의미가 더욱 분명하게 나타난다는 것이다.[184] 이는 운韻이 세속적인 것에서 벗어나 있음을 의미하고, 무위無爲를 귀하게 여기는 정신을 바탕으로 하고 있음을 말하는 것이라고 할 수 있다. 결국 '운아韻雅'는 탈속의 경계, 무위無爲의 신묘神妙함을 내포하는 평어라고 할 수 있다. 이는 곧 정인보가 자연에서 느끼는 정취를 잘 드러내는 것이기도 하다.

정인보가 그리는 자연 풍경은 분명 매우 섬세하고 사실적이다. 그러나 표면적인 형상을 사실적으로 그려내는 데 머물지 않는다. 그의 이목을 끄는 것은 "생각으로도 만들 수 없는 경景[풍경]"[185]을 보여주

184) 徐復觀, 『中國藝術精神』(재판), 東文選, 2000(초판:1990), 201~206쪽.

는 곳이다. 그는 그러한 "인의人意의 못 미칠 곳"에서 산수의 진면목을 보고자 했다. 산수 자연의 환변만상이 펼쳐 보이는 기묘奇妙함이 그것이다. 그 속에서 그는 유객遊客으로서 저절로 인간홍진人間紅塵 세상이 아득함을 느끼고,[186] 앞길을 잊은 듯한[187] 마음 상태에 놓인다. 정인보가 그려내는 자연 풍경은 이러한 마음의 경계를 담고 있다.

산수에 대한 인식과 태도 면에서 이러한 면모는 전통적인 선비들의 맥을 잇고 있다고 할 수 있다. 허정虛靜의 마음을 느끼며 물아합일에 이르는 것을 추구함이 그것이다. 그렇기에 그가 그려내는 자연 풍경 역시 마치 한 편의 옛 산수화를 보는 듯하다. 국고 연구자로서의 태도와 서술, 한글 기행문을 통한 다양한 문체의 시도 등은 분명 전통적인 유기에서 볼 수 없는 면모이다. 그럼에도 그의 기행문에서는 옛 선비의 유기遊記의 풍미風味를 느낄 수 있다. 그것은 바로 이러한 산수에 대한 인식과 태도에 기인한 것이라고 할 수 있다.

3) 조선학의 중심지를 찾아가는 여정

「남유기신」은 《동아일보》에 43회에 걸쳐 연재(1934.07.31.~1934.09.29)된 것으로, 정인보가 안재홍 · 박한영 · 윤석오 등과 함께 남도를 여행하며 쓴 글이다.[188] 이 여행의 여정은 충북 화양동華陽洞으로부터

185) 정인보, 「관동해산록－海金剛」, 『전집』 1, 155쪽.

186) 정인보, 「관동해산록－摩訶衍菴」, 『전집』 1, 120쪽.

187) 정인보, 「관동해산록－萬瀑洞(四)」, 『전집』 1, 114쪽.

188) 안재홍도 1920~30년대에 기행문을 신문매체에 연재한 바 있으나, 이 여행에 대한 기록은 남기지 않았다. 정인보가 이 여행에 대한 기록을 전하는 것을 담당하였기 때문으로 보인다. 참고로 『민세안재홍선집5』에 수록된 안재홍의 기행문은 총 4편으로, 1926년에 발표한 두 편, 1930년에 발표한 「백두산등척기」, 1934년에 발표한 「구월산등람지」가 있다. 「구월산등람지」는 이 「남유기신」보다 앞서 6월

시작하여 속리산, 정읍, 순창, 남원, 구례, 여수 등을 거쳐 여수에서 목포로 향하는 바닷길에서 끝난다. 이러한 여정이 여행 출발 전부터 확정된 것은 아니었다. 여행하는 가운데 여러 가지 변수들이 있었고, 그때마다 함께 의논하여 다음 행선지를 정하는 방식으로 여행이 이어졌다. 일례로 화양동, 속리산에서 바로 정읍, 순창 등으로 이동한 것은 아니었다. 속리산을 떠날 무렵 길이 물에 막혀 충청도 일대를 갈 수 없게 되었고, 함께 의논하여 해인사를 가기로 하고 대구역으로 향했다. 그러나 거기에서도 또 길이 물에 막혀 다시 대전으로 와서 정읍으로 방향을 돌리게 된 것이었다. 이렇게 날씨 등에 의해 행선지가 바뀌었고, 일행은 이동 경로나 거리 등을 고려하여 답사할 만한 곳을 정하였다. 따라서 이들의 여행이 충청도 화양동으로부터 시작하여 여수–목포 간 바다에서 끝나게 될지는 여행 초기에는 알 수 없었던 것이다.

그렇다고 이 여행이 어떤 목적 없이 즉흥적인 방식으로만 이루어진 것은 아니다. 이 여행의 중심은 고적古蹟 답사에 있었다. 특히 조선학(국학) 관련 인물의 사적지가 주요 관심사였다. 이 과정에서 관련 문헌과 자료를 새롭게 발굴하기도 하였다. 이러한 성격은 신문 연재를 시작하면서 「남유기신」에 대해 소개한 다음 글에서도 잘 드러난다.

> 산수山水를 뉘 아니 즐기랴마는 평범한 사람의 안목으로는 보기나 할 뿐이오 오직 시인묵객이라야 사이를 옮겨 더욱 빛나게 하고 더욱 향기롭게 하는 것이다.

경 海西지방을 순례하고 쓴 기행문이다. 『민세안재홍선집6』에는 광주 · 무등산 등의 호남을 여행하고 발표한 짤막한 5편의 글이 있고, 평북 정주를 여행하고 발표한 짤막한 3편의 글이 있다.

> 위당 정인보 씨! 그 영민하고 박학한 안목과 식견, 풍부한 시재詩才와 문장력을 가지고 남쪽으로 영호남에 노닐며 가는 곳마다 호반湖畔이나 산꼭대기에서 얻은 멋진 시구와 탈속적인 흥취를 우리에게 부치노라 한다.
>
> 오늘부터 금산수수錦山繡水[금수강산]의 모습이 지면 위에 방불하게 드러나 읽는 이도 따라 산봉우리에서 구름을 만지고 호수 한가운데에서 달을 낚는 청량한 기분과 청복淸福을 맛보리라.
>
> 더구나 위당은 또 조선학의 권위자라 가다가 고찰古刹 · 고비古碑나 숨은 장서가藏書家를 만나 행여나 묻힌 것을 발견하면 파들고 돌아오리니 이 방면의 수확도 또한 적지 않을 것을 믿는 바이다.[189]

「남유기신」에서도 「관동해산록」과 마찬가지로 정인보의 여행기에 대해 두 가지 측면에서 기대하고 있는 것을 볼 수 있다. 시인묵객의 시선으로 본 산수의 아름다움과 풍부한 학식을 가진 학자로서 본 사적에 대한 해박한 지식이 그것이다. 더욱이 여기에서는 정인보를 조선학의 권위자로 소개하면서 이 여행을 통해 이 방면의 수확도 적지 않을 것이라고 말하고 있다. 이와 같이 세 번의 여행기 중에서 조선학의 성과에 대한 기대가 확실하게 표명된 것은 「남유기신」에서이다. 실제 이들이 여행한 장소와 주목한 인물 및 사적은 정인보가 안

189) "山水를 뉘아니 즐기라마는 凡眼은 보기나 할 뿐이오 오직 詩人墨客이라 사이를 옮겨 더욱 빛나게 하고 더욱 향기롭게 하는 것이다.

爲堂 鄭寅普氏! 그敏博한 眼識과 豐富한 詞藻를 가지고 南으로 嶺湖에 노닐며 가는곧마다 湖畔이나 山顚에서 얻은 秀句와 逸興을 우리에게 부치노라한다.

오늘부터 錦山繡水의 面影이 紙上에 髣髴하야 읽는이도 따라 峯頭에 구름을 만지고 湖心에 달을 낚는 凉味와 淸福을 맛보리라.

더구나 爲堂은 또 朝鮮學의 權威라 가다가 古刹古碑나 숨은 藏書家를 만나 행여나 묻힌것을 發見하면 파들고 돌아오리니 이方面의 收穫도 또한 적지않을 것을 믿는 바이다."(《동아일보》, 1934년 7월 31일자)

재홍과 함께 추구했던 조선학운동과 긴밀한 관련이 있음을 볼 수 있다. 이에 「남유기신」에 대해서는 조선학과 관련한 내용적 특징과 한글 기행문의 문예적 특징이라는 두 측면에서 살펴보고자 한다.

(1) 조선학 중심의 사적 답사

가. 탈중화脫中華와 민족적 장소의 재발견

정인보 일행의 여행은 충북 화양동華陽洞에서부터 시작하여 속리산으로 이어졌다. 화양동은 송시열이 만년에 강학을 했던 곳으로, 그의 제자들에 의해 주자의 '무이구곡武夷九曲'을 재현한 '화양구곡華陽九曲'으로 재탄생하면서 조선 후기 노론계 사대부들에게 사상적·정치적 토대로 자리하였다.[190] 정인보 일행이 왜 화양동에서부터 답사를 시작했는지 그 의도를 구체적으로 밝히지는 않았으나, 조선 후기에 상징적 권위를 지닌 장소로부터 답사를 시작했다는 것은 분명 의미심장해 보인다. 이들의 답사에서 화양동이 지녔던 기존의 의미는 부정되고, 대신 속리산 복천암福泉庵이 훨씬 역사적으로 중요한 가치를 지닌 장소로 부각되기 때문이다.

화양동에 대한 이들의 생각을 단적으로 보여주는 것은 바로 다음과 같은 대목에서이다.

> 화양동華陽洞 일대는 우암尤菴[송시열] 이후 많은 명인名人들이 노력을 쌓아 거의 명나라 땅처럼 된[명토화明土化] 곳이라 석각石刻한 것은 신종神宗·의종毅宗의 필적筆蹟이요, 족자로 만든 것은 신종神宗 생모

190) 이효숙, 「화양구곡 시문에 나타난 九曲의 場所性 考察」, 『동아시아고대학』 32, 동아시아고대학회, 2013, 153쪽.

의 관음상상觀音相像이요 발문跋文 · 영시詠詩 어느 것이나 다 명나라 조정을 향해 진심어린 정성을 드러낸 것이니 이 암자에서 보관하는 문헌만 하여도 적지 아니합니다. 암자 주인이 내어놓은 옛 종이 뭉치를 등불 아래에서 돌려가면서 보고 여기가 과연 어딘가 하는 이상스런 생각이 나더니 덮어치우고 각기 누워 잠을 청하려 할 제 풍경風磬 소리 가깝게 들리면 물소리도 가깝고 풍경 소리 멀어지면 물소리 또 한번 멀어지더니 풍경은 한참 소리가 없고 물소리만 그윽히 들리는데 물의 곡절曲折이 소리를 따라 보이는 것 같습니다…….

"여보 민세民世[안재홍], 좋지 않소?" "그래도 수석水石은 우리 수석이구려." 그러다가 무슨 마음이던지 "우리 수석水石" 또 한번을 되뇌고 피차 말이 끊겼는데 석전 노사石顚老師는 벌써 코곤 지 오랩니다.[191]

화양동 일대에는 석각石刻, 족자簇子 등의 사적事蹟도 많고, 암자에 보관되어 전하는 문헌도 상당수였다. 그런데 사적과 시문의 내용이 대부분 명나라 신종神宗 · 의종毅宗과 관련한 것이었다. 여기에서 말하는 석각石刻이란 첨성대瞻星臺 벼랑에 새겨져 있는 명 신종의 어서御書인 '옥조빙호玉藻氷壺', 의종의 어서인 '비례부동非禮不動'을 말한다. 특히 '비례부동非禮不動'은 민정중閔鼎重(1628~1692)이 연경에

191) "華陽一洞은 尤菴以後 幾多名人의 努力을 쌓아 거의 明土化한 곳이라 石刻한 것은 神宗 · 毅宗의 筆蹟이요 족자한 것은 神宗 生母의 觀音相像이요 跋文 · 詠詩 어느 것이나 다 明朝에 向한 血誠이니 이 菴子에서 保管하는 文獻만 하여도 적지 아니합니다. 菴主의 내어놓은 古紙뭉치를 燈下에 돌려가면서 보고 여기가 과연 어딘가 이상스런 생각이 나더니 덮어치우고 각기 누워 잠을 청하려 할 제 風磬소리 가깝게 들리면 물소리도 가깝고 風磬소리 멀어지면 물소리 또 한번 멀어지더니 風磬은 한참 소리가 없고 물소리만 그윽히 들리는데 물의 曲折이 소리를 따라 보이는 것 같습니다…….

"여보 民世, 좋지 않소?" "그래도 水石은 우리 水石이구려." 그러다가 무슨 마음이던지 "우리 水石" 또 한번을 뇌고 彼此 말이 끊겼는데 石顚老師는 벌써 코곤 지 오랩니다."(정인보, 「남유기신」, 『전집』 1, 164쪽)

갔을 때 백방으로 노력하여 얻어온 것을 화양동에 있는 송시열에게 가져다 준 것이다. 송시열은 이 어필御筆을 오래 보존하기 위해 첨성대 아래 벼랑에 새겨두었고, 이 글씨를 보존하기 위해 환장암煥章庵을 지었다. 후대에 이곳을 찾은 유람객들은 이러한 과정을 깊이 감읍하면서 꼼꼼히 답사하는 모습을 보여왔다. 이처럼 화양동은 우암 송시열 이후 조선 후기의 대명의리對明義理와 존주론尊周論을 표상하는 상징적 권위를 지닌 장소였다.[192] 명나라 황제를 끝까지 섬김으로써 의리를 지키고 중화문명中華文明을 수호한다는 문화적 자존심을 내세울 수 있는 명분을 제공하는 곳이었던 것이다.

그러나 정인보는 이러한 화양동을 가리켜 '명토화明土化한 곳', 즉 명나라 땅처럼 된 곳이라고 명명했다. 여기에서 '명토화明土化'란 '우리 수석水石'과 대비되는 것으로 주체성을 잃고 타자에 동화되어 버린 모습에 대한 비판적인 인식이 내포된 말이다. 이는 송시열 이래로 조선 후기에 화양동이 지녔던 상징적 권위를 전도시키는 것이라고 할 수 있다. 명나라에 대한 추종이 더이상 도덕적 명분과 문화적 우월성을 담보해주는 것이 아니라, 자신의 역사와 문화에 대한 자각이 없는 비주체적이고 부정적인 것으로 평가되는 것이다.

그렇기에 「남유기신」에서는 대명의리론의 상징적 의미를 지니는 장소에 대해서는 별다른 언급이 없는 것을 볼 수 있다. 명나라 신종의 제사를 지내기 위한 만동묘에 대한 언급도 없고, 명나라 의종의 어서御書를 보관하고 있다는 환장암에 대해서도 법당만 남아 있더라는 식으로 짧게 서술하고 있을 뿐이다.[193] 송시열이 머물며 학문을

---

192) 이효숙, 앞의 논문, 167~169쪽.

193) 정인보, 「남유기신」, 『전집』 1, 165쪽.

닦고 제자를 가르쳤다던 암서재巖棲齋에 대해서도 "가장 미목眉目될 만한 건물"194)이라며 건축물의 아름다움에 대해서만 언급할 뿐이다. 무슨 담潭 무슨 대臺라고 명명한 화양팔경에 대해서도 호사자好事者의 일이라며 일일이 서술하지 않겠다고 하였다. 전배前輩들이 화양구곡이니 화양팔경이니 하며 화양동을 주자의 무이구곡에 빗대어 이상적인 공간으로 만들어 놓았던 것에 대해 별다른 의미를 부여하지 않은 것이다. 그 대신 자신의 안목에 따라 파곶巴串, 와룡암臥龍巖, 학소대鶴巢臺를 절경지絶景地로 꼽으며 자연 풍경을 찬탄하였다.

화양동에 전해져 오는 사적事績과 문헌, 선인들의 시문들에 대해서도 명나라 신종·의종 관련한 내용과 감상 위주일 뿐이라며 그다지 큰 의미를 부여하지 않았다. 반면 공림사空林寺에서 본 사적史蹟에 대해서는 무척 안타까워하였다. 학계에 진품이 될 만한 혼천의渾天儀, 황적도黃赤道가 부서진 채 방치되어 있었고, 금석탁본金石拓本들도 삭아버린 채 쌓여 있는 모습을 본 것이다.195) 이러한 모습을 통해서도 정인보가 역사적으로 가치 있다고 여기는 것에 대한 기준이 분명하게 드러나는 것을 볼 수 있다. 자신의 역사와 문화를 보여줄 수 있는 것이야말로 소중하다는 인식이 그것이다.

정인보 일행이 화양동을 떠나 속리산 복천암에서 주목한 유적도 바로 이러한 것들이다.

> 순로順路로 '복천福泉'이라는 암자庵子를 지나게 되는데 복천福泉 뒤 샘물이 이 산중 제일이라 사자바위로 중사자암中獅子庵이 되듯이 샘물

194) 정인보, 위의 글, 163쪽.
195) 정인보, 위의 글, 167쪽.

때문에 복천이라 하는 것입니다. 고적故蹟으로는 세조世祖 임어臨御하시던 곳이라 문 앞 축대의 돌 다듬은 모양이 예사롭지 아니할 뿐더러 반이나 무너진 뒷담이 궁장宮墻같이 정려精麗하니 이 모두 그때의 유물遺物이라 합니다. 문학文學으로 김수온金守溫·신숙주申叔舟, 무공武功으로 구성군龜城君 준浚, 유명有名한 홍윤성洪允成이까지 다 호가扈駕하여 왔었고 내전內殿이 오시고 귀빈貴賓·공주公主 모두 배종陪從하여 왔었으니 한참 들석하였을 것입니다. 이 사적事蹟이 「괴애집乖厓集」에 자세히 있는데 법주사法住寺에 있던 「남순기南巡記」는 찾아도 없다 합니다.[196)]

복천암에 들어서자 우선 정인보의 눈길을 끄는 것은 문 앞의 축대나 남아 있는 담장의 예사롭지 않은 모습이다. 마치 궁궐의 성벽과 같이 정교하고 화려한 모습이었는데, 그것들이 세조 때의 유물이라는 말을 들었다. 그리고는 복천사에 관한 기록을 찾아보며 세조가 임어臨御했을 때의 당시 상황을 떠올렸다. 여기에서 정인보가 참고한 기록은 괴애 김수온의 문집에 수록되어 있는 「복천사기」로 김수온이 세조의 명을 받아 복천사에 임어했을 때의 일을 기록한 것이다. 그런데 이곳에서 정인보가 더 주목하는 인물은 바로 신미대사이다.

세조世祖께서 수양대군首陽大君 적부터 괴애乖厓로 인因하여 수암도인秀巖道人 수미信眉와 심계深契함이 있었던지라 세종만년世宗晩年 궁중宮中에 불당佛堂을 지으신 것이 한편으로 광평廣平[세종의 다섯째 아들]의 조서早逝함을 애통哀痛하시는 나머지에 자연自然히 인간人間의 무상無常함을 생각하시게 됨이나, 한편으로는 수양首陽과 안평安平 두 대군大君으로 좇아 불리佛理를 들으신지라 드디어 분수焚修함[향불을

196) 정인보, 「남유기신」, 『전집』 1, 170쪽.

> 피우고 도를 닦음]에 뜻을 두심이니, 이로써 보면 세조世祖의 석교釋教 숭신崇信하심을 정난靖難[계유정난, 1453년]이후以後 일이라 함이 실로 구구區區한 추단推斷입니다.
>
> 더우기 신미信眉는 내전內典[불교 경전]에만 홍통弘通한 사람이 아니라 훈민정음訓民正音 반포頒布된 뒤 가장 정음학正音學에 대對한 깊은 조예造詣를 가졌나니 '번경도감翻經都監'이 실로 이를 중심中心하고 한 것이라 세조世祖의 총우寵遇를 받음이 까닭 없음이 아닌데 신미信眉 일찌기 속리俗離에 있었던지라 이로 인因하여 어련御輦이 이 산중山中까지 드시게 된 것입니다.[197]

정인보는 세조가 불교를 독실하게 믿고 숭상하며, 복천사에 친히 행행行幸까지 한 데에는 신미대사의 영향이 컸다고 보았다. 세조는 수양대군 시절부터 신미대사와 깊은 교분이 있어 그로부터 불교 교리를 들었고, 복천사에 임어한 것도 신미대사가 있었기 때문이라는 것이다. 특히 주목할 만한 점은 정인보가 신미대사를 당시에 정음학正音學에 대해 가장 깊은 조예를 가졌고 '번경도감翻經都監'의 중심 인물이었다고 소개하고 있는 사실이다. '번경도감翻經都監'이란 간경도감刊經都監을 가리키는 것으로, 조선 초기에 불전의 간행과 언해를 관장하던 관립 기관이다. 세조 7년(1461년)에 설치되어 성종 2년(1471년)에 폐지되기까지 11년 동안 간행된 불전이 현재까지 밝혀진 바에 따르면 한문본 31종, 언해본 9종에 이른다고 한다.[198] 이 불전 언해 사업에는 도제조, 제조 등의 관원뿐만 아니라, 신미信眉, 수미守眉, 학조學祖, 학열學悅 등 다수의 승려도 참여했는데[199], 정인보는 신미

---

197) 정인보, 위의 글, 170~171쪽.

198) 최윤곤, 「刊經都監의 실체와 불전 간행 사업」, 『인문사회과학논문집』 31, 광운대학교 인문사회과학연구소, 2002, 155쪽.

가 그 중심이었다고 보았다. 이처럼 정인보는 신미대사에 대해서 고승으로서의 면모도 높이 평가하지만 그보다도 신미대사가 한글의 발전에 끼친 공헌에 더 주목을 하고 있음을 볼 수 있다. 이러한 인식과 태도는 신미대사와 학조대사의 부도탑을 둘러보는 가운데에서도 잘 드러난다.

> 조금 가면 번듯한 잔디밭 우에 부도浮圖 둘이 있으니 사긴 글자가 완하여 잘 알 수 없는데 석상상인石霜上人의 말을 듣고 자세히 더듬어보니 하나는 '학조등곡지탑學祖燈谷之塔'이요 하나는 '수암화상탑秀岩和尙塔'입니다. 지금은 그래도 잔획殘劃을 변별辨別할 수 있으나 조금 더 지나가면 석각石刻 가지고는 증거證據할 흔적痕迹이 없을 것 같습니다. 복천福泉서 들어오는 길로 말하면 먼저 학조탑學祖塔을 보게 되고 이 탑塔을 지나서 수암탑秀岩塔을 보게 됩니다.
>
> 국초國初 불가佛家의 위걸偉傑임은 말할 것도 없고 이 둘이 다 정음학正音學의 명석名碩이라 그 고심苦心한 자취 아직껏 학자學者의 진벌津筏[나루를 건너는 뗏목]로 남았거니와 정음正音으로써 문장文章을 자저自著한 것으로 신미信眉의 「영가집발永嘉集跋」과 학조學祖의 「오대산어첩서후五臺山御牒書後」 같은 것이 다 간결簡潔 전중典重하여 읽으매 조선 고대朝鮮古代의 사기詞氣를 접接하는 듯하니 이를 생각하고 공산空山 속 일편 석탑一片石塔을 돌매 어떠한 일종一種의 방향芳香이 그윽한 속에 풍기는 것 같습니다.200)

복천암 부근에서 본 부도탑은 심하게 마멸되어 있어, 누구의 것인지 알아보기 힘들 정도였다. 그러나 신미대사와 학조대사의 부도탑

199) 최윤곤, 위의 논문, 156~157쪽.

200) 정인보, 「남유기신」, 『전집』 1, 174~175쪽.

이라는 사실만으로도 정인보는 그들의 삶의 자취를 떠올릴 수 있었다. 흥미로운 것은 정인보가 이들을 '불가佛家의 위걸偉傑'이자 '정음학正音學의 명석名碩'이라고 일컬으며 그들이 훈민정음으로 쓴 글을 소개하고 있는 점이다.

신미의 「영가집발永嘉集跋」은 1464년(세조 10년)에 간경도감刊經都監에서 조인雕印한 『선종영가집언해禪宗永嘉集諺解』(2권)의 말미에 붙어 있는 글을 말한다. 이 책은 세조가 구결口訣을 달고, 신미信眉가 언해하고, 효령대군孝寧大君과 해초海超 등이 교정한 것으로, 책의 말미에는 신미 외에 효령대군의 발문도 붙어 있다.[201]

학조學祖의 「오대산어첩서후五臺山御牒書後」는 「상원사중창권선문」 중 '권선문'의 언해문을 가리키는 것으로 보인다. 흔히 「상원사중창권선문」이라고 통칭하여 부르는 이 문헌은 두 건의 첩장으로 이루어져 있고, 하나의 첩장은 두 편지글로 구성되어 있다. 첫 번째 편지글은 1464년에 신미 등의 승려들이 상원사를 중수할 때 시주를 모으기 위해서 쓴 '권선문'이고, 두 번째 편지글은 이후 세조가 상원사 중창에 필요한 물자를 보내면서 내린 서찰, 곧 '어첩'이다. 이 두 편지글이 두 건의 첩장으로 중복하여 장정되어 있는데, 첫 번째 첩장에는 표지에 '어첩御牒'이라는 서외제書外題가 있고 한문 원문과 언해문이 함께 실려 있는데 반해, 두 번째 첩장에는 표지에 아무런 서외제가 없고 두 편지글의 원문만 있다. '권선문' 말미에 쓴 이름과 수결, 어첩의 내용 등을 통해 신미, 학조, 학열 등이 썼음을 알 수가 있는데[202],

201) 李能和, 『朝鮮佛敎通史』 下, 694~695쪽; 민덕식, 「慧覺尊者 信眉의 家系와 生涯」, 『忠北史學』 24, 충북대학교 사학회, 2010, 75쪽.

202) 김무봉, 「상원사 중창 권선문 해제」, 김무봉 역주, 『상원사중창권선문 · 영험약초 · 오대진언』, 세종대왕기념사업회, 2010, 7~9쪽.

정인보가 '학조學祖의 「오대산어첩후五臺山御牒書後」'라고 한 것은 학조대사의 부도탑을 보면서 그가 쓴 글을 떠올렸기 때문에 학조만을 언급한 것으로 보인다.

이처럼 속리산 일대를 여행하며 화양동보다 복천암을 더 중시하고, 신미대사·학조대사 등이 정음학正音學 방면에 끼친 공헌에 더 주목하는 것은 그 이전 조선 시대에는 찾아볼 수 없는 특징이다.

복천암은 신라 성덕왕 19년(720)에 의상대사의 제자인 진정이 창건했다고 하는 오래된 사찰이나[203], 복천암이 중시되고 널리 알려진 것은 조선 세종조에서 세조조에 이르는 조선 전기 때이다. 이는 복천암이 세종, 문종, 세조의 존숭尊崇을 받았던 신미대사와 깊은 관련이 있는 사찰이었기 때문이다. 신미는 세종 28년에 세종의 지우를 입은 이래로[204] 세조조에 이르기까지 왕실로부터 높은 예우를 받으며 왕실의 불사를 주도하였다. 복천사가 세종을 위한 원찰願刹이 된 것도 신미대사가 터가 좋다고 하여 중건을 추진하고 세종 때 조성한 아미타삼존불을 봉안한 데서 비롯된 것이었다.[205] 복천사가 지극히 사치스럽고 화려하여 충청도 백성들에게 끼치는 폐단이 크다는 상소를 올리는 유신들도 있었지만, 문종, 안평대군은 복천사의 중건에 아낌없는 지원을 보냈다.[206] 특히 1464년(세조 10년)에는 세조가 종훈宗勳·백료百寮·장상將相을 거느리고 복천사에 행행行幸하여 곤룡포를 입고 친히 불전佛前에 나아가 헌향獻香하며 삼보三寶에 공양할 정

203) 민덕식, 「俗離山 福泉庵과 信眉禪師」, 『忠北史學』 21, 충북대학교 사학회, 2008, 75쪽.

204) 『文宗實錄』 권1, 文宗 즉위년 4월 己卯 ; 민덕식, 위의 논문(2008), 62쪽.

205) 金守溫, 『拭疣集』 권2, 「福泉寺記」 ; 민덕식, 위의 논문(2008), 97~98쪽.

206) 민덕식, 위의 논문(2008), 67쪽.

도로 복천사의 위상이 컸다.[207] 이 또한 신미대사가 복천사에 있었기 때문이었다.

그러나 신미의 입적 후(성종 11년, 1480년경) 복천사는 점차 쇠퇴하여 갔다.[208] 문종이 선왕의 유지를 받들어 신미대사에게 '혜각존자'라는 칭호를 내릴 만큼 신미대사는 왕들의 존숭을 받았으나, 그의 부도탑에는 탑비 하나조차 세워지지 못했다. 세조가 승하한 후 조정의 숭불崇佛정책이 숭유억불정책으로 전환됨에 따라 세조에게 눌려 지내던 유신들의 반격을 받으며 신미의 세력이 많이 위축되었기 때문이다.[209] 그리고는 숭유억불의 조선조에서 신미는 간승奸僧이라는 비난을 받고, 불교·국어학 등의 방면에 끼친 공헌도 제대로 평가받지 못한 채 역사에 묻히고 말았다.[210] 학조 역시 마찬가지이다. 신미의 제자로서 신미와 함께 왕실불사와 불전언해 사업을 주도하고 간경도감 폐지 이후에도 대비大妃들을 도와 언해의 유업遺業을 마무리 짓는 등[211] 공헌이 있음에도 그에 대해서는 잘 알려진 바가 없었다.

---

207) 金守溫, 『拭疣集』 권2, 「福泉寺記」; 민덕식, 위의 논문(2008), 100~101쪽.

208) 민덕식, 위의 논문(2008), 102~103쪽.

209) 민덕식, 앞의 논문(2010), 88~94쪽.

210) 한국고전번역원 DB를 검색해보면, 『세종실록』과 『문종실록』에서 신미를 요망한 말을 주장한 간승으로 표현하고 있는 것을 볼 수 있다.(『세종실록』 세종 29년(1447년) 6월 5일; 세종 30년(1448년) 7월 26일자; 세종 31년(1449년) 2월 25일; 세종 31년 기사(1449) 11월 1일; 『문종실록』 문종 즉위년(1450년) 7월 16일 등) 그 밖에 조선조 속리산 유산기 문학 가운데 복천암의 역사와 유적에 대해 언급하는 경우에도 세조가 임어했던 곳이라든가 부도탑이 있는 것을 보았다는 정도로 짧게 서술할 뿐이다. 심지어 이하곤은 복천암에서 승려들이 세조가 臨御했던 옛 일을 말하는 것을 듣고는 임금이 명산을 아꼈을 뿐인데 중들이 괴이한 말을 한다는 내용의 비판적인 시를 남기기도 했다.(李夏坤, 『頭陀草』 권2, 「俗離錄」, 〈福泉菴〉, "俗離高出白雲間, 聞道乘輿數往還. 深怪居僧饒說話, 君王只自愛名山.")

211) 이봉춘, 「朝鮮前期 佛典諺解와 그 思想」, 『한국불교학』 5, 한국불교학회,

이들의 업적이 다시 주목받기 시작한 것은 일제강점기에 이른바 조선학에 대한 관심이 싹트기 시작하면서부터이다. 정인보가 언급한 신미의 「영가집발永嘉集跋」, 학조의 「오대산어첩서후五臺山御牒書後」 등이 대중에게 알려지기 시작한 것은 1918년 이능화의 『조선불교통사朝鮮佛敎通史』에서이다.[212] 이 책은 최남선의 교열을 거쳐 그가 주관한 신문관新文館에서 출판되었다.[213] 이는 이들이 일본의 불교 연구에 자극을 받고 다른 나라에는 있는 불교사가 우리에게 없음에 분개하여[214], 조선불교사를 체계적으로 정리하고자 노력한 결과물이었다. 나아가 중국, 인도, 일본 불교와 차별성을 지니는 조선불교의 특징을 파악하고자 하였는데[215] 그 특징의 하나로 강조된 것이 불교와 훈민정음의 관련성이다.[216] 한편 일본인 학자 다카하시 도오루高橋亨도 조선 불교에 일찍이 관심을 가지고 20여 편에 달하는 논문을 쓸 정도로 조선 불교 연구에 열의를 보였던 인물이다.[217] 특히 「오대산상원사중창권선문」은 1929년 그에 의해 그 전모全貌가 사진판寫眞版과 함

1980, 50쪽; 황인규, 「朝鮮前期 佛敎界의 三和尙攷－信眉와 두 제자 學悅·學祖－」, 『한국불교학』 37, 한국불교학회, 2004, 234~242쪽.

212) 李能和, 『朝鮮佛敎通史』 下, 1918, 694~695쪽.(민덕식, 앞의 논문(2010), 75쪽 참조); 李能和, 위의 책, 422쪽.(최범훈, 「五臺山 上院寺 御牒重創勸善文에 대하여」, 『一山金俊榮先生停年紀念論叢』, 一山金俊榮先生停年紀念論叢刊行委員會, 1985, 629쪽 참조)

213) 류시현, 「1910년대 조선불교사 연구와 '조선학'의 토대 형성」, 『한국학연구』 44, 고려대학교 한국학연구소, 2013, 112쪽.

214) 류시현, 위의 논문, 113쪽.

215) 류시현, 위의 논문, 117쪽.

216) 류시현, 위의 논문, 123쪽.

217) 高橋亨의 조선불교연구의 전모에 대해서는 조남호의 연구에서 개괄적으로 다루어졌다.(조남호, 「다카하시 토오루(高橋亨)의 조선불교연구」, 『한국사상과문화』 20, 한국사상문화학회, 2003)

께 상세하게 소개된 후, 1936년에 국보國寶 235호로 지정되기까지 하였다.[218)]

정인보가 속리산 복천암을 여행할 당시에 그는 이미 이러한 사실들을 알고 있었다고 볼 수 있다. 정인보는 스스로 국고國故 연구에 종사한다는 생각을 가지고 있었기에 당시 조선학 방면의 연구 성과에 대한 관심이 있었다. 더욱이 최남선과는 개인적 친분도 있었고 학문적인 교류도 활발하게 나누었던 사이였다. 조선학 방면에 대한 일본인들의 연구에도 관심을 기울이고 있었던 것은 앞서 살펴보았듯이 오구라 신페이小倉進平의 향가 연구를 언급하는 데서 단적으로 확인할 수 있었다. 결국 정인보가 복천암에 들러 신미대사와 학조대사의 정음학 방면에 끼친 공헌을 강조하고, 그들의 언해문의 사례를 구체적으로 언급했던 것에는 조선 불교에 대한 연구가 축적되고 불교와 훈민정음의 관련성이 주목되던 당시의 학적 배경이 작용하고 있었던 것이다.

이상으로 볼 때 정인보 일행이 속리산 자락의 화양동으로부터 복천암으로 이동한 것은 그의 정신적 지표와 일치한다고 볼 수 있다. 조선의 역사와 문화에서 독자성이 빛나던 것을 찾고 주체성을 회복하는 것이 바로 그것이다. 그에게 화양동은 명나라 땅이 되어버린 곳으로 타자의 역사와 문화에 동화되어 주체성을 잃었던 과거 조선 시대의 부정적인 면모를 상징했다. 반면 복천암은 훈민정음이 창제되고 불전 언해 사업이 활발하게 이루어지던 조선 전기의 자취를 간직한 곳이다. 즉 복천암은 훈민정음의 발전에 큰 공헌을 남겼던 조선 불교의 독자성을 잘 보여주는 장소였던 것이다. 이번 여행길은 바로

218) 최범훈, 앞의 논문, 630쪽.

그러한 장소를 찾아가는 길이었고, 복천암은 그 첫 번째 장소였다고 할 수 있다.

나. 고서의 발굴과 정리에 대한 관심

「남유기신」의 첫 소개글에서 정인보를 '조선학의 권위자'라고 일컬으며 이 여행을 통한 이 방면의 수확도 적지 않을 것이라고 기대를 피력한 바 있었다. 그 기대에 가장 부응하는 것이 자료의 발굴이다. 이와 관련한 성과로는 황윤석黃胤錫의 문집, 신경준申景濬의 문집, 설 씨薛氏 부인의 고문古文과 관련한 일을 들 수 있다.

황윤석의 문집과 관련한 일은 일행이 정읍에 이르렀을 때 이루어졌다. 속리산 복천암을 떠날 즈음 길이 물에 막혀 보은, 대구, 대전 등의 여러 경유지를 거치다가 마침내 이른 곳이 정읍이었다.

> 정읍井邑 오니 옛생각 나는 것도 있고 또 새 자랑거리도 있읍니다. 십사년 전十四年前에 홍벽초洪碧初와 같이 대둔산大芚山에서 일삭一朔이나 묵다가 내장內藏으로 가는 길에 정읍井邑서 하루를 자는데 늦도록 무슨 이야기가 그리 많았던지 오늘날 교원敎員 · 소설가小說家 다 예기豫期하던 바이 아니니 여기서 나는 옛생각은 이것이요, 송계松溪의 소개紹介로 정읍井邑 주막에서 황욱 씨黃旭氏를 만났는데 이는 곧 이재頤齋 황윤석 선생黃胤錫先生 종손宗孫의 계씨季氏입니다. 내 이재頤齋를 경모敬慕함이 오래라 이번에도 근촌芹村과 약속約束하고 고창高敞서 모여 가지고 이재고택頤齋古宅을 같이 찾자 하였었는데 뜻밖으로 여기서 그 초손肖孫을 만난 것도 반가우려니와 또 황욱 씨黃旭氏의 말을 들으니 형제兄弟분 사이에 오래 전부터 「이재전서頤齋全書」 출판出版할 계획計劃이 있었는데 어떻게 하든지 근속近速히 해보겠다 하기에 천학淺學이나마 편차編次와 교감校勘을 자임自任하겠다 하였읍니다. 새 자

랑으로는 이것을 특필特筆하고자 합니다.[219]

정읍은 벽초 홍명희와의 추억이 서린 곳이기도 했지만, 이번 여행에서 무엇보다 특기할 만한 사실은 이재頤齋 황윤석黃胤錫의 후손을 만난 것이었다. 이는 속리산 법주사에서 일행에 합류했던 송계松溪 노병권盧秉權의 소개로 이루어진 일이었다. 노병권에 대해서는 자세히 알려진 바가 없는데, 고창, 정읍과 가까운 순창에 거주하고 있었기에 황윤석의 후손을 알고 있었던 것으로 보인다. 노병권을 통해 뜻밖에 황윤석의 후손을 만나게 된 정인보는 반가운 마음이 컸다. 평소 황윤석을 흠모하여 근촌芹村 백관수白寬洙와 함께 고창에 있는 이재고택頤齋古宅을 찾아보기로 약속도 해 놓은 상태였기에 더욱 그러했다. 게다가 후손들이 『이재전서頤齋全書』를 출판할 계획이 가지고 있다는 소식까지 전해 듣고는 문집의 편차編次와 교감校勘을 기꺼이 자임했다. 이것은 정인보가 특필거리라고 자랑할 만큼 이번 여행에서 조선학 방면의 첫 수확이라고 할 만한 것이었다.

그러나 무엇보다도 이 여행의 가장 큰 수확을 얻은 곳은 순창에서였다. 순창에서 이들이 향한 곳은 남산대南山臺에 있는 여암旅菴 신경준申景濬의 고택故宅이다. 안재홍의 소개로 순창 유지有志인 신문휴申文休를 만나 신경준고택申旅菴故宅을 함께 찾아가게 되었고, 남산대에서 수소문을 한 결과 신경준의 육세손六世孫인 신영우申榮雨·신경우申瓊雨 형제를 만날 수 있었다. 정인보는 이들을 통해 신경준의 저술 한 뭉치를 살펴볼 수 있었고, 이들이 신경준 전서全書의 합간合刊을 도모하고 있다는 사실을 알게 되었다. 황윤석의 후손을

219) 정인보, 「남유기신」, 『전집』 1, 180쪽.

만나 문집 발간 계획을 들었을 때도 기뻤지만, 신경준의 경우는 그 정도가 남달랐다. 이러한 사실을 단지 특필거리로 알리는 정도가 아니라, 신문에서 4회에 걸쳐 연재할 정도로 긴 신경준의 고택 방문기를 쓴 것이다. 4회 연재를 마치고 난 후 정인보는 자신이 긴 방문기를 쓰게 된 이유를 다음과 같이 밝혔다.

> 짤막짤막한 기신寄信에다가 장찬 방문기訪問記를 사회四回나 연連하여 좀 미안未安합니다마는 여암旅菴의 고택故宅을 보고 그의 유저遺著뭉치를 피열披閱하여 보니 고금古今을 부앙俯仰하여 감개感慨함이 없지 아니할뿐더러 그 전서全書의 간행刊行이 실로 시급時急한 문제問題라 선생先生 후손 중後孫中 이를 경영經營하는 이가 있다 하기로 하루라도 어서 하라는 부탁을 문자文字에 실어 보려고 길건 지리支離하건 불계不計하고 쓴 것입니다.220)

고택에서 신경준의 유저遺著를 살펴보면서 마음에 감개가 일었고, 신경준의 전서全書 간행이 시급한 문제임을 알려 간행을 촉구하기 위함이라는 것이다. 신경준과 그의 저술에 대해서는 1931년 동아일보의 기획 연재 '조선고서해제' 15회에서 이미 소개한 바 있었다. 「훈민정음운해訓民正音韻解」의 특징과 가치를 소개하면서 신경준의 삶과 저술에 대해 개괄하였던 것이다. 당시 정인보는 신경준의 저술들이 조선학 연구에 다 중대한 가치가 있는데 그의 전서全書가 총집總集되지 못했다며 안타까움을 토로하였다.221) 그 이후 신경준의 후손 중에 전서全書의 간행을 추진하고자 하는 이를 만나게 된 것이었으

220) 정인보, 위의 글, 193쪽.

221) 정인보, 「조선고서해제－訓民正音韻解」, 『전집』 2, 35쪽.

니, 그 안타까움을 풀 수 있는 기회를 맞게 된 것이다. 더욱이 이번에 보게 된 신경준의 유저遺著 뭉치는 그동안 보아왔던 신경준의 저술들을 수정 보완해 줄 소중한 자료들이었다.

> 선생의 유저遺著는 내 처음에 「여암산고旅菴散稿」[222]를 보았고 그 뒤 「훈민정음운해訓民正音韻解」와 및 「판본문집板本文集」을 보았고 그 뒤에 또 선생 종가宗家에 단장單藏이라는 사본寫本인 전집을 보았다. 그러나 「판본문집」은 너무 엉성하게 정리하여 간행되었고, 선생의 일생대업을 보려면 오직 사본이 있을 뿐인데 글자체가 촌스럽고 어수선하다든지 오탈자가 바로잡히지 않다든지 하는 것으로 추측컨대 선생 몰후에 여러 번 옮겨 베낀 본本 중의 한 본本인 듯하나, 이를 무엇으로 대조하여야 할지 항상 우려하며 탄식하여 왔었다. 오호라, 용렬한 노비라도 부유한 후손만 있으면 문집이 넘쳐 나오고 학문을 업신여기더라도 세력 있는 가문만 되면 다량의 원고가 바람 불 듯 떠다니지 아니하는가? 우리 선생이 누구시완대 조선으로서 그 거대한 아름다운 은택에 대해 집집마다 제사를 지내지는 못하나마 이다지 매몰하여 왔단 말가?[223]

---

222) 한국고전번역원 『旅菴遺稿』(한국문집총간 제231집)의 해제에 따르면, 신경준의 저서로 필사본에「旅菴散稿」와 「旅菴手筆遺稿山水篇」이 있다. 현재 詩와 序記 등의 내용이 담긴 규장각에 소장된 1책짜리 「旅菴散稿」(古0320-20)에는 1932년에 鄭寅普 소장본을 등사했다는 印記가 있으며, 地理 관계 원고들로 이루어진 「旅菴手筆遺稿山水篇」은 3권 3책으로 고려대학교 중앙도서관에 소장되어 있다.

223) "先生의 遺著는 내 처음에 「旅菴散稿」를 보았고 그 뒤 「訓民正音韻解」와 및 「板本文集」을 보았고 그 뒤에 또 先生 宗家에 單藏이라는 寫本인 全集을 보았으나 板本은 收刊됨이 너무 寥寥하고 先生의 一生大業을 보려면 오직 寫本이 있을 뿐인데 字體의 俚雜함으로든지 脫誤의 不訂한 것으로든지 推測컨대 先生沒後에 여러 번 移寫한 本中의 一本인 듯하나, 이를 무엇으로 對照하여야 할지 항상 憂嘆하여 왔었다. 嗚呼라, 庸奴라도 富孫만 있으면 文集이 濫出하고 蔑學이라도 勢家만 되면 大稿가 風行하지 아니하는가? 우리 先生이 누구시완대 朝鮮으로서 그 巨大한 嘉惠를 家尸戶祝하지는 못하나마 이다지 埋沒하여 왔단

정인보는 「여암산고旅菴散稿」에서부터 「훈민정음운해訓民正音韻解」, 「판본문집板本文集」, 「사본전집寫本全集」(종가宗家 보관)에 이르기까지 신경준의 저술을 꾸준히 살펴왔다. 하지만 당시 신경준 저술의 전모를 살필 수 있는 유일한 자료였던 「사본전집寫本全集」의 오류를 검증할 길이 없었다. 그러던 중에 이번 답사에서 신경준의 유저遺著 뭉치를 발견하게 되어 신경준 저술의 전모를 제대로 살펴볼 수 있게 된 것이었다. 그럼에도 이 발견을 기쁘게만 여기지는 못했다. 변변치 않은 저서라도 가문 형편이 좋으면 간행되는 반면 신경준의 저술과 같이 조선을 위한 고심苦心의 역작은 그저 고택에 묻혀있는 것을 보니 안타까운 마음 또한 더 커졌기 때문이다. 이것은 그가 고서의 수집과 간행에 지속적인 관심을 가지게 만든 동인이기도 했다.

그렇기에 이 글은 소제목을 '신여암고택방문기申旅菴古宅訪問記'라고 하였으나, 신경준의 전서全書 교간校刊을 촉구하기 위해 신경준의 학술 업적을 소개하고 그를 조선의 학술사에서 부각시키고자 하는 성격이 매우 짙다. 이전의 「훈민정음운해」에서는 신경준의 명저 제목을 소개하는 차원에 머물렀다면, 이 방문기에서는 한발 더 나아가 신경준 학문의 핵심을 제시하고 학문의 내용을 보다 깊이 있게 소개하는 것을 볼 수 있다. 신경준의 학문의 특징을 조선혼을 중심에 둔 점, 사학史學으로써 조선의 정신을 진흥시킨 점, 땅을 실증하여 조선의 산수山水로부터 인심을 고무시킨 점 등으로 정리하고[224], 학문 방법의 핵심을 '순명책실循名責實하는 삼엄한 변증'[225]으로 제시한 점

말가?"(정인보, 「남유기신」, 『전집』 1, 189쪽)

224) 정인보, 위의 글, 190쪽.

225) 정인보, 위의 글, 191쪽.

등이 그것이다.

아울러 「훈민정음운해訓民正音韻解」에서 신경준을 '정음학正音學의 중흥조中興祖'[226]라고 평한 차원을 넘어서 조선학으로 범위를 넓혀 조선학자를 계보화하는 가운데 신경준의 위상을 평하였다. 효종·현종 연간의 장유, 최명길, 김육에서부터 싹튼 조선학이 숙종 이후 이익李瀷(1681~1763), 정상기鄭尙驥(1678~1752)의 등장으로 학문의 커다란 변곡점을 만들고 이후 조선혼이 학문의 중심에 우뚝 섰던 때에 신경준이 나왔다는 것이다.[227] 이와 같은 거시적인 학문적 조망을 통해 신경준은 유희柳僖(1773~1837), 정동유鄭東愈(1744~1808)로 이어지는 훈민정음 연구자의 계보를 넘어 조선 후기 조선학자의 계보 속에 비중있게 자리매김되었다.

이후 1930년대 말에 신경준의 저술 간행이 본격화되는 데에는 이 답사를 통한 신경준 후손과 정인보 일행의 연결에 힘입은 바가 크다. 『여암전서旅菴全書』 간행 시 정인보는 김춘동과 함께 교열을 맡아 간행에 적극적으로 관여했는데, 그 발판이 이 답사를 통해 이루어진 것이다. 또한 정인보는 서문 「여암전서총서旅菴全書總敍」에서 신경준의 학문에 대한 논의를 보다 깊이 있게 다루었는데[228], 조선 후기 학술사의 흐름과 신경준 학문의 위상에 대한 시각은 「신여암고택방문기」의 기조를 그대로 이어가고 있는 것을 볼 수 있다. '조선고서해제' 연재를 통해 시작한 신경준의 저술과 학문에 대한 정비 작업이 답사와 기행문을 통해 실천적 동력을 얻고 마침내 고서 간행으로 마

226) 정인보, 「조선고서해제(15)－訓民正音韻解(旅菴申景濬 著)」, 『전집』 2, 34쪽.

227) 정인보, 「남유기신」, 『전집』 1, 189쪽.

228) 정인보, 「旅菴全書總敍」, 『담원문록』 중, 229~236쪽 ; 『전집』 5, 390~400쪽.

무리된 것이다.

답사 일행이 순창을 찾아간 것은 신경준의 후손을 찾고 고택을 들러 유적遺蹟과 문헌을 살펴보기 위한 의도에서였다. 그런 점에서 이번 순창 방문은 기대한 성과를 얻은 셈이었다. 그런데 뜻밖에 얻은 수확이 있었다. 신경준의 후손가에서 대대로 지켜온 가보家寶가 조선 규합문학사閨閤文學史[여성문학사]에 매우 가치 있는 작품이었던 것이다. 그 작품의 주인공은 신말주申末舟(1429~1503)의 부인인 설씨薛氏이다.

> 귀래歸來[신말주의 호]옹의 풍절風節은 누구나 다 아는 바이 아닙니까마는 귀래옹 부인인 옥천 설 씨玉川薛氏의 문장이 기세가 충만하고 크며 우아하고 아름다움은 아직껏 세상 사람들에게 거의 알려지지 않은 바입니다. 설부인薛夫人은 문장뿐 아니라 글씨도 빼어나게 아름답고 힘이 있으며 맑고 고귀한 명가名家요, 화법畵法까지 보통 사람들을 초월하여 품위가 있고 깊으며 맑고 깨끗합니다. 조선 고대 여성 중에 명류名流로서 신사임당申思任堂 같은 이가 서화書畵의 미美를 아울렀으나 문장에 있어서는 설부인薛夫人이 머리 하나 솟을 만치 높을 것 같고 또 사임思任에 비하면 선배라 규합문학사閨閤文學史[여성 문학사]에 특필할 만한 광채光彩입니다. 옥천玉川은 곧 순창淳昌의 옛 명칭이니 설 부인 고향이 곧 순창이라 귀래歸來가 여기 와서 복거卜居함이 부인의 친가를 의지한 것인 듯합니다. 설 부인의 문文 · 서書 · 화畵가 아무리 명가名家라 할지라도 일생 규중閨中에 묻혀 지낸 분이라 (그 작품이) 전해 내려옴이 거의 없을 것인데 다행이 강천사剛泉寺 부도암浮屠菴을 짓는데 권선문勸善文 한 편을 지어서 자필自筆한 것과 또 암자를 지을 곳의 산수 모습을 담담하게 묘사한 것이 있어 암자의 소유물이 되었다가 다시 가문의 보배가 된 지 오래로 지금도 후손의 집안에서 이를 대대로 지키고 있습니다.

> 그림의 품격과 서예는 차차 사진으로써 널리 전해지도록 하겠거니와 우선 그 글 한 편을 다음 기신寄信부터 우러러 보내드리려 합니다. 수백 년간의 규합 문원閨閤文苑이 일시에 욱끈한 듯이 빈 골짜기에서 국향國香을 만난들 이에서 지난다 하리까?[229]

신경준 고택이 있는 순창은 원래 신말주가 단종 폐위 이후 벼슬에서 물러나 은거한 곳으로 잘 알려져 있는 장소였다. 신말주가 남산대 꼭대기에 귀래정歸來亭을 짓고 산수를 즐기며 지냈기에 귀래정歸來亭을 보며 신말주의 풍절風節을 언급한 시문이 다수 전한다. 그러나 신말주의 부인인 설 씨가 시 · 서 · 화에 능했던 사실에 대해서는 거의 알려진 바가 없었다. 다행히 설 씨 부인의 글과 산수화를 담은 「권선문첩勸善文帖」[230]을 고령 신 씨 후손가에서 가문의 보배로 여겨 대대

---

229) "歸來翁의 風節은 누구나 다 아는 바이 아닙니까마는 歸來翁夫人 玉川薛氏 文章의 汪洋 雅麗함은 아직껏 世人의 罕聞한 바입니다. 薛夫人은 文章뿐이 아니라 글씨로도 秀勁 淸貴한 名家요 畵法까지 凡流에 超越하여 閑遠 瀟洒합니다. 朝鮮 古代閨閤中 名流로서 申思任 같은 이 書畵의 美를 아울렀으나 文章에 있어서는 薛夫人이 一頭를 솟을 것 같고 또 思任에 比하면 先輩라 閨閤文學史에 特筆할 만한 光彩입니다. 玉川은 곧 淳昌의 古號이니 薛夫人 故鄕이 곧 淳昌이라 歸來가 여기 와서 卜居함이 夫人의 親家를 의지한 것인 듯합니다. 薛夫人의 文 · 書 · 畵가 아무리 名家라 할지라도 一生 閨中에 隱處한 분이라 傳流함이 거의 없을 것인데 다행이 剛泉寺 浮屠菴을 營築하는 데 勸善文 一篇을 지어서 自筆한 것과 또 菴子를 지을 곳의 山水形地를 淡描한 것이 있어 菴物로 다시 家珍이 된 지 오래로 지금도 後孫家에서 이를 世守합니다.
畵品 · 書藝는 차차 寫眞으로써 廣傳케 하려 하거니와 우선 그 文章 一篇을 다음 寄信부터 瞻送하려 합니다. 數百年間 閨閤文苑이 一時에 욱끈한 듯이 空谷에서 國香을 만난들 이에서 지난다 하리까?"(정인보, 「남유기신」, 『전집』 1, 194쪽)

230) 이 「勸善文帖」은 16폭으로 된 簇子로 맨 앞의 두 폭에는 寺刹이 세워질 광덕산 도량의 산수풍경화가 그려져 있고, 중간에는 勸善文이 쓰여져 있으며, 맨 뒤 폭에는 저작연대와 설부인의 공양 보시를 구하는 인장이 찍혀 있다.(李康五, 「淳

로 지켜왔고, 조선의 고서에 관심이 많았던 정인보 일행을 만나 드디어 세상에 알려지게 된 것이었다.

「권선문첩勸善文帖」을 살펴본 정인보는 설 씨 부인을 신사임당과 비교하며 둘 다 조선 시대에 서화書畵에 두루 능통했던 여성 명가名家이되 글은 설 씨 부인이 사임당보다 뛰어나다고 평가하였다. 아울러 설 씨 부인이 신사임당보다 이른 시기의 인물이어서 규합문학사閨閤文學史에 특필거리라며 이 자료에 중요한 의의를 부여하였다. 사임당 이전의 조선 전기는 이렇다 할 여성 문사의 시문이 드러나지 않아 여성 문학사의 공백기로 남아 있었는데, 이 작품이 그 공백기를 채울 만큼 우뚝한 존재라는 것이다. 정인보는 이러한 작품을 만나게 된 기쁨을 텅 빈 골짜기에서 매화, 난초 향기를 만난 것에 빗대어 표현하며, 작품을 널리 알릴 것을 기약하였다.

정인보는 작품을 알리기 위한 작업의 일환으로 제30신, 제31신에서 「권선문첩」 중의 권선문 원문을 그대로 실었다. 신문에 연재하는 여행기임에도 불구하고 '[부附] 설부인 작薛夫人作 부도암개건권선문浮屠菴改建勸善文'이라는 부제를 달아 한문 원문을 번역도 없이 그대로 게재한 것이다. 2회에 걸쳐 실은 것은 신문 기사의 특성상 분량에 제한이 있었기 때문이고, 두 번째 기사에서 원문을 게재하고 남은 지면에 설 씨 부인의 권선문에 대한 자신의 평을 다음과 같이 실었다.

이 글로 말하면 기세가 충만하고 근엄하며 우아하고 아름다운 중에도

昌 高靈申氏家 所藏 十老稧帖, 薛氏夫人 作 花鳥圖와 勸善文帖」, 『全羅文化研究』 5, 전북향토문화연구회, 1991, 223~224쪽 ; 국효문, 「薛氏夫人의 詩歌 研究」, 『인문사회과학연구』 4, 호남대학교 인문사회과학연구소, 1997, 108쪽에서 재인용)

> 민첩하고 용맹스러우니 전후前後의 호응呼應과 넓게 펼침, 열고 닫음이 다 법도에 맞다. 천근淺近하게 인과因果를 말하되 층층으로 전환하는 형세形勢를 나타내 편종篇終[글의 끝부분]의 휘갑이 이상하게 팽팽하고 굳건하니 이 이른바 '진고문眞古文'이다. 우리 선현의 문장이 성대하지 않은 것은 아니지만 법도를 구비함은 계곡谿谷[장유張維의 호]으로써 개산시조開山始祖를 삼는데 규합閨閤 중 설부인薛夫人이 그윽히 이 문호門戶를 먼저 열었으니 이 어찌 문원文苑의 진기한 소식이 아니리까? 또 부인은 세종 · 문종 · 단종 · 세조의 네 왕조 때의 사람이니 한참 문화가 융성하던 시기요, 불교에 대한 숭봉崇奉이 극도이던 때라 공경 재상가의 부인으로서 권선문을 자작하게까지 됨을 통해 벌써 한 시대의 풍상風尙[풍속]을 볼 것이요, 이 권선문의 뜻을 보매 군중을 두루 권장하여 정성스럽게 타이르는 내용인에다가 계도자啓導者로 자임하는 기개氣槪가 있어 도저히 종래 부녀從來婦女의 수줍어하고 부끄러워하던 태도가 아니니 그때의 여교女敎는 오히려 신라 · 고려의 준위俊偉하던 유풍遺風을 아주 버리지 아니하였었음을 짐작할 것입니다. 권선문은 오히려 세속의 글이니 부인의 문장과 경술經術이 여기에만 오로지 힘을 쏟았을 것이 아니라 만일 유집遺集이 전하였던들 물론 이 이상 명작名作이 많았을 것입니다. 그러나 이 한 편만 하여도 부인은 매우 뛰어난 명가名家입니다.231)

이 글에서 정인보는 우선 작품의 풍격에 대한 평어를 통해 총평을 하고, 구성과 전개에 대해 논하며 '진고문眞古文'이라는 평가를 내렸다. 아울러 이처럼 법도를 갖춰 고문古文을 쓴 것으로는 이 방면의 개산시조開山始祖로 알려져 있는 계곡 장유보다도 앞선 것이라고 하였다. 설 씨 부인의 위상을 여성 문학사의 흐름 속에서 논하는 차원을 넘어 조선 한문학사에서 고문古文의 선구자로 높이 평가한 것이다.

---

231) 정인보, 「남유기신」, 『전집』 1, 196~197쪽.

나아가 문화사적 차원에서 설 씨 부인의 존재가 보여주는 의미를 통찰하였다. 설 씨 부인이 이와 같은 권선문勸善文을 쓸 수 있었다는 사실을 통해 문화의 융성기이자 숭불崇佛의 풍조가 남아 있었던 세종~세조조의 모습을 확인할 수 있다는 것이다. 또한 후대의 부녀자들과 달리 매우 적극적인 설 씨 부인의 모습을 통해 여성에 대한 가르침이 준위俊偉했던 신라·고려 시대의 풍습이 당시까지는 남아있음을 볼 수 있다고 하였다. 정인보는 조선조가 주자학과 중화주의에 매몰되어 감에 따라 주체성을 잃고 나약해졌다는 역사 인식을 지니고 있었는데, 여성의 역할과 위상에 대한 인식 또한 신라·고려보다도 조선조에서 훨씬 후퇴했다고 보았음을 알 수 있다.

한편 정인보가 본 권선문은 그 자신이 속문俗文이라고 칭했듯이 실용문에 해당되지 학문 저술이나 문예물에 속하는 것은 아니다. 하지만 정인보는 고문의 법도를 갖춘 권선문만으로도 설 씨 부인의 문장과 학문 정도를 능히 알 수 있다고 보았다. 그렇기에 비록 다른 저술이 전하는 것은 없지만, 신사임당에 버금가는 인물이자 신사임당 이전의 여성 문단을 채워줄 인물이라고 보았던 것이다.

정인보가 규합문학사閨閤文學史, 즉 여성문학사에 '특필特筆할 만한 광채光彩'라고 매우 높이 평가한 설 씨 부인에 대해서는 1940년에 최익한崔益翰(1897~?)에 의해 다시 한번 세상에 알려진다. 설 씨의 후손인 신재휴申宰休가 『여암전서』 간행에 관한 용무로 서울에 올라와 있던 중에 최익한에게 「권선문첩勸善文帖」을 보여주었고, 최익한은 「조선여류朝鮮女流 예원사상藝苑史上 신말주부인申末舟夫人 설 씨薛氏의 지위地位」라는 제목의 글을 4회에 걸쳐 동아일보에 발표한 것이다.[232] 이 글에서 최익한은 조선의 여류 문예사를 조망하는 가운데 설 씨 부인의 위상을 논하면서 설 씨 부인은 "이조초엽李朝初葉의 여류문원전체사女流藝苑全體史에 대對하야 훌륭한 보망일장補亡一章을 만들어"233) 주며 신사임당 · 황진이와 더불어 조선의 예원藝苑에서 백중伯仲을 다툴 만하다고 평하였다. 아울러 조선 초엽 이전의 여성 작품이 대개 시사운문詩詞韻文인데 반해 설 씨 부인의 작품은 산문이라는 점에서 독특한 이채를 발휘한다고 보았다.234) 이러한 평은 기본적으로 정인보의 관점과 일맥상통한다.235) 정인보 역시 권선문이 보여주는 고문으로서의 가치에 주목하고, 설 씨 부인을 사임당과 견주며 조선 초엽 여성 문단의 공백기를 채울 만한 인물이라고 했기 때문이다.

이상과 같은 설 씨 부인의 사례에서 보듯이 정인보는 학술적 · 문예적 가치가 큼에도 불구하고 여성의 작품이기에 세상에 알려지지 못했던 자료를 발굴하고 알리는 데에도 힘을 쏟았다. 서파西陂 유희柳僖(1773~1837)의 모친인 사주당師朱堂 이 씨李氏의 「태교신기胎教新記」를 알리는 서문을 쓰고236), 서명응徐命膺의 손부孫婦인 빙허각

232) 崔益翰, 「朝鮮女流 藝苑史上 申末舟夫人 薛氏의 地位」(1)~(4), 《동아일보》, 1940년 3월 17~23일자.

233) 崔益翰, 「朝鮮女流 藝苑史上 申末舟夫人 薛氏의 地位」(2), 《동아일보》, 1940년 3월 20일자.

234) 崔益翰, 「朝鮮女流 藝苑史上 申末舟夫人 薛氏의 地位」(4), 《동아일보》, 1940년 3월 23일자.

235) 최익한은 정인보가 소개했던 師朱堂 李氏의 「胎教新記」에 대해서도 다룬 바 있다.(崔益翰, 「朝鮮女流著作史上 師朱堂 「胎教新記」의 地位」(1)~(5), 《동아일보》 1940년 7월 16~28일) 이와 같이 정인보의 연구 성과와 활동을 이어받아 후속 연구를 진행하고 있는 것으로 보아 최익한이 정인보의 영향을 많이 받았음을 짐작할 수 있다.

236) 정인보는 柳僖의 저술 목록을 살피다가 『胎教新記音義』가 모친 이숙인이 지

憑虛閣 이 씨李氏의 『청규박물지淸閨博物志』를 출판하기 위해 애쓴 것[237] 등이 그것이다. 그것은 공백으로 남아있는 조선의 여성 학술·문예사를 새롭게 구성하는 일이기도 했다. 이를 위해 정인보는 묻혀있던 여성 문사의 저술을 발굴하고 간행하는 데 직·간접적으로 관여하였고, 상황과 여건에 따른 다양한 방식의 글쓰기를 통해 그 자료의 가치를 알리기 위해 힘썼던 것이다. 신문 연재 기행문에 붙임 형식으로 설 씨 부인의 한문 원문을 그대로 싣고 그 글에 대한 평을 덧붙여 언론매체를 통해 알렸던 것은 바로 그러한 작업의 일환이었다고 할 수 있다.

다. 항왜抗倭 우국지사憂國之士에 대한 추모와 민족 정신 고취

순창을 떠난 정인보 일행은 남원, 구례, 여수, 목포를 가게 된다. 이후의 여행에서 가장 중심을 이루는 것은 임진왜란과 관련한 유적지이다. 이 일대에서 둘러본 고적古蹟들이 많았지만, 남원南原에서 가장 마음 깊이 남은 고적으로는 '만인총萬人塚'을 꼽았으며, 구례求

은 『胎教新記』에 유희가 언해를 붙인 것임을 알고, 그 가치를 중요시여겨 유희의 全書 간행에 앞서 이 글에 대한 서문을 썼다.(정인보 지음, 정양완 옮김, 「『태교신기음의』에 대한 간단한 서」, 『담원문록』 상, 281~286쪽; 鄭寅普, 「胎教新記音義序略」, 『전집』 5, 124~130쪽)

237) 빙허각 이 씨가 지은 「淸閨博物志」는 1939년에 연희전문 학생인 서정만·민영규에 의해 발견되었다. 이들은 정인보의 제자로서 스승으로부터 이 문헌이 매우 귀중하다는 말을 들은 뒤 3년 동안 문헌을 찾아 헤매다가 황해도 長湍에서 발견한 것이다. 《조선일보》는 이 사실을 대서특필하며, 민영규·서정만·정인보와의 인터뷰 내용을 함께 실었다. 그 기사에서 정인보는 남성으로서 실학의 태두인 정약용에 견주어 빙허각 이 씨를 여성으로서 실학의 태두라고 평하였고, 초고 출판을 위해 셋이서 정리 중이라고 밝혔다.(「發見된淸閨博物志」, 《조선일보》, 1939년 1월 30일자 석간 2면)

禮에서는 석주관石柱關, 여수 이후로는 이순신李舜臣 유적지를 들 수 있다. 특히 석주관石柱關과 이순신 유적지의 경우 '석주관기石柱關記', '과해기過海記'라는 소제목을 달아 별도로 길게 쓸 정도로 남다른 감회를 나타내었다.

구례에는 매천 황현의 고거故居가 있어 정인보 일행은 그곳을 들러 황현의 아우인 석전石田 황원黃瑗(1870~1944) 댁도 방문하고 황현의 아들 황위현黃渭顯(1891~1966)을 만나 화엄사도 함께 둘러보았다. 그러나 정인보가 정작 긴 지면을 할애한 것은 석주관石柱關 칠의사七義士에 대해서이다. 2회에 걸쳐 '석주관기石柱關記'를 쓴 것은 죽음으로써 나라를 지킨 일곱 명의 의사義士의 충절을 기리고 널리 알리 위해서였다. 정유재란 때 석주관을 지키던 지현知縣 이춘원李春元이 대세大勢가 어쩔 수 없다며 석주관을 버리고 달아났는데, 정작 그곳을 지키고자 일어났던 이들은 포의布衣의 향사鄕士들이었다. 하지만 이들에 대해 문인의 전傳이나 야사野史의 기사紀事 등으로 기록되어 전하는 바가 거의 없었다. 이로 인해 더욱 비감한 마음이 들어 이들에 대해 알리고자 한 것이다.

이에 정인보는 칠의사七義士들의 이름을 일일이 열거하며 역사 속에서 잊힌 그들을 알려 후세에 기억하도록 하였다. 또한 당시의 절박하고 위태로웠던 상황을 마치 눈으로 본 것을 전해주듯이 서술하였다.

> 여섯 의사義士가 서로 만나던 곳이 분명치는 아니하나 강변 산길의 구불구불하는 저 즈음에 비 기운은 몽롱하고 숲이 혹은 끊어지고 혹은 이어진 것을 보니 저기 어디가 아니런가 하는 생각이 나며 "어디로들 가오?" "석주관石柱關으로 가오. 당신네는 어디로?" "우리도 석주관으로

가오." 어조語調도 격앙하였으렷다. "죽음을 보기를 집에 돌아가듯 하리라[시사여귀視死如歸]" 하는 그 모양이 얼마 동안 눈에 선하여 거의 과거의 자취가 아닌 것 같다.[238]

이 장면은 사방에 전한 왕의성王義成의 격서를 보고 의병들이 몰려드는 모습을 서술한 것이다. 비어 있는 석주관을 지키기 위해 맨 먼저 의기롭게 일어난 이는 왕득인이었고, 그의 주창 아래 모여든 장사壯士들은 석주관을 지키다가 전사하고 말았다. 이어 그의 아들 왕의성王義成이 사방에 격문을 붙이고 의병을 규합하였고, 동지들 한호성韓好誠·이정익李廷翼·양응록梁應祿·고정철高貞喆·오종吳琮을 석주관으로 가는 길에 만난 것이다. 이들이 바로 칠의사七義士이다. 정인보는 「호남읍지湖南邑志」, 「구례현홍이호보장求禮縣洪彛浩報狀」 등을 참고하여 이러한 사실들을 확인하였고, 상상을 가미하여 당시의 상황을 재구성하고 대화체 등을 통해 생동감 있게 그려내었다.

아울러 「호남읍지」에 언급되어 있는 화엄사 「난중일기亂中日記」의 기록도 소개하였다. 화엄사에서 석주관 의병들에게 보낸 군량미 양, 참여한 승병의 수와 더불어 당시 그곳의 의사義士들이 모두 전사했다는 내용의 짤막한 기록이다.[239] 화엄사 「난중일기亂中日記」가 전하지 않아 당시의 상황을 더 자세히 알 수는 없지만, 다수의 승군

---

238) "六義의 서로 만나던 곳이 分明치는 아니하나 江邊山路의 구불구불하는 저즈음에 雨色은 몽롱하고 樹林은 或斷 或連한 것을 보니 저기 어디가 아니런가 하는 생각이 나며 "어디로들 가오?" "石柱關으로 가오. 당신네는 어디로?" "우리도 石柱關으로 가오." 語調도 激昂하였으렷다 "視死如歸"하는 그 모양이 얼마 동안 눈에 선하여 거의 往蹟이 아닌 것 같다."(정인보, 「남유기신」, 『전집』 1, 203쪽)

239) "軍粮一百三石, 運下石柱大將所, 僧軍一百五十三名, 與諸義士同死於(缺)中"(정인보, 「남유기신」, 『전집』 1, 204쪽)

들이 일시에 순절했다는 내용만으로도 정인보는 최후까지 싸웠을 장졸들의 의용義勇을 떠올릴 수 있다고 하였다.

하지만 안타까운 것은 칠의사에게 포상하는 은전도, 당시 치열했던 전투에서 순절한 다수의 의병·승병들에 대한 행적을 기리는 역사적 기록도 거의 없었다는 사실이다. 정인보는 이들의 행적이 어떻게 외면되어 왔는가를 구례현감 홍이호洪彛浩가 올렸던 장계가 묵살된 사례를 통해 드러내 보였다. 홍이호는 「구례현홍이호보장求禮縣洪彛浩報狀」에서 당시까지 화엄사에 보관되어 오던 '격지檄紙[격서]'와 「난중일기亂中日記」가 의병義兵과 순절殉節의 증거라고 말하였으나, 도관찰사의 방해로 결국 포상하는 은전이 내려지지 못했다는 것이다. 왜란에 맞서 끝까지 싸우다가 순절했던 칠의사七義士와 다수의 무명 의사義士들을 제대로 기리지도 못했던 조선의 역사를 보며 정인보는 다음과 같은 말로 마무리를 지었다.

> "남아가 생명을 버리는 날에는 / 강개한 제 맘에 보답할 뿐이고말고 / 누가 뜨거운 물불에 즐겨 뛰어들어 / 후세의 추앙을 받으려고 하겠는가(男兒捐軀日, 要自酬慨慷, 誰肯樂湯火, 博得後來仰)"[240]라는 네 구가 실로 역대 충신 의사의 진실한 뜻이자 한마디 요체가 아님은 아니나 이러한 분들이 물론 후대의 우러름을 바란 것은 아니로되 이러한 분들을 우러르지 아니하던 그 후대 과연 어떻게 되었는고?[241]

---

240) 한국고전번역원 DB『梅泉集』의 번역문 참조.

241) ""男兒捐軀日, 要自酬慨慷, 誰肯樂湯火, 博得後來仰"의 四句 실로 歷代 忠臣義士의 眞詮 單訣이 아님은 아니나 이러한 분들이 물론 後來의 仰함을 바란 것은 아니로되 이러한 분들을 仰치 아니하던 그 後來 과연 어떻게 되었는고?"(정인보, 「남유기신」, 『전집』 1, 204쪽)

여기에서 인용하고 있는 시구는 매천 황현의 시 「석주관회고石柱關懷古」의 마지막 4구에 해당하는 것이다. 정인보는 자신의 글 「석주관기石柱關記」의 첫 부분에서도 황현의 「석주관회고」 1수를 인용하는 것으로 시작했다. 즉 처음과 끝에서 황현의 시를 인용한 것이다. 이는 석주관의 의사義士들에 대한 황현의 감회에 정인보가 깊이 공감을 했다는 것을 의미한다. 석주관의 의사들이 목숨을 기꺼이 내던지며 왜적에 맞섰던 것은 자신의 강개한 마음에 대한 보답이지, 후대의 추앙을 받기 위함이 아니라는 것이다. 이는 황현 자신이 견지한 마음이기도 했다. 정인보 역시 그들의 그러한 마음에 깊은 감화를 받으며 그들을 높이 평가했던 것이다.

하지만 정인보의 생각은 그 의사義士들의 마음의 차원에만 머무르지 않았다. "이러한 분들을 우러르지 아니하던 그 후대 과연 어떻게 되었는고?"라며 일제의 침략을 다시 받아 나라를 잃게 된 상황을 떠올리도록 했다. 목숨을 다해 나라를 지킨 이들을 제대로 기리지 못하는 나라는 결국 패망한다는 것이다. 즉 조선의 역사 자원에서 보면 순절한 이들에 대한 추앙이 제대로 이루어졌는가는 나라의 존속에 영향을 미칠 만큼 중요한 의미를 지닌다고 본 것이다. 정인보가 이 글을 통해 석주관 칠의사 및 무명 의사들의 행적을 알리고 그들을 기리고자 한 이유도 여기에 있다고 할 수 있다.

구례를 떠난 일행의 여정은 여수와 목포를 향하는 바닷길로 이어졌다. 이 여행의 마지막 행로에서 중심을 차지하는 인물은 이순신이다. 특히 여수 여행은 오롯하게 이순신의 유적 탐방으로만 이루어진다. 종고산鍾鼓山 연대煙臺, 충민사忠愍祠, 석천사石泉寺, 해운대海雲臺, 대첩비大捷碑 등이 다 이순신의 자취를 좇아 찾아간 곳이다. 이곳을 탐방할 때의 마음은 다음에 잘 드러나 있다.

> 조선 어느 곳에 이충무공의 심혈心血이 아니 물들여 있으리까마는 충청 · 전라 · 경상 삼도로 말하면 곧 당시 통제영統制營의 옛 구역이요 더욱이 전라도는 보장保障의 요지要地라, "가만히 생각건대 호남은 국가의 보장保障이니 호남이 없어지면 나라가 없는 것과 마찬가지이다.(窃念湖南, 國家之保障, 若無湖南, 是無國家也)"라고 하시던 말만 보아도 호남이 보장의 요지이니만큼 활과 칼이 잔월殘月에 전쟁을 진압하던 우국심이 이쪽에 더 어리었을 것이니 호남 지경만 접어들어도 벌써 충무공의 옛 우국심을 드디는 듯하거든 하물며 여수麗水는 좌수영左水營이라 출병할 의논을 처음 하기도 여기요, 구선龜船을 물에 띄우기를 처음 하기도 여기니 봉우리 하나 만灣 하나 심지어 풀 한 포기, 나무 한 그루까지라도 어찌 봉우리와 만으로만 풀과 나무로만 보인다고 하리까?242)

정인보는 충무공 이순신의 심혈은 조선 어느 곳에나 들어 있지만, 전라도를 보장保障의 요지要地로 강조하였기에 그의 우국심이 가장 어리어 있는 곳이라고 보았다. 그중에서도 여수는 출병의 의논이 처음 이루어지고, 거북선이 처음 출전한 곳이기도 하여 그 의미가 더욱 남다르다고 보았다. 이곳의 산천초목을 그 자체로만 볼 수 있는 곳이 아니라고 한 것도 곳곳에 이순신의 심혈이 서려 있다고 보았기 때문

242) "朝鮮 어느 곳에 李忠武의 心血이 아니 들었(染)으리까마는 忠淸 · 全羅 · 慶尙 三道로 말하면 곧 當日의 統制舊疆이요 더욱이 全羅道는 保障의 要地라, "窃念湖南, 國家之保障, 若無湖南, 是無國家也"라 하시던 말만 보아도 湖南이 保障要地이니만큼 弓刀殘月에 殿戰하던 憂心이 이쪽에 더 어리었을 것이니 湖南 지경만 접어들어도 벌써 忠武의 옛 憂心을 드디는 듯하거든 하물며 麗水는 左水營이라 出兵할 議論을 처음 하기도 여기오 龜船의 進水를 처음 하기도 여기니 一峯 一灣 심지어 一草 一木까지라도 어찌 峯巒으로만 草木으로만 보인다고 하리까?"(정인보, 「남유기신」, 『전집』 1, 205쪽)

이다. 그렇기에 이순신의 자취가 서린 곳을 찾아가 그의 마음을 헤아려보는 것은 이 여행의 기본이 된다.

> 종고산鍾鼓山은 「난중일기亂中日記」에 이른바 북봉北峯이니 해변의 절벽 가운데 돌연突然히 솟은 높은 봉우리이므로 여기 올라서 보면 바다와 육지의 사면이 눈 아래에 있습니다. 충무공 당시에 산 위에 연대煙臺를 짓고 이름을 '보효報效'라 하였으니 보報는 보국報國의 뜻일 것이요 효効는 효사効死[목숨을 바침]의 뜻일 것입니다. 이제 와 남아 있는 주춧돌殘礎조차 아주 없어졌더라면 하는 회고하는 감개感慨가 오히려 좀 머즉하였을는지, 옛 기둥 섰던 자리가 여기저기 의연依然히 있는 것을 보니.[243]

이 부분은 여수의 종고산鍾鼓山 정상에 남아 있는 주춧돌을 보며 이순신 당시에 있었던 연대煙臺를 떠올리고 그 의미를 헤아려보는 장면이다. 정인보는 이순신의 「난중일기亂中日記」 기록과 현장을 비교해 보면서 「난중일기亂中日記」에 기록된 '북봉北峯'이 종고산을 가리키며, 남아 있는 주춧돌이 당시에 있었던 연대煙臺임을 확인하였다. 그리고 연대煙臺의 이름을 '보효報效'라고 한 것은 '보국報國'과 효사'効死'를 의미하는 것이라고 해석하였다. 즉 나라를 위해 성심을 다하고 목숨을 바치겠다는 의미이다. 비록 지금은 부서진 주춧돌만 남아 있는 곳이었지만, 정인보는 그곳에서 '보효報效'의 마음으로 왜적

243) "鍾鼓山은 「亂中日記」에 이른바 北峯이니 海邊斷麓 가운데 突然히 솟은 高峯이므로 여기 올라서 보면 海陸四面이 眼底에 있읍니다. 忠武當時 山上에 煙臺를 짓고 이름을 '報效'라 하였으니 報는 報國의 意일 것이요 効는 効死의 意일 것입니다. 이제 와 殘礎조차 아주 없어졌더면 懷古하는 感慨가 오히려 좀 머즉하였을는지, 옛 기둥 섰던 자리가 여기저기 依然히 있는 것을 보니."(정인보, 위의 글, 205쪽)

에 맞섰던 이순신의 마음을 헤아리며 감개에 젖었다.

한편 여수에는 이순신을 추모하는 유적지가 많다는 것이 특징이다. 충민사忠愍祠, 석천사石泉寺, 대첩비大捷碑 등이 그것이다. 이러한 이순신의 추모지를 살펴보는 것은 여수 여행의 가장 큰 목적 중의 하나였다고 할 수 있다. 충민사忠愍祠를 찾아갈 때 "이 길은 심상尋常한 탐승探勝이 아니요 이충무 향화香火를 받드는 충민사忠愍祠를 봉심奉審하자는 것"244)이라고 한 말에서 보듯이 '봉심奉審'은 이번 여수 답사의 성격을 잘 보여주는 단어이다. 이 추모지를 살펴보면서 정인보가 주목하는 것은 주로 두 가지 면이다. 이순신을 추모하기 위해 조성된 것의 상태와 이순신을 기리는 사람들의 마음이다.

충민사를 방문했을 때에는 충민사가 서원 훼철 대상에 포함된 적이 있었는데 여수 인사들의 노력으로 사당이 새롭게 중건된 일을 특서特書할 만한 것으로 꼽았다. 하지만 주벽主壁의 충무공을 비롯하여 좌우의 인물에 대한 시호諡號, 직위 등의 기록 등에 잘못된 부분이 있어 수정되어야 할 필요가 있음을 지적하였다. 편액의 제서題署 방식도 사당祠堂에 적합하지 않아 유감이라고 하였다.

석천사石泉寺는 이순신을 좌우에서 보좌했던 승려 자운慈雲·옥동玉同이 이순신의 향화를 받든 곳이다. 자운상인이 사재를 내어 석천사를 지어 수륙재를 지내고, 옥동상인이 그곳에서 충무공의 향화를 받들며 일생을 마쳤다. 정인보는 이러한 석천사의 내력을 말하고, 이들도 단충丹衷을 가진 이들이라며 감격스러워하였다. 그러나 암벽에 있는 현판의 한 기문記文이 수준이 떨어짐을 한탄하였다.

대첩비大捷碑를 찾아갔을 때는 그곳 민중의 지극한 성의誠意에 깊

244) 정인보, 위의 글, 206쪽.

은 감동을 받아 눈시울을 적셨다. 비각碑閣 속 바닥을 모두 석회石灰로 맥질한 모습, 미각楣閣 위에 소감小龕을 달고 신여神輿·제탁祭卓이 비각의 가운데에 장치되어 있는 모습을 보며 이순신을 정성스럽게 기리는 민중들의 마음을 느꼈다. 또 정인보 일행을 보자 한 부인이 비각 열쇠를 가져와 일행을 비각까지 인도하던 일화를 서술하며, 충무공을 조상처럼 받들고 있기에 비각을 찾아온 사람들을 남같이 대우하지 않았던 것이라며 그 정성스런 마음에 감동을 하였다. 이처럼 정인보는 이순신 추모지의 조성 상태를 살펴보고 그곳 사람들의 마음과 태도에 주목하였다. 그간 이순신을 민족 위인으로 기릴 것을 강조하며 이순신유적보존 활동을 활발히 벌여왔었기에 더욱 그러한 점에 관심을 기울였다고 할 수 있다.

정인보가 이순신유적보전활동을 시작한 것은 1931년부터였다. 1931년~32년 동안 이순신 관련 논설문을 동아일보에 9차례에 걸쳐 기고하며 이순신을 민족 위인으로 선양하고 유적보전을 위한 성금 모금 활동, 유석보존회창립 등의 일들을 추신하였다. 그가 이순신을 추모하고 그 유적을 보전하는 데 열의를 보인 이유는 다음 글에 잘 드러난다.

> 세상에서는 민족적 선열 위인을 위하여 비각碑閣을 지으며 동상을 세우며 혹은 기념박물관이 있고 혹은 기념도서실을 두며, 그의 출생한 모옥茅屋, 그의 손이 닿은 나무 한 그루, 돌 한 개라도 표시하고 보호하여 후세의 자손으로 하여금 백 대 천 대까지라도 그들을 흠모하여 민족적 자부심을 기르며, 그들을 추앙하여 민족적 향상심을 분발하게 한다. 불란서의 판테온이 있고, 영국의 웨스트민스터가 있음이 가히 그 이유를 알 것이다. 민족적 자부심이 없는 민족이 어찌 퇴패退敗를 면할 것이며,

> 민족적 향상의 목표가 없이 어찌 단결 진취의 민족적 노력이 있을 것이냐?…… 어찌 충무공의 분묘墳墓를 위함뿐이랴? 이것을 계기로 하여 우리는 가일층 민족문화에 대한 숭앙심崇仰心과 애착심愛着心을 불길질할 필요가 있다.[245]

이 글은 충남 아산에 있는 이순신의 묘산墓山이 은행에 경매로 넘어가게 되었다는 소식이 전해지자, 정인보가 이 일을 민족적 수치로 대서특필하며 동아일보에 기고한 것이었다. 여기에서 눈여겨볼 부분은 민족 선열을 위해 비각, 동상, 박물관 등을 세우고 생가 등을 보존하는 일을 민족의식의 향상과 연결시키고 있는 점이다. 민족 선열을 기리는 일이 민족적 자부심을 기르고 민족문화에 대한 숭상 · 애착심을 높이는 데 매우 중요한 역할을 한다고 본 것이다. 그러므로 그가 여수의 이순신 유적지 · 추모지를 둘러보며 그 상태를 꼼꼼히 살펴본 것은 민족의식을 높이고 민족문화를 발전시키는 작업의 일환이었다고 할 수 있다.

아울러 정인보는 이순신을 기리는 사람들의 마음에 주목함으로써 민족의식이 살아있음을 보여주고자 하였다. 정인보는 이순신 묘산墓

245) "世上에서는 民族的 先烈偉人을 위하여는 碑閣을 지으며 銅像을 세우며 或은 記念博物館이 있고 或은 記念圖書室을 두며, 그의 出生한 茅屋, 그의 손이 닿은 一樹 一石이라도 표지르고 保護하여 後世의 子孫으로 하여금 百代 千代까지라도 그들을 欽慕하여 民族的 自負心을 기르며, 그들을 追仰하여 民族的 向上心을 奮發하게 한다. 佛蘭西의 판테온이 있고, 英國의 웨스트민스터가 있음이 可히 그 所以來를 알 것이다. 民族的 自負心이 없는 民族이 어찌 退敗를 免할 것이며, 民族的 向上의 目標가 없이 어찌 團結 進就의 民族的 努力이 있을 것이냐?…… 어찌 忠武公의 墳墓를 위함뿐이랴? 이것을 契機로 하여 우리는 加一層 民族文化에 對한 崇仰心과 愛着心을 불길질할 必要가 있다."(정인보, 「民族的 羞恥－債務에 시달린 忠武公墓所」, 《동아일보》, 1931년 5월 14일자; 『전집』 2, 296~298쪽)

山의 경매에 관한 기사가 나간 뒤 신문사로 성금을 보내온 일을 말하면서 조선인이 뜨거운 민족의식을 품고 있음에 감격하는 글을 동아일보에 쓴 적이 있었다.[246] 이곳 여수에 와서도 정인보가 감격한 것은 사람들이 정성스럽게 이순신을 기리는 마음이었다. 존폐의 위기에도 이순신 사당을 지켜냈던 여수 인사들의 노력, 이순신을 위한 수륙재를 지내기 위해 사재를 쏟아 석천사를 지었던 승려 자운과 그곳에서 이순신의 향화를 받들며 일생을 마쳤던 승려 옥동의 단충丹衷, 비각 속 바닥을 하나하나 석회로 맥질했을 사람들의 정성, 비각을 찾아온 사람들을 한마음으로 맞이해 주었던 사람들의 마음 등등 곳곳에서 정인보는 이순신을 기리는 사람들의 마음을 확인했다. 그것은 그가 이순신 유적 보전을 위해 기꺼이 성금을 보내주던 사람들에게서 보았던 뜨거운 민족의식과도 같은 것이었다.

(2) 다양한 실험적 글쓰기 구현

「남유기신」은 정인보가 조선학운동을 활발히 벌이고 있을 때의 답사기로서 관련 내용이 중심을 이루지만, 새로운 형식과 문체의 시도를 통해 한글 기행문의 문예미를 구현한 것도 이 글의 빼놓을 수 없는 특징이다. 정인보는 세 번의 답사기에서 매번 형식을 달리했는데, 본격적인 기행문이라고 할 만한 「관동해산록」과 「남유기신」의 경우에도 각기 다른 형식을 시도하고 있는 것을 볼 수 있다. 「관동해산록」의 경우 시조와 산문의 상호적인 구성이 주요 형식을 이룬다면, 「남유기신」은 서간체 형식이 주요 뼈대를 이루는 가운데 부분적으로 기문記文 형식을 삽입하고 있다.

---

246) 정인보, 「李忠武公과 우리」, 《동아일보》, 1931년 5월 14일자; 『전집』 2, 301쪽.

가. 서간체를 활용한 근대적 기행문 시도

「남유기신」은 43회에 걸쳐 연재되었는데, 각 회마다 '제일신第一信, 제이신第二信, …, 제사십사신第四十三信'이라는 방식의 소제목을 달아 매번 편지로 소식을 전하는 형식을 취하고 있다. 다음은 '제일신第一信'의 처음 부분으로 편지 형식의 일반적인 특징이 잘 드러난다.

> ×형兄, 청주淸州 와보니 여기도 큰 비가 갓 지났다 합니다. 화양동華陽洞 가는 자동차自動車를 물으니 시간時間 정定해 다니는 것은 없고 삯으로 얻어야 간다 하기에 동행同行인 석전石顚, 민세民世, 윤석오尹錫五 세 분과 의논하고 이왕이니 타고 달려보자 하여 석전石顚은 왼쪽에, 민세民世는 가운데, 나는 민세民世 옆에, 윤 군尹君은 운전대運轉臺 옆에 차례로 올라앉아 화양동華陽洞을 향向하고 떠났읍니다. 오후 이점午後二點 반半 채 못된 때.[247]

대체로 편지의 구조는 ① 부르기(호칭呼稱) ② 시후時候 ③ 문안問安 ④ 자기안부 ⑤ 본론(용건 또는 사연) ⑥ 작별인사 ⑦ 날짜와 서명 등으로 규격화된다.[248] 이 글의 첫 부분이 '×형兄'을 부르는 것으로 시작하고 있다는 점, 이어서 "여기도 큰비가 갓 지났다 합니다"와 같이 날씨로 안부를 전하고 있다는 점 등은 이러한 편지의 일반적인 형식을 잘 보여주는 것이다. 하지만 이 글은 다수의 불특정 독자를 대상으로 하는 신문 기사로, 여기서 '×형兄'은 특정 수신인이 아니다. 그것은 독자에게 친근감을 느끼게 만드는 효과를 자아내기 위한 일종의 수사적인 장치이다.

---

247) 정인보, 「남유기신」, 『전집』 1, 161쪽.

248) 김성수, 『한국 근대 서간문화사 연구』, 성균관대학교 출판부, 2014, 96쪽.

또한 특정 수신인을 대상으로 쓴 실제 편지가 아니기에, 상대에 대한 문안, 작별인사가 나타나지 않는 등 일반적인 서간문의 외적 형식을 그대로 따르고 있는 것은 아니다. 대신 서간문체를 활용한 신문 연재글이기 때문에 연재에 맞는 형식적 특징이 가미되고 있다. 신문 지면의 제약으로 인해 1회 편지 분량이 대체로 일정하고, 연재의 특성상 매회 편지의 끝이 다음 편지글의 내용을 어느 정도 암시하는 것으로 끝나는 경우가 많다는 점이 그러하다.

예컨대, 제1신은 일행이 화양동을 찾아가는 여정과 그 과정에서 바라본 풍경 묘사가 주를 이루는데, '아직도 화양동華陽洞은 어느 속인지 보이지 아니합니다.'[249]라고 편지를 마무리를 지음으로써 다음 편지에서 화양동에 이르는 장면을 기대하게 만들고 있다. 이어서 제2신에서는 화양동을 찾아가는 길이 제1신과는 또 다른 풍경 속에서 펼쳐지다가 마침내 화양동華陽洞이라고 새긴 바위를 보게 되고, 구름 사이로 푸른 하늘이 드러나는 장면으로 마무리를 짓고 있다. 제3신에서는 드디어 화양동에 도착해서 초당草堂, 암서재巖棲齋 등이 보임을 서술하고는 '구경은 내일로 미루고 채운암彩雲庵으로 올라갑니다'로 마치고 있다. 이어 제4신에서는 채운암에 대한 이야기가 시작되는 것을 볼 수 있다.

서간문 형식을 취하고 있는 이 글에서 눈여겨볼 만한 또 다른 특징은 구어체 한글 문장을 매우 유려하게 구사하고 있다는 점이다.

> "하늘이 끄물끄물한다. 비나 또 만나지 않을까?" 민세民世와 이렇게 이야기하다가 민세民世가 "화양동華陽洞"하는 바람에 깜짝 놀래어 눈을

249) 정인보, 「남유기신」, 『전집』 1, 161쪽.

> 뜨니 어느덧 미원米院. 미원米院은 쌀원이라고 부르는데 이 다음이 청천青川, 또 이 다음이 화양동華陽洞이라 합니다. 갈수록 개울벌이 넓어집니다. 산山은 범산凡山이나 점점 높아갑니다. 자동차自動車가 한구비를 돌면서부터는 넓은 개울에 여기저기 여울이 지며 깍지 끼듯한 두 산山날이 먼 앞길을 가리었는데 왼쪽은 높고 오른쪽은 저윽이 처져 그 너머로 열푸른 먼 산山도 보이고 세모진 토산土山 서너 봉峯은 바로 내다보입니다. 얼마 더 지나서는 먼 산山이 왼쪽 높은 날에 바싹 붙더니 점점 감추어집니다. 얼마 아니 가니까 큰 촌락村落이 있고 오래된 기와집, 허술한 솟을대문이 보입니다. 여기가 청천青川이라 합니다.[250]

이 부분은 삯 자동차를 타고 화양동을 찾아가면서 자동차에서 본 풍경을 서술한 장면이다. 현재형 시제를 써서 자동차에서 바라본 풍경을 현장에서 중계하는 듯한 느낌으로 서술하고 있음을 볼 수 있다. 삯 자동차로 화양동을 찾아 들어가는 모습이나, 자동차에서 본 풍경을 묘사하는 점도 매우 근대적이지만, 이러한 소재의 차원을 떠나 문체도 상당히 근대적이다.

일제강점기의 서간문화사를 연구한 김성수에 따르면 "일제 강점기의 공교육용 교재에 실린 서간문 작성법에서는 언문일치를 향한 근대인의 내적 논리에 충실한 근대적 글쓰기로서의 서간의 내적, 외적 형식을 별반 중시되지 않았"던 데 반해, "이광수, 이태준 등이 쓴 민간 독본의 편지글은 언문일치를 향한 구어체 한글 문장으로 표기됨으로써 근대적 지향"을 보였다.[251] 상업출판업자의 서간문에 대한 인식도 이광수, 이태준과 동일하여 1930년대에 이르면 근대 서간 양식

250) 정인보, 「남유기신」, 『전집』 1, 161쪽.

251) 김성수, 『한국 근대 서간문화사 연구』, 성균관대학교 출판부, 2014, 202~204쪽.

에서 '순전한 언문일치투'의 문장을 구사해야 한다는 인식이 보편화되었다"고 한다.[252] 김성수는 그러한 대표적인 문체로 '하다'체, '합니다'체 등을 들었다. 이광수가 『춘원서간문범』[253]에서 순수한 상용 조선어를 사용하고 금今문체를 쓸 것을 주장하며, '하노라'·'하나이다' 등의 고문체를 '하다'·'합니다'의 금문체로 교정하는 예시를 보여준 것이 그러한 단적인 사례라는 것이다.[254]

이러한 시대적 맥락에 비추어 보았을 때, 정인보 또한 언문일치를 지향한 구어체 한글 문장을 써야 한다는 인식을 가지고 서간체 형식의 한글 기행문을 적극적으로 시도한 것이라고 볼 수 있다.

나. 소기小記를 활용한 한문 양식의 도입

「남유기신」은 앞에서도 말한 바와 같이 전체적으로 서간문 형식을 취하고 있으면서 부분적으로 기문記文이 삽입되어 있는 방식으로 구성되어 있다. 기문으로 편지를 대신하는 경우는 다음과 같이 나타난다.

수록 부분(횟수)	기문記文 제목	주요 성격
제13신(1회)	중사자우중간운기中獅子雨中看雲記	기경記景
제25~28신(4회)	신여암고택방문기申旅菴古宅訪問記 (일一)~(사四)	기사記事
제36~37신(2회)	석주관기石柱關記(일一)(이二)	기사記事
제41~43신(3회)	과해기過海記(일一)~(삼三)	기경記景

252) 김성수, 위의 책, 105~106쪽.

253) 이광수, 『춘원서간문범』, 삼중당서점, 1939년 초판(1954년 8판))

254) 김성수, 앞의 책, 103쪽.

기행문의 특성상 「남유기신」은 여정에 따른 견문과 감상이 주로 서술되어 있고, 신문에 연재되는 매회의 글들은 연속성을 지니고 있다. 그런데 위와 같은 글들은 그 자체가 하나의 별도의 독립된 성격을 지니는 것들이다. 정인보는 여행길에서 만난 하나의 제재를 중심으로 심화된 내용을 전하고 싶을 때 위와 같이 별도로 기문記文을 삽입하는 방식을 취했던 것이다. 이처럼 별도의 기문을 삽입하는 방식으로 여행기를 서술하는 경우는 박지원의 『열하일기熱河日記』에서도 보였던 바 「일야구도하기一夜九渡河記」가 그러한 예에 속한다. 이러한 면에서 볼 때 정인보는 언문일치 지향의 한글 기행문을 시도하는 가운데 한문 산문의 문체를 적극 활용하고 있고 있다는 것을 알 수 있다.

그중에서도 기문을 활용한 것은 한문 산문의 문체 가운데에서도 잡기류雜記類가 다양한 제재에 대한 개인의 생각과 느낌을 자유롭게 표현하기에 용이한 양식이기 때문이다. 잡기류 산문의 고유한 성격은 기사記事에 있지만, 시대가 흘러감에 따라 차츰 의론議論이 개입되는 변화를 겪었고, 서사 · 서정 · 서경을 혼용하는 표현 방식들이 시도되었다. 이에 따라 문예성도 다양하게 발전시킬 수 있어서 문인들의 문예취향을 한껏 발휘시키기에도 용이했던 것이다.[255)]

잡기류 산문은 기록의 대상에 따라 기사記事 · 기물記物 · 기경記景의 세 가지 유형이 있다. 기사류記事類는 인사人事에 관한 사실이나 경위를, 기물류記物類는 특정 기물器物 묘사를, 기경류記景類는 산수와 자연 경물 묘사를 중점적으로 서술한 것이다.[256)] 물론 이 작품들

---

255) 김철범, 「한국 雜記類 산문의 특성과 양상」, 『동방한문학』 31, 동방한문학회, 2006, 305쪽.

가운데는 딱히 하나로 단정할 수 없는 경우도 있지만, 중심 내용에 따라 「남유기신」에 이 분류 기준을 적용해 보면 기사記事와 기경記景의 두 가지 유형으로 나누어 볼 수 있다. 위 표에 제시한 바와 같이 「중사자우중간운기中獅子雨中看雲記」, 「과해기過海記」는 기경記景 위주이고, 「신여암고택방문기申旅菴古宅訪問記」와 「석주관기石柱關記」는 기사記事 위주이다.

「신여암고택방문기」와 「석주관기」에 대해서는 이미 살펴본 바 있듯이, 정인보가 중요하다고 여긴 인물 및 사적에 대해 자세히 알리기 위해 별도의 기문을 쓴 경우이다. 「신여암고택방문기」는 신경준 고택을 방문하러 순창에 갔을 때 후손을 만나 신경준 유저遺著를 보게 된 일을 계기로 작성한 것이다. 정인보는 신경준이 조선학술사에서 대단히 중요한 위치를 차지하고 있음에도 불구하고 그의 학문에 대한 평가와 정리가 제대로 이루어지지 못했다고 여겨 왔다. 이에 고서해제를 연재할 때에도 신경준의 저술을 소개했고, 그의 정본 저술을 찾는 데 지속적으로 관심을 가져왔었다. 신여암고택의 방문도 그러한 작업의 일환으로 이루어졌던 것이고, 큰 성과가 있어서 이 사실을 대서특필할 수 있게 된 것이었다. 나아가 이 기회에 신문 매체를 통해 신경준에 대해 다시 한번 제대로 알리고 싶어 별도의 기문을 통해 신경준의 생애, 저술 목록, 학문의 특징 등에 대해 자세히 소개하였던 것이다. 「석주관기」 또한 나라에 끼친 공헌이 큼에도 불구하고 역사 속에서 외면받은 의인들의 행적을 알리고자 쓴 글이다. 이러한 기문들은 어떤 사실을 알리는 기사記事의 성격을 잘 보여준다.

한편 「중사자우중간운기中獅子雨中看雲記」와 「과해기過海記」는 승

---

256) 김철범, 위의 논문, 303~304쪽.

경勝景을 글로 담아내고 싶은 욕구에 의해 쓴 경우로, 작가 개인의 문예적 개성이 강하게 드러나는 글이다.

> 골구름이 천천히 퍼져 올라오며 봉만峯巒을 더듬으니 고랑진 데는 먼저 퍼져 아까까지 보이지 아니하던 울뭉줄뭉한 모양이 섬세纖細하게 나온다. 그러더니 먼 산山이 또 잠기랴 하고 가까운 산山들까지 다 잠기랴 한다. 인제는 뾰죽뾰죽한 산山끝들만이 보인다. 구름이 아니요 바다다. 산山들이 아니요 섬이다. 가장 먼 산山은 가장 먼 섬이요 그 너머로는 일망무제一望無際한 큰 바다인 것 같다. …… 아까는 산山이 아니면 구름의 도섭을 다 보이지 못하리라 하였더니 이제 보니 구름이 아니었던들 먼 산山 가까운 산山의 진형眞形을 또한 다 그려내지 못할 것이 아닌가 하였다. 산山이 구름의 도섭을 보일 수도 있다. 또 구름이 산山의 점형點形을 그리기도 한다. 다만 부끄러운 바이 있다. 내 붓이 과연 저를 보일 수 있는가. 이를 그릴 수 있는가.257)

이 글은 「중사자우중간운기中獅子雨中看雲記」의 일부로, 중사자암中獅子庵에서 비 내리는 산의 모습을 바라본 풍경을 묘사한 것이다. 산에는 비가 내려 봉우리들 사이로 구름이 피어오르고, 구름과 산은 서로 어우러져 마술을 부리듯 시시각각 다채롭고 신비한 풍경을 연출하고 있다. 이러한 풍경은 늘 정인보에게 글로 표현하고 싶은 욕망을 자극하는 것이 된다. 골짜기 사이로 구름이 피어오르는 모습을 구름이 봉우리들을 더듬으며 천천히 퍼지는 것으로 의인화하거나, '울뭉줄뭉'·'뾰족뾰족' 등의 의태어 사용으로 구름과 산을 형용한 것은 생동감을 더욱 자아내기 위함이다. 먼 산에서부터 가까운 산까지 점차 구름에 잠기다가 산봉우리들의 끝부분만 남아 드넓은 바다 위의

257) 정인보, '中獅子雨中看雲記', 「남유기신」, 『전집』 1, 173~174쪽.

섬처럼 되어 버린 모습들의 묘사도 아름답고 신비로운 풍경을 떠올리게 만든다. 하지만 글로는 아무리 해도 구름 걸린 산의 진풍경을 담아내지 못하니, 표현의 욕구가 커질수록 표현해내지 못하는 안타까움도 커지는 것을 볼 수 있다. 이처럼 「중사자우중간운기」는 서경敍景 위주의 글로 청량淸凉한 미감과 일흥逸興을 자아내는 한 편의 소품문과 같은 것이라고 할 수 있다.

그에 반해 「과해기過海記」는 배를 타고 뱃길을 따라가는 여정이 서술되어 있고, 장소와 관련된 시문 · 일화 등도 언급되는 등 서사 · 서정 · 서경이 혼용되어 있는 기문이라고 할 수 있다. 그러나 벽파정碧波亭을 보면서 충무공 당시에 관한 일을 떠올리다가도 "운공雲空해활海濶하니 경치景致나 볼 일이지 구태여 왕사往事를 들추어 무엇하랴?"[258]라며 경치 감상에 보다 더 젖어드는 모습을 볼 수 있다. 이는 여수 충민사忠愍祠를 찾아갈 때 "이 길은 심상尋常한 탐승探勝이 아니요 이충무 향화香火를 받드는 충민사忠愍祠를 봉심奉審하자는 것"[259]라고 했던 것과는 사뭇 다른 태도이다. 여수 곳곳에서도 승경勝景들을 볼 수 있었으나 아무래도 그곳에서는 이순신 유적지를 살피고 받드는 마음이 컸다. 하지만 배를 타고 여수에서 목포로 향하는 바닷길을 갈 때에는 승경勝景 감상에 보다 더 마음이 쏠리는 모습을 보인다. 이는 「과해기過海記」를 쓰고 나서 "여수麗水 · 포간浦間 해산승개海山勝槪를 얼마라도 지상紙上에 옮겨 보려고 소기小記 삼회三回를 따로 써보았으나 붓이 어디 마음과 같습니까?"라고 토로하고 있는 데서도 잘 드러난다.[260] 여수에서 목포로 향하는 바닷길에 펼쳐지는

258) 정인보, '過海記', 「남유기신」, 『전집』 1, 211쪽.

259) 정인보, 「남유기신」, 『전집』 1, 206쪽.

해산海山 승경을 글로 담아내고자 한 편의 기문을 쓴 것이다.

승경을 글로 담아내고자 정인보는 과감하고도 참신한 표현을 시도하는데, 다음은 가장 눈길을 끄는 부분 중의 하나이다.

> 백야도白也島에 와서는 더우기 도서島嶼의 다붙은 틈으로 들어서니 풍광風光도 명미明媚하려니와 혹저或低 혹고或高한 봉만峰巒이 개개個個이 기삭奇削 괴수怪秀한 데다가 봉색峯色은 모두 옥설玉雪이요, 그런 중에도 근봉近峯은 오히려 형질形質이나 드러나지 원봉遠峯은 백광白光만이 비추니 옥설玉雪로도 비比가 아니다. 백야도白也島 지나서부터는 대해大海다. 자란 자란 자란 자란 자란 자란 자란 자란 자란 자란 자란 자란 자란 결고흔 물이 끝없이 넓은데 나즉나즉한 옥봉玉峯 수첨數尖이 징벽상澄碧上에 띄엄띄엄 떠 있고 검은 바위 한두 점點은 어쩌다가 감실거린다.[261]"

이 부분은 배가 백야도白也島를 지나기 전후의 풍경을 묘사한 것이다. 백야도를 지나기 전에 정인보의 시선을 사로잡은 것이 봉우리들의 모습이라면, 백야도를 지난 후에는 드넓게 펼쳐지는 망망대해이다. 봉우리들은 저마다 기이하고 빼어난 자태로 깎아지른 듯 우뚝 솟아있고 옥빛깔의 눈처럼 빛난다. 간혹 봉우리들이 솟고 바위들이 나타나는 드넓은 바다에는 물결이 잔잔하고도 곱다. 정인보는 이러한 풍경을 글로 표현하기 위해 특이한 문체를 시도하였다. 잔잔하고 고운 물결이 이는 드넓은 바다의 모습을 '자란'이라는 단어를 반복적으로 나열하여 표현하고 있는 부분이 그것이다. '자란'이라는 말은 다

260) 정인보, '過海記', 「남유기신」, 『전집』 1, 213쪽.

261) 정인보, 「남유기신」, 『전집』 1, 209쪽; 《동아일보》, 1934년 9월 26일자.

른 곳에서 쓰이고 있는 경우를 볼 수 없어 정인보가 만든 말로 보이는데, '자란'을 13번이나 반복함으로써 리듬감을 창출할 뿐만 아니라 잔잔한 물결을 시각적으로 보는 듯한 느낌을 자아내도록 하였다. 이러한 부분은 정인보가 국문 산문 쓰기에서 묘사에 굉장히 공을 들이며 새로운 문체를 적극적으로 시도하였음을 단적으로 보여준다고 할 것이다.

하지만 높낮이가 들쑥날쑥한 봉우리들의 모습을 묘사한 '혹저或低 혹고或高', 기이하게 깎아 놓은 듯 빼어난 봉우리들의 모습을 표현한 '기삭奇削 괴수怪秀', '비比가 아니다'라는 구절 등에서는 한문체가 나타나고 있는 것도 볼 수 있다. 이는 '합니다'체를 쓰며 서신을 전하는 형식의 글에서보다도 사실을 알리거나 승경勝景을 묘사하는 기문記文에서 더 빈번하게 나타나는 특징이기도 하다.

이렇게 볼 때 「남유기신」은 언문일치를 온전히 실현한 한글 산문이라고 말할 수는 없다. 그러나 이러한 점이 「남유기신」의 한글 기행문으로서의 문예적 가치를 훼손시키는 것이라고 단정할 수는 없다. 서간문 형식을 통한 유려한 구어체 구사, 기記 양식을 활용한 서사敍事와 서경敍景의 심화, 승경勝景 묘사에서 보이는 말의 새로운 운용 방식 등의 다양한 시도를 통해 한글 산문의 문예미를 구현했다고 할 것이다.

3. 근대적 학술 글쓰기를 통한 조선학 정립

1) 조선후기 학술의 학파와 계보 재구성

정인보는 전통 한학적 소양을 바탕으로 근대적 학술 글쓰기를 활발하게 수행하며 자국학을 수립하는 데에 많은 노력을 기울였다. 이는 민족의 위기를 극복하고 근대에 대응하며 새롭게 거듭나기 위해서는 무엇보다도 학술이 중요하다고 보았기 때문이었다.

> 사람을 죽이매 반드시 병인兵刃만이 아니며 천하를 멸하매 반드시 대포와 창만이 아니다. 학술 이것이 적으면 사람을 죽이고 크면 천하를 멸하는 일이 많다. 이에서 흥興과 존存이 있는 일면, 이에서 폐廢와 망亡이 조성되는 것이다. …… 어느 때나 물을 것 없이 그 민족의 학풍學風의 힘이란 크다. 이를 좇아 민족의 소장消長이 판별判別되는 것이다 그런즉 이를 토구討究하고자 하매 정밀한 곳에 미치기까지 용의用意함을 주도周到히 하여야 할 것이다.[262)]

정인보가 생각하기에 사람을 죽일 수 있고 세상을 망하게 할 수 있는 것은 무력만이 아니었다. 한 민족이 어떠한 학풍學風을 가지고 있는지 학술적 역량이 얼마나 되는지에 따라 민족의 흥망성쇠가 결정될 만큼 학술의 힘은 큰 것이었다. 이에 그는 다른 무엇보다도 학술을 정립하는 것이 시급한 민족적 과제라고 여겼다. 이를 위해 우선 우리의 과거 학술에 대한 고찰과 재정리가 필요하다고 보았다.

> 조선의 학술이 수천 년간 몇 번을 변하였으며 그 변천된 경로가 어떠

---

262) "사람을 죽이매 반드시 兵刃만이 아니며 天下를 滅하매 반드시 炮槍만이 아니다. 學術 이것이 적으면 사람을 죽이고 크면 天下를 滅하는 일이 만타. 이에서 興과 存이 잇는 一面, 이에서 廢와 亡이 造成되는 것이다. …… 어느 쌔나 무를 것 업시 그 民族의 學風의 힘이란 크다. 이를 조차 民族의 消長이 判別되는 것이다 그런즉 이를 討究하고자 하매 微密한 곳에 미치기까지 用意함을 周到히 하여야 할 것이다."(蘇薇山人(鄭寅普), 「近世朝鮮學術變遷에 대하야」(제1회), 『青年』 11권 2호(1931.02), 청년잡지사, 12쪽)

> 하였음을 통시적으로 서술함은 조선의 후학으로서 말 수 없는 일이다. 그러나 이는 거업巨業이라 급작스럽게 논의하기 어렵다 하려니와 가장 가까운 일이백 년 동안 어떠한 풍기風氣가 어떻게 바뀌었으며 어떤 학자가 그 선구에 해당하고 어떤 학자가 그 유풍流風을 넓히고 어떤 학문이 구폐舊弊를 교정하였으며 어떤 일파一派가 오히려 옛날의 보루를 지키었으며 이전의 유파流波, 뒤에 나온 대오가 그 장단이 어떠하였으며 옛것으로부터 새로움을 좇아 민족에 끼친 이로움과 해로움이 어떠하였으며 구舊의 힘과 신新의 힘을 비교하매 그 강약의 정도가 어떠하였음을 우리로서 모른다 할진대 지금에 이르러 다시 누구를 기다려 안다 할 것이랴. 마음 있는 자는 누구나 개연慨然할지니라.[263]

정인보는 우리가 수천 년간 우리 민족의 학술사가 어떠한 변천 경로를 거쳐 왔는지, 구습舊習을 유지하려는 학파(또는 학자)와 선구先驅에 해당하는 학파(또는 학자)가 누구였는지 등 자국의 학술사나 학술 지형도에 대해 알지 못한다는 사실을 환기시켰다. 그가 생각하기에 이처럼 우리가 자신의 과거를 모른다는 것은 곧 현재의 우리 자신에 대한 무지함을 의미하는 것이기도 했다. 과거는 현재에 영향을 미칠 뿐만 아니라, 현재의 모습은 과거와의 비교를 통해 제대로 드러난다고 보았기 때문이다. 이에 우리의 학술을 통시적으로 고찰하여 학

263) "朝鮮의 學術이 數千年間 몃번을 變하얏스며 그 變遷된 經路ㅣ 엇더하얏슴을 通叙함은 朝鮮의 後學으로서 말 수 업는 일이다. 그러나 이는 巨業이라 遽論키 어렵다 하려니와 가장 갓가운 一二百年 동안 엇덧튼 風氣가 엇더케 밧구엿스며 엇던 學者ㅣ 그 先驅에 當하고 엇던 學者ㅣ 그 流風을 衍하고 엇던 學問이 舊弊를 矯正하얏스며 엇던 一派ㅣ 오히려 舊壘를 직히엇스며 曾前의 流波、後出의 隊伍ㅣ 그 長短이 엇더하얏스며 舊로부터와 新으로조차의 民族에 끼처 준 利害를 엇더하얏스며 舊의 力과 新의 力을 較하매 그 强弱의 程度ㅣ엇더하얏슴을 우리로서 모른다 할진대 지금에 이르러 다시 누구를 기다려 안다 할 것이랴. 마음 잇는 者는 누구나 慨然할지니라."(蘇薇山人(鄭寅普), 위의 글, 11~12쪽)

술사를 서술하는 것은 후학의 임무이자 민족의 거업巨業이라고 말했다. 「근세조선학술변천近世朝鮮學術變遷에 대하야」라는 글은 그 일환으로 이루어진 작업이었다.

> 학술을 변별할 때에는 오직 한 급소가 있스니 진짜[진眞]와 진짜 아님이 이미 이에 바로 부합되느냐 반대이냐 하는 것에서 갈린다. 그러니 아무리 지극히 좋은 말인 듯하고 오묘한 논의인 듯하다 할지라도 제 자신의 마음으로써 스스로 증명한 것이 아니라 남에게서 얻은 비슷한 모양의 것이라면 이를 곧 거짓 학문[위학僞學]이라 할 것이다. 그러므로 그때, 그 땅, 그 사람으로서 이 말이 있을 수 없을 것이어늘…… 공부가 딴 길, 외부로만 향하여 근본으로 양지良知 실사實事로 국정國政, 국문國文, 국사國史, 국토國土, 국산國産, 국속國俗에 있어서는 스스로 닦고 스스로 연구함이 없음은 진眞에 대한 잔훼殘毁이다. 송나라 유교 철학도 송유宋儒로서의 진眞임에 귀한 것이니 회암晦菴[주희]의 봉사封事가 침벌와신寢伐臥薪[나라의 원수를 갚기 위해 창을 베고 섶에 누워 괴로움을 견딤]을 뒤로 하지 아니하였거나 상산象山[육구연]으로서 관하關河, 호시弧矢[천지 사방을 경륜할 큰 뜻]를 마음에 두지 아니하였을진대 천만 마디 말이 지극히 좋고 오묘한 뜻을 지니고 있은들 그 근저根柢가 벌써 없음을 어이 하랴. 배운다는 것이 나까지 저 사람으로 되라는 것이 아니다. 내가 없고서야 배우는 자조차 없음이 아니냐. 우리의 수백 년 전 송학宋學의 한 계통은 불행히 내 진眞을 존립치 못하였으며 내 진眞을 배양하고 보호하지 못하였다.[264)]

264) "學術의 辨은 오즉 한 肯綮이 잇스니 眞과 眞 아님이 이미 이에 正反함에서 分隔하는 것이니 아모리 至言인 듯하고 眇論인 듯하다 할지라도 제 自心으로서 自證함이 아니라 남에게 어던 倣樣일진대 이를 곳 僞學이라 할 것이다. 그럼으로 그때, 그 쌍, 그 사람으로서 이 말이 잇슬 수 업슬 것이어늘…… 공부가 他道、外處로만 向하야 本으로 良知 實事로 國政, 國文, 國史, 國土, 國産, 國俗에 잇서서는 自修와 自究가 업슴은 眞에 對한 殘毁이다. 宋儒의 哲學도 宋儒로

학술의 변천사 및 학파의 구도를 서술하기 위해 전제되어야 할 것이 학술의 특징을 파악하는 기준이다. 정인보는 학문의 관건은 진眞·실實에 있다고 보고, 진위眞僞 실허實虛의 논리에 입각하여 학술의 성격을 평가하였다. 그에 따르면 학문의 진眞·실實 여부는 판단의 준거를 자신의 근본 마음인 양지良知에 두고 스스로 입증하고 궁구하는 태도를 보이느냐, 자기가 속한 시대와 땅과 사람에 대해 관심 가지고 이를 위한 학문을 하느냐에 따라 판가름되는 것이다. 이러한 관점에 따라 조선 시대 주류였던 주자학 일파에 대해 외부 학설을 준거로 삼아 자기는 도외시한 채 남(또는 바깥)에게만 관심을 둔 위학僞學을 추구했다고 비판하였다.

이처럼 위학僞學으로 빠졌던 조선 시대의 주류 학풍을 비판하는 동시에 진眞·실實의 학문을 추구하며 "구폐舊弊를 교정矯正"하려 했던 학파를 중심으로 자민족의 학술사를 재정립하는 것이 정인보의 학술 글쓰기의 목적이었다. 그는 비록 당대에는 소수에 해당하여 그 영향력이 크지 않았다고 하더라도 학술적 가치나 후대에 미친 이로움이 크다고 판단되는 것을 위주로 새로운 학술사를 구성하고자 했다. 그런 점에서 그의 학문 태도를 단순히 복고주의라고 규정지을 수는 없다. 정인보의 학적 관심과 연구 대상은 분명 과거와 고서古書에 있었지만, 그가 현재로 불러들이는 고서와 인물들은 진眞·실實에 바

서의 眞임에 貴한 것이니 晦菴의 封事 ㅣ寢伐 臥薪을 뒤로 하지 아니하얏거나 象山으로서 關河, 弧矢를 마음에 두지 아니하얏슬진대 千萬言의 至言, 眇論이 잇슨들 그 根柢ㅣ 발서 업슴에 어이랴. 배운다는 것이 나ᄭᅡ지 저 사람 되라는 것이 아니다. 내가 업고야 배우는 자조차 업슴이 아니냐. 우리의 數百年前 宋學一系는 不幸히 내 眞을 存立치 못하얏스며 내 眞을 培護치 못하얏다."(蘇薇山人(鄭寅普), 「近世朝鮮學術變遷에 대하야」(제1회), 『靑年』 11권 2호(1931.02), 청년잡지사, 12~13쪽)

탕을 둔 자국학의 수립이라는 기획 하에 새로운 방식으로 재조명되고 있기 때문이다.

특히 학술사 재구성과 관련하여 정인보가 관심을 가졌던 시기는 '근세 조선'이라고 불렀던 조선 후기이다. 학문의 구폐舊弊를 쇄신하고 주체적인 태도로 조선을 연구하는 학풍이 이 시기에 새롭게 일어났다고 보았기 때문이다. 그는 이 시기를 '조선학 부흥기朝鮮學復興期'[265]로 규정하며, 조선학 연구자로 볼 수 있는 인물들을 발굴하고 그 저술들을 소개하며 영역 및 특징에 따라 학파를 구분하고 계보를 그려나갔다. 이러한 작업은 주로 '조선고서해제朝鮮古書解題' 연재글[266]이나 고서 간행 작업에 직간접적으로 관여하면서 쓴 글[267]을 통해 이루어졌다. 조선학(국학)에 관해 정의, 범주, 방법, 학파 등의 체계적인 구성을 갖추어 한 편의 완결된 글을 쓴 것이 아니라, 국고國故를 연구한 인물과 그 저술을 발굴하여 소개하고 간행하는 실천 활동 속에서 조선학(국학)을 정립해 나갔던 것이다.

그런 점에서 정인보가 과거의 학술을 바라보는 시각은 시문詩文과 경학經學 중심의 전통적인 사고 방식에서 벗어난 것이었다. 그는 전적으로 조선학(국학) 연구에 대한 성과를 중심으로 학술적 가치와 의의를 평가하며 과거의 인물과 저술들을 소환하였다. "국정國政, 국문

---

265) 정인보, 「조선고서해제 제16화－『陰雨備』(著者未詳)」, 『전집』 1, 38쪽.

266) 정인보는 《동아일보》의 '朝鮮古書解題' 기획코너에 제3화 「懲書」부터 제20화 「武藝圖譜通志」까지 총 18회에 걸쳐 조선학 관련 저술을 소개하였다.(《동아일보》, 1931년 1월 19일 ~ 1931년 7월 6일; 『전집』 1, 3~52쪽)

267) 『전집』 1, 제2편 國學人物論에 수록된 다음과 같은 글들이 있다.
정인보, 「『星湖僿說』을 較刊하면서」, 《동아일보》, 1929년 12월 24~26일자.
정인보, 「茶山先生의 一生」, 《동아일보》, 1935년 7월 6일자.
정인보, 「唯一한 政法家 丁茶山先生 叙論」, 《동아일보》, 1934년 9월 10~15일자.

國文, 국사國史, 국토國土, 국산國産, 국속國俗”을 “스스로 닦고 스스로 연구”하는 학문이 진학眞學이요 실학實學이라고 한 언급에서 보듯이 여기에서 나열한 항목들은 그가 생각한 조선학의 세부 영역을 보여주는 것이다. 이러한 관점에 따라 그가 주목한 인물 및 저술들은 조선학의 다양한 영역에 걸쳐 있다. 정인보가 경학을 벗어나 조선학 영역 중심으로 학술적 가치를 재평가하였던 모습은 다음 글에 잘 드러나 있다.

> (『삼원관산고三圓館散藁』 중) 「상악발문霜嶽發問」은 그(김홍임)의 평생의 포부를 경의고구經義攷究에 의하여 발설하였으므로 경학으로만 볼 것이 아니라, 간간이 홀로 도달한 눈빛이 다른 곳에서 비껴 쏘게 됨을 대충 넘겨볼 수 없다. 그는 역학에 깊은 조예가 있어 서괘序卦의 정밀한 뜻을 말한 일단一段이 영재寧齋 이건창李建昌(「독역수기讀易隨記」)의 한 남본藍本이 되었다. 그러나 우리로서 「상악발문霜嶽發問」의 가치를 논할 때 그를 경사經師로만 볼 수 없는 이 일면에 치중함이 옳은 줄 안다.
>
> 그는 주례周禮의 전제田制를 고증하다가 우리의 전제田制를 논술하여 주공周公의 고법古法이 우리의 제도를 따를 수 없음을 갖추어 거론하였고 또 신라로부터 근세 영종조英宗朝에 이르기까지 제도의 폐함과 거행, 따름과 고침에 관한 사실을 널리 기록하여 양법良法이 속리俗吏의 손에 민몰泯沒됨을 통론痛論하였다. 이에서 그의 조선학朝鮮學의 조예가 어떠하였음을 알 수 있을 뿐 아니라 조선 역대 전제田制와 연혁沿革을 통서統緖 있게 서술한 것이매 이만으로도 불후의 가치가 있으매…[268]

268) “(『三圓館散藁』 중) 「霜嶽發問」은 그의 生平抱負를 經義攷究에 依하여 洩露하였으므로 經學으로만 볼 것이 아니라, 間間 獨到한 眼光이 다른 곳에서 橫射됨을 泛看할 수 없다. 그는 易學에 深造가 있어 序卦의 精義를 말한 一段이 李寧齋 建昌(讀易隨記)의 한 藍本이 되었다. 그러나 우리로서 「霜嶽發問」의 價値를 論할 때 그를 經師로만 볼 수 없는 이 一面에 置重함이 옳은 줄 안다.

김홍임金弘任은 평생의 포부를 경학經學 고구考究에 두었고, 특히 그의 『삼원관산고三圓館散藁』 중 「상악발문霜嶽發問」은 이건창李建昌이 「독역수기讀易隨記」의 저본으로 삼을 만큼 역학 방면에 조예가 깊었던 인물로 보인다. 하지만 정인보가 「상악발문」을 주목한 것은 역학 분야의 성과 때문이 아니었다. 「상악발문」에서는 주례周禮를 고증하는 가운데 조선의 역대 전제田制와 연혁沿革에 대한 고찰이 이루어졌는데, 정인보는 바로 이 점에서 이 책이 중요한 학술적 가치를 지니게 되는 것이라고 하였다. 이에 김홍임을 단지 경사經師로만 볼 것이 아니라 조선학을 연구한 학자로 보아야 한다고 주장하였다.

이와 같이 정인보는 탈경학적 태도로 조선학 중심의 학술사를 재구성하겠다는 기획하에 조선학의 세부 영역별로 중요한 학문적 성과를 보인 인물과 저술들을 조명하였다. 훈민정음 연구와 조선어훈석朝鮮語訓釋 등의 언어문자학, 지도 · 지지地誌 등의 지리학, 천문역산, 전장 및 국방 등의 제도, 무예, 유학 · 사상 등이 그가 관심을 보인 조선학의 세부 영역에 해당하는 것들이다.

그러나 그의 학술 글쓰기가 조선학의 세부 영역을 제시한 후 그 범주하에 인물과 저술을 배치하는 방식으로 이루어진 것은 아니다. 반대로 정인보는 조선학 관련 인물과 그 저술에 관해 설명하는 가운데 해당 내용을 조선학의 세부 영역으로 배치하는 방식으로 서술하였

그는 周禮의 田制를 考證하다가 우리의 田制를 論述하여 周公古法이 우리의 制度를 따를 수 없음을 備擧하였고 또 新羅로부터 近世 英宗朝에 이르기까지 制度의 廢擧 仍改에 關한 事實을 譜錄하여 良法이 俗吏의 손에 泯沒됨을 痛論하였다. 이에서 그의 朝鮮學의 造詣 어떠하였음을 알 수 있을 뿐 아니라 朝鮮歷代 田制沿革을 統緖 있게 敍述한 것이매 이만으로도 不朽의 價値가 있으매……"(정인보, 「조선고서해제 제7화－『三圓館散藁』(金弘任 著)」, 『전집』 1, 9쪽)

다. 예컨대 정상기鄭尙驥의 『팔도도八道圖』, 김정호金正浩의 『대동여지도大東輿地圖』, 이중환李重煥의 『택리지擇里志』에 관해 설명하는 가운데 각각에 대해 "조선여도학朝鮮輿圖學에 있어 특필特筆할 만한 도圖",[269] "조선인朝鮮人의 손으로 된 조선朝鮮의 지도地圖가 이에 이르러 대성大成을 집集하였다",[270] "조선朝鮮의 지리서地理書로서 고금古今에 이에 지날 양저良著가 없음"[271]이라는 평가를 내리는 식이다. 홍길주洪吉周의 『항해총서沆瀣叢書』와 같이 여러 가지 성격의 글이 섞여 있는 총서叢書의 경우, 「호각연례弧角演例」는 '조선주인학朝鮮疇人學'(천문역산학)의 계통에 해당하고 「수여방필睡餘放筆」은 '조선문학사朝鮮文學史'의 참조자료로서 그 가치가 있다고[272] 서술하는 방식으로 문헌에서 조선학 관련 부분을 찾아 각각을 조선학 세부 영역으로 배치해 나갔다.

다른 한편으로는 조선 고서의 탐색 과정에서 조선학과 관련한 탐구 내용에 주목하면서 영향 관계 및 선후 관계를 파악하고 부분적으로 계보를 구성해 나가기도 하였다. 정동유鄭東愈의 『주영편晝永編』, 유희柳僖의 『문통文通』, 신경준申景濬의 『훈민정음운해訓民正音韻解』를 소개해 나가는 가운데 신경준申景濬－정동유鄭東愈－유희柳僖로 이어지는 훈민정음학의 계보를 구성하고,[273] 김정호의 『대동여지도

269) 정인보, 「조선고서해제 제6화－『八道圖』(鄭尙驥 著)」, 『전집』 1, 9쪽.

270) 정인보, 「조선고서해제 제11화－『大東輿地圖』(金正浩 著)」, 『전집』 1, 18쪽.

271) 정인보, 「조선고서해제 제14화－『擇里志』(李重煥 著)」, 『전집』 1, 23쪽.

272) 정인보, 「조선고서해제 제18화－『沆瀣叢書(洪吉周 著)」, 『전집』 1, 42쪽.

273) 鄭東愈의 『晝永編』 해제에서는 柳僖의 「諺文志」가 『晝永編』의 훈민정음 부분을 祖述했다는 데까지만 언급되었는데, 申景濬의 『訓民正音韻解』 해제에서 申景濬이 鄭東愈, 柳僖보다도 앞선 훈민정음학의 中興祖로 제시되면서 申景濬－鄭東愈－柳僖로 이어지는 훈민정음학 계보가 구성되었다.(정인보, 「조

大東輿地圖』의 이전에 정상기鄭尙驥－홍대용洪大容－정철조鄭喆朝 등의 순으로 지도를 제작한 일이 있음을 언급하며 조선여도학朝鮮輿圖學의 역사를 부분적으로 구성한 것이 그 예이다.[274)]

나아가 정인보는 조선 후기에 일어난 조선 연구의 학풍을 '근세 조선학'으로 규정하고 이와 관련한 학술 성과를 남긴 이들을 삼파三派로 구분하였다.

> 근세 조선학의 파계派系 대략 삼파三派가 있으니 성호星湖를 도사導師로 하고 농포農圃의 가업이 전해진 데까지 아우른 한 계통이 있고, 소재疎齋 이이명李頤命, 서포西浦 김만중金萬重으로부터 흘러 나온 한 계통(담헌湛軒이 이 계통에 속함)이 있고, 하곡霞谷의 학문을 이어받은 한 계통이 있다. 이 세 계통으로 말하면 혹은 자취가 분명한 경우도 있고 혹은 흔적이 숨은 경우도 있으나 제가諸家의 학설을 회통하여 볼 때 자연히 그 좇아난 바를 알 수 있는 것이다. 그러나 세 계통의 추향趨向이 야릇하게도 얼없이 합하여 거의 한 선생이 가르친 것 같음은 다른 까닭이 아니라 당시 조선인의 절실하고 지극한 고민으로 좇아 생기는 진정한 반성의 깨달음이 피차 서로 다를 리 없는 까닭이다. …… 그러므로 교유 관계, 친인척이 서로 비슷함을 좇아 파계派系의 분별이 없지 못하나, 그 시대 그 지역의 자연스러운 발아發芽임을 알 것 같으면 추향趨向의 일치됨을 의심하지 아니할 것이다.[275)]

선고서해제 제4화－『書永編』, 『전집』 1, 5쪽 ; 「조선고서해제 제15화－『訓民正音韻解』(申景濬 著), 『전집』 1, 33쪽)

274) 정인보, 「조선고서해제 제11화－『大東輿地圖』(金正浩 著)」, 『전집』 1, 21~22쪽.

275) "근세 조선학의 派系 대략 三派ㅣ 있으니 星湖를 導師로 하고 農圃의 傳緖까지 아우른 一系 있고, 李疎齋 頤命, 金西浦 萬重으로부터 流衍된 一係(湛軒이 이 系에 屬함) 있고, 霞谷의 學을 承受한 一系 있다. 이 三系로 말하면 或 明迹도 있고 或 潛痕도 있으나 諸家의 學說을 會通하여 볼 때 自然 그 좇아난 바를 알 수 있는 것이다. 그러나 三系의 趨向이 야릇하게도 얼없이 合하여 거의 一先

첫 번째는 성호星湖 이익李瀷(1681~1763), 농포農圃 정상기鄭尙驥(1678~1752)로부터 이어지는 계열, 두 번째는 소재疎齋 이이명李頤命(1658~1722), 서포西浦 김만중金萬重(1637년~1692)로부터 담헌湛軒 홍대용洪大容으로 이어지는 계열, 세 번째는 하곡霞谷 정제두鄭齊斗(1649~1736)를 계승한 계열로 구분하였다. 이는 그의 말을 참고해 보자면 '교유 관계, 친인척이 서로 비슷함'에 따라 구분한 것으로, 각각 남인, 노론, 소론계에 해당된다고 볼 수 있다.[276] 그러나 정인보가 근세 조선학의 삼파三派를 말한 것은 조선학을 추구한 서로 다른 색깔의 세 가지 양상이 있음을 의미하는 것은 아니라고 본다. 그가 오히려 강조하는 것은 당파별로 학문 연원이나 교유 범위가 상이한 면이 있었을 텐데도 불구하고 주체적인 태도로 조선에 대해 탐구하는 학풍이 당파를 넘어 공통적으로 일어났다는 사실이라고 할 수 있다.

'근세 조선학'의 삼파나 정음학 계보 등은 이전에는 주목되거나 언급된 바 없는 새로운 것으로 조선 후기의 학술사를 독자적인 관점으로 파악한 정인보에 의해 과감하게 제시된 것이었다. 조선 양명학파도 그러한 경우이다.

生의 指授인 것 같음은 다른 緣由가 아니라 當時 朝鮮人의 切至한 苦悶으로 좇아 생기는 眞正한 省悟ㅣ 彼此 서로 다를 리 없는 까닭이다. …… 그러므로 交游, 親姻의 相近함으로 좇아 派系의 分別이 없지 못하나, 그 時代 그 地域의 自然한 發芽임을 알 것 같으면 趨向의 一致됨을 의심하지 아니할 것이다."(정인보, 「조선고서해제 제13화-『椒園遺藁』(李忠翊 著)」, 『전집』 1, 28쪽)

276) 이황직은 1계열은 실학의 경세학파, 2계열은 조선의 자연과학학파, 3계열은 강화학파에 해당하고, 당파로 보면 남인, 노론, 소론계로 구분된다고 보았다.(이황직, 「위당 조선학의 개념과 의미에 관한 연구」, 『현상과 인식』 제34권 제4호, 2010, 27쪽) 하지만 1계열을 경세학파, 2계열을 자연과학학파만 한정지을 수 있는지는 의문이다. 오히려 "交游, 親姻의 相近" 관계에 따라 派係의 구분이 없을 수는 없다는 정인보의 말에 따라 당파에 따른 구분 정도로 보는 것이 타당해 보인다.

> 조선에는 양명학파陽明學派가 없었다. 양명학은 내려오면서 어떠한 이단異端 사설邪說같이 몰아 그 책이 책상 위에 놓인 것만 보아도 벌써 난적亂賊의 성토聲討를 준비하게 되었나니 한두 학자가 비록 양명의 학설에 홀로 계합함이 있다 할지라도 밖으로는 드러내지 못하였다. 그런즉 양명학파 없었다 함이 사실 아님이 아니다. 조선은 회암학파晦菴學派뿐이다. 여러 백 년 동안 누구를 물을 것 없이 그 학문을 받들어야만 출사와 명성의 길을 얻을 수가 있는 것이 전부인지라 따라 회암학파라는 이름까지도 없었다.[277]

정인보는 '양명학파陽明學派'와 '회암학파晦菴學派'라는 단어를 사용하여 조선의 학술에 대해 설명하면서 이 명칭은 원래는 없었던 말이라고 했다. 실상은 양명학파가 존재했으나 자신이 양명학파임을 드러낼 수 없었고, 온통 회암학파[주자학파] 일색이었으나 회암학만을 받들어야 했기에 따로 '회암학파'라고 지칭하지는 않았다는 것이다. 그러나 정인보가 새롭게 쓰는 것은 명칭뿐만이 아니다. 정인보는 실상 존재했으나 밖으로 드러낼 수 없었던 양명학파를 밝힌다고 했지만, 조선의 양명학파라는 범주는 그에 의해 만들어진 것이기도 했다.

> 이제 양명학파로서 밖으로 드러내지 못한 우리의 옛 선현을 찾아보면 참으로 적막하기가 막심한데도, 그중에도 대략 세 가지로 구별할 수가

277) "朝鮮에는 陽明學派가 없었다. 陽明學은 내려오면서 어떠한 異端 邪說같이 몰아 그 책이 책상 위에 놓인 것만 보아도 벌써 亂賊의 聲討를 準備하게 되었나니 一二學者ㅣ 비록 陽明의 學說에 獨契함이 있다 할지라도 밖으로는 드러내이지 못하였다. 그런즉 陽明學派 없었다 함이 事實 아님이 아니다. 朝鮮은 晦菴學派뿐이다. 여러 百年 동안 누구를 물을 것 없이 그 學을 받들어야만 進身 取名의 길을 얻을 수가 있는 것이 全部인지라 따라 晦菴學派라는 이름까지도 없었다." (정인보, 「陽明學演論」, 『전집』 2, 210~211쪽)

> 있다. 하나는 두렷한 저서著書가 있다든지 그렇지 아니하면 그 말과 글 가운데라도 분명히 증거가 될 만한 것이 있어 집안 바깥에서는 몰랐을 지라도 양명학파라 하기에 의심 없는 이들이요, 하나는 양명학을 비난한 말이 있는데 전후를 종합하여 보면 이는 궤사詭辭라 속으로는 양명학을 주장하던 것을 가릴 수 없는 것이 있는 이들이요, 하나는 양명의 학문을 일언반구 제시하여 언급한 적이 없고 존경하여 받듦은 회암晦菴에 있다 하나, 양명을 말하지 아니하되 그의 평생 주장의 핵심이 되는 정신을 보면 두말할 것 없이 양명학임을 알 수 있는 이들이다.[278]

정인보는 양명학에 대해 직접적으로 언급한 바가 있느냐의 여부와는 상관없이 양명학적 사유를 보인 이들을 모두 양명학파에 포함시켰다. 그리고는 양명학에 대한 직접적인 언급과 비판 여부에 따라 크게 세 가지로 구분하였다. 제1부류는 양명학을 직접적으로 언급하거나 관련 저술을 남긴 경우로 최명길崔鳴吉(1586~1647), 장유張維(1587~1638), 정제두鄭齊斗(1649~1736) 등이 있고, 제2부류는 겉으로는 양명학을 비난하였으나 속으로는 양명학을 주장한 경우로 이광사李匡師(1705~1777), 이충익李忠翊(1744~1816) 등이 있으며, 제3부류는 양명학에 대해 전혀 언급하지 않았으나 양명학적 사유를 보인 경우로 홍대용(1731~1783) 등이 있다고 하였다. 정인보는 최명길에 대해 "지천遲川의 양명학陽明學을 독수獨修함은 전인前人이 언급言及한 적이 없고", "도무지 아는 사람이 없었다"고 말한 바 있는데[279], 이는 최명길뿐만이 아니라 그가 양명학파에 포함시킨 대부분의 인물에 대해 할 수 있는 말이기도 했다.

---

278) 정인보, 위의 글, 211쪽.

279) 정인보, 위의 글, 211쪽.

이처럼 조선 양명학파는 정인보에 의해 비로소 구성되고 명명되어 조선의 학술사에서 유의미한 학파로서 그 존재론적 위상을 부여받게 되었다. 정인보가 박은식이 양명학을 통해 구학문舊學問의 병폐를 극복하고 근대에 대응하고자 했던 문제의식과 실천활동을 이어받으면서도 독보적으로 한 걸음 더 진전시킨 점이 바로 여기에 있다고 할 것이다.

이상에서 본 바와 같이 정인보는 '근세'로 명명했던 조선 후기를 중심으로 학술의 변천 구도를 제시하며 조선학 관련 인물과 저술을 소개하며 학파와 계보를 구성해 나갔다. 이러한 작업은 전통과의 단절이 아니라 재해석을 통해 전통 학문을 계승하는 방식이기도 했다. 과거 전통 학문 속에서 현재에도 유의미한 가치를 지니는 것을 발굴하여 전통 학문을 재편함으로써 시대에 대응하는 발판으로 삼고자 한 것이다. 정인보는 자신의 실심實心에 비추어보는 학문 태도를 강조하였는데, 자기 내부에서 근거를 찾는 방식이 개별 인간의 범주에 국한되지 않고 민족의 범주에까지 확장된 것이라고 할 수 있다.

조선 후기의 학술사를 재구성하는 학술 글쓰기는 고서정리활동과 연동되면서 가장 실천적인 성격을 띠었고, 사회적인 반향도 크게 불러 일으켰다. 그 정점에 있는 것이 정약용에 대한 인물론과 『여유당전서』의 발간이었다. 비록 해석과 연구 방법을 둘러싸고 논쟁이 벌어졌지만, 당시 조선학 연구자들이 공통적으로 관심 가질 만한 주제를 던진 것만은 사실이었다. 이는 조선의 학술을 돌아보며 유의미한 가치를 이끌어내고 현재의 학문을 새롭게 수립하는 기반으로 삼고자 했던 정인보의 학술적 노력이 사회적으로 일정 부분 공명을 일으킨 것이었다고 할 수 있다.

2) 원류 탐색을 통한 민족문화사 서술

정인보의 학술 글쓰기는 민족 문화의 원류와 본질을 탐구하는 방향으로도 이루어졌다. 이와 관련하여 정인보가 관심을 둔 시기는 고대이다. 민족의 정체성이 무엇인지, 어떻게 민족의 주체적인 정체성을 확립할 것인지에 대한 해답이 그 시대에 있다고 보았기 때문이다. 이러한 탐구는 조선의 문학과 역사에 대한 통시적 고찰을 시도한 「조선문학원류초본朝鮮文學源流草本」과 「조선사연구朝鮮史研究」에서 두드러지게 나타난다.

정인보가 학술 글쓰기를 가장 먼저 시도한 영역은 문학이었다. 1928년과 1930년에 각각 발표한 「지나문학총론支那文學論叢」과 「조선문학원류초본朝鮮文學源流草本」이 그것이다. 「지나문학총론」 역시 내부 표제가 '지나시支那詩의 원류源流'라고 되어 있어, 두 글에서 모두 '원류源流'에 대한 관심이 표방되어 있음을 볼 수 있다. 물론 두 글은 대상의 범위, 탐구 방법, 서술 방식 등이 달라 같은 층위에서 비교하여 논하기는 어려운 점이 있다. 하지만 정인보가 조선 문학의 정체성을 어디에서 어떤 방식으로 찾고 있는지는 「지나문학총론」을 참조하며 「조선문학원류초본」을 고찰할 때 더욱 명확해지는 면이 있다.

우선 정인보가 가장 먼저 시도한 학술적 글인 「지나문학총론」을 보자. 이 글은 중국시의 원류에 대해 탐색한 것인데, 여기에서 정인보가 탐구 대상으로 삼은 것은 『시경詩經』이다. 중국의 시가 어느 시기로부터 시작되었는지에 대해 명확히 알 수 없으나 중국시에 대해 말하고자 할 때는 『시경』을 첫 번째로 들 수밖에 없기 때문이라는 것이다.[280] 하지만 이 글은 『시경』의 특징에 대한 분석이 중심을 이루

280) 정인보, 「支那文學論叢」, 『전집』 1, 313쪽.

고 있을 뿐이지 중국 민족의 정체성을 규명하거나 중국의 역사와 문화를 고찰하는 방향으로 나아가지 않는다. 시 삼백 편이 보여주는 경계境界, 시와 운韻의 관계, 경물景物과 작자作者와의 관계 등에 대해 설명하고 있어 한시론漢詩論의 성격을 띠고 있다고 할 수 있다.

그럼에도 '지나시支那詩의 원류源流'라는 주제로 『시경』을 고찰하고 있다는 점은 주목할 만한 사실을 알려준다. 그것은 바로 『시경』에 대한 탈경학적 태도와 타자화이다. 앞 절에서 정인보의 탈경학적 태도를 언급한 바 있는데, 여기에서도 정인보가 『시경』을 경전으로 대하는 태도를 탈피하고 있음을 확인할 수 있다. 『시경』을 확인 가능한 범위 내에서 중국에서 불린 가장 앞선 시기의 시가詩歌로 보며 중국 시의 원류를 살필 수 있는 자료로 대하고 있는 것이다. 이는 또한 정인보가 『시경』을 우리 민족 시가의 원류와는 다른 것으로 상대화하고 있음을 보여주는 것이기도 하다.

자민족 문학의 원류에 대한 탐색은 그로부터 2년 뒤 「조선문학원류초본草本」에서 본격적으로 이루어졌다.[281] 정인보가 이 글을 쓰게 된 동기는 다음에 잘 나타나 있다.

> 오늘날 우리가 돌연突然히 생긴 우리가 아니라 마음속에 잠재한 뿌리가 오래 두고 벋어 내린 바이므로…… 내력이 어떠함을 먼저 찾아보아야 할 것이며 이를 찾아본 뒤에야 우리로서 스스로 깨달음이 있어 따르고 피할 바와 취하고 버릴 것을 알아 근본덕성을 배양하고 지키는 것을

281) 「朝鮮文學源流草本」에 대해서는 김진균의 「「朝鮮文學源流草本」을 통해 본 鄭寅普의 '조선문학' 구상」(『반교어문연구』 39, 반교어문학회, 2015)에서 자세히 고찰한 바 있다. 본고에서는 정인보의 학술 글쓰기의 특징 중의 하나로 민족 문화의 원류와 본질 탐색을 제시하고 그러한 학술적 산물에 「朝鮮文學源流草本」가 있음을 말하고자 한다.

> 이룰 수 있을 것이다. 문학의 고구考究가 이에 급선무이거늘 속학俗學은 이를 깊이 깨닫지 못하여 혹 말하되 역사가 있어 이를 검증하고 밝힌다고 하나 다시 생각하면 그렇지 아니하니 역사는 사실의 인과를 드러내어 게시하는 것이라 그 원인을 만든 어떤 미묘한 일면은 문학이 아니고는 비추어 그려 놓은 곳이 없나니 사실은 실제일 것 같으나 오히려 와오訛誤의 여지가 있으되 감촉感觸으로 발로發露되는, 생각하고 헤아림으로 분포分布되는 평소 심정이 은밀히 드러남은 허虛인 듯하건마는 언제든지 그때 그날의 뚜렷한 광경을 어찌할 수 없이 표상하고 마는 전채라. 지금 조선문학의 총화總和가 정밀하게 정리되지 못하였나니 거연遽然히 통시적으로 서술하기가 어려우나 일일 이일 시일이 지나감을 보매 오직 서로 남에게 미루는 데에 그칠 바가 아님을 느끼어 먼저 원류源流를 거칠게나마 논하여 개략槪略이라도 보이고자 하노라.282)

정인보는 현재의 모습에는 오랜 역사 동안 쌓아온 업적과 습속이 마음속에 잠재된 뿌리를 이루며 들어 있다고 보았다. 이러한 역사 지속적 관점에 입각하여 우리의 모습을 밝히기 위해서는 과거에 대한 고찰이 필요함을 주장하였다. 그런데 과거에 대한 고찰을 문학 영역

282) "오늘날 우리가 突然히 생긴 우리가 아니라 心裏의 潛在한 뿌리가 오래 두고 벋어 내린 바이므로…… 來歷이 어떠함을 먼저 찾아보아야 할 것이며 이를 찾아본 뒤에야 우리로서 自證이 있어 趨避할 바와 取捨할 것을 알아 根本德性의 培護를 이룰 수 있을지니 文學의 考究ㅣ 이에 急務이거늘 俗學은 이를 深覺하지 못하여 혹 말하되 歷史가 있어 이를 徵明한다 하나 更考하면 그렇지 아니하니 歷史는 事實의 因果를 表揭하는 것이라 그 因을 만든 어떤 微妙한 一面은 文學이 아니고는 影寫된 곳이 없나니 事實은 實할 것 같으나 오히려 訛誤의 餘地가 있으되 感觸으로 發露되는, 思度으로 分布되는 衷素의 隱現은 虛인 듯하건마는 언제든지 그때 그날의 뚜렷한 景光을 어찌할 수 없이 表象하고 마는 전채라 지금 朝鮮文學의 總和ㅣ 精算되지 못하였나니 遽然히 統緒的 叙述이 있기 어려우나 一日 二日의 蹉跎하여 감을 보매 오직 서로 推諉함에 그칠 배 아님을 느끼어 먼저 源流를 粗論하여 槪略이라도 보이고자 하노라."(정인보, 「朝鮮文學源流草本」, 『전집』 1, 261~262쪽)

에서부터 시작한 것은 역사적 사실로만은 나타나지 않는 면이 문학에 담겨 있다고 보았기 때문이다. 역사는 사실의 인과관계를 드러내지만 문학은 사실의 원인을 만들어내는 미묘한 일면을 담기에 이러한 측면은 문학 연구를 통해 밝힐 수밖에 없다는 것이다. 또한 역사적 사실은 왜곡되어 전해질 여지가 있지만, 마음속에 잠재된 느낌과 생각은 구체적인 이미지로 각인되어 은연중에 드러나기 때문에 문학 연구를 통해 숨은 진실을 드러낼 수 있다고 보았다.

이에 정인보는 우리에 대해 알기 위해서는 조선 문학에 대한 연구가 시급한 과제임을 강조하고, 이를 서로 미룰 수만은 없기에 자신이 조선문학의 원류에 대한 논의부터 시작한다고 하였다.

조선문학의 원류에 대한 탐색을 위해 정인보는 고조선 시대로 거슬러 올라갔다. 그러나 현전하는 고조선 문학 작품을 볼 수 없으므로, 대신 「모시전毛詩傳」·『후한서後漢書』·『오경통의五經通義』 등과 같은 중국의 경전과 역사서에서 '동이지악東夷之樂'에 대해 언급한 부분을 찾아냈다. 타민족이 본 고조선인의 음악에 대한 기록으로부터 '동이지악東夷之樂'의 특징을 추정한 것이다. 아울러 동이東夷의 품성品性에 대해 언급한 기록을 찾아내 음악에 대한 평과 연관지었다. 이러한 과정을 통해 조선문학사상의 원류를 다음과 같이 제시하였다.

> 음악의 설명으로써 그네의 품성을 생각하여 보고 품성에 대한 이해를 구함으로써 그때의 음악과 서로 증명하여 보면 순수한 인애仁愛가 이른바 '사물을 보기를 다친 것처럼 보살핀다(視物如傷)'라고 하는 지극한 덕성德性의 화신化身이었었던 것을 어렴풋하나마 생각할 수 있다. 어쥚에 피차 한덩어리인 큰 사랑이 있고 이같은 사랑이 있으매 비록 곤면袞冕

> 과 보불黼黻을 모르고 짐승 가죽과 풀잎으로써 가리운 몸이지만 개체를 싸고도는 간격의 생각이 일지 아니하여 혼연渾然한 천진天眞이 스스로 만물일체의 대지大旨와 깊숙이 합함에 이르러 마침내 형구形軀[신체]의 구구區區한 낮은 단계를 지나 올라가 만유萬有를 낳고 기르는 천군天君의 뜻의 울림을 몸 받아 울리게 되매 안으로 백성의 풍속을 이루고 밖으로 외인外人의 경모敬慕함을 받은 것이니 이만한 숭고한 정서가 곧 조선문학사상의 원류일 뿐 아니라 동방의 덕교德敎가 여기서 분파分派되었다 하여도 자못 과언이 아니라 할지라.283)

우리 민족의 음악과 품성에 대한 타민족의 평을 참조해 볼 때, 고조선의 음악은 '순수純粹'한 '인애'로 "만유萬有를 생발生發하는 의향意響"이었음을 알 수 있으며, 타민족의 경모敬慕를 받은 숭고한 정서, 곧 인애仁愛가 조선문학사상의 원류라는 것이다. 심지어 동방의 덕교德敎가 이로부터 분파分派된 것이라고까지 하였다. 이에 앞서 정인보는 『후한서後漢書』「동이전東夷傳」에서 하夏왕조 때 이인夷人이 무악舞樂을 헌상獻上했다고 기록된 부분을 인용하며284) 조선의 무악舞樂이 고대 중국에 전해졌음을 추측할 수 있다고 해석한 바 있었다.

---

283) "音樂의 說明으로써 그네의 品性을 생각하여 보고 品性의 求解로써 그때의 音樂과 交徵하여 보면 純粹한 仁愛가 이른바 '視物如傷'하는 至極한 德性의 化身이었었던 것을 어렴풋하나마 생각할 수 있다. 어쥚에 彼此 한덩어리인 큰 사랑이 있고 이같은 사랑이 있으매 비록 袞冕黼黻을 모르고 獸皮 草葉으로써 가리운 몸이나 箇體를 싸고도는 間隔念이 일지 아니하여 渾然天眞이 스스로 萬物一體의 大旨와 冥合됨에 이르러 마침내 形軀의 區區한 卑階를 지나 올라가 萬有를 生發하는 天君의 意響을 몸 받아 울리게 되매 안으로 民俗이 이루고 밖으로 外人의 敬慕함을 받은 것이니 이만한 崇高한 情緖ㅣ 곧 朝鮮文學思想의 源頭일 뿐 아니라 東方의 德敎ㅣ 여기서 分派되었다 하여도 자못 過言이 아니라 할지라."(정인보, 「朝鮮文學源流草本」, 『전집』 1, 263~264쪽)

284) "夏后氏, 太康失德, 夷人始畔, 自少康已後, 世服王化, 遂賓於王門, 獻其樂舞."(정인보, 위의 글, 262쪽)

그리고는 여러 기록들을 통해 동이東夷의 음악을 인애仁愛와 덕성德性의 화신으로 볼 수 있다고 하였다. 이 두 내용을 연결하면 동방의 덕교인 인애가 고조선 음악을 통해 중국으로 전해졌다는 논리를 만들 수 있게 된다. "동방의 덕교德教가 이로부터 분파分派"되었다는 발상은 이러한 논리로부터 나온 것이라고 할 수 있다. 하지만 이러한 해석과 논리는 선뜻 받아들여지기에 어려운 점이 있다. 정인보는 분명 방대한 문헌을 섭렵하고 뛰어난 해독력을 갖추었기에 문헌학적 고증을 자신의 학문방법의 핵심이자 특장으로 삼을 수 있었다. 하지만 여러 문헌을 끌어와 고증하면서도 때때로 해석에서 이와 같은 논리적 비약을 보였다는 점은 한계였다고 할 수 있다.

이후 삼국시대의 문학에 관한 서술로 이어지는데, 조선문학사상의 원두源頭[근원]인 인애仁愛가 삼국시대의 문학에 어떻게 이어지고 있는지, 한토漢土[중국] 문화를 받아들이면서도 자성自性을 유지하고 있는지에 주안점을 두고 각국의 문예 특징이 설명되고 있다. 『고려사高麗史』 악지樂志에 수록된 고구려의 「연양일곡延陽一曲」에 대해 "고조선古朝鮮의 인애仁愛 넘치던 민덕民德이 구르매 이렇듯 강렬强烈한 것을 이에 영략領畧할 수 있다."[285]라고 서술한 부분은 조선문학의 원두源頭의 유맥流脈을 말하고 있는 일례이다.

신라에서 "원화源花·화랑花郎의 숭봉崇奉이 생기고 상열相悅 상마相磨의 화회和會를 만"든 "대의大意를 잡아 명합冥合함을 살피면 이에 의연依然한 유맥流脈이 없는 것이 아니"[286]라고 서술한 부분도 그러한 사례를 보여준다. 여기서 말하는 '의연依然한 유맥流脈'은 정

285) 정인보, 위의 글, 269~270쪽.

286) 정인보, 위의 글, 299쪽.

인보가 "신라사상新羅思想의 순수純粹한 응취凝聚"[287]라고 한 화랑花郎에서 잘 드러난다. 화랑의 기풍氣風은 난만爛漫 진솔하고 본질(진심眞心) 앞에 격막隔膜이 없어 만사 만물에 대해 풍부한 정서를 느끼게 되는데, 이로 인해 가사歌詞가 가장 융성하였다는 것이다.[288] 이 화랑의 기풍을 설명하는 부분이 조선문학사상의 근원인 인애와 흡사함을 볼 수 있다. 곧 정인보는 인애의 정신이 면면히 흘러 잘 살아났을 때 문예가 융성한다고 보았음을 알 수 있다. 반면 정인보는 본심이 은폐되면 만사 만물과의 접촉이 일상의 표피 수준에만 그치게 되어 경미한 촉감도 일으키지 못한다고 하였다. 조선오백년의 말기가 이러한 모습을 보여준다고 하였다. 여기서 정인보가 문학의 융성함을 판단하는 기준은 작품의 수, 다양성, 새로움 등이 아니라, 진심眞心에 감촉感觸을 일으킨 순수하고 풍부한 정서임을 다시 한번 확인할 수 있다.

정인보는 「조선문학원류초본」 이후에 더이상 조선문학사에 관한 집필을 이어가지는 않았다. '조선고서해제' 연재(1931년), 「양명학연론」(1933년), 「조선사연구」(1935) 등 그의 학술 글쓰기의 대상은 문학에서 사상, 역사 영역으로 이동하였다. 이는 시급한 대응이 필요하다고 판단되는 영역이 상황에 따라 달라졌던 것과 관련 있다. 그렇다면 「조선문학원류초본」을 발표할 당시에 이 문제를 시급한 과제로 여겼던 까닭은 무엇일까?

실상 정인보가 「조선문학원류초본」을 쓰기 이전인 1922년에 이미 안확이 『조선문학사』를 내놓은 바 있다. 또한 「조선학원류초본」보다

287) 정인보, 위의 글, 297쪽.

288) 정인보, 위의 글, 300쪽.

약간 앞서 경성제국대학의 일본인 연구자들인 다카하시 도오루高橋亨와 다다 마사모토多田正知에 의해 각각 『朝鮮文學硏究－朝鮮の小說』[조선문학연구－조선의 소설](1927), 「朝鮮文學史(全4回)」[조선문학사](『斯文』 11권 10호(1929.10)~12권 4호(1930.04))가 발표된 바 있었다.[289] 정인보가 안확이나 일본인 연구자들의 저술에 대해 전혀 언급을 하지 않고 있기 때문에 이들 저술을 보았는지는 명확히 알 수 없다.[290] 하지만 「조선학원류초본」이 다다 마사모토의 「조선문학사朝鮮文學史」의 시각과 상당히 대비를 이루고 있다는 점은 의미심장해 보인다.

다다 마사모토의 「조선문학사朝鮮文學史」는 다카하시 도오루의 관점을 이어받아 조선문학사 연구를 본격적으로 시도한 것으로 평가되는 글이다. 이 글에서 다다 마사모토는 고려 이전인 '상대上代'로 시기를 한정하여 조선문학사를 서술하면서 조선문학 발생의 사상적 원천은 중국으로부터 수입된 유불도儒佛道 삼교三敎에 있으며 조선의 문화는 단지 중국문화의 말류末流에 지나지 않는다고 견해를 보였다.[291] 이는 정인보의 「조선학원류초본」과 상반된 관점을 보여주는 것이다. 다다 마사모토가 조선문학 발생의 사상적 원천을 중국으로부터 유입된 삼교三敎로 제시하였다면, 정인보는 조선문학의 원두願頭를 고조선 음악에 나타난 인애仁愛라고 하였다. 또한 다다 마사모

---

289) 이용범, 「김태준의 사상자원과 학술실천」, 성균관대 박사학위논문, 2019, 52쪽 참조.

290) 김진균은 정인보의 「조선문학류초본」에서 안확의 저술을 참고한 흔적을 볼 수 없고, 김태준의 『조선한문학사』(1931년) 및 『조선소설사』(1933년), 조윤제의 『조선시가사상』(1937년)에서도 「조선문학원류초본」이 참조되고 있지 않다고 하였다. 이러한 사실을 바탕으로 「조선문학원류초본」은 근대 국문학 연구와 계보가 전혀 다른 문학사 인식을 보여준다고 보았다.(김진균, 위의 논문(2015), 36~37쪽)

291) 이용범, 앞의 논문, 53~54쪽 참조.

토가 조선문화의 전개가 중국 문화를 모방하는 방향으로 이루어져 결국 조선문화는 중국문화의 말류에 해당할 뿐이라고 평하였던 데 반해, 정인보는 삼국시대의 문예에서 고조선 인애仁愛의 유맥流脈을 찾고 중국의 문화가 유입된 이후에도 자성自性[독자성]을 간직하고 있음을 보여주고자 하였다. 요컨대 조선문화의 종속성과 열등성을 강조한 일본인 연구자의 시각과 조선의 독자적인 문화적 특성과 전개 양상을 제시한 정인보의 시각이 상반된 모습으로 대응하고 있는 것이다.

다다 마사모토와 정인보의 조선문학 저술을 인지하고 있던 이가 김태준이다. 정인보가 「조선학원류초본」을 발표하기 전부터 이미 김태준은 《동아일보》에 『조선소설사』를 연재하고 있었다.[292] 이후 그는 한문학을 대상으로 한 문학사 저술을 발표하였다. 1931년 7월에 잡지 『신흥新興』에 「이조李朝의 한문학원류漢文學源流」[293]를 발표하고, 이어 『조선한문학사朝鮮漢文學史』[294]를 발간한 것이다. 그중 「이조李朝의 한문학원류漢文學源流」의 서두에서 정인보와 다다 마사모토의 저술을 언급하는 것을 볼 수 있다. 정인보와 다다 마사모토의 문학사 저술이 나와서 한해 남짓 써오던 한문학사 집필을 중단하고자 했으나 자신에게 급히 원고를 찾는 요구가 있어 이조편李朝篇 원류源流의 골자骨子만 소개한다는 내용이다.[295] 이처럼 김태준이 정

292) 1930년 10월 31일부터 1931년 2월 25일에 이르기까지 총 68회에 걸쳐 연재하였다.

293) 金台俊, 「李朝의 漢文學源流」, 『新興』 제5호(1931.07.05).

294) 김태준의 『朝鮮漢文學史』는 1931년 조선어문학회에서 발간한 조선어문학총서 중 첫째 권으로 나온 것이다.(김태준(著)/김성언(校註), 「譯註자 序文」, 『校註朝鮮漢文學史』, 태학사, 1994)

295) "내가 漢文學史를 草한 지 歲餘에 벌서 鄭寅普氏는 古代篇을 紹介하고 多田氏는 高麗篇을 紹介하엿기에, 나는 다른 事情도 잇서서 다시 이 따위 論文을

인보를 언급하고 더구나 '원류源流'라는 제목으로 글을 발표한 것을 볼 때, 김태준의 글은 정인보의 「조선문학원류초본」에 대한 대응이었을 가능성이 있다고 본다.[296]

이처럼 1930년대 초반에 다다 마사모토, 정인보, 김태준은 '조선 문학의 원류와 전개'라는 주제를 중심으로 상호 대응 구도를 이루고 있었다. 이는 1920년대 후반부터 '조선학' 연구의 주도권을 둘러싸고 지식인 그룹 간의 경쟁 구도가 형성되어 가기 시작했던 모습을 보여주는 것이라고 할 수 있다.[297] 다다 마사모토는 경성제대 일본인 학자로서 식민지 관학을, 정인보는 연희전문 교수이자 《동아일보》 논설위원으로서 조선인 민간 학술 집단을, 김태준은 경성제국대학 출신의 조선인 연구자 집단을 대표한다고 할 수 있는 것이다. 그러나 아직은 상호 대응 구도만을 보이고 있었을 뿐이지 상호 비판 담론이 일어나지는 않았다. 마치 서로가 상대의 저술을 의식하지 않는 듯 각자

쓰지 않으랴고 하다가 急作히 찾는 原稿의 責을 免코저 李朝篇의 源流를 그 骨子만 잠간 紹介한다."(김태준, 「李朝의 漢文學源流」, 『新興』 제5호(1931.07.05); 『김태준전집』 3, 보고사, 1998, 76쪽.

296) 이러한 가능성은 이황직의 논문에서 제기되었다. 정인보의 「조선문학원류초본」에 대한 김태준의 대응 부분은 이황직의 논문에서 많은 시사점을 얻었다. 이황직, 「김태준 조선학의 구상과 한계」, 민세안재홍선생기념사업회 편, 『1930년대 조선학운동 심층연구』, 선인, 2015, 211~214쪽.

297) 이 시기의 조선학 연구를 지식인 집단 간의 경쟁 구도로 파악한 연구로는 이황직(2015), 이용범(2019) 등을 들 수 있다. 이황직은 조선학 연구 경성제대 일본인 학자들과 총독부 관료들, 민간지 중심 공론장을 중심으로 활동했던 전통 지식인들, 연희전문 문과 그룹, 경성제대에서 근대적 실증주의 훈련을 받은 조선인 학생 그룹 등이 상호 경쟁하고 있다고 보았다.(이황직, 위의 논문(2015), 214쪽) 이용범은 경성제국대학 및 조선사편수회에서 이루어진 '식민지 관학', 경성제대라는 아카데미즘의 권위를 내세우며 『신흥』·『진단학보』 등을 중심으로 학문적 모색을 한 '식민지적 아카데미즘', 『신조선사』 등을 기반으로 한 '민간 학술사회'가 상호 경쟁하고 있다고 파악하였다.(이용범, 위의 논문, 11~13쪽)

의 학문적 견해가 제출되는 양상을 띠었다.

조선학 연구를 둘러싸고 지식인 그룹이 상호 첨예하게 대립하며 비판 담론이 활발하게 일어난 것은 1930년대 중반 조선의 역사 영역에서였다. 문학 영역에서부터 학술적 글쓰기를 시작했던 정인보나 김태준도 1930년대 중반으로 가면 조선학 연구의 중심을 역사 영역으로 이동하게 된다. 일제강점기에 조선 역사 연구에서 가장 쟁점이 되었던 것은 고대사에 관한 부분이다. 단군, 기자조선箕子朝鮮, 위만조선衛滿朝鮮, 한사군漢四郡, 화랑 등이 주요 쟁점 사항이었다. 일제 식민사학의 역사 왜곡과 이에 대한 민족사학의 대응, 그리고 일제에 대응하는 조선 연구자들 간의 이견 대립 등이 바로 이러한 쟁점을 둘러싸고 일어난 것이었다.

역사 논란은 일제 식민사학자들로부터 촉발된 것이었다. 그들은 일찍부터 조선 역사에서 단군시대의 존재를 부정하고, 기자조선 및 위만조선, 한사군 등의 문제에 집중함으로써 조선 역사가 식민지 형태로 시작되었음을 밝히고자 하였다. 이러한 기획 하에 사료수집, 유적 발굴 작업 등을 추진하며 학문적 결과물들을 만들어가고 있었다. 하지만 "나는 국사國史를 연구하던 사람이 아니다"[298]라고 고백했듯이 정인보는 그동안 일제 식민사학의 주장과 『조선고적도보朝鮮古蹟圖譜』와 같은 결과물에 대해 분개하면서도 국사 연구에 뛰어들지는 않았다. 대신 신채호의 「조선사연구초朝鮮史硏究草」를 읽고 탄복하며 그의 저술이 널리 출판되어 읽히지 못함을 안타까워했을 뿐이다.

그런데 1930년대에 이르면 일제 식민사학의 학설이 사료와 유물을 토대로 훨씬 정교한 형태를 띠게 되었고, 이에 설복당하는 조선인 연

298) 정인보, 「附言」, 『조선사연구』 하, 『전집』 4, 270쪽.

구자들도 생겨나게 되었다. 마침 민족의 정신을 진작시키고자 역사 유적에 관한 글을 기획하던 동아일보의 부탁을 받게 된 정인보는 이 기회에 아예 본격적으로 조선 역사에 대한 집필에 들어간 것이었다.[299] 「오천년간五千年間 조선朝鮮의 얼」[300]라는 방대한 분량의 역사 저술이 이렇게 해서 세상에 나오게 된 것이다.

정인보는 「오천년간 조선의 얼」에서 고조선으로부터 삼국시대까지 다루며 단군, 기자조선, 위만조선, 한사군 등 주요 쟁점이 되는 문제를 자세히 고찰하였다. 여러 가지 쟁점이 있었지만, 궁극적으로는 민족의 시원 또는 조선 역사의 시작이 무엇이며, 어떤 특징을 지니는가가 관건이었다고 할 수 있다. 그런 점에서 단군 · 고조선을 어떻게 볼 것인가는 매우 중요한 문제였고, 조선 연구자들의 역사관이 가장 첨예하게 대립하는 지점이기도 했다.

『조선사연구』의 본론 첫 장은 "조선朝鮮의 시조始祖는 단군檀君이시니 단군檀君은 신神이 아니요 인人이시라."는 문장으로 시작된다. 간명한 선언 형태로 시작되는 이 문장은 단군부정론을 위시하여 조선 역사에 대한 왜곡 작업을 수행해 온 일제에 대한 반박 대응을 압축적으로 보여주는 것이다.[301] 이후 정인보는 단군고전檀君古傳에서

299) 조선사연구를 집필하게 된 동기는 『조선사연구』 하권 말미에 수록된 '附言'에서 자세히 밝히고 있다.(정인보, 위의 글, 270~271쪽)

300) 「五千年間 朝鮮의 얼」은 《동아일보》에 1935년 1월 1일부터 8월 27일까지 총 117회에 걸쳐 연재되었다.

301) 이용범은 단군부정론과 관련하여 김태준이 검토한 일본 학자들을 구체적으로 소개하였다. 이를 참조해 보면 일본 학자들의 단군부정론은 19세기 말 나가 미치요(那珂通世), 시라토리 구라키치(白鳥庫吉) 등의 저술에서부터 이미 제기된 것이었다. 단군신화와 불교설화와의 친연성을 들어 단군신화는 조선의 건국신화가 아니라 후대에 만들어진 것이라는 내용이 그들 주장의 주요 골자이다. 이러한 견해는 1910~1920년대에 조선역사에 관한 글을 발표한 이마니시 류(今西龍), 오

토구討究되어야 할 문제를 네 가지로 제시하여 각각 검토함으로써 단군부정론에 대해 구체적인 반박론을 펼쳤다.

첫째는 '단군의 구근久近문제', 즉 단군의 시기에 관한 문제이다. 이에 대해 정인보는 단군이 중국의 요임금과 동시대 인물이라는 '여요병립與堯竝立'을 주장하며 한민족의 역사가 매우 유구함을 말하였다. 둘째 '단군의 연원淵源문제'로, 단군기록의 출처인 『삼국유사』와 『삼국유사』에 인용된 고기古記의 신빙성 문제를 말한다. 정인보는 단군부정론자들이 『삼국유사』가 단군시대와 아주 먼 후대의 문헌라는 점, 『삼국유사』에 인용된 고기古記의 실체를 확인할 수 없다는 점, 『삼국유사』에 고기古記를 인용하며 전하는 단군이야기에 불교용어가 사용된 점 등을 들어 단군기록의 일체를 부정하고 있다고 말하며 이에 대해 반박하였다. 사건과 문헌 사이에 시간적 격차가 있을 수밖에 없고 후대의 내용이 기록에 섞여 들어갈 가능성은 늘 있는데 그 일부만을 가지고 기록 전체를 부정해서는 안 된다는 것이다. 셋째 단군의 국도國都 문제이다. 정인보는 고기古記에서 말하는 태백산, 평양의 위치에 대한 기존의 설을 검토하며 새롭게 비정하고자 하였다. 넷째 '단군의 신화神化' 문제, 즉 『삼국유사』에 인용된 고기古記에 단군이 사후 신神이 되었다고 기록된 부분을 어떻게 볼 것인가의 문제이다. 정인보는 이는 후인後人이 단군을 신神으로 섬긴 일일 뿐이라며, 단군 기록에는 신화 부분과 사실 부분이 섞여 있으므로 이를 구분하여 보아야 한다고 하였다.

요컨대 정인보는 단군의 존재를 역사적 사실로 규정함으로써 민족의 시원이 유구함을 밝히고자 한 것이다. 그는 단군기록을 '단군고전

다 쇼고(小田省吾) 등에게도 이어졌다.(이용범, 위의 논문, 187쪽)

檀君古傳'이라고 불렀는데, 이는 단지 단군 이야기를 신화로만 간주하여 역사적 사실이 아니라 상상과 관념의 소산으로 보려는 태도를 경계하고자 함이었다. '신神이 아니라 人이니라'는 말은 신화로 보는 관점을 거부하고 역사적 사실임을 나타내는 것이었다.

그런데 정인보의 사관에서 단군의 의미는 단지 이 땅의 역사가 시간적으로 매우 오래되었음을 나타나내는 차원에 그치는 것이 아니다. 단군을 '조선朝鮮의 시조始祖'로 규정한 데서 보듯이 고조선 이후 삼국시대로 이어지며 여러 나라가 세워졌지만 정인보는 이들 모두가 단군을 시조始祖로 하여 분화된 같은 족류族類라고 보았다. 한 뿌리에서 줄기가 자라고 여러 가지가 뻗어나가듯이 정인보에게 단군은 시간적 출발점을 넘어 민족의 뿌리라는 의미를 지니는 것이다. 그렇기에 시간이 흐르고 여러 가지로 뻗어나가도 하나로 관통될 수 있는 것이 있다고 보았다. 시조始祖라는 뿌리를 공유하고 있기 때문이다.

앞서 보았듯이 정인보는 조선문학사상의 원두源頭를 고조선 음악의 인애仁愛에서 찾고, 이 유맥流脈이 삼국시대에도 변형 또는 은현隱現의 방식으로 문예물에 나타난다는 관점을 지니고 있었다. 조선 역사 전개의 전체 구도를 그리는 방식도 이와 유사하다. 단군이 고조선을 세울 때 홍익인간弘益人間의 대도大道 또한 세웠으니, 이것이 민족 전체 공통의 교의敎義가 되어 널리 길게 퍼지며 대대로 이어졌다는 것이다.[302]

> 입교立敎의 종지宗旨가 이미 상고上古 시대에 시작하고 조목으로 분화된 것이 또한 백성의 기강을 이루어 언제나 그 법이 인간 세상을 기

302) 정인보, 『조선사연구』 하, 『전집』 4, 182~183쪽.

> 반으로 하고 있고 불가佛家의 정토淨土나 도교道敎의 자부紫府 같이 인간 세상 바깥에 대한 흠모와 부러움이 없었다. 그러하되 그 연원을 하늘의 시초에 거슬러 올라가므로 천인합일天人合一의 굳은 신념을 가져 일상생활에서 늘 실행함에 족류族類에 대해 스스로 정성을 본받고자 하는 마음을 놓지 못하는 동시에 방촌方寸[마음] 사이에 우주가 이어지는 진리가 본디 그러함을 스스로 믿던 것도 또한 그때 그네의 마음속 기약이다.[303]

> 고유한 대도大道의 근원이 단군왕검檀君王儉에서 비롯됨은 뚜렷한 바이니 저 요술같은 치장이 백변百變함을 맡기어 두라. 이 도道를 선도仙道라고 쓴다면 단군이 선인仙人의 시초이다. 선도仙道라 하든지 석도釋道라 하든지 이는 기록하여 베낄 때 일어나는 변화요…… 유학자가 진작부터 옮겨 기록하였다면 성인聖人이라 하였을 것이니 후인이 치장하여 서술한 것임만 알고 보면 이는 문제될 바가 아니다.[304]

단군으로부터 비롯된 민족 고유의 도道가 상고上古 시대에 이미 있었다는 사실, 이것이 정인보가 단군의 존재로부터 이끌어내고자 했던 중요한 역사적 의미였다. 비록 후대 사람들이 이를 선도仙道나

303) "立敎의 宗旨가 이미 上古에 始하고 科條의 分列이 또한 民紀를 이루어 언제나 그 法이 人間을 基臺로 하고 있고 佛家의 淨土나 道敎의 紫府 같은 人外의 歆羨이 없었으며 그러하되 그 淵源을 天緖에 溯하므로 天人合一의 굳은 信念을 가져 日用의 常行에 族類에 對한 自效念을 놓지 못하는 同時에 方寸 사이에 宇宙가 連하여지는 眞理가 固然함을 自侍하던 것도 또한 그때 그네의 心期다." (정인보, 위의 글, 184~185쪽)

304) "고유한 大道가 그 源을 檀君王儉에 自함은 뚜렷한 바니 저 幻裝의 百變함을 맡기어 두라. 이 道를 仙道라고 쓴다면 檀君이 仙人의 始다. 仙道라 하든지 釋道라 하든지 이는 記寫의 幻이요…… 儒學者가 진작부터 寫錄하였다면 聖人이라 하였을 것이니 後人의 裝述임만 알고 보면 이는 問題될 바가 아니다."(정인보, 위의 글, 185~186쪽)

석도釋道로 기록한 경우가 있더라도 그것은 기록하는 과정에서 일어난 변형이지 이로 인해 민족 고유의 도道가 있다는 사실이 부정되는 것은 아니라고 보았다. 이처럼 정인보는 민족의 원류源流로서 단군의 존재를 사실화함으로써 우리 민족이 고유하고 독자적인 사상과 문화를 지니며 유구한 역사를 이어왔음을 말하고자 하였다. 민족의 식민성, 종속성, 열등성을 입증하는 방식으로 조선의 역사를 구성해 갔던 일제 식민사학에 대해 정인보는 이러한 방식과 논리로 대응을 했던 것이다.

그러나 정인보의 사관史觀과 학설은 또 다른 조선학 연구자들에 의해 많은 비판에 직면하게 되었다. 근대 아카데미즘의 세례를 받고 맑스주의의 유물사관에 입각하여 조선학 연구에 뛰어든 이들이 바로 정인보의 연구를 가장 문제 삼았다. 김태준, 이청원李清源 등이 그 대표적 인물이다. 김태준은 각 신문사의 정책에 따라 "'오천년의 … 얼' '화랑…사史' 같은 것을 써서 특수문화를 고조하며 조선혼朝鮮魂을 흥기興起하고 있다."[305]고 비판하며 정인보의 '단군론檀君論 · 화랑론花郎論'은 철저히 봉건귀족적 묵수주의[306]의 소산이라고 평하였다. 이청원도 정인보가 조선의 특수문화를 강조하고 '얼'을 통해 조선의 역사를 파악한 것을 문제 삼으며, 정인보의 태도는 신비적 · 낭만적 · 기회주의적 · 복고주의적인 것이라고 비판하였다.[307] 이들은 정인보의 학설을 비합리적이고 비과학적인 허위[308]로 규정하며 이러한

305) 김태준, 「史觀의 비판, 史學硏究의 회고 · 전망 · 비판(完)」, 《조선중앙일보》, 1936년 1월 11일.

306) 김태준, 「鄭寅普論(二)」, 《조선중앙일보》, 1936년 5월 16일자.

307) 이청원, 「'朝鮮의 얼'의 現代的 考察」, 『비판』 8권 36호(1937.02), 民衆書院, 76~77쪽.

학설이 학문 수준이 낮은 일반 민중들에게 끼치는 미혹迷惑의 해독은 매우 크다고 보았다.[309] 일제 식민사학의 역사왜곡에 대응하고자 펼친 정인보의 학설이 도리어 민족 내부의 또 다른 지식인 집단의 비판에 더 강력하게 부딪친 것은 바로 이 때문이었다.

이청원의 글을 보면 이들이 자국의 고유성, '얼'을 문제시한 이유가 맑스주의적 유물사관에 입각한 것임을 알 수 있다. 인간의 의지는 기본적으로 사회적 존재에 의해 규정되는 것이며, 역사는 객관적 조건과 주관적 조건의 변증법적 통일에 의한 과학적 방법으로 파악해야 하므로 조선의 단군을 논할 때도 원시사회의 경제발전 상태의 분석에서부터 출발해야 한다는 것이다. 이러한 관점에 따라 이청원은 단군이 "원시공산체의 해체과정에서 다소 권력적인 세습적인 남자 추장의 총칭"이며 "단군왕검은 그중의 일인一人"[310]이라고 결론내렸다.

이러한 비판에 대해 정인보가 특별히 대응한 글은 보이지 않는다. 다만 그는 이미 예전에 현대의 환경론이나 변증법을 주장하는 이들이 보이는 논리에 대해 우려를 표한 적이 있었다.

> 선악善惡이 어디 있느냐, 환경이 있을 뿐이다. 이 말이 현대의 표어입니다. 그러나 환경은 오직 자신에게 불선不善이 있을 때 또는 자신의 보좌하여 자신과 이해관계가 없는 막연한 어떤 사람의 일에 대하여 쓰는 것이라 만일 자신에게 미치는 손해가 있을 때는 그만 용서가 없습니다. 그런즉 환경론은 결국 자위自爲의 비결이 되고 말 것입니다. 그런즉 공심公心 공안公眼이 아니고는 이 환경론을 일절 적용치 못할 것이며,

308) 이청원, 위의 글, 79쪽.

309) 김태준, 「史觀의 비판, 史學硏究의 회고 · 전망 · 비판(三)」, 《조선중앙일보》, 1936년 1월 7일.

310) 이청원, 앞의 글, 79쪽.

공심公心 공안公眼이라면 벌써 본심本心에 근저根柢를 박은 것이니 환경뿐이라는 말이 자체에서 모순이 생기는 것이 아닙니까? ……

또 변증辨證의 법요法要를 말하여 일체가 끊임없이 변화함을 주장하나 자기의 십 년 전 불안의 느낌이 오늘날 불안의 느낌과 그의 본체本體가 하나요 둘이 아님은 체험하면 알 것이어늘 사물의 변함을 억지로 정신에까지 쓰이고자 하며 변함은 자연이라 하여 유폐流弊가 벌써 깊고 사무친 곳이 있습니다. 이는 다른 까닭이 아니라 고심하며 온갖 어려움을 겪는 상태에서도 독실하게 실행하고 어려움을 알고도 반드시 실행하여 고생을 다함이 온갖 책임을 자임하는 데서 나는 것인데, 이제 국면의 타개를 자연[환경]에 돌리매 자연 해이하고 게으름에 떨어지고 마는 것입니다. 대개 금일의 언론言論은 언론으로써 내용을 조직하기를 기약함이 많은데 출발이 본심으로부터 나온 게 아니므로 한때 뭇사람들을 전도顚倒할 수 있으나 홀로 있는 밤에 자기의 마음을 속여 넘기지 못할 것이 많습니다.311)

정인보는 '공심公心 공안公眼'에 근거하지 않고 환경에 원인을 돌리는 환경론을 말한다면 그것은 "자위自爲의 비결"이 될 뿐이며, 본심에 근거를 두지 않고서는 공심 공안을 말할 수 없으니 환경론에 모순이 있음을 지적하였다. 변증법의 경우 물질이 변화함을 억지로 정신에까지 적용함으로써 어려운 여건에도 독실히 실행하고 책임을 다하는 것이 주체의 의지에서 비롯됨을 놓쳤다고 보았다. 그러나 정인보가 생각하기에 보다 문제가 되는 것은 외래 학술 자체에 있다기보다는 오늘날 외래의 학술을 끌어들이는 사람들의 태도에 있었다. 이들이 본심으로부터 출발한 것이 아니라 단지 언론[말과 글]으로써 말과 글을 만들기를 기약함이 많다며 그들의 태도를 회의적으로 바라

311) 정인보, 「歷史的 膏肓과 吾人의 一大事」, 『전집』 2, 282쪽.

보았던 것이다. 자심自心에 의한 자증自證을 학문의 본질로 보았던 정인보의 시선으로 보자면 심내心內에 근거를 두기보다는 심외心外를 추종하는 비주체적인 태도에 가까웠다고 할 수 있다.

정인보가 역사 속에서 찾고자 했던 것은 우리가 "자심自心에 자의自依하지아니하고 일체一切를 외구外求하게"[312] 된 원인과 본심에 근거하는 주체성을 회복할 동력이었다. 또한 심心, 정신에 주안점을 두었던 것은 그의 학문 활동 전체를 관통하는 것이었다. 정인보의 견해가 유물사관론 입장에서 보면 비과학적, 신비적, 낭만적일 수도 있었겠지만, 이에 대해 사이비 학설, 허위, 미혹을 조장하는 독해라고 한 것은 감정에 치우친 언설이라고 본다. 정인보와 맑스 유물론자들 간에 역사관과 학문의 본질에 대한 인식의 차이로 인해 서로 평행을 달릴 수밖에 없는 지점이 있었던 것이다.

312) 정인보, 『전집』 3(『조선사연구』 상), 29쪽.

제5장

정인보 글쓰기의 시대적 맥락과 의의

1. 당대 지식인들의 글쓰기 양상

근대에 접어들며 글쓰기 차원에서 일어난 변화는 거시적으로 보자면 한문문언문이 쇠퇴하고 근대적 국문체가 확립되는 방향으로 진행되었다고 할 수 있다. 그러나 구체적으로 들여다보면 변화의 과정에서 다양한 경로들이 존재했음을 알 수 있다. 전통학문과 한문 창작을 고수하는 유자들이 소수화·주변화되어가고, 신학문을 배우며 국문글쓰기를 통해 학문담론과 문학작품을 생산하는 이들이 다수의 중심을 이루어가는 사이에 그 경로가 존재한다. 여기에서 주목되는 이들이 어려서부터 한학을 익혀 한문글쓰기에 능숙하면서도 근대의 언론장에 뛰어들어 국문글쓰기를 적극적으로 수행했던 일군의 지식인들이다. 이들은 한문과 한글로 이중언어 글쓰기를 수행할 수 있었고, 극히 일부이든 아니든 실제 그러한 모습을 보여준다. 하지만 전통 학문과 신학문, 한문문언문과 국문글쓰기에 대한 인식과 태도에 따라 각 주체들의 글쓰기는 다기한 양상으로 나타났다. 이제 이 양상 속에서 정인보의 글쓰기가 보여주는 특징과 의미가 무엇인지에 대해 고찰해 보도록 하겠다.

본고에서 비교 대상으로 삼고자 하는 이들은 신채호申采浩(1880~1936), 홍명희洪命憙(1888~1968), 변영만卞榮晩(1889~1954)이다. 이들은 모두 정인보와 교유관계가 있었으며 민족의 암울한 현실을 고뇌하며 민족이 나아갈 길을 모색했던 민족지사였다. 또 모두 양반 출신이었기에 한학적 소양이 풍부하고 한문문언문 창작에 능숙했다. 그러면서도 신문·잡지 등의 언론매체를 기반으로 국문글쓰기를 적극적으로 수행하며 당대 현실에 대응하는 태도를 보였다. 이처럼 공통분모가 많음에도 불구하고 현실에 대응하는 구체적인 방식에서는 상이한 행보를 보였다.

글쓰기의 측면에서 볼 때, 신채호와 홍명희는 한문글쓰기를 지양하고 근대적 국문글쓰기 위주로 전환하고자 했던 부류[1])로, 변영만과 정인보는 한문글쓰기와 국문글쓰기를 병행하며 근대에 적극적으로 대응하고자 했던 부류로 묶을 수 있다. 이러한 차이는 한학(또는 유학)으로 대변되는 구문명과 한문 창작 행위에 대한 인식과 태도의 상이함에서 발생한 것이다. 신채호나 홍명희와 같이 국문 위주의 글쓰기로 전환한 경우 한문(학)에 대해 비판적인 인식을 보였다. 반면 변영만이나 정인보와 같이 국문글쓰기와 한문글쓰기를 모두 적극적으로 수행했던 경우는 한문(학)의 지속이 필요하다는 인식을 보였다. 이제 그들이 상이한 방향으로 나아가게 되었던 문제의식과 그들의

---

1) 김진균은 근대계몽기 이후의 한문학과 관련된 인물들을 네 부류로 구분하고, 신채호, 홍명희를 전적으로 근대국문문학에 다가가는 경향을 보인 부류에 포함시킨 바 있다.(김진균, 「근대한문학의 세 지향」, 『인문과학』 49, 성균관대 인문과학연구소, 2012, 76쪽)

글쓰기가 지향한 바가 무엇이었는지를 중심으로 각 양상을 살펴보도록 하겠다.

신채호는 한문에 대한 비판적 인식을 가장 강하게 드러낸 인물이다. 그는 가난한 선비 집안 출신이었지만 어려서부터 조부로부터 한학漢學을 익히고 구한말의 대학자이자 수구파守舊派였던 신기선申箕善(1851~1909)에게서 수학하였으며, 신기선의 추천으로 19세 때(1898년) 성균관에 들어갔다. 이처럼 주자학 중심의 옛 한학을 정통으로 공부해 오던 그가 사상의 새로운 전기를 맞게 된 것은 역설적으로 성균관에 있을 동안이었다. 유인식柳寅植(1865~1928) 등과 기거하고 변영만 등과 함께 수당修堂 이남규李南珪(1855~1907) 문하에서 수학하면서 애국계몽운동가들과 접촉하게 된 것이다. 그리고 성균관 박사가 된 지 얼마 후인 26세 때(1905년) 장지연張志淵(1864~1921)의 초빙으로 《황성신문皇城新聞》에 입사하면서부터 애국계몽운동을 본격적으로 전개하기 시작했다. 이 무렵 유교혁신을 부르짖던 박은식朴殷植(1859~1925)도 만나고, 양계초梁啓超(1873~1929) 등의 청말 자강론자들의 사상에 심취하게 되었다.[2] 이와 같이 애국계몽사상에 눈을 뜨고 국권회복을 위한 실천활동에 나서게 되면서부터 학문과 언어 인식에 커다란 변화가 일어났다. 한문(학)을 강력하게 비판하고 국문을 강조하게 된 것이다.

그가 국문을 강조한 것은 국문이 단지 국권회복을 위해 민중의 계몽에 용이하다는 점 때문만이 아니었다. 그가 보다 더 중요시 여긴 것은 한문과 국문에 대한 태도가 주인의식과 노예의식을 좌우하여

2) 이영신, 「丹齋 申采浩의 文學 研究」, 성균관대 박사학위논문, 1999, 12~27쪽 참조.

결국 국력에 영향을 미친다는 점이었다. 이와 관련하여 신채호는 다음과 같은 역사 구도를 그려 보였다.

> 삼국시대 이전에는 한문이 미성행하여 전국의 인심이 자국만 존중하며, 자국만 아끼고, 중국이 비록 크지만 우리의 구적仇敵으로 항상 바라보아 을지문덕 공의 휘하 한 복부僕夫도 천자天子를 따르는 것을 뱀과 전갈같이 (혐오의 대상으로) 여기며, 천개泉蓋[연개소문] 씨의 부엌에서 밥짓는 여종도 당나라 황제를 개와 돼지같이 꾸짖어 남자와 여자, 노인과 젊은이들 개개인이 애국혈성愛國血性으로 천지 간에 우뚝 서서 국가를 위하여 노래하며, 국가를 위하여 곡哭하며, 국가를 위하여 죽되, 변경邊境의 봉화 연기만 한번 피어 오르면, 나무하는 아이와 목동도 적개심을 가득 품어, 전진戰陣에 나아간 까닭에 거대한 오랑캐를 극복하여, 명예기념비를 청천강淸川江에 세우고 (고구려－당나라 간의 안시성 싸움에서) 양만춘의 백우전白羽箭[흰 깃이 달린 화살]에 맞아 당태종의 현화玄花[눈]가 떨어진 일로 만고에 아름다운 이야기를 길이 전한 바이어니와 삼국시대 이후로는 거의 집집마다 한문 서적을 쌓아두고 사람들이 한문을 읽어 한관위의漢官威儀[중국의 문물과 제도]로 국수國粹를 매몰하며 중국의 풍교風教에 국혼國魂을 실어 보내 말할 때마다 대송大宋·대명大明·대청大淸이라 하고 당당한 대조선大朝鮮을 타국의 일개 부용속국으로 도리어 인정하므로 노예성에 오래도록 함몰하였거늘, 금일今日에 처하여 오히려 국문을 한문보다 경시하는 자가 있으면 이 역시 한인韓人이라 이를까.
>
> 자국의 언어로 자국의 문자를 편성編成하고 자국의 문자로 자국의 역사지지歷史地誌를 찬집纂輯하여 전국 인민이 받들어 읽고 입에서 입으로 전하며 외워서 그 고유한 국가의 정수精髓를 온전하게 잘 지키며 순미純美한 애국심을 북 울리듯 일으킬지어늘……[3)]

3) "三國 以前에는 한문이 未盛行하여 全國人心이 自國만 尊하며, 自國만 愛하고, 支那가 雖大나 我의 仇敵으로 常視하여 乙支公의 麾下 一僕夫도 隨天子를 蛇

그에 따르면 우리 역사는 삼국시대 이전과 이후로 나라의 풍조가 크게 바뀌게 된다. 삼국시대까지만 해도 사람들이 자국을 높이고 아껴서 수나라, 당나라가 아무리 커도 두려워하지 않고 굳건하게 맞섰던 반면 삼국시대 이후에는 중국을 대국으로 섬기며 스스로를 낮추는 노예의식에 빠지고 말았다는 것이다. 신채호는 이같이 민족이 자주성을 잃고 나라가 쇠약해진 원인이 바로 한문의 성행에 있다고 하였다. 타국의 글인 한문을 씀으로써 타국을 숭상하며 자국에 대해 인식하지 못하게 되었다고 본 것이다. 그가 한문무용론을 주장했다는 일화도 있는데[4] 이는 한문 사용이 타국에 대한 종속성, 노예의식을 심화시켜 자주성을 잃게 만드는 폐해가 크다고 여겼기 때문으로 보인다. 이처럼 신채호는 한문의 폐해를 강조하며, 자국의 문자를 쓰고 자국의 문자로 역사·지지地誌 등의 저서를 편찬함으로써 민족 고유의 정신을 간직하고 애국심을 고취하자고 주장하였다.

蝎같이 是하며, 泉蓋 씨의 廚下 一炊婢도 唐國皇帝를 狗彘같이 罵하여 男男女女 老老少少가 個個 愛國血性으로 天地間에 特立하여 國을 爲하여 歌하며, 國을 爲하여 哭하며, 國을 爲하여 死하되, 邊境의 烽烟만 一起하면, 樵兒牧豎도 적개심을 滿抱하여, 戰陣에 赴한 故로 巨虜를 克服하여, 名譽紀念碑를 淸川江에 쟝竪하고 玄花白羽로 萬古佳話를 長傳한 바이어니와 三國以後로는 幾乎家家에 漢文을 儲하여 人人이 漢文을 讀하여 漢官威儀로 國粹를 埋沒하며 漢土風敎에 國魂을 輸送하여 言必稱 大宋·大明·大淸이라 하고 堂堂 大朝鮮을 他國의 一附庸屬國으로 反認하므로 奴性에 長陷하였거늘, 今日에 坐하여 尙且 國文을 漢文보다 輕視하는 者 有하면 此亦 韓人이라 云할까.

自國의 言語로 自國의 文字를 編成하고 自國의 文字로 自國의 歷史地誌를 纂輯하여 全國 人民이 捧讀傳誦하여야 其 固有한 國精을 保持하며 純美한 愛國心을 皷發할지어늘……"(신채호, 「國漢文의 輕重」, 《大韓每日申報》, 1908년 3월 17~19일자; 『丹齋申采浩全集』(別集), 1982, 단재신채호선생기념사업회, 75쪽)

4) 신채호, 「朝鮮의 歷史大家 丹齋 獄中會見記」, 『丹齋申采浩全集』(下), 1982, 단재신채호선생기념사업회, 447쪽.

또한 신채호는 유교에 대해서도 비판적이었다. 1908~1909년에 국내에서 언론활동을 할 무렵에는 유교 자체보다는 유자儒者의 태도를 비판하는 경향이 컸다. 유교의 본지本旨는 '충군애국忠君愛國과 구세행도救世行道'인데, 오늘날의 유자들은 천지가 무너졌는데도 상관하지 않고 단지 강학만 한다고 비판하며 유자들의 각성을 촉구했다.[5] 또 한국이 쇠약하게 된 것은 유교를 믿어서가 아니라 유교의 도道를 제대로 얻지 못한 데 있으니, 형식만 중시하고 보수保守만을 생각하며 신사업新事業에 반대한다면 결국 유교가 한국과 함께 망할 것이라고 하였다.[6] 당시만 하더라도 박은식의 「유교구신론儒教求新論」 발표에 기대를 거는 등[7] 유교 부정보다는 유교혁신론에 동조하는 입장을 보였던 것이다.

그러나 중국 망명 후 사학史學 연구에 몰두할 당시 썼던 글을 보면 유교에 대한 부정적 인식이 높아진 것을 볼 수 있다.

> 나는 유교와 불교 두 사상의 교제 시대가 가장 문헌잔결文獻殘缺의 대액회大厄會라 하노라. 불교의 수입 때도 일차로 조선朝鮮 소도蘇塗의 고유사상과 충돌된 적이 있으나, 다만 불교는 배타성이 적으므로 오래지 않아 서로 융화되었고, 유교는 정주程朱 이래로 배타성이 격렬한데, 조선이 고려 말부터 정주程朱의 영향을 받아 불교와 소도蘇塗를 일제히 배척하므로, 이조李朝의 태종太宗이 즉위 후에 고대의 비사秘詞・비록秘錄 등을 많이 불살랐으며, 그 남은 것도 민간에 전파되는 것을 불허하고,

5) 신채호, 「警告 儒林同胞」, 《大韓每日申報》, 1908년 1월 16일자; 『丹齋申采浩全集』(別集), 1982, 단재신채호선생기념사업회, 106~107쪽.

6) 신채호, 「儒教界에 對한 一論」, 《大韓每日申報》, 1909년 2월 28일자; 위의 책, 108~110쪽.

7) 신채호, 위의 글, 109쪽.

> 오직 내각內閣에 간직해 두었다가 임진왜란 때 불타서 없어지니, 이로부터 조선의 고문헌이 아주 몰자비沒字碑[글자가 없는 비석]가 되니라.[8]

이 글에서 보듯이 신채호는 역사상 유·불 사상이 교체되던 시기를 매우 안타깝게 생각하였다. 국가의 사상이 불교에서 유교로 교체됨으로 인해 우리의 고대 문헌이 상당수 소실되는 일이 발생하였다고 보았기 때문이다. 외부로부터 사상·종교가 유입되면 그 땅에 본래 있던 고유사상과 충돌되는 것은 자연스러운 일이나, 불교는 배타성이 적어서 고유사상과 융화되었던 반면 유교는 배타성이 격렬하여 고대의 사상을 담고 있는 문헌들이 상당수 없어지고 말았다는 것이다. 결국 신채호는 유교혁신에서 유교부정의 입장으로 나아갔음을 알 수 있다.

정인보는 신채호에 대해 "불교佛教에 깊음이 조선인거사림朝鮮人居士林에 거의 최고最高요 유학儒學을 하상 배척排斥하기는 하되 거기 대對한 지식知識은 또한 일가一家의 견見을 가졌다"[9]고 평한 바 있다. 또한 불교경전 가운데 특히 유마경維摩經을 좋아하여 벗들에게 권하고 마명馬鳴의 『대승기신론大乘起信論』을 깊이 연구하여 정

---

8) "余는 儒·佛 兩思想의 交遞時代가 가장 文獻殘缺의 大厄會라 하노라. 佛의 輸入에도 一次 朝鮮 蘇塗의 固有思想과 衝突된 적이 있으나, 다만 佛은 排他性이 少하므로 不久에 서로 融化되었고, 儒는 程朱 以來로 排他가 激烈한데, 朝鮮이 高麗末부터 程朱의 影響을 받아 佛과 蘇塗를 一齊히 排斥하므로, 李朝 太宗이 卽位後에 古代의 秘詞·秘錄 等을 많이 燒火하며, 그 餘存한 者도 民間에 傳布함을 不許하고, 오직 內閣에 藏置하였다가 壬辰亂에 燒滅하매, 이로부터 朝鮮 古文獻이 아주 沒字碑가 되니라."(신채호, 「朝鮮 古來의 文字와 詩歌의 變遷」, 《동아일보》, 1924년 1월 1일자 ; 『丹齋申采浩全集』(中), 1982, 단재신채호선생기념사업회, 172쪽)

9) 정인보, 「丹齋와 史學」, 《동아일보》 1936년 2월 28일자 ; 『전집』 2, 101~102쪽.

인보 자신에게 권한 적도 있었다고 하였다.[10)]

이와 같이 신채호는 자신의 사상과 글쓰기의 출발점이자 뿌리였던 한문과 유교로부터 벗어나는 방향으로 새로운 길을 모색해 갔음을 알 수 있다. 불교와 고대 고유 사상 등으로 사상적 탐색의 범위를 넓혀가고, 소설 · 희곡 · 시 등 다양한 장르의 국문문학을 창작하며 국문으로 쓴 논설과 역사 저술을 활발하게 발표했다. 다만 한문투가 많이 섞인 국한문체를 사용하여 국문전용의 이상을 실현하지 못했던 점이 한계로 평가되기도 한다. 하지만 사회적 여건과 개인의 상황에 의해 순국문체를 실현하지 못했다 하더라도 그의 국한문체 글들이 국문 글쓰기를 지향한 의식적인 실천 활동의 소산이었던 것만은 분명하다.

간과할 수 없는 또 하나의 사실은 앞서 언급했듯이 신채호가 한문의 폐해를 강조했음에도 한문 창작을 완전히 그만둔 것은 아니라는 점이다. 신채호가 한시 창작에 매우 능숙하고 작품 수준도 높았음은 그의 지인들이 이구동성으로 하는 말이었다. 그는 당시唐詩 수천 수를 외고 있었으며[11)] 1분 만에 뛰어난 7언절구 1편을 지어낼 만큼 한시의 달인이었다.[12)] 정인보도 그의 시를 보고 "우리네의 조예造詣로는 도저到底히 그 온오蘊奧를 엿보기 어려울 만한 대가大家임을 놀랐다"[13)]고 매우 높이 평가한 바 있다.

현재 그의 한시는 『단재신채호전집』에 18수가 전한다. 이 밖에도 시 작품으로 시조 5수, 국문시(시조 이외) 6편이 함께 수록되어 있

10) 정인보, 「殘憶의 數片」, 『신동아』, 1936.04 ; 『전집』 2, 103쪽.
11) 海客, 「丹齋 故友를 追憶함」, 『단재신채호전집』(下), 467쪽.
12) 卞榮晩, 「실루에트 二 · 三」, 『단재신채호전집』(別集), 1982, 단재신채호선생기념사업회, 376쪽.
13) 정인보, 「殘憶의 數片」, 『신동아』, 1936.04 ; 『전집』 2, 103쪽.

다.[14] 한시 자체만 보았을 때 18수는 적은 편수이지만, 그의 시 작품 전체에서 차지하는 비중으로 보자면 시 영역에서만큼은 한시를 더 많이 창작했다고 할 수 있다. 또한 정인보에 따르면 신채호는 가끔 과체행시科體行詩를 장난삼아 지어 놓고 혼자 웃고 보다가 찢어 버리곤 했다고 한다.[15] 이러한 일화를 참고해 볼 때, 신채호가 실제 창작한 한시 작품 수는 현재 전하는 것보다 더 많았을 것으로 추정된다.

현재 남아 있는 한시에는 그가 망명지에서 생활하며 느꼈던 심사가 잘 드러나 있다. 고향과 가족에 대한 그리움, 외롭고 답답한 회포, 조국 광복에 대한 의지, 망명지에서 만난 조선인 기생에 대한 연민 등을 한시로 풀어내고 있는 것이다.[16] 이러한 시들은 망명지에서 민족의 역사 연구에 몰두하며 독립을 위해 외롭게 고군분투하던 한 민족지사의 생각과 감정을 여실히 담아낸 것이라 할 수 있다. 이로 보면 신채호에게 한시는 여전히 자신의 사상과 감정을 드러내는 주요한 통로였음을 알 수 있다. 그는 국문으로 문학작품을 창작하고 역사와 학술을 논하고자 했지만, 정서의 자연스러운 발로가 생명인 시 영역에서는 이미 체화된 한시를 자연스럽게 창작하게 된 것이라고 볼 수 있는 것이다.

요컨대 신채호는 한문(학)과 유교를 비판하며 불교, 고대 사상으로 사유의 지평을 넓히며 국문 위주의 글쓰기를 지향하는 길로 나아갔

---

14) 황재문의 「신채호 시의 성격과 시론의 향방」(『한국문학논총』 37, 한국문학회, 2004, 5쪽)에 『단재신채호전집』에 수록된 한시 목록이 제시되어 있다.

15) 정인보, 「殘憶의 數片」, 『신동아』, 1936.04 ; 『전집』 2, 103쪽.

16) 이영선의 논문에서 신채호의 한시에 대해 전반적으로 소개하고 있어 이를 참고하였다.(이영선, 「단재 신채호의 문학 연구」, 성균관대 박사학위논문, 1999, 98~102쪽)

다. 다만 한시는 그가 떠나지 못하는 마지막 영역으로 남아 있었다.

홍명희도 신채호와 마찬가지로 국문 위주의 글쓰기를 하면서도 한시 창작만은 이어갔던 양상을 보여준다. 그러나 그의 학문 편력과 문필활동은 신채호와 상이한 모습을 보인다. 홍명희는 풍산 홍씨 추만공파 후손으로 노론에 속하는 명문 사대부가 출신이었다.[17] 양반가의 자제로서 어려서부터 한학 수업을 받았고 비상한 기억력과 문재文才로 이미 어린 시절부터 두각을 나타냈었다고 한다.[18] 그런데 홍명희는 신학문도 일찍부터 접했다. 14~18세(1901~1905년)에 서울의 중교의숙中橋義塾에서 수학하며 초보적인 수준의 근대학문과 일본어를 접했고[19], 19~22세(1906~1909년)에 일본에서 유학생활을 했다. 조선문단의 다독가로 첫손가락에 꼽힌다는 말을 들을 정도로 독서광이었던[20] 홍명희는 전통한학과 신학문을 모두 접하며 동서고금에 걸치는 방대한 독서를 할 수 있었다. 동서양의 문학작품을 탐독하고, 맑스주의 관련 서적을 구해 읽는가 하면[21] 자연학 서적에도 관심을 보이는 등 그의 관심 영역은 매우 다양했다.

그중에서도 특히 소설을 좋아하여 유학하기 이전의 소년 시절에는 『삼국지』, 『수호전』, 『서상기』 등의 중국소설을 탐독하였고, 동경 유학 시절에는 나쓰메 소세키夏目漱石를 좋아하여 그의 작품을 거의 다 찾아 읽었다고 한다.[22] 러시아 문학에도 심취하였는데 소설가로서는

17) 강영주, 『벽초 홍명희 연구』, 창작과비평사, 1999, 19쪽.

18) 강영주, 위의 책, 28~29쪽.

19) 강영주, 위의 책, 35~36쪽.

20) 양건식, 「文人印象互記 : 홍명희 군」, 『개벽』(1924.02) ; 임형택 · 강영주 편, 『벽초 홍명희와 『임꺽정』의 연구 자료』, 사계절, 1996, 229쪽)

21) 홍기문, 「아들로서 본 아버지」, 『조광』 2권 5호, 1936.5 ; 위의 책, 237쪽.

톨스토이보다 도스토예프스키를 더 좋아했다.[23] 그가 1928년부터 《조선일보》에 10년간 『임꺽정』을 연재할 수 있었던 데에는 이러한 소설 탐독 이력이 자양분이 되었던 것이라 할 수 있다. 홍명희 스스로도 『임꺽정』의 구성 방식은 러시아 작가의 작품에서 힌트를 얻은 것이라고 말하기도 했다.[24]

물론 근대소설가로서의 면모는 홍명희의 일면일 뿐이다. 그는 조선일보의 편집국장, 시대일보의 사장을 지낸 언론인이었고, 신간회新幹會와 화요계火曜系 등의 조직에 참여하여 활동한 사회운동가였으며, 고서발간사업에 참여하고 조선의 역사 · 풍속 · 언어 등을 연구한 학자이자 비평가였다. 그럼에도 그가 남긴 저술만으로 보자면 『임꺽정』이 가장 돋보이는 성과인 것만은 분명하다. 『임꺽정』으로 인해 그는 근대 문학의 주요 작가의 반열에 오를 수 있었던 것이다. "좋은 시대에 낫었던들 나도 문학에 전심할 수 있었을 것을"[25]이라고 토로했던 것처럼 그가 가장 관심 있어 하는 분야는 문학이었고, 그중에서도 소설이었다.

강영주는 홍명희가 한국 근대 작가들 중에서 유래가 드물 정도로 최상층의 가문에 태어난 경우라며 이러한 성장 환경이 그의 사상과 문학에 커다란 영향을 끼쳤을 것으로 보았다.[26] 하지만 이와 동시에 그가 자신의 토대로부터 떠나려 한 측면도 볼 필요가 있다. 한자 문제

---

22) 「홍명희 · 유진오 문학대화－조선문학의 전통과 고전」, 《조선일보》 1937년 7월 16~18일자 ; 위의 책, 171쪽.

23) 「洪命熹 · 薛貞植 대담기」, 『신세대』 제23호, 1948.5 ; 위의 책, 215쪽.

24) 위의 책, 222쪽.

25) 위의 책, 222쪽.

26) 강영주, 『벽초 홍명희 연구』, 창작과비평사, 1999, 33쪽.

와 유림에 관해 남긴 글은 이에 대한 단서를 제공하고 있다고 본다.

> 우리의 문화는 원래 고유한 것도 없지 않았으나 남의 것을 수입함이 많았고 그 수입은 대개 한자의 소개로 말미암았으니, 우리가 동방 제족諸族 중 선진 지위를 얻음은 한자의 은혜가 적지 않았었다. 그러므로 그 세력이 우리 문자를 압도하여 사전史傳이 거기 있으며 문학文學이 거기 있으며 심상 서찰까지 그를 사용하였었다. 금일에 이르러 생각하면 한자가 알기 용이치 않고 쓰기 난편難便하나 고시古時 선진의 명예를 기억하고 그 은혜를 잊어서는 온당치 못하다. 그러나 고시 은혜만 생각하고 금일 폐해를 무시함은 더욱 온당치 못하니, 전자는 오히려 왕사往事를 의론함에 그치나 후자는 현재와 장래에 관계 있는 까닭이다. 하물며 그 폐를 들고 그 해를 밝힘이 자체의 결점을 인연함이니 결코 그 은혜를 잊음이 아니다.……
>
> 10여 만 한자의 난편함은 말할 것 없다. 그 자체까지 획의 수선함이 극하고 형용의 복잡함이 심하여 익히 아는 사람으로도 왕왕 혼란함을 면치 못한다.……
>
> 내용적 결점을 비록 세외하고 그 자수와 자체만으로도 사람의 정력 모손耗損함을 알 것이며, 문화 발전상 장애됨을 모르지 않을 것이다. …… 우리는 모든 것을 건설하여야 할 것이니 정력을 아낄 필요 있으며, 우리는 남의 뒤를 좇으니 전진함이 급속하지 않으면 안 될 것이다. 과거에 집착함은 장래를 사려치 않음이니 우리의 한자 문제는 폐지되기 전 계속할 것이다.[27)]

이 글에서 홍명희가 말하고자 하는 요지는 오늘날 한자의 폐해가 크다는 사실을 깨닫고 미래 건설적인 방향으로 언어생활을 전환하자는 것이다. 여기서 한자의 폐해는 신채호와 홍명희가 공유하는 문제

27) 홍명희, 「學窓散話」(1926), 임형택 · 강영주(편), 앞의 책, 104~105쪽.

의식이었음을 알 수 있다. 이들이 국문 위주의 글쓰기로 나아갔던 데에는 이러한 인식이 한 원인으로 작용했을 것이다.

하지만 한자 폐해에 대한 구체적인 인식에서는 차이를 드러내고 있다. 가장 현격한 차이를 보이는 점은 역사적으로 한자 유입이 가지는 의미에 대한 해석이다. 앞서 보았듯이 신채호는 삼국시대 이후 우리 민족이 자주성을 잃고 타국을 섬기는 종속적인 태도를 보이게 되었다며 그 주요 원인이 한문의 성행에 있다고 하였다. 반면 홍명희는 한자를 받아들임으로써 우리 민족이 동방의 여러 민족들 가운데 선진의 위치를 차지할 수 있었다고 여겼다. 과거 역사에 한해서만 보자면 신채호는 한자의 폐해를, 홍명희는 한자의 은혜를 주장하며 완전히 상반된 견해를 보이고 있는 것이다. 신채호가 생각한 한자 폐해는 과거와 현재 모두에 해당되는 문제였지만, 홍명희의 경우는 근대에 해당되는 문제였다. 홍명희는 오늘날은 모든 것을 새롭게 건설해야 하는 시대에 직면하였다고 여겼고, 배우는 데 많은 시간과 노력이 드는 한자를 계속 사용한다면 문화발전을 이룰 수 없을 것이라고 생각하였다.

유교계에 대해 홍명희도 비판적인 태도를 보였다. 그가 문제 삼은 것은 유교 자체보다도 조선 유림들의 사상과 그들이 만든 지배구조였다.

> 조선사상계의 지배자란 것은 유림이란 것인데 유림의 소굴이라고 할까, 하여간 그 의거하는 것이 처음에는 향교鄕校라고 친다면 향교는 적어도 여말까지 올라갈 수 있고 그 담에 서원書院이란 것, 이것은 주세봉周世鵬이 풍기豐基에다가 소수서원紹修書院을 지은 것이 처음이라고 하니 그렇다면 중종조부터인데 이렇게 해서 향교나 서원을 중심으로 해

> 서 성립된 유림이란 것이 조선의 사상계를 지배해 왔거든. 그러니까 항상 무슨 새로운 사상이 나올 때마다 신구가 충돌하는 것은 어디나 있는 일이지만 조선처럼 유림이 뿌리박혀서, 말하자면 구세력으로 내려온 것도 드물 게야.[28)]

홍명희는 유림들이 조선의 사상계를 장악할 수 있었던 것은 향교와 서원을 중심으로 세력을 형성하고 있었기 때문이라고 파악하였다. 새로운 사상이 출현하면 신구충돌과 지각변동이 일어나기 마련이나, 향교와 서원을 기반으로 조선의 유림은 드물 정도로 강력한 세력을 구축했기에 새로운 사상이 설 자리가 없었다는 것이다. 이러한 구조로 인해 조선 후기에 일어난 실학도 조선사상계를 지배하지는 못했다고 하였다.

나아가 홍명희는 조선의 유림들이 유학을 표방했으나 그들의 사상은 유자의 사상과 구분되는 양반 사상이며, 그들이 구현한 정치는 양반 정치라고 규정하였다. 유자의 사상이 인仁에 치중한다면 양반의 사상은 인보다 예禮와 의義에 치중하였다는 점에서 구분된다는 것이다. 또한 홍명희는 양반 사상의 핵심이 유자의 교훈보다 관벌주의에 있다고 보았다. 그들이 의리와 예절을 강조하는 것은 그들의 목표를 세우고 위의를 보호하기 위함이며, 인을 떠난 예의를 추구하기에 허례虛禮와 허의虛義에 빠지고 말았다는 것이다. 이에 홍명희는 양반의 정치는 "진취적이 아니라 퇴영적이요, 행동적이 아니라 형식적이며, 이용후생적이 아니라 번문욕례적繁文縟禮的"이며, 양반 계급은 외래의 힘이 아니더라도 자체의 붕괴를 수습하지 못하기에 이르렀다고

28) 「洪碧初 · 玄幾堂 대담」, 『朝光』 제70호, 1941.8 ; 임형택 · 강영주 편, 『벽초 홍명희와 『임꺽정』의 연구 자료』, 사계절, 1996, 183쪽.

결론지었다.[29] 이처럼 홍명희는 자신이 최상층의 양반 출신이었음에도 그 누구보다도 양반에 대해 혹독하게 비판하였음을 볼 수 있다.

기존 봉건 질서의 붕괴와 새로운 구조로의 변화는 분명 홍명희의 관심 주제였던 것으로 보인다. 이원조는 홍명희에 대한 인물론을 쓰면서 "기성적인 것에 대한 반항, 권위에 대한 반항, 이 반항의 정신이 그로 하여금 고절 40년을 지켜오게 한 것"이라며 일제의 침략을 안 받았다면 그는 봉건타도의 계몽가로 발전해 왔을 것이라고 평한 바 있다.[30] 맑스주의 사상에 관심을 가져 탐색한 적도 있고, 그의 작품에서 반역자적인 일면이 보인다는 다른 사람의 말에 수긍하기도 하였던 데서 그러한 면을 엿볼 수 있다.[31] 또한 홍명희는 나쓰메 소세키의 작품이 새로운 도덕에 대한 탐구를 보여주며 일본문학에 종전에 없던 신국면을 열었다고 말한 바 있다.[32] 그가 소세키의 작품을 거의 다 찾아 읽었던 이유가 바로 새로움의 모색에 있었음을 짐작케 하는 말이다. 그가 적극적으로 새로운 사상과 문학을 섭취하고, 근대 역사 소설 창작이라는 새로운 영역에 뛰어든 것도 새로운 변화를 모색하는 모습이었다고 할 수 있다.

한편 이원조李源朝는 홍명희의 작품에 대해 "반항정신과 귀족취미의 상호 모순"이라는 평을 하기도 하였다. 그러면서 홍명희의 작품과 언행을 비교해 본다면 흥미 있는 한 편의 인물론을 짜낼 수 있을 것이

29) 홍명희, 「이조의 정치제도와 양반사상의 전모」, 《조선일보》, 1938년 1월 3~5일자.(口述) ; 위의 책, 131~133쪽.

30) 李源朝, 「碧初論」, 『新天地』 제3호, 1946.04 ; 위의 책, 250쪽.

31) 「碧初 洪命熹 선생을 둘러싼 文學講談」, 『太潮』 창간호, 1946.1 ; 위의 책, 193쪽.

32) 「洪命熹·薛貞植 대담기」, 『신세대』 제23호, 1948.5 ; 위의 책, 214~215쪽.

라고 하였다.[33] 이 말은 작품에서 드러나는 특징이 홍명희라는 인물 특성과 관련 있음을 넌지시 드러낸 것으로 보인다. 의식적인 지향과 실제 모습 간의 거리라는 점과 관련하여 다음과 같은 일화도 전한다.

> "아니지요. 진정한 선비래야 정치를 할 수 있다고 봅니다."
> 소오가 굳이 우겨도 벽초는 그대로 넘어가지 않는다.
> "아니야! 선비라는 게 원래 봉건적인데 과학하고 통할 수 있다? 거리가 먼 걸, 그 다 욕하는 소리지요. 호의라면 동정자구……."
> '선비'라는 어감이 그닥 좋게 느껴지지 않는 모양인가. 그러나 벽초 홍 선생의 차림차림은 '선비' 그대로다.……
> 우리 사장은 체면이 없다. 불쑥 고개를 내밀고 홍선생의 저고리를 유심히 들여다보며 "그게 조선 무명이군요."하고 물었다. 벽초 선생은 대번에 '유자신상의, 자모수중봉'이라고 읊조리는 것이다. 물론 동문서답은 아닐 텐데 그 무슨 소린가고 눈을 휘둥그렇게 떴다. 밖에서는 전차·자동차의 굉음이 쉴사이 없이 귀청을 쑤시듯 방안으로 엄습하고, 방에서는 때아닌 한시가 나오고, 기자는 아닌게아니라 좀 얼떨떨했다. 이윽고 벽초 선생은 주를 달아 "우리 어머니가 손수 짜셨으니까 '유자신상의遊子身上衣, 자모수중봉慈母手中縫'[34]이 아니오."하고 또 더부룩한 윗수염을 들치적하고 흰니를 드러내 보였다.[35]

홍명희와 설의식의 대담을 기록하는 기자의 눈에 비친 홍명희의

---

33) 李源朝, 「碧初論」, 『新天地』 제3호, 1946.04 ; 위의 책, 250쪽.

34) 당나라 시인 맹교孟郊의 시 「유자음遊子吟」의 구절을 읊은 것이다. 「유자음遊子吟」에 "자애로운 어머니가 손에 쥔 실은 / 길 떠날 아들의 옷을 짓는 거라네. / 떠나기에 앞서 꼼꼼히 꿰매시며 / 행여 더디 돌아올까 염려하시네.(慈母手中線 遊子身上衣 臨行密密縫 意恐遲遲歸)"라는 구절이 나온다.(한국고전번역원DB 각주정보 참고)

35) S기자, 「洪命熹·薛義植 대담기」, 『새한민보』 1권 8호, 1947.9 ; 위의 책, 207쪽.

모습은 선비 그 자체였다. 하지만 홍명희는 '선비 정치' 운운하는 상대의 말에 "선비라는 게 원래 봉건적인데 …"라며 반박하였다. 그러면서도 자신이 입은 무명옷에 대해 묻는 상대에게 곧장 '유자신상의遊子身上衣, 자모수중봉慈母手中縫'이라는 말로 답하였다. 대구를 살린 한시의 한 소절이 즉석에서 바로 나온 것이다. 갑자기 한시 구절을 듣자 기자는 낯설고 당황스러웠는지 얼떨떨한 느낌이었는데, 홍명희는 아무렇지도 않은 듯 "우리 어머니가 손수 짜셨으니까"라며 구절의 의미를 풀이해 주었다. 이러한 장면은 한문으로 사고하고 표현하는 것이 홍명희에게 너무나 익숙하고 자연스러운 일이어서 마치 몸의 일부 같은 것이 되었음을 보여준다. 홍명희가 양반, 선비는 봉건적인 것이라며 아무리 의식적으로 부정하고 비판해도 양반가의 자제로서 어려서부터 익힌 한문(학)의 토대를 벗어날 수는 없었던 것이다.

신채호가 한문투가 섞인 국한문체에 머물렀던 것과 달리 홍명희는 국문체를 매우 유려하게 구사하는 데까지 나아갔고 장편역사소설로 근대 문학사에 뚜렷할 만한 성과도 이루어내었다. 홍명희가 문체의 전환을 성공적으로 이루어낼 수 있었던 데에는 신학문과 외국문학을 폭넓게 섭취한 것도 한 배경이 될 것이다.(물론 홍명희 소설의 독창적 성격이 그것으로만 설명되는 것은 아니다) 그럼에도 시로 자신의 정서를 표현하고자 할 때면 홍명희도 마찬가지로 한시를 썼다.[36] 양반이니 선비니 하는 봉건적인 틀을 벗어나고자 하며 전적으로 국문글쓰기를 지향했지만, 한시 창작만은 그만두지 못했던 것이다. 이는 시가 의식적인 지향만으로 제어되지 않는 정서적이고 무의식적인 영역과 훨씬

36) 홍명희가 한시 외에 다른 시 장르를 쓴 것으로는 시조 1편이 있다. 1948년 초 정인보의 『담원시조』가 간행될 때 홍명희가 시조 형식으로 써 준 서문 「담원시조를 읽고」가 그것이다.(강영주, 『벽초 홍명희 연구』, 창작과비평사, 1999, 533쪽)

밀접하게 연결되어 있기 때문이라고 본다.

현재까지 밝혀진 홍명희의 한시는 20수가 있는데[37], 그의 한시에는 그가 삶의 역정에서 느낀 생각과 감정이 진솔하게 잘 표현되어 있다. 동경 유학 시절에 느낀 자신의 처지에 대한 한탄과 조국의 미래에 대한 걱정, 중국에서 독립운동하다 병든 지인에 대한 걱정과 그리움, 옥중에서 보내는 가족에 대한 그리움과 당부의 심정, 옥중에서 지난날을 돌아보며 느끼는 감정과 독립에 대한 의지 등이 그의 한시에 고스란히 담겨 있는 것이다.[38] 분량으로 보자면 홍명희의 한시가 그의 글 전체에서 차지하는 비중이 적다고 하더라도 내면의 진정성을 담고 있다는 점에서 보자면 그의 한시는 식민지 근대지식인의 내면심리를 잘 드러낸 작품으로서 의의를 지닌다고 할 것이다.

변영만은 정인보와 더불어 당대에 한문문장가로 일컬어졌던 인물이다. 두 사람은 한문 글쓰기와 국문 글쓰기를 병행하면서 당대 민족

37) 홍명희의 한시에 대해서는 몇 차례 추가 발굴이 이루어졌다. 강영주의 『벽초 홍명희 연구』, 임형택 · 강영주 편 『벽초 홍명희와 『임꺽정』의 연구 자료』를 통해 일차적으로 홍명희의 작품 12편이 소개되었다. 이후 김진균은 『식민지시기 한시 자료집』에서 발굴하여 소개한 시와 직접 추가로 발굴한 시를 합쳐 총 17수의 시 목록을 제시하였다.(김진균, 「벽초 홍명희의 한시에 대하여」, 『한문학보』 24, 우리한문학회, 2011) 이어 한영규에 의해 홍명희가 1950년에 북한에 있을 때 지은 7언절구 3수가 추가로 발굴되어 소개되었다.(한영규, 「벽초 홍명희의 한시 비평 –『역일시화』를 중심으로」, 『반교어문연구』 36, 반교어문학회, 2014)

38) 홍명희의 한시에 대해서는 다음과 같은 논문에 자세히 소개가 되어 있다. 이 논문에 홍명희의 한시 원문과 번역문이 일부 소개되어 있어 홍명희의 한시를 감상하는 데 많은 도움을 받았다.
강영주, 『벽초 홍명희 연구』, 창작과비평사, 1999.
김진균, 「벽초 홍명희의 한시에 대하여」, 『한문학보』 24, 우리한문학회, 2011.
한영규, 「벽초 홍명희와 漢詩 아비투스」, 『민족문화』 40, 한국고전번역원, 2012.
한영규, 「벽초 홍명희의 한시 비평 –『역일시화』를 중심으로」, 『반교어문연구』 36, 반교어문학회, 2014.

의 현실에 대응하였다는 점에서도 공통적이다. 국문 산문과 한문 산문은 물론 시 영역에서도 한시와 시조를 모두 창작하였다. 그러나 그들은 학문 편력이나 글쓰기의 성격과 지향 등에서 여러모로 차이점도 많았다.

변영만도 양반가의 자제로서 어린 시절 한학 공부부터 시작하였다. 명문가 출신은 아니었지만 부친 변정상卞鼎相이 관직에 나아가 명문대가들과 교유하였기에 이중하李重夏(1846~1917), 유길준兪吉濬(1856~1914), 김윤식金允植(1835~1922) 등을 어린 시절에 접할 수 있었고, 특히 이남규李南珪(1855~1907)와 각별하여 그를 스승으로 모시며 한학을 공부했다. 당시 이남규 문하에 출입하던 제자들 가운데 신채호도 있었다. 1904년(16세)부터 1908년(20세) 동안은 관립법관양성소官立法官養成所와 보성전문학교普成專門學校에서 법률을 전공하였으며, 졸업 후 판사와 변호사를 지냈다. 이 무렵 1907~1909년 동안에 잡지에 제국주의 국가의 동향, 식민지 국가의 운명 등에 대한 글을 왕성하게 기고하며 국가의 위기에 대처하고자 했다.

그러나 결국 나라는 망했고 1912년(24세)에 중국으로 망명하여 상해에서 국권회복을 위한 운동단체인 동제사同濟社에 참여하였다. 이때 박은식, 신채호, 정인보, 홍명희, 문일평 등과 함께 있었다. 중국에 있는 동안에 신문사에 관여하기도 하고, 남양군도(싱가포르), 월남, 말래이반도 일대를 여행하기도 하였다. 1918년(30세) 무렵 귀국한 후, 1922년(34세)부터 잡지에 글을 기고하며 문필활동을 다시 재개했다.[39]

이러한 그의 생애에서 가장 큰 변곡점을 보이는 시기는 귀국 후이

---

39) 김진균, 「卞榮晚의 비판적 근대정신과 문예추구」, 성균관대, 2004, 10~41쪽 참조.

다. 이때를 기점으로 그의 문필활동이 본격화되었을 뿐만 아니라 방향 선회가 일어났던 것이다. 한문 고전의 가치를 재인식하며 한문 창작을 진지하게 수행하기 시작했다는 것이 방향 선회의 핵심 내용이다. 그의 삶의 이력을 표면적으로만 보면 잘 드러나지 않지만, 독서 탐구 면에서 보면 귀국 이전에 변영만이 탐색한 길은 홍명희와 유사한 점이 있다. 이들은 모두 양반가의 자제로서 학문의 시작은 한학으로부터 했지만, 전통 한학 공부에 그치지 않고 독서 범위를 동서고금의 사상과 문학으로 넓혀갔다. 근대학문을 접한 경로나 구체적인 독서 목록에서는 차이가 있지만, 서양의 사상과 문학에 깊은 관심을 가지고 폭넓은 독서를 했다는 점에서 유사한 양상을 보이는 것이다. 그러나 홍명희가 국문 위주의 글쓰기로 나아가며 근대소설 창작의 영역에 뛰어든 것과 달리 변영만은 오히려 한문고전의 세계로 다시 돌아와 한문으로 문예의 길을 추구하고자 했다.

물론 변영만은 문필활동의 초기인 1907~1909년부터 한문 글쓰기와 국문 글쓰기를 지속적으로 병행해 왔다. 귀국 후 1920년대부터 다시 문필활동을 재개할 때도 마찬가지였으며 잡지에 국문글뿐만 아니라 한문글도 기고하였다.[40] 1923년 『동명』에 투고한 것을 마지막으로 더이상 한문글은 근대언론공간에 발표하지 않았지만, 한시는 물론 전장류 · 비지류 · 잡기류 등의 한문산문을 활발하게 창작하였다. 서간문을 통해 한문문장에 관한 논쟁도 활발하게 펼쳤다. 아울러 근대언론매체에 문예 · 문명 비평적인 성격의 국문글도 발표했다.

이러한 글들은 사람들 사이에 회자되며 호평을 받았던 것으로 보인

40) 1923년 『동명』에 투고한 것을 마지막으로 더 이상 한문글은 잡지에 언론매체에 투고하지 않았다.

다. 변영만도 이 사실을 인지하고 있어 자신의 글이 간혹 세간에 유행하여 "통인通人 달사達士에게 깊이 배척당하지 않는 바입니다."[41]라고 말한 적도 있고, "문장文章은 마천馬遷갓고 언론言論에는 가의賈誼라고 / 무미無味한 건 칭송稱頌에 내 귀가 싸갑고야 / 아모리 천박淺薄키로니 그는 불원不願이와라"[42]라고 시조를 읊기도 했다. 여기에서 '문장文章'은 한문글을, '언론言論'은 언론매체에 발표된 국문글을 가리키니[43], 그의 한문글과 국문글로 모두 당대 지식인들에게 높게 평가받았음을 볼 수 있다.

그러나 변영만은 자신이 진정으로 추구하고자 하는 바는 한문문장을 통해 가능하다고 여겼던 것으로 보인다.

> 지난 번 답장 중에, '문사를 닦아 성誠을 세워 군중을 깨우친다'는 말은 절로 해당되는 바가 있는 것이요, 족하가 편지에서 시속時俗의 신문잡지 등 일시의 편의를 취하는 종류를 일컫는다고 의심한 것과는 같지 않을 것입니다. 만약 이런 종류의 것을 말하는 것이라면 군중을 깨우치는 것은 혹 모르겠지만, 어찌 성誠을 세우는 취지에 부합함이 있겠습니까? 이미 성誠이 서지 못하였으면 그 깨우침이란 것 또한 반드시 미미할 것입니다. 『예기』에 "외우고 들은 기문지학記聞之學으로는 남의 스승이 되기에 부족하다."라고 하였으니, 하물며 신문잡지의 글 따위로 남의 스승이 될 수 있겠습니까? 남을 깨우친다는 것은 바로 남의 스승이 되는 법입니다. 그렇다면 어찌해야 되겠습니까? ……

---

41) 변영만, 「柬權惺臺」(1924), "至於私所得感, 一發之於文, 間見流傳, 亦頗爲通人達士所不深擯, 而執事愛實, 夫豈欲觀覽此屬者哉!" ; 김진균, 「변영만의 비판적 근대정신과 문예추구」, 성균관대 박사학위논문, 2004, 35쪽에서 재인용.

42) 변영만, 「詠懷十首 4수」, 《조선일보》, 1931년 5월 17일자 ; 김진균, 위의 논문(2004), 35쪽에서 재인용.

43) 김진균, 위의 논문(2004), 35쪽.

> 사람과 사람이 서로 접하고 세대와 세대가 서로 이어지는 것이니, 군중이 없음을 걱정할 것이 아니고 깨우쳐지지 않음을 걱정할 것도 아닙니다. 다만 요점은 성誠을 세운 문사에 달려 있는 것입니다."[44]

변영만은 자신도 신문잡지에 글을 기고하고는 했지만 시속時俗의 신문잡지의 글은 한계가 있다고 보았다. 그가 생각하기에 신문잡지의 글이 혹 군중을 깨우칠 수 있다고 하더라도 그 수준이 미미한 정도에 불과할 따름이라는 것이다. 그는 진정으로 남을 깨우친다는 것은 남의 스승이 된다는 것이니, 이 일을 이루는 관건은 성誠을 세운 문사文辭에 달려 있다고 하였다. 여기서 '성誠을 세운 문사文辭(입성지사立誠之辭)'라는 말은 『주역』이 원출처로,[45] '수사입성修辭立誠'은 한문 문론의 오래된 명제였다. 이에 대해서는 수사修辭와 입성立誠을 병행으로 보는지의 여부와 성誠에 대한 해석에 따라 장자, 공영달, 왕부지 등 역대로 여러 가지 견해가 제출되어 왔다.[46] 이 글만으로는 변영만이 생각하는 '입성지사立誠之辭'의 함의를 알기는 어려우나, 그가 추구하는 바는 신문잡지의 글로는 충족시킬 수 없는 차원의 것이었고 한문고전의 세계에서 그 길을 모색하고 있었음을 엿볼 수 있다.

그런데 그가 한문학 창작으로 뜻을 확실하게 굳힌 것은 역설적으

---

44) 변영만(저)/실시학사 고전문학연구회(역주), 「成純永 一汝에게 답함(세 번째)」(1923년), 『변영만전집』(상), 성균관대 대동문화연구원, 2006, 293~295쪽; 『변영만전집』(중), 172~174쪽.(이하 『변영만전집』의 출처를 밝힐 때에는 역주자와 출판사, 출판연도를 밝히지 않고 '『변영만전집』'으로만 표기하도록 함)

45) "군자는 德에 나아가 業을 닦는다. 忠과 信은 德에 나아가는 방법이다. 辭를 修하고 그 誠을 立함은 居業하는 방법이다.(君子眞德修業. 忠信, 所以進德也. 修辭立其誠, 所以居業也)", 林少陽(저)/서광덕 · 최정섭(역), 『修辭라는 思想 – 章炳麟과 한자권의 언어론적 비평이론』, 연세대학교 대학출판문화원, 2013, 70쪽.

46) 위의 책, 70~75쪽 참조.

로 서양 고전을 수백 권 독파한 것이 계기가 되었다. 변영만이 심재 조긍섭에게 보낸 다음의 편지에 그 내용이 잘 드러나 있다.

> 저는 요즘 영어를 독학하여 저들의 고전을 이미 수백 권 독파했습니다. 그 가운데에는 실로 숭미고화崇美高華[숭고하고 아름다움]한 문장과 침박장려沈博壯麗[깊고 넓으며 장엄하고 화려함]한 작품이 있기에 하늘이 인재를 냄에 동방에 한정짓지 않았다는 것을 알게 되었습니다. 그러나 결국 한문으로 지어 심미오취深味奥趣[깊은 맛과 그윽한 정취]가 있는 것만은 못합니다. 저는 이제 한 가지 소망을 세웠습니다. 한학漢學을 다시 정리하여 세계에 널리 펴고자 합니다. 선생께서 성취를 도와주시지 않겠습니까?[47]

변영만은 조긍섭에게 자신이 서양고전을 섭렵한 후 서양에도 동방 못지않은 인재가 있다는 사실과 서양 고전보다 한문고전이 낫다는 것을 깨달았다고 말하였다. 그리고는 한학을 다시 정리하여 세계에 펼치고 싶다는 포부를 밝히며, 자신을 도와달라는 부탁을 하였다. 이처럼 변영만이 한문창작에 뜻을 두게 된 것은 서양 고전을 우회하여 한문고전의 가치를 재발견한 데서 비롯된 것임을 볼 수 있다. 그러나 변영만의 소망은 특정 텍스트의 연구를 통해 한문고전의 가치를 알리고자 하는 차원에 있지 않았다. 그가 발견한 가치는 작품이 보여주는 경계境界였고 이는 한문을 지음으로써 이를 수 있고 또 드러낼 수

---

47) "榮晚, 近年自習西文, 彼中典籍, 亦已讀破累百卷, 其中, 固亦有崇美高華之作沈博壯麗之選, 可知天之生才, 不限於東, 而終不若漢文之爲有深味奥趣也. 榮晚方立一祈願, 欲重整漢學, 弘布宇內. 先生不欲助之成乎?", 변영만, 「東深齋先生第二書」. 『五家文抄 · 卞穀明文抄』, 52쪽.(한영규, 「儒家 아비투스의 상대화와 근대적 문장관의 출현, 『동양한문학연구』 35, 동양한문학회, 2012, 401쪽에서 원문 · 번역문 재인용)

있는 것으로 여겼다고 생각된다.

흥미로운 사실은 변영만에게서는 한문을 타자화하거나 한문창작을 구시대적인 것으로 여기는 인식이 보이지 않는다는 점이다. 그는 한문고전을 서양고전에 대응되는 동방의 고전이라고 보았지 중국에만 귀속되는 것으로 보지 않았다. 변영만은 조선의 과거 문학 유산의 빈약함을 토로하며 조선의 한문학에 대해서도 비판적이었는데, 이는 그 작품들이 당송팔대가의 복제에 그치고 말았다는 이유에서였지[48] 중국문학을 모방했다는 식으로 생각하지 않았다. 한편 변영만이 한문문장에 대해 담론하며 이를 '구원久遠한 일'[49]이라고 표현했던 사실도 주목해 볼 필요가 있다. 그는 한문으로 하나의 경지를 개척하고자 싶다는 소망을 종종 피력했는데,[50] 이것은 고금이라는 시간의 한계선을 넘어서 오래도록 영원히 이어질 일이라고 여겼던 것으로 보인다.

변영만이 한문문장을 통해 개척하고자 하나의 경지란 높은 차원의 미적 경지였다고 생각된다. 다시 말해 최상의 문예경文藝境을 추구했다고 할 수 있는데, 이는 문예의 가치에 대한 남다른 인식에서 비

48) "나는 항상 우리 조선 향토문예에 대하여 그 유산의 빈약함을 느낀다. 향가! 말을 마라. 대애국자가 아닌 이상, 平心 애송하기에는 너무도 누작이 대다수이고, 시조! 그것도 그만두라. 惡品이 良品에 초과된 모양이며, 소설! 홍길동·전우치 등 4, 5개를 제한 이외에는 모두 '成化年間'류의 치욕적 愚談으로 일관하였을 뿐이고, 가극의 각본! 춘향·심청 이외 거언할 것이 殆無인 중 부론으로 한문학 방면으로 말하여도 모두 소위 당송팔대가의 再烹복제일 뿐이다."(변영만, 「午睡隙筆」(1931년), 『변영만전집』 하, 245쪽)

49) 변영만, 「成純永 一汝에게 답함(세 번째)」, 『변영만전집』 상, 299쪽.

50) 변영만은 조여명에게 보낸 시에서 "한 경지를 개척할 수 있다면 죽어 없어져도 걱정할 것 아니리.(苟自闢一境, 滅死不足恤)"라고 읊은 바 있다.(변영만, 「曺汝明에게 보임」(1932), 위의 책, 53쪽)

롯된 것이다. 그는 이 세상은 문객文客·성현聖賢·영웅英雄·지사志士 할 것 없이 다 장사치의 무리가 되고 마는 장사치의 세계라고 보았다. 그가 보기에 이것은 예로부터 그러했고 오늘날 더욱 심해진 것이었다. 이러한 무뢰배의 세상에 처하여 그가 꿈꾼 것은 세상이 크게 변화하여 '신운神韻과 기미氣味'가 신비의 세계와 같아지는 것이었다. 그는 여기에 이르는 문門은 노무勞務, 문예文藝, 악가樂歌의 세 가지가 있으며, 정법政法은 해당되지 않는다고 보았다. 노무勞務, 문예文藝, 악가樂歌에 종사하는 자가 순수한 마음으로 장사치의 기습氣習을 힘써 없앨 때만이 비로소 가능하다는 것이다.[51] 이처럼 그가 꿈꾼 것은 한마디로 '장사치의 세계'에서 '신비의 세계'로의 변화라고 할 수 있다. '장사치의 세계'가 사람들이 저마다 이익과 물질적 풍요를 추구하는 세상이라면 '신비의 세계'는 사람들이 순수한 마음으로 영적·정신적 고양을 추구하는 세계이다. 근대 물질 문명은 장사치의 세계가 극도의 상태에 이른 것이다. 이러한 세계에 대응하며 변화를 도모하는 방식이 그에게는 문예였다고 할 수 있다.

나아가 그는 민족의 소생도 문학으로부터 비롯될 수 있다고 보았다. 문학이 "인중의 진핵수眞核髓"이기 때문에 문학이 떡 한 개 주지는 못하지만 민족이 소생하려면 문학이 선행적으로 소생하기를 기대게 되는 법이라는 것이다.[52]

이처럼 문예·문학의 가치를 누구보다도 중시하였던 그는 문학의 사명이 '자아의 개특적個特的 문예경文藝境을 개척'하는 데 있다고 보

51) 변영만, 「동지여러분께 부쳐 소회를 적음(寄同志諸人述懷書)」(1922년), 『변영만전집』 상, 263~267쪽; 『변영만전집』 중, 158~160쪽.

52) 변영만, 「文學五講」(1928), 『변영만전집』 하, 157~158쪽.

았다.[53] 이는 그가 한문 창작을 통해 이루고자 하는 바가 무엇이었는지를 잘 보여주는 말이라고 본다. 그가 한문문장을 통해 개척하고 싶다고 피력한 하나의 '불후할 경지'[54]란 곧 '개특적個特的 문예경文藝境'인 것이다.

변영만은 자아의 개특적 문예경을 개척하기 위해서는 편협한 태도를 버리고 세계 인류의 문예적 사조를 충실히 연구하는 것이 필요하다고 하다고 주장했다. 인류의 사조思潮는 대체상으로 통적通的이며 호적互的이므로 자신의 문예경을 개척하는 데 강한 암시를 받을 수 있다는 것이다.[55] 여기서 '통通', '호互'는 그가 추구한 문예의 방향을 잘 나타내는 핵심어라고 생각된다. 그는 성호 이익에 대해 논하면서 유자儒者를 통유通儒와 곡유曲儒로 구분하고 이익을 통유通儒로서 높이 평가한 바 있다. 그에 따르면 세계의 중심을 잡고 무궁한 변화에 대응하는 것이 '통通'이고, 한 모퉁이에 갇혀 있으면서 전체를 보지 못하는 것이 '곡曲'이다.[56] '호互'란 사전적 의미를 참고할 때 다양한 것들이 서로 마주치는 가운데 영향을 주고받게 되는 것을 의미한다고 할 수 있다. 세계적으로 시야를 넓혀 다양한 것들을 융화시키며 하나의 개성적인 문예경을 창조하는 것, 이것이 변영만이 추구한 문

53) 변영만, 「文學五講」(1928), 『변영만전집』 하, 157~158쪽.

54) "나는 일찍이 역량을 넘어서는 뜻을 품고 스스로 마음에 맹세하였습니다. 비록 능히 곧바로 안연과 민자건의 학문을 바라보지 못하더라도, 반드시 그 허물이 적은 한 경지에 가까이 가고자 하였고, 비록 능히 갑자가 사마천 · 양웅의 문장에 이르지 못하더라도, 반드시 그 불후의 한 경지를 이루려고 하였습니다.(僕夙抱逾量之志, 自矢于心. 雖未能徑希乎顏閔之學, 必幾其寡過之一境焉. 雖未能遽至于馬揚之文, 必致其難朽之一境焉.)"(변영만, 「제영근 경집에게 답함(答諸瑛根敬執書)」(1926년), 『변영만전집』 상, 361쪽 ; 『변영만전집』 중)

55) 『변영만전집』 하, 157~158쪽.

56) 변영만, 「『星湖僿說』 序」(1929), 『변영만전집』 상, 162~165쪽.

예의 방향이었다고 할 수 있다.

2. 정인보의 이중언어 글쓰기의 의의

이제 당대 지식인들의 문제의식과 글쓰기의 지향을 떠올리면서 정인보의 글쓰기로 다시 돌아가 보고자 한다. 앞서 전통 학문과 신학문, 한문문언문과 국문 글쓰기에 대한 인식과 태도를 중심으로 각 주체들이 상이한 글쓰기 양상을 보이게 된 이유와 글쓰기의 지향에 대해 살펴보았다. 일단 이 문제를 중심으로 정인보가 또 다른 성격의 글쓰기를 지향하게 된 이유에 대해 고찰해 보도록 하겠다.

먼저 한문(학)을 어떻게 볼 것인가라는 것은 근대전환기를 살았던 당대 지식인들이 마주쳐야 했던 질문이었고, 이에 대한 입장은 자신의 글쓰기의 방향을 결정짓는 한 요인이었다. 특히 어려서부터 한문 서적을 읽고 한문 짓기를 하여 한문이 이미 제1의 서기언어書記言語로 체화된 이들 같은 경우는 시대 인식과 가치관에 따라 문체를 전환하기 위한 노력이 수반되어야만 했다.

신채호와 홍명희는 한자의 폐해를 인식하며 한문글쓰기를 지양하고 국문글쓰기를 지향한 경우였다. 다만 한자의 폐해에 대해 신채호는 민족의 자주성을 잃게 만든다는 점을 이유로 들었다면, 홍명희는 새로운 것을 건설해야 할 것이 많은 근대에 더이상 유용하지 않게 되었다는 점을 들었다. 이들과 달리 변영만은 한문의 폐해에 대해 말한 바가 없었다. 변영만은 오히려 서양 고전의 탐독을 경유한 뒤 한문 고전의 가치를 재발견하였고, 한문 창작을 통해 불후의 문예경文藝境

을 개척하여 근대 물질문명에 대응하고자 하였다. 변영만의 경우 한문을 타자화하거나 한문의 시대적 유용성을 부정하는 인식을 보이지 않는다는 점에서 신채호, 홍명희와 완전히 상반된 인식을 보여주었다고 할 수 있다.

정인보도 한문의 폐해를 말한 바가 없고, 국문 글쓰기는 물론 한문 글쓰기를 통해서도 시대에 대응하고자 했다는 점에서 변영만과 같은 태도를 보였다고 할 수 있다. 그러나 Ⅱ장에서 보았듯이 한문에 대한 정인보의 입장은 다소 복합적인 양상을 띤다. 우선 정인보가 과거 역사를 바라볼 때는 한자에 대해 타자화하는 태도가 일정 정도 나타나는 것을 볼 수 있다. 이는 한화漢化에 경도된 구유배拘儒輩에 의해 점차 고유어가 사라져가고 훈민정음이 경시되었던 역사를 안타워하는 모습이라든지, 옛 고유어가 남아 있는 자취를 추적하거나 조선시대의 훈민정음에 관한 연구자들을 발굴하는 데에 노력을 기울인 모습에서 엿볼 수 있었다. 역사 속에서 한자어와 고유어, 한자와 훈민정음을 내비하며 고유어와 훈민정음이 민족의 정체성을 오롯하게 담지하고 있는 것으로 보는 관점이 이러한 부분에서 드러나기 때문이다.

그렇다고 해서 정인보가 한문을 완전히 타자화하며 민족문화에서 배제한 것은 아니었다. 그는 과거의 한학(한문학)을 조선학(조선문학)에 포함시키는 입장이었다. 오랜 역사 동안 한자로 언어생활을 영위해왔기에 우리만의 한자 문화가 있었다고 보았기 때문이다. 중국의 것을 그저 모방한 것은 조선문학이라 할 수 없지만, 조선인의 사상과 감정이 담고 있는 한문학은 조선문학이라는 것이다. 결국 그가 역사를 돌아보며 중요하게 여겼던 것은 외래에서 유입된 것이냐 아니냐가 아니라, 주체적인 태도로 받아들이고 민족의 실질적인 현실에 기반하여 민족의 정신과 사상을 담아냈느냐, 그리하여 독자성을 창출했느냐였다.

자타 인식을 분명하게 하며 민족의 주체성, 고유성을 강조하는 시각으로 역사를 바라본 점에서 정인보는 신채호와 비슷한 면이 많았다. 정인보가 신채호의 역사 연구에서 많은 시사점을 얻었던 것도 신채호의 역사관과 역사 연구 방식에 공감하는 바가 많았기 때문이다. 그러나 정인보는 한문 자체를 문제 삼기보다는 수용자의 비주체적인 태도를 문제 삼았고, 오랜 역사 동안 이어왔던 한문을 우리 문화의 범위로 끌어들였다.

이러한 관점의 차이는 유학의 유입을 바라보는 시각에서도 잘 드러난다. 정인보 또한 우리 민족이 삼국시대까지만 해도 자주적인 모습을 보였는데 고려 중엽 이후부터 주체성을 잃고 중국에 대해 종속적인 태도로 바뀌었다고 보았다. 이러한 관점은 신채호와 흡사하여 그로부터 영향 받은 것임을 짐작할 수 있다. 하지만 그렇게 변화된 주요 원인으로 신채호는 정주학程朱學의 유입을 들었던 데 반해 정인보는 송학宋學의 수입보다 더 큰 원인은 중국을 사모하여 자신의 본심本心을 잃어버린 데 있다고 보았다.[57] 다시 말해 신채호의 사유 구조에서는 송학宋學이 원인이고 사대주의와 배타성이 그 결과라면, 정인보의 경우 본심을 잃은 주체의 사대주의적 태도가 근본 원인이다. 결국 정인보에게 가장 중요한 것은 주체의 태도였다. 주체의 태

---

57) "受病한 原因은 암만하여도 宋學의 輸入으로 좇아 明哲保身의 一言을 聖道視한 것이 가장 重한 原因이라 하겠으나 이보다도 高麗中葉以後로 中國에 對한 浮慕가 아주 先民의 傳統的 國姓을 저버리어 마침내 似而非한 漢文文詞와 自性없는 附從的 學術이 瀰漫하게 되어 어느덧 本心을 잃어버린 것이 더 큰 原因이라 하겠습니다."(정인보, 「歷史的 膏肓과 吾人의 一大事」, 『전집』 2, 278~279쪽)

도는 과거의 우리 역사뿐만 아니라 근대에 접어든 현재에도 여전히 관건이 되는 문제였다.

> 한번 마음의 한 길이 진실지眞實地를 향하게 될진대 비로소 새것을 받아 우리 민중民衆의 복리福利를 도모할 수 있고 비로소 옛것을 정돈하여 또한 우리 민중의 복리를 도모할 수 있다. 우리 민중의 복리를 도모하는 데서 우리의 실심實心의 진상眞相을 볼 수 있음을 알라.[58)]

정인보는 새것과 옛것, 구문명과 신문명을 대립적인 것으로 인식하지 않았다. 새것을 받아들이고 옛것을 정돈하여 우리 민중의 복리를 도모할 수 있다고 보았다. 그러나 그러기 위해서 더 근본적으로 선결되어야 할 문제는 우리의 마음이 진실지眞實地를 향해야 하는 것임을 강조하였다. 정인보는 이러한 관점에 입각하여 진가眞假, 실허實虛의 논리로 과거의 학술 풍조를 비판하였다. 주자학 일변도로 흐르며 존명尊明주의에 빠져 있던 조선의 학술 담론과 문헌들은 거의 도학道學이라는 명분을 끌어와 가문과 당파의 이익을 포장하는 내용의 산출물들로 몰가치한 허虛이고 가假일 뿐이라는 것이다. 동시에 당대의 학술 풍조에 대해서도 우려하는 태도를 보였다. 자신의 진실지眞實地인 실심實心에 근거하지 않고 비주체적인 태도로 시대에 통용되는 학설 따라 휩쓸려가는 모습은 현재도 마찬가지라는 것이다.

> 학문에 대한 태도가 전부터 이미 책장에서만 힘을 얻으려 하던 것이

58) "한번 心頭一路에 眞實地를 向하게 될진대 비로소 새것을 받아 우리 民衆의 福利를 圖할 수 있고 비로소 옛것을 整頓하여 또한 우리 民衆의 福利를 圖할 수 있다. 우리 民衆의 福利를 圖하는 데서 우리의 實心의 眞相을 볼 수 있음을 알라."(정인보, 「양명학연론」, 『전집』 2, 123쪽)

> 더한층 늘어서, 가론 영길리英吉利[영국] 가론 불란서佛蘭西 가론 독일 가론 노서아露西亞[러시아]가 어지럽게 나란히 나아가지만 대개는 공교工巧하다는 자가 많은 학자의 언설만에다가 표준을 세워 어떻다 무어라 함이 대개는 저 '언설'로부터의 그대로 옮겨짐이요, 실심實心에 비추어 얼마나 합당한지 아닌지를 헤아린 것이 아니니, 오늘날을 옛날에 비교하면 과연 어떻다 할까.[59]

과거 조선의 학술이 주자학 일변도로 흘렀다면 당시에는 영국, 프랑스, 독일, 러시아 등에서 다양한 학술이 유입되어 있었다. 그러나 정인보가 보기에 서구 학설을 수용하는 많은 지식인들이 보이는 태도는 외부 학설 자체에 표준을 두고 그 언설을 그대로 옮겨와 말할 뿐이지 자신의 실심實心에 비추고 헤아려서 말하고 있는 것이 아니었다. 과거와 달리 다양한 학설을 자유롭게 섭렵할 수 있는 상황일지는 몰라도 지식인들이 자신의 실심 바깥에 준거를 두고 있다는 점에서는 과거 조선의 구유배舊儒裵와 다를 게 없었던 것이다. 정인보는 어떤 학설이 유입되고 어떤 학문을 배운다고 하더라도 본심本心, 실심實心, 양지良知 등으로 표현되는 근원적이고 진실된 마음을 회복하지 않으면 다 허虛와 가假의 논리로 떨어질 뿐이라고 여겼다. 이에 이 시대에 절실한 것은 근원적이고 진실된 마음을 회복하는 것이라고 보았다. 정인보의 모든 모색과 대응은 이것을 지향한다고 할 수 있다.

---

59) "學問에 對한 態度ㅣ 前부터 이미 冊張에서만 힘을 얻으려 하던 것이 더한층 늘어서, 가론 英吉利 가론 佛蘭西 가론 獨逸 가론 露西亞ㅣ 紛然並進하지만 대개는 工巧하다는 者ㅣ 幾多學者의 言說만에다가 標準을 세워 어떻다 무어라 함이 대개는 저 "言說"로부터의 그대로 옮겨짐이요, 實心에 비추어 何等의 合否를 商量한 것이 아니니, 今으로 古에 比하매 果然 어떻다 할까."(정인보, 「양명학연론」, 『전집』 2, 115쪽)

이를 위해 정인보는 새것의 수용보다는 옛것을 고찰하는 방향을 취했다. 변영만과 홍명희가 서양 사상과 문학을 방대하게 섭렵하며 세계의 변화된 흐름을 파악하고 근대에 새롭게 직면한 문제에 대응하고자 했던 것과 다른 모습이다.

> 과거는 항상 지금을 돌며 움직이는 숨은 세력勢力을 가지게 되므로 이를 등한시하지 못하게 되는 것이다.[60]

> 예전의 얼굴을 찾음은 곧 지금 나의 그림을 밝히고자 함이라. 오늘날 우리가 돌연히 생긴 우리가 아니라 마음 속의 잠재한 뿌리가 벋어내린 바이므로 을지문덕의 위대한 공적과 안시성주安市城主의 성대한 공렬이 모르는 사이에 그윽한 맥락이 닿았고 붕당朋黨의 전업前業과 학문의 고습故習이 없는 듯한 속에 기괄機括[중요부분]이 서로 이어짐을 우리로서 벗었다 할 수 없나니……[61]

정인보가 우리의 과거부터 일 필요가 있다고 생각했던 것은 오늘날 우리의 모습이 돌연히 생겨난 것이 아니라 과거로부터 이어져 온 것이며, 과거 전통은 현재에도 드러나지 않는 방식으로도 영향을 미치고 있다고 보았기 때문이다. 그러므로 현재의 우리 모습에 대해 제대로 알기 위해서는 과거를 돌아보는 일이 필수적이었다. 이를 통해 주체성을 잃은 채 바깥에 시선을 두고 남의 것을 좇았던 역사를 반성하며 그 길을 되풀이하지 않는 교훈을 배우는 것이 더 중요했다. 또 민족의 과거 역사에서 우리가 잃어버린 보배를 재발견하고 실심을

---

60) "過去는 恒常 當今을 斡運하는 隱勢力을 가지게 되므로 이를 閑視하지 못하게 되는 것이다."(정인보, 위의 글, 114~115쪽)

61) 정인보, 「朝鮮文學源流草本」, 『전집』 1, 261~262쪽.

회복한 주체로 거듭날 필요가 보았다. 그렇기에 옛것을 돌아보는 것은 "모고慕古나 회석懷昔"이 아니고 "추고追古가 곧 성금醒今"이며[62], "새삼스러운 신인新人이 아니라 본심本心 그대로의 신인新人"[63]이 되자고 하였다. 이것이 정인보가 추구하는 민족 문화의 방향이었고, 그의 글쓰기가 지향한 바였다.

과거의 문화유산과 새로운 문화 창조의 관계에 대한 인식 면에서 홍명희와 변영만은 정인보와 다른 입장이었다. 홍명희는 조선의 역사·문학은 체계 있게 연구할 만한 재료가 별로 없고[64], 우리의 고전이 대개 다 없어져 좋은 고전을 갖지 못한 까닭에 학술적 저술을 하는 데에도 한계가 있다고 여겼다.[65] 문학 영역에서도 조선 시대에 특기할 만한 문학이 없으며,[66] 우리 문화유산이 통틀어 한문화漢文化의 연장인 면이 없지 않다 보니 순우리말로 된 문학유산이라는 것은 한심한 수준이라고 하였다. 그렇기에 앞으로 우리가 어떠한 문학을 창조하느냐 하는 문제가 과거의 유산을 계승하는 문제보다 더 큰 문제라고 보았다.[67] 변영만 또한 조선의 향토문예유산에 대해 빈약함을 느낀다고 하였다. 향가, 시조, 소설, 가극의 각본, 한문학 등을 다 보아도 거론할 만한 작품이 얼마 되지 않는다는 것이다. 그는 이러한 상황에서 "우치愚痴한 자존심"은 아무 소용이 없고 "오직 비통한 반성하에

---

62) 정인보, 「乙支將軍墓山修保問題」, 『전집』 2, 317쪽.

63) 정인보, 「歷史的 膏肓과 吾人의 一大事」, 『전집』 2, 282~283쪽.

64) 「홍명희·모윤숙 문답록－이조문학 기타」, 『삼천리문학』 창간호, 1938.1; 임형택·강영주 편, 『벽초 홍명희와 『임꺽정』의 연구 자료』, 사계절, 1996, 172쪽.

65) 「碧初 洪命熹 선생을 둘러싼 文學談議」, 『太潮』 창간호, 1946.1; 위의 책, 194쪽.

66) 「홍명희·모윤숙 문답록－이조문학 기타」, 『삼천리문학』 창간호, 1938.1; 위의 책, 173쪽.

67) 「洪命熹·薛貞植 대담기」, 『신세대』 제23호, 1948.5; 위의 책, 220쪽.

서만 위대한 건설이 생겨날 것이니 조선문학의 건설은 금후의 일"이라고 주장하였다.[68] 이처럼 홍명희와 변영만은 문학 · 문예를 중심으로 과거의 문화유산을 빈약하다고 인식하며 과거의 계승보다는 지금부터 새로운 문학을 건설해야 하는 문제가 관건이라고 여겼다.

반면 정인보는 '추고성금追古醒今', 즉 옛것의 탐색을 통해 오늘날을 일깨운다는 자세로 나라의 문화유산인 국고國故에 관심을 기울임으로써 새로운 문화를 창조할 기틀을 마련하고자 하였다. 그의 관심 범위는 문학 · 문예에 국한되지 않고 국학이라는 보다 넓은 범주 하에 여러 영역에 걸쳐 있었다. 그는 다방면에서 옛 문헌을 뒤적이며 비록 남들이 알아주지 않는 영역이더라도 백성의 고통을 자신의 일처럼 아파하며 민익民益에 도움이 되는 길을 모색했던 고심인苦心人들, 남들이 알아주든 말든 자신의 의로움을 다했던 이들을 주목했다. 그리고 그들의 존재와 노작勞作이 역사 속에 묻혀 버리고 사람들 사이에서 잊혀져가는 것을 안타까워하며 그들을 세상에 알리고 역사적으로 재평가하는 일에 매진했다. 이는 우리의 보배를 제대로 알지 못하면서 바깥, 남으로부터 시작했던 역사를 되풀이하지 않기 위함이었고, 동시에 우리 민족이 다시 거듭날 수 있는 원동력을 민족의 역사에서 찾음으로써 민족의 자부심과 주체성을 회복하기 위함이었다. 아울러 민족의 열등감과 종속성을 강화하기 위한 일제의 각종 책동에 대한 대응이자 국망의 현실을 극복할 방도이기도 했다.

정인보가 이러한 대응과 모색을 국문 글쓰기와 한문 글쓰기의 병행을 통해 수행했다는 점은 주목할 만한 사실이다. 그는 양반 명문가 출신으로 한학 기반이 탄탄하고 한문 글쓰기에 훨씬 익숙했던 전통

68) 변영만, 「午睡隙筆」(1931년), 『변영만전집』 하, 245쪽.

지식인이었다. 그런 점에서 그에게 국문 글쓰기는 변화된 시대 상황에 대응하기 위해 새롭게 시도하는 성격을 지니는 것이었다. Ⅳ장에서 보았듯이 시조, 신문 논설, 국토 기행문, 비평문, 학술 논문, 고서 해제 등은 정인보가 국문으로 시도한 글쓰기 장르이다. 이는 모두 신문·잡지매체를 통해 발표된 것들로, 그의 국문 글쓰기는 해방 이전을 기준으로 하였을 때, 근대 언론장에 적극적으로 참여했던 1924년~1937년 동안에 집중적으로 이루어졌다. 이 시기 정인보는 국문 글쓰기를 통해 민족적 슬픔을 공유하고, 조선 국토와 유적에 대한 이해를 도우며, 조선의 역사와 문화, 학술에 대해 재인식하도록 만드는 작업을 수행하였다.

그의 국문 글쓰기가 언론매체와 접속이 가능했던 시기에 이루어졌던 데 반해 한문 글쓰기는 생애 내내 지속적으로 수행되었다. 정인보는 오랜 역사 동안 한자로 언어생활을 영위해왔던 만큼 우리의 한자 문화가 있었다고 보았다. 이러한 인식은 과거뿐만이 아니라 당대에 대해서도 마찬가지였던 것으로 보인다. 정인보에게서 자신이 어려서부터 익혀서 몸에 익숙해진 한문 창작 행위를 시대적 유효성을 잃어버린 구문명의 흔적으로 보는 시각을 볼 수 없기 때문이다. Ⅲ장에서 보았듯이 정인보는 당대의 한문문장가로서 비지문 등 한문의 권위가 여전히 남아 있던 영역에서 사람들의 요구를 수용하며 인물의 삶의 기록을 후세에 남기고 역사적 의미를 이끌어내는 글쓰기를 수행하였다. 조선학 관련 고서를 발굴하고 정리하며 조선학술사를 재구성하는 작업은 '조선고서해제'라는 국문 글쓰기로도 수행되었지만, 한문으로 쓴 서발문을 통해서도 이루어졌다. 전통지식인과 시회詩會를 열고 서신을 나누며 한문학의 창작 담론을 이어가기도 하였다. 시문 창작의 도道를 논하는 문화가 쇠퇴해가는 것에 대한 안타까움을 드러내는 데서 볼 수 있듯이 그에게 이러한 문화는 지속되어야 할 가치가 있는 것이었다.

이와 같이 정인보가 수행한 국문과 한문이라는 이중언어 글쓰기의 특징과 의의는 다음과 같이 정리해 볼 수 있다.

첫째, 국문 글쓰기와 한문 글쓰기가 주종 관계나 대립적인 구도를 형성하지 않고, 상호 보완적인 관계 속에서 민족문화의 기획이 이루어지고 있다는 점이다. 이는 정인보가 국문 글쓰기와 한문 글쓰기에 모두 가치를 부여하고 상황과 필요에 따라 자유롭게 선택했기 때문에 나타나는 특징이다. 이로 인해 그는 전통적인 문사들의 네트워크에 연결되어 한문학 작품과 담론을 생산하는 주체로, 근대 언론장에서 학술과 문화를 기획하는 주체로 동시에 활약할 수 있었다.

둘째, 정인보의 국문 글쓰기는 한학적 소양과 한문 창작에서 자득한 바를 바탕으로 이루어진 측면이 많다는 점이다. 그의 국문 글쓰기의 소재 및 주제 선정은 물론 고증이라는 글쓰기 방법론은 정인보의 한학에 기반을 두고 있는 것이다. 또한 시조, 기행문, 비평글 등의 창작이 그가 이미 한문 창작에서 자득한 바를 바탕으로 이루어진 점이 많다는 사실이다. 이는 한문체에서 국문체로의 문체 전환이 일어나는 방식의 구체적인 일양상을 보여준다는 점에서 의미가 있다고 본다.

셋째 정인보의 한문 글쓰기는 전통 선비 문화를 계승하는 의미를 지님과 동시에 시대를 고뇌하며 치열하게 현실에 대응한 실천적 행위라는 점에서 당대성을 지닌다. 이는 근대한문학의 가치와 역할에 대한 보다 적극적인 평가가 필요함을 시사한다고 본다.

제6장

맺음말

본고는 근대 시기에 한문과 한글로 이중언어 글쓰기를 수행했던 정인보의 글쓰기 양상과 의미를 밝히고자 하였다.

정인보는 동래 정씨로 소론 명문가에서 태어나 어려서부터 가학家學을 통해 전통 한학을 익히고 스승 이건방으로부터 강화양명학파의 학맥을 이어받았다. 그는 가학과 강화양명학에 대한 자부심이 컸고 계승 의지도 높았다. 그러나 정인보는 단순히 전통 학문의 계승자에 머물기를 원하지 않았다. 18세에 겪은 망국의 현실은 너무나 큰 충격과 슬픔이었고, 망국의 원인이 무엇인지 참담한 현실을 극복하기 위해서 무엇을 해야 하는지에 대해 치열하게 고뇌하며 민족이 나아갈 길을 모색했다. 박은식, 신채호, 박한영, 송진우 등 당대지식인들과 교류하면서 유교개혁, 사학 연구, 불교와 문화유적, 언론활동 등으로 관심 주제와 활동영역을 넓히며 현실에 적극적으로 참여하였다. 또한 가학과 강화양명학을 토대로 하여 청대 학술 및 중국 '국학'도 참조하면서 국학(조선학)을 정립하는 길로 나아갔다.

민족의 참담한 현실을 타개하기 위해서 정인보가 가장 중요하다고 생각한 것은 민족의 주체적 정신의 회복 문제였다. 정인보는 망국에 이르게 된 원인을 직시할 것을 강조하며 우리의 과거 역사에 대한 통렬한 반성부터 촉구하였는데 가장 핵심적인 문제는 주체성을 잃고 바깥의 남을 좇아갔던 데 있다고 보았다. 그러나 그가 생각하기에 이는 과거의 문제만이 아니었다. 서양의 온갖 학설이 혼란스럽게 유입되는 근대의 상황에서도 마찬가지였다. 새로운 사상과 학설을 준거로 삼아 그 언설을 그대로 옮기는 일부 신지식인들의 모습은 과거 조선의 주자학자들이 그 학설만 내세우며 그것으로 자신들의 명분을 삼았던 것과 다를 바가 없었다. 이에 바깥으로 휩쓸리지 않을 수 있는 근원적이고 진실된 마음인 본심(실심)을 회복하는 것이 매우 중요하다고 보았다. 이럴 때만이 주체적인 태도로 새것을 수용하고 옛것을 정리하며 민중의 복리를 도모하는 길로 나아갈 수 있다고 여겼기 때문이다.

이를 위해 정인보가 실질적으로 주력한 것은 옛것의 고찰이었다. 정인보가 생각하기에 가장 답답한 문제는 과거의 우리는 자신에 대해 잘 모르고 알려고도 하지 않았으며 지금도 그러한 우를 또 범하고 있다는 사실이었다. 그는 오늘날 우리의 모습은 과거로부터 이어져 온 것이며 과거 전통이 현재에도 영향을 미치고 있다는 점에서 우리에 대해 알기 위해서는 과거를 돌아보는 일이 필수적이라고 보았다. 옛것을 돌아봄으로써 현재 우리가 보여주는 병폐의 뿌리를 알게 될 뿐만 아니라, 우리가 역사에서 간과해 버렸던 보배를 재발견할 수 있다고 보았기 때문이다. 정인보는 이러한 탐색을 통해 우리 민족이 거듭날 수 있는 원동력을 민족의 역사에서 찾음으로써 민족의 자부심과 주체성을 회복하고자 하였다. 그런 점에서 "추고追古가 곧 성금醒

今"이라는 말은 옛것을 고찰함으로써 현재를 일깨우고자 했던 정인보의 관점을 압축적으로 잘 드러내주는 말이라고 할 수 있다. 이는 "본심本心 그대로의 신인新人이 되자"는 말과 함께 정인보가 추구했던 민족문화 기획의 방향과 그의 글쓰기가 지향한 바를 잘 드러낸다고 할 수 있다.

이러한 모색을 국문 글쓰기와 한문 글쓰기의 병행을 통해 수행했다는 점에서 정인보는 하나의 독특한 양상을 보여준다고 할 수 있다. 민족의 주체성과 고유성을 강조하는 시각으로 역사를 바라본 점에서 정인보는 신채호와 비슷했다. 하지만 국문과 한문을 대립 구도로 바라보며 한문을 타자화시켰던 신채호와 달리 정인보는 한문의 외래성 자체를 문제 삼기보다는 주체의 수용 태도를 문제 삼음으로써 오랫동안 사용해 온 한문을 우리 문화의 범위로 끌어들였다.

이는 한문학을 과거의 우리 문화유산으로 인정하며 국문학에 포함시키는 연구자의 시선과도 상이하다. 이 경우 한문학은 과거에 그 수명을 다하여 이제 연구대상으로만 존재하는 것이지 현재 지속적으로 창작되는 것이 아니기 때문이다. 정인보의 경우 한문을 짓는 문사들에 의해 시도詩道, 고문古文의 도道가 미약하게나마 이어지고 있음을 가치 있게 여겼다. 그가 한문학을 우리의 문학으로 포함시킨다고 할 때 그것은 단지 연구대상으로만 존재하는 과거의 한문학이 아니었다고 할 수 있다. 그것은 창작과 비평 혹은 연구가 분리되지 않는, 지속적인 생산성을 지닌 한문학을 의미했다고 볼 수 있다.

이는 변영만도 마찬가지였던 것으로 보인다. 변영만도 국문 글쓰기와 한문 글쓰기를 비슷한 비중으로 병행했다는 점에서 정인보와 비슷한 글쓰기 양상을 보여주는 인물이다. 두 사람은 당대의 대표적인 한문 문장가로 불려졌다는 점에서도 공통점이 있다. 그러나 옛것에서 가치 있는 것을 발굴하는 데 주력했던 정인보와 달리 변영만은 과거 조선의 문학 유산은 빈약하다고 보며 조선문학의 건설은 지금부터라고 선언하였다. 이점에서는 한문체를 지양하고 국문체로 나아가며 근대 장편소설 창작에 주력하였던 홍명희와 오히려 인식을 같이 하는 것을 볼 수 있다. 그런데 변영만과 홍명희 두 사람의 경우에도 이제부터 건설되어야 할 조선문학에 포함되는 것이 무엇인지에 대해서는 생각이 달랐다고 할 수 있다. 변영만은 한문 고전의 세계로 돌아와 한문학을 창작하여 불후의 경지를 개척하고 한학을 정리하여 세계에 널리 펴고자 하는 포부를 품었다. 그런 그가 조선 문학은 이제부터 건설되어야 한다고 말했을 때, 그 조선문학에는 자신이 하고자 했던 한문학이 포함되는 것이었다고 할 수 있다. 이에 반해 홍명희가 조선문학은 이제부터가 관건이라고 말했을 때, 그 조선문학에는 생산성을 지니고 있는, 현재와 미래의 한문학은 들어갈 여지가 없었다고 본다.

한편 한문 글쓰기와 국문 글쓰기를 병행한 변영만과 정인보는 각각의 글쓰기에 대한 가치나 역할에 대한 인식 면에서도 상이함을 보인다. 변영만은 신문잡지에 쓰는 국문글은 시속時俗의 글에 해당되는 것이었기에 그러한 글로는 그가 개척하고자 하는 불후의 경지를, 개특個特한 문예경文藝境을 추구하기에 불충분한 면이 있다고 여겼다. 그는 구원久遠한 일에 대해 담론하고 문사를 닦아 성誠을 세움으로써[수사입성修辭入誠] 진정으로 군중을 깨우칠 수 있는 작가이기를 바랐고, 이것을 한문 창작을 통해 이루고자 하는 마음이 훨씬 컸다.

반면 정인보의 경우 한문 글쓰기와 한글 글쓰기가 주종 혹은 상하

관계나 대립구도를 형성하지 않고 상호보완적인 관계를 이루고 있다. 이는 정인보가 국문 글쓰기와 한문 글쓰기에 모두 대등하게 가치를 부여하고 상황과 필요에 따라 자유롭게 선택했기 때문이라고 할 수 있다. 이러한 면이 정인보의 이중언어 글쓰기가 보여주는 독특한 한 양상이라고 할 수 있다.

본고는 한문과 한글로 이중언어 글쓰기를 수행한 정인보의 문필활동의 전모를 종합적으로 고찰한 데 의의가 있다. 이를 통해 근대 한문문장가로 일컬어져 왔던 정인보의 한문학의 특징이 어느 정도 밝혀졌고, 이중언어 글쓰기를 하게 된 동인과 이중언어 양상과 의미도 드러났다. 차후 동시대 지식인의 글쓰기와 비교하며 근대전환기의 글쓰기 양상과 근대한문학의 특징과 의미를 밝히는 연구를 심화시켜 나가고자 한다.

참고문헌

Ⅰ. 자료

1) 단행본

鄭寅普, 『薝園時調』, 서울: 乙酉文化社, 1948.

鄭寅普, 『薝園國學散藁』, 서울: 文敎社, 1955.

鄭寅普, 『薝園 鄭寅普全集』 제1~6권, 서울: 연세대학교 출판부, 1983.

鄭寅普(저)/홍원식 · 이상호(역), 『위당 정인보의 양명학연론』, 한국국학진흥원, 2002.

鄭寅普(저)/鄭良婉(역), 『薝園文錄』 上 · 中 · 下, 파주: 태학사, 2006.

鄭寅普, 『薝園文錄』(영인본), 薝園記念事業會, 2006.

金文鈺, 『曉堂詩文鈔』.(개인소장본)

金甯漢, 『及愚齋文集』 제1~6권, 서울: 景仁文化社, 1993.

김정호(저)/이병도(역), 『靑邱圖』 乾, 서울: 민족문화추진회, 1971.

金台俊, 『金台俊全集』 제1~4권(영인본), 서울: 보고사, 1998.

金澤榮, 『金澤榮全集』 제1~6권(영인본), 서울: 亞細亞文化社, 1978.

文一平, 『湖岩全集』, 제1~3권, 京城: 朝光社, 1939.

文一平, 『湖岩全集』 제4권(補遺編), 서울: 靑丘社, 1945.

박제가(저)/정민 · 이승수 · 박수밀(역), 『정유각집』 상, 파주: 돌베개, 2010.

朴漢永, 『石顚文鈔』, 서울: 法寶院, 1961.

朴漢永, 『石顚先生文集』, 서울: 景仁文化社, 1990.

卞榮晩(저)/實是學舍 고전문학연구회(역), 『변영만 전집』 상 · 중 · 하, 서울: 성균관대 대동문화연구원, 2006.

宋明會(저)/宋泰炅(역), 『國譯小波詩文選稿』, 小波 · 雪舟國譯遺稿集發刊推

進委員會, 2009.
申景濬, 『旅菴遺稿』 (한국고전번역원 한국문집총간 제231집).
申采浩, 『丹齋申采浩全集』 上 · 中 · 下(개정판), 서울: 형설출판사, 1987.
申采浩, 『丹齋申采浩全集』 (別集), 서울: 형설출판사, 1982.
安在鴻, 『民世安在鴻選集』 제1~8권, 서울: 지식산업사, 1981.
李建芳, 『蘭谷存稿』, 서울: 靑丘文化社, 1971.
李範世, 『恥齋集』, 발행처 미상, 1975.
李師朱堂(저)/柳僖(역주), 『胎敎新記章句大全』(국립중앙도서관 소장본), 1938.
이태준, 『문장강화』, 파주: 창비, 2005.
李玄圭, 『玄山先生文集』, 서울: 景仁文化社, 1999.
一然(저)/이재호(역), 『삼국유사』, 솔, 2008.
洪命熹(저)/임형택 · 강영주(편), 『벽초 홍명희와 『임꺽정』의 연구 자료』, 서울: 사계절, 1996.
鄭東愈(저)/안대회 외(역), 『주영편』, 서울: 휴머니스트, 2016.
鄭元澤, 『志山外遊日誌』, 서울: 탐구당, 1983.
鄭芝溶(저)/최동호(편), 『정지용 전집』 제1~3권, 서울: 서정시학, 2015.
曺兢燮, 『巖棲集』 (한국고전번역원 한국문집총간 제350집).
曺兢燮(저)/남춘우(역), 『巖棲集』, 서울: 점필재, 2013.
崔南善(저)/高大 亞細亞問題研究所(편), 『六堂 崔南善全集』 제1~15권, 서울: 東方文化社, 2008.
河謙鎭, 『晦峯集』, 서울: 亞細亞文化社, 1985.
黃玹(저)/임형택 외(역), 『역주 매천야록』, 서울: 문학과지성사, 2005.

2) 경서류

『周易』 『論語』 『孟子』 『莊子』 『傳習錄』 『六祖壇經』
六祖慧能(述) · 宗寶(編)/法志(譯註), 『육조대사 법보단경』, 서울: 운주사, 2007.

3) 신문 · 잡지 및 인터넷 자료

『朝鮮王朝實錄』(한국고전종합DB)

《東亞日報》《朝鮮日報》《朝鮮中央日報》《每日申報》《皇城新聞》
『開闢』『東明』『少年週報』『廢墟以後』『青年』『現代評論』
『新東亞』『批評』『新朝鮮』『文章』

4) 국외 자료

細井肇 編,『朝鮮叢書』, 東京: 朝鮮問題研究所, 1936.
章太炎,『章太炎全集』1~7, 上海: 上海人民出版社, 1985.
章太炎,『國故論衡』, 北京: 商務印書館, 2010.
章太炎(저)/조영래(역),『중국학개론』, 서울: 지식을 만드는 지식, 2011(章太炎(講演)/曹聚仁(整理),『國學概論』, 北京: 中華書局, 2004)

Ⅱ. 연구 논저

1. 국내 논저

1) 단행본

강영주,『벽초 홍명희 연구』, 서울: 창작과비평사, 1999.
고영진 · 김병문 · 조태린(편),『식민지 시기 전후의 언어 문제』, 서울: 소명출판, 2012.
구재진 외,『'조선적인 것'의 형성과 근대문화담론』, 서울: 소명출판, 2007.
김성수,『한국 근대 서간문화사 연구』, 서울: 성균관대학교 출판부, 2014.
김영민,『문학제도 및 민족어의 형성과 한국 근대문학(1890~1945)』, 서울: 소명출판, 2012.
김종준,『식민사학과 민족사학의 관학아카데미즘』, 소명출판, 서울:2013.
김진균,『한문학과 근대 전환기』, 서울: 다운샘, 2009.
김학준,『古下 宋鎭禹 評傳』, 서울: 동아일보사, 1990.
민세안재홍선생기념사업회 편,『1930년대 조선학운동 심층연구』, 서울: 선인, 2015.
민영규,『江華學 최후의 광경』, 서울: 又半, 1994.
박용규,『식민지 시기 언론과 언론인』, 서울: 소명출판, 2015.

小倉進平,『鄕歌及び吏讀の硏究』, 京城: 京城帝國大學, 1929.
송정란,『한국 시조시학의 탐색』, 문학아카데미, 2003.
양주동,『增訂 古歌硏究』, 서울: 일조각, 1965.
연세대학교 역사문화학과 BK21플러스 사업팀,『식민지 조선의 근대학문과 조선학연구』, 서울: 도서출판 선인, 2015.
유명종,『淸代哲學史』, 서울: 이문출판사, 1989.
이지원,『한국 근대 문화사상사 연구』, 서울: 도서출판 혜안, 2007.
임종국 · 박노준,『흘러간 星座』, 서울: 國際文化社, 1966.
이현희 · 김한결 · 김민지 · 이상훈 · 백채원 · 이영경,『근대 한국어 시기의 언어관 · 문자관 연구』, 서울: 소명출판, 2014.
이혜순,『조선조 후기 여성 지성사』, 서울: 이화여자대학교출판부, 2007.
임상석,『20세기 국한문체의 형성 과정』, 지식산업사, 2008.
_____,『식민지 한자권과 한국의 문자 교체－국한문 독본과 총독부 조선어급 한문독본 비교 연구』, 서울: 소명출판, 2018.
임형택 외,『흔들리는 언어들－언어의 근대와 국민국가』, 서울: 성균관대학교 대동문화연구원, 2008년.
정소연,『조선 전 · 중기 시가의 양층언어문학사』, 서울: 새문사, 2014.
_____,『조선 중 · 후기 시가의 양층언어문학사』, 서울: 새문사, 2014.
종걸 · 혜봉,『영호 정호대종사 일생록－석전 박한영』, 전주: 신아출판사, 2016.
주승택,『한문학과 근대문학』, 파주: 태학사, 2009.
한기형 외,『근대어 · 근대매체 · 근대문학』, 서울: 성균관대학교 대동문화연구원, 2006.
한국독립운동사편찬위원회,『종교계의 민족운동』, 천안: 독립기념관 한국독립운동사연구소, 2008.
홍석표,『중국 근대학문의 형성과 학술문화담론』, 성남: 북코리아, 2012.
황호덕,『근대 네이션과 그 표상들』, 서울: 소명출판, 2005.

2) 논문

강현조,「근대 초기 매체의 문체 선택 및 분화 양상 연구－신문과 단행본 서적을 중심으로-」, 『서강인문논총』 제42집, 서강대학교 인문과학연구소, 2015.

국효문, 「薛氏夫人의 詩歌 硏究」, 『人文社會科學硏究』 제4권, 호남대학교 인문사회과학연구소, 1997, 107~121쪽.

권상우, 「일제강점기 "민족성과 유학(儒學)의 관계성" 담론을 통한 "한국적 유학(儒學)"(얼유학 시론(試論)-다카하시 도루,신채호,정인보의 담론을 중심으로」, 『퇴계학과 유교문화』 제48호, 경북대학교 퇴계연구소, 2011, 277~314쪽.

김근수, 「小倉進平博士의 鄕歌硏究上의 位置」, 『아세아연구』 제8권 제2호, 고려대학교 아세아문제연구소, 1965, 155~171쪽.

김도련, 「文氣論의 전통 속에서 본 金澤榮 文氣論의 特性」, 『中國學論叢』 6, 국민대학교 중국인문사회연구소, 1990, 23~42쪽.

김동석, 「조선과 청나라 문인의 교류와 특징」, 『한국한문학연구』 제61집, 한국한문학회, 2016, 225~255쪽.

김동준, 「소론계 학자들의 자국어문 연구활동과 양상」, 『민족문학사연구』 제35집, 민족문학사연구소, 2007, 8~39쪽.

김문식, 「정인보의 「石泉遺稿記」」, 『문헌과 해석』 통권 제49호, 태학사, 2009, 85~101쪽.

김병우, 「일제강점기 안용복의 이미지화와 그 의미」, 『독도연구』 제19호, 영남대학교 독도연구소, 2015, 143~177쪽.

김수경, 「朝鮮時代 『詩經』 인식에서의 詩可以怨과 溫柔敦厚」, 『한국한문학연구』 52, 한국한문학회, 2013, 379~429쪽.

김영, 「위당 정인보론」, 『민족문학사연구』 38권, 2008, 396~429쪽.

김영봉, 「爲堂 鄭寅普의 墓道文字에 나타난 시대의식」, 『동방학지』 제141권, 연세대학교 국학연구원, 2008, 51~81쪽.

김영주, 「朝鮮後期 少論界 文人의 文學論 硏究」, 경북대 박사학위논문, 2005.

김월회, 「章炳麟 文學理論 硏究」, 서울대학교 석사학위논문, 1994.

김윤경, 「薝園 鄭寅普의 주체적 實心論」, 『유교사상문화연구』 제48권, 한국유교학회, 2012, 65~101쪽.

김윤경, 「정인보(鄭寅普)와 장병린(章炳麟)의 주체론 비교-'저는 저로서 함'과 '의자불의타(依自不依他)'의 비교를 중심으로-」, 『인문학연구』 제52호,

조선대학교 인문학연구원, 2016, 65~103쪽.

김윤경, 「근대기 현실인식 및 개혁에 관한 불교와 하곡학의 교섭－박한영, 이건방, 정인보를 중심으로－」, 『인문학연구』 제54집, 조선대학교 인문학연구원, 2017, 41~80쪽.

김윤경, 「근대 동아시아 지평에서 본 정인보 조선학의 사상적 토대」, 『양명학』 제52호, 한국양명학회, 2019, 249~288쪽.

김인식, 「1920년대와 1930년대 초 '조선학' 개념의 형성 과정－최남선・정인보・문일평・김태준・신남철의 예」, 『숭실사학』 33, 2014, 115~155쪽.

김진균, 「卞榮晩의 비판적 근대 정신과 문예 추구」, 성균관대 박사학위논문, 2004.

______, 「崔益翰의 전통주의 비판과 전통 이해의 방식」, 『열상고전연구』 제28권, 洌上古典硏究會, 2008, 119~156쪽.

______, 「성호 이익을 바라보는 한문학 근대의 두 시선－1929년 문광서림판 『성호사설』에 게재된 변영만과 정인보의 서문 비교 연구－」, 『泮橋語文硏究』 제28권, 반교어문학회, 2010, 223~249쪽.

______, 「『육서심원(六書尋源)』에 대한 근대한문학계의 평가와 그 의미」, 『民族文化論叢』 47, 영남대학교 민족문화연구소, 2011, 125~147쪽.

______, 「실학 연구의 맥락과 정인보의 '依獨求實'」, 『民族文化論叢』 50권, 2012, 297~322쪽.

______, 「「朝鮮文學源流草本」을 통해 본 鄭寅普의 "조선문학" 구상」, 『泮橋語文硏究』 제39권, 반교어문학회, 2015, 35~62쪽.

김철범, 「한국 雜記類 산문의 특성과 양상」, 『동방한문학』 제31권, 동방한문학회, 2006, 299~321쪽.

김치완, 「鄭寅普의 茶山－實學 이해에 대한 비판적 검토」, 『역사와실학』 50권, 2013, 75~98쪽.

김학성, 「담원 정인보 시조의 정서 세계와 그 정체성」, 『泮矯語文硏究』 제13집, 2001, 287~302쪽.

______, 「위당 정인보의 시가문학－한시문학을 중심으로」, 『애산학보』 제39집, 애산학회, 163~184쪽.

김흥수, 「근대 전환기 문체의 텍스트 유형별 양상－일반 산문과 언해・번역문의 경우－」, 『어문학논총』 제36집, 국민대학교 어문학연구소, 2017.

남궁효,「정인보의 '조선학' 이론 체계에 관한 일연구」, 연세대 석사학위논문, 1993.

류시현,「1910년대 조선불교사 연구와 '조선학'의 토대 형성」,『한국학연구』 제44집, 고려대학교 한국학연구소, 2013, 109~136쪽.

맹태균,「6·10 獨立萬歲 運動에 대한 新聞報道 態度分析 : 東亞日報(1926年 6月 1日~30日)를 中心으로」,『크로노스』 제5권, 漢陽大學校 社會科學大學 新聞放送學科, 1974, 63~79쪽.

문승용,「李奎報 意氣論의 曹丕 文氣論 수용 양상 고찰」,『중국학연구』 제41집, 중국학연구회, 2007, 3~22쪽.

민덕식,「俗離山 福泉庵과 信眉禪師」,『忠北史學』 제21집, 충북대학교 사학회, 2008, 75~122쪽.

______,「慧覺尊者 信眉의 家系와 生涯」,『忠北史學』 제24집, 충북대학교 사학회, 2010, 43~97쪽.

민영규,「爲堂 鄭寅普선생의 行狀에 나타난 몇 가지 문제」,『동방학지』 제13권, 연세대학교 국학연구원, 1972, 1~25쪽.

민현식,「개화기 국어 문체 연구」,『국어국문학』 111, 1994.

박성종,「이두 시기별로 본 고문서의 활용」,『영남학』 제10권, 경북대학교 영남문화연구원, 2006, 263~301쪽.

박홍식,「일제강점기 정인보, 안재홍, 최익한의 茶山 연구」,『다산학』 제17권, 2010, 45~93쪽.

배연숙,「위당 정인보의 조선학 성립배경에 관한 연구」,『哲學論叢』 제59집, 2010, 405~426쪽.

______,「정인보의 인문학적 사유에 의한 민족주체사상 연구」, 부산대학교 박사학위논문, 2012.

신현승,「鄭寅普의 눈에 비친 中國 明末淸初期의 知識人」,『동서철학연구』 제48호, 2008.6, 367~391쪽.

신현승,「鄭寅普의 朝鮮陽明學派 硏究에 관한 一考察」,『인문과학연구』 제23권, 2009, 403~428쪽.

심경호,「위당 정인보와 강화학파」,『열상고전연구』 제27권, 2008, 73~117쪽.

______,「사주당 이씨의 삶과 학문」,『한국고전여성문학연구』 제18권, 한국고

전여성문학회, 2009, 241~279쪽.

심재기,「만해 한용운의 문체추이 - 중간문체의 설정과 그 구분과 관련하여」,『관악어문연구』 제3권, 서울대학교 국어국문학과, 1978.

안대회,「조선의 다빈치, 鄭喆祚」,『문헌과해석』 제36호, 2006, 97~120쪽.

안장리,「인문학적 사유를 바탕으로 한 장르변형 글쓰기－鄭寅普의「唐陵君遺事徵」－」,『동방학지』 제130권, 연세대학교 국학연구원, 2005, 279~304쪽.

＿＿＿,「淵民 선생의 詩文과 國學散藁－『薝園國學散藁』와『淵民國學散藁』 비교」,『淵民學志』 21, 2014, 41~72쪽.

여희정,「일제강점기 전통 지식인의 이중 언어 글쓰기－국학자 정인보의 한글 글쓰기와 한문 글쓰기의 관계를 중심으로」,『정신문화연구』 제38권 제3호, 한국학중앙연구원, 2015, 179~208쪽.

＿＿＿,「鄭寅普의 古文 文章論」,『동방학지』 제178권, 연세대학교 국학연구원, 2017, 107~132쪽.

오동춘,「위당시조 연구」, 한양대 박사학위논문, 1989.

유권석,「『담원문록』 소재 인물전 연구」,『溫知論叢』 제16권, 온지학회, 2007, 215~242쪽.

윤덕영,「위당 정인보의 조선학 인식과 지향」,『韓國思想史學』 제50집, 2015, 429~469쪽.

＿＿＿,「위당 정인보의 교유 관계와 교유의 배경－백낙준 · 백남운 · 송진우와의 관계를 중심으로」,『동방학지』 제173권, 연세대학교 국학연구원, 2016, 35~73쪽.

이강오,「淳昌 高靈申氏家 所藏 十老稧帖, 薛氏夫人 作 花鳥圖와 勸善文帖」,『全羅文化研究』 제5집, 전북향토문화연구회, 1991.

이기봉,「「청구도범례」에 나타난 김정호의 고민과 희망: 지도의 제작과 이용 및 교정 방법」,『문학역사지리』 제19권 제1호, 2007, 58~77쪽.

이남옥,「霞谷學의 특성과 계승 양상」, 한국학중앙연구원 한국학대학원 박사학위논문, 2016.

이남옥,「정인보의 학문 연원과 조선학 인식」,『儒學研究』 제38집, 충남대학교 유학연구소, 2017, 213~240쪽.

이동영,「정인보의 生涯와 文學業績」,『陶南學報』 제17집, 陶南學會, 1998년,

143~174쪽.

이민규, 「정인보의 문학관과 위당 시조의 의미」, 『인문과학』 제118권, 연세대학교 인문학연구원, 2020.

이봉춘, 「朝鮮前期 佛典諺解와 그 思想」, 『한국불교학』 5, 한국불교학회, 1980, 41~70쪽.

이상식, 「『楞嚴經』 「耳根圓通章」 研究」, 동의대 박사학위논문, 2018.

이상호, 「정인보 實心論의 양명좌파적 특징」, 『陽明學』 15권, 2005, 199~228쪽.

______, 「일제강점기 정인보 실심론의 주체성과 창조적 정신」, 『哲學研究』 100권, 2006, 385~414쪽.

______, 「정인보 실학의 개념과 그 특징」, 『애산학보』 제39권, 애산학회, 2013, 107~134쪽.

이순자, 「일제강점기 고적조사사업 연구」, 숙명여대 박사학위논문, 2007.

이영신, 「丹齋 申采浩의 文學 研究」, 성균관대 박사학위논문, 1999.

이황직, 「위당 정인보의 유교 개혁주의 사상」, 『韓國思想史學』 제20권, 2003, 287~325쪽.

______, 「위당 정인보의 유교 개혁주의 사상」, 『한국사상사학』 제20집, 2003, 한국사상사학회, 287~325쪽.

______, 「위당 조선학의 개념과 의미에 관한 연구」, 『현상과 인식』 제34권 제4호, 2010, 17~40쪽.

이효숙, 「화양구곡 시문에 나타난 九曲의 場所性 考察」, 『동아시아고대학』 제32집, 동아시아고대학회, 2013, 151~187쪽.

임형택, 「근대계몽기 국한문체의 발전과 한문의 위상」, 『민족문학사연구』 14권 1호, 민족문학사학회.

장문석, 「식민지 출판과 양반－1930년대 신조선사의 고문헌 출판 활동과 전통지식의 식민지 공공성」, 『민족문학사연구』 제55호, 민족문학사학회, 2014, 351~407쪽.

장석흥, 「6·10만세운동의 檄文과 理念」, 『한국독립운동사연구』 제12권, 독립기념관 한국독립운동사연구소, 1998, 157~173쪽.

장선희, 「韓國 近代의 漢詩 研究 : 姜瑋의 詩 活動을 중심으로」, 전남대 박사학위논문, 1997.

장운숙, 「『楞嚴經』의 耳根圓通 연구 」, 동국대 석사학위논문, 2009.

정대영, 「1768년 8월 23일, 황윤석과 정철조 지도를 말하다」, 『문헌과해석』 제75호, 2016, 114~167쪽.

정양완, 「『태교신기』에 대하여 : 배 안의 아기를 가르치는 태교에 대한 새로운 글 」, 『새국어생활』 제10권 제3호, 국립국어연구원, 2000, 77~98쪽.

_____, 「아버지 薝園의 세 스승 : 學山, 耕齋, 蘭谷」, 『양명학』 제13집, 한국양명학회, 2002, 479~487쪽.

_____, 「담원 정인보 선생 연보」, 『애산학보』 제39집, 애산학회, 2013, 7~46쪽.

정우영, 「『訓民正音諺解』의 異本과 原本 再構에 관한 硏究」, 『불교어문논집』 제5집, 한국불교어문학회, 2000, 25~58쪽.

정출헌, 「국학파의 '조선학' 논리구성과 그 변모양상」, 『열상고전연구』 제27권, 2008, 5~40쪽.

정해은, 「조선시대 태교 담론에서 바라본 이사주당의 태교론」, 『여성과 역사』 제10집, 한국여성사학회, 2009, 1~34쪽.

조규태, 「권태휘의 생애와 민족운동」, 『한국민족운동사연구』 제96호, 한국민족운동사학회, 2018, 159~196쪽.

조남호, 「다카하시 토오루(高橋亨)의 조선불교연구」, 『한국사상과문화』 제20호, 한국사상문화학회, 2003, 389~419쪽.

조성산, 「鄭寅普가 구성한 조선후기 문화사」, 『역사와 담론』 제56집, 호서사학회, 2010, 471~508쪽.

조용헌, 「『楞嚴經』 修行法의 韓國的 受容 : 耳根圓通과 性命雙修를 중심으로」, 원광대 박사학위논문, 2001.

진재교, 「조선조 후기 문헌기록을 통해 본 안용복의 기억과 변주」, 『한국한문학연구』 제60호, 한국한문학회, 2015, 273~301쪽.

채관식, 「1930年代 '朝鮮學'의 深化와 傳統의 再發見」, 연세대 석사학위논문, 2006.

최동호, 「정지용의 산수시와 은일의 정신」, 『민족문화연구』 19, 고려대학교 민족문화연구원, 1986, 79~113쪽.

_____, 「정지용의 산수시와 性情의 시학 : 중국과 한국의 산수화론과 시적 미학」, 『한국어문학연구소 학술대회(2003)』, 이화여자대학교 한국어문학연

구소, 2003, 48~63쪽.

최범훈, 「五臺山 上院寺 御牒重創勸善文에 대하여」, 『一山金俊榮先生停年紀念論叢』, 一山金俊榮先生停年紀念論叢刊行委員會, 1985, 629~653쪽.

최윤곤, 「刊經都監의 실체와 불전 간행 사업」, 『인문사회과학논문집』 31, 광운대학교 인문사회과학연구소, 2002, 153~168쪽.

최재목, 「鄭寅普 『陽明學演論』에 나타난 王龍溪 이해－'근대한국양명학' 領有 양상에 대한 한 시론」, 『陽明學』 제16호, 한국양명학회, 2006, 45~82쪽.

_____, 「鄭寅普의 陽明學 이해－『陽明學演論』에 나타난 黃宗羲 및 『明儒學案』 이해를 중심으로」, 『陽明學』 제17호, 한국양명학회, 2006, 95~119쪽.

_____, 「金台俊의 「鄭寅普論」을 통해 본 解放前 爲堂 鄭寅普에 대한 評價」, 『양명학』 제20집, 한국양명학회, 2008, 83~121쪽.

_____, 「정인보 '양명학' 형성의 지형도－'세계'와의 '호흡', 그 중층성과 관련하여」, 『동방학지』 제143권, 연세대학교 국학연구원, 2008, 25~52쪽.

최혜주, 「일제강점기 고전의 형성에 대한 일고찰－재조일본인과 조선광문회의 고전 간행을 중심으로－」, 『한국문화』 제64호, 서울대학교 규장각 한국학연구원, 2013, 157~195쪽.

_____, 「식민지 시기 재조일본인의 출판활동과 조선인식」, 『한국민족운동사연구』 제95호, 한국민족운동사학회, 2018, 45~80쪽.

한긍희, 「1935－37년 日帝의 '心田開發' 정책과 그 성격」, 『민족문제연구』 제11호, 민족문제연구소, 1996, 5~13쪽.

한영규, 「爲堂 鄭寅普의 選詩 의식－동아일보 '今古詩叢'란을 중심으로」, 『한문학보』 제22호, 우리한문학회, 2010, 69~105쪽.

_____, 「儒家 아비투스의 상대화와 근대적 문장관의 출현」, 『동양한문학연구』 제35권, 동양한문학회, 2013, 393~416쪽.

한영균, 「近代啓蒙期 國漢混用文의 類型 · 文體 特性 · 使用 樣相」, 『口訣研究』 제3집, 구결학회, 2013.

한정길, 「정인보의 양명학관에 대한 연구」, 『동방학지』 제141권, 2008, 83~120쪽.

_____, 「위당 정인보의 양명학 연구와 다산 이해」, 『다산과 현대』 제8호, 연세대학교 강진다산실학연구원, 2015, 69~119쪽.

홍종선, 「개화기 시대 문장의 문체 연구」, 『국어국문학』 117, 국어국문학회, 1996.

______,「근대 전환기 개화 지식인의 '국문/언문'에 대한 인식과 구어체 글의 형성」,『우리어문연구』 제제54집, 우리어문학회, 2016.

황곡희,「6·10 獨立萬世運動의 展開와 그에 나타난 民族主義 精神研究」,『한국민족운동사연구』 통권 제9권, 한국민족운동사학회, 1994, 105~171쪽.

황재문,「신채호 시의 성격과 시론의 향방」,『한국문학논총』 제37집, 한국문학회, 2004, 73~102쪽.

황원구,「정인보」,『한국사 시민강좌』 제19권, 1996, 134~152쪽.

황인규,「朝鮮前期 佛教界의 三和尙攷－信眉와 두 제자 學悅·學祖－」,『한국불교학』 제37호, 한국불교학회, 2004, 225~251쪽.

2. 번역서 및 국외 논저

大島正健,『韻鏡音韻考』, 東京: 啓成社, 1912.

린사오양(저)/ 서광덕·최정섭(역),『修辭라는 思想－章炳麟과 한자권의 언어론적 비평이론』,서울: 연세대학교 대학출판문화원, 2013.(林少陽,『「修辭」という思想－章炳麟と漢字圈の言語論的批評理論』, 東京: 白澤社, 2009)

사이토 마레시(저)/황호덕·임상석·류충희(역),『근대어의 탄생과 한문－한문맥과 근대 일본』, 서울: 현실문학, 2010.(齋藤希史,『漢文脈と近代日本: もう一つのことばの世界』, 日本放送出版協會, 2007)

三ツ井 崇,『朝鮮植民地支配と言語』, 東京: 明石書店, 2010.

石川九楊,『「二重言語國家·日本」の歷史』, 東京: 青灯社, 2005.

시마다 겐지(저)/김석근·이근우(역),『朱子學과 陽明學』, 서울: 까치, 2001(2판)(島田虔次,『朱子學と陽明學』, 東京: 岩波書店, 1967).

이연숙(저)/고영진·임경화(역),『국어라는 사상』, 서울: 소명출판, 2006.

趙寬子,「日中戰爭期の「朝鮮學」と「古典復興」－植民地の「知」を問う」,『思想』 947号, 東京: 岩波書店, 2003.03.

姜義華,『章太炎思想研究』, 北京: 中國人民大學出版社, 2009.

景體渭,「中國社會的雙語現象淺析」,『吉林師範大學學報』 No.1, 吉林師範大學英語語言研究所, 2003.02.

郭紹虞,『中國文學批評史』, 天津: 百花文藝出版社, 2008(제2판).

藍翠豔, 「辨析 "雙言"和"雙語"的異同」, 『西安建築科技大學學報』 Vol.30 No.6, 青海民族大學, 2011.12.

敏澤(저)/誠信中國語文硏究會(역), 『中國文學理論批評史－先秦篇』, 서울: 성신여자대학교 출판부, 1998.

濮之珍(저)/김현철 외(역), 『중국언어학사』, 서울: 신아사, 1997.

徐復觀(저)/權德周 외(역), 『中國藝術精神』(재판), 서울: 東文選, 2000(초판 1990).

梁啓超(저)/전인영(역), 『중국 근대의 지식인』, 서울: 혜안, 2005.(梁啓超, 『淸代學術概論』)

王汎森, 『章太炎的思想－兼論對儒學傳統的衝擊』, 臺北: 時報文化, 中華民國 74년(1985년).

章學誠(저)/임형석(역), 『문사통의교주』 3, 서울: 소명출판, 2011.

陳來(저)/전병욱(역), 『양명철학』, 서울: 예문서원, 2003(陳來, 『양명철학』, 北京: 人民出版社, 1991.

陳璐, 「"雙言現象"初探」, 『棗莊師範專科學校學報』 Vol.19 No.6, 上海外國語大學硏究生院, 2002.12.

陳必祥(저)/심경호(역), 『한문문체론』, 서울: 이회문화사, 2001.

許愼/湯可敬(撰), 『說文解字今釋』(全三卷), 長沙: 岳麓書社, 1997.

아자 가트, 알렉산더 야콥슨(저)/유나영(역), 『민족』, 파주: 교유서가, 2020.

앤서니 D. 스미스(저)/김인중(역), 『족류상징주의와 민족주의』, 아카넷, 파주: 2016.

베네딕트 앤더슨(저)/윤형숙(역), 『상상의 공동체』, 서울: 나남, 2002.

벤자민 엘먼(저)/양위웅(역), 『성리학에서 고증학으로』, 서울: 예문서원, 2004.

E.J. 홉스봄(저)/강명세(역), 『1780년 이후의 민족과 민족주의』, 서울: 창작과비평사, 1994.

Judit Árokay · Jadranka Gvozdanović · Darja Miyajima(Editors), *DIvided Lamguage?－Diglossia, Translation and the Rise of Modernity in Japan, China, and the Slavic World*, Switzerland: Springer International Publishing, 2014.

M.로빈슨(저)/김민환(역), 『일제하 문화적 민족주의』, 서울: 나남, 1990.

부록

정인보의 한국불교에 관한 인식과 탐구*

1. 머리말

일제 식민지기에 전통 학문과 사상에 대한 재평가와 재인식이 이루어졌는데, 이는 불교에 대해서도 마찬가지였다. 한국불교에 대한 근대적 학문 연구가 이루어지기 시작한 것은 일본을 통해 근대불교학의 연구방법론이 들어온 것과 관련이 있다. 강학과 주석교리학 위주였던 전통적인 학문 방식과 달리 근대적인 학문 방식에서는 문헌 실증주의와 역사학적 고찰을 중시하여 문헌 수집, 계보학적 분류, 비판적 텍스트 해석 작업 등이 이루어졌다. 그런데 이러한 연구가 일본인 학자들에 의해 주도적으로 이루어짐에 따라 한국불교에 대해 부정적이고 비판적인 인식과 평가가 현저하게 나타났다.1) 이에 대해

* 이 글은 『東洋學』 제85집(단국대학교 동양학연구원, 2021.)에 게재된 논문을 일부 수정하여 수록한 것이다.

1) 김용태, 「근대불교학의 수용과 불교 전통의 재인식」, 『韓國思想과 文化』 54, 한국사상문화학회, 2010, 312쪽 참조.

한국인 연구자들은 일본인 연구자들의 연구에 직간접적으로 영향을 받기도 하면서 대응해 나가는 모습을 보였다. 이능화, 권상로, 최남선 등을 그 대표적인 인물로 꼽을 수 있다.

정인보는 스스로 말한 바 있듯이 불교에 정통한 것도 아니고, 한국불교 연구에 본격적으로 뛰어든 것은 아니다. 그는 양명학을 학문과 사상의 기반으로 삼고 있던 유교 지식인으로서 일생을 조선학(국학) 연구에 바쳤다. 그가 불교에 대해 관심을 보인 것도 자국의 역사와 학문에 대한 관심이라는 차원에서였다. 그런 점에서 정인보의 한국불교에 대한 인식과 탐구를 고찰하는 것은 당시 국학 연구의 차원에서 불교가 재평가되어 국학의 영역으로 포섭되는 일양상을 보여준다고 할 수 있다.

정인보가 불교에 관해 쓴 글은 「조선불교朝鮮佛教의 정신문제精神問題」[2), 「석도전釋道典」[3)이 있다. 이외에 「의승장義僧將 기허당대사기적비騎虛堂大師紀蹟碑」[4)와 같이 승려에 관한 글이나 「남유기신南遊寄信」[5) 중 신미대사, 학조대사에 관한 언급 등에서 정인보의 불교에 대한 인식이 잘 드러나 있다. 정인보의 「조선불교의 정신문제」와 관련해서는 하곡학과 불교의 교섭에 관해 연구한 논문에서 다룬 바

2) 정인보, 「朝鮮佛教의 精神問題」, 『동아일보』 1934년 10월 29일자 ; 『薝園 鄭寅普全集』 2, 연세대학교 출판부, 1983, 315~317쪽.

3) 정인보, 「釋道典」(「五千年間 朝鮮의 얼」 제252~265화), 『동아일보』 1936년 7월 4일~23일 ; 『朝鮮史研究』 下(『薝園 鄭寅普全集』 4), 연세대학교 출판부, 1983, 242~269쪽.

4) 정인보, 「義僧將 騎虛堂大師紀蹟碑」, 『薝園 鄭寅普全集』 6, 연세대학교 출판부, 1983, 345~352쪽 ; 정인보(저)/정양완(역), 「의승장 기허당대사 기적비」, 『薝園文錄』 下, 태학사, 2006, 238~248쪽.

5) 정인보, 「南遊寄信」, 『조선일보』 1934년 7월 31일~9월 29일 ; 『薝園 鄭寅普全集』 1, 연세대학교 출판부, 1983, 159~214쪽.

있다.[6] 이를 통해 정인보와 박한영이 학문 · 종교를 판단하고 평가하는 논리를 상당 부분 공유하면서도 불교의 근본 정신에 대해서는 서로 다른 견해를 피력했다는 점이 드러났다. 또한 「석도전」 중 '도랑道朗[7]의 삼론종三論宗 확립確立'에 대해서는 승랑을 종합적으로 연구한 저서에서 이 글이 주요 연구 업적으로 조명된 바 있다.[8] 본고에서는 이러한 연구 성과를 바탕으로 불교에 관한 정인보의 글을 종합적으로 고찰하여 한국불교에 대한 정인보의 인식과 탐구 양상을 살펴보고자 한다.

2. 한국불교의 독자성 제시

1) 한국불교의 정신에 대한 환기

불교가 우리나라에 어떻게 수용되고 우리 문화에 어떠한 영향을 미쳤는가, 타국과 다른 우리 불교의 독자성이란 무엇인가. 자국 문화의 전통과 독자성을 밝혀 자국학을 수립하기 위해 애썼던 정인보가 불교 영역에서 관심을 가지는 주제는 이것이었다. 1934년에 『동아일보』에 발표한 「조선불교의 정신문제」는 정인보의 불교관과 한국불

6) 김윤경, 「근대기 현실인식 및 개혁에 관한 불교와 하곡학의 교섭: 박한영, 이건방, 정인보를 중심으로」, 『인문학연구』 54, 조선대학교 인문학연구소, 2017.

7) 인물의 정확한 명칭이 무엇인지는 쟁점이 되었던 사항이다. 정인보는 '道朗'이라고 일컬었지만, 그간의 연구 결과와 자료를 종합적으로 검토하면서 김성철은 '僧朗'이 원래의 이름이라고 단정지었다.(김성철, 『승랑-그 생애와 사상의 분석적 탐구』, 지식산업사, 2011, 441쪽) 이를 참고로 하여 본고에서는 정인보가 한 말을 언급할 때는 '도랑'이라고 하고, 그밖에는 '승랑'이라는 말로 통일하고자 한다.

8) 김성철, 『승랑 : 그 생애와 사상의 분석적 탐구』, 지식산업사, 2011.

교에 대한 정인보의 시각이 잘 드러나는 글이다. 비교적 짧은 분량의 글이지만, 이 글에서 정인보는 불교의 수용 방식과 전개 과정, 한국불교가 외부에 미친 영향 등에 대해 언급하며, 우리의 고문화에 남긴 불교의 공헌이 크고 불교의 유산을 잘 계승해야 한다는 견해를 피력했다.

정인보가 '조선불교의 진수'라고 말하며 한국불교의 핵심으로 꼽은 것은 한마디로 '의자依自와 이타利他'의 기개와 정신이다. 이것은 불교에 관한 그의 글 전체를 관통하며 드러나는 핵심이기도 하다.

> 누구나 조선의 고문화를 생각할 것 같으면 조선불교의 공적을 잊지 못할 것이다. 오호라, 지나간 옛날은 무슨 날이며 오늘날은 무슨 날인고? 패다貝多[불교경전]가 처음 이 땅에 들어올 적이 바로 삼국이 융성한 때라 이쪽의 자기를 의지하는 기개氣概와 저네 독존獨尊[홀로 존중]하는 깨달음이 서로 대응하여 부합하매 그 꽃은 비록 보리菩提로 되었으나 신단고근神檀故根이 의연依然히 매우 굳건하였나니 불교가 본디 사신이타捨身利他[자기를 버리고 남을 이롭게 함]를 종지로 하는 것이지만 종국宗國의 홍익弘益을 전적으로 도모함이 조선불교에 있어서는 더 한층 무리에서 뛰어나다고 할 수 있다. 만나는 바와 지향하는 바를 따라서 숨고 드러나고 말하고 침묵함이 들쭉날쭉함이 없지 아니하되 승평昇平하면 고적枯寂을 스스로 달갑게 여겨 깨달음을 증명하는 표적標的을 나타내고, 상란喪亂한즉 위난危難에 용감하게 나아가 구제함을 이롭게 여기는 풍도를 일으키니 고요히 앉아서 참선함과 위난에 달려 나감이 한가지여서 "대심중생大心衆生"으로써 함이요, 이 "대심大心"은 곧 조선을 근본으로 하여 나온 것이니 이것이 곧 조선불교의 핵심이다.[9]

---

9) "누구나 朝鮮의 古文化를 생각할 것 같으면 朝鮮佛教의 功績을 잊지 못할 것이다. 嗚呼라, 往昔은 何日이며 當今은 何日고? 貝多ㅣ 처음 이 땅에 들어올 적이 正히 三國의 盛際라 이쪽의 依自하는 氣槪와 저네 獨尊하는 證悟ㅣ 서로 應合

정인보는 불교가 '독존獨尊하는 깨달음'을 추구하는 태도를 견지하며 '사신이타捨身利他[자기를 버리고 남을 이롭게 함]'를 종지로 삼는다고 보았다. 흥미로운 점은 이러한 불교의 정신이 우리나라의 고유한 사상과 상통하는 면이 있기에 '조선불교'10)에서 더욱 두드러지게 나타났다고 본 것이다. 정인보는 '의자依自[자신을 의지함]'의 기개와 '홍익弘益'의 추구가 단군 시대로부터 이 땅에 깊게 뿌리내려온 정신이기에, '독존獨尊'과 '이타利他'를 강조하는 불교가 잘 받아들여질 수 있었다는 견해를 피력했다. 즉 내부의 고유 사상과 외부로부터 유입된 사상이 서로 호응하고 융합됨으로써 '조선불교'의 독자적 특성을 지니게 되었다고 본 것이다. 그리고 이를 중국불교와의 비교를 통해 더욱 구체화하여 제시하였다.

> 그러므로 중국의 불교는 깊고 오묘한 뜻을 밝힘을 위주로 하여 세간의 법을 도외시하였으나 조선의 불교는 위난을 구제함을 위주로 하여 민익民益을 자임自任하였다. 그러니 중국에 있어서 공중에 솟아 신기한 것을 보여주는 기이한 행적으로 회채淮蔡의 난을 평정함을 돕는 것과

하매 그 華는 비록 菩提로 되었으나 神檀故根이 依然히 深固하였나니 佛敎ㅣ 본디 捨身利他를 宗旨로 하는 것이지만 宗國의 弘益을 專圖함이 朝鮮佛敎에 있어서는 더 한층 出類타 할 수 있다. 所遇와 所向을 따라서 隱顯 語默의 參差함이 없지 아니하되 昇平하면 枯寂을 自甘하여 證省하는 標的을 나타내고, 喪亂한즉 危難에 勇赴하여 利濟하는 風槩를 일으키니 宴坐와 赴難이 한가지라 '大心衆生'으로써 함이요, 이 '大心'은 곧 朝鮮으로써 發根함일새 이 곧 朝鮮佛敎의 核心이다."(정인보, 「朝鮮佛敎의 精神問題」, 『동아일보』 1934년 10월 29일자; 『薝園 鄭寅普全集』 2, 연세대학교 출판부, 1983, 315쪽)

10) 정인보가 지칭한 '조선불교'는 조선시대의 불교를 가리키는 것이 아니라 우리나라의 불교 전체를 가리키는 것으로 오늘날의 '한국불교'에 해당된다. 본고에서는 정인보가 지칭한 말을 인용하거나 설명할 때는 '조선불교'라는 용어를 그대로 살려서 쓰고자 한다.

같은 경우는 거의 없고 겨우 조금 있을 뿐이다. 하지만 조선으로서 보면 단신單身으로 백제에 들어가 수없이 죽을 정도로 험난한 고통을 겪어도 이를 어렵게 여기지 아니하던 고구려의 첩자가 누구냐, 승도僧徒요, 양광楊廣의 대병大兵을 험난한 나루로 꾀어 들이느라고 자기 몸을 드넓은 물결에 집어 던져 을지문덕의 요격邀擊을 도와주던 일대一隊는 누구냐, 승도僧徒요, “기도용이익야起道用以益也[도의 작용을 일으켜 남을 돕는 다]이라” 하여 양산陽山에서 전사한 열장부烈丈夫는 누구냐, 승도僧徒요, 백제가 무너져 패한 뒤에 복신福信과 같이 주류성周留城에서 십생구사十生九死로 불 꺼진 재를 괴롭게 불던 의사義士는 누구냐, 승도僧徒다. 그 뒤에 혹 서경西京을 근거지로 하여 국화國華[국가의 위광]를 거듭 넓히고자 하고, 혹 정도전鄭道傳의 문장文章을 호령하여 붓을 휘두르기를 거절하고, 그 뒤로 휴정休靜·유정惟政·영규靈圭 등의 여러 명숙名宿[학식과 덕생이 뛰어난 늙은 선비]이 다 늠름凜凜한 사직社稷의 수호신護神이다. 성스러운 원효元曉가 종宗을 해동海東으로 표시한 것부터가 그 넓은 회포를 보인 것이거니와 의상義相이 스스로 아직 깨달음에 투철하지 못함 알아 원효가 동쪽으로 되돌아갈 때 홀로 서쪽으로 나아간 것을 보면 구차스럽게 따라가 자기를 속이지 아니하는 고고孤高한 지조가 또한 거룩타 할 것이다. 그러므로 조선의 유교는 중국으로부터 받기만 하였으되 불교는 다시 중국을 가르쳤고 또 아름다운 아름다운 바람芳風을 부상扶桑[일본]에 보내어 선양宣揚의 영역이 넓었더니라.[11)]

---

11) “그러므로 漢土의 佛教는 闡奧로써 主하여 世法을 外視하였으나 朝鮮의 佛教는 救難으로써 主하여 民益을 自任하였나니 漢土에 있어서 騰空示幻의 異跡으로 淮蔡의 難을 助平함 같은 것은 絶無僅有라 하려니와 朝鮮으로서 보면 單身으로 百濟에 들어가 間關九死의 苦를 어렵게 여기지 아니하던 麗諜이 누구냐, 僧徒요, 楊廣의 大兵을 險渡로 誘入하느라고 己身을 洪波에 집어던져 乙支의 邀擊을 도와주던 一隊는 누구냐, 僧徒요, “起道用以益也이라” 하여 陽山에서 戰死한 烈丈夫는 누구냐, 僧徒요, 百濟陷敗한 뒤에 福信과 같이 周留城에서 十生 九死로 死灰를 苦吹하던 義士는 누구냐, 僧徒다. 그 뒤에 或 西京을 據하여 國華를 重恢코자 하고, 或 鄭道傳의 文章을 호령하여 揮毫함을 拒絶하고, 그 뒤로 休靜·惟政·靈圭 諸名宿이 다 凜凜한 社稷의 護神이니 聖元曉ㅣ 宗

정인보는 조선불교와 중국불교는 '사신이타捨身利他'를 실천하는 면에서 그 차이가 두드러지게 나타난다고 보았다. 그에 따르면 이를 가장 잘 보여주는 것이 국난을 극복하는 데 기꺼이 몸을 바치며 민익民益(혹은 국익國益)을 위한 일에 적극적으로 나섰던 승려들의 존재이다. 중국의 역사에서는 그러한 승려들을 찾아보기 힘든 반면, 우리의 역사에서는 고구려의 첩자로 백제에 들어갔던 승려(도림 스님)로부터 조선시대에 왜적에 맞섰던 휴정·유정·영규대사 등에 이르기까지 승려로서 국난 극복에 나서는 일들이 면면히 이어져 왔다는 것이다.

아울러 원효와 의상 등을 거론하며 한국불교가 중국과 일본에도 영향을 주었던 일을 말하고, 이것은 한국유교가 보여주지 못한 점이라며 한국불교에 대한 자부심을 표출하였다. 그리고는 한국불교의 그러한 원동력이 '의자依自[자기에게 의지함]'에 있음을 강조하였다. 불법佛法은 궁극적으로 '이타利他의 행行'으로 귀결되는데, 이타利他를 실천하기 위한 전제가 '의자依自'의 각성이라는 것이다. 그렇기에 의자依自의 정신을 지니고 이타利他를 적극적으로 실천한 것이야말로 조선불교의 위대한 유산이지, 사찰·승려·불상·불화·불교 지식 등의 융성함 같은 것은 부차적인 것으로 여겼다.12)

그런데 정인보의 이러한 견해는 불교계 내부의 비판에 직면하게 된다. 정인보의 글에 대해 비판을 제기한 인물은 박한영이다.13)

을 海東으로 標함부터 그 閎懷 보이거니와 義相이 스스로 未澈함을 알아 元曉의 東返할 때 홀로 西征함을 보면 그 苟隨自欺치 아니하는 孤操ㅣ 또한 거룩타 할 것이다. 그러므로 朝鮮의 儒는 漢土로부터 받기만 하였으되 佛은 다시 漢土를 가르쳤고 또 芳風을 扶桑에 보내어 宣揚의 領域이 넓었더니라."(정인보, 앞의 글, 315~316쪽)

12) 위의 글, 316쪽.

13) 정인보의 「조선불교의 정신문제」에 대한 박한영의 비판은 김윤경의 「근대기

우리 법려의 현상으로 보자면 사회론자의 깊고 엄숙한 비판의 소리를 감수할 상황에 놓여 있지만 근본적으로 보자면 「조선불교의 정신문제」는 오해이다. 과연 논설과 같이 중국불교는 은미함을 밝히는 것을 위주로 해서 세상의 법을 도외시하였으나 조선의 불교는 국난國難을 구제하는 것을 위주로 해서 민승民勝을 자임하여 아도阿道가 동쪽으로 건너온 것이 1560년에서 260 회갑에 이르는 갑술이라 하고 국난에 분충奮忠한 명숙名宿을 구석구석 널리 찾아서 독자의 미목을 새롭게 하였다. 이 논의를 바르게 평가하면 예전의 인석유입引釋入儒, 즉 불교를 끌어다 유교로 들어가는 경우에 해당하는 것이고, 현대의 민족 또는 국민주의로 간파하여 통합하면 아전인수에 불과한 것이다. …… 불교의 근본정신이 동서고금에 어찌 달리 있으리오? 구구한 달팽이 뿔 사이에서 술 취한 개미들이 보금자리 지키는 데에 정신이 국한되다가 간혹 검을 빼들고 수염을 날려 계책을 받들어 불을 이끄는 것이 불교도가 이어받은 정신이겠는가? 어찌하다 부득이한 상황에 대응하여 상도를 벗어나서 억지로 만행방편을 삼아 일시에 속제법을 따라 적국에 왕래한 녹역鹿逆을 거론하여 불교의 정신을 이행하였다고 한다면 코끼리를 더듬는 장님의 묘론妙論이다.14)

현실인식 및 개혁에 관한 불교와 하곡학의 교섭 : 박한영, 이건방, 정인보를 중심으로」(『인문학연구』 54, 조선대학교 인문학연구소, 2017)에서 다룬 바 있다. 이러한 연구 성과를 참고하여 본고는 정인보의 다른 글도 함께 고찰함으로써 정인보의 불교인식에 관해 보다 폭넓게 고찰하고자 한다.

14) 石顚漢永, 「朝鮮佛教의 精神問題」 『一光』 5, 中央佛教專門學校 校友會, 1935.12. 2~3쪽, “우리 法侶의 現相으로는 社會論者의 深彈嚴欬도 甘受할 境遇에 在하엿지만은 根本的 朝鮮佛教의 精神問題는 誤解이다 果然 論說과 如히 漢土의 佛教는 闡幽로써 主하야 世法을 外視하엿스나 朝鮮의 佛教는 救難으로써 主하야 民勝을 自任하엿다 하야 阿道渡東이 一千五百六十年 至二十六回甲年甲戌이라 하고 國難에 奮忠한 名宿를 冥搜博訪하야 讀者의 眉目을 聳新케 함이다. 此義를 正評하면 昔日 境遇에 引釋入儒라 하는 게요 現代에 民族又는 國民主義로 看破하야 統合하면 我田漑灌에 不過함이다……佛教의 根本精神의 何嘗東西古今이 웨 잇스리오 區區한 蝸角間에서 酣蟻保窠하는 데서

박한영은 1935년에 중앙불교전문학교 교우회지 『일광一光』에 「조선불교朝鮮佛敎의 정신문제精神問題」라는 같은 제목의 글을 발표하면서 정인보가 제시한 한국불교의 정신에 대해 신랄하게 비판했다. 구난救難에 적극적으로 뛰어들어 민익民益을 도모한 것은 당시 상황에서 불가피한 선택이었던 것이지, 그것을 조선불교의 근본 정신이라고 한다면 본말이 전도된 것이라고 보았던 것이다. 그리고 이러한 논의는 예전으로 보자면 '인석입유引釋入儒', 즉 불교를 끌어다 유교로 들어가는 경우에 해당하고, 현대로 보자면 민족 또는 국민주의의 관점에서 해석한 것으로 아전인수에 불과하다고 평하였다.

> 웃으며 넘기고 말 것이나 우리 법려의 정신계가 하도 어수선하며 또한 마비에 걸려 있다 학 울음과 바람 소리에도 놀라는 일이 허다한 까닭에 법려로 하여금 자교自敎의 정신을 때때로 환기하여 주인공 스스로 성큼성큼 마귀굴에 끌려 들어가지 않고 정당한 불조佛祖를 기도하다가 속제법도 모범적으로 따라 호국익민護國益民을 도외시하지 않아야 할 것이다. 사회 군자로서는 외적 형식은 비판할지언정 내적 진리, 즉 정신이 그 문에 들어가지 않은 자라면 함부로 말하지 말기를 바라며, 법을 아는 자의 근심을 반갑게 보아 주기를 바란다.[15]

精神이 局束하야 或杖劍揚髥하야 奉謀導火가 佛敎徒의 傳授한 精神일가 어찌하다 不得已한 境遇에 對하야 倒行逆施의 萬行方便으로 一時에 俗諦法을 隨順하야 敵國에 一往來한 鹿逆을 擧하야 佛敎의 精神을 履行하엿다 하면 摸象盲者의 玅論이다."

15) 위의 글, 2~3쪽, "莞爾視之하고 말 것이나 우리 法侶의 精神界가 하混散하며 또한 痲痺에 걸려잇다 鶴唳風聲이 殊多한 故로 法侶로 하여금 自敎의 精神을 時時喚起하야 自主人公이 駸駸然히 那魔窟에 不引入에야 正當佛祖를 期圖하다가 俗諦法도 式順하야 護國益民에 不外할 것이오 社會君子에 對하야는 外形式은 批評할지언던 內眞理卽精神은 其門에 不入者여든 三尺喙라도 妄搖치 幸勿하겟고 識法者懼를 請拭靑看할지어다."

불교도로서 불조佛祖에 대한 기도뿐만 아니라 '호국익민護國益民'도 도외시하지 않아야 한다고 말한 데서 보듯이 박한영도 정인보가 말한 구난救難과 민익民益을 위한 실천의 가치를 인정했다. 다만 이것은 박한영에 따르면 '속제법'에 해당하는 차원일 뿐이다. 다시 말해 승도의 사회적 실천 차원에 해당하는 가치이지 불교 정신의 본질이라고 볼 수는 없다는 것이다. 불교의 이제二諦 관념에 의하면 '진제眞諦'는 궁극적인 진리, 즉 일체의 언어를 초월한 진리에 대한 인식으로 가장 높은 사유의 경지를 가리키고, '속제俗諦'는 세간적이고 상대적인 진리, 부처가 중생을 위해 언어라는 방편을 사용하여 나타낸 진리를 말한다.[16] 체용의 구도로 보자면, 출세간의 법인 진제는 체體이고, 세간의 법인 속제는 용用이다. 박한영이 불교의 근본정신은 동서고금에 다름이 없으며 국난에 맞서 승군으로 참전한 경우와 같은 것은 부득이한 상황에 대한 방편이라고 한 것은 이러한 진제와 속제의 의거한 구분이라고 할 수 있다. 이렇게 볼 때 용用에 해당하는 것으로 조선불교의 근본 정신을 말한 정인보의 인식은 불교에 대한 오해일 뿐만 아니라 조선불교의 수준을 더 낮추는 셈이 되는 것이다.

정인보와 박한영은 매우 절친한 사이로 답사나 문예 활동을 함께 하는 일이 많았음에도 조선불교의 정신에 대해서는 이처럼 상이한 견해를 지니고 있었음을 볼 수 있다.[17] 박한영의 비판에 대해 정인보가

16) 하유진, 「불교의 이제설(二諦說)」, 『철학논집』 16, 서강대학교 철학연구소, 2008, 116~120쪽 참조.

17) 정인보와 박한영 간의 학문·사상의 교섭 양상과 종교 인식 면에서의 이견에 대해서는 다음 논문에서 다룬 바 있다. 김윤경, 「근대기 현실인식 및 개혁에 관한 불교와 하곡학의 교섭 : 박한영, 이건방, 정인보를 중심으로」, 『인문학연구』 54, 조선대학교 인문학연구소, 2017.

어떻게 대응했는지는 알 수가 없다. 1939년에 정인보가 쓴「석전상인소전石顚上人小傳」을 보면, 자신에 대해 "불교경전을 좋아는 하되 깊지 못하"[18]다고 고백하고 있고, "나 같은 천자淺者야 세속적인 것이나 보아 흉회胸懷를 그릇 헤아리지만, 물외物外에 노니는 도인道人은 대개 헤아릴 수 없는 것을 보는 것"[19]이라며 겸손한 태도로 불교의 깨달음의 경지에 대해 경외하는 모습이 나타난다. 이를 볼 때, 불교의 깊은 진리를 모를 경우 함부로 운운하지 말 것을 당부한 박한영의 조언을 수긍할 수도 있었을 것이다. 그럼에도 훗날 쓴「의승장義僧將 기허당대사騎虛堂大師 기적비紀蹟碑」를 보면 조선불교의 가치 및 진수에 대한 자신의 관점을 철회하지는 않았음을 알 수 있다.「조선불교의 정신문제」에서 피력하였던 조선불교에 대한 관점은「의승장 기허당대사기적비」에서도 그대로 이어지고 있는 것을 볼 수 있기 때문이다.

2) 기허당대사騎虛堂大師의 추모를 통한 한국불교의 원동력 강조

「의승장 기허당대사 기적비」는 임진왜란에 승병장으로 나서서 왜적에 맞서 싸우다가 전사한 기허당 영규대사의 비문으로, 정인보가 해방 이후 1950년에 쓴 것이다. 의인義人을 추모하며 세상에 알리는 일은 일제강점기부터 정인보가 일제에 대한 저항 의지를 고무시키고 민족주체성을 확립하기 위해 지속적으로 노력해 왔던 작업이었다. 그런데 의인義人을 기리는 여타의 글 가운데도 이 글이 주목되는 것은 불교에 대한 그의 인식이 매우 잘 드러나고 있기 때문이다.

---

18) 정인보(저)/정양완(역),「石顚上人小傳」,『薝園文錄』上, 태학사, 2006, 279쪽.
19) 위의 글, 278쪽.

「의승장 기허당대사 기적비」는 내용상으로 크게 영규대사의 행적을 서술한 부분과 이에 대한 자신의 견해로 구성되어 있다. 전반부에서는 임진왜란 때 승병을 이끌었던 주요 승장으로 영규대사를 거론하고, 탄생부터 임란 이전까지의 행적을 매우 간략하게 언급한 뒤, 청주 전투, 금산 전투, 최후담을 중심으로 임진왜란 때의 행적을 보여주고 있다. 여기에서 특징적인 것은 금산 전투와 최후담이다. 청주 전투와 금산 전투에서 영규 대사는 조헌과 함께 싸웠고 둘다 금산 전투에서 최후를 맞이하게 되는데, 일부 문헌에 따르면 당시 군대가 금산을 향할 것인지 여부를 둘러싸고 장수들 간에 이견이 있었던 것으로 보인다. 이에 대해 조헌과 이산겸이 이견을 보인 것으로 기록된 경우도 있고[20], 조헌과 영규대사가 그러한 경우도 있다. 정인보의 비문은 후자에 해당한다. 조헌에 비해 영규대사에 관한 문헌이나 금석문이 적은 데다가 이처럼 조헌과 영규대사가 대립을 보였던 상황을 언급하고 있는 경우는 훨씬 적은 편이다. 이전의 문헌들 가운데에는 성해응의 「금산순절제신전錦山殉節諸臣傳」[21], 윤국형의 『문소만록聞韶漫錄』 등에서 이를 언급하고 있을 뿐이다.

또한 영규대사가 금산 전투에서 패한 뒤 재기를 노리며 창자를 부여잡고 공주로 이동하여 죽었다고 서술한 최후담은 조헌이나 영규대사에 관한 문헌에서 찾아보기 힘든 내용이다. 영규대사의 설화에 관한 연구에 따르면 일부 설화에서 영규대사가 금산 싸움에서 죽지 않고 재기하기 위해 달아났다가 금산 보석사 또는 공주의 계룡면 유평리에

20) 金集, 「重峯趙先生諡狀」, 『愼獨齋全書』 第11卷 ; 宋時烈, 「重峯趙先生行狀」, 『宋子大全』 第207卷.

21) 成海應, 「錦山殉節諸臣傳」, 『研經齋全集』 권60.

서 죽은 것으로 되어 있다.[22] 특히 공주·논산 지역의 설화에서 영규대사가 금산이 아니라 공주에서 죽었다는 최후담이 많이 보인다.[23] 국사와 야사를 살펴보았다는 정인보의 말을 참조해 볼 때, 이는 정인보가 이 지역의 설화를 수용했음을 짐작하게 하는 부분이다.[24]

이처럼 금산 전투를 둘러싼 조헌과 영규대사의 대립, 영규대사가 공주에서 죽음을 맞이했다는 최후담은 여타의 글 가운데에서도 정인보의 「의승장 기허당대사 기적비」가 보이는 가장 큰 특징이다. 여러 문헌과 설화들을 참고하며 정인보가 이와 같이 영규대사의 행적을 재구성한 데에는 당시의 역사적 사건을 바라보는 정인보의 관점이 뚜렷하게 반영된 것이라 할 수 있다. 이는 자신의 견해를 본격적으로 표출하고 있는 비문의 후반부에서 확인된다.

정인보가 영규대사에 대한 평가를 내리면서 강조하는 점은 크게 두 가지이다. 조헌과 영규대사의 의義가 한 가지라는 점과 조선불교의 진수를 보이고 있다는 점이다.

우선 조헌과 영규대사의 의義가 한 가지라는 점은 두 사람이 상이한 선택과 행로를 보였으나 결국은 하나임을 말한 것이다. 이는 영규대사와 조헌의 이견 대립을 서술했던 성해응, 윤국형의 관점과도 뚜렷이 구별되는 점이다. 이들 문헌에 따르면 당시 조헌은 금산에서 왜적과 싸우고 있던 고경명이 패하여 죽었다는 소식을 듣자 당장 부대

22) 강현모, 『기허당 영규대사의 서사전승 연구』, 역락, 2013, 41쪽.

23) 위의 책, 43~50쪽.

24) 신동흔은 『大東奇聞』이나 「기적비명」의 내용은 공주지역에서 구비 전승되고 있는 내용들을 수용한 것으로 보인다고 밝힌 바 있다. 「기적비명」에서 영규대사가 자신의 능력을 숨겼다는 내용이 구전자료의 수용이라는 것이다.(신동흔, 「역사인물담의 현실대응방식 연구」, 서울대 박사학위논문, 1993, 27쪽.(강현모, 위의 책, 16쪽에서 재인용))

를 이끌고 금산으로 가고자 했었음을 알 수 있다. 반면 영규대사는 관군의 도움도 없고 우리 부대의 준비가 되어 있지 않아 금산행이 마땅하지 않다며 반대를 했다. 그럼에도 조헌은 충의를 말하며 금산으로 향했고 영규대사는 조헌을 홀로 죽게 할 수 없다며 뒤따랐다. 결국 이들은 금산에서 대패하고, 함께 한 칠백여 명의 사람들은 전몰하고 말았다. 이에 대해 성해응과 윤국형은 조헌이 영규대사의 호소를 외면하였던 사실을 안타까워하며 비판적인 시각을 보였다. 그러나 정인보는 두 사람의 선택이 모두 의로운 결단임을 강조했다. 그에 따르면 조헌은 적을 감당할 수 없을 상황임을 알면서도 구차히 살고자 하기보다는 죽음으로써 충의를 다하고자 했던 인물이다. 영규대사는 "죽으면 함께 죽을 뿐이다"는 마음으로 조헌과 함께 싸웠다가 재기를 노리며 창자를 부여잡고 공주로 이동하여 죽음을 맞이하였다. 이처럼 살아남고자 했던 것은 뜻을 다하지 못하고서는 차마 죽을 수 없었기 때문이며, 이것이 대사의 용맹이자 의義라는 것이다.

요컨대 정인보는 두 사람은 죽는 길과 살아남는 길을 달리 선택했을 뿐 모두 자신의 의義를 다하기 위한 길이었음을 강조하였다. 이는 조헌에 비해 상대적으로 소외되었던 영규대사에 대해 정당한 가치평가를 한다는 의미이기도 하다. 한편으로는 외침으로 인해 겪게 된 치욕스럽고 암담한 현실에 어떻게 대응할 것이냐는 정인보가 당시 마주했던 문제이기도 했다. 조선이 망하자 죽음으로써 항거하며 절의를 지키고자 했던 사람들, 살아남아 죽은 사람들의 원통함을 껴안으며 뜻을 실현하고자 했던 사람들, 그들 모두가 일제에 타협하지 않고 의義를 지킨 이들이었고, 정인보가 따르며 함께 하고자 했던 이들이었다. 임진왜란 때 보인 영규대사와 조헌의 의義가 한 가지라고 말하는 그의 평가에는 일제강점기를 살고 있던 자신의 시각이 투영되어 있다고 하겠다.

영규대사에 관한 정인보의 비문에서 무엇보다 특징적인 것은 영규대사의 행적을 통해 밝히는 조선불교에 대한 견해이다.

> 중국의 고승은 등운봉鄧雲峰 말고는 불법으로 군을 도왔다는 말을 들은 적이 없다. 유독 이 땅 청허의 문도만은 높은 제자, 평소에 명망 있는 고승이 국난에 달려가, 비록 구적과 싸우기 한창 심한 때를 만나더라도, 온 천하와 더불어 같이 분개하였으니, 천천히 그 까닭을 살펴보건대, 진실로 또한 내림[由來]이 있다. 대개 신라의 국선國仙 · 고구려의 조의선인皂衣仙人은 모두 환웅 임금의 끼치신 가르침의 얼림으로, 사납고 강건함을 높이고, 지절志節을 드날려, 나라에 일이 생기면 떼 지어 이를 위해 죽었으니 역사에 나타난 것을 오히려 상고할 수 있어 유교와는 다른 바다.……
>
> 국교國敎가 차츰 바뀜에 미쳐, 고려 때에 이르러서도, 오히려 선랑仙郎을 세워 무리를 모으니, 중과 민간인이 함께 받들더니 왕조가 한양으로 바뀜에 끊어졌으나 그 남은 진액과 나머지 윤기가 불교에 배이고 젖어, 중은 웅건 · 용맹을 귀히 여겨 제 힘으로 섰지 남에게 의지하지 않았다. 그러므로 서로 한데 얼리어 민족을 비호하였던 것이다.
>
> 청허는 불교의 고승 가운데 선종이나 그 문도門徒가 씩씩하고도 의로움은 왜 그런지 모르게 그런 것인즉, 그 풍교風敎의 내림은 멀다. 대사는 다시없이 뛰어나 불문佛門에서 스스로 분발하여 의병을 일으켰고, 뜻이 그 한 몸으로 엄청난 왜구를 이기려 하였는데, 상처를 입어 죽게 되니 그 의가 이미 극진하다. 그러나 희미하게나마 정신이 있는 것 같음에 미쳐서는 그 죽는 것만으로는 미진하다 하여, 다시금 제 힘으로 그 다하기를 구한 뒤에야 그쳤으니, 대사는 천지에 빛날 뿐만 아니라, 이를 통해 국풍의 오랜 숭상을 드러내며, 또한 불교의 진수를 보이기도 하는 것이다.[25]

이 부분에서 밝히고 있는 정인보의 견해는 「조선불교의 정신문제」에서 말한 내용과 크게 다르지 않다. 이를 보면 정인보가 한국불교를 주목한 것은 불교의 교리 자체나 종교적 본질 등에 대한 관심이 주된 이유가 아님을 알 수 있다. 그가 평생 가장 주력한 것은 국학자의 관점에서 자국의 학문과 사상, 역사와 문화를 고찰하고 민족 주체성에 입각한 자국학을 수립하는 일이었다. 그리고 우리의 과거 역사에서 현재에 되살리고자 했던 정신은 한마디로 말하자면 '의자依自의 기개와 홍익弘益의 추구'이다. 그에 따르면 이것은 '환웅 임금'이 남긴 가르침으로 삼국 시대, 고려 시대의 '국교國教'에 이르기까지 지속적으로 영향을 미쳤다. 신라의 국선國仙, 고구려의 조의선인皀依仙人, 고려의 선랑仙郞 등이 이를 확인해 준다는 존재들이다. 영규대사와 같이 청허 서산대사의 문도들도 이러한 국풍國風이 조선불교에 면면히 이어져 내려오고 있음을 보여주는 이들이다. 정인보는 이러한 면모야말로 중국의 불교와 다른 조선불교의 독자적 특징이며, 유교와 달리 조선불교가 우리 역사에 끼친 공헌임을 설파하고자 하였다. 정인보가 '호국불교'라는 말을 쓴 적은 없지만, 이러한 그의 불교 인식은

---

25) 정인보(저)/정양완(역), 「의승장 기허당대사 기적비」, 『薝園文錄』 下, 태학사, 2006, 241~242쪽; 정인보, 「義僧將 騎虛堂大師紀蹟碑」, 『전집』 6, 349~350쪽, "震怛古德, 自鄧雲峰外, 未聞有以法助軍者, 獨此土淸虛之徒, 高足名宿, 馳驅國難, 雖會寇賊方劇, 溥天同愾, 而徐推其故, 諒亦有由, 盖新羅之國仙, 高句麗之皀依仙人, 皆桓儉遺敎之聚, 尙驍健, 厲志義, 國有事, 則羣以死之, 見於史者, 尙可考, 以其別於儒也.……迨國敎浸替, 至麗世, 乃猶立仙郞, 聚徒衆, 緇白同奉, 鼎遷漢上, 絶矣. 其遺液餘潤, 沁漸叢林, 而釋貴雄猛, 自樹, 不傍於外, 故與相滙融, 歸之亢宗. 淸虛龍象禪門, 而其道弟之健且義, 有不自知其然而然者, 則其風之所自遠矣. 師尤絶出, 自發起空寂之中, 志將以一身 龕巨寇, 被創而死, 其義已盡. 及其微若有省, 則以其死爲未盡, 而更自力以求其盡然後已, 不惟師炳烺天壤, 於以顯國風舊尙, 而亦以見佛之眞焉."

호국론적 관점을 보여준다고 할 수 있다.

호국불교의 인식은 일본에서 메이지 유신 후에 생성되었고,[26] 한·중·일 삼국에서 자국의 상황에 따라 담론화되어 나갔다. 일본의 경우 천황제 군국주의의 성향에 부응하는 방식으로 불교계가 대응해 나가는 모습이 보이는가 하면,[27] 전시체제로 접어든 1930년대 후반에는 국체(천황)와 불교를 결합시킨 황도불교론을 표방하였다.[28] 중국은 외세 침략에 위기 의식을 느끼고 현실적 대응을 위한 이론적 구심점을 모색하는 과정에서 불교에 관심을 보였던 지식인들이 많았다. 특히 대승불교의 구세주의救世主義적 관점에서 정치사회적 개혁과 새로운 국가관 수립의 필요성을 역설하는 등 불교호국론을 표방하기에 이르렀다.[29]

식민지 조선에서 호국불교 담론은 1930년대 후반에서 1940년대 전반의 전시체제기에 급격히 부상했고, 일본의 국가불교, 황도불교 노선을 답습하며 정치적으로 종속된 체제불교의 성격을 띠었다는 평가를 받는다.[30] 한편 이 무렵 일본인 에다 토시오江田俊雄가 한국불교

---

26) 김용태, 「한국불교사의 호국 사례와 호국불교 인식」, 『大覺思想』 17, 대각사상연구원, 2012, 45쪽.

27) 원영상의 「一蓮主義의 불법호국론과 國體論－타나카 치가쿠(田中智學)의 논리를 중심으로」(『불교학보』 47, 동국대학교 불교문화연구원, 2007)에서는 일본의 메이지 유신 시기에 천황제 국가를 지향하는 과정에서 불교계가 대응했던 양상을 타나카의 일련주의를 통해 고찰하였다. 타나카의 일련주의는 천황제 군국주의를 지향한 일본의 근대국가의 이념 형성에 적극적인 자세로 대응했다는 데 그 특색이 있으며, 이후 군국주의의 우익사상가들에게 시대에 조응하는 논리를 제공해 주었다고 보았다.

28) 김용태, 앞의 논문, 2012, 45쪽.

29) 김연재, 「중국근대의 민족불교에 있어서 護國論의 대두와 그 성격」, 『불교학보』 45, 동국대학교 불교문화연구원, 2006, 84~103쪽 참조.

의 호국적 전통에 주목한 「朝鮮佛教と護國思想」(조선불교와 호국사상)을 발표하였다. 그는 조선의 승려들이 국가 존망의 위기에 활약했던 것은 타국의 불교사에 비해 특이한 현상이라며 지리상 외침이 잦았기에 불교의 호국사상이 역사 속에서 종종 드러났다고 보았다.[31] 그 후로도 한국불교의 호국적 전통을 강조하는 논의들이 이어졌다.

이렇게 볼 때, 호국적 전통에 주목하여 이를 한국불교의 특징으로 본 정인보의 인식 또한 당시 호국불교 담론의 자장 내에 있었다고도 볼 수 있다. 그러나 에다 토시오와 비교해 보면 정인보의 호국적 관점이 보여주는 차이가 드러난다. 에다 토시오는 불교가 국가의 존립과 발전을 위한 불가피한 전쟁을 용인하고 있음을 말하며 불교와 전쟁의 상관관계를 설명하는 데 주안점을 두었다.[32] 그리고 한국불교의 호국적 전통이 주변국들에 의해 끊임없이 위험에 처했던 상황에 대한 대응 과정에서 형성된 것이라고 보았다. 반면 정인보는 대승불교의 구세주의救世主義적 관점에 입각하여 호국적 실천에서 불교의 진수가 드러난다고 파악하였다. 나아가 우리 역사에서 국난에 용맹스럽게 뛰어들어 자신을 기꺼이 던졌던 승도들의 존재가 이어져 왔던 것은 우리의 고유 사상이 면면히 전해 내려와 불교와 어우러졌기 때문이라고 보았다.

호국불교 담론은 식민지 조선에서 일본 제국주의적 관점에서 펼치는 군국주의 성향으로 빠질 위험성을 보였던 게 사실이다. 이에 반해 대승불교의 구세救世적 관점에서 당대 현실에 대응하고자 했던 정인

30) 김용태, 앞의 논문, 2012, 67쪽.

31) 江田俊雄, 「朝鮮佛教と護國思想－特に新羅時代のそれに就いて」, 『朝鮮』 239, 朝鮮總督府, 1935, 53쪽.

32) 위의 논문, 52쪽.

보나 중국의 근대 지식인들의 불교 인식은 제국에 맞선 민족 불교의 성격을 보여 주었다고 할 수 있다. 그런 점에서 정인보의 호국불교적 관점 또한 중국 근대지식인들의 국난 극복에 대한 인식과 그 성격을 같이 한다. 여기서 더 나아가 정인보는 중국불교와 다른 한국불교만의 독자적 특징을 강조함으로써 민족의 주체성을 확립하고자 했다는 점에서 그 의의가 있다고 하겠다.

3. 정음학正音學 방면에 끼친 불교의 공헌 강조

정인보는 민족주체적인 관점에서 과거의 학문을 재평가하고 체계화하는 데 주력했다. 사대주의적이고 비주체적인 태도로 외부의 학문과 사상을 추종하기만 한 학문은 여지없이 비판을 가했고, 자국과 관련한 학문적 성과를 발굴해 나갔다. 그러한 영역의 하나가 이른바 '정음학正音學'이다. '정음학'은 정인보가 훈민정음에 대해 연구한 학문을 일컬었던 용어이다. 정인보는 이 '정음학'과 관련하여 중요한 인물로 신미 대사와 학조 대사를 거론하였다.

신미 대사와 학조 대사에 관한 내용은 「남유기신南遊寄信」에 보인다.[33] 「남유기신」은 충청도 속리산 부근의 화양동華陽洞으로부터 시작하여 여수–목포 간 바다에 이르는 여정을 기록한 기행문이다. 정인보 일행의 첫 여행지인 화양동은 송시열이 만년에 강학했던 곳으

---

33) 여희정, 「정인보의 글쓰기와 민족문화의 기획」(한국중앙연구원 한국학대학원 박사학위논문, 2020)에서 「南遊寄信」에 대해 자세히 고찰하며 신미대사와 학조대사에 대해 다룬 바 있다. 그 내용을 참조하여 본고의 주제에 맞게 수정 보완하였다.

로 조선 후기에 실권을 잡았던 노론계 사대부들에게 사상적 · 정치적 토대였던 곳이다. 또한 명나라 신종神宗을 위한 사당인 만동묘가 있는 곳으로 대명의리론과 조선 중화주의를 떠받치는 심장부 역할을 했던 곳이라 할 수 있다. 그렇기에 많은 문헌과 유적이 남아 있었다. 그러나 정인보가 보기에는 그 대부분이 명나라를 향한 정성으로 가득한 내용일 뿐이어서 아무런 의미가 없었다. 정인보는 화양동 일대를 '명토화明土化'한 곳이라고 부르고 씁쓸함을 느끼면서 발길을 돌렸다. 그리고 향한 곳이 부근에 있는 속리산 복천암이었다. 이곳에서부터 정인보 일행의 진정한 국토 답사가 시작된다. 중화사상과 사대주의의 상징적인 공간을 벗어나 조선학의 중심지를 찾아 떠나는 여정이 시작된 것이다.

복천암은 세조가 난치병이었던 피부병을 치료한 곳으로 널리 알려진 곳이다. 이곳에는 세조가 신미 대사와 학조 대사와 함께 기도를 드리고 암자 부근의 목욕소에서 목욕한 뒤 피부병이 나았다는 이야기가 전해온다. 하지만 정인보가 복천암에서 두 대사와 관련하여 더 주목하고자 했던 것은 그들이 정음학 방면에 끼친 공헌에 대해서이다.

> 더우기 신미信眉는 내전內典에만 홍통弘通한 사람이 아니라 훈민정음訓民正音 반포頒布된 뒤 가장 정음학正音學에 대對한 깊은 조예造詣를 가졌나니 "번경도감翻經都監"이 실로 이를 중심中心하고 한 것이라 세조世祖의 총우寵遇를 받음이 까닭 없음이 아닌데 신미信眉 일찌기 속리俗離에 있었던지라 이로 인因하여 어련御輦이 이 산중山中까지 드시게 된 것입니다.[34]

34) 정인보, 「南遊寄信」, 『전집』 1, 170~171쪽.

조금 가면 번듯한 잔디밭 우에 부도浮圖 둘이 있으니 사긴 글자가 완하여 잘 알 수 없는데 석상상인石霜上人의 말을 듣고 자세히 더듬어보니 하나는 '학조등곡지탑學祖燈谷之塔'이요 하나는 '수암화상탑秀岩和尙塔'입니다. 지금은 그래도 잔획殘劃을 변별辨別할 수 있으나 조금 더 지나가면 석각石刻 가지고는 증거證據할 흔적痕迹이 없을 것 같습니다. 복천福泉서 들어오는 길로 말하면 먼저 학조탑學祖塔을 보게 되고 이 탑塔을 지나서 수암탑秀岩塔을 보게 됩니다.

국초國初 불가佛家의 위걸偉傑임은 말할 것도 없고 이 둘이 다 정음학正音學의 명석名碩이라 그 고심苦心한 자취 아직껏 학자學者의 진벌津筏로 남았거니와 정음正音으로써 문장文章을 자저自著한 것으로 신미信眉의 「영가집발永嘉集跋」과 학조學祖의 「오대산어첩서후五臺山御牒書後」 같은 것이 다 간결簡潔 전중典重하여 읽으매 조선朝鮮 고대古代의 사기詞氣를 접接하는 듯하니 이를 생각하고 공산空山 속 일편석탑一片石塔을 돌매 어떠한 일종一種의 방향芳香이 그윽한 속에 풍기는 것 같습니다.[35]

여기에서 정인보가 신미대사와 학조대사를 '불가佛家의 위걸偉傑'이자 '정음학正音學의 명석名碩'이라고 소개하는 것을 볼 수 있다. 그에 따르면 신미대사는 훈민정음 반포 뒤 정음학에 대해 가장 깊은 조예를 가진 인물이며 '번경도감翻經都監'의 중심이었다. '번경도감'이란 조선 초기에 불전과 언해본 간행을 관장한 간경도감刊經都監을 말한다. 현재까지 밝혀진 바에 따르면 1461년(세조 7년)에 설치되어 1471년(성종 2년)에 폐지되기까지 한문본 31종, 언해본 9종을 간행했다고 한다.[36] 이 사업에 도제조, 제조 등의 관원을 비롯하여 신미信

35) 위의 글, 174~175쪽.

36) 최윤곤, 「刊經都監의 실체와 불전 간행 사업」, 『인문사회과학논문집』 31, 광운대학교 인문사회과학연구소, 2002, 155쪽.

眉, 수미守眉, 학조學祖, 학열學悅 등 다수의 승려들이 참여했다.[37] 정인보는 그 중심을 신미 대사로 보았다.

또한 신미대사와 학조대사가 훈민정음으로 쓴 글인 「영가집발永嘉集跋」과 「오대산어첩서후五臺山御牒書後」를 언급하며 '간결 전중'하여 '조선고대의 사기詞氣'를 볼 수 있다고 평하였다. 신미대사가 쓴 「영가집발永嘉集跋」은 1464년(세조 10년)에 간경도감에서 조인雕印한 『선종영가집언해禪宗永嘉集諺解』에 수록된 글이다. 이 책은 세조가 구결을 달고 신미대사가 언해한 후 효령대군孝寧大君과 해초海超 등이 교정한 것으로, 신미 대사의 발문 외에 효령대군의 발문도 붙어 있다.[38]

「오대산어첩서후五臺山御牒書後」는 「상원사중창권선문」 중 '권선문'의 언해문을 말한다. 「상원사중창권선문」은 편지글 두 편으로 이루어진 첩장이 중복하여 장정되어 있는데, 첫 번째 편지글이 1464년에 승려들이 상원사를 중수할 때 시주를 모으기 위해서 쓴 '권선문'이다. 두 번째 편지글은 이후 세조가 상원사 중창에 필요한 물사를 보내면서 내린 서찰, 곧 '어첩'이다. 첫 번째 첩장에는 두 편지글의 한문 원문과 언해문이 수록되어 있으며 두 번째 첩장에는 편지글의 원문만 있다. 또한 첫 번째 첩장의 표지에 '어첩御牒'이라는 서외제書外題가 있다. '권선문' 말미에 쓴 이름 및 수결과 '어첩'의 내용을 살펴볼 때 신미, 학조, 학열 등이 권선문을 썼음을 알 수가 있다.[39] 「남유기

37) 위의 논문, 156~157쪽.

38) 민덕식, 「慧覺尊者 信眉의 家系와 生涯」, 『忠北史學』 24, 충북대학교 사학회, 2010, 75쪽.

39) 김무봉, 「상원사 중창 권선문 해제」, 김무봉 역주, 『상원사중창권선문 · 영험약초 · 오대진언』, 세종대왕기념사업회, 2010, 7~9쪽.

신」에서 정인보가 '학조의 「오대산어첩서후五臺山御牒書後」'라고 언급한 것은 학조 대사의 부도탑을 보면서 그의 자취를 떠올리고 있었기 때문으로 보인다.

이처럼 정인보가 신미대사와 학조대사가 정음학 방면에 끼친 공헌에 주목한 것은 당시에 이루어졌던 한국불교에 대한 연구 성과에 기대고 있는 바가 크다. 신미대사는 간경도감의 불전언해 사업을 주도했고, 신미대사의 제자였던 학조대사는 간경도감 폐지 이후에도 언해의 유업遺業을 마무리하는 등[40] 불교와 훈민정음 방면에 공헌이 많았다. 그럼에도 숭유억불의 조선조에서 이들의 업적은 잊히고 말았다. 이들이 다시 주목받게 된 것은 일제강점기에 이른바 조선학을 연구하는 움직임이 일어나기 시작하면서부터이다. 일본인의 불교 연구에 자극을 받아 이능화는 한국불교의 역사를 방대하게 정리한 『조선불교통사』를 1918년에 내놓았다. 이 책에 간경도감의 불경언해나 신미 대사, 학조 대사에 관해 다룬 내용이 있고, 『영가집언해永嘉集諺解』, 「상원사중창권선문」에 대해서도 소개되어 있다.[41]

또한 1928년에 최남선이 오대산 월정사에서 「상원사중창권선문」 원본을 발굴하고, 이듬해 『불교』 종합지에 전문을 게재함으로써 「상원사중창권선문」의 전모가 세상에 알려졌다.[42] 이는 최남선이 한글로 쓴 불서나 자료에 관심을 보이고 문헌 발굴에 노력을 기울였던 당

---

40) 이봉춘, 「朝鮮前期 佛典諺解와 그 思想」, 『한국불교학』 5, 한국불교학회, 1980, 50쪽; 황인규, 「朝鮮前期 佛敎界의 三和尙攷－信眉와 두 제자 學悅·學祖－」, 『한국불교학』 37, 한국불교학회, 2004, 234~242쪽.

41) 李能和, 『朝鮮佛敎通史』 下, 민속원, 2002(1918년 초판 영인), 690~700쪽, 863~868쪽; 『朝鮮佛敎通史』 上·中, 민속원, 2002(1918년 초판 영인), 422쪽.

42) 최남선, 「影印 五臺山御牒敍」, 『佛敎』 59, 佛敎社, 1929.5.

시에 이룬 성과의 하나라고 할 수 있다.[43] 「오대산상원사중창권선문」은 1929년에 다카하시 토오루高橋亨에 의해 그 전모全貌가 사진판과 함께 상세하게 소개되기도 하고, 1936년에는 국보國寶 235호로 지정되기까지 하였다.[44] 다카하시 토오루는 『이조불교』와 20여 편에 달하는 논문을 쓸 정도로 조선불교 연구에 열의를 보였던 인물이다.[45] 이상에서 보듯이 정인보가 복천암을 찾아가서 두 대사의 언해문을 떠올린 데에는 이러한 학적 배경이 작용한 것이라고 할 수 있다. 이를 바탕으로 정음학 방면의 중요한 역사적 인물로 신미 대사와 학조 대사를 자리매김한 것이다.

4. 한국불교사와 한국불교학의 위상 연구

정인보는 우리의 역사에 대해 본격적으로 연구할 필요성을 절감하고, 『동아일보』에 「오천년간五千年間 조선朝鮮의 얼」을 1935년 1월부터 1936년 8월에 이르는 동안 총 282회에 걸쳐 연재했다. 이 중 한국불교에 관해 탐구한 내용을 담은 글이 「석도전釋道典」이다. 「석도전」은 크게 세 가지 주제를 다루고 있다. 첫째 불교의 한반도 유입 시기 및 경로, 둘째 백제의 불교 유입과 인도승 마라난타, 셋째 도랑과 삼

---

43) 김종진, 「근대불교잡지의 한글인식과 한글문화운동」, 『불교학연구』 43, 불교학연구회, 2015, 173쪽.

44) 최범훈, 「五臺山 上院寺 御牒重創勸善文에 대하여」, 『一山金俊榮先生停年紀念論叢』, 一山金俊榮先生停年紀念論叢刊行委員會, 1985, 630쪽.

45) 조남호, 「다카하시 토오루(高橋亨)의 조선불교연구」, 『한국사상과문화』 20, 한국사상문화학회, 2003.

론종 확립이다. 첫째, 둘째는 불교 유입과 관련된 내용이고, 셋째는 우리 불교가 불교문명사에 미친 영향 및 위상과 관련된 내용이다. 이는 근대학문적 차원에서 한국불교에 대해 탐구하기 시작하던 당시에 주목되던 문제이기도 했다.

1) 한국불교사 재고再考: 불교의 유입 시기 및 경로에 관한 고찰

불교의 유입과 관련해서는 고구려 소수림왕 2년(372년)에 중국의 진나라로부터 불교가 처음으로 전파되었다고 보는 것이 일반적으로 받아들여지고 있었다. 이는『삼국사기』고구려 소수림왕 2년(372년) 조에 진왕秦王 부견苻堅이 사신과 승려 순도順道를 보내어 불상과 경전을 전했다는 내용을 근거로 한 것이다. 하지만 정인보는 이는 남아있는 문헌으로 불교유입의 시초를 살펴본 것일 뿐, 실제상으로는 그 이전에 불교가 유입되었을 것으로 추정하였다. 그뿐만 아니라 중국 이외에 다른 경로로도 불교가 유입되었을 가능성이 있다고 보았다. 인도문화가 동진하던 노선을 추적해 볼 때, 인도에서 투르키스탄, 타림 분지를 거쳐 중국 감숙 지방으로 나아간 경로와 타림 분지에서 몽고 사막을 횡단하여 중국 변방 바깥으로 나아간 경로가 있다는 것이다. 전자가 중국을 통한 경로라면 후자가 중국 이외의 경로에 해당한다. 정인보는 후자의 경로에서 선비족이 일정한 역할을 했을 것으로 추정하였다. 당시 중국 변방의 바깥에 있던 선비족은 동서를 왕래하고 있었고 고구려를 종주로 여기며 그 지휘를 받고 있었으므로, 그들을 매개로 불교문화가 유입되었을 가능성이 있다는 것이다.

그리고 여러 문헌을 검토하며 다음과 같은 부분에서 이러한 가설을 뒷받침하는 단초를 제시하였다.『삼국사기』에서는 고구려 유리왕

24년(47년)조의 “기산箕山에서 이인異人을 얻었는데 양액兩腋에 깃이 있어 성姓을 우 씨羽氏라 하고 황녀皇女를 상尙하게 했다”는 기록에 주목했다. 여기에 묘사된 양쪽 겨드랑이의 깃털은 희랍, 로마의 신상神像에 가끔 보이는 것으로, 이 이인異人이 박트리아 왕국 월씨月氏 부근 사람이거나 그 지방을 경유하여 온 인도 승려일 수 있다는 것이다. 또한 『대당서역구법고승전大唐西域求法高僧傳』 「아야발마전阿耶跋摩傳」의 주석에서 ‘계귀鷄貴’를 범어로 설명하는 기록을 주시하며 고구려-인도 간에 직접적인 접촉이 있었던 자취를 읽고자 하였다. 한편 『삼국유사』 아도기라조阿道基羅條의 ‘아도본비我道本碑’에 대한 기록에서 ‘아굴마我崛摩’와 ‘아도我道’의 관계, 이들이 왕래하며 만났던 시기를 검토하며 고구려에 불교가 유입된 시기가 고구려 소수림왕 시기 훨씬 이전임을 알 수 있다고 하였다. 다만 소수림왕 때 진나라 왕이 사신과 승려를 보내어 불상과 경전을 보냈던 일은 불교가 국가 차원에서 장려되고 있음을 보여주는 것이라는 점에서 불교사적으로 중요한 의미를 지닌다고 보았다.[46]

불교의 유입 시기 및 경로는 당시 한국불교사를 연구하던 이들이 관심을 가지던 주제 가운데 하나였다. 이능화, 박한영 등도 정인보와 마찬가지로 고구려 소수림왕 때 중국으로부터 불교가 유입되었다는 통설에 국한되지 않고 그보다 앞선 시기, 중국 이외의 다른 경로의 가능성에 대해 제기하였다. 하지만 증빙할 만한 기록이 부족하다는 문제점을 안고 있었다. 박한영은 가락국과 금강산이 인도에서 직접 들여온 조선불법의 연원지이고 중국 효명제孝明帝 때보다 앞선 시기

46) 정인보, 「釋道典」, 『朝鮮史硏究』 下(『薝園 鄭寅普全集』 4), 연세대학교 출판부, 1983, 242~246쪽.

에 불교가 유입되었다고 보았지만, 실제 기록으로 전해지는 것이 없어 이를 입증할 수는 없었다.[47] 이능화는 신라 남해왕(2대代 박차차웅朴次次雄, 재위: 4~24년) 때의 「유점사월씨금상楡岾寺月氏金像」, 가락국 수로왕(재위 42~199) 때의 아유왕후 「금관성파사석탑」의 기사를 인도불교가 직수입된 증거로 보았다.[48] 하지만 다른 자료가 더 발견되지 않는 이상, 이 기록만으로 1~2세기에 이미 인도에서 직접 불교가 유입되었다는 견해를 입증하기에는 불충분했다.

정인보는 국학자로서 조선의 역사를 연구하는 차원에서 불교의 한반도 유입 시기 및 경로에 관심을 가지고 있었다. 그 역시 고구려 소수림왕 2년(372년)에 중국의 진나라로부터 불교가 전해졌다는 기록에 근거한 통설이 실제 역사를 제대로 보여주지는 못한다고 보았고, 그 이전 시기에 또 다른 경로가 있었을 것으로 추정하며 그 단서를 찾고자 하였다. 이는 주체적으로 국학을 연구하고자 했던 이들이 공유했던 문제의식이었고, 그들은 각기 나름대로 주목할 만한 자료들을 제시하고 입증을 시도해 보았던 것이다. 물론 정인보 또한 다른 이들과 마찬가지로 자료가 부족하여 상당 부분이 추정에 그칠 수밖에 없었던 한계를 분명히 드러내었다. 그럼에도 불교 유입과 관련한 단서를 읽을 수 있는 자료들을 발굴하고 그 자료에 대한 해석의 지평을 넓혔다는 점에서 의의가 있다고 본다.

---

47) 고영섭, 「영호당 박한영과 상현거사 이능화의 학문태도와 연구방법」, 『한국불교학』 78, 한국불교학회, 2016, 57~58쪽.

48) 김효탄, 「이능화의 불교사 인식」, 『불교학보』 40, 동국대학교 불교문화연구원, 2003, 308쪽.

2) 한국불교학의 위상 제고提高 : 도랑道朗의 삼론학三論學 확립에 대한 연구

정인보가 불교에 대해서 학문적으로 가장 깊이 탐구한 내용은 불교사에서 한국불교가 지니는 의의 및 위상이라는 주제와 관련된 것이다. 특히 정인보는 중국불교와 비교하며 한국불교가 이룬 업적을 밝히고자 하였다. 이러한 일환으로 정인보가 주목한 인물이 '도랑道朗'이다. 「도랑道朗의 삼론종확립三論宗確立」은 「석도전釋道典」 중에서 양적으로도 가장 많은 비중을 차지할 뿐만 아니라, 불교에 관해 쓴 글 가운데 치밀한 고증을 바탕으로 가장 두드러진 연구 성과를 보인다고 할 수 있다. 정인보가 '도랑'을 중요한 인물로 여기며 깊이 천착한 이유는 다음과 같은 부분에서 매우 잘 드러난다.

> 우리 선민先民의 불학佛學에 대한 발전사를 깊이 살펴보건대 삼국시대의 불학은 고구려가 가장 먼저이다. 또 고구려 불학은 그 탁월함, 떨침으로 동아시아 불교사에서 위대한 빛을 크게 비추었는데 이는 의미해석[의해義解]에 관한 방면에서 출중한 학승이 배출되었기 때문이다. 불교 경전의 번역 시기를 넘어서 여러 학승들을 모아 의해義解에 집중하던 때에 고구려가 비로소 성문사省門寺, 이불란사伊佛蘭寺를 창건하는 일을 거행하였으니 아무리 한두 고덕古德들의 선구적인 작업이 그 앞서 있었다 하더라도 중국과 비교한다면 어찌 너무나도 차이나지 아니하냐? 그런데 이쪽 불학이 발달하는 속도가 놀랄 만큼 뛰어나 불과 몇십 년도 지나지 않아 동아시아 불학에서 채 씻지 못한 지혜로운 해[慧日]가 고구려 사문沙門의 지혜 바다[智海]로부터 한 차례 목욕함을 지나서 비로소 그 보배로운 빛을 환하게 밝혔으니 …… 중국에 뒤졌다가 어느덧 여기에서 부는 종풍宗風이 동아시아를 굴복시키게 된 것은 결코 그저 어쩌다 이뤄진 게 아니다.[49]

정인보는 한국불교가 중국불교에 비해 초기에는 뒤쳐졌으나, 발전 속도가 매우 빨라서 중국을 넘어 동아시아 불교학에 탁월한 업적을 세웠다고 보았다. 그가 보기에 한국불교가 이룬 큰 업적은 불교 경전의 해석 방면에서 큰 지혜를 갖춘 인물을 배출했다는 사실이다. 그 가운데 정인보가 주시한 인물이 바로 '도랑'이다. 삼론종이라는 불교의 한 종파를 확립함으로써 동아시아 대승불교 발전에 지대한 영향을 미쳤다는 점에서 '도랑'을 매우 중요한 인물로 본 것이다. 그러나 도랑이 고구려 승려로서 중국으로 건너가 활약했음에도 중국의 승전僧傳에서도, 한국의 전傳에서도 다뤄진 바가 없었다. 정인보는 이처럼 '도랑'을 제대로 다룬 저술물이 거의 없고 그가 역사적으로 정당한 평가를 받지 못하고 묻혀 있는 것을 매우 한탄했다.[50] 정인보가 '도랑'을 집중적으로 탐구한 것은 역사에 묻힌 '도랑'을 복원함으로써 그를 기리고 민족적 자부심을 느끼기를 바랐기 때문이다.[51]

정인보의 「도랑道朗의 삼론종확립三論宗確立」은 근대적 방법론으로 승랑을 조명한 우리나라 최초의 연구물로 평가받는다.[52] 정인보

49) "우리 先民의 佛學에 對한 發展을 尋討하건대 三國時代佛學은 高句麗가 가장 먼저요, 또 그 卓特, 振發함이 亞東佛教史上에 있어 偉光을 橫放하였는데 이는 전혀 義解에 關하여 拔類한 大智가 輩出함으로써다. 譯經期를 넘어서 群智를 모아 義解에 輻湊하던 때 高句麗 비로소 省門, 伊佛蘭 創寺의 役을 擧하였으니 아무리 一二 古德들의 啓先의 業이 그 앞서 있었다 하더라도 震朝에 比並한다면 어찌 懸絶치 아니하냐? 그런데 이쪽 佛學發揮의 速度가 놀랄 만큼 超邁하여 不過 幾十年後 亞東佛學上 채 씻지 못한 慧日이 高句麗沙門의 智海로부터 一次 濯浴함을 지나 비로소 그 寶光을 晃耀케 하였으니 …… 震朝에 뒤졌다가 어느덧 예서 부는 宗風이 亞東을 摺伏하게 된 것은 決코 漫然한 바 아니다."(정인보, 『전집』 4, 255~257쪽)

50) 위의 책, 260쪽.

51) 위의 책, 259쪽.

52) 김성철, 앞의 책, 415쪽.

에 앞서 승랑에 관해 언급한 우리나라 연구자로는 이능화, 최남선이 있다. 이능화는 1918년 『조선불교통사』[53]에서 승랑이 중국 삼론종의 중흥조라고 소개하며 승랑의 행적이 언급된 자료를 인용하고, 승랑을 포함하여 삼론종의 계보를 정리하였다. 이후 최남선은 1930년 「조선불교－동방문화사상에 잇는 그 지위」[54]에서 삼론종의 계보와 승랑의 이력을 간단히 언급하며 승랑을 삼론종의 초조이자 동방불교건설의 선구자로 소개하였다.[55] 정인보가 승랑을 주시하며 깊이 탐구하게 된 데에는 이들의 언급이 영향을 미쳤을 것으로 짐작된다.

그런데 근대 들어 승랑을 먼저 주목한 것은 실상 일본인 연구자들이었다. 사카이노 코요(境野黃洋)는 1907년 『지나불교사강支那佛教史綱』에서 길장 계통의 삼론학은 승랑으로부터 시작되었다고 하며 삼론종의 계보에 대해 말하였다. 이후 1929년 『지나불교사강화支那佛教史講話』를 출간할 때 삼론종의 계보를 수정하고 승랑이 영향을 미친 인물과 관련하여 새롭게 의혹을 제기하는 등 이전의 내용을 수정·보완하였다. 한편 사토 타이슌(佐藤泰舜)은 1924년 「原始三論宗の系統説」(원시삼론종의 계통설)이라는 논문에서 승랑에 관련한 사료를 비판적으로 분석하면서 삼론종의 계보, 승랑의 원래 이름, 승랑과 하서 도랑의 관계 등에 대해 밝혔다.[56]

이러한 일본인들의 연구는 우리나라 연구자들에게 자극을 주었던 것으로 보인다. 일례로 이능화는 승랑에 대해 사카이노 코요의 『지나불교사강』을 통해 알게 되었다고 밝히며 거기에 인용된 내용을 다

53) 이능화, 『朝鮮佛教通史』, 新文館, 1918.

54) 최남선, 「조선불교－동방문화사상에 잇는 그 지위」, 『불교』 74, 佛教社, 1930.

55) 김성철, 앞의 책, 408~415쪽.

56) 위의 책, 439~441쪽.

시 소개하였다. 아울러 삼론종의 계보를 정리하였는데, 김성철에 따르면 이는 가마쿠라 시대의 응연凝然이 저술한 『팔종강요八宗綱要』에 근거한 것으로 추정된다고 한다.[57] 정인보도 당시 일본인 연구자들의 연구 내용을 어느 정도 파악하고 있었을 것으로 보인다. 일본인 연구자들의 연구에서 쟁점이 되는 사항인 승랑의 호칭, 행적, 사승 관계, 영향 등을 두루 포괄하여 검토하고 있기 때문이다.

한편 중국인 연구자 탕융퉁湯用彤도 1938년에 발간된 『한위양진남북조불교사漢魏兩晋南北朝佛敎史』에서 승랑에 관한 사카이노 코요의 주장을 대부분 받아들이면서 일부 이견을 제시하고 다른 기사를 발굴하여 소개하였다.[58] 정인보가 「도랑의 삼론종 확립」을 1936년 7월 12~14일자 『동아일보』에 발표하였으니 그 이후의 일이다.[59]

이처럼 20세기 전반에 동아시아 삼국의 연구자들이 근대적인 학문 방법으로 불교사를 써 내려갈 때 삼론종의 주요 인물로 승랑이 거론되는 것을 볼 수 있다. 당시 승랑과 관련하여 주목할 만한 연구 성과를 보여준 연구자로 사카이노 코요, 정인보, 탕융퉁 등을 꼽을 수 있다. 이들의 연구물을 보면 승랑에 대한 호칭, 행적, 사승 관계, 영향 면에서 쟁점별로 이견이 있는데, 이는 일차적으로 참고한 자료와 분

57) 위의 책, 408~413쪽.

58) 위의 책, 442쪽.

59) 김성철은 정인보가 1947년에 발간한 『朝鮮史硏究』 하권에서 「도랑의 삼론종 확립」을 발표했다고 했다. 이에 따라 사카이노 코요, 탕융퉁 등을 정인보보다 먼저 승랑을 연구한 학자로 보았고, 정인보가 이들의 연구물을 참조했을 것으로 추정하였다.(위의 책, 415~416쪽) 그러나 『朝鮮史硏究』는 정인보가 『동아일보』에 1935년 1월 1일부터 1936년 8월 26일까지 총 282회에 걸쳐 연재한 「五千年間 朝鮮의 얼」을 상·하권의 책으로 엮어 1946년과 1947년에 발간한 것이다. 즉 「도랑의 삼론종 확립」이 처음 발표된 것은 1936년 7월 12~14일자 『동아일보』에서이다. 그러므로 탕융퉁의 연구물이 발간된 것이 정인보 이후의 일인 것이다.

석 방식의 차이에 기인한 것이다. 그러나 무엇보다 큰 차이를 만들어 내는 것은 승랑에 대한 접근 태도와 관점이라고 본다.

우선 사카이노 코요는 역사적으로 문헌상에서 섭산攝山의 승랑僧朗, 하서河西의 도랑道朗, 법랑法朗에 대한 혼동이 있었음을 지적하고, 고구려 요동 출신의 '낭朗' 대사는 섭산의 '승랑'이라고 하였다. 반면 정인보는 그를 '도랑'이라고 부르고 섭산의 도랑과 하서의 도랑을 엄밀하게 구별하지는 않았다. 김성철은 이러한 점은 정인보의 오류라고 보았다.[60] 하지만 정인보가 섭산 도랑과 하서 도랑이 다른 인물일 수도 있는 여지를 남겨둔 것을 볼 때 이러한 문제를 의식하지 않은 것은 아니다. 다만 정인보는 문헌에서 '도랑'으로 볼 여지가 있는 부분을 최대한 검토하는 방식을 취하고자 했다고 볼 수 있다. 그리고는 섭산의 도랑과 하서의 도랑이 동일 인물이든 아니든 '도랑'이 불교사에서 차지하는 역사적 의의가 큰 것만은 분명함을 강조한 것이다.[61]

도랑의 혼동이나 호칭 문제보다도 정인보가 더 주목한 점은 승랑의 스승에 대한 부분과 그가 끼친 영향에 관한 부분이다. 승랑의 스승이 누구인지, 즉 어떤 법맥을 이었는가라는 문제는 연구자들 사이에서 가장 이견이 두드러지게 제기된 사항이다. 승랑과 주옹周顒의 사제 관계 여부, 승랑이 양무제梁武帝에게 끼친 영향 등도 그러하다.

가장 먼저 승랑을 언급했던 사카이노 코요는 1907년 『지나불교사강支那佛敎史綱』에서 '구마라집鳩摩羅什 → 도생道生 → 담제曇濟 → 도랑道朗 → 승전僧詮 → 법랑法朗 → 길장吉藏'이라는 삼론종의 계보를 제시했다.[62] 그러나 그는 1929년 발간한 『지나불교사강화支那佛敎史

60) 김성철, 앞의 책, 36~44쪽, 420쪽.

61) 정인보, 『전집』 4, 268쪽.

講話』 하권에서 '도생'과 '담제'가 도랑의 스승이라는 설을 비판적으로 검토하고 '구마라집鳩摩羅什 → 승숭僧嵩 → 승연僧淵 → 법도法度 → 도랑道朗(승랑僧朗) → 승전僧詮 → 법랑法朗 → 길장吉藏'이라는 새로운 계보를 제시했다.[63] 한편 주옹이 승랑으로부터 가르침을 받아 『삼론종』을 서술했다거나, 양무제가 승랑의 영향을 받아 성실론에서 삼론종으로 전환했다는 길장의 기록 내용에 대해서는 과장적 언사로 간주하였다. 주옹은 승랑을 만나기 전에 이미 삼론에 대해 잘 알고 있었다는 점, 양무제가 승랑을 만나 삼론을 접한 후에도 성실론을 버린 것은 아니라는 점 등을 볼 때 그렇게 판단할 수 있다는 것이다.[64] 그리하여 주옹와 양무제에 끼친 승랑의 영향을 크게 보지 않았다.

정인보는 '담제'와 '법도' 모두 승랑의 스승으로 보기 어렵다고 판단하였다. 담제의 경우 길장의 저술에서 담제를 비판한 내용이 있는 것으로 보아 담제가 승랑의 정통적 본사가 아닐 것으로 추정하였다. 법도의 경우 담제와 나란히 거론할 만한 인물도 아니며, 『고승전』에 법도의 제자로 승랑의 이름을 덧붙인 것에서 모멸하는 서술 태도가 보인다고 판단하였다. 그리고는 '도랑 대사'가 멀리 구마라집의 대의를 익혔다는 길장의 기록이 실제라며, 승랑은 용수龍樹, 제바提婆, 구마라집鳩摩羅什의 제자일 뿐이라고 하였다.[65] 이는 사카이노 코요가 1907년, 1929년에 제시했던 삼론종의 계보를 모두 부정한 셈이 된다.

그런데 법도 및 담제를 승랑의 스승으로 볼 수 없다는 견해를 내세

62) 김성철, 앞의 책, 439쪽 참조. 사카이노 코요의 글을 통해 승랑의 존재를 알게 된 이능화 역시 이를 그대로 따랐다.

63) 境野黃洋, 『支那佛教史講話』 下, 東京: 共立社, 1929, 38~42쪽.

64) 위의 책, 100~110쪽.

65) 정인보, 『전집』 4, 265쪽.

운 이가 정인보가 처음은 아니다. 사토 타이슌은 1924년 「原始三論宗の系統説」(원시삼론종의 계통설)에서 법도가 삼론과 무관한 인물이라는 점을 들어 『고승전』에서 언급한 승랑의 법도 제자설을 문제 삼은 바 있다. 또한 삼론종의 계통이 도생에서 담제로, 담제에서 승랑으로 이어져 왔다고 보는 일본 삼론종의 전통적인 관점에 대해 길장의 저술에서 이들이 전혀 언급되지 않는다는 점에 비추어 의문을 제기했다. 그리고 삼론종의 계통을 승랑 이전으로 거슬러 올라가 기술할 수 없다고 결론지었다.[66]

정인보가 사토 타이슌이나 사카이노 코요의 글을 검토했는지 여부는 정확히 알 수 없다. 그러나 이능화가 『조선불교통사』에서 사카이노 코요를 언급하고 있는 점에 비추어 볼 때 적어도 사카이노 코요에 대해서는 알고 있었을 가능성이 크다. 또한 일본의 삼론종 전통에서 말하는 삼론종의 계보에 대해서는 이능화의 저술을 통해 알고 있었다고 할 것이다. 고구려 출신의 승랑이 불교 삼론종에서 매우 중요한 위상을 지닌 인물임을 알게 된 정인보는 중국, 일본의 여러 문헌들을 찾아보며 승랑에 대한 기록을 살펴 보았다.[67] 이러한 과정에서 내용에 착오가 많은 것을 발견하고[68], 오류를 바로잡거나 추론을 통해 더 타당하다고 생각되는 자신의 견해를 개진하였다. 그 결과 삼론종의 계보나 승랑의 스승에 관해 사카이노 코요가 제시했던 내용과는 다른 주장을 하게 되었던 것이다. 또한 정인보는 길장의 기록이 가장

66) 김성철, 앞의 책, 441쪽.

67) 정인보가 주요하게 참조하고 있는 중국 문헌으로는 梁나라 慧皎의 『高僧傳』, 隋나라 吉藏의 『中觀論疏』·『大乘玄論』 등이 있고, 일본 문헌으로는 『三論祖師傳集』(작자 미상), 『三論玄義檢幽集』, 『三論興緣』 등이 있다.

68) 정인보, 『전집』 4, 264쪽.

실제를 바탕으로 한 것이라고 판단하고, 여러 문헌들을 검토하며 승랑이 주옹의 스승이며 승랑의 영향을 받아 양무제가 대승으로 전환했다는 설을 긍정적으로 수용하였다. 이것 역시 사카이노 코요와는 다른 입장을 보이는 부분이다.

한편 탕융퉁은 『고승전高僧傳』의 내용을 근거로 승랑의 스승이 법도라는 것은 받아들였으나, 법도의 스승이 누구인지는 명확히 알 수 없다고 하였다. 사카이노 코요와 달리 승숭과 승연을 성실론의 주요 법사로 소개하고 그들을 법도의 스승 계보와 연관 짓지 않은 것이다. 또한 승랑이 법도의 제자이긴 하지만 삼론의 학문이 반드시 법도로부터 나온 것은 아니라고 하였다.[69] 이처럼 탕융퉁은 삼론종의 계보에 대해서 사카이노 코요와 견해를 달리 했다. 하지만 승랑이 주옹과 양무제에 끼친 영향에 관한 부분에서는 사카이노 코요와 거의 같은 입장이었다. 사카이노 코요가 참고하지 않은 자료를 더 추가로 검토했지만, 주옹이 승랑의 가르침을 받아 『삼론종』을 지었고 양무제가 승랑의 뜻을 얻어 소疏를 짓고 삼론종으로 전환했다는 등의 길장의 기록을 과장적인 언사로 본 것은 같았다.[70]

이상과 같이 20세기 전반기에 승랑은 한중일 연구자들에 의해 각각 연구되어 왔는데, 참고하는 문헌의 사실성에 대한 신뢰 정도에 따라 이견을 보였다. 이견이 두드러지게 나타난 부분은 승랑의 스승 계보와 승랑이 미친 영향에 대해서이다. 사카이노 코요와 탕융퉁은 승랑의 스승 및 삼론종의 계보에 대해서는 다소 이견을 보이지만, 주옹과 양무제에게 끼친 승랑의 영향을 축소 평가하는 면에서 비슷한 관

69) 湯用彤(저), 장순용(역), 『한위양진남북조 불교사』 4, 학고방, 2014, 1353~1354쪽.
70) 김성철, 앞의 책, 1356~1360쪽.

점을 보였다. 반면 정인보는 승랑의 법도 제자설, 담제 제자설 등을 모두 부정하고, 특정 스승이 있다기보다는 고승들을 두루 만나 보며 멀리 구마라집의 의義를 익히고 융합하여 스스로 삼론학을 확립한 것으로 보았다.[71] 불교 교리를 넓게 섭렵하고 불교의 정수를 총괄하여 독자적으로 새로운 학문을 이루었다는 점을 강조한 것이다. 또한 주옹과 양무제에 끼친 승랑의 영향이 크다고 보고, 동아시아의 대승불교는 승랑 이후 새로운 전환을 맞이하고 얼마 동안 승랑의 학문에 의거했다고 볼 정도로 승랑의 학문에 대한 역사적 의의를 높게 평가하였다.

김성철에 따르면 법도가 승랑에게 삼론을 전하지 않았다고 보는 것이 사카이노 코요 이후의 학계의 통설이다.[72] 또한 김성철은 후대의 연구 성과와 여러 문헌을 종합적으로 검토한 결과, 승랑이 담제나 돈황의 담경법사에게 배웠을 가능성을 인정하면서도 이들은 그가 여러 곳을 다니면서 배웠던 스승들 중의 하나일 뿐이라고 보았다. 따라서 승랑이 특정 스승에게서 삼론 사상을 배웠다기보다는 여러 스승들을 접하고 구마라집 제자들의 저술을 독학하여 스스로 삼론의 이치를 터득한 것으로 추정하였다.[73] 또한 승랑의 가르침을 받아 주옹이 『삼론종』을 지었다고 보았고,[74] 승랑으로 인해 양무제가 소승에서 대승으로 전향한 것은 잘 알려진 사실이라고 하였다.[75] 이처럼 이상의 사항들에 대해서는 정인보의 견해와 크게 다르지 않은 것을 볼

---

71) 정인보, 『전집』 4, 259~261쪽.
72) 김성철, 앞의 책, 73쪽.
73) 위의 책, 75~90쪽.
74) 위의 책, 102쪽.
75) 위의 책, 126쪽.

수 있다. 그렇기에 일부 무리한 주장을 한 것도 있지만 정인보의 연구가 독보적인 위치를 차지한다는 평가를 하였던 것이다.[76]

무엇보다 정인보가 일본인 연구자, 중국인 연구자와 달랐던 점은 승랑에 대한 연구를 통해 한국불교학의 위상을 제고하고자 했다는 점이다. 사카이노 코요와 탕융퉁은 중국불교사에서 삼론학의 주요 인물 중의 하나로 승랑을 다루었을 뿐이다. 하지만 정인보는 승랑이 고구려 불교의 높은 수준을 중국에 보여준 것으로 파악하며 승랑의 업적을 한국불교의 범위로 끌어들였다. 그리고 승랑이 삼론학을 확립하여 동아시아 대승불교의 발전에 큰 업적을 남길 수 있었던 원동력이 우리나라의 고유한 '홍익인간' 정신과 대승불교의 교리가 서로 어울리는 데 있다고 보았다.[77] 즉 대승불교의 종지宗旨와 한국 고유 사상의 융합이 동아시아에서 한국불교가 우뚝 서게 한 저력이라고 본 것이다.

5. 맺음말

정인보는 자국의 역사, 문학, 학문, 사상에 대해 폭넓은 관심을 가지고 일생을 국학 연구에 바쳤다. 양명학을 학문과 사상의 기반으로 삼고 있던 유교 지식인인 정인보가 불교에 대해 관심을 가진 것도 국학 연구의 차원에서였다고 할 수 있다.

그는 기본적으로 우리의 고문화에 남긴 불교의 공헌이 크고 불교

---

76) 위의 책, 421쪽.

77) 정인보, 『전집』 4, 257~259쪽.

의 유산을 잘 계승해야 한다는 입장을 보였다. 그 가운데 그가 가장 강조한 것이 한국불교의 정신이다. 그는 '의자依自와 이타利他'의 기개와 정신이야말로 한국불교의 진수라고 역설하고, 승려들이 국난에 뛰어들어 '사신이타捨身利他'를 실천한 일들을 중국불교에서 찾아보기 어려운 한국불교의 특징으로 제시하였다. 그리고 이러한 불교의 호국적 전통이 이어질 수 있었던 연원과 원동력은 우리의 고유 사상인 '홍익인간弘益人間'의 이념과 불교의 근본 정신이 어울린 데 있다고 보았다.

한편 자국과 관련한 학문적 성과를 발굴하고 계보를 구성해 나가는 과정에서 정인보가 관심을 가졌던 영역의 하나가 '정음학正音學', 즉 훈민정음에 관한 학문이었다. 정인보는 신미 대사와 학조 대사를 '정음학의 명석'으로 꼽고 그들이 쓴 언해문에 대해서도 높이 평가하였다. 이들의 업적을 부각함으로써 훈민정음에 관한 학문에 불교계의 공헌도 컸음을 드러내었다.

무엇보다도 정인보는 한국불교가 이룬 큰 업적은 불교 경전의 해석 방면에서 큰 지혜를 갖춘 인물을 배출한 점이라고 보았다. 그러한 인물로 고구려 출신 승려로서 중국에 건너가 삼론학을 확립한 '도랑道朗(=승랑僧朗)'을 주목하였다. 승랑은 근대 시기에 일본인 연구자로부터 촉발되어 한국인, 중국인 연구자들도 관심을 보이기 시작했던 인물이다. 그런데 승랑은 일본인, 중국인 연구자에 의해서는 중국불교사에서 다뤄질 뿐이고, 그가 끼친 영향에 대해 과소 평가되는 면이 있었다. 그에 반해 정인보는 다양한 문헌 조사와 치밀한 고증을 통해 승랑의 업적과 영향을 높이 평가하며 그를 한국불교학의 위상을 높인 인물로 자리매김하게 했고, 이를 통해 민족적 자부심을 고취시키고자 했다.

이상과 같이 정인보는 불교의 수용 방식, 불교가 우리 문화에 미친 영향, 한국불교의 독자성, 한국불교의 위상 등에 관해 탐구하며 자신의 생각을 다양한 양식의 글에서 밝혔다. 여기에서 보이는 한국불교에 관한 정인보의 인식의 가장 큰 특징은 내부의 고유 사상과 불교 사상의 융합을 계속해서 강조한다는 점이다. 그에 따르면 한국불교가 독자적 특징을 뚜렷이 지니게 되고, 동아시아 불교에 위업을 남길 수 있었던 원동력이 거기에 있다. 이 점이 민족의 주체성을 획득하고 홍익弘益의 정신이 기반이 되는 문화를 만들어 가고 싶었던 정인보가 한국불교를 주목하고 한국불교의 유산을 계승하자고 강조한 이유이다.

참고문헌

정인보, 『薝園 鄭寅普全集』 1~6, 연세대학교 출판부, 1983.

정인보 지음/정양완 옮김, 『薝園文錄』 上 · 中 · 下, 태학사, 2006.

金集, 「重峯趙先生諡狀」, 『愼獨齋全書』 第11卷.

石顚漢永, 「朝鮮佛敎의 精神問題」 『一光』 5, 中央佛敎專門學校 校友會, 1935.

成海應, 「錦山殉節諸臣傳」, 『硏經齋全集』 第60卷.

宋時烈, 「 重峯趙先生行狀」, 『宋子大全』 第207卷.

강현모, 『기허당 영규대사의 서사전승 연구』, 역락, 2013,

고영섭, 「영호당 박한영과 상현거사 이능화의 학문태도와 연구방법」, 『한국불교학』 78, 한국불교학회, 2016,

김성철, 『승랑 : 그 생애와 사상의 분석적 탐구』, 지식산업사, 2011.

김연재, 「중국근대의 민족불교에 있어서 護國論의 대두와 그 성격」, 『불교학보』 45, 동국대학교 불교문화연구원, 2006.

김용태, 「근대불교학의 수용과 불교 전통의 재인식」, 『韓國思想과 文化』 54, 한국사상문화학회, 2010.

김용태, 「한국불교사의 호국 사례와 호국불교 인식」, 『大覺思想』 17, 대각사상연구원, 2012.

김윤경, 「근대기 현실인식 및 개혁에 관한 불교와 하곡학의 교섭 : 박한영, 이건방, 정인보를 중심으로」, 『인문학연구』 54, 조선대학교 인문학연구소, 2017.

김종진, 「근대불교잡지의 한글인식과 한글문화운동」, 『불교학연구』 43, 불교학연구회, 2015.

김효탄, 「이능화의 불교사 인식」, 『불교학보』 40, 동국대학교 불교문화연구원, 2003.

여희정, 「정인보의 글쓰기와 민족문화의 기획」, 한국중앙연구원 한국학대학원 박사학위논문, 2020.

원영상, 「一蓮主義의 불법호국론과 國體論－타나카 치가쿠(田中智學)의 논리를 중심으로」, 『불교학보』 47, 동국대학교 불교문화연구원, 2007.

李能和, 『朝鮮佛教通史』 上 · 中 · 下, 민속원, 2002(1918년 초판 영인).

조남호, 「다카하시 토오루(高橋亨)의 조선불교연구」, 『한국사상과문화』 20, 한국사상문화학회, 2003.

최남선, 「影印 五臺山御牒敍」, 『佛敎』 59, 佛敎社, 1929.

최남선, 「조선불교－동방문화사상에 잇는 그 지위」, 『불교』 74, 佛敎社, 1930.

최범훈, 「五臺山 上院寺 御牒重創勸善文에 대하여」, 『一山金俊榮先生停年紀念論叢』, 一山金俊榮先生停年紀念論叢刊行委員會, 1985.

최윤곤, 「刊經都監의 실체와 불전 간행 사업」, 『인문사회과학논문집』 31, 광운대학교 인문사회과학연구소, 2002.

하유진, 「불교의 이제설(二諦說)」, 『철학논집』 16, 서강대학교 철학연구소, 2008.

湯用彤(저), 장순용(역), 『한위양진남북조 불교사』 4, 학고방, 2014.

江田俊雄, 「朝鮮佛教と護國思想－特に新羅時代のそれに就いて」, 『朝鮮』 239, 朝鮮總督府, 1935.

境野黃洋, 『支那佛教史講話』 下, 東京: 共立社, 1929.

찾아보기

여희정

성균관대학교 정보공학과와 연세대학교 국어국문학과를 졸업하고, 연세대학교 교육대학원에서 국어교육학 석사, 한국학중앙연구원 한국학대학원에서 국문학 전공으로 석사와 박사학위를 취득했다. 현재 고등학교 국어 교사로 재직 중이며 국문학 연구를 계속 진행하고 있다. 논문으로 「이봉환의 한시 연구」, 「김창흡 매화시의 특징」, 「두보 기주 이후 시의 조선적 수용」, 「근대전환기 전통지식인의 이중언어 글쓰기-정인보를 중심으로」, 「정인보의 고문문장론」 등이 있다.

정인보의 글쓰기와 민족문화 기획

2023년 1월 30일 초판 1쇄 발행

지은이 : 여희정
펴낸이 : 김병환
펴낸곳 : 학자원
주 소 : 서울시 강동구 천호대로 1121
전 화 : 02) 6403-1000
팩 스 : 02) 6338-1001
E-mail : hakjaone@daum.net
등 록 : 2011년 3월 24일 제2011-14호

ISBN 979-11-6247-292-7 93810
값 49,000원